U0022463

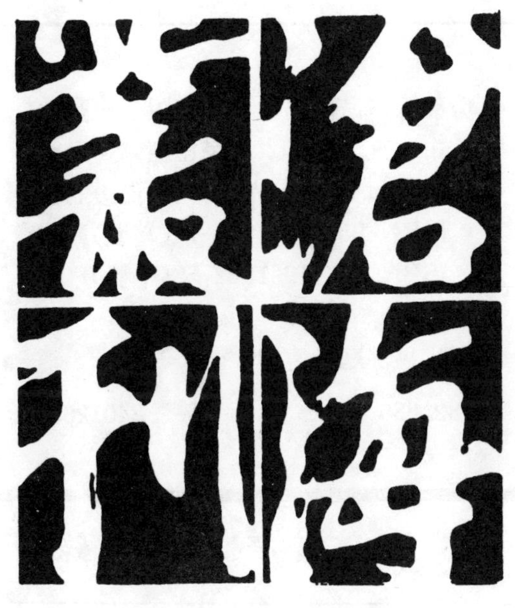

憶夢錄

呂佛庭 著

東大圖書公司印行

國立中央圖書館出版品預行編目資料

憶夢錄／呂佛庭著. -- 初版. -- 臺北
市：東大發行：三民總經銷，民85
面；　公分.--(滄海叢刊)
ISBN 957-19-1921-7 (精裝)
ISBN 957-19-1922-5 (平裝)

1. 呂佛庭—傳記

782.886　　84012659

著作人　呂佛庭
發行人　劉仲文
著作財產權人　東大圖書股份有限公司
臺北市復興北路三八六號
發行所　東大圖書股份有限公司
地　址／臺北市復興北路三八六號
郵　撥／〇一〇七一七五──〇號
印刷所　東大圖書股份有限公司
總經銷　三民書局股份有限公司
門市部　復北店／臺北市復興北路三八六號
重南店／臺北市重慶南路一段六十一號
初　版　中華民國八十五年一月
編　號　E 78089
基本定價　拾貳元貳角
行政院新聞局登記證局版臺業字第〇一九七號

ISBN 957-19-1922-5 (平裝)

著者妻張書蘭

著者先岳父張松齋先生遺像

嵖岈山
嵖岈山亦名玲瓏山在今河南
遂平縣西為中州名山山皆為石
林高低參差狀如雨後春筍民舍
寺宇多建於山腰石縫間高巖環峙
如海上仙山呂祖閣孤峯聳秀有亭
翼然建于針鋒巔尖尤為勝景
辛亥冬寫于臺中江山萬里樓
呂佛庭畫

著者畫「河南嵖岈山石林」

（左起）劉梅卿、藝評家虞君質、張友村。

在國立史博館展出文字畫，著者與張資政岳軍先生合影。

六十八年在臺中文化中心展畫佛教大德李炳南蒞場參觀。

長城萬里圖預展

著者與李漁叔、程滄波、謝冰瑩、楊一峯、李超哉、梁中銘、梁又銘、張起鈞、周鈞亭、石叔明、侯子煥、何讓、安懷音、郎玉衡合影（左起）

民國五十四年預展長城萬里圖

著者與梁寒操、于右任、馬壽華、虞君質、馬紹文、姚夢谷、劉延濤、周楠、于還素合影（右起）

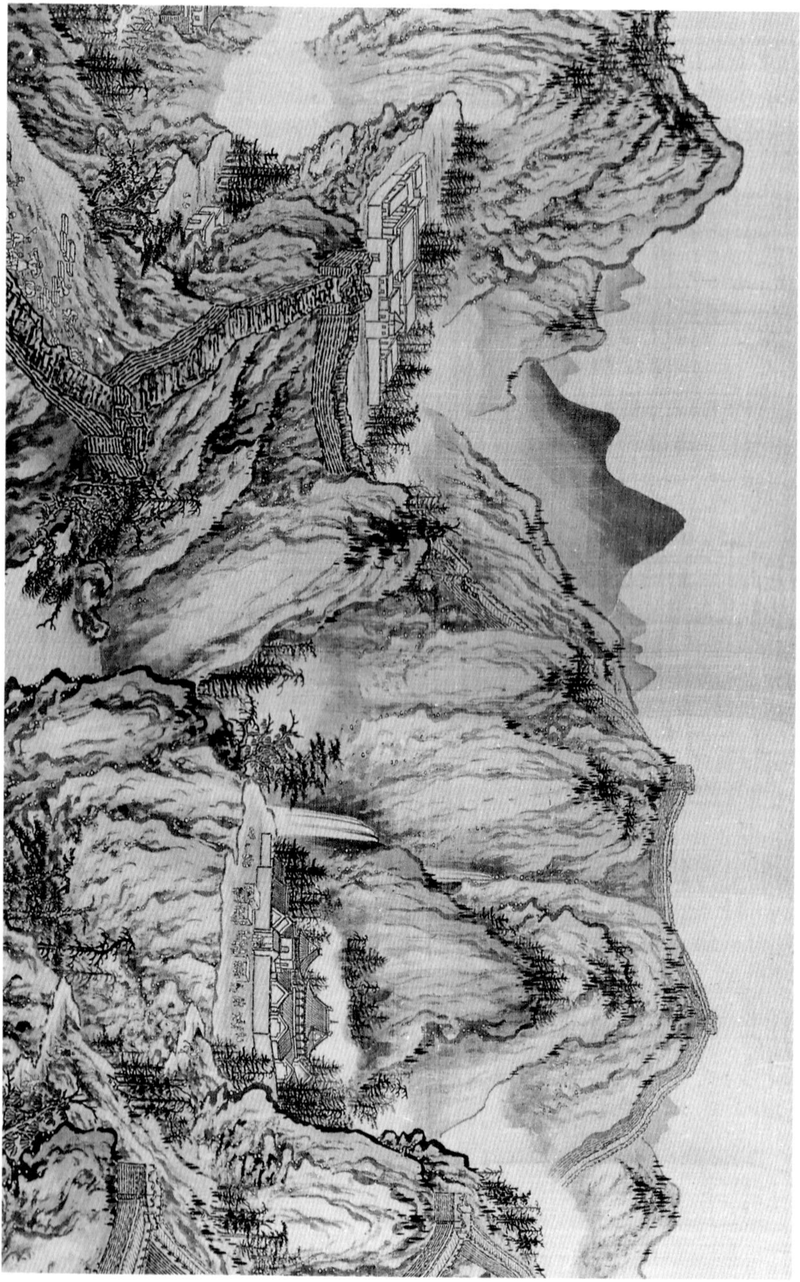

長城萬里圖

七十六年與高木森、倪朝龍兩家眷屬合影。

黃君璧先生與夫人儷影

文字畫研究

著者與李霖燦先生合影

著者與傅狷夫、姚夢谷參觀國風書畫展。

著者與老友徐石上在洛杉機合影

黃河萬里圖

著者攝於其八秩書畫回顧展會場

著者於法國凡爾賽宮前留影

著者書畫研究展

著者與國立河南大學美術系主任
王威合影

著者與河南名畫家謝瑞階先生合影

著者下天子山坐滑杆往張家界

八十年秋攝於黃山

八十年秋攝於湖南天子山

七十八年接受文建會文化特殊貢獻獎

七十九年接受教育部部長毛高文先生頒授一等文化獎章

八十二年接受行政院院長連戰先生頒贈文化獎章

八十四年元月江舉謙院長、安國鈞先生、馬相伯教授、袁德炯先生、汪立祿先生與著者在環翠山舍雅集合影。

八十四年二月著者在環翠山舍前留影

著者後園竹下小坐

八十四年六月李賢文先生偕鄭正華先生過我環翠山舍雅集

長江水壩

著者在高雄市展覽書畫請星雲大師蒞場剪綵

著者在國家畫廊展出十二名山時攝（左起）谷瑞照、梁又銘、梁中銘、梁夫人、梁秀中。

八十四年六月著者與顏水龍先生、李奇茂夫婦合影

著者在國家畫廊展畫時攝，（左起）著者、陳南士、朱匯森。

國立臺中師院校慶茶會，（中四者左起）郭爲藩、著者、黃金鰲、黃昆輝。

著者與入迂上人合影

七十九年與徐亨先生合影

著者與郎靜山等人合影

孫運璿先生與著者書聯

著者與郎靜山、陳奇祿、黎凱旋等合影。

著者拈花一笑

著者作畫

自序

《金剛經》佛說：

一切有爲法，

如夢幻泡影，

如露亦如電，

當作如是觀。

整個宇宙，無論日月星辰，山河大地，胎卵濕化，都是瞬息萬變，過眼即逝。確如夢幻泡影，無有恆常。即如吾人一生，無論富貴貧賤，夭壽窮達，幾十年過去，到頭來其所留下的，也莫非是一場不可捉摸的夢影。過去是夢，現在是夢，未來還是夢。作皇帝是夢，作宰相是夢，作把門守夜的也是夢。我今虛度八十五歲，撰寫自述，是追憶過去多年所接觸或交往的人物，經過的事故，見過的特殊現象，以及遊過的山川名勝，在意識銀幕上所呈現的夢影，因此我不曰《自傳》，不曰《回憶錄》，而曰《憶夢錄》。

我這一生，平淡無奇。既無豐功偉業，貢獻國家；又無博學宏文，留名傳世；更無聖道碩德，弘化利群。只有一領青衫，伴我走東走西，飄來飄去。如天上一片閒雲，松間一隻孤鶴。

我曾見過頂天立地的人物，我曾經過驚天動地的事故，我曾登過嵯峨的高山，我曾涉過洶湧的急流，我曾渡過汪洋的大海，我曾飛過淸虛的長空。這一切陳迹，都幻爲我筆下的夢影。

我寫「自傳」，不是爲傳自己，主旨在宣揚對於中華文化有硏究，有貢獻的文化人，和有關文化的一切事物。我自幼篤信佛法，持齋茹素，七十多年，從未稍懈。我的思想雖深受我佛教法的薰陶，但由於幼讀詩書，早植基於孔孟仁義中庸之道。然而灑脫處，也頗受老莊自然主義的影嚮。我慈悲爲懷，樂於助人，出於天性，非由外鑠。作人硏學，擇善固執，不屑屈己從人。故無論詩文書畫，皆有自己獨特的風格，毁譽由人，心無計較。

我撰本著，採用分題之體例。全部共分五百多小題，各篇內容雖無關聯，但以時間把小單元貫串起來，使先後有序，並不失爲一元的整體。本著內容，或記述人物，或記述事故，或記述山川，或記述古蹟，皆爲本人所見、所聞、所知、所感，自與小說妄編虛構者不同。雖名曰「憶夢」，實則不離乎眞。如離乎眞，就無「傳」的價值了。

過去中外出版的名人「自傳」或「回憶錄」，有託人代寫的，有自己口述由別人記錄的。全部由本人撰寫的卻很少。尤其是藝術家，誰肯放棄自由創作，而去伏案嚼字？何況人到耄耋之年，眼花手顫，記憶力衰退，即如有心以自己手筆爲後人留下完整而眞實的資料，事實上是不可能的。

我自幼不但喜歡書畫，並且愛讀文哲史地名著，多年來撰寫散文和著作，也都是這些文字。二十年前，承梁容若教授特約，爲《國語日報》撰一篇一萬多字的「自傳」，另外還有數十年的日記，以資參考。而且視力既好，記憶力不太差。所以花兩年時間撰成這本《憶夢錄》，並不感覺吃力。

本著論人述事，力求平實可信，避免誇大渲染。爲求雅俗共賞，行文於淺近通俗之外，更注意生動有趣，莊諧互見。篇幅長短，依資料多少爲準。詳略不拘，順其自然。本著承東大圖書公司劉董事長振強先生兩度索稿付印發行，敬申謝意。

民國八十四年　呂佛庭謹識

憶夢錄目次

一 我的幼年與家世

我於民國前一年農曆十月初九日，出生於河南省泌陽縣雙廟鄉後天庄。乳名天賜，字福亭，後改爲佛庭，以字行，號半僧，又號迂翁。祖籍山西洪洞縣，明末因流寇李自成之亂，徙居泌陽。曾祖太章，祖繼望，原配祖母邱氏，生一男一女，男名萬潤，就是我的大伯父。繼祖母喬氏，也生一男一女。男名萬生，後改滄溟，字海波，就是我的父親。伯父天姿聰穎，入縣學爲童生之冠，不幸結婚未到一年，便咯血不治，與世長辭。家庭瑣務，由父親一人承擔。

我家有四百多畝田產，並開藥店，算是小康之家。祖父和父親都是內科醫生，尤於婦科最有研究。著手回春，望重鄉里。母親楊氏，生吾兄弟姊妹六人：長兄天德，二兄天榜，三兄天義。他們都未出外遊學，留在家中與父親分勞。民國四年，不幸母親因產後去世，那時我才五歲，父親對我特別寵愛。託我的褓母周氏照顧我的生活起居。褓母性情溫和慈善，持齋信佛。後來我歸依三寶，就是受她老人家的影響。我的個性是剛直、倔強，近乎母親的性格。從十歲以後，因爲讀過幾年四書五經，並且拜佛誦經，所以我的性格也就隨著教育的陶冶，漸漸變得溫和了。

我對於吃酒、賭博、下棋、打球全無興趣。最突出的嗜好就是畫畫、寫字、吟詩、種花，對於古典音樂也很愛好，並從管平湖、徐元白諸名家學彈古琴。

我在七、八歲時，便喜歡在紙上、地上、或牆壁上亂畫，先父看我頗有藝術天才，給我買一部芥子園畫譜，教我對著臨摹。並且把家藏名家古畫取出來教我欣賞。我畫了兩年多，居然也能畫大幅中堂和四扇屏。先父對我用功之勤，進步之速，非常驚異。

我十五、六歲時，住在縣城上學，那時常畫人物、仕女，並且對於西洋畫也很有興趣，因爲替我作義務宣傳者多，所以縣長和各機關首長，以及社會名流，都紛紛向我求畫。對我雖是有點鼓勵的作用，但是應酬多了，就會感覺厭煩。

我從五歲就開始套倣影練字，到十歲才開始臨帖。因爲先父寫歐字，所以他教我也臨歐書皇甫碑和醴泉銘。先父一生最崇拜曾文正公，他常以曾氏寫字的方法教導我。到十八歲以後，我又從先岳父張松齋先生學顏書，從張栩彬先生學八分。另外又臨些鍾王帖和六朝碑。雖也臨過鐘鼎、石鼓及李斯小篆，但由於功力不夠，沒有什麼成就。我認爲寫字是一件很有趣的消遣，而且還可以陶冶性情，培養高尚的品格。因此，我對於寫字和畫畫同樣具有濃厚的興趣。

我對於中國舊詩詞也有偏好。從六歲起，先父就教我讀《千家詩》、《唐詩三百首》和《唐詩合解》。後來又從先岳父張松齋先生讀漢魏晉宋古體詩和《全唐詩》。我讀古體詩，最愛陶淵明的詩；讀近體詩，最愛讀王摩詰和杜子美的詩。因爲陶詩淡泊，王詩優美，杜詩忠義，與我的性格、思想、志趣完全相合，因此，我的思想無形中受他們三家的影響也很大。

我從八歲學作五、七言聯語，從十二歲開始學作詩詞。先讀平仄歌，檢查韻本，參考詞譜。

起初感覺很麻煩，日久便漸漸發生興趣。而且靈感豐富，觸景興懷，都可成詩。我讀詞，喜讀南唐李後主的。儘管後主的詞是「亡國之音」，但我認爲他的詞深蘊有豐富而眞摯的感情，具有感人的魅力。我因爲不耐詞譜平仄的拘束，所以塡詞不多。我作詩塡詞是寫我內心所願說的話，和表達我對人對物的眞摯的情感。因此，旣不喜雕琢詞句，又不願攀附家數，一字一句，都是我自己的心聲。

除愛好畫、書、詩之外，種花也是我的生活節目中不可缺少的一項。我之喜歡種花，一方面固由於天性，一方面也是受環境的影響。我在幼年，常看先父種花。每天幫助他老人家鬆土、拔草、澆水、捉小蟲子，即使累得滿身大汗，卻覺著這種活動很有趣味，久而久之，不但對於種花有了常識，並且也成了一種不能缺少的嗜好。種花並非完全欣賞花的形色，而主要還在靜觀花的生意。宋時程明道先生有兩句詩說得好：「萬物靜觀皆自得，四時佳興與人同。」當你離開實用的觀點，對花觀照玩味時，就會覺著人與萬物是一體了。

我種花更喜種梅蘭竹菊。因爲這四種花草都有一種高尙優良的特性。如梅花能抗寒威，凌冰雪；蘭草香淸而姿逸，不與百花爭豔鬥媚；竹子中空外直而有節；菊花也有傲霜枝。他們好像我的幾位良師益友，時時給我一種啓示，要我善良、高尙、堅定、勇敢。

此外，我對於國樂也很有興趣。民國二十年我去北平遊學的時候，先岳父張松齋先生送我一張明代七絃古琴。我到北平先從管平湖師和鄭穎孫先生學習普安咒、陽關三疊、平沙落雁、瀟湘夜雨和高山流水等操。後來我回到開封，又從徐元白先生學習幾操。如鷗鷺忘機、秋江夜泊，更是我最喜愛的兩操名曲。

我自從學習古琴以後，對於中西一切俗樂，全都聽著不入耳了。聽古琴好像吃口香糖，越咀嚼越有味。《論語》上說：「子聞韶，三月不知肉味。」雖是未免有些誇大其詞，但古琴確有這種魅力啊。

我可能在前生是一個和尚，因爲發願轉世救渡有情衆生，所以才又來到這個穢惡煩惱的人間。我自初生就有一副慈悲的心腸，無論在什麼地方，遇到貧苦的人，我必須給他幾個錢才覺心安。在我十歲那年，有一位居士對我說：「你的母親在陰間有罪，你如能歸依三寶，持齋念佛，就可以超渡她。」我聽了，毫不考慮，便跪下給他磕個頭，他隨即給我說三歸依，還給我命個法名叫「菩賢」。從此我茹素念佛，正式歸依三寶。

民國二十年，我在北平，經先岳父介紹認識一位浩修和尙。他與我是小同鄉，在西直門裡彌勒院作住持。我每星期週末去拜訪他，他給我講觀無量壽經和念佛靜坐的方法，有時還留我吃齋飯。他認爲我的根器不錯，勉勵我不要以能畫幾筆畫爲滿足，要發願救渡衆生，超凡入聖。我在學佛方面受他的啓示也很深。

我在十幾歲便深切地意識到人生最大的煩惱，多半是由於家庭的贅累。因此，我打定主意決不結婚，要到寺裡去作和尙。但是先父不同意我這不近人情的想法，後來不得不娶妻生子。結婚後雖有三次發願出家的紀錄，但是都未能如願，也許是我的業障太重了吧。

我於高級小學畢業後，便隨家人住在縣城。先讀教會辦的初級中學，又讀縣立農村師範學校。師校卒業，經一位長輩介紹到教育局擔任科員。那時適逢先岳父張松齋先生任教育局祕書，也到職不久。因為松老與先父是表兄弟，所以對我特別愛護。松老在前清曾經進過學，補過廩。入民國又在開封優級師範畢業，曾任本縣勸學所長，他不但學識淵博，尤其是一位善寫顏體字的大書家。他指導我寫字、作詩，鼓勵我去北平考學深造，並且把女兒也許配給我，因此，使我永感不忘。

二 北平遊學

我初到北平美專，是讀西洋畫系，有幾位比較要好的同學認為我在國畫方面已經有了很好的基礎，放棄國畫，而學西畫，實太可惜，因此竭力勸我改系。我仔細考慮一下，以為他們的想法很對，所以就轉到國畫系來了。學校在東四十一條姚家花園，校長是名小說家張恨水先生。國畫系教授有齊白石、許翔階、秦仲文、管平湖、陳緣督、王雪濤及顏伯龍等，都是第一流的名家。

我在那時學畫，得力於老師的教導並不多，主要是靠自己用功。除每星期日往故宮去看古畫外，並常到中山公園參觀當代名家畫展。我與張大千先生第一次見面，就是於二十二年他在中央公園水榭舉辦畫展的時候。

我在美專學畫，畫工筆人物、仕女較多，畫山水、花鳥較少。畫人物學李公麟、梁楷；畫仕女學周昉、張萱；畫山水學李成、范寬、郭熙、董源、巨然諸大家。畫花鳥學趙昌、易元吉。那時，對於齊師大寫意畫最沒興趣，所以很少上齊師的課。

有一位大學長李孑珺兄，舊學根柢很好，善於作詩塡詞，字寫得也勁秀清逸。他提倡組織一個重陽詩社，我也應邀參加，自那時，我作詩的興趣，更加濃厚。有一位最知心的同學林蘊山，字鶴齡，是安徽安慶人。我們雖不同系，但由於都參加重陽詩社，所以才開始締交。他的性情很溫和，而且富正義感。對朋友肝膽相照，沒有一點虛僞。他喜歡作詩塡詞，每有新詠便找我推敲。詩格近乎老杜，詞格近乎後主。那時我們詩社推李孑珺爲祭酒，但孑珺天性豪放，抒情詩不及鶴齡。

我在北平遊學，最使我敬愛的老師有兩位。一位是指導山水畫的許翔階老師，一位是教我書法的張栩彬老師。許師名堯，是河南固始縣人。那時他已六十多歲，淸癯的面貌，留著幾撮蒼白小鬍鬚，慈祥而富正義感。他從十幾歲開始學畫，一直畫四、五十年，初學淸初四王，晚年轉師南宋馬夏。用筆古勁老辣，而有自己面目。他說：「學畫山水，應從宋人入手，我初學山水，先從四王入手，錯了。因爲宋畫法度嚴謹，六法俱備，猶之乎學書，宜先學歐褚顏柳是同樣的道理。」我學畫山水，先從五代荆、關及北宋李范諸大家入手，便是受許師這種觀念的影響。

張栩彬老師，名東寅，河南南陽人，是一位補過廩的秀才。不但學問淵博，並且對於書法也極有研究。那時他住在西城石附馬大街，任靜生生物調查所所長。我是由先岳父張松齋先生介紹，從栩老學習八分書，每星期日去向他請教。他的年齡，與許師差不了多少。體態魁梧，相貌堂堂，留著五綹鬍鬚，極像于院長。由於我託張師找人修理古琴，也引起栩老學琴的興趣。不到一年，他居然對於高山流水和瀟湘夜雨等名操也會彈了。從此我到栩師家裡，不但學寫字，並且還給他彈一兩操以助雅興。

有一天我去栩師家請教，他要我陪他去崇孝寺看牡丹。到崇孝寺，承方丈和尚迎我們進牡丹園欣賞。和尙問栩師道：「居士喜歡牡丹麼？」栩師點點頭答道：「當然喜歡，不過牡丹卸得太快，眞是美中不足！」和尙笑道：「人間富貴，轉眼便成雲煙，也是沒有長久的呀！」栩師道：「是的。佛說：一切有爲法，如夢幻泡影。人間富貴固當作如是觀，而這園中的牡丹，何嘗不當作如是觀呢。」和尙向栩師合掌道：「大居士深通佛法，拙衲有些失禮啦。」離崇孝寺回城途中，我占了一首詩：

爲賞牡丹謁佛宮，香車寶馬逐春風。
崇孝寺裡花千樹，富貴如雲悟相空。

民國二十二年暑假，在慧文中學首次舉辦個展。承張恨水師、管平湖師、劉半農教授、鄭穎孫教授及何應欽將軍等蒞場參觀。展出作品八十件，大部是工筆人物、仕女，少部是仿古山水。

有一幅仿仇英「六仙山樓閣圖」，畫二十六天才完成。

我由於最愛尋訪古蹟，遊覽名勝，所以北平故宮、天壇、雍和宮、國子監、北海、頤和園、香山、玉泉山及昌平明十三陵、長城居庸關、八達嶺等古蹟、名勝，都有我的足跡。記得民國二十一年清明節，我們有十幾個男女同學，組織一個旅行團，遊明十三陵和八達嶺。由南口騎驢往明陵的路旁有很多桃樹，正在開花。陣陣東風把粉紅色的花瓣吹落到驢背上，平添不少詩意。我乘興占詩一首：

薄衫輕策過田家，嫩綠枝頭鳥語譁；
春色撩人心欲醉，東風驢背落桃花。

我們在驢背上揚著鞭，唱著歌，爭著領先，有一個女同學不小心從驢背掉下來，因爲驢子低，儌倖沒有受傷，大家拍著手亂笑，林蘊山同學對我道：「這正是『東風驢背落桃花』呀！」我禁不住也笑起來了。

三 開封之旅

民國二十三年七月，我在北平美專畢業。因爲那時中等以上學校學生，常鬧風潮，所以我下定決心不作教師，要學徐霞客，遍遊天下名山作一個獨來獨往的旅行家。離開北平南下，先到河南輝縣百泉遊覽，並結識名士劉子良。百泉在蘇門山前，水木清華，風景優美，爲孫登與邵康節隱居講學的所在。輝縣城西關有袁世凱的別墅袁家花園。城西南有徐世昌的別墅水竹邨，由子良陪同也曾遊覽。

由輝縣回到開封，住在同學譚方成家。結識關百鎰、徐元白、李劍晨、謝瑞階等省垣名書畫家。河南藝術師範學校聘我任教，我未接受。方成，本名芳晨，我們不但是同鄉、同學，並且還是結拜兄弟。他天性和厚，才華卓越，善畫花鳥，書法鄭板橋也頗見功力。尤其對於國樂最有研究。三絃、二胡、琵琶、古箏、古琴、以及簫、笛，無一不能，也無一不精。他每天在開封廣播電臺，播奏古琴，因此，他的知名度也頗高。可惜未到三十歲即與世長辭，眞是國樂界一大損失。徐元白先生是浙江臨海人，敦厚爽朗，風度瀟灑。善畫墨蘭，能寫狂草，尤其精研古琴，在南京、上海、杭州，早負盛名。關百鎰先生，任開封博物館館長，善寫魏碑，爲名書家。李劍晨與謝瑞階都是河南名畫家，任藝術師範教師。

我在開封小住月餘，即回泌陽家鄉省親。那時已生二子名蘭清。

四　初遊黃山

二十四年春，應省垣徐元白先生和譚方成兄之邀，又到開封，在省立博物館舉辦第二次個展。展畢，與方成兄自開封南下，往遊黃山。黃山位在安徽太平與歙縣之間，原名北黟山，又名黃岳。有三十六大峰，三十六小峰，合爲七十二峰。主峰曰蓮花峰，海拔一千八百六十公尺。其次光明頂，一千八百四十公尺。再其次天都峰，一千八百一十公尺。號稱三大主峰。黃山無峰不峻，無石不奇，無壑不幽，無松不美。眞是天上的仙都，人間的奧區。俗諺云：「五岳歸來不看山，黃山歸來不看岳。」並不是誇張之詞。我們由北路松谷庵入山，曾躋天都、蓮花，並宿玉屏峰文殊院，暢觀雲海之變幻，頗覺眼福不淺。天都峰於民國二十三年才修鑿一道一千多級的石磴，以便遊客登臨，我們更感幸運。黃山之美，不全在七十二峰之峻峭奇特，而松雲泉瀑之穿插陪襯也是重要的條件。

五　成立書畫研究社

民國二十五年夏，徐元白、喬懋卿、譚方成、曹一民與我，發起成立書畫研究社，社址設在教育用品社樓上，社員有二十餘人，每週集會一次。那時，元白先生對我備加愛護與鼓勵，我還從他學彈「秋江夜泊」和「鷗鷺忘機」兩操名曲。他爲要把古琴元音普及到學校去，所以花費很多時間把琴譜譯成工尺譜，以便青年們學習。他不但能彈琴，並且還能造琴。他屋裡掛有二十多張琴，大多都是自己監造的。

六　南遊京滬蘇杭

八月中秋晚上，元白先生邀我與方成兄到他公館小酌，並同往龍亭湖划船賞月。因爲元白先生在杭州也有家，所以他感喟道：「今晚我是直把汴州作杭州啦。」他講話之風趣，給我永遠不可磨滅的印象。

十月初，元白先生因公往南京，並順便回杭州探親。我爲去南京舉辦畫展，並決心到西湖出家，所以陪他同車南下。到南京住西華門外清溪琴社，結識余地山、徐芝孫、李乾齋、陳獨清等琴壇名家，並參加南京琴會演奏。我不但舉辦畫展，而且暢遊金陵名勝。過蘇州、無錫，遊覽虎邱、太湖、金山。過上海住浦東歐亞航空公司祕書宿舍，承古琴名家徐文鏡、查埠西招待。月夜品茗彈琴，爲平生一大快事。

到杭州住南屏山半角山房。此爲元白先生的別墅，小樓一座，琅環雅潔。開窗北望，湖光山色，風景如畫。元白先生介紹我到淨慈寺剃度，因機緣不契，未能如願。我在半角山房小住一週，遍遊西湖名勝，並參觀汪莊汪自新先生的千琴堂。

七 西安事變到南陽

我從江南回到開封，適逢十二月十一日西安事變，蔣委員長在西安被張學良和楊虎城以暴力劫持。劉峙將軍率大軍西進，決定入關解圍。當時人心惶惶，好像臨到世界末日似的，住在開封的人們，紛紛逃往外縣市避難。我由外甥焦君介紹，去鎮平縣杏花山菩提寺，暫避烽火。過小繁城謁漢獻帝廟，觀梁鵠所書受禪碑。過南陽在南陽名士米石屏家小住數日。石屏先生，祖籍湖北襄陽縣，是北宋大書畫家米元章之後裔，爲南陽四大世家之一。他在北平中國大學畢業後，沒有出去服務，就在地方上提倡教育，舉辦公益事業。淡泊名利，不求聞達，有古俠者之風。

是晚十點鐘後，因爲張學良護送蔣委員長和夫人宋美齡女士回南京的消息傳來，大家都歡喜踴躍，鞭炮之聲，震耳欲聾。我也興奮得通宵不能入睡。

到南陽之次日，石屏先生陪我去北關玄妙觀和臥龍崗武侯祠遊覽。玄妙觀爲全國三大觀之一，殿宇三重，都是宮殿式建築，莊嚴宏敞，環境清靜。室內陳設古玩書畫，都極精雅名貴。舊藏尚有慈禧太后頒賜道藏一部，和唐代韓愈的古琴一張，更是希世之珍。方丈聶嘯霞，能彈古琴，喜歡交遊。惜穿戴道衣道冠，而無道氣。

玄妙觀以善治素饌著稱，嘯霞方丈堅挽石屏和我，中午留吃齋飯。並邀請西關張仲營老先生也來同飲。仲老年已七十餘，是前清舉人，崇信佛法，樂善好施。他的道德學問，最爲南陽人士所敬仰。其次子張建波是留美博士，長孫張中生，是在北平京華美專畢業，善畫花鳥。

飯後一同進城到民衆教育館參觀古墓之石刻漢畫，畫刻在長方石板上，大約有一百多條，全嵌在走廊壁上。其手法都是陽刻，我斷爲東漢的作風，當無疑問。

八　謁武侯祠

武侯祠，俗稱諸葛亮庵，背倚臥龍崗，面對白河。登崗迎面有一道石坊，橫書「千古人龍」四大字。左右豐碑林立，氣象雄偉。再前進便是武侯祠。正院三進，大殿供孔明塑像，羽扇綸巾，莊嚴而廓灑灑，眞能表現武侯的個性與風度。我上香恭恭敬敬地向這位「功蓋三分國，名成八陣圖」的諸葛先生磕了三個頭，以表示我內心對於他那澹泊寧靜和鞠躬盡瘁的精神。東院有一座亭子，裡面有武侯和劉、關、張三人在隆中對話的塑像。儀態自然，栩栩如生。祠宇外面，翠柏森森，給武侯祠增加不少莊嚴肅穆的氣氛。

武侯祠走廊嵌有宋岳武穆寫的〈前後出師表〉，是祠裡最有名的石刻。當岳飛以拐子馬破金兵之後，正要乘勝直搗黃龍之際，不幸連接高宗十二道金牌，急召岳將軍班師還朝。岳飛率兵道過南陽，夜宿武侯祠遇雨，乃向道士索紙，揮淚疾書前後出師表，以抒忠憤之氣。我拜觀岳書出師表，也不禁淚灑沾襟。

武侯祠方丈是李宗陽，字漢三，河南沁陽人。於庚子年，光緒皇帝與慈禧太后逃難到西安時，漢三方丈正在西安八仙庵作方丈，曾親接帝駕。慈禧特賜紫衣眞人。這時漢三年已七十多歲，煉丹養靜，訪客概不接見。監院張仙槎，是漢三的徒孫，肅客奉茶，貌甚恭謹。壁懸古琴一張，我請他取下來，彈了一操，以抒雅興。

九　菩提寺裡作半僧

我在南陽小住四天，石屛爲我找一位工人挑著行李和琴書前往菩提寺遊覽。寺去南陽西北四十公里，去鎭平縣城北十二公里，在杏花山山陰。前對葦湖山和騎立山，不但形勢雄深，並且風景也極優美。其第一代開山祖師菩提禪師，是隋朝鄧州人。在寺前菩提崖下面洞中坐化後，塑爲一尊包骨像。洞是水銹岩，剔透玲瓏，苔蘚斑駁。四面高竹覆陰，古木參天，幽暗清涼，幾看不到陽光。

寺宇三進，由山門至藏經樓，步步高陞。左爲龍山，右爲虎山，虎山東坳有彭公祠和彭公墓。彭公名錫田，字禹廷，鎭平縣人，因爲他首先提倡地方自治，所以都稱他爲自治導師。死後公葬於此。

該寺擁有水旱田地三十多頃，是鎮平縣第一大地主。方丈法名蘭芬，粗鄙沒有學識。監院育普法師與知客洗凡法師，都是武昌佛學院畢業，對於佛學頗有研究。他們對我熱誠照顧，使我非常感激。

我每天除讀書、看經、寫字、作畫外，並且還定時靜坐、散步、彈琴。那時我對於諸子書也有興趣，不但讀，並且還作札記。

我在西湖雖出家未成，可是我的出家的念頭，卻沒有打消，所以有一天我把長髮剃光，穿上灰色大領僧服，決心在菩提寺出家作和尚，由於洗凡法師好言勸阻，才把出家的心願暫且保留。

洗凡法師，十一、二歲父母都去世了，他的哥哥把他送到菩提寺出家，不幸在他剃度未久，師父又圓寂，於是就跟他的師祖蘭芬過活。但是蘭芬性情不好，又常虐待他，他身子雖出了家，而內心不知有多少委屈。他年輕，有熱情，富於正義感，愛好詩文書畫，最崇拜蘇曼殊。我從他身上，也好像看到蘇曼殊的影子。因此，既尊敬他的爲人，又同情他的遭遇。

寺裡有四、五個小沙彌，每天晚上，他們便到我住的小客房來執經問字。有時我給他們講故事，說笑話，因此，他們更喜歡親近我。這些天真無邪的孩子們，雖還不懂得佛法，可是比那裝模作樣的大和尚還可愛的多。有一次一個小沙彌問我道：「你爲什麼住在廟裡不回家呢？」我笑道：「我喜歡廟裡清靜，所以不回家。」另一個沙彌插嘴道：「你喜歡清靜，我們可不喜歡清靜。」我道：「你們不喜歡清靜，爲什麼不回家呢？」他們都哈哈笑起來，沒話說了。他們都是沒有父母的孤兒，無依無靠，不得已才到寺裡來出家，現在都變成大地主的公子哥兒了。人之命運眞是捉摸不定啊！

舊曆年我沒有回家，住在寺裡過年，覺著比在家裡過年更有趣味。除夕的下午，監院以下全體僧衆都穿著海青，披著袈裟，整整齊齊地排在方丈樓階前向方丈和尙辭歲。方丈頭戴五佛冠，身穿紅緞繡有磚紋的袈裟，立在階上向大衆答禮。蘭芬方丈在平時發起脾氣來雖是很粗暴，但在這時卻是有威可畏，有儀可象，儼然是令人肅然可敬的樣子。

晚上全體無論老幼都一齊上殿繞佛唱經念咒，我也參加他們的行列。念到十點鐘左右，才各自回歸本室。洗凡法師特備乾果素點，請我與育普法師到他寮房裡，圍爐暢談佛法。我並且向他們請教出家的一切規矩。一般人都認爲出家做和尙是很容易的事，其實出家不但是天下第一難事，而且還必須是天下第一等人才能出家，也才配出家。試問有幾個人能夠爲著救渡衆生而肯捨棄自己的家庭父母妻子和財產？試問有幾個人能破除五慾六塵？如果不能的話，那就不能出家，而且也不配出家。

元旦天未明就起床，盥漱畢，換套新製的海青，也隨衆到大佛殿拜佛。早齋罷，我先到方丈室與各寮房向方丈、監院和全體僧衆拜年，他們也都來客舍答拜。小沙彌們也穿著新衣服，歡天喜地的在院子裡放鞭炮。他們看見我向我磕頭祝福。我除給他們壓歲錢外，並以「一年之計在於春」的名言來勉勵他們。我深切感覺這裡就是我的家，而且這個家給我更多的溫暖和慰藉。

二月以後，溫暖和煦的陽光普照著大地，玉蘭、莘荑、紅梅、杏花、桃花、梨花、芍藥、牡丹，都次第開放出燦爛美麗的花朵。雜樹枝頭和地上的小草，也都長出茁壯的嫩芽。靜觀萬物都從睡眠中覺醒，很顯然地有了生氣。

方丈樓前面那株大玉蘭樹是花中之王，它最領先開出滿樹像白蓮花那樣大的花朵。從寺外望著，很像一個大雪堆，並且還散出濃郁的芳香。一陣風來，幾里以外的人都可以分享得到。杏花雖小，可是它也不甘落後，玉蘭還沒有開罷，它便爭先綻出粉紅色的花朵。從寺後山頂往下看，簡直是一片胭脂海。紅梅和杏花可以說是姊妹花，形狀既相似，顏色也相仿，而且又是並肩出現在這個大舞臺上。

虎山溝法華茅蓬院子裡那棵紅梅，枝幹姿態既好看，而且花朵又肥美，因此成了我每天靜坐的伴侶了。梨花好像也不甘寂寞，杏花方殘，它也開放密密層層皎潔的繁花。山下有幾百株大梨樹，蔚成一片雪湖，眞是稀有的奇觀。

牡丹雖號稱「花中之王」，可是在菩提寺它就失掉領袖的資格了。方丈樓前那幾棵牡丹樹，在桃花離亂杏花殘中，也慢條斯文地從舞臺上現出儀態萬方的麗容。有紅的，有白的，紅的像胭脂團，白的像冰雪球。每棵都開幾十朵，嬌豔的花，配合著肥美的葉，都披著霓裳羽衣，爭在枝頭笑春風。我住的客舍門前有一棵絳桃樹，這個小妞兒雖是出場最晚，卻也妍麗可人。迎風嫣然一笑，使芍藥低頭，牡丹喪氣。「萬紫千紅總是春」，春是美的；「紅杏枝頭春意鬧」，春是不寂寞的。

一〇 遊騎立山

我到菩提寺不久，常聽育普和洗凡兩位法師說騎立山的風景是如何的優美，不可不前往一遊。我本來最喜歡遊覽名山勝水，被他們這樣一慫恿，當然就不禁神往了。

二十六年農曆九月初八日，我穿上一套僧服短褲褂，足登草鞋，頭戴竹笠，借會融上人一柄便鏟，便從寺上出發，獨往騎立山遊覽。騎立山在河南南陽西北，為伏牛山主山，因有五峰，故名五朶山，其東還有歪五朶。去菩提寺西北八十華里。

晚間住宿於葦湖山王小孟家。小孟是鎮平縣人，他的父親彝齋先生是前清舉人，死後葬在葦湖山上。小孟是個孝子，就在墓之附近建築幾間草房，自己一個人住在山上，守護他父親的墳墓。

九日早餐後，與小孟告別，向騎立山行進。山谷有一條趙河，發源於騎立山中，匯為三道大瀑布，曰「大潭」、「二潭」、「三潭」。都是此山的奇觀。山谷左右全是高巖峻峰，滿布著青松紅葉。其景色之綺麗，充滿了詩情畫意。黃昏的時候，我在山神廟前遇到一隻大金錢豹，由於我不驚不怖，平心靜氣地念觀世音菩薩聖號，才躲過這次災難。

我鑽森林，摸黑路，到達山頂在幾間破茅蓬裡住了一宿。廟裡只有一位老太婆和一位男徒弟二人。她倆爲發願與眞武祖師修廟，已經在山上住過七、八年，我很佩服她們那樣忍饑受寒，堅苦不拔的精神。

騎立山最高峰，好像一座大石柱，故名「天柱峰」。峻嶒尖峭，約有五百公尺高，其形勢之雄奇，眞可使人驚心動魄。從下到頂旋轉上去鑿有一道級路，頂上建有一座鐵瓦殿，內供眞武祖師。因爲騎立山與湖北武當山南北遙遙相對，所以俗稱武當山曰「南頂」，騎立山曰「北頂」。我從頂上下來，又遊大潭、二潭、三潭之勝。此山全部都是花岡岩，無峰不秀，無巖不奇，無壑不幽，使我不禁歎爲觀止。

一一 返鄉領導抗日

民國二十七年春，我在菩提寺接到本縣朋友們來信，邀我回去參加抗敵救亡工作。那時，我本來一心一意想出家，不願過問社會一切俗事。然而轉念「國之不存，毛將焉附？」如果國家亡了，豈不一切都完了，遑論出家修道！況且學佛爲的是救世渡人，想救世也必先救國。因此，我就毅然接受朋友們的邀請。

我回到縣裡，當即與張瑩庵、焦元甫等發起組織抗敵後援會，一面發動募捐，一面成立話劇團。我爲以身作則，把妻和兒子的全部金銀首飾送到銀樓賣爲現金，並且把畫也捐出義賣，一併匯漢口掃蕩報社。我很感激妻張書蘭能成全我這次捐獻的舉動。

我領隊在鄉間巡迴宣傳兩個多月，公認很有效果。但是這種團體，由於組成份子複雜，程度和觀念相差太遠，很難團結一致。因此，我就毅然決然擺脫抗敵後援會，又回菩提寺，重溫孤雲野鶴的生活。我們話劇團有一個團員名叫許潤炳，小名小毛，讀小學五年級，年十二、三歲，聰明活潑，演出最爲成功。他如還在世，應是六十四、五歲，我非常懷念這個可愛的孩子。（許君現住大陸遼寧省錦州市第三師範學校業已退休。）

一二　我與方定中先生一段因緣

民國二十八年秋，某日河南省政府民政廳長方定中先生從鎮平來看我。我與方先生同住開封時，常在徐元白先生家見面，他並且還請我畫過畫。他穿一件藍布大褂，還依然那樣樸質。他雖是南方人，但爽朗眞誠，沒有臭官僚習氣。他說：「我本不想做官，但在國難時期，又不好意思逃避責任，像居士這樣優遊林下的生活，眞太使我羨慕了。」我說：「人能忘勢利，城市也如山林；人愛貪名位，山林也如城市。倘能淡泊明志，就無往不自得了。」他在寺裡吃過午飯，便分手匆匆下山。

過了一個星期，信陽敵人西犯，方先生怕我隻身住在山裡危險，特別派人接我去民政廳暫避。民政廳在鎭平城西五里岡，借住好友劉位三的房屋。方先生要我任祕書之職，我婉謝，沒有接受。那時民政廳有一位琴友張牧芸先生擔任視察，也住在五里岡。牧芸是信陽人，能詩善書，對於古琴很有研究。每天我到他家彈琴，或同到野外散步，有時偶然去城裡走走。在岡上住了兩個星期，敵人又退回信陽，時局又安定下來。我既不是為著求職候缺，自然就沒有再住下去的必要。於是便向方先生告辭，竹杖芒鞋，又回杏花山去。在官場中，像方先生對朋友那樣熱腸古道，實在是很少見的。

一三　桐柏山之游

民國二十九年四月，與表兄焦壽宸和工友陳宏文三人自泌陽縣城出發，往桐柏山遊覽。

桐柏山俗稱太白頂。去我家正南一百六十里，去泌城西南一百三十里，為淮河發源之所在。山有兩座高峰，西曰「大腹」，東曰「胎簪」，是河南與湖北兩省天然的界山。這一條山脈，北接伏牛山脈，東連大別山脈，東西橫亙二百餘里，其間有許多名勝古蹟，值得遊覽。

據田雯《桐柏山記》云：山陰有逖谷。我問山地人，都不知這個地名。考逖谷是因為東晉時車騎將軍祖逖，自陳留退卻下來，曾隱居於此，得名。而祖氏志靖中原，功在晉室，其遺蹟竟湮沒無聞，眞可使人悵歎！

我們遊桐柏山正逢農曆三月，善男信女朝山進香的，成群結隊，絡繹不絕。夾溪兩岸，全是幽篁喬松，交枝接葉，幾望不見天日。山坡上有很多野生的桃樹，滿堆著粉紅色的花朶，爭豔鬥媚，好像一座胭脂山。另外還有黃色的蓮召花，和紫、白二色的丁香花，蔚爲天然優美的大花園。

沿溪上行，山谷左右是幾百尺高的大斷崖，岩石都是黝青色，蒼松古柏挺生在石隙間。壁上有很多天然石洞，大大小小，高高低低，呈爲稀有的奇觀。東面有羅漢洞、老君洞、華陀洞、骨塵洞、王禪洞及孫臏洞。王禪就是鬼谷子，傳說隱居於此。西面有一個桃花洞，是此山最大而且最著名的一個洞。洞左右供桃花夫人塑像，《桐柏山志》云：桃花夫人就是楚王所奪息國的息夫人。

太白頂上有一座廟宇叫雲臺寺，爲河南佛教聖地。明淸以來出了不少戒行兼備的高僧。如住持洛陽白馬寺的德浩和尙，和住持北平彌勒院的浩修和尙，都是在雲臺寺出家。

寺前面山坳有一座保安寺，林木蓊翳，極爲淸幽，更是最佳的選佛場。寺西北角有老王洞，據說從前洞裡有一隻老虎，很有靈性，每逢冬季，大雪封山的時候，牠便先從洞裡出來，以掌印雪，爲出家人引路，不但不傷害人，並且還能保護人，因此，出家人不叫老虎，而稱老王。

由雲臺寺東路下山，經陡峻的上天梯至觀音寺。寺後有松杉一千多株，其幹奇古，其枝卷曲，都像盆栽的奇木，也正是畫家最喜擷取的對象。

穿松林綠雲中行十餘里，兩山夾峙，峭壁千仞，好像一道深巷。西面壁上有一個大洞，因洞口向東，故名「朝陽洞」。左有梯磴，可躋洞中。崖際桃林飛花，落英繽紛。溪邊有一所道院，松蔭小坐，休息片刻。松濤與溪聲相和，就是湘靈瑟、伯牙琴，也沒有這樣的清韻。

一四　遊水簾洞

太白頂東北二十餘里，有一道大瀑布叫「水簾洞」，是桐柏縣最著名的一景。在蒼崖綠樹中，有一個明鏡似的碧潭。潭裡面上下有兩個石洞，大如城門。下洞一半浸在水裡，上洞距水面約五十公尺。瀑布由洞門噴空直下，注入潭心，被風吹散，宛如一掛珠簾，因洞在簾內，所以叫「水簾洞」。從洞右躡梯磴而上，凡三折才到上洞。洞只有一丈多深，內供鬼谷子像。洞門修有一道石欄，憑欄前看，由無數小水珠織成的大珠簾，闊度約十五公尺，輕明搖漾，乍合乍開，被日光照射，七色繽紛，呈爲稀有的奇觀。

潭側有道院一座，背倚高巖，左傍深澗。庭前柏松布蔭，牡丹花大如斗，清雅宜人。神殿窗明几淨，陳設雅潔，壁懸屏聯多幅，描寫水簾洞風景，貼切美妙。其楹聯云：

天外落銀河，飛流翻怕石驚破；

雲中墮晶箔，急浪直將海倒來。

我在欣賞之餘也占了一首絕句云：

古洞何人掛水簾？潭聲震耳雷鳴天，
高巖燦爛花千樹，道院臨流看杜鵑。

一五　兵火之後的桐柏縣

桐柏縣城去水簾洞東北九公里。古時叫復陽縣，隋代改稱淮源縣，縣城四面環山，適在盆地的中央。淮河與木河繞在兩面，形勢非常雄固。二十八年五月，信陽敵人來犯，國軍撤退，縣城曾一度淪陷，西關民房，大半都被敵軍燒毀。一片瓦礫，慘不忍睹。我們這次遊桐柏山，順道又遊桐柏城，不是觀光，而是憑弔。

桐柏縣城雖已殘破不堪，但是孔廟與淮瀆廟卻還值得一看。孔廟忠烈祠廊下有一道古碑，是元代翰林待制吳炳寫的。字為八分體，廉勁方折，與韓仁銘如出一手。據說原來有一漢碑，後來完全損毀。吳炳摹書重刻。碑石還很完整，邊上名人題跋甚多。

大成殿前有漢柏兩株，幹大約四人圍，如飛龍拏空，雄古奇偉。也是極可珍貴的古蹟。廊下還有一碑，石刻邵康節「心安吟」。書法蒼勁古拙，雄渾磅礴，也極有藝術價值。

淮瀆廟在東關東門外，去城約一里許。周圍築有紅牆，長約一里。其原來廟宇規模之大，可以想見。前殿毀於兵火，僅賸殘垣斷礎。後有大殿三間，也不是舊有的規制。殿階左右有鐵獅子一對，冶工精巧，栩栩如生。志稱是唐代的遺物。殿中供淮瀆神像，全身都用金塑，約有一丈多高。袞冕執圭，異常莊嚴。考淮瀆爲四瀆之一，在專制時代，每年欽命南陽知府親自臨廟致祭。祀典非常隆重。

殿前有漢柏一株，已有兩千多年的樹齡。殿東有一座洪武皇帝御詔碑，仆臥在地上。石高約丈餘，寬約四尺許。書爲顏體，蒼潤莊厚，也頗值得一看。在圍牆下面還有宋碑一道，高約九尺，寬約四尺，路振撰文，楊昭書丹。行書，仿〈聖教序〉，灑脫勁秀，無塵俗氣。我國由於歷史攸久，文化古蹟，隨處可見。惜國人不知愛護，任其湮沒於荒烟蔓草中，甚可浩歎！據前清南陽知府田雯《桐柏山記》云：「廟有漢柏六、漢碑一，延熹六年立，剝落欲盡。石門神二，文旣奇古，隸書絕工，惜存其半。唐以前如薛道衡祭淮文碑，金消石泐矣。」

一六　避難到臨汝

民國二十九年五月信陽敵人西犯，泌、桐、唐、鄧，相繼失守，我與知友朱景德、焦松岩倉皇出走，一同逃到臨汝。在河南省立臨汝中學住四、五天，承張校長宗陽先生款待甚殷，予我們精神上莫大的安慰。這時臨汝縣長是何佛情先生，琴友張牧芸任主任祕書，他鄉遇故知，內心有說不出的喜悅。

因爲敵人退回信陽，景德、松岩先返泌陽。我與工友趁機往臨汝風穴寺及登封嵩山、少林寺、少室山遊覽。

風穴寺本名白雲寺，在臨汝城東北十五里風穴山中。寺創建於漢代，元魏時重修，隋改名叫千峰寺，唐開元中建貞祥禪師塔，於大中十三年塑釋迦牟尼佛像，到明萬曆年間法筵最盛，常住僧衆數千人，寺舍不能容，便在谷崖闢穴棲止清修。現在巖崖還有很多洞窟，都是明代開鑿的。中佛殿供釋迦牟尼佛及文殊、普賢二菩薩，丈六金身，法像莊嚴。其面目肌理，宛若生人。尺寸比例，都極合度。極富藝術價値。

寺居於群峰環抱中，翠柏森森，林壑優美，而且殿宇崇宏，庭院清潔，使人有「到此心清」之感。大殿右邊有一座貞祥禪師塔。上下七層，四方形，通體全用紅白二色塗成，與丹崖翠柏相映，更加巍峨壯觀。住持德一和尚，遠方行腳未歸。乃由知客僧祥雲接待，捧茶獻果，恭而有禮。

方丈前左右有白松二株。幹有合抱粗，約十幾丈高。龍鱗雪膚，並立參天。該寺藏有慈禧太后所賜珊瑚如意一柄，深紅色，長約尺許，光澤溫潤，雕工極精，爲白雲寺鎭山之寶。可惜爲粗心者失墜折損，使我惋歎不已。

風穴山翠柏森羅，不生雜木。四面層巒巍峰，被陽光照射，好像一道金城。

一七 嵩山之遊

嵩山去登封縣北六里，一名外方山，東西綿亙四百餘里，自成一系。為洛陽東南天然的屏障。嵩山山脈，由嵩縣南面迤東北，經過伊陽、伊川兩縣之間，到登封縣北，突起兩大主峰，東曰太室，西曰少室，總名曰嵩山。太室原來只有二十四峰，明代傅梅作〈太室十二峰賦〉，補二十四峰之缺，合為三十六峰，少室之峰數，與太室相等。然而少室形勢峻拔，峰巒奇特，比太室優美。嵩山海拔一千七百公尺，在五嶽之中位居第三。高不及華山，大不及泰山，因為嵩嶽受過歷代皇帝之封祭，尤其是漢武帝、唐武后還曾親去寵顧過它，所以嵩嶽的大名，就更煊赫了。

我遊嵩山，攜有張宗陽先生致登封縣教育局傅子淼一封介函，到達登封即住教育局。承傅君熱誠招待，予我們旅遊很多便利。第一天遊中嶽廟、太室山和啓母闕。第二天遊少林寺，並在寺裡小住一宿。第三天遊少室山、會山寺和嵩陽書院。

中嶽廟去登封城東十里，為登嶽必經之路。殿宇凡五進，黃瓦飛簷，全是宮殿式建築。大殿名峻極殿，其形式好像北平太和殿，極雄偉壯觀。內供嶽神塑像，高大莊嚴。殿前有幾十株大柏樹，龍幹虯枝，蔽日參天。階下豐碑林立，其中最著名者有「中嶽靈廟碑」和「中嶽廟中天崇聖帝碑」。靈廟碑爲北魏時刻石，其字結體端嚴，筆致方遒，似脫胎於西晉爨寶子碑。崇聖帝碑，建於宋大中祥符七年。碑雄傑偉麗，與東嶽廟碑爲同一模式。

峻極殿後爲嶽神與后之寢殿，后像金冠霞披，栩栩如生。殿裡置有龍床，錦帳繡被，全如皇帝之供設。

峻極門外有座古神庫，其四角有鐵鑄守庫神將四軀，此像鑄於宋英宗治平元年，高約丈餘，體態魁偉，權衡合度，手法精妙，極富藝術價值。

由嶽廟北上，過黃蓋峰登臨太室。太室名勝古蹟有：無極老母宮、青岡坪、盧巖峰、盧巖寺、大瀑布。唐玄宗時有個隱逸畫家名叫盧鴻，曾在盧巖這個地方結茅隱居，他並且還畫有一幅「草堂圖」，現今還在故宮博物院保存。

再上有鐵梁峽、天門、二仙洞、白鶴觀、遇聖峰、峻極宮、峻極峰、祭壇、野豬坡、靈官殿、嵩谷、啓母闕等，都是太室最值得一遊的名勝。二仙洞在白鶴觀前，洞門額書「曲徑通幽」四字。進洞口折向左出，級路中斷，庋放一條木板，人可踏板度過。倚崖傍澗再往上去，便是無極老母殿。殿宇背倚懸崖，面臨絕壑。殿裡有兩位住持，都是洛陽人，在嵩山已住四十多年，採山蔬爲食，汲清泉而飲，從來不與山下人交往，他們對於這個世界，沒有愛也沒有恨。不圖生前富貴，也不慕身後榮名。如古松上的野鶴，又如天邊的閒雲。

二仙洞在老母殿左上角，深廣二丈多，壁上刻有「高登殿」三個字。洞中供太極母蛻骨塑像，花容月貌，雲裳霞披，像是一位活天仙。據說太極母也是洛陽人，在洞裡坐化成仙，也已四十多年。

太室絕頂叫峻極峰，上有一座石壇，是唐武則天封祭嵩嶽的祭壇。立在峰頂，俯瞰三十五峰，千巖萬壑，都歷歷可數。自峰中分析嵩嶽四面的特點：南多懸崖，北多峻坂，東多危巖，西多重嶂，近山可與太室相伯仲者，只有少室而已。再向四面遠望，南有雙圭、箕嶺，北有邙山、黃河，西有崤函、伊闕，或隱約可指，或如在几案，放眼數百里，廓然空古今。

太室逍遙谷，左右有攢屼的峰巒，峭削的巖壁，溪中又有許多與流水搏鬥的白石，構成一幅關仝、范寬的大畫。宋范成大說：「華山多好峰，嵩山多好谿。」的確，嵩山高巖深谷，太峻巍、太幽深、太瑰奇，太值得使人留戀了。

啓母石及啓母闕，在中嶽廟西。石方廣約三十餘尺，上層呈黃色，似刻有文字，惟剝蝕殆盡，無法辨識。漢武帝時即有啓母石之名，可知其由來之久遠。傳說這個石頭是大禹王的皇后，啓就是她所生的兒子，因此叫啓母石。到漢代又在大石頭前面給這位石皇后立了兩道闕，以表揚她的功勞。闕是用方塊石頭砌成兩座方柱，高約一丈五尺，闊約四尺，石面滿刻古篆文字，可惜風剝雨蝕，大多漫漶難辨。關於石生啓的神話，雖是荒唐之極，可是這道啓母闕在我國文獻上，卻具有一等古蹟的價值。由於歷代未能加意保護，使千年寶刻，幾爲荒煙蔓草所湮，眞可令人浩歎！

一八 少林寺一宿

少林寺在少室山陰，五乳峰南麓，創建於後魏孝文帝時。寺西有初祖庵和達摩面壁石窟。該寺原有殿宇七進，其規制之崇閎，在全國大叢林中是很少見的。可惜天王殿、大雄寶殿、藏經閣、東西僧寮和面壁石，於民國十六年被石友三的部隊全部燒毀，一片瓦礫，目不忍睹。

大雄殿前，碑刻林立，大約有一百多座。無論在佛教方面，或藝術方面，都有極高的價值。有一座「唐太宗告武后詩碑」，高約九尺，寬約四尺餘，側面刻寶相花紋。額題「太宗文皇帝御書」。右邊刻「開元十六年七月十五日建」。書爲隸體，在諸碑中更是稀有之寶刻。

寺最後有毗盧殿五間，壁繪五百應眞及菩提達摩法像。傳說是吳道子畫的。雲水飄緲，神態生動，我想可能是宋人仿製之作。該寺武術，名聞中外。史稱唐太宗破王世充，多得少林寺僧兵之力。又明代東南沿海一帶，倭寇作亂，總制胡宗憲也曾借用僧兵助戰。少林拳與武當拳併擅名中外，世稱南北兩派。該寺設有國民小學一所，學生二、三十人，日習課業，夜練拳擊，還依然保有少林尙武之宗風。東廡壁上繪有拳擊圖像，所有姿勢，莫不畢具，作爲他們初學練拳的藍本。現在大殿內地上還保有演技時足蹋之痕跡，其功夫之深純，即此可見。五乳峰前有達摩洞與初祖庵，都是達摩的遺跡。

我與工友在少林寺住了一晚，次日早齋後，請永貴上人派一個小沙彌作嚮導同遊少室山。山路曲折坎坷，極不好走。過下定思、中定思，南望奇峰森列，峭壁萬仞，每一座山峰都是崚嶒嵯峨，尖碧刺天。過三定思，尋找白香山題字，不可得。右捫絕壁，左傍深澗，正要登臨絕頂的時候，白雲瀰漫，伸手不見五指。爲怕下雨路滑難行，乃匆匆折返，往會山寺巡禮。

會山寺在太室山西南積翠峰下。去少林寺東十五里，原爲魏孝文帝的行宮。魏亡，改爲澄覺禪師精舍，隋開皇時，才改今名。環寺植有翠柏千餘株，蔚蔚蔥蔥，蔽日參天。山門外有一株大銀杏樹，幹高十餘丈，枝盛葉茂，更蒼古奇偉。該寺有大雄寶殿、中佛殿和毗盧殿，建築規模，宏偉莊嚴。因在抗戰時期，殿與兩廡，全爲陝州中學所借佔。殿右有波羅密多心經塔一座。塔全用方石砌成，凡六稜，銘字非常工麗。會善寺法派爲臨濟宗，在唐代佛法最盛。主法席者多載傳燈錄。如安國師、破竈墮，都是最著名的高僧。現在住持無人，法輪不轉，令人不勝今昔之感！

寺外有魏嵩陽寺碑，唐戒壇碑、和景賢禪師塔記，都是極名貴的石刻。

一九　嵩陽書院弔古

嵩陽書院去登封西北五里，在峻極峰南麓。創建於北魏，原名嵩陽寺，隋時爲道家所奪，改名嵩陽觀，宋又改稱天封宮，元代盡廢，明嘉靖間建爲書院。未久便又毀廢，到清代登封縣知事葉井叔才又募資重修，恢復舊觀，並名叫「嵩陽書院」。

寺背嵩面穎，形勢天然。山門額題「嵩陽書院」四字。門內西側有漢封將軍柏兩株，大者七抱粗，次者五抱粗。下合上歧，蟠曲夭矯，都是周秦以前所植的。可惜大將軍柏被風摧折了一半，使人不免有「風燭殘年」之感。將軍柏原有三株，可惜三將軍柏在明代即完全被雷火燒毀。

中有過廳三間，額書「箕穎文壇」。廳後左側有清乾隆皇帝御書詩碑一道，碑高一丈五尺，廣四尺，外覆一座瓦亭。其警句有：「虛誇妙藥求方士，何似菁莪育俊英。」其思想眼光之高，實爲秦皇漢武所不及。

後有講堂三間，再後是藏書樓，都年久失修，殘破不堪。西偏院廊下有三將軍柏石刻，圖繪雕工，都極精妙。

山門前西邊有「大唐嵩陽觀聖德感應頌碑」。此碑與西安碑林唐玄宗御註孝經碑爲同一形式。於唐天寶三載二月五日立，李林甫撰文，徐浩書。隸法遒雋，字亦完好。碑座長約一丈，闊約六尺，高約三尺六寸。碑身闊約六尺七寸，厚約三尺四寸，並碑座與蓋頂，通高約二十三尺。碑首爲轎頂形的方蓋，頂端雕二龍戲珠狀。頂簷刻層層飛雲。碑額四面刻雲龍瑞獸。碑身兩側刻寶相、鳳凰、獅子。碑座四面高肉雕鬼怪、捲雲與寶相紋。此碑形式新奇，手法精妙，富麗豪華，可謂盛唐之世的象徵。可惜裸露在野，風剝雨蝕，深恐將來會湮沒於荊棘茂草中。我遊罷嵩陽書院，曾占詩一首云：

學宮巍巍在嵩陽，石徑苔封漢柏蒼；
道佛儒宗三易主，雄碑不語感滄桑。

二〇 遊碴砑山

民國二十九年十月，應張司令虎岑兄之邀，同往遂平縣碴砑山遊覽。山去泌陽東北百五十里，去遂平正西四十里，是伏牛山向東伸出的一條餘脈。在河南也算得一座名山。遠望滿山都是奇形怪狀的大岩石，參差不齊，犬牙相錯。很像閻羅殿裡用泥揑的狼牙山。山雖不甚高大，可是非常玲瓏有致。從前叫玲瓏山，眞可謂名副其實了。

山分東西南北爲四組，南北與東山之間，就自然形勢修了一座寨。周圍約十餘里，以防土匪侵襲。登蓮花掌仰望，萬峰刺天，如劍如戟，如錐如筍，石隙時露殿宇之一角，大有蓬萊三島的勝概。其名勝有：二道天門、三道天門、靈官殿、小石橋、祖師殿、玉皇殿、皇姑樓、石林、大成殿、呂祖亭、青石猴、五龍宮、星星池、鮑公祠、老虎洞。我從山上下來，又占詩一首云：

山峻石奇一徑通，青猿白馬比玲瓏；
振衣扶杖千尋上，極目八方萬慮空。

山東面有一所農業學校，是魏朗齋先生創辦的。魏氏早年和梁漱溟先生在一起提倡村治。在河南也頗有名氣。晚承魏校長設宴款待，席散移座校長室，聽他暢談村治的理論，娓娓不倦。

二一 銅山之遊

從前各州府縣志書上都列有八景，我們泌陽縣志也不例外。「銅峰積翠」就是泌陽八景最有名而且最值得一遊的一景。我在幼年的時候，每逢到村子前面去玩，抬頭東望，遠遠地有一座山峰，好像拳頭似的。可是伸出我的小手和它比一下，卻還沒有我的拳頭大。長者們告訴我那就是銅山。每年大年初一五更，便有許多善男信女們集會結社，揹著香包，打著小紅旗，浩浩蕩蕩地去朝那座拳頭大的銅山。他們從山上回來的時候，還帶些銅山產的墨晶眼鏡石。這種水晶石，有帶菊花紋的，價值特別高。因此，在一般人的心目中，銅山簡直成為寶山了。

銅山去我家東南一百里，去縣城正東七十里。我遊羆碴砑山，又同工友徒步自縣城往銅山遊覽。當晚住銅山溝劉隊長家。劉君年二十多歲，爽朗忠直，有古俠者之風。殲除盜匪，抵抗日寇，為一方之保障。

次日劉君帶兩名隨從，陪我登山。從銅山溝東南行，仰望銅山，好像一架青玉屏風。上坡轉向西南行，見路邊有一座大碑，螭首龜趺，焦芳撰文。焦芳與我家是近鄰，但不是芳鄰。焦芳是明朝天順進士，授編修，進為侍講學士，正德初擢吏部尚書。因附劉瑾，又以本官兼文淵閣大學士，累加少師華蓋殿大學士。瑾敗，御史交劾，削官歸里，死後葬於泌陽城北五十里黃山之陰，俗稱「焦閣老墳」。知識份子，立身行事，不可不慎，榮華富貴，能使人榮耀一時，也能使人遺臭萬年。

銅峰好像一座擎天的大石柱，中間裂開一道縫，深約四、五百尺，闊約二、三尺。石縫鑿有幾百級石磴，中間掛下一條粗壯的鐵索，上行須挽索踏磴，非勇健者不能躋登。

上面有個口，好像華山千尺幢的幢口，名叫「天門」。出天門轉身再往上爬，是在極光滑的巖上鑿了一道腳窩。這一段路雖不甚高，可是其危險的程度，卻超過前者幾倍。頂上有祖師殿三間，全是用方石砌成的，殿內供眞武塑像。門外有幾座小石碑，字跡全都漫漶不清。殿前面邊緣有一道小拱門，門外平插一個石龍頭，突出巖外四、五尺長，有個名堂叫「燒龍頭香」。

立在崖上往下看，峭壁垂直，約有一千多尺。山澗嵐氣蒸騰，一片糢糊。南望嶺上有一座小石峰，好像雕刻的人像，俗稱「石婆婆」。東望還有幾層大山，也有很多奇峰，都在確山縣境。下山占詩一首：

銅峰一柱欲擎天，石徑如梯千尺懸；
長嘯舉頭紅日近，此身不覺立危巔。

二二　北山避寇

民國三十年農曆正月初十日，信陽敵人又以傾巢人馬西犯，泌陽城內有一位同學朱景德兄一個人逃到我家。那時我才從南陽回來過年，於是便同朱兄逃到北山姑母家裡。那時劉汝明六十八軍部隊住在山區防守。劉軍長也住在我姑母家。十一日敵人從山後來犯，我與朱兄隨著村上男女老幼攜帶一些乾糧，匆匆登到後山躲避。山上只有石頭，沒有房屋，大家都把棉被鋪在大石頭下面，以爲安身之所。餓的時候，都啃點乾糧，喝幾口泉水，像是一群修苦行的僧侶。

我們風餐露宿到第二天，北風依然不停，寒氣更加刺骨。敵人的飛機不斷飛臨山上盤旋偵察。軋軋之聲，震耳欲聾。同時又聽到山後國軍和敵人開火所發的大炮和機槍聲。我與朱兄深恐被敵人包圍，不易逃脫，於是決計離開山區，到洛陽去。

十三日天微明向姑母告別，翻山越嶺到華山後湖馮明卿家。明卿是我們多年老朋友，慷慨好義，肝膽照人。很親切地留我們在他家住了一天。並拿出一百元現洋送我們作路費。俗語說：「烈風知勁草，路遙識馬力。」明卿眞可謂今之古人也。

十四日早晨與明卿告別，踏上坎坷的征程。徒步行九十里，黃昏到金銀店投宿。金銀店是個村寨，其附近有湯恩伯部隊駐防。因爲晚間常有士兵來村中搜查，我們接受朱保長的安排，由他的侄兒領路，離開這個危險的虎口，於深夜又走三十里坎坷的山路，勉強到乾溝村朱保長姐姐家中。因爲山地人棉被少，我們在牛屋裡把餵牛的乾草鋪在地下，各自穿著大衣，睡了一夜。一天徒步走一百二十里，覺著全身如同癱瘓了一般。

一三 逃難到楊村

十五日清晨與主人告辭，離乾溝北去，下午六時到楊村鎮，一天走八十里。寨外雖有幾家飯舖，無奈全都關門，不得已只好進寨到鎮公所找住的地方。鎮長姓陳，兼中心國民學校校長。他要我們到他家裡去住，因爲這天正是元宵佳節，我們只好接受了。

本打算於十六日清晨早起趕路，不料夜裡下了一場大雪，只好等天晴再走。我與朱兄，一則爲排遣無聊的心情，二則爲報謝陳君的厚誼，於是便關著門子畫起畫來了。在楊村住了一星期，聽說敵人又退回信陽，我們沒有再去洛陽的必要。於是趁天晴雪融向陳君告辭。陳君與他幾位青年朋友，把我們遠送七、八里，分別時依依之情，永遠不忘。

二四　謁香嚴寺

民國三十年四月，我獨自從鎭平菩提寺出發往淅川香嚴寺下院、上院和湖北武當山遊覽。

香嚴寺下院，原名古田莊，唐以後才建爲香嚴下院，地屬淅川縣，去城南百里，山門向東南，北倚崇岡，面對丹江，環寺都是挺拔的古樹和青翠的竹林。枝頭鳥聲啾啾，應答不絕。丹江發源於陝西省秦嶺，經商縣、龍駒寨、淅川、由党子口南入漢江。全長一千餘里，河床甚闊，沙灘漠漠。（現今中共於此築壩蓄水爲湖）

寺前是一片水田，埂上有幾百株楊柳。這時，落照滿山，雲霞堆錦。江上孤帆與翠竹綠柳相映襯，繪出一幅旖旎優美的大畫。

山門外有石獅一對，左邊還有祝誕碑一座。碑石高約七、八尺，係嵌在磚樓裡面。清初經筵講官內閣學士彭始搏撰文。先生是鄧縣人，搏通經史，蜚聲藝林。

該寺建築有天王殿、中佛殿、法堂及方丈、寮房、祖堂等數十間。堂前有古柏二株，凌霄花攀緣到樹梢，盤曲夭矯，宛似長蛇。下院住持慧宿法師，早年在武昌佛學院畢業，精通佛理，對人也很熱誠。我在下院住了四天，承法師與寶性上人慇懃款待，甚可感激。當我去上寺的那天，慧宿法師還特別給我備一匹白馬，並派一名侍者送我。

香嚴寺上院，爲唐代慧忠國師的道場，初名長壽寺，那時規制甚小。於肅宗上元二年，派中使孫朝進攜詔迎師赴京，在崇德殿講經說法，深得皇帝的優遇。師在長安住數十年，於大歷十年示寂，諡大證禪師。帝優詔遣十王及白象送櫬。歸葬党子口（即今香嚴上寺），並建塔修寺。香嚴古刹，從此才成有名的叢林。

該寺建築：後院有藏經樓七間，花窗雕槅，彩梁畫棟。樓上供千手千眼佛，神櫥並藏明版藏經半部。樓下中供毗盧金身像一尊。左爲方丈，右爲侍者寮舍。藏經樓左邊有文殊堂五間，右邊有普賢堂五間。樓與堂前都有月臺，周圍砌以磚欄。臺前右有黃桂、黃楊各一株，左有官桂一株，幹粗數抱，杈枒虬古，樹齡至少在五百年以上。

中院有法堂五間，暫作爲客堂。堂前有擊竹亭，傳爲智閒禪師擊竹悟道處。院內有古柏兩株，高十餘丈，挺拔蒼秀，歎爲稀有。東西爲庫房、客舍、五觀堂。

前院有大雄寶殿五間，殿基高九尺，殿高八十尺，廣五間，縱深三間，重樓飛簷，梁棟全施以金碧彩繪。其殿宇之崇閎輝煌，宛如北平故宮。在全國寺廟建築中，的確是很少見的。殿內供釋迦牟尼佛像，丈六金身，莊嚴無匹。左右爲阿南、迦葉二侍者立像。上罩以幢幡寶蓋，前陳以梵唄鐘鼓。兩側供十八羅漢像，屏後供南海大士像。壁繪釋迦佛修道故事，都極精采。

殿前有平臺，周圍砌以花欄，臺前碑石林立。左有一座「重建十方長壽大香嚴寺碑」。高約八尺，廣約四尺，爲明宣德二年立，禮部尚書，毗陵胡濙撰文，刑部尚書泗州金純書。書法美秀，石亦完好，可以說是該寺最有價值的碑刻。大殿前東西兩廂爲禪堂、雲水堂及寮房。東寮房廊簷下壁嵌臥碑兩方，爲李友石書。仿王羲之〈聖教序〉，字遒勁秀逸可愛。

東南角有鐘樓一座，庭前雜蒔花木，有古梅幾株，枝幹奇秀如畫。前有韋馱殿五間，殿前左有銀杏樹一株，約有四、五抱粗。殿東有十王殿三間，中供唐宣宗塑像。冕旒華衮，頗爲莊嚴。

宣宗名忱，是憲宗之子，武宗之叔。忱爲光王時，武宗甚懷忌恨，把他禁閉在後庭花園裡，準備要殺害他。中官仇士良料想武宗不會再有後嗣，李氏子孫，除光王而外沒有一個可以作中興之主的。因此設詐稱光王墮馬死了，暗地把王護送到香嚴寺，從智閒禪師剃度作沙彌。不久，武宗逝世，太后命中外大臣來香嚴寺迎接光王回京即皇帝位，是爲宣宗。後來香嚴寺便奉宣宗爲大護法。這是重修宣宗皇帝碑記所述的大意，與正史所載，頗有出入。十王殿後爲祖堂、功德祠、傳燈閣。總計該寺殿堂寮房一百餘間，實爲中州規模最大的叢林。

該寺知客僧，法名照福。他在幼年看到土匪殺人的慘狀，因有所悟，才發願剃度出家。時年二十八歲，相貌端嚴，天性仁厚，是一位深具大善根的青年。照福上人陪我瞻禮慧忠國師無縫塔。並遊雙十洞。還取出一張宣紙，請我畫伐揶尊者像。我敬寫一幅，爲該寺留念。

另外還有一位智遠禪師，南召縣人。年四十歲，瘦高的身材，相貌清秀不俗。他在少年，沒有受過教育，全賴自己勤學好問的精神，竟能閱讀經典，並通曉其意蘊。他與六祖有同樣的智慧。智遠上人陪我遊水簾洞，登高履險，撥茅攀藤，極爲辛苦，使我永感不忘。

我在香嚴上院住了七天，瀕行占詩一首：

干戈滿地嗟時艱，世上人忙我獨閒；

竹杖芒鞋雲鶴侶，隨緣到處寫江山。

一五　均淅道上

民國三十年四月二十七日，告別照福上人和智遠禪師，我獨自足芒鞋，手竹杖，從香嚴上院出發，往遊武當山。武當山是湖北省荆山的支脈，去均縣城南一百二十華里，又名太和，也稱仙室，到明成祖時賜名太嶽，俗稱金頂。我們家鄉又稱大頂。

武當山有七十二峰，三十六巖，二十四澗，八座宮，三座觀，周圍有八百餘里，山上各宮觀都是在明永樂十二年開始創建的，至今已有六百多年歷史。據說成祖下聖旨徵工人二十萬，修十三年才完工，其工程之浩大可想而知了。

由香嚴寺去武當山，有一條新修不久的均淅公路。路面既窄，且又不平。過賈家寨、石鼓關、蒿坪、官河橋、獨樹埡至漢江七、八十里，亂山重疊，連綿不斷，人煙稀少，境極荒涼。途中聽說，這一帶是虎狼出沒之地，並且聽到山上獵人們呼叫的聲音。只我孤零零地一個人，掂著兩隻沈重的步子，在夕陽殘照中趕路。現在回想起來，那時的我，有多大的勇氣。

漢江發源於陝西寧羌縣北之嶓冢山，到漢口與漢陽之間會入長江。江面約有一里多寬。碧流浩瀚，風帆掩映，憶孟浩然詩「野闊天低樹，江清月近人」句，正可為此景寫照。

江水東岸有兩座小山峰，四面全是峭削的石壁，上面有一座滄浪亭，是均縣八景之一。我順道登臨一覽。

從滄浪亭下山返回槐樹關，到渡口叫了一隻小划子渡江。這時，粉藍的天空，掛著幾縷絢麗的雲霞，淡淡地微風，掠過水面，一陣陣有些涼意。輕帆往來，鷗鳥上下，西望落日餘暉，倒映在晴波。對岸村舍的煙囪上，不斷冒出一縷縷地青煙，正如王摩詰詩所云：「渡頭餘落日，墟里上孤煙」之暮景。船泊均縣城東門外，下船登岸進城，又到淨樂宮巡禮一番。傳說眞武祖師是淨樂國的太子，後來看破紅塵，修道成仙，因此便取名叫淨樂宮。

出淨樂宮，時已萬家燈火，覓宿於南關鄂均旅社。

二六　登遊武當山

均縣自隋代至前清為州治，民國改縣。城瀕臨漢江，商業不甚發達。我在此只住一晚，於二十八日黎明便又邁上征途，往武當山遊覽。過太山廟、朝陽洞、石板灘、迎恩宮、悟眞庵，五十五里到草店鎮。草店是均縣南面第一大鎮，也是襄鄖公路之要衝，人口稠密，商業繁盛，比起均縣城，簡直是「婢作夫人」了。

離草店沿襄鄖公路轉西南行，五里到遇眞宮，相傳明代張三丰曾在這裡修道。過元和觀上好漢坡，開始登山。過玉皇閣、迴龍觀、回心庵到磨針井。井在神殿內，口外圍以木欄。傳說眞武起初在山上修道，很久不能開悟。他便心灰意冷，下山不再修了。走到這裡，遇見一位兩鬢白髮的老嫗，坐在井旁抱著一根鐵梁在那裡用力磨洗。眞武問道：「老媽媽磨這作什麼？」老嫗答道：「作針用呀。」眞武很驚異地又問道：「鐵梁磨針，到那一天才能磨成呢？」老嫗笑了笑道：「功到自然成啊。」眞武領悟了這句話的深意，隨即轉回去重修苦煉，最後終成了神仙。這段神話與南嶽馬祖遇懷讓磨磚作鏡的故事很相似。雖是寓言，可是包含有極深的妙理，藉以醒心勵行是很有意義的。

過老君堂十里到太子坡，坡上有復眞觀，爲躋岳頭一座大廟。拾級上去，憑欄仰望金頂，層層疊疊地奇峰，好像一盆千葉蓮花。天柱峰峭拔端凝，直插霄漢。眞武金殿，好像一顆發亮的珍珠，嵌在針鋒棗尖。下窺深壑，林木茂密，望不到底。明王世貞遊武當詩云：「有壑難窺地，無峰不刺天。」完全是眞實的寫照。因爲天色不早，我便在此借住一宿。住持道士羅本仁，年六十多歲，頗識老莊哲學，暢談至夜深才就寢。枕上占詩一首：

鳥道委蛇山勢開，千巖萬壑仰崔嵬；
玄都觀裡春將罷，惆悵劉郎花後來。

二十九日清晨進罷早餐，向羅道士告辭，出復眞觀前進，石徑曲折，每百餘步就須一轉，即山志所稱的「十八盤」，夾道全是青松和油桐，好像在綠霧中行，看不見天日。過劍河、財神廟、眞官臺，見左右巖崖上杜鵑盛開，姹紫嫣紅，絢爛奪目。過禹跡池、福地上，便到「神仙福地」紫霄宮。宮創建於明永樂年間，到現在已有六百多年的歷史。背倚展旗，面對三公五老諸峰，左右有大小寶珠二峰，成拱衛之勢。此廟原爲武當山第一大廟，其建築有前殿三間，大殿七間，都是重簷挑角，翬飛式建築。後有方丈五間，東西有寮房數十間，庭中有日月池，殿前有臺。山門外還有御碑兩道。監院姓水，字合一，湖北隨縣人，年約五十餘歲，相貌清秀，談吐博雅。午以素齋款待，甚可感激。

下午由宗道士作嚮導遊太子巖。巖在紫霄宮後面。上突下陷，好像一座大佛龕。上面有太子洞，裡面住一位神祕人物，據道士說，這位老人已有三百多歲。鬚髮全白，披散在肩上，穿一身襤褸的衣服，裸頭赤足，從表面看只像七、八十歲的鄉間老人，並沒有特別的異徵。他對任何人都不講話，好像個啞子，道教稱「坐地不語」。

明代徐霞客、清人王錫祺，在遊武當山記裡都說太子巖下有榔梅園，現在榔梅與園都無處可尋了。我慨然占詩一首：

青山相送到蓬萊，野草閒花滿眼開；
太子巖前嗟興廢，如今無處尋榔梅。

回紫霄宮，向水監院借《武當山志》一閱。書上記載七十二峰，六十六巖，二十四澗，方向位置，都不甚清楚。一卷全是插圖，因爲不是實地寫眞，所以舛謬甚多，愈看愈覺迷惘。

三十日拂曉，離紫霄宮發往金頂。過烏鴉廟到南天門遇有岔路，往北可到南崖，向南可達金頂。由南天門折向南行，過烏鴉嶺、榔梅祠，北望南崖，孤巒聳秀，好像蓬萊仙島。過七星樹端南行，兩邊都是峻嶺危巖，林木交陰，境極幽邃。

過黃龍洞見有兩座山峰，左右對峙如門，就是山志所稱「巨門峰」。石壁峭削，仰窺一線。過此豁然開朗，迎面爲朝天宮。廟宇殘破不堪，遊人多望望然而去之。

朝天宮只有一件東西給我印象最深，那就是山門下立的一座大石碑。碑刻「萬方多難此登臨」七個大字，每字徑尺，雄勁可觀。

由朝天宮上金頂有兩條路：右從三天門上爲舊路，石磴險仄，攀登不易。左爲新路，較平衍捷近，遊人多取此路，我也從此路上頂。過石門、越嶺埡，南望五老峰、把針峰、小筆峰，都矗立林梢，爭高比下。小筆峰頗像黃山夢筆生花峰，孤聳奇秀。我很想握著這管石錐，大膽地在大片雲箋上揮寫「萬方多難此登臨」，可惜我還沒有移山的神通啊。

下而又上，約四五里，到小蓮峰下飯舖進午餐。餐畢再拾級上去，凡三折到太和宮。宮在天柱峰紫禁城南天門外。宮之正殿叫朝聖殿，前面有涼亭三間，外面還有茶館。遊客可以在此憩息。宮之對面小蓮峰上也有一座古銅神殿，是元朝時代所建的。宮左右有鐘鼓樓，下有元君和聖父母殿。在六百年前，能在數千公尺的山頂上建築這樣莊嚴崇閎的廟宇，眞可以說是奇蹟。據說當初修建的時候，是由幾十萬人從山脚排到山頂，把磚瓦和木料傳遞上去。古代高山建築，大概都是採用「傳遞」的方法。

從太和宮右邊拾級上去，過南天門，飛磴曲折，雖極陡窄，但有欄索鉤連，實際並沒有危險。又數轉抵達天柱峰絕頂，頂上面積不過方七、八十尺。金殿在中央，爲宮殿式，與北平北海瓊島白塔前面的銅亭極相似。殿爲銅質、上蓋鍍金，高約一丈五尺，闊約一丈二尺，深約九尺。外體精光一片，毫無鑄鑿的痕跡。頂蓋刻畫瓦鱗、榱角、簷牙、斗栱，四面刻畫棟柱、花槅、雕窗，無論形式或技巧，都可以說是「精美絕倫」。外面植有銅柱數十根，都是信衆所製獻的。殿外有臺，臺周有欄。殿內供眞武祖師銅像造形栩栩如生。左右有四尊天兵侍立。前有銅供案兩張，案下有銅鑄龜蛇二將。我以審美的觀點來看，金殿和銅像，在冶鑄藝術方面是具有崇高的藝術價值的。地下鋪有花玉，爲本山所產，俗稱「吃土玉」，據說塵泥不能污。

殿後爲聖父母殿，峰腰築有紫禁城，開四道天門，以象徵天闕。東、西、北三門，外臨絕獻，唯南天門上下開通。佛教有八萬四千法門，道教只有這一道門，眞使人不禁要：「望天興歎了。」

這時，天宇澄霽，嬌陽當空。我立在天柱峰上，眺望八方，高低遠近的峰巒，都向金頂朝拜。獅子峰、大蓮峰、金童峰、玉女峰、顯定峰、萬丈峰、貪狼峰、祿存峰、玉筍峰、柱笏峰，各有體貌，多姿多采。欣然占詩一首：

赤城金殿似天都，萬壑千巖入畫圖；

俯瞰群峰齊下拜，武當形勝世間無。

離金頂由三天門下去到南崖宮。宮宇原來也極莊嚴宏麗，可惜於民國十六年，因爲道士不誡於火，大殿與兩廡全被燒毀。南崖宮外，有許多古松，森蔚蒼翠，風景如畫。我從大殿後面下去，到南巖、元君殿、南薰亭、紫霄巖、禮斗臺、更衣臺、飛昇臺、清虛洞等名勝一覽。承劉道士熱誠款待，乃留宿於南崖宮。

五月一日晨起離南崖返紫霄宮，又盤桓兩天，於三日向水監院告辭下山。走到石板灘，看天色已晚，本想住下，但各家飯舖都不宿客，不得不再向前趕路。正是：「歸禽啼曠野，落日恐行人。」到朝陽洞，時已黃昏，明星滿天，荒村閃耀著稀疏的燈火。進廟，承劉道人慈悲讓我睡在樓下，有被無枕，枕經而臥，蛙鼓聒耳，幾通宵不寐。有一首七言絕句詩，尚堪記趣，以作此遊之結束：

青山如畫柳如煙，早稻芃芃連陌阡；

日暮途遙無處宿，朝陽洞裡枕經眠。

二七 最有趣的一次清明郊遊

民國三十年秋，我應好友李衡石兄堅邀到唐河縣源潭中學任教。我擔任國文、美術，並兼導師。全校師生對我都非常親敬，好像一個大家庭。記得在三十一年清明節那天，校長和幾位導師帶著幾班學生到野外去郊遊。出西門，雇幾隻小船坐上。順唐河浩浩蕩蕩向南划去。當時沒有一絲風，所以波面很平。杜工部有句詩：「春水船如天上坐」，我也有同樣的感受。

划了兩三里到泌河與唐河會流的渡口下船，岸上全是楊柳桃花。輕柔婀娜的柳線拂著桃枝，粉紅色的花瓣，紛紛飄落在草地上，好像一領織花的絨氈。大家坐在柳樹下，打開酒瓶和食榼，一面飲酒，一面欣賞旖旎明媚撩人欲醉的春光。李校長放下杯子對我道：「今天遇到這樣好的時光，都要盡興地玩玩，佛庭不吃酒，可不能無詩呀！」我笑道：「李白斗酒詩百篇，我不吃酒，那能會有詩呢？」宣之從旁催促道：「剛才我還聽你嘴裡在哼，別客氣，快寫出來，讓大家欣賞！」我被催迫不過，於是裁一張小紙條寫道：

清明日暖草如茵，碧水淪漣柳色新；
萬樹夭桃欣共賞，百年願作種花人。

衡石看了笑道：「我最喜歡這首詩的結句，我們辦教育就如同種花。」貞夫插嘴道：「我們作教師的都是種花人，學生們好像眼前所看到的桃李，希望他們將來都能結成美滿的果。」

大家吃罷酒，都散開各自隨意欣賞風景。學生郝匡籌折了幾枝桃花跑到我跟前喘噓噓地道：「老師喜歡看花，我把這花帶回去給老師插在瓶裡欣賞。」我警告他道：「你的意思好是好，但是隨便折取花木是不道德的行爲，你知道嗎？」他很羞慚地答道：「我知道，以後不再隨便折花了。」我又勉勵他道：「你眞是個好學生，以後不但不可以折花，並且還要種花供別人欣賞才是呀。」這時聽見集合號響了，全體便整隊返回學校。

二八　搶救難童

由於三十年秋間，河南全省普遍遭受黃河水災、旱災和蝗蟲災，致雜糧歉收。所以到三十一年春天，人民大多都沒有飯吃。尤以豫北、豫東的災況最爲慘重。有的吃樹皮，有的吃草根，有的吃觀音土。殘暴失掉人性的，甚至吃自己的兒女。《孟子》上說：「老弱轉乎溝壑，壯者散而之四方」的情況，我全親眼看到了。

當時從遠方逃到源潭的難民有一千多人，其中並且還有一、二百兒童。他們都是飢餓線上嗷嗷待哺的民族幼苗。有一天我從學校到街上去，看見他們那種鳩面鵠形瘦弱憔悴的樣子，不由惻然心動，於是便發願設法救濟他們。

我想難民人數太多，全都救濟，我們沒有那麼大的力量，只好先救濟兒童。並且本著救人救活的原則，一直救到菀豆角熟。我回校和校長、教務、訓導、總務各處主任們說明以後，他們都非常贊成。尤以訓導主任張宣之更熱烈響應。我們商定的辦法是：由全校師生捐錢，購買高粱，由工友磨成麵粉，再由廚夫作成稀飯，固定每天救濟二十名兒童。

由於我與全校教職員首先領導捐輸，所以全體學生捐錢也都非常踴躍，結果募得數目還不算小。每天放飯的時間，定在上午十點和下午五點。每次都是我同宣之帶著學生給難童們送飯。我看見那些天真無邪的孩子們，眼巴巴地望著飯桶，如同燕雛在窩緣大張著嘴，望牠銜著食物歸來的母親一般，感動得禁不住眼淚直往下流。

有一個兒童，年齡不過十歲左右，可是他很知孝親，每次發給他飯，便不肯獨食，先送給他母親分吃。因此我特地多給他盛半碗。俗言「飢者易為食」，人到飢餓的時候，樹皮草根也成山珍海味了。宣之感喟道：「有錢人家一桌筵席可以救活幾條人命，但他們寧使酒肉臭，總不肯施捨一文錢。」西諺說：「要富人捨一文錢，比象穿針還難。」這句話雖近乎刻薄，但的確也是事實啊！

一九　為藝術行萬里路

我在童年時，讀《徐霞客游記》，便立志遍遊天下名山大川，而秦蜀兩省名勝古蹟，當然更是我急願往游的所在。只因路途遙遠，交通不便，而且土匪又多，所以我的志願一直保留二十多年。抗戰軍興，政府播遷重慶，蜀道重關，車馬暢通。我於三十三年春，準備了八十幅歷代名將圖，西遊秦蜀，沿途舉辦畫展，藉以鼓舞士氣。這時河南省政府遷到魯山，省垣朋友們寫信邀我到魯山展畫，因此我才決定先到魯山。

記得我離開家庭是在四月十日那天的早晨。父親的病剛好不久，他老人家親自和繼母哥嫂們送我到大門外，不斷用手揮抹著眼淚，望著踏上征途的游子。那時我想，敵人一旦渡河西犯，家鄉一定不保，何時還能和家人團聚，重敍天倫之樂，就很難預料。因此，我回頭望著瘦弱慈祥的父親，禁不住也淚下沾襟了！

我到魯山第三天，便假婦女協會場址舉辦畫展。由省政府祕書長馬國琳先生主持開幕儀式，到場來賓與觀眾百餘人，場面還頗熱鬧。不幸畫展還未結束，而敵機肆擾，一日數驚。並且鄭州、廣武相繼失守。這時不但洛陽兵臨城下，而魯山也危在旦夕。畫展不得不提前結束。趕快收拾行裝，仍由工友龔文松伴隨，離開魯山，南奔鎮平。到鎮平仍雇不到車，只好由西宛公路安步前進。

沿路但見軍車往來頻繁，嗚嗚之聲，震耳欲聾。正如杜工部詩所謂：「車轔轔，馬蕭蕭」的戰時景象。走到屈屯，遇見聖會上人。因爲我前次在廣慈寺住的時候，彼此相識，他聽說我去西安，所以特地趕來，要與我同行，因緣不可思議。（聖會上人，那時不過二十來歲，原在香嚴寺剃度受沙彌戒。後掛單於騎立山廣慈寺。方面大耳，雙目炯炯有光。身材魁梧健壯，性情溫厚莊靜。沈默寡言，好學深思。隨我到西安後，掛單於大興善寺，後又入蜀在重慶北碚縉雲寺佛學院深造。多年失去聯絡，甚可念也。）

我們到內鄉，因爲工友龔君思親，不願跟我西去，我便送他若干路費，讓他回去了。在內鄉老友劉振夏家中住了一宿，託聖會上人擔著行李，二人相依爲命，徒步到達西安，同住同鄉李其蘇家。聖會於到西安第三天，便去城南大興善寺掛單，只我一個人在李家作客，頗有孤寂之感。

三〇 西安名勝古蹟

我在西安停留十天，不但遊覽名勝古蹟，並且還在南轅門省立圖書館舉辦一次畫展，結識幾位畫界朋友。

西安，古叫長安。在禹貢時爲雍州，今爲陝西省會。西安曾作過西漢和隋唐三代的帝都。不但城池之建設雄深堅固，並且地理之形勢也壯偉無比。班固〈西都賦〉說：「漢之西都，在於雍州，實曰長安。左據函谷二崤之阻，表以太華終南之山。右界褒斜隴首之險，帶以洪河涇渭之川。周以龍興，秦以虎視，自古有事中原者，無不屬意於此。」

隋唐時代的西安城池規模之大，眞堪驚人。據《長安志》載：「外郭城東西一十八里一百一十五步，南北一十五里一百七十五步。」周三十三里二百九十步，比台北市至少要大一倍。而且其坊市之整齊，制度之完備，也是前古所沒有的。在唐代曲江及大慈恩寺都在長安城東南隅，今去西安城南十里，其古今城池變化之大可想而知了。

西安城內和附近古蹟名勝特別豐富，眞不亞於義大利之羅馬。可惜大部分古蹟片瓦無存。如唐代含元殿、花萼樓、大明宮、凌煙閣等有名的大建築，全成了歷史上的名詞。杜工部詩：「聞道長安似棪棋，百年世事不勝悲。」我今也有同感！

現在西安城內的古蹟最值得一看的，要算是碑林了。碑林不但是古都翰墨之淵藪，而也是我國文化之寶庫。凡是遊過西安的文人雅士，幾無人不知。

碑林在府學巷內，創設於宋呂大忠及黎持教授。其後經元明清屢加整修，於民國二十六年經黃仲良先生監督重建，七室六廊，更加宏偉壯觀。碑林中的名碑，以開成石經、孝經臺及大秦景教流行中國碑最爲珍貴。我尤其最欣賞孝經臺的形式。其雕刻之富麗精美，可謂空前絕後。我們看唐碑之景象，便可以深切體認那時中華文化是如何的燦爛輝煌了。

唐代長安城內寺廟，如寶慶寺、迎祥觀、開元寺、罔極寺等，至今都已毀廢，僅存殘礎斷碑，供人憑弔。比較保有原來規模，還能振起宗風的，只有臥龍寺及八仙宮兩處而已。

西安城南有薦福寺、大興善寺和大慈恩寺，都是唐代最著名的古剎，可惜都比原來規制小的多了。薦福寺有一座小雁塔，慈恩寺有一座大雁塔，遠望好像西安古城的雙闕。又好像兩位氣宇軒昂的巨人。他們雖飽經滄桑，可是到現在還依然屹立不搖。

大慈恩寺在隋朝本來是無漏廢寺，到貞觀二十二年，高宗在春宮，爲他的母親文德皇后立爲寺，因此，以慈恩名之。寺在唐代規模最大，凡十餘院，殿宇寮舍共一千八百九十七間。度僧三百，以玄奘法師爲上座。

大慈恩寺的東面一里許，便是唐代遊讌勝地曲江池。曲江南對終南山，東傍樂遊原。現在池水乾涸，闢爲農田菜圃。唐時亭臺花柳，早已不存。我占詩一首弔之曰：

> 三代帝都百二關，長安城對終南山；
> 曲江寥落誰修禊！驪下華清憶玉環。

三一　華清池裡洗征塵

驪山華清池，不但是關中最富歷史意義的古蹟，並且還是全國最有名的溫泉。唐明皇與楊貴妃在長生殿歌舞那一幕，是多麼富於詩意啊！

我於五月十二日，就登遊華山之便，特地到臨潼下車先欣賞一下這個香豔、溫柔的華清池。臨潼去西安正東四十里，南對驪山，東臨潼水，是一個彈丸小邑。在古時這裡本是驪戎聚居的所在，因此山名驪山。西周末周幽王曾在驪山舉烽火召諸侯兵以禦犬戎。秦始皇時修阿房宮，自咸陽以閣道連屬八十里通到驪山。漢元年劉邦與項羽鴻門宴之會，也在驪山近旁。又於民國二十五年張楊兵變，蔣委員長在驪山蒙難，更是驚天動地的事。由這一連串的史實可以知道驪山的人文是如何的豐富了。

出臨潼南門，沿馬路前進，兩旁都是青翠的垂柳。微風吹來，輕輕地舞動著婀娜的萬縷碧絲，更顯得嫵媚嬌柔。約一里許到華清池公園。園內有亭池樓館，境極清幽。華清池在園之西南方，溫泉自驪山腳下湧出，經華清池北流入潼河。在溫泉左近，早在秦漢時便已砌石造宇。到唐玄宗的時候，更在這裡建築華清宮、朝元閣、重明閣、九龍殿、明珠殿和長生殿，雕梁畫棟，異常輝煌壯麗。並且還派很多官吏常川住在園裡，專負監管的責任。皇帝於每年十月臨幸，住到年終才回長安。

唐代時，溫泉除供兩個湯池外，更有太子、宜春、玉女、少陽諸池。天寶年間，安祿山造反的時候，大多被賊兵燒毀。獨留太子與少陽二池還在。華清宮到五代改爲靈泉觀，賜道士居之。現在道觀也不存了。

華清浴室及浴池，全是新式建築。池分貴妃池、雙人池、單人池三等。貴妃池最大，可容十餘人。雙人池次之，單人池最小。各池都是用最潔白的磁磚所砌成，水呈淺碧色，如同明鏡一般。而且溫度適宜，沒有硫磺氣味。我脫了衣服，躺臥在池裡，憶起白太傅〈長恨歌〉云：「春寒賜浴華清池，溫泉水滑洗凝脂，侍兒扶起嬌無力，始是新承恩澤時。」現在不但驪宮和楊貴妃早已化爲煙塵，就是在五十年前我洗凝脂的事，也成了一個綺麗的美夢。我在華清池憑弔之餘占詩一首：

碧柳枝頭亂啼鶯，驪山春暖沐華清；
貴妃一舞長生殿，贏得漁陽鼙鼓聲。

浴罷，走出華清園門登驪山探尋蔣委員長蒙難的故址。拾級上山，石路曲曲折折，滿布蒼苔，好像鋪了一層碧絨氈似的。約三里許，見奇石環立，千態萬狀。摩崖題字甚多，但大都平庸不足觀。當我正在興高采烈的時候，忽然感覺頭暈目眩，幾不能支。四望沒有一個人，心想，我這條命，勢必要斷送這裡了。於是趕快仆臥在地上，枕著臂安安靜靜地休息十幾分鐘，才慢慢清醒過來。從前有朋友告我說：驪山是一座最不祥的山，到這時我才眞相信了。

立在山頂，北望綿邈曠蕩的大平原，河流交織，村落點點，好像擺出來一局圍棋。山前有周幽王和秦始皇的山陵，一個是昏主，一個是暴君，身後除留這兩個土壠供人憑弔外，當年的威風何在呢？

三二 太華山之遊

太華山爲我國五嶽之一，去西安東二百里，去華陰縣南八里，自山根到山頂約四十里，實高海拔二千四百公尺。因遠望好像一朵蓮花，所以名叫華山。山勢崚嶒骨立，雄峻挺拔，在我國名山之中，如以奇險而論，華山可算天字第一號了。

我從驪山下來，便匆匆趕到臨潼車站搭上火車東去。在車上過夜，於十三日晨到達華陰縣。下車先到西岳廟巡禮，回頭吃罷早點才往華山。

自華陰縣南行，仰望華山三峰，在霞彩嵐光映照中，好像一座擎天銀柱放出萬道金紫色的光芒。又像佛經上的須彌山忽在幻境中湧現。七里到雲臺觀，這是清初王山史和顧炎武兩位先生隱居的所在。他們都是氣節之士，不肯作異族的官。尤其是顧亭林先生爲逃避清帝的徵召，載書自隨，羈旅北方，客死王山史家，終身不易其節。懷想先生之高風，不禁悽愴感奮！

南行又一里到玉泉院，這是華山最大而且最有名的一座廟。道家大德陳希夷先生，最初便住在這裡修道。宋太祖趙匡胤曾向他問道對棋。院裡殿宇莊嚴宏麗，並有泉水花木點綴其間，好像一處幽美清雅的公園。

出玉泉院沿溪前進，約二里進華山峽谷。過王猛臺、五里關、桃林坪、莎蘿坪，南望蓮花峰，一面光滑垂直的大巖壁，好像一架屏風矗立在半空，薄雲飄緲，繚繞巖際，被日光照射，銀輝耀目，這是我遊山以來所見第一奇觀。由此前行，西南望有座山峰，上面不生草木，好像用大小青石砌成的假山，據說這就是傳爲神話的毛女峰。

過十八盤拾級而上到通天觀。這座廟雖不甚大，但層樓傑閣，彩梁飛簷，與青松翠柏相映，卻非常莊嚴幽麗。該觀住持道士高禮容、禮江兄弟，年約四十餘歲，山東人。招待遊客，彬彬有禮。中午留我吃齋飯。食訖與高道士告辭，上行到青柯坪，廟在西峰下面，地勢高朗，面對山缺，立此北望，心目頓覺清爽。

轉東沿溪行，又二里便到華山第一道險路千尺幢。這是一面六、七百公尺高的大巖壁，從壁頂到壁根，幾乎垂直，眞像鬼斧神工削成的一般。從壁根到幢口斜裂一道石縫，就石縫開鑿梯磴三百七十三級，有兩條粗壯的鐵索鍊從幢口掛下，作爲攀緣的工具。我在下面望著那些爬山的遊人，好像一大隊蝸牛在壁上蠕動。我鼓起勇氣，也隨著遊客們，足踏上石磴，右手捫壁，左手挽索，一步一步往上爬。爬了一個多鐘點才達幢口。幢口又名天井，設有鐵門，晝啓夜閉，這才眞是「一夫當關，萬夫莫敵」之險啊。我占詩一首道：

危巖千尺作蝸遊，渭水秦山一望收；
賈勇更探溝峽險，回心應在最高頭。

從幢口北轉，迎面又是一道鐵青色石壁，正在石壁中間裂開一條眞綿。這就是華山第二道險路百尺峽。出峽口前進，上攀第三道險徑老君犁溝。右轉到聚仙臺。小築殿宇十幾間，背倚懸巖，面對深壑，院裡蒼松布陰，眞是名副其實的神仙福地。

由聚仙臺踏磴轉東北行，過猴趨寺、石坪，迎面爲雲臺峰（北峰）。玲瓏娟秀，好像才出土的春筍，峰頂有一座眞武殿，青松掩映，直疑是蓬萊仙山。過雲臺第一門到眞武殿吃了一杯茶，便匆匆地下雲臺南奔蒼龍嶺。

過仙人橋、金天洞、到三元宮少憩。有板閣數間，前對高巖，背臨深壑，室內几案榻蓆，設備精潔。臨去我把手杖擲下，對道士說：「這是南陽山人投杖處。」惹得遊客們都笑了。

過升嶽御道坊，前望有一夾長石脊，南高北下，中鑿線徑一道，就是華嶽最著名的第四道險徑蒼龍嶺，躋嶺試探著前進，約半個小時才達龍口——逸神崖，此處就是韓愈投書的所在。由龍口上去，過金鎖關到無上洞分兩條路：左上可達中峰、東峰，右上可達西峰。中峰又名玉女峰，玉女就是春秋時的弄玉，與她的情人簫史同隱居於此。中峰頂上有一座玉女祠，內供玉女蛻骨像。金冠霞披，簡直像一位活天仙。立在東北角懸崖上，看東峰仙掌，最爲清眞。掌捫百丈石壁，五指歧出，中指直貫峰頂。日光照射，五色繽紛，即如不是巨靈所劈，也不失爲天下的奇觀。

由小石峽下去，約五十級抵達塢谿。自龍口以上，沿路奇松森羅，蔽日參天，都是數人圍，不下幾千株。到此，古檜蒼松更多也更大，或枝平如蓋，或頂尖似塔，千姿百態，爭雄鬥奇。我生性愛松，作畫更喜以松爲對象。因爲松有抗寒威，凌霜雪的特質。冬夏常青，不以時序爲轉移。華山除松檜之外沒有雜樹，這猶之乎在位者都是君子而無小人。因此，我愛華山之松，也更愛華山。

東峰又名朝陽峰，頂上有一座廟，後爲神殿，左爲客堂。堂背臨絕壑，架木虛構，憑窗可看日出的勝景。坐客堂休息片刻，請道士作嚮導往遊博臺。博臺爲漢衛叔卿下棋的地方，在東峰之東南。一峰孤聳，瘦削天成。其下白雲吐絮排綿，因風盪漾，直疑是海上仙島。

由博臺返回東峰廟，又看雲海之景。是晚住宿於此，枕上占詩一首：

天外三峰一柱擎，玩奇探險每孤征；
博臺遊罷看雲海，塵念都消夢亦清。

十四日早晨四時起床，披道士衲衣，約遊客王君出廟登朝陽峰頂看「海水朝陽」之景。返廟進早膳畢，我向道士告辭，下東峰又遊南峰、松檜峰、落雁峰、金天宮、朝元洞諸勝。松檜峰上是一塊大磐石，有一水池名青龍潭，池周題刻甚多。中有琴友徐元白先生題「徐元白彈琴於此」七個字。我與元白先生自民國二十五年於開封分別，倏已八年，覩字懷人，不勝感愴！

落雁峰是華山最高點，頂上有仰天池，佇立四望，極目千里。憶李白登此峰詩云：「呼吸通帝座，搔首問青天。」我今也有同感咧。古人都說西峰像蓮花，及到這裡一覽，華嶽之外，群峰環抱，競高爭秀，層層疊疊，也莫不像蓮花，而三峰反成蓮房了。

下落雁峰又躋屈嶺，過蓮花洞、白蓮池、翠雲宮登蓮花峰。上有斧劈石、捨身崖，傳說是沈香代母捨身處。安徽黃山蓮花峰極似蓮花，而華山蓮花峰，無論從那個角度看也不似蓮花。西峰東麓全是古檜，其種類之多，姿態之奇，實爲他處所罕見。穿林下行，過混元宮到鎭岳宮，門外有五將軍松，還存兩株。高十餘丈，威風凜凜，頗有英雄氣概。過二十八宿潭，到金鎖關，仍由原路下山，回通仙觀又住一宿。我從西安來遊，本打算在山上多住幾天，以便好好畫幾幅畫，誰料及到山上，不斷聽到潼關對岸風凌渡日軍的大炮聲響，於是沈不著氣就匆匆趕回西安了。

三三　咸陽弔古

因爲風傳日寇有大舉渡河進攻潼關的企圖，所以西安忽然又緊張起來，我於是決定提前離開這座危城到四川去。

五月十七日帶著行李搭乘鋼皮快車，又開上逃難的征途。四十里過渭河到達咸陽。咸陽是秦時的故都，在九嵕山南，渭河的北岸，因爲山和水都是陽，所以名叫咸陽。從秦孝公十二年遷都在咸陽，到秦始皇時又移全國豪富十二萬戶，以裝點這個秦都的門面，才更見繁華了。

我從歷史上考查，秦代土木建設，眞堪使人驚心動魄。那時，北至九嵕甘泉，南至長楊五柞，東至黃河，西至汧渭之交，東西八百里，南北四百里，離宮別館，相望於道。尤其是五步一樓，十步一閣的阿房宮，其建築之壯麗，更爲空前所未有。據〈秦始皇本紀〉上說：「三十五年，先作阿房前殿，東西五百步，南北五十丈，上可以坐萬人，下可以建五丈旗，周馳爲閣道。……」可惜阿房宮被項羽燒毀，現在荒原漠漠，片瓦無存，眞是一大憾事！

我遊歐洲，曾見希臘、羅馬古代建築都用石材，其建築雖毀，但其殘垣斷柱，還依然保存的很好。我國古代大建築，都用磚瓦木料，所以不易保存持久。

秦咸陽故城在縣東二十里，今之咸陽，乃是古時的杜郵亭，城池規制狹小，與可容十二萬戶之秦咸陽相比，眞是不可同日而語。

咸陽附近，周漢古陵墓最多。周文王陵在咸陽縣城北十五里之畢原上。武王陵在文王陵南。周公墓在文王陵東。成王與康王陵在武王陵南。漢高祖長陵在咸陽城東三十里，渭河北原上。惠帝安陵在咸陽東三十五里。景帝陽陵在咸陽東北。武帝茂陵在咸陽西南。西漢諸陵，大都高十二丈，周一百二十步。唯有茂陵特別崇宏，高十四丈，周一百四十步。《西京雜記》上說：「漢諸陵寢，皆以珠爲簾，簾皆爲水紋龍鳳之象。」其設備之精美豪華，於此可以概見了。

三四　馬嵬坡與楊貴妃

從咸陽西行，過茂陵鎮、興平縣，六十里到馬嵬坡。馬嵬是晉時的人名，曾在此地築城避兵，後來便以人作地名了。唐時置馬嵬驛，現在叫馬嵬鎮。當天寶十五載安祿山造反的時候，唐玄宗與楊貴妃，率領文武百官和六軍，逃出長安往四川避難。走到馬嵬驛，因爲將士們抱著餓肚子都非常氣憤。大將陳元禮，把安祿山叛變，使大家跟著皇帝跑出來吃苦，歸罪於楊國忠和楊貴妃兩個人，因此先殺楊國忠，又要脅明皇賜貴妃死。這時，帝雖不忍殺他的愛妃，但爲平息將士們的公憤，不得不含悲忍痛命高力士引貴妃到佛堂裡，用帶子套著脖子結束了這個一代美人的生命。現在路左邊還有楊貴妃墓供人憑弔。自從唐玄宗和楊貴妃在這裡演過一幕悲劇後，馬嵬的名字就更響亮了。

古人評論馬嵬坡史實，大多同情楊貴妃，而責斥明皇薄倖。但我對於這種觀點頗不以爲然。要知無論古今中外，身爲一國的政治領袖，絕不應該爲保護一個寵妾而犧牲國家人民的利益。鄭畋有〈詠馬嵬詩〉云：「玄宗回馬楊妃死，雲雨難忘日月新，終是聖明天子事，景陽宮井又何人？」歷代詠馬嵬者，多悽感哀怨之詞，唯有此詩最正大公允。

我雖是流亡逃難，但依然留意沿途名勝古蹟。過扶風縣，我想起東漢大儒馬融、班固和名將馬援，都是歷史上了不起的人物。過郿縣長興鎮，想起秦國大將武安君白起的墓。白起於長平之役坑趙卒四十萬。到南梁時，誌公還特別爲這幾十萬被坑的趙國戰士，作水陸道場七日以超渡他們的亡魂。白起坑殺敵兵，對秦國說，固然是莫大的功勞，可是以人道的觀點看來，畢竟太殘忍了！

三五　太白山之遊

我爲著要遊太白山，所以在郿縣車站下車。這時已經下午四時，隨於站上雇腳夫一名，給我扛著行李，乘渡船過渭河經葫蘆峪向郿縣城走去。讀過《三國演義》的，都知道「諸葛亮火燒葫蘆峪」這段歷史故事。峪就是一道極深的土峽。大約有六、七里長，兩邊有很多土窯，居民都住在窯裡，他們依然還過著上古穴居的生活。三國蜀漢諸葛武侯與魏司馬懿作戰時，曾縱火把葫蘆峪燒了。因爲這是蜀漢國防第一線最重要的門戶。

到郿縣城，時已黃昏，城門落鎖。不得已繞道至東關客棧住了一晚。次日進城，下榻於民衆教育館，承賈館長熱誠款待，銘感不忘。

郿縣在周時爲郿邑，到漢代才置縣。明清屬陝西鳳翔府，入民國屬寶雞行政區。北臨渭河，南對太白。城外不但土地肥沃，而且自然環境優美，因此，早就有郿城公園的稱號。縣東有郿塢遺址，傳說爲董卓所築。城東北三里渭河南岸有呂布城和呂布洞。城西南二十五里有諸葛亮紮營的地方五丈原。城東南二十里橫渠鎮，是宋代大理學家張載的故里。渭河南岸，全是水田荷池。秧細於線，荷大如錢。襯以日光雲影，充滿了詩情畫意。我獨自坐在岸邊，面對眼前的美景，作了一首七言律詩：

綠楊接水水連天，郭外禾麻遍野田。
雞犬閒同遊客坐，牛羊馴伴牧童眠。
一行白鷺過秦嶺，幾葉扁舟下渭川。
策杖清吟訪古蹟，曹劉戰壘夕陽邊。

十九日早晨，浮雲淨掃，天氣特別晴朗，我獨自帶一些乾糧往遊太白山。太白山去郿縣東南四十里，一名太乙，又名敦物，海拔一萬一千五百呎，爲秦嶺主峰，終年積雪不解，因此以太白名。

出郿縣南門東南行，過齊家寨、李家河，仰望太白山，積雪皚皚，摩雲插天。中午至沙坡寺打尖，食罷休息片刻，即又前進。過黑虎關、蒿坪寺到劉家崖。傳說西漢末劉盆子曾隱居於此。由此上嶺，過中山寺，西望斜谷古機道，歷歷如在眼前。曲折前進，過下坂廟到上坂廟。西望落照半規，天色已晚，決定在此住宿。廟宇只有三間茅屋，非常破陋。有一位老人正在撥火取暖。他迎我進去，也坐下烤火。隨便吃一點乾糧，閒話山中生活，至深夜才安歇。

二十日天微明，我便向老人告別，離上坂廟繼續前進。二十里到菩薩大殿，殿在菩薩頂上，只有幾間瓦房，極爲簡陋。菩薩頂，瘦削天成，一峰獨秀。立崖上東望五台，峰巒尖翠，玲瓏縹緲，好像蓬萊仙島。由此前進，松杉森排，又五里躋登五台，五台下連上岐，四無附麗。上各有板屋一間，闃寂無人。

下五台東行，上躋大嶺，又三十里到斗姥宮，有板殿一座，也建在峰巓。這時濃雲瀰漫山谷，風力甚勁，寒不可當。於是住宿於此。有道士三人，種黍爲生，非常清苦。我和衣睡在熱炕上，輾轉反側，通宵不能入眠。

二十一日早晨起來，借張道士的棉袍和氈靴穿上，請李道士作嚮導，遂一同向大太白池行進。過觀音殿八十里到青羊宮，這時日已無光，灰幕低垂，於是進廟生火炊飯。食罷畏寒不敢出門，便擁被坐在火邊休息，及到醒時，不料窗外已經大白了。洗洗臉吃一點稀飯，起身前進。山高風烈，寒逾隆冬。緣山踏磴上魔女嶺，過分天嶺、雷神峽，迎面峭壁對峙，中闢線徑一道，就是太白山最有名的險路鬼門關。過此躡冰前進，躋嶺巓，眺望三山、九牙、十二重樓諸勝。有許多錐峰，層疊參差，尖峭凝翠，很像黃山石筍矼和手指峰之景。過金鎖關四十里到大太白池。池邊有一座小廟，我們進去生火煮飯。食罷又動身上躋。用力捫巖踏磴，爬半小時才到達絕頂。主峰叫八仙臺，上有神殿一座，殿外亂石堆上也積滿了冰雪。這時正巧雲散日朗，天氣清明，向四面眺望，千巖萬壑，都收在眼底。遙望川原浩邈，河流縱橫，郿城如丸，渭水似帶。對此秦西名區，哀吾中原浩劫，不禁「萬方多難此登臨」之感。

下八仙臺，由稻田窪西南行，過走馬嶺又到二太白池、三太白池、玉皇池、三清池一覽。玉皇池面積最大，池邊也有一座神祠，背倚高巖，面對碧池，左右都是古檜雲杉。若以太白六池的風景而論，玉皇池可以算是第一了。因爲天色已近黃昏，遂在玉皇池神祠住宿。太白山六池，唯大太白池在山陰，其他五池都在山陽。我推測可能是由於大地震陷落而成的大坑。池爲硫礦質，所以冬不結冰。而池邊小草野花，傲寒吐放，紅白相映，尤爲奇觀。

二十三日黎明開門向外一望，陰雲漫天，雪花亂飛，趕快生火煮飯，隨便點心一下，就匆匆忙忙仍從原路下山，夜趕至觀音殿住宿。二十四日晨，冒雨前進，中午抵斗姥宮，在此休息半天，道士對我的毅力和勇氣，讚佩不已。

二十五日晨與李道士告別，到中山寺，時已六點，住持因事下山，僅留一個打柴的守門。我助他折一些生柴，生火煮飯，並在該寺住宿。二十六日下午三時，返抵郿縣民衆教育館。賈館長緊握著我的手，高興得眼淚都流出來。

三六　寶雞到漢中

我從郿縣到寶雞，因爲候車在那裡多住了幾天。寶雞在抗戰時期是陝西最繁華的城市。縣城北面是高原，南面臨渭河，鐵路公路，四通八達。城外居民幾百家，都住在巖壁穴洞裡，在煙雲繚繞中望去，如同天上的仙家一般。城東三里有陳倉故城，城東北二里有祀雞臺，城東南八十里有磻溪，都是有名的歷史古蹟。我能有機會順便到各處遊覽，可以說是不幸中之大幸了。

六月十二日上午八點鐘搭公路局汽車往漢中開去。過渭河西南行就是古陳倉道。棧道的遺跡，幾乎看不見了。進山口曲折行四十里，前望迎面山勢劃然中開，好像一道城門，便是歷史上有名的大散關。北面山頂有關樓一座，就是從前棧道之通路。車過散關，我占詩一首道：

十里清溪萬仞山，雞鳴犬吠翠微間；

千盤古道馳車馬，一縷閒雲出散關。

過觀音堂，車盤旋著向上行進，從車窗往後看，路成S形，約十餘盤才達秦嶺。下嶺到東河橋，四面環山，屋舍相望，是一個小山市。有店鋪十餘家，全是河北與河南兩省的難民。我們停車進餐畢，遂又開車南去，到黃牛堡因爲機件損壞，在這裡住了一宿。

十三日晨六時，天剛明大家就登車開行了。過紅花舖四十里到草涼驛，唐明皇避安祿山之亂往成都時，曾在這裡駐過蹕，因此這個小山鎮居然也成了聞名的聖地了。過五星臺四十餘里到石門關，關下濱大散水，兩面是斷崖峭壁。巖壁青松倒掛，野花絡綴其間，不知大自然用什麼妙技把它雕成這樣美好傑作。

過關車沿澗飛馳，過黃花川不遠便到鳳縣城。城既狹小，商業也不景氣。唐代王維曾到過黃花川，他有一首詩道：「言入黃花川，每逐清溪水，隨山將萬轉，趨途無百里。」黃花川雖小，但由於王摩詰來遊過，所以也便有了詩意了。

出鳳縣北關西門，沿溪前進，約五十里到雙石舖。此地在十年前還是一個三家村，現在成爲天成公路和西漢公路的交叉點。街道整齊，商業繁盛，比起鳳縣，大有婢奪夫人之概。

在雙石鋪打尖後，又開車南下，過大嶺下抵深谷，沿溪前進。過南星驛到榆林鋪，就是古陳倉道的南口。往斜谷去，便從這裡分道揚鑣。

過榆林鋪，山愈高，林愈深，路愈險，而景也愈幽。自寶雞南來二百餘里，沿路樹木甚少，至此才見清湍茂林、異草奇花。穿谷行，又二十餘里迎面有一大山叫柴關嶺。車盤旋上馳，滿山全是松林，野花翻紅吐白，絢爛可愛。到達嶺顛向四面眺望，層層疊疊的峰巒，與白雲翠樹相映，斜陽一抹，射出萬道光芒，充滿了詩情與畫意。

西南有一個高峰，突兀撐青，就是帶有仙氣的紫柏山。遠望山腰懸巖，隱隱約約有一個大石洞。就是傳說漢張子房避穀之所在，俗名叫留侯洞。崖下白雲堆疊，如雪如絮，遠山被雲氣遮蔽，時露翠螺幾點，宛似浮出海面的蓬萊仙島，並且受日光照射，忽紅忽紫，倏黃倏青，千態萬狀，變化無窮。唐錢起詩道：「向山看霽色，步步豁幽性，返照亂流明，寒空千嶂淨。」非造天下之至奇，是不易領略此詩之眞趣的呀！

車疾馳而下，又十餘里到廟臺鎮，這時，太陽已經下山，車進站停下。一行下車遂往留侯廟招待所投宿。

留侯廟去車站南面一里許，山門向東，後倚紫柏山麓，過進履橋進廟先到留侯大殿，殿中央供留侯塑像，道貌岸然，使人肅然起敬，留侯姓張，名良，字子房，他的先人五代相韓。韓被秦滅後，良佐漢高祖，終滅狼秦，以雪亡國之恥。及高祖即位，以功封留侯，後託言將從赤松子遊，竟辭官優遊林下以終。記得山門有一聯道：「全國全身，所生無忝矣；有進有退，知機其神乎？」這正可代表我的心聲了。

留侯殿東面有一處小花園，叫「別有洞天」。庭中甬路兩旁，雜蒔芍藥、牡丹、海棠、芭蕉和松柏等花木。百花盛開，簇簇如錦，還有池亭榭閣，布置結構，都極美雅。廊下壁嵌書畫碑刻百餘種，其中有峒世英畫蘭石刻，題有兩句詩道：「如何一入長安市，爛賤而今不値錢。」言外之意是很値得尋味的。

花園後面有一座小山，一拳特立，秀削天成。頂上有一八角瓦亭，就是有名的授書樓。樓上祀黃石公與張子房授書塑像，考黃石公授書遺跡，是在徐州下邳之圯橋，此不過好事者藉爲點綴而已。立樓憑欄四望，山容林色，滿眼蒼翠，白雲舒卷，忽隱忽現，其景色之奇幻、美麗，爲平生極少見。從授書樓下山返招待所，占有一詩道：

門對青山依碧流，廟臺駐馬拜留侯；
授書樓上憑欄望，暮靄蒼茫月一鈎。

十四日下午往留侯小學訪畫家任曼逸君，小學去侯廟東南三里許，校舍全部新建，大約有五十餘間，倚山面溪，地居幽勝。任君是河北省人，戰前在北平以畫虎著稱，他避寇逃到此地，權任小學校長。著有《畫虎研究初稿》一卷，封面爲于右任先生題署。居室布置精雅，滿架都是畫冊書籍。竹影當窗，松蔭侵戶，住在這裡，即不與赤松子遊，也可以算是陸地神仙了。據任君說留侯廟附近，霜後滿山紅葉，秋景最美。我與他訂重遊之約，遂告辭而去。

十五日早晨六點鐘到車站上車又繼續南下。過棗木欄、亂石鋪，五十五里到留壩縣。這一帶都是高山峻阪，路隨溪轉，異常曲折。留壩縣城很小，半倚山麓，譙樓雄峙，宛似畫中的風景。城內居民只有十餘家，無商業可言。聽說縣長生活清苦，叫太太賣油條，以資補助。眞是天下之奇聞。

過靑羊橋、靑龍寺、武關河，又九十五里到馬道驛。就是蕭何追韓信的地方。這個小山鎭，右倚山麓，左濱褒河，有店鋪十餘家，簡陋不堪。一行下車進店吃罷午飯，遂即又南下了。

過二十里鋪，麻林坪，約八十餘里到七盤關。這一帶全是層層疊疊地高山峻嶺，而七盤關更是峻嶺中之最峻者。前行進大峽谷，右傍高崖，左臨絕壑。過水泥大橋南行向左轉，褒河兩岸全是尖峭森列的奇峰，如同戈矛劍戟一般。那種森嚴的氣象，幾令人不敢仰視。河水自西北來，下流被岸山所阻，逼而東注，衝波逆折，瀠洄於亂石間，都成漩渦。浪花騰躍幾尺高，眞是稀有的奇觀。曹操在石上題「滾雪」兩個字，形容的最妙不過。

河兩岸各闢石門一道，南岸舊石門比北岸新石門略低。洞裡有石門頌和石門銘，都是最著名的石刻。過大石門沿河前進，約十里前面山勢漸開，南望一片平原曠野，心目豁然快爽。又七八里到褒城車站。褒城在漢中西北四十五里，爲古褒國建都的地方，並且還是周幽王妃褒姒的家鄉。城濱褒河西岸，倚山帶水，扼南北兩棧道的中樞，形勢異常衝要。

下午二時從褒城搭車赴漢中。進城住民衆教育館。漢中今爲南鄭縣，城在漢水北岸，面對巴山，四周幾十里都是廣漠的平原，土地肥沃，人民富庶，自古爲兵家必爭之地。城內街道整齊，商業也頗繁榮。城南有拜將壇、虎頭橋，都是最有名的古蹟。我登漢中城占有一首詩道：

平川綿邈沔江清，碧柳黃鸝動客情；
倚杖漢中城上望，夕陽霧鎖巴山橫。

三七 車馳巴山關幾重

我自幼對於考古便具有極濃厚的興趣，那怕是一塊磚、一片瓦，我都喜歡摩挲、玩賞。因此，每到一個陌生的地方，必找到地方志，按圖索驥，把當地古蹟訪察一番。我之考古與史學家之考古不同，史學家考古，在研究古蹟之歷史價值；我之考古，在對於古蹟發生思古之幽情。漢中這個地方，因爲漢高祖和諸葛武侯都在這裡住過，而且又是自古兵家必爭之地，所以城附近古蹟也特別多。我爲憑弔古蹟，在這座有名的古城盤桓了八、九天。

五月二十三日上午八點鐘，搭乘公路局汽車自漢中出發開往成都。過褒城、沔縣，進入峽谷便是南棧金牛道的北口。南北山勢之陡峻，並不遜於褒城之石門。漢水自峽裡湧出，闊度不到五十步，急流滔滔，好像幾百匹奔馬向前飛馳。

過沮水鋪到青羊鋪停車打尖。由此西行到大安驛，其西北不遠有嶓冢山，就是漢水發源的所在。前行路分爲二，向右通陽平關。向左去寧羌。車向左轉，又入峽谷。過寬川鋪便是最有名的五丁關。山爲較古之粗礫岩所構成，上面是連綿嵯峨的奇峰、左右是張牙舞爪的崩崖。有很多大岩石横列在峰頂，好像搖搖欲墜的樣子。眞堪使人驚心動魄。我想起唐李太白〈送友人入蜀詩〉有「山從人面起，雲傍馬頭生」一句，很可能就是五丁關的寫照。

再向前進，澗流宛轉、一峰一曲，山頂布滿了翠木蒼松，崖畔交織著幽草奇花，成群結隊的雲雀蝴蝶，在山間翱翔飛舞。我左顧右盼，大有「山陰道上，應接不暇」之感。

五丁關，也叫五丁峽。相傳就是秦作石牛給蜀的所在。漢揚雄〈蜀王本紀〉上說：「秦惠文王欲伐蜀，乃刻五石牛，置金其後，蜀人以爲牛能便金，牛下有養卒，以爲此天牛也，蜀王以爲然，而發卒千人，使五丁力士拖牛成道，致三枚於成都，秦道得通，石牛之力也。」大抵在戰國時代，蜀人文化水準很低，知識淺陋，並且貪圖近利，缺乏遠謀。秦王針對他們這個弱點，便用欺騙的手段把蜀滅了。我占一首詩道：

遠上雄關路百盤，林深谷暗碧雲寒；
秦王計用金牛術，詐破蠶叢蜀道難。

車自五丁關下去，過滴水鋪又四十五里到寧羌縣。這時天色已近黃昏。車停西門外車站，大家投宿於志成旅社。寧羌是一座小山城，東西北三面臨水，南面倚山，好像一個半島的形勢。

二十四日早晨，天忽起了大霧，對面看不見人。六點車自寧羌開行，過白岩河盤旋上嶺，三十七里到牢固關。這時霧氣漸消，太陽慢吞吞地從山頂上升上來。探首往下看，白雲堆疊，好像棉絮。過黃壩驛，迎面是一座大嶺，劃然中分，這就是歷代大詩人們所稱讚歎賞的七盤關。此關在古時又叫五盤關，比五丁關的山更高，其勢也更險。右邊是高崖，左邊是深壑，翠杉蒼檜，倒生在巖際，風景之幽深雄麗，簡直就是一幅關仝和范寬的山水畫。

七盤關爲川陝兩省的分界。關門據於最險要的地方。淸鄭日奎題云：「迢迢七盤山，地勢界梁雍，三秦及兩川，形勝資以控」。關門外摩崖刻「入秦第一關」五個大字。其氣魄之磅礴，眞可與七盤媲美了。

過關門南下，車盤旋飛馳，下瞰無底的深壑，危峰怪石，形形色色，好像在電影銀幕上看風景片，忙煞了兩隻眼睛。車開的越快，我的心情也越愉快輕鬆。眼望著下面高低的峰巒，曲折的河流，和星星點點的村落，直覺我們是從天上降凡的天神。又占一首詩道：

古木蒼蒼萬仞山，輕車輪繞翠微間；
白雲深鎖七盤道，暗度西秦第一關。

過教場壩、中子舖、土門關、神宣驛，忽見右面有一道漫嶺，橫跨兩山之間，其下石壁洞開，好像大城門。這就是蜀道有名的龍門關，俗稱叫龍背洞。潛水溪流入洞內，深不可測。又二十里到朝天鎭，車停站。大家下車，同進午餐。鎭倚山面江，有店舖百餘家，在山中算是一個大鎭。鎭北山麓有一座朝天宮，黃瓦飛檐，非常壯麗。吃罷飯，上車前進。出鎭向南不遠到嘉陵江。沿江左岸西南行，約四、五里入深峽。仰眺朝天嶺，穹隆嵯峨，高出雲端。兩面石壁峭削，公路因巖虛鑿。高約三丈，寬僅丈餘，上突下陷，宛似一條長廊。從車窗探首下看，峽窄水深，江平如掌。有很多運貨的小船，在水面上慢慢地向前浮動。清李鼎元詩云：「俯窺江上船，小若坳堂芥。」便是此景之寫照。

出朝天關峽過望雲關，又數里到飛仙閣。閣在飛仙嶺上，三面環江，孤峰聳秀，好像一隻鳳凰，昂頭展翅想飛的樣子，車到嶺上，遠望層層疊疊的大山，被薄雲籠罩著，山下江明如鏡，風帆掩映，充滿了詩情畫意。

下嶺疾馳，又二十餘里到千佛崖，崖在廣元縣北十里嘉陵江東岸。石壁峭削，鑿有很多石龕，每一龕都雕有佛像。這些佛像都是唐代韋抗發願鑿的。到現在一千多年，還都完好無損，其藝術價值，並不在敦煌、雲岡和龍門之下。

過千佛崖南下，山勢豁然開朗。又十里到廣元縣城。下榻於中央旅社。廣元城在嘉陵江東岸，水陸交通，地極衝要。西關靠江，因爲人口集中，所以商業特別發達。城北一里有報恩寺，傳說是唐武則天的故宅。城西濱江右岸有皇澤寺，是武則天出家的所在。江西岸石崖也鐫有佛像，都是廣元有名的古蹟。

我爲在廣元遊覽名勝古蹟，停留了一個星期，並且還舉行一次畫展。在這短短幾天之中，有兩件小事，現在回想起來，頗覺有趣。故不惜浪費筆墨在這裡順帶略談一下。第一件事是我舉行畫展借縣參議會辦公廳——張飛廟。發布新聞，張貼廣告，也是明明白白寫著地址在張飛廟。萬想不到爲此竟會觸犯了當地人的忌諱，張飛這個冒失鬼，在北方人的心目中不過是一個有勇無謀的武夫而已，但是四川人對他卻特別崇敬，都以張爺呼之，而不名。因此有人對我稱「張飛廟」一節，鄭重向參議會提出反對。議長爲息事寧人起見，便約我向反對人解釋一番，才算了事。古人說：「入國問禁，入鄉問俗。」一個常出門的人，爲避免招沒趣，碰釘子，最好要表現出孔聖人「每事問」的精神。

第二件事是有一天我獨自坐船過嘉陵江考察唐代石刻人像。一面看，一面記，看罷遂即登岸往皇澤寺去，誰知這件事又被守衛的士兵注意。他誤會我是畫地圖，冒然給我加上一個「漢奸」的頭銜。他把我帶到三里以外一座小廟裡去見他們的官長，我把身分證取出來請他看，結果才肯放我走了。我早就意識到一個人倒霉的時候，處處都是荆棘。如能逆來順受，自然也就沒有煩惱了。

三十日早晨天剛明亮我就把行李摒擋齊妥帶到公路局車站。七點半上車開行，到嘉陵江東岸，因爲前面集車太多，渡輪擺渡不及，我們的車直等到下午六點才擺渡過江。這時天色已晚，怕在路上出事，不得已停在西岸檢查站住了一夜。汽車過江走十個小時，眞是稀有的奇聞。

一日晨，五點半鐘車自檢查站開行西去。三十五里到白龍江，這是綠林弟兄出沒的地方，常以出事聞，因此大家莫不提心吊膽。江水雖不甚寬，但流勢湍急，並且兩岸沙石壘壘，迴瀾激盪。太公放舟，先必逆流北上，將近對岸，再轉柁順流南駛，才能安全靠岸。

車由船擺渡過江，過寶輪灣西南行又過黃沙江。江水是深碧的顏色，好像美玉似的。牧童橫坐牛背，從蘆葦叢中穿過，吹著笛子，悠然自得。對面青山，倒映水底，綠柳掩映，舞動著柔枝，使我直覺是在畫中遊哩。

又十五里到牛頭山麓，山頂有天雄關，是古棧道的通路。車避關由峽裡上駛，兩面全是斷崖峭壁，其險峻不亞於老君峽與五丁關。約四五折才達嶺巔，四望群峰聳秀，拱衛有情。

過大木戍、高廟鋪，遠望西南山頂方平，好像一道板築的大城，同座指著那座大山對我說：「劍門關快到了。」我聽到劍門關的大名，高興的不得了。前行見路邊古柏參天，大幾抱粗，長枝拖在地面，如同鳳尾一般，眞是稀有的奇觀。

前行二十里到大劍山，山勢劃然中開，兩面萬峰刺天，宛似戈矛劍戟，森排左右。崖壁呈黑青色，垂直不下千尺。石理全是橫裂，好像龜甲蛇腹，那種猙獰險怪的尊容，眞可使人驚心動魄。南面還有一個大峰，正當缺口，雄峻突兀，極似佛頂。下車步行上去，又十里到劍關。關在大劍山上，雙崖鐵裂，相對如門。關路一線，僅通車馬。唐李太白詩云：「劍閣崢嶸而崔嵬，一夫當關，萬夫莫開。」其形容劍門之險，可謂切當盡致了。

站在劍門北望群山自西北來，好像波濤洶湧的錢塘怒潮，青峰翠嶂，千重萬疊，使人眼花撩亂，不辨方向。俯眺深澗，堆疊無數大石，奔流下注，水聲隆隆，我面對雄壯偉大的名山勝水，看的直發愣，不知大自然以什麼妙術會創出這樣的傑作。

關門左邊刻有杜甫和陸游遊劍門詩。劍山頂上有姜維城遺址。傳說是伯約屯兵的所在。《三國蜀志》上說：「景耀六年，姜維自沓中還住陰平，聞關口已下，與張翼董厥退保劍閣，以禦鍾會。」陸放翁詩云：「自昔英雄有屈伸，乘機變化亦逡巡，陰平宿寇非雄禦，如此江山坐付人！」這是有感於後主降魏，詔姜維開關納敵之事而發的。我也占有一詩道：

連峰北向仰雄藩，削壁千尋谷晝昏；
莫謂江山險可恃，劍門一戰豎降旛。

三八 天府之國的成都

過劍關前進，四十五里到劍閣縣。縣城背倚山麓，面臨劍河，形勢非常險要。車停站，大家下車進餐。午後一時，車自劍閣南下，過梓潼廟到梓潼縣。這時，天已黃昏，城內萬家燈火，遂停車，覓店住宿。

晚飯後，我獨自到街上蹓躂一會兒，瞻仰瞻仰本地的風光。我看見有家商店廊檐下，圍著很多人，我當是出了什麼事情，及走到跟前仔細一看，原來是一位老學究指手劃腳向大家唱念聖諭。他的聲音既宏亮，而且調子也很有揚抑頓挫，念到悲痛處，使聽衆感動得直拭眼淚。幾十年沒有聽過「聖諭」了，料想不到在旅途中無意又能聽到，激起我多少幼年的回憶。

二日上午八點，車自梓潼縣開行，過魏城驛，沈香舖一百二十餘里到涪江。這一帶沒有高山，大半都是水田。四川風俗，夏季鄉下男人多穿短褲，赤腳草鞋。頭上裹白布巾，手持綢傘，大搖大擺，有的腰間還插短槍，頗有英雄氣概。

過綿陽、羅江，到德陽縣。西望平原綿邈，泱莽千里，煙林之外，斜陽一抹，不覺心胸頓豁。老杜詩云：「遊子出京華，劍門不可越，及茲險阻盡，始喜原野闊。」可見古今人都有同感哩。

繞德陽城外西南行，過雒江、廣漢、彌牟鎮，這時太陽已落，將近黃昏。又二十里到新都縣，自德陽來，二百餘里，沿路全是肥沃的水田，煙村水郭，阡陌交通，車馳行其間，如凌青雲，如泛綠海。村落三家兩家，編荆爲籬，構木爲室，粉壁瓦蓋，整齊美觀。橘柚圍於戶外，桑柳植於田畔，稗稻花香，連畦接隴，芋區蔗田，繡錯綺分。所謂「天府之國」，眞是名不虛傳啊。

從新都前進，四十里到成都。滿城電燈閃灼，朗如天上繁星。車水馬龍，諠闐不已。進城下榻於四川飯店。又占一首詩道：

日落平川客影孤，萬家燈火到天都；

錦城絲管迷人醉，碧樹煙蘿似畫圖。

成都位居四川盆地之西部，其附近幾百里，都是肥沃的大平原。不但物產豐富，環境幽美，而且氣候也特別溫和。因此古有「天府之國」的稱號。這座古老的大城，是從秦司馬錯入蜀才設爲縣。後來西漢、西蜀都曾在這裡建國。到民國分置成都、華陽二縣。成都治西北，華陽治東南，如同兩姊妹，平分春色。在抗戰時期，由於外省人紛紛流亡四川，所以成都不但商業發達，而且在教育、經濟、文化各方面，也莫不有顯著的進步。

我在前方的時候，所看到的一般軍民們，吃的是粗茶淡飯，穿的是土布綿衣，爲著爭取達到共同的目標——最後勝利，有錢的出錢，有力的出力，莫不是辛辛苦苦，兢兢業業，過著戰鬥的生活。可是到了成都，看看後方人們，西裝革履，燙髮高跟，坐茶、跳舞、打麻將、看電影，奢侈浮華，墮落腐敗的生活，使我一方面傷心喪氣，一方面也懷疑政府對於抗戰勝利的保證究竟是什麼？

當我初到成都，有一天去潢壁軒裱褙店裱畫，碰到一位老先生，瘦高的身材，長長的臉兒，鼻上掛著老花眼鏡，身穿一襲黑綢長衫。風度文雅瀟灑。他的頭髮雖沒有白，但從面上的皺紋看來，大約有六十歲左右。他看了我的畫，便向我攀談，問東問西，不厭其詳。我自然也要向他請教貴姓大名。他姓楊名秋帆，家在灌縣青城山下。他一個人住在成都仁厚街。每天無所事事，除畫幾筆畫便是坐茶遊耍，生活可以算得上寫意。他很謙虛的對我說：「我初學畫，還不懂得筆法，只是照畫譜比葫蘆畫瓢。我很想拜您作老師，不知先生肯收我這樣的老學生否？」當即邀我到他家去看他畫的畫。從前我以爲他說的是客氣話，及看了他的畫才知果然是初學。我對他這樣耄而好學的精神非常佩服。從此我們便結爲忘年交，每天我到他家指點他畫畫的筆法。不久我到青城山去，他還給我寫幾封介紹信，其古道熱腸，在現實社會是極少見的。

因爲我最喜遊覽名勝古蹟，所以到成都也不例外。如少城公園、文殊院、武侯祠、草堂寺、望江樓，以及新都的桂湖，都有我的足跡，而且在我八識田中也烙下不可磨滅的印象。

三九　遊青城山重晤張大千

我在成都住了十來天，便於六月十一日搭公路局車去青城山遊覽。青城山去成都西北百三十里，不但是四川最著名的名山，而且也是夏季避暑的勝地。過灌縣我在二王廟住了兩三天，對於灌縣的都江堰、離堆公園、靈巖山等名勝，先玩個痛快。於十四日才到青城山。我住在青城首府天師洞，嘯長空客舍。當時外來避暑的遊客特別多，眞有「鐵限爲穿」之概。有些富商達宦，還攜家帶眷，在廟上開大房間，清靜道場，變成了山林旅館。出家人借機會撈一把錢，帶到都市再散出去消遣消遣，這也可以算是「禮尚往來」。

我住在山上，以一部分時間遊覽，以一部分時間作畫，有時和道士們談談玄理。這一段生活，眞覺淸福不淺哩。

有一位老道，是山東人，原先在吳佩孚幕下作祕書，後隨吳入川，他看吳之大勢已去，於是毅然到靑城山出家。我看他相貌淸秀，還很有些道氣。即如不能跨鶴升天，但已作了陸地神仙。和我同桌吃飯有一位畫家關山月，是吉林人，有三十幾歲，談吐還頗文雅，而且多幽默感。因爲我們都是北方人，所以很能談得來。有一次我和關君，另外還有劉張兩個人，同席吃飯。關君笑著對我說：「今天吃飯有個名堂。」我問：「什麼名堂？」他說：「劉關張群呂布。」大家都樂得笑起來了。現在回想我在四川那一時期的命運，可眞有呂布被困白門樓之感哩。

那時張大千先生才從敦煌回川，攜眷住在第一峰之上淸宮。我們常見面討論有關國畫的問題。我與大千先生初次見面是在民國二十二年，他和善仔先生在北平中央公園水榭舉行畫展的時候，轉眼不覺十年，人生聚散，眞是不可思議啊！

我在天師洞住了二十多天，不但遍遊靑城名勝，並且還作了幾十幅畫，總算不虛此行。於八月二日向易監院告辭下山，承冉知客置酒爲我餞行，並承馮道士贈藤杖一根，使我永遠銘感不忘。過灌縣又在二王廟住了一宿，於三日下午返回成都，遂下榻於楊秋帆先生寓。

我在靑城山聽關山月說，我在北平美專時所認識的一位同鄉線雲平小姐住在成都祠堂街沙利文飯店，因此，我回成都第三天便去沙利文飯店訪她。十年未見，想不到她依然是那樣雍容華貴，風流瀟灑。她專畫工筆人物、仕女，入川後，曾在成都重慶等地舉行過幾次畫展。因爲她是一個最活躍的女性，所以在藝術界頗出風頭。我對她說，打算在成都舉行畫展，她非常高興，願盡可能給我幫忙。並且當即陪我去訪張霽青、張采芹、林君默幾位名畫家。她勸我要多找幾位大官和金融界鉅子們捧場。我說：「我舉行畫展的目的，是在宣揚歷代民族英雄捍衛國家的光榮史蹟，以鼓舞後方民心士氣，並不在賣畫。所以沒有請託要人們的必要。」她說：「你不要固執，固執是要吃虧的，託人幫忙多賣幾張畫，生活舒服一點不是更好嗎？」我對於她的熱誠雖是很感激，但終究沒有接受她這番好意。

我舉行畫展是在少城公園省立民衆教育館，地點既適中，環境又幽美，所以參觀畫展的人士非常踴躍。我雖是沒有請託達官貴人們捧場，但意外的卻依然有人來買我的畫。並且有不少人贊成我這樣硬派作風。

四〇 成都到嘉定

在成都畫展結束後，我便決定去朝峨眉，並且打算過嘉定也展覽一下。有位朋友還給嘉定保安司令李承魁先生寫封介紹信，請他關照一切。這樣一來，我就更有仗恃了。

八月三十一日，天氣特別晴朗，早晨六點鐘我與楊秋帆先生帶著行李乘人力車到東門大安街碼頭候船。楊公還在江邊小館備酒菜給我餞行。並再三殷切叮嚀，盼我再回成都。他那眞摯洋溢的熱情，使我感激得直流眼淚。

八點鐘，楊公送我上船，各道珍重，依依而別。我搭的是一隻蓆篷民船。乘客大約有四五十人，擠得滿滿地，一點空隙都不留。九點鐘開船，過九限橋，望江樓，東望火球似的太陽，慢吞吞地從地平線滾了上來，波面立刻成了大汞爐，現出萬道黃金色的光芒。與兩岸楊柳樓臺，互相映襯，織成一幅美麗的畫面。過大石橋、中興場，泊蘇碼頭進午餐。沿江這一帶，都是高大的竹林，和參天的古樹，處處都足以引人入勝。午後三點，船又開行。過古佛洞到黃龍溪。這時紅日已落，暮色逼人，船遂靠岸，乘客大多登岸投宿旅館。我爲著欣賞月夜江上的景色，所以與四五個旅伴住在船上。

眺望兩岸，村落樹木全被輕煙所籠罩，茫茫蒼蒼一片模糊。只有漁船上幾點忽隱忽現的燈火在波面上閃耀。群動也都安息了。聽不到一點聲音。可是遠遠傳來幾杵鐘聲。更感到深夜之靜謐。

我覺得長途旅行乘民船最有意思，因爲民船航行速度較慢，可以任意瀏覽沿江的風景。我乘民船旅行，這是有生以來破題第一遭，因此，也特別感覺有趣味。

我仔細留意川江民船的形式和別的地方的船式不同，川江的船雙桅拱立，布帆正懸。船首有大撥水叫「招」。左右有大木分水叫「尺」。前執招後掌舵者叫「太公」。看帆者叫「外掌管」，挽索者叫「內掌管」。總理船上事務者叫「板主」。左右有橈夫三十人，或五六十人分班搖櫓。船開行時，款乃之聲，不絕於耳，夏季上水船縴夫，大多裸體，一絲不掛，正是開「天體運動」風氣之先。

九月一日晨六時自黃龍溪解纜開行。過茅家渡，左右山勢漸開，作簸箕形。山坡上全是玉蜀黍，遠望宛似婦女面紗，過木魚口灘，到半邊街，市依山面江，高樓大廈掩映於茂林修竹間，風景非常綺麗。前行十餘里到江口，西望白沙河，一水東來，就是岷江的正流。市在江左岸，房舍櫛比，連綿數里，爲沿江最大的市鎭。錦江到這裡和岷江會流，水勢浩瀚壯闊，使我的心胸也開擴了許多。

從江口南下，地勢豁然開朗，一片廣大平原的盡處，有幾層遠山，以「橫如眉黛」四字形容它，最恰當不過。到彭山縣泊岸進早餐。縣城濱江西岸，因東面十里有彭山，故名。又四十里船泊眉縣。爲宋時三蘇的故里，聽說城內現在還有蘇氏的故宅和祠堂。可惜不能進城巡禮，眞是一大憾事！

過張家場、太平場到青神縣，船泊岸進餐。縣城倚山帶江，對岸山巒重疊，林木茂密，風景非常秀麗。離青神南下，濃雲密布，大地驀地失去了光明，一陣清風攜來霏霏細雨，打在船蓬上，刷刷的作響。過吳古津又二十里到中峨寺，對面秀拔絕俗的岸山腰裡有一座莊嚴玲瓏的殿宇。上下左右被蒼松翠竹層層包圍著，煙雲縹緲，繚繞在山頂和樹間，繪出一幅最美麗的畫面。又十里到劉家場，這時，日暮雨歇，遂停船止宿。船靠岷江東岸，是青神一個小山鎭。四面尖峰聳峙，石壁嶙峋，大多數人家都在石隙裡建築房屋。岸上有很多湖桑林，山蠶業甚發達。我到鎮外瑞峰中心學校匆匆參觀了一下，回來隨便吃一點東西就找一家小店休息了。

二日，天剛明便爬起來趕到船上。六點鐘船自劉家場開行。這時，天又下起傾盆的大雨來。雲氣瀰漫，遠山近樹，一片模糊，好像一幅米襄陽的大手筆。十里到鴉婆灘。這是岷江中第一險灘。灘石橫阻中流。上面遍生蘆荻，白花似雪，呈爲奇觀。江水自灘頭分流，波浪洶湧，異常湍急。船行在灘上，震蕩不定，太公和橈夫都大聲疾呼，互相警誡。破浪急駛，不敢稍懈。我們搭船的乘客也莫不提心吊膽，驚惶失色。我閉著眼，合著掌，默念救苦救難觀世音菩薩的聖號，結果賴菩薩加被，幸得平安渡過。

過漢陽壩二十里進入小三峽，江水到這裡，僅有四五丈寬。洪濤奔激，轟隆轟隆的水聲，幾震破了耳鼓。左右兩岸，並排著高高低低的奇峰；布滿了蒼蒼翠翠的古松。風帆交織，江流縈迴。峽愈深而境愈幽，林愈茂而石愈奇。左顧右盼，如行山陰道中，眞有應接不暇之感。大約有三四轉才出峽口，前行山勢開朗，江面漸闊，遙望烏尤凌雲，雙峰突兀，使人不禁神馳。又四十里到樂山縣（嘉定）。船泊北關外碼頭，我攜行李登岸雇人力車進城，下榻於鐵牛門街嘉定飯店。這是樂山最大一家旅館。設備完善，招待也很周到。我占詩一首道：

日落江城起暮煙，凌雲山下水連天；
千家燈火市聲鬧，近岸橈夫喚泊船。

樂山縣，在前清爲嘉定府治。縣城西面倚山，東北南三面臨水，因爲水陸交通便利，所以商業非常發達。大渡河到城東南與岷江會流於大佛脚下。夏秋水漲，奔湧騰躍，呈爲偉觀。隔岸，凌雲烏尤二山，赤色的大巖壁上綴著蒼翠茂密的樹林，與江水相映，風景如畫。唐代石刻大佛，俯臨江岸，莊嚴慈悲，令人肅然起敬。宋范石湖品定全國山水之窟有二：一是嘉定，一是桂林。邵博也說：「天下山水在蜀，蜀中山水在嘉。」我親歷其境一看，才知古人的話，並沒有絲毫的誇張。

我到樂山第三天去拜訪理學家李承魁先生和美學家朱光潛先生。李氏住在萬佛寺街，他家後面倚山，前面對大渡河。有新式小樓一座，鑿石爲階，編竹爲籬。庭前雜蒔各式各樣的花木，布置異常清雅。李氏綠窗高臥，野服蕭然，室內除滿架線裝書外，別無陳設，他雖研究理學，崇拜儒佛，可是慷慨任俠，更具有墨家的精神，承接見暢談一點多鐘，彼此非常愉快。

朱光潛先生任武漢大學教務長，武大係借佔文廟的房舍。地據高阜，西望三峨，東眺九頂，令人悠然意遠。我與朱先生談話是在教務長辦公室。那時他的年齡不過四十幾歲，相貌清秀樸野，態度和藹可親。我取出拙作「杏壇設教圖」，請他題字以留紀念。他非常高興，當即就在畫面題了幾句。我問他對於現代國畫，有什麼感想？他說：「現代國畫，不是失於柔媚，便是失於粗獷。如宋元諸大家剛健婀娜兼而有之的妙品，眞太少了。」我又問：「朱先生可以說明這是什麼原因嗎？」他搖搖頭冷笑了一下感喟的說：「這方面原因當然不止一端，但依我看，主要的原因就在現代藝術家品德修養太不夠。今後藝術家們必須注意品德的修養，才能產生偉大不朽的作品。」最後他對我誇獎了幾句，我遂即道謝告辭了。

那天晚上故宮博物院院長馬叔平（衡）先生自成都來樂山。也住在嘉定飯店，因為我與馬院長在北平曾見過面，所以我特地訪他談了一會兒。

到樂山第七天借中山紀念堂舉行畫展三天。當時，我由於吃鮮桂圓害痢疾。每天便十次以上，下墜肚疼，頭暈目眩，眞是苦不堪言。因為心情不好，晚上常作惡夢。說也奇怪，有幾次夢見我的父親去世，我慟哭流涕，悲傷得死去活來。後來證明那時父親確已去世。可見心靈交感的作用，眞不可思議啊。

四一 凌雲烏尤二山攬勝

六日那天上午八點鐘，我由東大街碼頭雇了一隻小木划子，順流下去，遊覽嘉定名勝之雙姝——烏尤與凌雲二山。

這時，江水新漲，波濤洶湧。船行在中流，好像蕩西瓜皮一般。約三里許，抵大佛腳下。船簸動得更厲害，聽著波浪拍岸轟隆轟隆的水聲，眞可驚心動魄。仰望三百六十尺高的大佛，科頭跣足，端坐在江畔。有多少遊艇都從他的腳下經過。他穩風不動，眼眨也不眨的定了一千多年。

反觀流水，後浪逐前浪，一波未平，一波又起，它「不舍晝夜」的流呀，流呀，不知究竟爲什麼？

關於大佛，還有一段驚人的故事。傳說：在唐玄宗開元年間，凌雲山有位海通禪師，他的道行很高，早已得了神通。他看岷江與大渡河的水勢湍悍洶湧，每年不知損傷多少船隻和生命，因此，發願在凌雲山臨江石壁鑿一尊大佛像，以鎮壓水怪。當開始動工的時候，嘉州刺史向這位大和尙勒索賄賂，師憤然道：「僧目可剜，佛財難得！」刺史赫然震怒道：「你說佛財難得，走著看吧！」師想，不送他紅包，他必不甘休，不如以神通之力來感動他。於是回到寺裡遂即把自己兩個眼睛剜掉，用盤子盛著，派徒弟給刺史送去。這位貪官一看，果然大受感動。他很懊悔的道：「我錯了！我錯了！請你回去告訴和尙，我不但不再向他要錢，並且發願以全力幫助他完成這件大工程，以滿他的願心。」這眞是一件可歌可泣的事啊！

佛像本來是用五彩和金繪飾過的，並且上面還蓋有一座幾層高樓罩著。不幸於明末被流寇燒毀，眞太可惜！

烏尤山原名叫烏牛山，到宋代才易今名。巍峰聳翠，孤峭特立，好像一個海中的仙島。船泊山腳，登岸拾級上去，曲折的石磴，長滿了青苔。沿路全是高大的籠竹和古樹，濃蔭遮蔽天日，到此頓感幽涼。約二、三百級到止息亭。俯瞰江面，波明如鏡。亭內石刻很多，其中有太虛法師題：「雲影波光天上下，松濤竹韻水中央。」繪景最爲貼切。

曲屈又百餘級到烏尤寺，該寺一名正覺寺，是唐代惠淨上人所創建的。寺宇既莊嚴偉麗，而環境又高朗清幽。寺右有五百羅漢堂，塑像迴環排列，千態萬狀，頗有藝術價值。羅漢堂右側有爾雅臺和曠怡亭，全爲復性書院所借佔。書院創設於民國二十八年，山長爲理學家馬一浮先生，馬氏除講性理之學，並鬻字刻書。我去訪他，適進城未歸，無緣一晤，甚覺悵然。

從烏尤寺緣仄徑下山，約一千餘級，下抵河畔。河名麻濠，就是烏尤和凌雲二山之界水。乘小船過河，向裡面走二、三里到古漢墓，隨便瀏覽一下。三穴毗連西向，中間者最大。內外均雕有花紋，具有高度的藝術價值。

離漢墓轉回，即登凌雲山麓。凌雲山上有九頂，宋時又名小九嶷，群峰盤結，林木森羅。蘇東坡說：「生不願封萬戶侯，亦不願識韓荊州，但願身爲漢嘉守，載酒時作凌雲遊。」由此可知凌雲吸引墨人騷客之魔力是怎樣的了。

曲折前進，約三百餘級到蘇子樓，俗稱東坡讀書處，聽說樓是明閹魏忠賢的生祠，這個欺君害民的內官失敗以後，地方官就把他的藏垢納污的生祠，無代價劃歸蘇東坡的名下了。自古以來，有些達官貴人，爲著掩飾自己的罪惡，強迫人民給他鑄銅像，修生祠。不但不能血食千祀，有的一世還沒有過，銅像便被拉倒，祠堂也被拆除。自以爲得計，實則其愚不可及呀！

由東坡樓下頂，過海師洞，繞大佛頂後轉到凌雲寺。其寺宇比烏尤寺更加莊嚴。進寺拜罷佛出來循右邊小路下山，沿路壁間摩崖佛龕甚多，而且都是唐代的石刻。過放生池，觀音洞，下到山根，又循別徑登靈寶峰。上有凌雲塔，高十三級，兀峙天表，很像西安小雁塔，也是唐代的建築。下山徑篦子街到凌雲渡，仍乘木划渡江回寓。此遊，上上下下，走了許多路，流了不少汗，可是由於心在觀覽風景，所以並不感疲倦。我占有一首詩道：

日照岷江喚渡舟，攜琴更作凌雲遊；

讀書樓上憑欄望，紅葉青山滿眼秋。

四一　朝峨眉山

自樂山旬日以來，天氣總是陰多晴少，屢登瞻峨門，翹首西望，每以不得見峨眉眞面爲憾。民國三十三年九月十四日早晨，天氣大晴，這眞是朝峨眉山最好的機會。吃罷點心，我帶幾樣日用品和一件毛線衣，掂一根籐杖，到街上買一雙草鞋子穿上，出瞻峨門步行，悠哉遊哉，獨自向峨眉山走去。

三里過斑竹灣。北望嶺麓，有很多新建的高樓大廈，錯落於修篁茂林間，繪出一幅美麗的圖畫。路右邊石壁有漢墓數十洞，沿崖羅列，大小不等。由此轉西北行，十里到草鞋渡（青衣江）。傳說明朝末年，張獻忠攻佔樂山後，就要渡江上峨眉山，鄉間老百姓怕流寇到山上對於佛菩薩不利。於是織了一雙四五尺長之大草鞋，掛在河邊樹上，以欺騙他們。獻忠得到部下報告，他便以爲這是神助，因此就不敢冒險過江。張獻忠雖是殺人魔王，可是他畢竟還怕天神和佛菩薩的威靈。與現在那些只信科學，不信神佛的殺人魔王比起來，眞就不可同日而語了。

青衣江發源於蘆山縣東蘆山西麓。經飛仙關東南到樂山縣西雙湖與大渡河會。東岸灘上，遍生蘆葦，花隨風起，如同飄雪飛絮一般。青衣江，不但風景美，而且這個名字也特別富有詩意。我乍聽到「青衣」兩個字，便好像看見在這裡躺著一位如花似玉的美人。

坐渡船過江，四十里到蘇稽。這是樂山西境一個大鎭。住有一千多戶人家，大半都以絲綢爲業。鎭南有秋蠶場，其附近湖桑成林，一眼望不見邊際。

沿公路前進，又十里入山。峰迴路轉，一碧如黛。左右嶺麓上全是密密叢叢的松林。山腳下有道小溪，曲折瀠洄，澄碧明潔。與青山蒼松相襯映，分外使人可愛。邵氏說：「蜀中山水在嘉」這句讚詞，到此便可以證明不謬了。

又三十五里到峨眉縣城。先到東關大佛寺拜罷佛才進城去。哎喲！慘哪！慘哪！映在我的眼簾中的是一片焦土赤壁，斷垣碎瓦。多少人家都在焦土堆上臨時搭建草庵茅棚，藉蔽風雨。全城房舍於三十二年被大火燒光，雖縣府教堂，也莫有倖免。因此，我除以悲憫的心情憑弔殘跡外，當然談不上觀光了。

穿街出南門仍沿馬路前進，五里過聖積寺，又五里過蕭店子。仰望峨山，三峰駢峙，好像一架青玉屏風。過清溪又三里到入山第一座大廟報國寺。這時，天色不早，決定在此落腳。我到客堂洗洗臉，便匆匆往各殿堂巡禮一番。晚承知客僧爲我下榻於集梧軒。該寺住持果玲法師，頗通佛理，尤善作詩。我去訪他，適因緣不巧，到成都去了。我曾遊過多少大寺廟，接觸過無數出家人。但能談經論道，不涉金錢勢利者太少。未知果玲能免俗否？

殿前有兩株丹桂，滿樹正開著密密簇簇的小紅花，微風吹來，滿院都是香氣。我占了一首詩道：

楠樹森森玉露侵，一輪皓月出幽林；
桂花香裡僧房寂，獨坐蒲團調素琴。

曉過震旦第一坊

從報國寺上頂，有兩條路，一是從右方去，經龍門洞、萬年寺、華嚴頂，此爲大道。一自左方去，經伏虎寺、清音閣、洪椿坪、九老洞、洗象池，此爲小路。我決計從小路上，從大路下，兩方面風景，都有機會欣賞。

十五日早晨，感謝菩薩加被，又是晴天。我洗漱畢，便向知客僧告辭，離報國寺上山。過伏虎寺木牌樓、虎溪橋、震旦第一坊，便到伏虎寺。該寺前後共有殿宇七進。後倚懸崖，前臨深壑，重樓複閣，氣象非常宏麗莊嚴。寺的四周被大小峰巒重重包圍著。山麓水邊盡是蒼松黛柏和青翠的修竹。這種景色，眞可使人陶醉。在抗戰初起，四川大學遷設此地，我去時，該校才搬回成都不久。青年學子們能在這山水勝處讀書研學，不知是何生何刧修來的清福？

拜罷佛出寺，過解脫橋，上解脫坡西南行，到雷音寺進早餐。由此前進，過華嚴寺、純陽殿到慧燈寺。寺門南向，坐山門樓上，可以眺望峨山絕頂。下坡過萬福橋，到聖水閣。寺雖不大，但因爲是隋朝智者大師的道場，所以也很有名氣。尤其是閣前的聖泉，更吸引不少遠道的遊客。傳說智者大師離開此地住錫在湖北荆門玉泉山的時候，有一天忽然一心一意想飲峨眉的聖水。因爲他的神通廣大，很快便有龍女把聖水取來，並且還把大師存在峨眉的衣鉢也一併從泉裡湧了出來。所以後世便傳爲「神水通楚」的佳語。如以常識判斷，這種事是不可能的，可是神通之力就不可思議了。

聖水閣的住持名普智，大約有五十幾歲。穿一件灰色粗布衣服，相貌清秀，頗有道氣。他泡了一杯聖水茶，捧給我道：「喝聖水，可以延年益壽。」我笑道：「像法師每天喝聖水，當然可以長命百歲囉？」

從聖水閣上去僅有幾十步便到大峨寺。寺爲唐禧宗時高僧慧通所創建。殿宇有五進，規模之大，也非常驚人。後殿供普賢菩薩，赤脚袒胸，箕踞坐在象背上。相貌非常猙怪難看。我想必有所本，所以不敢輕議其非。像後左側有古松一株，幹穿屋頂而出。圍一丈五尺，高約十丈。好像一條蒼龍，展足伸頸想騰空飛去似的。有些香客用刀刮剝松皮。我問：「作什麼用？」答：「可以療治心疼。」我解釋道：「樹木全賴皮管輸送水分養料，皮被剝淨，就要死了。療病可用醫藥。盜取寺廟財物，死後當入地獄！」他們聽了，有些害怕，所以就不刮了。

出寺仍西南行，過中峰寺、觀音寺、龍昇岡、廣福寺到雙飛橋。過橋左轉，拾級而上便是清音閣。閣高踞嶺麓，前臨絕壑，白水在左，黑水在右，二江駢瀉，雙虹倒影。前面左右巖崖都呈黝青色。巖上蒼松布陰，幽篁擁翠。崖下清流急湍，奔騰怒吼。我坐在牛心石上，耳聽流水，目送行雲。心曠神怡，眞有飄飄然之感。

在清音閣吃罷午飯，我便踏上牛心嶺向前行進，俯眺黑龍江，宛似一條大蟒精在森林裡爬行，峰迴路轉，松嘯鳥鳴。過牛心寺、大坪頂洞天首步坊、到洪椿坪。這時已經下午五點，夕陽無限好，只是近黃昏。於是決定在這裡住宿。

洪椿坪，本是古千佛庵的遺址，爲伏牛山楚山禪師所開建。寺背倚高崖，前面和左右都臨絕壑。其四周全被松杉和楠樹之類大森林所籠罩。風景之幽麗雄深，就不是伏虎寺、清音閣所能望其項背的了。

寺門前原有三棵大椿樹，現在都已枯朽。僅賸一枝，還頗有生意。知客僧告我說：「這幾棵椿樹，可眞非凡，五百年開花，五百年結果，除峨眉山，在別處是看不到的。」他雖言之鑿鑿，但我卻姑妄聽之而已。

該寺的建築，也極宏偉莊嚴，在接引殿右側有精舍三間，爲林故主席的行館。室內沙發地席，一切陳設，都極精美。庭前曲欄外雜蒔四季花木多種。而丹桂海棠，都正開著燦爛馥郁的花朶。中間有一個小方池，水裡有很多青蛙，蛙叫起來，一唱百和，好像很有律奏。這有個名堂叫「仙姬鼓琴」。晚上承海寧和尚爲我下榻於精舍。皓月當空，明星滿天，我赤著腳，坐在庭前，聽梵唄以清心，對花月而無言，悠然怡然，幾不願回室就寢了。又占一首詩道：

寂寞閒庭露氣侵，松間皓月照禪林；
夜深切莫入清夢，水上仙姬在鼓琴。

望鄉臺上倍思親

十六日，天剛明，便起身離洪椿坪。沿路都是蔥翠的森林，仄徑濕滑，偶一不愼便有跌倒的危險。約三里許到扁擔巖。巖正對山缺，東望魚肚白的天空，蕩漾著幾縷綺麗的霞采。綿邈的平原上，一塊綠，一塊黃，宛如僧人穿的百衲衣。北面有一座山峰，峭壁萬仞，石色斑駁，名叫「仙掌巖」。其雄奇可以與華山仙人掌媲美。

過此，山勢愈高而徑也愈險。又十里許過壽星橋上九十九道拐。不但徑路曲折，而且也特別陡峻。正如古人所說「前人足抵後人嘴」的情勢。宋時候范石湖遊峨眉，用木作一長梯釘在崖壁上，並選最有力的士卒用肩輿抬著他。另外還徵山裡壯丁三十人縛大繩在前拽著。可見那時這道山路是如何的艱險啊。自明萬曆年間，有位大菩薩覺巖居士發心修鑿上山盤道以來，遊人才不感到攀躋之苦了。遊客有很多坐滑杆上山，到九十九倒拐，杆夫左轉右轉，幾無法換肩，我雖不坐，但從旁邊看著也會替他們捏一把汗。

又五里到望鄉臺。我這個飄泊天涯孤雲野鶴般的遊子，聽到這個名字，禁不住鈎起了思鄉懷親的悲愁。

前行，路較坦闊，夾道兩邊全是蔽日參天的大杉樹，其枝幹遍生苔蘚與鱗草，好像披羽毛衣，穿羊皮裘。各式各樣，千奇百怪，蔚爲盛觀。又十里到天峰禪院。海拔已一千五百五十公尺。

天峰禪院，古名仙峰寺，俗稱九老洞。殿宇共五進，屋頂全是錫瓦鐵板蓋成的。被日光照射，現出晶瑩耀目的亮光。寺背倚懸崖，前面萬峰羅列，氣象異常雄偉。其周圍有很多蒼松冷杉，與寺宇相襯映，宛似一幅趙千里的仙山樓閣圖畫。

該寺的建築和自然風景固然值得遊客欣賞，可是最足以引人發生興趣的還是山門外石坪上的猴子。這些猴子好像受過訓練，見人一點也不害怕。牠們成群結隊，無拘無束，逍遙自在，高者二、三尺，矮者一尺餘，有老的小的，胖的瘦的。打滾、跳高、翻觔斗，瞪著兩隻大眼睛，眞太逗人可愛了。我拿餅乾喚牠來吃，牠便從我手裡取去。我抱弄撫摸牠，牠便很親切的倚在我的身旁。這時我彷彿坐在一個大家庭裡看一群孩子們遊戲，意識裡完全破除了人與獸的隔閡。聽說峨眉山猴子住的地方分爲三區：一在洗象池，一在華嚴寺，一在九老洞。因爲牠們性馴良，好清靜，穴居野處，好像養眞修道的高人隱士，所以僧人都叫猴居士。

看罷猴居士便到寺裡去拜佛。最後是舍利殿，殿內供一座小銅塔，高約七尺。內有一個玻璃瓶，中以香水浸養白色舍利二粒，僧說這是釋迦牟尼佛的舍利。有很多遊客都圍著爭看。有位遊客對我說：「舍利怕不是眞的。」我反問他道：「宇宙間那一件東西是眞的，你能舉出嗎？」他搖搖頭，似有所悟，不言應了。

九老洞裡訪仙蹤

出寺右行，倚崖壁而下，冷杉夾道，石蹬陡滑，凡數轉，級盡便到九老洞。傳說黃帝訪天皇眞人在這裡碰到一位老修行。問他同伴修道有幾人。老人答道：「同修有九人。」因此，後人就命名叫九老洞。洞分內洞外洞。外洞高敞通明，好像一個城門。洞外面全被古樹蒼藤籠罩著。左右有兩口，相距約有十幾步遠。站在洞口往下看，陰森森的深淵，望不到底。外洞後壁開有一小洞，向裡望去，漆黑深不可測。無數山燕，從洞口出入，穿梭般的亂叫。由老僧執燭給我們作嚮導，就石級下去，便入內洞。洞高約丈餘，上面有很多石鐘乳和燕子窩。前進泥濘濕滑，燕糞積有寸深，腥穢酸鼻，使人很不好受。彎著身子，打了幾個轉才到終點。裡面有一間屋子那麼大，几案上燭光熒熒，供趙公明塑像一尊，善男信女們都向神燒香膜拜，卜問吉凶。我因為最信「君子安貧，達人知命」這句名言，所以沒有向這位來歷不明的趙公明請教。左右還有幾個小洞，因爲口太狹，人進不去，只有望洞興歎了。

出九老洞又順道登先皇壇一覽，遂離天峰禪院繼續向頂上行進。過觀音橋、長壽橋、望石筍峰，迴嶂逼天，萬壑爭流。有幾道大瀑布從高巖上飄然落下，頓成數疊，構成極美的畫面。另外還有千年古苔，亂蓬蓬地纏掛在巖崖上，下垂十幾丈，縷縷不絕，這有個名堂叫「普賢線」。也算是峨眉山一大奇觀。

躋長壽坡，過遇仙寺到蓮花寺，這是由東路或西路上頂必經之道。在寺上吃罷午飯，遂轉向南行，約百餘步就石磴躋攢天坡，也叫鵓鴿攢天。石級既陡且仄，五步一折，十步一轉，呼吸愈急促，汗也流得特別多。可見凡夫攢天，眞不是一件容易事啊！

攢上了天便到洗象池。這裡海拔二千一百五十公尺，山風料峭，大有衣不勝寒之感。

寺宇建在峰頂，層樓高懸，曲榭斜倚，設計非常別致。寺周有古杉樹約一千餘株，枝全都平出，好像大力士伸臂揮拳的樣子。大殿供普賢菩薩像，身坐白象，慈悲莊嚴。聽說前有定西禪師道行甚高，現在已經圓寂了。晚上就在這裡落腳，飯後坐石坪上倚欄望月乘興占了一首詩道：

群峰靉靉夕陽殘，古檜千章凝翠寒；
洗象池邊寄客夢，中天明月倚欄看。

萬佛頂上看佛光

十七日天剛明便離洗象池爬羅漢坡，這一帶冷杉更多，都是龍幹虬枝，上枯下榮，爲在他處所極少見。峰迴路轉，過大乘寺、胡僧梯、白雲寺，仰眺峨頂三峰，蒼崖橫亙，白雲縹緲。和接引殿的重樓峻宇相映襯，使人有廣寒仙宮之感。前行望雷洞坪下，絕巘危崖，巖洞深邃。立在崖上往下看，不禁毛骨悚然。

過雷洞坪、接引殿、太子坪，路漸平坦，遊人都放快步子，爭先攀登。過天門寺，經七天橋，路歧爲三：右至千佛頂，中至金頂，左至臥雲庵。我取中路，先到金頂。金頂就是古光相寺的正殿，也叫明心寺。傳說創建於漢明帝時，因爲山高風烈，殿宇全爲錫瓦，所以又叫錫瓦殿。觀音殿內有華嚴寺銅碑一座，高約六尺，闊約三尺，蓮座螭首，正反都有文。一集王羲之字，一集褚遂良字，碑與字均完好無缺。大殿普賢像是清咸豐十一年西藏達賴喇嘛所鑄獻。祖殿前有觀音井，後有捨身巖，還有兩座銅塔。巖邊上護以鐵欄，欲捨身而不可得了。

在光相寺吃罷午飯，遂即又上千佛頂，頂前也有一座佛寺，頂巔有普賢鐵瓦殿。寺前有冷杉數百株，縱橫成行，好像氣昂昂，雄赳赳的儀隊。由此繼續往上爬到峨眉最高峰——萬佛頂，這裡寒風刺骨，溫度更低，和北方臘月隆冬的氣候一般。遊人到寺裡都用棉被裹著，圍坐在火爐邊取暖。頂上有一個平臺，立在臺上可以眺望四面八方。這時上面是蔚藍的晴天，下面平鋪著白茫茫地綿羅雲。有些山峰，從雲端上微露一個尖，好像從雪堆裡攢出的新筍一樣。當我正向西康方面眺望雪山的時候，忽聽遊伴們大聲喊叫：「佛光！佛光！」我的眼神隨著他們所指的方向仔細一看，果然在雲海上面重環疊彩，七色繽紛，宛似雨後的彩虹，不過這是環狀而已。大家都高興得手舞足蹈，我也禁不著跳起來。因爲峨眉十天有八天陰雨，所以看佛光極不容易。我們居然能於無意中看到，眞覺眼福不淺哩。

大約過十幾分鐘，一陣風來，雲騰光消，俯仰上下，一片模糊。於是下頂過明月庵匆匆一覽，遂返千佛頂。爲著等看聖燈，所以便住在這裡。晚飯後，天宇澄碧，明星滿天，大家請知客僧果海陪我們一同登後頂去觀聖燈。約半個鐘點，忽然發現東北方面山谷裡有幾處紅光，極似小紅燈籠，上下移動，時隱時現。漸漸越出越多，不可勝數。知客僧很得意的對我們說：「這就叫『萬箋明燈朝普賢』啊！」大家莫不歎爲稀有。

我宿在該寺客舍，陳設精潔，爐熱被暖，枕上占詩一首道：

霜落寒林入暮天，萬點神燈朝普賢；
坐對山僧談淨理，清風明月好安禪。

九龍吐水爭一門

十八日清晨六點鐘從千佛頂下山。到蓮花寺改由西路北行，過華嚴頂、長老坪、觀心寺到萬年寺。道中見有男女香客數人伏跨在壯夫肩背上。名叫「妥背子」，爲峨眉山最特殊的代步的工具。僱主雖付有相當代價，但總覺不合人道。

萬年寺是全山規模最大的一座古剎。創建於晉代，唐慧通禪師曾淸修於此。寺宇凡七進，有大峨樓、毘盧殿、七佛殿、天王殿、金剛殿、大佛殿和磚殿。磚殿高大雄偉，下方上圓，作螺錐形，通體全用磚砌，不施梁柱。前後有門，高約三丈，大如城闕。外形極似開封之繁塔。內供普賢騎象銅像。象身高和長各一丈五六尺，闊六七尺，牙長四五尺。足踏三尺蓮花。普賢像高丈六，妙相莊嚴，後面護以雕龕。其形像之美，冶工之精，眞可使人驚心動魄。

寺右有唐代龍廣濬上人彈琴處。李太白曾到這裡來訪過他。太白還作了一首詩道：「蜀僧抱綠綺，西下峨眉峰，爲我一揮手，如聽萬壑松，客心洗流水，餘響入霜鐘，不覺碧山暮，秋雲暗幾重？」我揣想這兩位高僧和大詩人，對坐彈琴的情景，徘徊多時，不捨離去。

出萬年寺下行，過海會寺、醫王寺、極樂寺、金龍寺、武顯岡，淸風明月橋入龍門峽。兩邊是黝青色的斷崖峭壁。其形勢很像劍門。沿溪行約一里許到龍門洞。溪邊有水閣數間，臨流結構，板壁紙窗，陳設精潔。憑欄俯眺，對面崖上有飛瀑數道自洞裡噴出，倒瀉潭中，其聲轟轟，好像雷鳴。這有個名堂叫「九龍吐水」。我平生遊過多少名泉巨瀑，可是從沒見過像龍門峽瀑布之奇特者。宋范石湖評謂：「天下峽泉奇觀，以峨眉龍門爲第一。」決沒有絲毫誇張。

廟內住有僧尼數人，以製茶爲業，晚上爲我下榻於閣上，爲九龍水聲所震擾，通夜不能成寐。

十九日天微明便爬起來離龍門洞北去。到保寧寺入平地，峨眉之遊遂告結束。抵峨眉縣於下午二時搭汽車返回樂山。途中占有一首宿龍門洞詩道：

溪上懸巖掛九龍，秋山日暮聞疏鐘；
僧房寂寂客來住，明月慇懃照夜春。

四三 嘉渝江行

我回到樂山休息了一天，於二十一日上午搭民教號輪船離嘉定南下。承嘉中藝術界朋友趕到碼頭送行，熱情洋溢，使我銘感不忘。我眞是一個土包子，雖是遊過不少天下名山，可是坐輪船這次還是第一遭兒。輪船分活統、固統，我定的是固統，有房間，有舖位，可以自由躺臥，和坐在家裡一樣，非常舒服。然而當我看見有些貧苦的旅客擠在船邊走道上席地而臥的情景，卻又覺著有些不安了。金錢能使人有榮辱，分等級，眞是最壞的東西啊！

五里過大佛崖，回望烏尤和凌雲二山，如別故人，依依不忍捨去。又二十里至牛華溪，俗名老剛壩，江流漸闊，煙波無際，東西沿岸一帶全是蘆葦，這時正在開花，遠望白茫茫一片，好像初雪的景色。過竹根灘、道士觀，百餘里至汊魚嘴，此處與道士觀都是岷江有名的險灘。水石相激，波濤澎湃，有幾隻木船從這裡經過，都打著鼓，大聲疾呼，互相警誡，好像有大災禍快臨頭一般。

前行四、五里便是犍爲縣，城在西岸，建於荒灘之上。雉堞相屬，頗有畫意。自此南下，過樹石灘、馬邊河，至亞古坨。右岸都是奇形怪狀的大岩石，有一個石頭，很像一尊羅漢，聽說自古以來，土人就以這個石頭作水則。因此傳有「亞古跳下水，和尚堵著嘴」之諺語。

過馬陵場，兩岸全是紅沙岩構成的斷崖峭壁。並且西岸有幾個奇峰，與青松相映，景色更加綺麗。過豬圈門、利谿場，波翻浪滾，水勢更險。但兩岸青山如畫，可安旅魂。我自嘉定登船後，便一直坐或站在甲板上觀賞沿岸的風景，眼在看，心在想，手在記，一面筆記，一面速寫。既忙壞了眼睛，也累疲了手。簡直像新聞記者跟著名人搶鏡頭一樣的瞎忙。

過乾柏樹，波平岸闊，天已將近黃昏。又四十里船泊宜賓縣碼頭。雇腳夫帶行李下船進城，下榻於交通旅社。

宜賓在漢屬犍爲郡，宋改敍州，明爲敍府，民國廢府改宜賓縣。地據岷江入長江之口，又爲滇蜀之衝道，水陸交通，商業發達，爲川南之重鎮。晚飯後，我到街上隨便走了一趟。男女行人，熙來攘往，好不熱鬧。出城坐在江邊欣賞一會兒夜景，到十點才回旅社就寢。枕上占詩一首道：

日落孤城泊客舟，西來滾滾大江流；
夜深弄笛煙波上，獨倚欄干望斗牛。

二十二日早晨六點鐘到碼頭換乘民舒輪離宜賓順長江東下。這時，曙光乍啓，天空還留幾顆殘星，閃耀著微弱的光輝。船行十餘里，因爲載貨過重，忽然感到船向下沈，船主和乘客眼看大家生命財產全要付之東流，每個人都驚惶失色，有的甚至厲聲叫罵。我閉著眼端坐不動，專心念觀世音菩薩聖號。船主不得已急令泊岸，將貨卸下一部分，才告平穩。汽車輪船，往往不顧乘客之安全，任意招客載貨，結果害人也害己，眞是太不智了！

又二十里至李莊，是一個小江鎭，僅有百餘戶人家。南望山嶺橫亙，好像一架翠玉屏風。山外就是雲南省境。宜賓去滇界只有九十華里。江隨山轉，船逐江行，又百餘里至南谿縣。城濱江北岸，譙樓高聳，雉堞森然。又六十里過江安縣，青山環抱，風景絕佳。過納溪縣又百餘里至蘭田壩，倚山爲城，中有古剎一座，重簷黃瓦，非常莊嚴宏麗。沿江山麓遍是桂圓樹，茂林蒽蔚，幾望不到邊際。

前行二、三里便至川南重鎭瀘縣。地當長江與沱江之會流處，據滇黔北來之要衝。城倚山帶江，形勢最爲險要。因此有「天生重慶，鐵鑄瀘州」之諺語。城內房舍多新式建築，樓閣凌雲，更爲山水生色不少。船泊岸停十餘分鐘，仍順流東下，又百餘里至合江縣。時已暮色蒼茫，遂泊岸止宿。合江，城在江南岸，右濱赤水河，交通四達，商業頗爲繁盛。碼頭舳艫相接，桅杆如林。燈火倒映波間，放射出萬丈金色的光芒，我憶起古詩有「江船火獨明」句，正可爲此景寫照。

二十三日晨五時自合江開行。這時，霧氣瀰漫，四望成了沒字碑，只有閉著眼睛靜聽嘩啦嘩啦的江濤而已。我想這和《三國演義》所描寫的「草船借箭」的情景相同。船上雖也坐著一個道貌岸然的南陽山人，但可惜缺乏一個「墊背」的大好人魯子敬。因此，這幕戲就沒有生色了。

過朱家坨、棹之過，又九十里至松溪，眺望江北岸有一座大廟，殿宇七層，倚巖結構。呈現出一幅「仙山樓閣」圖。過白沙、油溪口，又九十里過龍門灘泊江津縣。城在南岸，城內房屋都隨山勢建築，與城樓雉堞相襯映，也頗有幾分畫意。

過江津入巴縣境。水深岸闊，江流浩瀚。過貓兒峽，北岸上面是尖峭的峰巒，下面是嵯峨的巖崖，船家多在石縫裡建築小板房，作爲他們暫時棲身的安樂窩。山畔鑿有一道小仄徑，過往行旅，絡繹不絕。早年在北平曾見范寬畫的「谿山行旅圖」與這裡風景頗有幾分相似。這一帶江面露出有很多嶙峋礁石，水與石激，浪濤奔騰，船到這裡，最爲危險。我因爲一心一意在欣賞兩岸綺麗雄奇的風景，所以並不感心情緊張。

前行迎面望見江心有一座小山，樓閣玲瓏，樹石森麗，宛似蓬萊仙島，便是渝西最有名的勝地小南海。可惜不能下船登到上面仔細瀏覽，眞是一大憾事！自此往下，江中礁石更多，高低森立，犬牙相錯。使人望著，不禁提心弔膽。

再前行，便離抗戰首都重慶不遠。眺望沿江山麓，工廠林立，煤氣沖天，至此才見到國家新興的氣象。過復興關又二十餘里到達重慶，船泊儲奇門碼頭。經檢查後雇腳夫扛行李下船，進城下榻於長江賓館。在樂山時已著裌衣，至此還依然像暑天那樣熱。我住在三樓上，如坐在蒸籠裏一般，眞把人悶得要命。我對於重慶第一個印象，就是鬧和熱。

重慶，在周時爲巴子國，秦滅巴置巴郡。隋時改爲渝州，宋淳熙中升爲重慶府。民國廢府改稱巴縣，簡稱叫渝。地居嘉陵江與長江之會流處，憑高據深，爲全蜀之咽喉。城高踞山巔，環江爲池。今城相傳爲蜀漢建興四年李嚴所建。至清康熙二年又加重修。原有門十七，九開八閉，現在全都拆除。城周十六里，頗似一片秋葉。於民國二十七年九月六日，國民政府令將重慶改爲陪都。於二十八年遂由武漢播遷於此。經過五年突飛猛進的建設，工業、教育，都很有可觀。嘉陵江北岸爲江北縣，倚山爲城，與重慶隔岸相望，好像雙姊妹。重慶自成爲陪都後，官商房屋，增建甚多，並且都是幾層鋼骨水泥大廈，層樓傑宇，自江邊直排到山頂，參差錯落，連綿數十里，頗有香港的氣象。重慶的氣候，有些近乎英國的倫敦。每年十月後便入霧季，終天躲在濃重的灰幕裡，看不見天日，因此，凡入川的人士，都喜住在成都，而對於重慶沒有好感。我曾占詩一首道：

巍樓層疊映江流，客到山城夕照收；
文物衣冠薈萃地，三巴應是不沈舟。

二十四日過嘉陵江遊江北縣。二十五日過江遊海棠溪，登塗山和眞武山，瞻謁大禹廟、塗后祠、祖師殿、眞武宮。在山頂俯瞰重慶，幾一覽無餘。二十六日遊縉雲山，參觀漢藏教理院，並沐北溫泉。二十七日遊南溫泉三峽，並謁業師張恨水先生暨夫人於南泉新村。村在山谷裡，房舍零亂錯落，連綿數里，恨水師家在村之西端，澗谷的左岸。有五間草房，泥壁紙窗，非常簡陋，和山畔孔祥熙的丹瓦層樓，雲樹縹緲之別墅相比，眞是有仙凡之分、天淵之別。當時師不在家，由師母接待，我與師母在北平見面的時候，她不過二十幾歲，丰姿綽約，還是一朵花呢。可是時經十年，她已顏色憔悴，形容枯槁，成了半老的徐娘了。二十八日往大田灣新民報社編輯部拜望恨水師，他在一間小樓上辦公，前後左右堆滿了舊書報。客去幾乎坐的地方都沒有。我與師雖已分別十年，但他的像貌卻一點沒變。而對人之熱誠也依然不減當年。所不同者唯有鬢邊多添幾根白髮而已。我把拙作「杏壇設教」四幅屏條請他題字，以留紀念。他很慷慨的當即題七言絕句一首。可惜到現在一句也記不得了。當我離開新民報編輯部走到林森路的時候，正好碰到鄉前輩徐旭生先生。他邀我同到茶社談了一會兒。那時，他本住在昆明，為出席參政會會議才來重慶。他依然是布襪布鞋，破藍大褂，像一位鄉巴佬那樣的樸質。他對於重慶士大夫們奢侈的風氣，很不滿意。談起來幾乎流出眼淚。他的口才雖不大好，可是每一句話都是眞情至理之流露。他之可敬可愛處也就在此。自三十日起在中山公園民衆教育館舉行畫展三天，至十月二日下午結束。因為公園是重慶市民遊樂之勝地，所以參觀畫展的人士也特別踴躍。黨國元老于右任、戴季陶，和名畫家徐悲鴻等也都蒞場題名留念。

當我在成都的時候原與楊秋帆先生約定，於重慶舉行畫展後回成都卜居。可是畫展結束，不知怎的，一心一意想回家鄉。因此，先與楊公之約，不能踐了。

五日下午往四川旅行社購得赴萬縣的船票。當即雇腳夫帶行李移在嘉陵江民本輪上。舵樓數層，舖位整潔，而且江風陣陣，清涼宜人。又占詩一首道：

二江逶迤繞孤城，日照清波一碧清；
多少人家煙水裡，輕帆片片增詩情。

四四　三峽奇觀

六日天微明，船自嘉陵江開行，離開這座國家存亡所繫的總指揮臺——重慶，浩浩蕩蕩順長江東下。這時我站在甲板上，不斷回望重慶層層疊疊地高樓大廈和市區頂巔的中山公園。我覺著她好像是我的母親，我雖已離開了她，但想到不知什麼時候還能回到她的懷抱，卻有無限的悲傷。

過銅鑼峽，四十餘里至巴陽峽。兩岸沙磧崩壅，闊僅十餘丈。波翻浪滾，船到這裡非常危險。過野騾灘、明月沱、木洞鎮、石鼓灘，又百餘里至長壽縣。眺望白龍山，滿山全是蒼松翠竹，風景頗有畫意。由此而東，過不語灘、鉢魚子、黃草峽、磨盤灘、剪刀峽至鬼門關。這一帶江狹流急，險灘最多。過此，波面漸闊，岸山重疊，使人心目頓感快爽。

又六十里至涪陵縣。城在南岸，倚山面江。自貴州境來之黔江至東門外銅柱灘與長江會流。城北江中有歇神灘。傳說張飛被害，他的首級曾飄流於此。

過鸚鵡碚、平面壩、鼋門峽、觀音灘，七十里至酆都縣。提起酆都這個地名，幾乎老太婆小孩子都知道。我在幼年便聽說人死後要到酆都城去見十殿閻君的鬼話。料想不到我還沒死便眞的來到酆都城。我雖然知道閻王老子是用泥塑的，刀山劍樹也是騙愚夫愚婦的，可是總不免有些毛骨悚然。

酆都城在江北岸。舊城在東，新城在西。舊城有一座大廟，全是宮殿式建築，黃金色的屋頂配合著層層疊疊的綠樹，眞是壯麗無比。城北是一排奇峰，滿山都是森林，風景也絕佳。聽說山頂有五雲洞，爲道書七十二福地之一。前漢王方平，後漢陰長生，都曾在這裡隱居。山頂還有仙都觀和閻羅王殿，在船上都可以看得很淸楚。

自酆都東行，過虎鬚灘、白馬灘、臨江鎭至忠縣。縣城也在江北岸，靑山四合，地稱形勝。城西北十里有鳴玉溪，上有懸崖飛瀑，高五百餘尺。城南隔江一里有屛風山。山下有唐陸贄祠及他的衣冠墓。考陸贄爲德宗相，貞元中出爲忠州別駕，因爲他勤政愛民，所以很受當地人民的愛戴。另外還有唐劉晏、白居易，都曾作過忠州刺史。

自忠縣東下，過折尾灘、穿心壕，又數十里至石寶砦。砦又名巴子城，在石鼓峽的江北岸，一拳孤立，四面懸絕，土人倚巖建飛樓九層，自崖根直達山頂，宛似一座寶塔。頂上還建有寺宇亭臺，與古木江流相映襯，構成一幅美麗的畫面。石寶砦，既富於火藥氣，又富於脂粉氣。漢代的李雄，和明末石砫宣撫使馬千乘的夫人秦良玉都在這裡駐過兵、打過仗。

出石鼓峽，過武陵溪至湖灘。灘去萬縣西六十里，水勢險惡異常。過盤龍磧又數十里到達萬縣。船泊江北岸，我攜行李換乘木船，又逆流而上，這時，夜氣方清，星月交輝，俯望波面，銀光萬點。舟子競渡，橈槳相擊，恍疑泛槎銀河，使人有飄飄欲仙之感哩。船泊至碼頭，見旅館工役手提燈籠，爭先來迎。我投宿於川東旅館。枕上占詩一首道：

舟泊江頭夜氣清，滿天星斗萬家燈；
時逢令節歸心切，孤館薄衾感不勝。

至萬縣之次日爲舊曆中秋佳節，各機關公務員及商店店員都紛紛回家歡聚，以敍天倫之樂。只有我這個天涯遊子，孤零零地守在旅館裡，有時朗誦王摩詰的「獨在異鄉爲異客，每逢佳節倍思親」詩句，企圖多少得到一些慰藉。其實這樣正如「酒能澆愁愁更愁」，結果徒然多掬了一把同情的眼淚而已。

下午有一位同鄉後輩王鵬凡君來旅館看我，那時他在上海大學法學院念書，異鄉相遇，更覺因緣難得。我們暢談兩小時，彼此非常愉快。

晚上正當千家萬戶賞月的時候，天不作美，忽然下起雨來。眞是大煞風景！過十二點，我剛剛勉強睡覺，又聽旅館茶房叫門。我問：「什麼事？」他答：「有緊急警報，請出去躲避！」我說：「我不怕，我要好好睡覺，不出去。」他又下命令道：「此地旅館的規矩，有警報，旅客全得出去躲避，我們要鎖門！不出去不行！」我心裡想：今年的中秋節眞算糟糕透啦！既下雨，又有警報，黑更半夜到那裡去呢？可是茶房老爺命令如山，不出去又不行，只好穿上衣服出去躲避躲避吧。

我提一個小皮箱放快步子走出旅館，加入人群裡順著大街走去。約摸走有二、三里地，進到一個大花園裡，聽本地人說：「中山公園到啦。」當時敵機並沒有光臨，我們這一群人便分散在園內，我們雖然沒有李太白「秉燭夜遊」的閒情逸致，但是聞警夜遊，也是非常有趣的。我想：「浮生若夢，爲歡幾何？」把握著這千載一時的機會好好遊覽一番公園的夜景吧。

這個中山公園，面積相當大。東北倚山，西南臨江。大門內新建一座紀念塔，高約十餘丈。氣象雄偉莊嚴。裡有亭臺池館。空地蒔花種竹而外，還植有很多荔枝樹。風景非常清幽。我一面觀景，一面吟詩，簡直忘記警報這回事了。大家呆了一個多鐘點，聽警報解除，我又掂著沈重的步子邁回旅館。

七日，水涵霽色，山靄晴嵐。我於上午八時搭乘民權輪自萬縣開行東下。過峨眉磧、道人灘，至大周溪。夾岸全是巍峰怪石，飛湍落瀑，而且襯以白雲綠樹，眞是綺麗如畫。唐詩有「昨夜千山雨，樹梢百重泉」句，正可爲此景寫照。我從岷江下來所經過的地方，分沱、灘、磧、碚、峽等等名堂。當時不知究竟有什麼區別。後來仔細考究才知水中有石者爲沱；水淺多石而流急者爲灘；沙礫高積，梗阻難行者爲磧；岩石綿長者爲碚；兩崖束水壁立者爲峽。實際是有分別，不容混哩。

過黃柏溪、巴陽峽、曲擂灘、大藏灘，至小江口停泊。兩岸大巖壁，上摩霄漢。其下有無數剔透玲瓏的怪石，與急流相激，琮琤有聲。小江口水就是開江，源出開縣東北，岸狹水深，澄碧得像一面鏡子。江口是一個小鎮，居民大約有百餘家，倚山面江，全是木板房。高高低低，錯落有致。由此東行，過黃蓮溪，二郎灘至雲陽縣。城背倚山麓，江南岸有飛鳳山，與縣城對峙。山色明媚，青翠宜人。杜甫詩云：「峽裡雲安縣，江樓翼瓦齊，兩邊山水合，終日子規啼。」都是眞實的寫照。江邊有一座張飛廟，規制極崇閎莊嚴。廟前照壁書「江上清風」四個大字，在船上看的很清楚。傳說張飛首級就在神座下面，以油缸貯之，不敢打開看。我記得《蜀志》上記載，張飛在江州被部下殺害後，便把他的首級奉獻給東吳孫權。可見「油缸貯之」之說，不攻自破了。

順流東下過龍脊石，這時正刮著強烈的北風，水勢與灘聲好似千軍萬馬，臨陣交戰。過寶子塔、石板灘、湯溪口、安平驛、官渡口，近岸多礁石，都成鋸齒形，水勢異常險惡。立甲板上東望重嶂峭削，一山劃然中闢者，就是三峽的西口夔門關。

前行不遠至奉節縣停泊。縣爲舊夔州府治，民國改爲奉節縣。地當三峽西口，爲全蜀沿江第一道門戶。城在山麓，石磴盤旋而上，數百級才達城內。城內有永安宮，爲諸葛武侯受先主之遺命的所在。外尚有武侯廟、杜甫宅、十賢堂等古蹟。杜甫〈詠武侯廟詩〉云：「遺廟丹青古，空山草木長，猶聞辭後主，不復臥南陽。」可見廟在唐代便已有之了。

自奉節縣東行，前望兩崖對峙，高百餘丈，好像一道天然的大城門，這就是有名的三峽之瞿塘峽西口——夔門。入門，江面頓束，闊僅數丈，水深流急，都成旋渦。左右大巖壁，如劈如削，呈淺赭色，石紋都是橫理。天開一線，不敢仰視，眞堪使人驚心動魄。其下摩崖書堪多，或曰「天下雄」，或曰「天下險」，或曰「入蜀第一關」。我贈它一句什麼讚詞呢？靈機一動就叫「大自然的傑作」吧。

我向兩岸再仔細一留神，請瞧吧！還有人工的傑作等你讚歎歌頌呢。那峭削的崖壁間，鑿有兩道羊腸似的細徑，並鑿許多小洞，貫穿鐵索。以備縴夫們攀援之用。那些縴夫，都是赤身露體，背負竹索，手攀索鏈，魚貫而升，冉冉入雲際。有的五體投地仆伏蛇行，以藝術的觀點看來，固然有些畫意，可是在縴夫們，不知流多少血汗，有多大的辛苦哩。

船行峽中，如入深巷，如墮井底，陰風吹寒，波翻浪湧。乘客莫不戒愼恐懼，屏著氣，話也不敢說。李太白詩云：「蜀道之難，難於上青天，使人對此凋朱顏。」非親歷其境不能深切領會其形容之妙。我占詩一首道：

暮入瞿塘蜀道艱，白雲片片撲秋山；
西風送我歸舟急，又渡巴東第一關。

約四、五里至魚腹浦。浦上有沙石洲磧就是諸葛武侯的八陣圖，原有六十四聚，各高五尺，可惜今已不完全了！上爲白帝城，爲劉先主託孤之所在。城高據山麓，周圍數里，東高二百餘丈，西北高千餘丈，南連白帝山，光滑不生草木。老杜詩云：「城峻隨天壁，樓高望女牆。」又云：「白帝高過三峽鎮，夔州險過百牢關。」其形勢之險固即此可知了。

白帝城南有草堂河，即古之瀼西水，因杜甫草堂得名，也就是東屯之舊地。杜公宅早已不存，而今成了歷史上之名詞了。

過此，江平如掌，斜陽照射，光豔奪目。山麓多鹽井，萬家煎熬，升著縷縷地炊煙。十里過豔澦堆。前行，峽中有甘后梳妝臺，張飛擂鼓臺，孟良梯等古蹟。全因附會得名。前過鐵柱溪，聽說江中有鐵柱兩根，水落時可見，我想可能就是宋徐宗武所設欄江鎖之遺址吧。

過小黑石灘、大黑石灘，有兩條大石，彎如牛角，橫阻江流。這裡峽束水深，怒湍衝激，是峽中第一險灘。過虎鬚子、貓兒磧、餓鬼灘、至戴溪。這是一個小江市，倚山面江，形勢異常險要。前行，又過李拐灘、下馬灘、將軍灘、鏡架灘。入峽以來，灘灘相接，水聲相聞，民船上下，每過一灘，人與水爭，船與石讓，盡力掙扎，始進一步。眞可謂「行路難於上青天」了。這時，落日半規，錦霞萬道，江面好像潑了一層水銀。景色之綺麗，眞有令人擱筆之歎。

再前行，東望琵琶峽，雙峰對峙，迎面高招，飄然過峽，不覺已到巫山縣，時天已黃昏，船泊清水河塢。考巫山縣，原爲戰國楚之巫郡，隋廢郡改稱巫山。縣依山爲城，三面都依深谷，南臨大江，正與巫山相對。江岸爲南凌渡，上有南凌故城，縣西來鶴峰上有高唐觀，縣北陽臺山上有雲雨臺遺址。城東北四里有女冠山。其西小峰頂上有楚故離宮，即俗所謂之細腰宮遺址。又有池叫楚王池，全出於好事者之穿鑿附會，不値識者一笑。蘇東坡詩云：「楚賦亦虛傳，神仙安有是？」前哲早已斥其爲子虛了。夜間大家仍都宿在船上。過十二點江水漸落，船忽然擱淺。船夫喊叫生火下泊，喧嚷多時，使我失眠，不能合眼。不得已披上衣服起來，獨自走出甲板上憑欄欣賞江上夜景。這時，萬籟俱寂，四境蒼茫，浮雲淨掃，明月朗照，山麓與波面，晶光閃灼，恍如琉璃世界。對玆佳景，低徊留連不忍捨去，因占五律一首道：

大江出北岷，遊子下東川。
日暮見漁火，鐘鳴到客船。
巫山限楚國，明月照巴天。
一片瀟湘景，今宵最可憐。

八日清晨，我搭小划子渡至北岸進城買紙傘一把，城內街道甚狹，商店與民房建築都極低矮，商業還不及川西小市鎭。川東沿江產橘柚。柚子大者徑半尺，我買了數枚帶回船上，剖開食之，酸味太重。我因爲有胃病不敢多吃，所以全都分送別的乘客。這天有警報，船沒有開，乘客都登山麓坐茶館吃茶聊天，以消磨時光。李君告我說：「川江輪船由萬縣下行，每天上午照例要停泊僻靜的地方，防備空襲。於下午兩點鐘後才開行。倘下午遇有警報，就停泊一天，這是公司所規定，船主是不敢專斷的。」

巫山左近有幾個峰巒很有意思，我用鉛筆速寫了幾張，晚上仍在甲板上欣賞江天夜景。因此，並不因船未開行而感到苦悶。

九日晨，天微明船便開行東下。一里入巫山峽。兩岸也全是巍峰斷崖，如坐井底，幾看不見天日。正是杜工部詩：「巫山巫峽氣蕭森」所描寫的景象。過公家坊，蒼崖蔚天，岩石文理全是馬牙皴。並且高巖上掛下飛瀑幾百丈，更是稀有的奇觀。

崖高峽曲，峰迴江轉，每一轉折，必有一山橫阻，遠望好像無路可通；及到眼前，卻又是一種境界。過老鼠湊、金盔甲、望夫巖，巫山十二峰映入眼簾了。這又是大自然的一幅傑作。我必須把握著一分一秒的時間，以攝取最美的鏡頭。我站在甲板上，目不轉瞬的仔細端詳那森然蔽天的「十二峰」。有孤峰獨峙者，有兩峰相拱者，有若蹲獅者，有若立鶴者，多采多姿，令人眼花撩亂。尤其是那個飄然凝立的神女峰，宛似「肩若削成，腰如約素」的洛神。她「轉盼流精，光潤玉顏，含辭未吐，氣若幽蘭」。她那種綽態柔情，又像作金蓮舞的趙飛燕，眞美極了，美得幾使人無法形容。在船上十二峰不能全見，目之所及，不過八九峰而已。聖泉峰下有三條分水，水從石竇噴出，下注分爲兩派。遠望好像散綺飛帛，眞可與神女峰互相媲美。

古人詩文多謂峽中有猿。可是我自夔門入峽至此，凡三百餘里，不但猿聲聽不到，就是杜甫詩所謂之「翠木蒼藤」也很少見。

過小磨水、弟兄灘、棺材峽、布袋口入湖北境，九十里至萬流鎭停泊。午後二時又自萬流開行，過官渡口，船出巫峽入西陵峽。又過雄灘，山勢開朗，江面也漸闊。又過萬戶沱、竹標灘、泊巴東縣。這時，灰暮低垂，亂山蒼茫。雇腳夫帶行李下船，登岸下榻於城內大同旅社。秋風敲戶，明月當窗，枕上占詩一首道：

青山爲郭固江城，夜泊北門聞市聲；
客舍清清憑檻望，秋風明月不勝情。

巴東，古爲夔國地。秦爲巫縣，至隋始改今名。縣治倚山面江，沒有城郭門闕。自抗戰軍興以來，爲鄂西軍事要地。城內有寇萊公祠，庭前有古柏一株，傳說爲寇公所植。可惜今已不存了。寇公，宋華州人，字平仲，太宗時擢進士，眞宗時官同平章事。適逢契丹來犯，公上策請帝親征，結果造成「澶淵之戰」之大捷。今瞻仰公廟，追憶公之盛業，能不令人感奮？

巴東附近有很多名勝古蹟，縣南有巴山，北有龍鳳山。又與縣城隔江相對，東有羅頭山，下有羅頭洞。又有巴東峽和石門山。劉備與東吳作戰，失敗後逃回白帝城，就是從石門走的。

由巴東至老河口，有兩條路可走。西路自巴東渡江，登岸循巴柯路過兩河口、賀坪、龔家橋、坍坪，以達興山。東路由巴東搭船至秭歸縣香溪口，或步行，或搭民船泝流而上，至興山交西路東北行，經保康、穀城以達老河口。香溪口有昭君村，就是杜詩：「群山萬壑赴荆門，生長明妃尙有村」所指的所在。因東路比較紆遠，所以決定由西路去。

四五　鄂西山程

十日晨，天氣微陰。雇挑夫一人，滑杆（肩輿）夫二人，同朝鮮志士劉君和南舞師管區張司令夫人等，一行十餘人渡江抵北岸起坡。沿小路東北行，左右巍峰夾峙，林木爲駐軍砍伐殆盡，童山濯濯，景極荒涼。居民都結茅爲屋，以玉蜀黍爲主食，生活苦不堪言。二十里至兩河口，計過河十八次。杆夫不勝顚頓之苦，沒有取道香溪，甚覺懊悔。

在兩河口吃罷飯，仍起身前進，又四、五里入公路。路緣山修築，雖不通汽車，但是路面平坦，行走還很便利。過瓦屋脊，天忽落雨，四望千山煙雨，一片蒼茫，松濤謖謖，與雨聲相和，旅途頗感悽涼。過上白灣下將軍嶺，這時雨勢漸住，北望崇山峻嶺，摩雲插天。聽杆夫說上面有仙人洞。因急著趕路，不暇往觀。六十里至下白灣住宿，一路風景甚美，不覺疲勞，入夜，大雨滂沱，竟夕不能成寐。

十一日晨，黎明即起，外面霧氣甚濃，而且雨還淅淅瀝瀝地沒有住點兒。我與劉君讓滑杆跟在後面，自己冒雨步行。過賀坪，翻郭石嶺，徑路陡峻，更濘滑不堪。三十里至龔家橋，有店鋪數十家，是秭歸縣屬一個小山鎮。於此吃罷午飯，雨勢漸小，仍繼續前進。三里許躋大嶺，盤道曲折，宛似游蛇。北望板屋參錯，翠樹交映，梯田層疊，景色如畫。又十五里至吳家坪，坐石上稍憩，四望山樹與石爭麗錯綺，默然相對，神往不已。再北行，過嶺埡，時雨消雲散，霽色千里。下嶺麓沿澗行，落照擁樹，暮靄蒼茫。又十五里至丹坪落腳。

十二日晨起乘滑杆下山，前望雲蒸霞蔚，不辨海陸。沿澗盤曲前進。迴嶂千疊，蒼樹萬重。回望西南一峰孤聳，崖壁森削，白雲縹緲，浮青泛翠。王維詩云：「白雲回望合，青靄入看無。」正可爲此景寫照。二十二里至白沙河，此河即香溪。源出高雞砦西山，經興山縣城西東南流，至茅坪鋪東南入大江。沿溪傍山行，過香溪又十五里至興山縣。興山是鄂省西北一個彈丸小縣，倚山帶水，城牆全爲紅石所建。半爲積沙淤沒。香溪自此以下可行民船。因此，往巴東也可乘船由水路去。城內房舍荒陋，人煙稀少，更無商業可言。我們一行於東門外小店吃罷午飯便又繼續前進。

沿溪東行，約三里又躋大嶺，磴道盤曲，凡數折才達嶺麓。過清華觀二十三里至涼風埡。這時北風凜冽，寒風刺骨，入小店吃杯茶休息片刻遂又匆匆下嶺。又五里至黃糧坪，這是一個小山鎮，有茅店十餘家，但是都卑陋不堪。杆夫們都想在此住宿。我看天色還早，要他們再趕一程。前行，沿路林木稀少，異常荒涼，越幾道小嶺，又十五里至界牌埡，時已灰幕低垂，便在此覓店歇腳，無奈各飯館都告客滿，不得已借宿於濟生藥店。入夜天又落雨，淅淅瀝瀝，竟夕不止。

十三日凌晨冒雨前進，泥路濘滑，杆夫步步留心，苦不堪言。過白廟子十五里至教場壩，這時，雨下的更大，身爲濃雲包圍，好像掉在黑漆桶裡一般。我與劉君都捨滑杆步行，雖撐著紙傘，但衣服盡濕，仍不免為落湯雞。又十里過蒿坪。這一帶更加荒涼。我很怕會碰到綠林弟兄。又三十里至大水坑打尖。山高風寒，簡直像是隆冬。下嶺過深谷，又十二里至張姑店，一行都苦雨畏寒，遂投店住宿。

十四日晨六時離張姑店仍冒雨前進，十里至榛子嶺進早餐，這是山中一個小荒鎮，設有中心學校一所，設備簡陋不堪。由此前行，沙平路軟，扦夫掉臂游行，爭先鬥捷。又十五里入保康縣境過蘇家埡，下坡徑路峻滑，亂石充塞，穿行於大森林中，千步百轉，扦夫喘噓噓地揮汗不止。又十里下渡河谷至官斗坪。這時，雨已住點，天稍開霽。於此吃罷午飯遂又前進。又十里至西河埡，河谷有很大盤石，碧水澄澈，游魚可數，我很想坐在盤石上，執一釣竿，餌魚為戲，可恨行色匆匆，留不得呀！

渡河躋嶺，沿崖穿林前進，又五里，山暝谷暗，暮色蒼茫。下危坡浮雲淨掃，明星滿天，已到黃昏時分。隔林驀地看見隱隱約約有幾點燈光，知村店將至，大家非常高興。下坡過小溪，至項家店住宿。房舍寬敞，飲食潔淨，這是沿途宿店最好的一次享受。

十五日拂曉由項家店出發。五里下坡過關口埡，又七里至歇馬河，河發源於保康縣西南龍潭北麓，東北曲曲流經南潭匯入漢水。自歇馬鎮以下，水闊流緩，可行民船。過河登山，又五里飯於快活嶺。過嶺左轉，山路坦闊，皆大歡喜。所謂「快活嶺」，果然名不虛傳啊。過三岔口眺望景山，危峰嵯峨，昂霄比漢。景山就是荆山的主山，裡面一定蘊藏有很多好風景。可惜不能策杖往遊，眞是一大憾事！過騾馬店，十八里至楊五埡。自此上嶺，約四、五折又十里至景山東麓。四望千巖萬壑，歷歷如繪。而西面數峰，宛似出水芙蓉，更堪使人陶醉。越埡又五里至拱橋進午餐。

由此折北行入深峽，三里至羅圈崖。崖左有瀑布數疊，與青松紅葉相襯映，充滿了詩情與畫意。沿崖右轉，是一面上突下陷的大巖壁，壁腰架木爲棧，走在上面，頭暈目眩，不敢斜視。壁之中間有一個天然大石洞。寬約五丈，高約十丈，好像一道大城門，洞頂有很多鐘乳石，大大小小，千奇百怪。大洞的右上方還有一個小洞，緣窄徑可以上去。洞外築有木板房，縹緲雲際，有如仙宮。羅圈崖可以算是自巴東來第一奇觀。

下崖又五里抵板倉河。河北岸山根有一個石洞，名叫龍洞。洞口高約丈餘，深不可測。水自洞內流出，注入河中。水與石激，浪花飛舞。好像軋綿滾雪，眞可與峨眉山龍門洞之景媲美。

過河越小嶺又五里至後坪，山勢豁然開朗，村在山塢中，阡陌交通，廬舍相望，使人有誤入桃源之感。東北行又越幾條小嶺，沿板倉河北行，又五里至鐵佛寺，寺宇因巖結構，堂殿非常玲瓏，山門前崖畔有幾十株古樹，蟠根蛇枝，拂簷蔽日。崖下洪流滔滔，波翻浪湧，其風景之美，實爲平生所少見。我很想留在寺裡作和尙，飽享煙雲之供養。可惜我還沒有這種清福啊！

過此仍沿河前進，北望諸峰尖碧，娟秀媚人。並且山麓巖畔還有很多楓樹，霜後紅葉，宛似傍晚的霞光。又八里至車華坪。這時暮靄蒼茫，遂住宿於此。枕上占詩一首道：

丹楓如火復如霞，千樹萬枝覆水涯；
未飲醇醪我已醉，何須更看望春花。

十六日晨起離車華坪。倚崖傍澗行，三里過板蒼河。水深流急，既沒有橋梁，又沒有渡船，杆夫氣得怨天恨地，甚可憐憫。自車華坪至保康，此河過十八道，前面已過兩道，往下還有十六道。眞可以稱得「畏途」了。五里飯於陳家場，又二十里至寶家河。沿途山巒秀美，崖壁森削。有洞皆古，無峰不奇。更有老楓吐丹，鮮豔似錦。左顧右盼，如行山陰道上，大有應接不暇之感。荆山風景之優美，實有過於峨眉青城，因爲道路荒塞，遊人罕至，所以其名不顯。可見山水也有幸有不幸呢。

出峽，山勢開曠，板蒼河與南來之寶河相會，兩岸荒灘漠漠，遍生蘆葦，波浪滾滾，洪流壯闊。過河折北行，又十五里至保康縣。城東面倚山，西面臨水，人口稀少，商業也不景氣。進城吃罷午飯，遂出門前進，又二十里過倒座廟，又十里至開峰峪。此爲沮水、白巖河、板蒼河，三水相會處。右岸有一山鎭，居民數十家，全傍岸結屋，過此越一大嶺至葛蓼灣。這時天色已晚，遂覓店住宿。葛蓼灣在沮水南岸，爲民船碼頭，有茅店十餘家，都卑污不堪。聽說前晚還有土匪來搶劫，使我竟夕不能成寐。

十七日晨，天氣微陰。八點鐘往碼頭購船票，搭民船順沮水北去。過楓橋、馬老觀、五十里至仙姑廟，左右高山夾峙，如走在深巷裡一般。又二十里至龍灘，因爲這是有名的險灘，所以船靠岸讓乘客下來登岸步行。我看河裡有很多大岩石，水與石相激，如大風鼓浪，即如不在河裡走，也覺著有些可怕。我與衆乘客走有半里路，等船闖過那虎口似的險灘，又坐到船上。前行，夾岸都是秀峰奇石，紅葉滿山，涉目成趣。又三十里至釣魚臺，臺爲一大岩石，崛立在水中。高約丈餘，闊四、五丈。傳說太公曾釣魚於此。其說出於附會，不值一辯。

船穿峽而過，又十里至老鴉山，這時天又下雨，北風料峭，寒不可當。船泊碼頭，乘客都登岸進餐。飯罷，遂乘滑杆沿陸路北行。又五里出山，四望野闊天低，遠山橫黛，平疇綠野，煙村相望，放眼盪胸，令人心曠神怡。又十里至盛家塬，時已暝色四合，遂住宿於此。

十八日晨起離盛家塬渡河前進。宿雨洗空，霽色千里。十五里飯於玉皇閣。又十五里至穀城縣。地居沮水與漢水會流處，水陸暢通，也算是一個要衝。繞城北沿公路北行，過余家河，十五里至龔家河，有茅店十餘家，濱漢江的南岸。站在岸上北望漢江，灘闊數里，帆檣如林，倒映晴波，宛然一幅秋江待渡圖。入小店吃罷午飯搭船過江，水深岸闊，帆正風順，約二十分鐘即達彼岸。登岸東北行，過漢江支津，又十五里至老河口，下榻於南關旅社。

老河口，地居襄陽西北，商賈雲集，水陸四達，爲漢江沿岸一大市場。市周土垣遼闊，周圍二十餘里。其地去襄陽僅數十里，我遙望隆中有感，占詩一首道：

七載中原未息烽，隆中山色暮雲封；
河山半壁胡塵裡，天下何時起臥龍。

我在老河口住了一晚，遂於十九日晨辭退滑杆，雇腳夫挑行李沿公路北去。過光化、鄧縣，於二十五日返抵我的故鄉呂夭莊。到家聽說父親於農曆七月十九日病故，並且早已奉安新塋，好像晴天霹靂，使我昏蹶在地，痛不欲生。當即跑到先父墓園，伏地慟哭，料想不到父子半年之暫別，竟成永訣！我不幸幼年喪母，而更不幸壯年喪父。五福堂上再看不見老人的笑容，百花廳裡也聽不到老人的書聲。子欲養而親不在，我將何以報答父母昊天罔極之恩啊！

四六　避寇隱居廣慈寺

當我由四川回到家鄉的時候，縣城雖還沒有淪陷，但是日寇去我家還不到百里，我既不願認賊作父當漢奸，更不願等著被俘作敵人的奴隸。因此，在家僅住一個星期便帶著行李琴書到南陽西北山廣慈寺隱居起來了。

廣慈寺在南陽三岔口北，去南陽西北大概有一百里，四面環山，是個小盆地，寺右濱一道小溪，山麓滿布著松林和槲樹。清靜、幽邃，可以算是最佳習靜之所在。

該寺住持是海修和尚，早年曾到過泰國、緬甸，遊方參學。可惜他有芙蓉癖，於佛法未能專心修習。知客是廣大上人。除領導雇工種田辛苦而外，沒有什麼學問。他倆對我都非常尊敬愛護。

寺上設有私塾一所，塾師是我的一位本家。專教育幾個小沙彌。因爲寺上房舍不多，所以把山門作爲學屋。我與塾師都住在裡面。大叢林山門都有四大天王守門。我與本家姓是四個口，也權充了守門的四大天王。

寺裡和尙都吃葷，唯獨我吃素，因此，我在學屋自己作飯吃。小沙彌們有時爭著替我生火、洗碗。有一次我正在作飯，住持和尙抱個水煙袋來找我談話。他說：「呂居士！您自己作飯，太辛苦了，我看還是給我們在一起吃吧！」我問他說：「燒香、拜佛、誦經也辛苦麼？」他笑了笑說：「作飯與拜佛分明是兩回事，怎好混爲一談。」我說：「《六祖壇經》不是說搬柴運水都是妙道麼？」他瞠目結舌無以答，顧左右而言他了。一般人不知作飯也有作飯的樂趣。我自己作飯不但是一種適當的運動，而且也是藝術的創作。我每當刷洗鍋碗時，便把刷子當就一支大筆，心裡以爲是在畫無相畫，並不以爲是刷鍋洗碗。有時我把刷子上的水，分快慢滴在鍋裡惡水上，使成自然的韻律。聽著非常有趣。有時我會萬念俱空，達到物我兩忘的境界。經說：萬法如義，悟則刷鍋洗碗，莫非般若。還有什麼辛苦的呢。

到冬季，我的住室經常生著炭火取暖。每天晚飯後在火爐旁邊煨一壺甜酒。邀海修和尙和塾師圍爐聊天。海修雖是出家人，可是說話很隨便，有時幽默兩句，非常有趣味。因此，我一個人在寺上住，從不會感到寂寞。

入臘月下大雪的時候，滿山遍谷，皚皚一片，潔白得像眞如的本體，一塵不染。尤其是歪五朶那幾座挺拔高聳的奇峰，更像銀裝玉雕的擎天大柱。它那特立超俗的標格，迷了我的眼，融了我的心。寺後池塘裡結成厚厚地冰，我和小沙彌們在冰上作種種滑冰的遊戲。有一次，我不小心忽然把右足陷進水裡，僥倖拔得快，否則全身掉下去，便要作冰凍魚了。現在回想起來，眞有意思啊！

三十四年過罷舊曆年，有一天海修鄭重對我說：「今年春學裡先生，不再請別人，我想請居士偏勞教導這幾個孩子。不知您願費神麼？」我從來沒有教過家館，而對教小孩子更沒有興趣。本不願受這些麻煩。但是海修對我情誼不壞，礙於情面，不好拒絕。因此就慷慨答道：「好吧，只要您不嫌棄，我當然願意效勞。」他還正式給送一張館書（即聘書），從此我便成了和尚家館的塾師了。照舊例二月初二開學。當家和尚親送幾個小沙彌到學屋來，叫他們在孔夫子牌位前燃燭焚香，恭恭敬敬地向我磕一個頭，從此他們都稱我老師，不稱居士了。孔聖人說：「人之患，在好爲人師。」教人讀聖賢書，學爲聖賢，的確是「任重而道遠」，怎能不戰戰兢兢，如臨深淵，如履薄冰呢？

從過舊曆年，我便開始「蜀道萬里圖」之創作。這幅長卷是用仿舊絹繪製。長七十尺，寬一尺二寸，自陝西武關起，經秦嶺、西安、華山、太白、劍閣、成都、青城、峨眉、重慶、萬縣、巴東、荆山，至湖北保康縣板倉河止，預計一年完成。每天授課時間不多，大部時間都用在畫這幅畫。

當春二、三月山花開放的時候，山麓巖隈，到處都是杜鵑花。有大紅的，二紅的，白的，紫的，各種不同顏色的花朵，織成燦爛美麗的錦繡。每天早晨，學生們折一把杜鵑花回來插在瓶裡，供我觀賞。我愛花，更愛杜鵑。因爲杜鵑不但花開的時候久，而且還豔而不俗。

寺裡種有兩大株紅色千瓣牡丹。舊曆三月初開花，每株開二、三十朵，花大葉肥，眞不愧爲花中之王。我喜歡於晨曦中看帶露的牡丹。每一朵花都嫩柔溫潤，像晨妝之後的美人。記得我曾占有一首詩道：

冬採靈芝春採蘭，疏狂從不整衣冠；
廣慈寺裡花千樹，曉坐階前看牡丹。

山門外有一株莘荑樹，幹高有四、五丈。也在三月開花，花瓣背面是紅色，形似玉蘭而小。有一天早晨，廣慧那孩子沒有背書就跑出去了。我叫別的學生去找他，多時不見回來。我急了，自己到外面去找。剛出門，忽然發現廣慧正在莘荑樹頂枝間站著折花，我怕他掉下來，嚇得心房直跳。叫他下來，他就趕快抱著花溜了下來。我問：「爲什麼不背書爬到樹上折花呢？」他低著頭呑呑吐吐地答道：「我聽老師說莘荑花開的很好看，所以我上樹折幾枝，給老師插花瓶。」我聽了感到非常慚愧，從此不再讓他們折花。

四月間有一天上午我正在聚精會神的作畫，忽聽外面有人來報信說：「不好啦！日本鬼子從南河店（去廣慈寺北三十里）竄過來啦。」這時，海修和尚也從後面跑到我屋裡對我說：「呂居士！日本鬼子過來啦！請您趕快把長髮剪光，穿上大領衣服先到嶺西佃戶家躲避躲避。」我便接受他這番好意，把筆收下，一面叫學生替我收拾書物行李，一面叫學生用剪刀把我的頭髮剪光。我自己本製有一件大領海青，遂即找出來穿上，對鏡子照一下，還很像出家人的模樣，心裡想或可以瞞過鬼子們的眼。化好裝就叫寺上工人擔著行李書物，我帶兩個小學生一同到嶺西佃戶家裡。剛坐下，便聽到東面斷斷續續地大炮和機槍聲。佃戶家男人們都爬到山頂去瞭望。

我在那裡吃罷午飯睡了一會兒，到下午四點鐘左右，有學生從寺上跑來報信說：「日本鬼子已經從嶺東大路竄往鎮平去啦。我們這一帶平安無事，老師可以回寺啦。」我於是又叫工人擔着行李，抱著歡喜的心情走了回去。原來從南河店到鎮平縣城有兩條路，廣慈寺嶺東是大路，經由寺上是小路。此次敵人沒有竄過嶺西來，眞得感謝佛菩薩的加被。

敵人過去兩天，聽說南陽、南召、鎭平、內鄉、盧氏幾縣都淪陷了。我們所恃以爲保障的騎立山，正陷於敵人包圍圈內，這時，去既危險，留又不安。正在無可奈何之中，偏逢民兵又派人來看房子，要來寺上駐防。我想：這樣一來，即如冒險也得離開廣慈寺了。海修對我說：「民兵紀律最壞，到處搶糧，劫路，和土匪一樣。請居士先到嶺西山洞裡躲幾天，聽聽風聲再作以後的打算。」海修待我眞太好了，使我感激得眼淚直流。

我當即又帶行李書物由學生陪伴去到嶺西山洞裡，由寺上工人按時送飯。這個洞是在懸崖上，大約有方一丈四、五尺大。好像一間小屋子，雖不大方正，但還頗清潔。我坐在洞裡，吉凶禍福，全聽天由命。除念觀世音菩薩聖號外，什麼都不想。

在洞裡住了一夜，到下午海修親自來洞告我說：「居士不要害怕，我們有保障啦。」我急問：「有什麼保障？」他說：「今天上午南陽縣政府也派人來看房子，他們全班人馬決定遷寺上來。這樣就替我們把民兵擋著啦。」我聽了，高興得幾乎跳起來。從此更相信佛菩薩之感應眞是不可思議啊！

南陽縣政府人馬遷來，還帶來一團勇敢善戰的保安隊。把他們分駐在山區重要的據點。這一支鐵軍擁有大炮、機槍、手榴彈，大概敵人握有的武器他們也都有。自縣政府遷來以後，騎立山區好像修了一道長城。人民既有了保障，大家心裡自然也有了仗恃。有一天趙縣長對我說：「呂先生！你們的安全，我可以負責，請您高枕無憂。」我說：「失地還未收復，怎能無憂啊！」

到夏天青紗帳起，敵人常揚言要來掃山。但趙縣長是個硬漢，他不但不怕，並且還親自率領著幾百健兒們常出山破壞公路，截鬼子們的車輛、馬匹、食糧、彈藥。從此，敵人對於騎立山區就不敢染指了。

這時，私立開封北倉女子中學校長馬輯五先生遷校在盧氏山中。他聽說南陽縣政府遷廣慈寺，隻身翻越熊耳山和伏牛山，不辭千辛萬苦來到寺上。他原籍新野。是河南有名的老教育家。衣著簡素，說話眞誠。他喜歡抽旱煙，煙桿只有七、八寸長。不認識他的，一定會把他當就鄉巴佬看。他在寺上住了四、五天。每天晚上他找我聊天，想什麼，說什麼，所以談的很愉快。

在山裡住，物質享受雖不大好，可是精神卻非常愉快。我的生活習慣，早就養成自然的規律，即在顚沛流離中也沒有大的改變。早晨五點鐘起床，洗漱畢，便去爬山作適當的運動。上午作畫，中飯後，有時在屋睡午覺，有時跑到寺前小溪裡洗澡。洗罷躺在松蔭下涼石板上睡一、兩小時。起來回屋去看書或寫文章。我自春天起撰寫《蜀道萬里記》。因此，把晚上時間全用在寫遊記方面。夜裡就寢都在十一點左右，雖睡眠不足八個鐘點，但並不影響我的身體健康。

我在外長年作客，唯一的伴侶就是那張明代的古琴。每到夜闌人靜時，便喜歡焚香揮兩操。我認爲我的精神生活夠豐富的了。

南陽玄妙觀藏有一張唐代韓愈的琴。是前任方丈李涵三在山東濟南街頭柴擔上買來的。於民國三十年正月十日敵機第一次轟炸南陽後，聶方丈嘯霞託我把這張名琴帶到菩提寺。在那裡藏了三年，這時因爲菩提寺離敵人太近，所以洗凡法師把它送廣慈寺代爲保存。此琴爲蕉葉式，黑朱漆。琴底有董其昌、楊椒山、何紹基諸人跋。而楊氏之跋是他本人所刻，更爲名貴。從龍池可以看到琴面之背刻有四個字，係分體。無論從那方面看，都不失爲無價之寶。海修和尙對我說：「我作主把這張韓文公琴送呂居士吧。」我婉謝道：「物各有主，旣是玄妙觀的，將來還歸玄妙觀。我呂某不能要。」二十餘年來屢經變亂，不知此琴還在人間否。

三十四年十一月二十五日晚上正在好夢方甜的時候，忽然聽到外面乒乒乓乓，好像機槍的聲響。我想一定是敵人眞來掃山了。趕快披上衣服起來，不及點燈就開門跑到後面去打聽消息。這時縣政府全體人員和寺上和尙們都在院子裡興高采烈的互相談論。我問劉科長道:「外面的槍聲,是不是敵人來啦?」他笑道:「您還在作夢,敵人已經投降啦,剛才是我們放炮,慶祝抗戰勝利的呀。」我初來廣慈寺曾作一首詩道:「廣慈古寺又重遊,圃老黃花正九秋,國破時危何所冀,丹心總信復神州。」我們對日抗戰八年,大家一致所馨香禱祝的最後勝利,果然來到了。還有什麼事比這更值得興奮的呢?

勝利之次日,趙縣長又率領全班人馬返回南陽,我也和他們同車回到家鄉探望家人和親友。我在家僅住一個星期,便又回廣慈寺。

到三十五年春天,「蜀道萬里圖」和《蜀道萬里記》,全都完成。另外還作了八十多件條幅山水、人物、仕女。在這一年之中,環境儘管動亂,可是我的心情始終保持平靜。因此才會有這麼多的創作。當時我在「蜀道萬里圖」的拖尾題有長歌一首。最末兩句是:「大好河山須保持,愼守勿失萬萬年。」誰料不到三年,整個大陸變色,政府退處臺灣,眞可使人痛心啊!

四七 河山光復開封遊

民國三十五年四月,各級政府機關都已復員。我應省垣朋友們函邀,攜畫赴開封舉行勞軍畫展。我到開封,下榻於鼓樓街河南大旅社。這座具有數千年歷史的古城池,雖被日本鬼子佔據

五、六年之久，可是從表面看來，並沒有顯著的破壞。唯有鐵塔被敵機炸毀一個角。但它卻依然屹立不搖。潘楊湖裡龍亭和南關的繁塔，都是我舊遊之地。好像闊別多年的故人，再去重遊，更加深了親切之感。我曾占詩一首道：

龍亭日暮亂啼鴉，湖上無波落夕霞；
可喜中原烽火息，春城又放舊時花。

我到開封先去拜訪道友謝瑞階先生。瑞階是鞏縣人，早年畢業於上海美專，他先學洋畫，後來又研究國畫。其畫山水人物，筆墨意境極高。結習丹青而外，他還信佛茹素。衣貌樸野，談吐溫雅。在河南畫界之中，我們倆氣質、志趣、思想，最爲接近。瑞階很感慨地對我說：「現在一般知識份子，有的學洋人皮毛，有的學古人皮毛，這是很不好的現象。——有人問我：『古代大詩人如：陶淵明、李太白、杜工部等都喜飲酒。你爲什麼不吃酒？』我答道：『因爲我不是大詩人，所以不吃酒。』」由此可知，瑞階說話是善於幽默而有風趣的。

最值得懷念的，還有一位熊伯乾先生。他是桐柏縣人，年約六十五、六歲，高高地個子，清瘦地面孔。前清拔貢，現任河南通志館編修。他於國學很有研究，尤其善於作詩。性格爽朗，風度瀟灑。我們雖是初次見面，但談起話來，彼此卻沒有半點拘束。

那時，輝縣有一位知友劉子良，正在豫魯監察使署任祕書，也住在開封。我去看他的時候，不幸他身患重病，正躺在床上呻吟，見面彼此緊握著手，沒有說幾句話，就匆匆分別了。

我的畫展，是由保安司令部政治部主辦。政治部祕書焦元甫，是我的小同鄉最知好的朋友。有關畫展的事，全由他負責籌劃辦理。由於元甫計畫周詳，而且又有熱誠，因此，畫展結果使省垣各界，大爲轟動。畫展結束，全體旅汴泌陽同鄉，爲我舉行歡迎茶會，並請我演講。尤其是正在大學中學肄業的青年們那種眞摯而深厚的熱情，更使我不知如何答謝才好。我講話的內容大意在勉勵青年們把握時機，好好研究學問，要把自己培養成大而有用的人才，將來好爲社會服務，爲人群造福。雖是幾句老生常談的話，但聽衆還頗受感動。

源潭中學畢業的學生郝匡籌、黃天慶，那時都在省立開封高級中學。這兩個孩子很重道義，每天跑來旅館看我，並且還提出一些學術方面的問題，就我所知者，都一一給他們解答。天慶個子雖高了，但是說話和態度卻依然那樣的天眞。匡籌變得比從前更沈默些。他說：「我現在仍喜歡常看哲學方面的書。但對於馮友蘭哲學思想與觀點，有很多不敢同意的地方。」他雖然沒有說出對於那些地方不同意，可是我對於這孩子好學深思的精神卻感到意外的驚異。

有一天，張光武來看我。彼此談的很愉快。光武初名炳麟，後改名炳耀，是我在初級小學時的老同學，並且我們還是親戚兼世交。他在河南大學畢業，對於史學，頗多創見。由於他熱中於政治，所以於光復後出任商水縣縣長。實際他的才具，並不適宜於搞政治。所以我勸他最好把七品官兒的烏紗帽丟掉，好好研究學問。可惜他對於我的勸告似乎不感興趣。我作朋友的，不過盡盡心而已。

畫展結束，我本來要照原定計畫到南京舉行畫展，並且順便再遊遊蘇浙名山。眞是「天有不測風雲」，料不到共軍從安徽西竄，把津浦火車道破壞，由開封去南京，不能通車。不得已，又整裝返回南陽。

四八 回南陽重作教師

我到南陽，住在東關省立南陽中學。我本打算住幾天，仍回西北山廣慈寺，再作一批畫，等局勢安定，從武漢搭船到南京去。誰想不到一星期，共軍便竄到南陽境了。我不能回山，心裡異常著急。

這時，省立南陽師範學校校長趙大年，聽說我住在南中，他便懇託我的好友郭伯如請我到南師任課。並謂不久還要設藝術科，也請我主持計畫。我因爲自由慣了，不願再到學校過吃粉筆末的生活，所以沒有答應。但是趙校長一而再，再而三的託朋友們來勸請。南中李校長也勸我道：「現在時局不安定，您住在山裡太危險，住在城裡，又無所事事，也很無聊，不如暫去南師任課，等將來南北交通恢復，再去南京，也還不遲。何必執扭不接受呢。」我有感於朋友們的熱情，於是才答應下了。

南師的前身是戰一師。校址在南陽文廟。全校學生連簡易師範共十一、二班。大約有一千

一、二百人。學生大部分都作過小學教員、校長、教導主任。年齡大者，達到三十幾左右。其程度很不整齊，教學有很多問題。趙校長名鶴齡，字大年，河南堰城縣人，北平師範大學畢業。他對人對事最富熱情。可惜由於經費短絀，學校行政之推行，大感吃力。

學校沒有學生飯廳。開飯，晴天在院裡，雨天在教室。到冬季，有時北風嗚嗚叫，天空飄落著雪花，學生還依然在院裡開飯。因此，全體學生對趙校長，普遍地不滿。背地常聽他們嘖有煩言。

我不忍看著學生們冒著風雪坐在地下吃冷飯，自動協助趙校長去找縣長、專員、議長，請他們替學校想辦法。呼籲的結果，參議會議決把南師東鄰民衆教育館借給南師作學生飯廳。全體師生聽到這個消息，莫不鼓舞感奮。可是，教育館館長王新光對於借房子事，無論如何不肯答應。使參議會明智的議案，成了一紙「畫餅」。學生們本來就懷著滿腔的悲憤。而王新光又偏向他們頭上潑冷水。這群血氣方剛的小夥子們，怎能不動火呢？我的天哪！這群孩子們課也不上了，他們眞像餓虎出籠了一般，不經校方同意就直向教育館撲去。捉著王館長，拳打腳踢，沒頭沒腦飽打了一頓。新光裏創跑到專員公署、咆哮公堂。

我與新光，不但是同道藝友，而且私交也不錯。因此，我聽見民教館吵吵嚷嚷，便推測一定是學生們鬧出了亂子。就趕快跑去爲新光解圍。可惜去遲了一步，事情已經鬧的大了。學生們打了人，出了氣，自知事態嚴重，都懷著一顆沈重的心回學校來。那時專員褚懷禮，他爲此事還特地到南師來召集全體學生訓話。結果對於學生不但沒有懲處，而且還備加慰勉。於是學生們都心平氣和，大事化小，小事化無了。

我在南師指導學生國畫，並兼授一班國文。學生們雖常肯鬧事，可是對我還都很尊敬，我說話他們也高興接受。有一天早晨正上自習的時候，龐教官從我那班教室門口經過。有幾個刁皮的學生在裡面大聲喊叫：「老螃！老螃！」教官知道學生有意罵他，當即進教室不論分說，把全班學生痛罵一頓。因此，學生起鬨和教官動起武來。幸虧校長趕到解圍，事體沒有擴大。事後，爲首的幾個學生來找我，跪在我的面前，慟哭流涕的自請處分。孩子們說：「老師！我們剛才對教官不敬，知道錯了。現在不是求老師原諒，而是請老師給我們一次重重地懲罰。」他們這樣悔過的誠意，使我感動得也流出了眼淚。我扶他們起來，替他們拭著眼淚。勉勵道：「你們對老師不敬，不全是你們的過錯，我作導師的也要負一半責任。所以我聽到發生這件事當即就找教官道歉，並且向校長請辭。你們既知道錯了，最好去見教官多說幾句好話。古人說『人非聖賢，孰能無過，過而能改，善莫大焉。』我想作老師的，絕不願懲罰你們誠心悔過的孩子。」學生們又懇求道：「老師肯答應我們不辭職，我們才願去見教官。」我慷慨答道：「好！你們一定聽老師的話，現在就去。」

學生們向教官說了一番好話，教官也大受感動，自願請校長對學生不加處分。從此師生之間就發生了眞純的感情，彼此不再仇視了。古人說：「精誠所至，金石爲開。」師生之間必須以誠相感，則教育才能收到最大的效果。

我的宿舍門前，有個小花園。裡面種有臘梅、海棠、月季、牡丹，並且還有幾棵桃樹。春二、三月，桃樹開出燦爛美麗粉紅色的花朵，點綴得我的門前更充滿了春意。每逢下課號一響，便看見隔壁教室裡學生，三三兩兩地都走出來。有的兩手攀著桃樹枝打鞦韆。我很擔心他們把樹枝弄斷，所以每次發現便勸告他們道：「你們作學生的，應該知道愛護花木，不要攀著樹枝學猴上吊。」他們當時雖接受我的話，可是過兩天，還是依然如故。我默默地歎道：「言教已經沒效果了！」晚間躺在床上還惦念著那幾棵桃樹。翻來覆去，不知用什麼方法才能使桃樹在安全中欣欣向榮。靈機一動，有辦法了。我披上衣服起來裁一張小紙條，在上面寫：「可憐的樹」四個字。早晨未吹起床號，我就從床上爬起來，把紙條用漿糊貼在桃樹幹上。到下自習的時候，我在窗子裡面窺視他們的反應。有的學生又要攀樹了。忽然發現樹幹上貼的小紙條。他們都由衷地發出「可憐的樹」的呼聲。面面相覷，不再攀它了。當時，他們從內心深處激起了同情，這張小紙條在教育上已經發生了很大的功用。從此，我不但對於教學發生了興趣，並且對於教育也建立了信心。

趙大年在南師作了兩年，至三十六年春期，教育廳令他與臨汝中學校長張宗陽對調，宗陽是唐河縣源潭鎮人，早年於武昌高師畢業。年已六十多歲。恬靜寡言，規行矩步，善寫魏碑和鐘鼎甲骨文字。在河南教育界中也頗有名氣。我與宗陽是於二十九年在臨中認識。彼此志趣甚契，因此，他接任後，堅決留我仍在南師任教。我想：大年與宗陽都是很好的朋友，不能不接受宗陽的好意，所以就留下了。

四九　荷花香裡遊武漢

我與朱景德兄在春季每人準備幾十幅畫，約定到暑假往武漢舉行畫展，並順便登南嶽，泛洞庭一遊。

三十六年六月二十日，我把行李摒擋齊妥，移住東關南陽中學。於二十一日晨六時與景德兄同赴汽車站購票待發。承胡禾青、鄒立璟、郭伯如、張孝仁、梁振庭、張又文等諸友好先後趕來送行，使我衷心銘感不忘。

九點半鐘與諸友握別，登上車出東門向東北開行。十二點半抵達葉縣，車停東關外休息。葉縣城北有臥羊山，上有黃庭堅廟，壁上嵌有黃書幽蘭賦石刻。其字大者徑尺，險勁峻拔，如天馬行空，有不羈之勢。為山谷生平得意之作。可惜於抗戰時期，湯恩伯部隊把廟宇拆除。石刻屹立裸露，見者聞者，莫不歎惋。（碑刻現移葉縣博物館保存）

大家覓店進餐畢，至下午兩點鐘又開行東去，八點半鐘車抵漯河。這時，萬家燈火，夜氣蒼茫。我與景德兄同住中山街華商旅社。屋地潮濕，臭蟲紛擾，通夜不能成寐。

漯河爲平漢鐵道一個大站。去郾城縣城東南五里，只隔一道汝河。宋代金兀朮以拐子馬犯郾城，岳家軍大破之，就在此地。

我們在漯河玩了一天。於二十二日下午八點鐘搭平漢路火車南下。乘客擁擠得水洩不通，有很多人搶不到座位。過西平、駐馬店、確山，時已黃昏，西望山影幢幢，不辨遠近。唯有半空一鉤新月，常伴身邊，慰我旅魂。

過信陽，曙光乍啓，晨星未落。探首窗外，則見群峰環聳，林木掩映，使我心目頓爽。前行不遠，至雞公車站。這時，曦輪已經碾上山來，明麗的朝霞，映照在山頭上，現出繽紛燦爛的顏色。雞公山是大別山脈之一支。在車站東面，北去信陽四十里，爲河南有名的避暑勝地。民國以來，由於外國人喜歡在山上建屋避暑，所以「雞公山」的名氣就更煊赫了。這座山，有很多奇峰，有的像駢笋，有的像挺芝。雲霧迷漫，半吞半吐，其中有一巍峰，昂然特起，勢欲凌空者，名叫「雞頭」。峰上亭臺樓閣，玲瓏嵌空。儼然一幅李思訓的金碧圖畫。我占詩一首道：

日照高林山翠蒼，千峰秀發互低昂；
樓臺掩映雲端現，安得枝棲駐壽長。

由雞公站南行，約二十餘分鐘車進武勝關隧道。洞口高約三十公尺，洞長約四百公尺。武勝關是豫鄂交界衝要的隘口，自古爲兵家必爭之地。出隧道左倚嶺麓，右傍深澗。林木密翳，幾看不見天日。過東篁店至廣水，野闊天低，山勢開朗。過王家店、蕭家港，鐵道兩邊，煙水迴環，汪洋萬頃。此一帶名叫白水湖。湖邊蘆荻叢生，滿眼青翠。更有游艇魚罾點綴其間，充滿了詩情與畫意。

過橫店南望，巍樓高聳，煙囪林立，長江被日光照射，好像一條銀練。同座旅客告我說：「漢口快到啦。」我們就趕快整理行李，準備下車。至漢口於大智門站下車。我與景德兄把行李取出，遂乘人力車逕赴雲樵路下榻於永安公司。越三日遷民生路金大樓飯店。越七日遷法租界京漢旅社。漢口氣候悶熱，好像住在蒸籠裡一般。晚上整夜開著電扇，才能入睡。

漢口也叫沔口，又名夏口。地當漢水入長江之口，與武昌漢陽成鼎足之勢。水陸交通，商賈雲集，爲長江中流最大的商埠。民國二十八年，倭寇南犯，武漢棄守，市區高樓大廈，大半化爲灰燼。勝利以還，漸復舊觀，車水馬龍，繁華依然不減當年。武昌市，古名江夏，今爲湖北省會，位於長江南岸，與漢口漢陽隔江相望。岡陵環峙，形勢雄固，自昔爲兵家必爭之地。武勝門外，馬路坦闊，商店多西式建築。市東徐家棚爲粵漢路車站起點，南去直達廣州。蛇山橫貫城中，正與漢陽龜山相對。其上建有黃鶴樓，爲全國有名的勝蹟。漢陽在前清爲府治，民國改爲縣。位於武昌之西，漢口之南，襟江帶漢，爲省垣屏障。北有大別山（俗名龜山），上有禹廟和吳魯肅墓。山之北麓有漢陽鍊鐵廠。規模宏大，名聞中外。其東江濱有晴川閣與蓮花湖、鸚鵡洲、歸元寺，都是著名的勝地。

我們到漢口，前幾天專遊覽名勝古蹟。七月二日，我獨自去遊後湖。後湖在漢口市北面，全湖的面積大概有四、五頃。長隄映帶，淺草平鋪。湖邊種有很多楊柳。婀娜輕柔的柳條，都垂在湖面，好像掛下的幃幔。湖上清漣起伏，蕩漾成紋，被朝霞照射，彩繪出層層疊疊地錦鱗。這時正值荷花初開。不斷隨風送來縷縷清芬。湖周蕪田，大部分都闢爲菜圃。瓜棚豆架，茆舍竹籬，那樣的幽靜，那樣的有趣。我立在湖邊，目觀水光，耳聽鳥語，我只覺這是一幅美的畫，一首美的詩。

六日我與景德兄同李騰仙遊中山公園。園在巡禮門西北。地址空曠，高柳掩映。裡面有一個大池。池周建有亭舘和茶社。湘簾低垂，琅環雅潔。時値盛暑，園內遊人更多，紅男綠女，勝侶如雲。或一葉扁舟，容與碧波，或對坐品茗，七椀風生，熙熙攘攘，自由自在。湖外還有假山、動物園、游泳池，也都是吸引遊人的勝地。動物園有一個矮人，身長不及三尺，除頭部外，手足都和兒童一樣。我在北平時曾遊萬性園，看見一個巨人，他們倆人兒，眞可以算是難兄難弟了。

我們到各處看罷，便坐在池邊茶社閒聊天兒。停了一會兒，陰雲密布，風雨交作。滿園煙霧迷濛，更添不少詩情畫意。漢口夏季悶熱，陣雨過後，頓感涼爽，頗有秋意。我與騰仙賦詩遣興。眞是樂不可言。我的詩是：

池邊小坐荷飄香，畫閣棋亭映綠楊；
黃鸝啼得遊人醉，細雨清風陣陣涼。

五〇　登黃鶴樓

七日與景德兄一同搭小火輪過江，遊黃鶴樓、長春觀、寶通寺、武漢大學諸名勝。中午在寶通寺隨喜齋飯。黃鶴樓在武昌黃鵠山上。背山面江，據於最勝處。我在幼年讀唐崔顥的：「昔人已乘黃鶴去，此地空餘黃鶴樓。黃鶴一去不復返，白雲千載空悠悠」詩句。便對於黃鶴樓心嚮往之。可是及到黃鶴樓一看，只有西式樓房一座，既不高大，又不莊嚴，不免有些失望。關於黃鶴樓的名稱之由來還有一段神話故事，我不妨寫出來以爲茶餘酒後聊天的資料。傳說在唐代有一家姓辛的住這裡開酒館，活神仙呂純陽先生常到辛家吃酒，每次必吃得醺醺大醉才肯離去。不與酒資，辛家也不計較。有一天晚上，先生又在辛家吃醉酒。臨別的時候在地下拾起一片西瓜皮在牆壁上畫了一隻鶴就辭去了。從此，辛家生意興隆，成了百萬富翁。過了十年，先生又來辛家，忽然把他所畫的鶴弄去。辛家原是最忠厚的人，不但不恨他，而且還在這裡建築一座黃鶴樓，以報答他的恩德。《唐書》上說：「費褘登仙，嘗駕黃鶴，返憩於此，遂以名樓。」又有一說因爲這座樓依黃鶴山而建得名。究竟因何得名，並沒有細加考證的必要。《南軒集》上說：「黃鶴樓號爲天下絕景，在石鏡亭南樓之間，正對鸚鵡洲。」可見樓在蕭梁時就已經有了。古黃鶴樓毀於兵火。我看古黃鶴樓的照片，其規制，壯麗無匹。樓凡三層，每層十二角，高二十丈。飛簷畫棟，巋然矗立江表，眞是天下之雄觀。古黃鶴樓毀後不久，又重建爲三層宮殿式的高樓，也還相當壯觀，差強人意。此樓又於民國十四、五年間被燒毀。不知又經何人重修，竟然給黃鶴也披上洋服，新則新矣，但是沒有古黃鶴樓之壯觀了。（現今黃鶴樓，重建爲三層十二角）立在黃鶴樓前眺望長江和漢口漢陽兩鎭。江流浩瀚，帆檣如林。就是太平洋上也沒有那樣偉大的氣魄。樓前石階左右石柱上刻有一聯云：

爽氣西來，雲霧掃開天地撼；

大江東去，波濤洗淨古今愁。

遊罷黃鶴樓，又登湧月臺、奧略樓、呂祖閣一覽。遂去長春觀。觀在武昌賓陽門東約二里許。廟依山面湖，地勢高朗。殿宇全是翬飛式建築，頗崇閎莊嚴。立大殿後南望湖上碧波紅蓮與青山綠樹相映，風景綺麗如畫。

離長春觀沿公路東行，約三里至寶通寺。寺在洪山之南麓，爲武漢有名的古刹。峻宇層樓，古木參天。後面有一座七層磚塔，巋然矗立半空。該寺爲唐敬宗時信和尚所創建。至今已有一千多年的歷史。入山門後爲金剛殿。中爲彌勒殿。後爲大雄寶殿，最後爲方丈室，我與景德兄先至客堂休息片刻，遂即請知客僧陪同至方丈室與住持博雅和尚見面談了一會兒。那時，博雅的年紀不過四十來歲。相貌清俊，衣著樸質。中午承他堅挽我們隨喜齋飯。熱情洋溢，甚可感激。飯後，又登後山一覽，上有古佛殿五間，黃瓦丹壁，修棟飛甍。內供釋尊立像，金身丈六，異常莊嚴。下山遂乘武大校車往珞珈山參觀武漢大學。

五一 武漢大學觀光

武漢大學在珞珈山上。去寶通寺約四、五里。爲湖北省最高學府。其前身叫武昌高師，曾經爲國家培育不少優秀的人才。到車站下車，去武大還有一段路程。景德兄最怕跑路，他說：「學校有什麼好看，你有興趣你自己去好啦，我要在這裡休息，不奉陪啦。」我知道他的老脾氣，爲避免和老同學吵嘴，就讓他留下，我獨自往學校去。往上約走百餘步，便進入大森林，綠蔭蔽日，裡面非常涼爽。再走四五十步就到武漢大學。校門左右有幾十間樓房，都是學生宿舍。拾級上至山頂是一片平臺。滿地都鋪著碧綠的秀草，並且還雜蒔很多花木。布置得像一面綺麗的繡氈。順甬路前進，再拾級上去，又有幾棟樓房，或爲圖書館，或爲教學室，重簷彩棟，異常壯觀。對面山麓也有幾棟宮殿式大厦，碧樹森羅，相映如畫。山之東北面俯臨東湖，湖周約有二三十里，也是武昌著名的勝地。憑欄東望，遠岑橫黛，波光凝碧，游艇沙鳥，盡收眼底，使人悠然意遠。武漢大學之美，不只在校舍的本身，而尤在與校舍協調相襯的湖山。離武大下山至車站，仍與景德兄搭武大校車回漢陽門碼頭，渡江返抵漢口旅社，時已萬家燈火了。

五二 漢陽歸元寺一瞥

九日下午，我與景德兄商量同往漢陽遊歸元寺。他搖著頭說：「你喜歡掂著兩條腿到處跑，我是不去啦。」我說：「聽說歸元寺有大烏龜，不能不去看看。」這才打動了他的遊興，肯同我一路前去。我倆步行到龍王廟碼頭乘木筏渡漢江，登岸便是漢陽。前望龜山，好像一隻臥虎。其濱江高阜上有一座巍樓。就是唐李青蓮所詠：「晴川歷歷漢陽樹」的晴川閣。繞龜山轉西行，迎面爲白馬湖，滿湖紅蓮，清芬宜人。沿湖前進，約七八里到漢陽城。城牆全已拆除，只賸幾道門洞。城內人家很少，商業更是蕭條不堪。出鳳山門前行不遠便是歸元寺。寺前都是稻田荷池，芋畦豆架。山門裡面有一個磚修的長方形池子。池裡養的，全是烏龜。有大的、小的、肥的、瘦的，狎游水面，了不避人，眞是稀有的奇觀。寺宇有接引殿、大雄寶殿和藏經樓、羅漢堂，其規模幾不亞於寶通寺。我們在寺裡玩了一會兒，看天已不早，遂匆匆辭去。回到江邊坐在小茶館裡，吃了兩杯茶，才回旅舍。

我們把武漢三鎭的名勝古蹟都遊遍了，這才書歸正傳，開始籌備畫展。因爲漢口是一個商業都市，所以教育文化機關很少。想找一所相當合適的場址，卻不是一件容易事。我們託了幾位朋友，並且還看了好多地方，最後才選定中山大道市商會的禮堂，在那裡展覽三天。

五三 漢衡道上

七月二十五日下午兩點鐘，把行李摒擋齊妥，同景德兄由粤漢碼頭搭小火輪渡江，至粤漢火車站，料不到五點鐘快車停開。不得已在雲英旅社住宿一晚。旅社臭蟲太多，使我通夜不能安睡。

二十六日上午九點搭特別快車離徐家棚南下。過沙湖探首窗外，菱荷千頃，香風十里。東坡詩云：「接天蓮葉無窮碧，映日荷花別樣紅。」正可為此景寫照。我也占詩一首道：

輕車送我去長沙，鸚鵡洲邊日影斜；
最愛江南景物好，香風十里放荷花。

過大花嶺、土地堂至咸寧縣。沿路岡陵起伏，水田漠漠，連畦接隴，一片稻花香。自咸寧西南行，遠望東南層巒疊嶂，嵐翠照人。過中伙鋪至陸溪，碧流清澈，風帆掩映，景色如畫。溪上原有水泥大橋一座。惜於長沙會戰時被日寇炸毀。後來修了一道木便橋，火車行在上面，只聽橋柱吱吱地響。乘客們莫不驚惶失色。

過河約二里許至蒲圻縣。城東南有一道大嶺，名叫辰山，森峰列岫，好像向我招手。過趙李橋至羊樓司，入湖南境。羊樓司是兩湖交界一個大山鎮。素以產茶著稱。四面環山，形勢異常險要。自此前進，過路口站至雲溪鎮。鎮爲臨湘縣屬。北面山麓，遍植茶竹松杉。密樹森羅，蟠青凝翠。

再前行迎面有一湖泊。其西口可通長江。碧水連天，青山周環。湖中築有長隄便橋，火車賴以通過。前面不遠，見鐵道兩邊，水田被洪流所浸。十里以內，一片汪洋。低岡矮坡，都成了蓬瀛仙島。過城陵磯至岳陽縣。時才兩點鐘。因爲新牆河便橋塌毀，南北客車需對駁聯運。我與景德兄乘便下車進岳陽城一覽。

岳陽，在前清爲州治，古爲巴陵郡。北控荊楚，南綰三湘，自古爲軍略要地。三國時，孫權使魯肅曾在這裡駐軍以固邊防。城介於江湖之間，南北西三面環水，高據形勢最勝處。不過在抗戰期間，城內建築多被敵機炸毀，瘡痍未復，商業甚爲蕭條。西城門上就是古岳陽樓。樓凡三層，高約四五丈。黃瓦丹柱，崇脊飛簷，巋然雄峙於洞庭湖東岸。我在幼年從塾師讀古文，有一篇范文正公的岳陽樓記，那時對於岳陽樓便心嚮往之。數十年後居然有機會親歷其境，眞覺三生有幸。岳陽樓的景觀如何呢？我且引用范公的〈岳陽樓記〉所說：「予觀夫巴陵勝狀，在洞庭一湖，銜遠山，呑長江，浩浩蕩蕩，橫無際涯。朝暉夕陰，氣象萬千，此則岳陽樓之大觀也。」寥寥幾句，把岳陽樓之景觀氣魄，描寫盡致，足使後人擱筆，想不出別的形容詞比這再美的了。

憑欄西望一碧萬頃的洞庭湖，有幾百隻大帆船，慢呑呑地搖幌著行進，好像一排排旌旗在湖面上招展。我對著泱漭浩瀚的波濤，感覺自己的胸襟忽然開闊。成百成千的大帆船都在我的心胸中盪漾搖曳。彷彿自己就是那水天相接一望無涯的洞庭湖。這時，心曠神怡，寵辱皆忘，率賦絕句一首道：

日照孤城楊柳青，萋萋芳草滿漁汀；
岳陽樓上憑欄望，千片風帆出洞庭。

考洞庭湖納九江之水，所以《山海經》說：「是在九江之間」。古時洞庭周圍號稱八百里，爲全國湖沼之最大者。但是近年湖濱漸漸爲泥沙淤塞，居民利其土沃，爭相築圍成田，致湖面日形狹小。現在湖面實長二百里，闊一百五十里，面積共一萬五千方里，仍不失爲天字第一號的大湖。湖中有三個島嶼，以君山最著名，其次是扁舟磊石二山。君山也叫湘山。《荊州圖經》上說：「湘君所遊，故曰君山。」山當洞庭入江之口，周約七里，上有十二峰，產茶甚有名。極目遠望，蒼翠如屏者便是。唐許渾詩云：「四顧疑無地，中流忽有山。」其所詠就是此山。山上有二妃墓，洞庭君洞，崇勝寺，軒轅臺、酒香亭諸名勝。二妃就是舜的妃子娥皇女英。她倆和重華有一段近乎神話的羅曼史，在此不須多贅了。

扁舟山，俗名扁山，在君山東南。磊石山在湖口東北，傳說就是古洞庭之中心點。去岳陽西南百餘里，隱約可見。雲夢澤，半在江北，半在江南，西北望，碧樹蒼蒼，好像一道長隄。唐孟浩然詩云：「氣蒸雲夢澤，波撼岳陽城。」所指即其地。聽說城北還有魯肅墓，因爲天色已晚，未往瞻謁，遂出城返回車站。在車上宿了一晚。

二十七日上午十一點鐘車才從岳陽開行。沿洞庭湖東岸前進，芳草甘木，籠岡絡阜。過廊塘六十里至新牆河。河上原有水泥大橋一道。抗戰時期於新牆之役被毀。戰後修的木便橋又被大水沖坍，因此，乘客都在北岸下車，依次乘路局所備之民船渡河。抵彼岸見南來的快車已先至停候。大家爭先恐後，亂了秩序。我與景德兄本在前面，結果被強橫者擠得殿在最後。如今社會，不守法便佔便宜，講禮讓就吃大虧。一個文明古國的國民，竟墮落到這種地步，眞可惋歎！

車在南岸停兩點鐘才開行，車裡悶熱，如坐蒸籠一般。過榮家灣又幾十里至汨羅江。沿途高坡長坂，起伏不平。其上遍植松茶油桐，濃蔭嫩綠，參差相間，放眼盪胸，使人心曠神怡。汨水發源於平江縣東，所以也叫平江。至汨羅西北入湘，名叫屈潭。就是戰國時，楚大夫屈原懷石自沈的所在。屈原名平，別號靈均，在楚爲三閭大夫，懷王本來很看重他。不幸被靳尙與公子蘭等之讒言所陷害，於悲憤之中作《離騷》以感動懷王。不久，襄王即位，他爲報復前怨，便把靈均貶到江南，不許再過問國家的政治。原看楚王昏庸，不可救藥，國家只有滅亡一途。因此，又作〈漁父〉以表明他的心跡，於五月五日跳到汨羅江自殺了。這是我們中國歷史上的一幕大悲劇。後人提起這位大詩人的名字，沒有不替他惋惜的。漢文帝時賈誼爲長沙王太傅曾寫一篇弔屈原的皇皇大文。我閉著眼默誦漁父詞，彷彿看到一位顏色憔悴，形容枯槁，行吟於澤畔的靈均先生。

我於感慨之餘，詠了一首詩，算是祭弔靈均的一瓣心香。詩是：

每憶靈均感慨多，瀟湘日暮聞漁歌；

千秋亮節留青史，空教詞人弔汨羅。

汨羅江的水，完全是碧綠的，而且平靜得一絲波紋也沒有，眞好像一面晶瑩明亮的鏡子。兩岸都是稻田，綠得和水一般。東南山色特別秀美，層層疊疊，全是荷葉皴，斜陽映照，倍覺綺麗可喜。過江經白水鎭便入月兒山。山裡是個小盆地，平畦曲澗，圍以蒼松翠竹，村落市鎭，都立有宗祠，雞聲人語出於翠微中，直覺到了世外桃源。月兒山，青嶂偪天，怪石嶙峋，高竹美箭，滿山遍谷。出山西望，落日半規，流霞映彩。繪出一幅美麗的圖畫。過高家坊和凝霞兩站，野闊天低，明星晄曜。及達長沙，已是灰幕低垂，萬家燈火時分了。

長沙，爲湖南省會，地當湘江與瀏河二水之會，據全省襟要之點，自昔三湘有事，長沙在所必爭。車在東站停四十分鐘，我們沒有下車，便又南下了。過易家灣、株州、昭陵、石灣，晨五點鐘至衡山縣車站。這時，探首窗外，一輪皎潔的明月，高掛在半空。山影高低，漁火隱現，使人不勝陰幽蒼涼之感。

我與景德兄下車到站房休息了一會兒，等天明太陽出來，雇腳夫擔著行李，便往衡山縣城。正西行，約四里至湘江，江水拖藍，澄碧如鑑。風帆掩映，凌波上下，與山色霞光相映襯，充滿了詩情與畫意。遠望下游，江心有一個孤島，島上滿是蒼翠的森林，好像婦女的錐髻，乘渡船過江登岸遂聯袂進城。城內房舍，十之八九都被日寇燒毀，多半還沒有修復。滿目頹垣斷壁，好像到了龐貝大城。

衡山縣城，瀕於湘江之西岸，地勢高曠，水陸交通。除西北有一線平原外，其餘都是崇山峻坂。城內有一高阜叫開雲嶺。上有韓文公祠，名叫開雲樓。《衡山縣志》上載稱：「唐韓公退之疏官市，貶陽山令。永禎初，改江陵府法曹參軍。道出衡，欲登南岳，值秋雨陰晦，公默禱之。投佛寺，陰雲開霽。嶺由此得名，後建樓遂以名其樓。」韓文公有一首題岳寺門樓詩云：「我來正逢秋雨節，陰氣晦昧無清風，潛心默禱若有應，豈非正直能感通。須臾靜掃衆峰出，仰見突兀撐空青。」從這首詩可以證明，公默禱雲開，的的確確是有這回事的。我占詩一首道：

荒城寥落瀕相流，日照高林泛渡舟；
一帶青山半繞郭，攜琴更上開雲樓。

五四 南嶽之遊

二十八日晨，我與景德兄在城內吃點早點，又到各處兜了個圈子，遂乘人力車到西門外汽車站搭公路局車往南嶽衡山。沿路岡巒盤結，綠蘿挹爽，道中舊有很多古松老柱，今已砍伐殆盡。如古人所說的「蒼虬千尺，森峭觸天」與龍頭、子抱母之奇特者，都看不到了。明沈周客座新聞上說：「岳路凡三十里，自縣城至岳廟之路，夾道古松，皆湖南馬氏所植。」又說：「衡岳神祠，其徑綿亙四十餘里，夾道皆合抱松桂相間，連雲蔽日，人行空翠中，香聞十里。計其數云一萬七千株，眞神幻佳境。」由石田的記載可知在明代岳路之道路林，是如何之美盛了。約行二十里，前望岳山，森峰列岫，鬱鬱蒼蒼，正是古人所謂如陣雲的氣象。又十里至南岳汽車站，下車，遂雇腳夫擔行李引路，一同登山。北行約二里抵岳市，市在岳廟前面，有商店數百家，街道全用石條鋪砌，非常整飭。這時街上趕集的人甚多，熙熙攘攘，摩肩接踵。

岳廟在赤帝峰前，坐壬向丙，前後直深一百二十五丈。廟前爲壽澗，山門叫檽星門，東西小門叫便門，其後甬道左右有水池。池後爲碑亭。亭後爲鐘鼓樓。循甬路後進，拾級而上爲正南中門。後爲御碑亭，後爲嘉應門，後爲御書樓，後爲大殿。殿凡七間，內外七十二柱，象徵七十二峰。崇脊飛簷，彩梁畫棟，爲岳廟最大的建築。後爲寢宮，也極莊嚴。宮北爲後門，大殿左右各有迴廊五十三間，全爲國立師範學院所借住。四角有角樓，其規制之閎闊壯麗，宛似皇帝的宮廷。姚鏞有一首題衡岳詩云：「萬山環拱祝融尊，紫蓋趨前若駿奔，火德中天扶日月，炎方一柱鎭乾坤。久無瀆禮來侯牧，空有穹碑立廟門，北望中原靑一髮，淒其四岳正塵昏。」我讀此詩，也具有同感哩。

岳廟旁邊還有忠靖王祠，考忠靖王就是唐代忠臣張扑。公是南陽人，於安史造反的時候，他與南霽雲求賀蘭進明發兵援救。可是進明無論如何也不肯答應。公激於義憤，當即斷指發誓道：「我願死後作岳廟的厲鬼，以報復進明！」及他死後，果然給他的家人託夢道：「我現在已請准於上帝，奉命輔南岳岳神爲司徒。」因此，至宋建炎初，封他爲忠靖王，並在岳廟建祠，以追念他對於國家之忠義。

出岳廟正北門，過接龍橋，天下名山坊，至茶庵吃杯茶，休息了片刻。再前進，仰眺青峰翠嶂，卓立森排，松杉絡阜，風景幽絕。約三里許至梵仙亭，忽聽右面澗裡有轟轟隆隆的水聲，臨崖仔細一看，原來是瀑布數疊，宛似散綺曳練，流水滾雪，我與景德兄都歎爲稀有。問叫什麼景，腳夫答道：「這就是有名的絡絲潭啊。」

我們坐在潭邊磐石上欣賞了一會兒，就又繼續前進。上面不遠有華嚴湖、陣亡將士塔、陳石經將軍墓，和官兵子弟學校。都是新式建築，異常壯觀。約五里至玉版橋。橋建於民國二十一年，凡三孔，高約四、五丈，左右有大理石欄杆，不但工程浩大，而形式也很美觀。橋之兩邊全是大森林，水聲嘩嘩，震耳清心。坐橋欄上稍憩，仰望湛藍色的天空，有幾片棉絮似的白雲，飄蕩在巖際。俯瞰澗中，涓涓碧流，與亂石相激，發出陣陣清越的聲音，使人心曠神怡，滌除了俗慮與塵思。

過橋躋小報信嶺，從綠蔭中行，迎面有寶勝寺，精舍數間，竹樹森然，清雅宜人。下嶺至忠烈祠。拾級而上爲紀念堂。臺凡九層，共二百七十四級，左右植松柏多株。好像排班的儀隊。再歷階而上，臺基高約丈餘。堂寬五間，縱四間。重簷彩棟，爲宮殿式建築。前爲平臺，三面繞以白石雕欄。陛三出，各三層，其規制之崇閎，可以算是南岳堂刹之冠。我們在堂裡啜茗稍憩，遂辭出，繞小祝高嶺前進，過大石橋至延壽庵，門外野花幽草，錦織繡鋪。再向上走去，見路邊有幾十株古松，都是龍幹虬枝，奇古夭矯，爲在他處所少見。

又兩折至半山亭，入飯館進午餐。半山亭又名省心亭，去南岳廟十五里。由岳廟登祝融峰絕頂，至此正是一半，因此名叫半山亭。黃本驥有一首詩道：「星辰高欲捫，雲海低可看，努力上天關，到此途才半。」又劉皾也有句云：「登山路轉羊腸遠，卻喜僧亭開半山。」

在飯館休息半個鐘頭，遂拾級上去到玄都觀。此廟坐北向南，背倚大祝高嶺麓，爲清光緒年間道士譚教清所創建。殿宇僚房雖不甚大，可是非常清潔雅致，門前平臺下面有中國旅行社，烈光亭、半雲庵諸名勝，監院名蔡崇元，湖南湘潭人，天性豪爽，體貌魁偉，有俠者之風。他對於拳術很有研究，早年曾遊五岳名山，口有辯才，說話很有風趣。他爲我們下榻於西樓下客舍，窗明几淨，被帳清潔。推窗西望，煙霞、天柱、擲缽諸峰，盡收眼底。磨鏡臺與半山亭東西相對，近在咫尺，覺著好像呼吸可通似的。

二十九日早餐畢，我獨自拿根藤杖出玄都觀從左邊下去到中國旅行社和烈光亭巡禮一番。亭裡有六稜碑一道。上刻「龍公研先生紀念碑」八個大字，並鐫章太炎先生所撰〈龍先生墓表〉。龍公名璋，字研仙，湖南攸縣人。前清光緒丙子科舉人，歷官江蘇沭陽、如皋等縣知縣。晚年專研究小學，著有《爾雅邢疏刪繁》、《小學蒐佚》、《甓勤齋集》若干卷。

亭子旁邊還有三稜碑，上刻丁文江懷龍先生詩，並刻朱經農序丁文江懷龍公之因緣。丁之詩云：「十五初來拜我師，爲文試論西南夷，半生走遍滇黔路，暗示當年不自知。」又「海外歸來初入湘，長沙拜謁再登堂，回頭二十五年前事，天柱峰前淚滿腔。」其悲思之情，可謂溢於言表了。

烈光亭前面有一處宅舍叫半雲庵，庭前長滿了亂蓬蓬的茂草，空無人居，異常荒涼。庵之右邊有很多竹子，竿之粗者如碗口，層層疊疊地翠葉，交織成濃陰，坐在下面清涼宜人。再往下，全是芋區稻田，瓜棚豆架，見有一老人，正在田邊彎著腰割草，眞是別有天地非人間。

三十日，天氣晴得一絲雲都不掛。上午八點鐘與景德兄離玄都觀登祝融峰。順鄴侯路上大祝高嶺。路邊灌莽叢生，松竹交蔭。過紫竹林，盤道陡峻，百步九折。朱兄揮汗歎氣，疲憊得好像一步也不願抬了。我鼓著勇氣，一直往上爬，了不爲意。又三、四折至鄴侯書院。院去半山亭二里，也叫明達山房。就是唐李泌的故宅。僅有室五間，非常簡陋。石柱上刻有一聯云：「三萬卷圖書無存，入室追思名宰相；九千丈雲山不改，憑欄細認古煙霞。」外尙有「煨芋處」「端居室」石刻。室內正中供李鄴侯塑像。左爲圖書閱覽室，陳列有王船山先生墨寶四種。船山先生書，直徑約有半寸，體近魯公，端嚴凝重之氣，見之於行間。室前有一面大平臺。古柏蒼翠，群峰環列。也是躋岳途中有名的勝地。

李泌，字長源，唐中山人，天資敏慧，七歲便能作文章，玄宗愛其才，召至禁中命賦棋、稱旨。肅宗即位，對泌更加禮遇。因此，激起奸臣李輔國之嫉妒，常在皇帝前說泌之壞話。泌爲明哲保身計，於是辭官退隱衡山，肅宗賜他道士服，並敕郡縣給他修築廬舍。德宗時，又起用泌爲相，封鄴侯。他在衡山隱居的時候，居室藏書數萬卷，韓昌黎詩云：「鄴侯多藏書，架插三萬軸。」世稱「鄴架」，便是指此而言。

由書院後面循馬路前進，又三、四折至鐵佛寺，寺宇共五、六間，內供大小鐵佛數十尊，寺側有玉蘭數株，都是合抱粗。大約已有百年以上的壽命了。又上三、四折至五岳殿。後殿供佛像一尊。極似六朝塑像。前殿有一聯云：「滿山明月萬竿竹，百尺禪庵半夜鐘。」詞灑脫可誦。

上躋過湘南寺，時驕陽炙人，汗流雨下。又兩大折至南天門。廟在芙容峰右，橫嶺之上。殿宇十餘間，全用鐵瓦和石磚築成。地勢高朗，面臨大壑。東望紫蓋，西望天柱，危峰峭嶂，排青展翠。俯眺南面諸山，赤碧相間，伏如聚螘。湘江蜿蜒於青岡翠阜間，宛似一條爬動的長蛇。謝天墀登南天門詩云：「翹首雲岑高著眼，南州點點辨塵埃。」非親歷其境不能領略此詩之妙趣。廟左半里許爲黃帝巖，巖頂有一個大石，上面鐫有宋徽宗書「壽岳」兩個大字，直徑有五丈餘。令人歎爲稀有。

煙霞峰下有懶殘巖，爲唐代高僧懶殘禪師煨芋處，禪師名叫明瓚，又稱懶瓚，大照禪師的弟子。天寶初年，師住衡寺，爲執役僧，白天作工，夜裡與群牛共寢，二十年不厭不倦。每天三餐等大衆吃罷，他才收拾剩飯殘羹果腹，因爲他性懶而食殘，所以號叫懶殘。有一天李鄴侯去拜訪他，懶殘正撥牛糞燒芋頭吃，見鄴侯來，便命他坐在地下，把他吃剩的半個芋頭，給鄴侯吃。鄴侯素仰其名，並不怪罪他。禪師對鄴侯道：「公將來當作十年宰相，請不要爲他人道。」後來師的話果然應驗，德宗遣使召他進京，他不慕尊榮，婉謝而已。我曾占詩一首道：

五峰巀嶪接穹蒼，一線天門通上方；
論道煨芋僧不在，白雲野鶴共徜徉。

坐南天門休息片刻，遂出右角門向東北行，由岔路下去，便是「飛來船」的遺址。船早已飛去，現在看不到了。據黃周星《衡岳記》上說：「船在高廣兩崖間，適當石之闕處。人皆從船底往來，船上亦捫躡可登。……周視絕壁間有題曰石舟者，有曰蓑雲、鉤月者。」關於飛來船之飛去，還有一段令人不可思議的神話。我看《南岳志》上有這麼記載道：「彭而述於順治七年遊岳，過飛來船題石云：『此物飛來，會當飛去。』一夕，風雷大作，石船果破壁飛去，其事甚奇。湘人皆驚異之，謂開雲飛石，足相亞也。」

這一樁奇妙的故事，彭而述先生本人和他的兒子始博先生都有詩文記述，而述先生問飛來船詩引云：「飛來船在衡岳南天門外，予庚寅登岳，爲偈付僧疑將飛去。數日大風雨忽不知所在，湖湘間傳爲異事。丙申復過衡邑，問麓下諸人，船果烏有矣，爲此詩以詢山靈。」其詩云：

空山雷雨奮孤舟，化作神龍不可留；
天上銀潢安用棹，如何搜取到山頭。

我詩未必速君去，君去似當因我詩；

寄語南陽韓吏部，雲開自此不爲奇。

由先生之詩可以證明，石船之飛去，確有其事，絕非出於好事者之虛構。宇宙之大，無奇不有，爲名山添此一段佳話，也是很有意義的。

彭而述先生，字禹峰，河南鄧縣人，明崇禎庚辰進士，其道德文章，極爲世所欽仰。入清，分巡衡永兵備副使，官至貴州巡撫，終雲南布政使。公曾三遊南岳。每遊必留題詩文，以爲紀念。公與南岳道士李皓白和高僧釋破門爲方外交。在他文集中，只遊南岳詩便有數十首，公去我家百餘里，爲河南之先賢。由飛船之故事，更增加我對公衷心的敬仰。

二

由橫嶺北上，過臥龍嶺、南天門坊，至獅子巖。有一塊大石頭，高約四、五丈，酷肖舞獅的樣子，巖上刻有「天然太師」幾個大字。巖下有一間石室，室外還有一座石亭，有 蔣總統題「率舞亭」額。亭內石墩上有一位老頭陀，穿百衲衣，盤膝合掌，瞑目枯坐。如果不是裝樣子教遊人們看，那麼他的道行一定是很高的了。

再上，過開雲亭、觀音巖，躡磴而上至高臺古寺。殿宇三間，佛道雜陳，左邊有很多大岩石和大松樹，鱗甲斑駁，黛色蒼然。據《南岳志》說：「松爲明殿撰羅念庵手植，故名念松。」一坐松下稍憩，不勝「甘棠」之思。

由高臺寺躡仄徑上行，石磴陡仄，並且長滿了亂蓬蓬地茂草，懸巖巨壑，使人不敢旁視。又兩折至上封禪寺。寺在古時爲光天觀，還有司天霍王廟，本是道教的道場，至隋大業中才歸佛家，改觀爲寺。正如俗言「是那個廟，不是那個神了」。寺前左右有兩道石坊。高朗寬敞，疑在平地。山門是九間樓房，內供伽藍菩薩（關公）和四大天王。中爲大雄寶殿，後爲方丈室。右邊爲客堂。樓上全爲客舍，專供遊人住宿。今寺爲清末曾國荃募資重修，規制崇閎，陳設精潔。寺後有幾十株古樹被巨風摧折，枝柯都拳曲下垂，好像宋郭熙山水畫裡面的枯樹。祝融峰上樹木極少，光禿禿地，使人不勝枯燥之感。我想原始森林可能都被祝融燒光了。或謂祝融爲火神，南方屬火，故以火神震之。這正給祝融莫大的諷刺啊！

我與景德兄在寺裡吃罷中飯，略休息片刻，遂離寺上行。又兩大折，躋達祝融峰絕頂。也就是南岳最高峰頂。上有十字方柱抗戰勝利紀念坊。過此便是祝融祠，殿宇九間，石壁鐵瓦。內供祝融塑像。殿之內外，布滿了臭板蟲，繞人飛舞，臭氣酸鼻。聽僧人說：每年此時，蟲即群集山頂上脫殼。這些小寶貝也許修行功果圓滿，來山要脫掉凡胎換仙骨的吧。

竚立祠外，環眺群山萬壑，碧波千重，好像一面大蓮葉覆在蒼茫大地間。梁孜〈登南岳詩〉云：「祝融萬仞壓群峰，徙倚冷然欲御風。吳越依微雙履外，山河縹緲片雲中。」又黃本驥也有句云：「惟南天有柱，此外楚無山。」都是南岳最恰切的寫照。

古代名賢，如李鄴侯、韓昌黎、趙清獻、胡文定、朱文公、張南軒、湛文簡、羅文恭、張居正、王船山、彭而述諸公，或策杖以遊，或結廬而居，或講學論道，或韜光養晦，曾幾何時，都成陳跡。只有青山巍巍獨存。立峻極；覽八荒，才覺天地之大，人不過浮漚塵芥而已。

祠後爲捨身崖，崖外面繞以石欄。經前湖南省主席何健改爲守身崖。祠右有望月臺。志云：「人間月色已沈，此地清輝自若。」又金之俊《遊岳記》云：「目隨月上，浩然萬里，舉七十二峰，峰峰貯冰壺中。」我們無緣觀此月夜之美景，眞是一大憾事哩。祠左有試心石、虎跑泉，也都是祝融峰有名的勝蹟。我占詩一首道：

策杖飄然到上封，僧樓寂寂鳴梵鐘；
蒲團論道消塵慮，眺遠更登觀日峰。

下祝融峰由上封寺後蹋仄徑上躋崇阜至觀日臺。上面有石室一間，平臺一座。石室爲張岳軍先生主湖北省政時捐資修建。登臺東望，群山綿亙，翠色千里。不禁有飄飄然之感。

我與景德兄在山上住了一個星期，除登祝融峰禮上封寺外，並遊藏經殿、磨鏡臺、福嚴寺、南臺寺、和方廣寺諸大名藍古刹。藏經殿爲慧思大師的道場，隋智者大師也曾在這裡住過。四圍佳木蔥蘢，翠峰環繞，其清靜幽邃，爲岳山諸寺觀之首。志稱，陳後主在此避難時，曾皈依慧思大師，法號慈惠。還朝後捐田租百石，以重修寺宇。磨鏡臺去半山亭西南五里許，在擲鉢峰東麓，古名馬祖庵，爲道一大師悟道之所在。殿宇崇閎，黃瓦飛簷。襯以青松丹桂，異常莊嚴靜謚。福嚴寺舊名般若寺，創建於六朝陳光大元年，去磨鏡臺不過四、五十步。爲禪宗七祖懷讓大師的道場，也是臨濟宗最早的祖庭。門前有大松樹十餘株，平頂疏鬣，如撐傘蓋，外尙有銀杏三株，其最大者，高八丈，大四圍，樹齡在兩千年以上。傳說樹在六朝時曾受戒於慧思大師。南臺寺去福嚴寺東南二里，爲石頭遷祖師的道場。陳海印禪、唐無際大師，都住過此寺。寺倚山而建，面臨絕壑，松杉森蔚，境極淸幽。方廣寺在蓮花峰下，梁天津中創建。八峰環列，宛似一朵蓮花。宋時，朱熹、張南軒、林擇之，同遊南岳，遇雪，住在此寺。明末，王夫之與王介之，避亂，同在此寺隱居。南岳人文最爲豐富，因此，處處都足發人思古之幽情。

北方人到南方，大都不服水土，易生疾病。我與景德兄來山才住五、六天，他的面與腿發炎，我鬧肚子，山上缺乏醫藥，甚感不便。因此，不得不提前下山。

五五　歸程過洞庭

八月四日晨六點半，雇腳夫擔行李，離半山亭下山。承蔡道人伴送至公路局汽車站，熱情洋溢，甚可感激。八點半登車，向長沙駛去。乘客全對號入座，所以並不擁擠。

過衡山縣城轉東北行，沿路翠竹芳草，連綿不絕。行約五十里，車忽然抛錨，修半個鐘點，才又開行。同座有一位美國牧師，說華語極標準流利。我們談古論今，非常愉快。過陂羅橋、周氏祠、至下攝司，這一帶農村經濟特別繁榮。幾乎每村都有祠堂，這在北方是很少見的。

藉小火輪拖車渡湘江，又十五里至湘潭車站。縣城是在盆地的中央，南面靠易俗河，水陸交通，商業發達。沿江市街，長達十六、七里，可與漢口相伯仲。清末以來的名人，如王湘綺、八指頭陀、齊白石，都是出生於此地。其地理人文，全稱優勝。

由此北行，漸入平原，野闊天低，心目為之頓爽。三十里至易家灣，也是一個江市，其西北有昭山，孤峰高聳，宛似婦女的髮髻。山靠湘江，下有旋潭，是湘水最深處。山頂有一座周昭王廟，傳說周昭王南征，曾到過此地。又六十里至長沙車站，剛下車便遇大雨，晚上下榻於樂群旅社。飯後雨歇，涼爽宜人。

長沙為湖南省會，東面臨鐵道，西面靠湘江。交通異常便利。民國三十一年，日寇自武漢南犯長沙時，張治中主湘政，為實行焦土抗戰之策略，自動把長沙城內房舍一下燒光。至抗戰勝利，還依然有很多斷垣頹壁，慘不忍覩。事後中央政府僅懲辦奉命放火者，而發命令的張治中卻沒有受處分，眞使人大惑不解。

長沙城，周圍十四里，自抗戰軍興，把城牆拆毀，全都改成馬路。城內建築，大部分仍為舊式，街道只有中山大街還比較整飭坦闊，別的都很狹隘。而且都以石板鋪墊，中間低凹，遇雨便成了江河。

五日，天氣放晴，早飯後，我本想過江登岳麓山一遊，因為景德兄身體不好，急著北上，所以我也只好作罷。於是到湘西輪船碼頭，購得船票，並定兩舖床位，於十一點半即與景德兄帶行李搬到船上。西望岳麓，長嶺橫亙，寺宇閎麗，高高低低，錯落有致。與汀蘆岸柳相映襯，繪出一幅美麗的圖畫。

下午四點，啓碇開船，這時風浪很大，船行的甚慢，過水鷺洲二十餘里至白沙洲，江水至此分流。洲東西闊約四里，南北長約十餘里。其上煙村相望，碧草如茵，眞是最好的牧場。過白沙洲爲丁字灣。東岸有馬石山，層層疊疊地峰巒，被翠嵐青煙籠罩著，好像美人面上遮了一層薄紗。西望天邊的彩霞，隨風舒卷。或如散綺，或如堆錦，光映波面，使人目眩神迷。前行不遠，大地漸漸落下了灰幕。我與景德兄躺在船艙裡，談天，吟詩，頗不寂寞。俄而，探首窗外，看見銀盤似的皓月，冉冉從波中升起，晶光晃曜，宛似潑了一大片水銀。過湘陰蘆林潭，至禹王廟停泊。我出艙立在船頭四望，蘆洲煙村，蒼茫模糊，仰觀滿天星斗圍繞著皎潔的月亮，夜氣清涼，興奮得不能成寐。

六日天微明，啓碇北駛，山盡野闊，眼界豁然開朗。西面又有一沙洲，長約十餘里，其上遍生蘆葦，一片青蔥的顏色。過此，天才大亮，平靜的碧波，如同明鏡一般。東面的朝霞，映在水面上，燦爛的金光，使人眼花撩亂，我愛湖南，我更愛湖南的湘江。因爲湘江的水是淨潔的、碧綠的。綠水配合著青山與彩霞，它是一首美妙的詩章，它是一幅綺麗的圖畫。我占有一首詩道：

青山橫黛水拖藍，野寺江村擁翠嵐；

日吐紅霞迷客醉，遊人怎不戀江南。

又行數十里，船入洞庭湖。碧水青天，一望無涯。我好像飄蕩在大海裡，驀地迷失了方向。又行數十里，迎面磊石山，孤峰突兀，好像一個酒罈子覆在波面。湘水是清的，湖水是濁的。至此，判若涇渭。磊石山，高不過百尺，長約三里許，山爲紅沙岩質，上面沒有樹木。山巖有很多天然洞窟。入冬後，漁民們多藉爲安身之所。山東南爲青草湖，東北爲河塘湖。湖濱碧草與綠樹相映，景色豔麗好像錦織繡鋪。

前行，見有民船幾百艘，昂首高尾，蓬窗寬敞，每船執役者數十人，揚帆划槳，歌聲動人，眞是湖上之洋洋大觀。又數十里至鹿角鎮，鎮後倚高阜，面對洞庭，有居民四五十家，爲濱湖一個小聚落。有一古剎，黃瓦飛簷，異常莊嚴閎麗。過此，便是新牆河口，港闊岸曲，濁浪掀天。再前進，北望君山與扁山，隱約可見。又數十里，岳陽在望。樓塔高聳，矗立在東岸。濱湖房舍，連綿數里，小艇巨艦，帆檣如林，其形勢之偉大，只有武昌黃鶴樓可以媲美。

船過岳陽沒有停泊，一直向東北衝浪前進，出湖口十五里至城陵磯。此地爲一小江市，於清光緒二十四年闢爲商埠，湘茶多由此輸出。古有名藍古塔，風景也很幽美。船泊岸約停半點鐘，遂又開行。前望江心有一座小山，滿山青翠的森林，宛似婦女的髮髻。

又三里許入長江。過白螺磯，風浪甚大，飛花數尺，濺濕衣襟。北望遠山煙樹，積翠堆青。放眼盪胸，心曠神怡。又數十里見東岸有一座白塔，便是臨湘縣城，考臨湘故城在今湖南長沙縣南。至宋才移置今地。縣城山環翠繞，風景清絕。

船過臨湘，江流浩瀚，波浪洶湧。又數十里至新隄，此地爲沿江一大市鎮，居民有數百家，商業頗爲發達，中日戰後，沿江市鎮以新隄最爲完整。這時，江水暴漲，沿江房屋半爲大水所浸。往來交通，全用船渡。

前行又三十里至赤壁，這是《三國志》上有名的戰場。也就是東吳周瑜與西蜀劉備會師擊敗曹兵的所在。赤壁在湖北蒲圻縣黃蓋湖西北大江東岸，是一座小山丘。沿江峭壁，高約四五丈，全是紅砂岩質，因此，名叫「赤壁」。世俗傳說是周瑜與曹操作戰時，用火燒紅的，眞是可笑之至。山上建有廟宇亭堂，竹樹翠繞，秀色宜人。我曾又占詩一首道：

孫劉赤壁破曹公，滾滾江流夕照中；
一片輕帆順水下，不須諸葛借東風。

過赤壁，陸溪口，江水分流。中爲寶塔洲，長約三十里，上有一小市。江流至此，幾望不見邊際，煙波蒼茫，與天相接。又行六十里過嘉魚縣。晚十二點，船泊花口鎮。這時，月明如畫，雪浪千疊，唐人有句云：「山隨平野盡，月湧大江流。」正可爲此景寫照。

夜三點，船啓碇開行，過新灘、簰洲，天才剛明，東望群山盤結，青紫萬狀。前行又數十里至金口鎮，太陽從東邊升起，映在波面，金光四射。鎮在江南岸，有居民數百家。鎮東有小軍山，與對岸大軍山夾江相峙，大軍山，丹嶂高聳，兀立江表。因在三國時，吳魏作戰，曾布防於大小兩山之間，故名。江面至此頓窄。濁水奔激，盡成漩渦，如同進了巫峽一般。

過沌口東下，江水漸闊。濤奔急箭，浪蹴空花，使人驚心動魄。又四十里過黃軍浦，武漢之黃鶴樓與晴川閣都又映入眼簾了。至鸚鵡洲，因爲風浪險惡，船主爲求安全計，遂拋碇泊岸。我與景德兄約同行旅伴四、五人，帶行李雇小划子順流而下，泊漢口龍王廟碼頭登岸，仍住法租界京漢旅社。我們在漢口休息了四、五天，便搭車返回南陽。

五六　西奔長安北風寒

民國三十六年冬，因爲共軍包圍南陽，學校開課無望，所以我與景德兄和南中訓育主任李潔亭君便決定離開這座危城，一同到西安去。十二月二十一日的下午，我到南陽南關去找軍用汽車。想不到乘客人數已經超過限額，雖向司機說盡好話，結果仍然無法通融。不得已，只好雇架子車代步了。

二十二日晨六時，我們三人由南師出發。承張校長、李校長和兩校朋友們送至城外，揮淚而別。這時，南陽城牆和城門，完全拆除，地形也澈底改變。戰壕交錯，堡壘森嚴，一片戰時景象。我的家雖不在南陽，可是我把南陽當做我的第二故鄉。我一旦要離開這座富於歷史意義的名城，內心眞有一番說不出的酸楚。

當天晚上到達鎮平，四門都已落鎖，無法進城，於是在西關小店住了一夜。二十三日天微明便動身西去。下午五點鐘抵內鄉縣城。城附近樹木，全都砍伐，紮成樹寨。好像經過大戰被炮火摧毀了一般。這時城門也都關鎖，禁止通行。可是城外沒有旅店可住，我們又不能進城，這怎麼辦呢？景德兄和李君都垂頭喪氣，坐在一旁發悶。不得已，我取出一張名片在上面寫了幾句話，託守衛的兵士送給縣黨部書記劉振夏兄，請他來接我們。不到半點鐘，果然振夏來了，他一面在城上向我們打招呼，一面命人給我們開門。我們看見他，眞高興的了不得。進城在振夏家裡住了一晚，於二十四日清晨便又出城前進了。

下午六點到西峽口，在南門外飯鋪住了一夜。二十五日早晨六點鐘便又乘車西去。這天北風勁烈，天氣特別寒冷。而且濃雲密布，使我擔心天會下雪。於下午灰幕低垂的時候到達西坪鎮，住在西門外小店。晚飯後，我去寨裡與往西安去的軍用車司機接洽，結果得到他的允許接受我們三位乘客，使我高興的不得了。二十六日天不明我就從地鋪上爬起來，開門向外一看，天啊！不好了！地面和屋頂上都普遍地積了一尺厚的雪，遠山近樹，也全變成了銀裝。這麼一來，汽車是無法開了。景德兄和潔亭都憂愁得覺也睡不好，飯也吃不下。我們在這破陋的小店裡，圍坐在火邊，燒棗栗，吹笛簫藉以排遣無聊的旅愁。我曾占有一首五言律詩道：

村墟失近遠，大地凝瓊瑤；
山霧因風起，月華帶雪飄；

爐餘煨棗栗，燈暗弄琴簫；
路阻無車馬，長安路尚遙。

我們在西坪鎮住了三天，於二十八日凌晨，才搭軍車西去。車在冰天雪地裡行進，路邊樹枝和草梗上，都結了晶瑩美麗的冰花，農村屋簷下也凍成一尺多長的冰柱。恍疑到了夢樣的琉璃世界。北方仲冬的天氣，本來已經夠冷的了，而又加以大地的冰雪與嚴霜，使氣溫更直線地下降，一陣陣淒厲的北風，吹在面上，好像刀刮針刺那樣的難受。我們每個人都用棉被裹著身子和頭面，可是還依然凍得不斷的發抖。過富水關、商南、武關、至龍駒寨吃午飯。午後四點鐘到達商縣，在城內旅社住了一夜。

二十九日晨六時，大家便登車繼續前進。過仙娥溪西望熊耳山，滿山積雪皚皚，眞像一隻立著的大白熊。過鐵爐子、黑龍口、老君峽，翻秦嶺下去便到藍關。我於三十三年春從秦嶺經過，極讚賞這一帶山景之雄奇。這時又見秦嶺之雪景比秦嶺之春更美了。我的心被秦嶺之雪所吸引，使我忘記是逃難，忘記了鄉思和旅愁。

入藍田川，平地積雪還有一尺多深。前望白茫茫地一片，好像到了北冰洋。到藍田縣城，時已下午五點鐘。司機鄭重對大家說：「現在天已不早，前面路上雪大，更不好走，今晚不如住在這裡，等明天再到西安。」我說：「此地去西安只有八十里路，不需兩小時便可以開到，與其住在藍田，不如開到西安。」全體乘客一致贊成我的意見，司機既不敢抗拒，於是就又繼續前進了。

過新街，車因爲缺水，忽然抛錨，司機命助手跑到兩三里外取來一小桶水，耽擱半個多鐘點。大家等得甚不耐煩。到霸橋東頭，司機把車停著對大家說：「橋西有關卡檢查車輛，請各位下車自帶行李走過霸橋略等片刻。」我們於是帶行李下車，雇腳夫扛著，走過霸橋，坐在路邊等候。及等車到，沒有停便開走了。這時天色已經昏黑，我們不得已只好帶著行李走到村上找一家飯舖住下。聽說這一帶常有土匪搶劫，害得我通夜不能成眠。

三十日早飯後，我和景德兄與潔亭君三人雇了一輛馬車，當天下午到達西安城內，住在同鄉李其蘇家。這次逃難在路上雖飽受風霜之苦，但能平安到達西安，總算不幸中之大幸。我又占詩一首道：

十里征程冰雪寒，輕車送我到長安；
漫天烽火連三月，臘鼓聲中淚暗彈。

五七 探王寶釧寒窯

提起王寶釧的名字，眞可以說是「婦孺皆知」。但是王寶釧爲叫化子薛平貴守貞吃苦所住的寒窯，恐怕很少有人親身到過。我在幼年看簧戲，聽說書，便對於王寶釧這個奇女子非常敬仰。

尤其是看到寶釧的母親率領丫頭們去寒窯探望王寶釧那一劇，不知博我多少同情的眼淚。

王寶釧寒窯，去西安城東南大約有十五華里，在曲江池的北端。這個傳奇小說上最有名的地方，住在西安的人，幾乎無人不曉。我探王寶釧的寒窯，是在我到西安的第二年農曆三月三日大慈恩寺有廟會的時候。

那天天氣晴的特別好，上午八點鐘，我和朱景德兄與居停主人李其蘇先生由城內乘馬車同往慈恩寺趕廟會。慈恩寺是我舊遊之地，對於那裡的風景沒有什麼新鮮的感覺。趕會的人眞是人山人海，把寺院裡和寺東西廣場上都擠得滿滿的，或去燒香拜佛，或去許願求子，或去買土產，或去打熱鬧，熙熙攘攘，喧嚣的聲音，打成一片。

我們先到慈恩寺拜佛，前後打了一個轉兒，便去寺外看戲。據戲劇家齊如山的考證，陝西梆子戲（秦腔）是我們中國戲劇的老祖宗。這種沒有經過改良的秦腔，的確還有些味道，有的人聽慣了京戲，對於土戲便沒有興趣。我卻沒有這種偏好。我對於京戲固然愛好，可是對於各地的土戲也同樣歡喜欣賞。

到中午，李先生說：「我們不必到寺上去吃飯，就在會場飯棚底下吃一餐合烙麵吧。」合烙麵是用燕麥麵作的，爲陝西特有的一種麵食。吃著並不怎麼好吃，不過偶然領略領略本地特製的飲食滋味，也是很有意義的。

吃罷飯，我們便一同去探訪王寶釧寒窯。過曲江迎面是武家坡，坡下有一條大深溝，探窯的男女老幼，把溝擠得滿滿地，幾乎水洩不通。進溝走約半里路，仰見右面崖腰有一座廟宇。很多人都爭著向上爬。李先生說：「這可能就是王三姐的寒窯吧。」於是我們也跟著人群爬了上去。我彷彿記得窯是兩層，下層供王寶釧和薛平貴的塑像，上層供與平貴共過患難的紅鬃烈馬。窯是人工開鑿的。深約一丈五尺，寬約一丈。窯門高約八尺，外面修有瓦軒。丹漆炳煥、玲瓏輝煌。戲劇演「武家坡」這一幕的時候，薛平貴到窯門外面，看窯門太低，踡跽多時不進，使寶釧很不耐煩。如果那時有現在的局面，恐怕也就沒有戲唱了。

王寶釧與薛平貴，本無其人。小說家以巧妙的生華之筆，描寫這對有情人的悲歡離合，有聲有色，使多少人都來向他們焚香膜拜。如果眞有寶釧其人的話，她的在天之靈也可以瞑目了。

細查王寶釧一劇的內容：薛平貴平西涼，是竊取薛仁貴征東，武家坡是竊取元曲之「秋胡戲妻」。以「探窯」和「武家坡」兩幕的情節，最精彩，最感人，而且也最能表現王寶釧貞潔倔強的性格。

世界上旣沒有十全十美的人，天地間也沒有十全十美的事。王寶釧本來生在富貴之家，不幸爲嫁給薛平貴而獨居寒窯受了十八年的苦。薛平貴原是一個叫化子，爲從軍遠征而安享富貴榮華。造化小兒之弄人，眞是不可思議的啊！

我們在窯裡休息半個鐘頭，遂又到慈恩寺雇馬車返回西安。我在路上占詩一首道：

崖高洞古不知年，烈馬紅鬃繞碧煙；

貞節不爲貧賤轉，而今誰似竇釗賢。

五八　終南山中一宿

西安附近，名勝古蹟，不勝枚舉，要說風景之美，當以南五台爲第一。我於民國三十三年春在西安住，沒有去遊南五台，非常遺憾。因此，這次又到西安，決定非遊南五台不可。

南五台是終南山北面的一支，去西安城南五十里，與翠華山東西相對。所謂五台者，曰大台，曰靈應，曰觀音，曰文殊，曰捨身，共有五個奇峰。遠望如同一隻手伸在那裡一樣。

民國三十七年四月十六日上午七點鐘，我獨自一個人兒去遊嚮往已久的南五台，出西安永寧門至南關，乘馬車順公路端南行，朝暾初上，春色可人，前望大雁塔，四角崢嶸，高矗雲表，正足以配合西京之偉觀。二十里過塔坡至韋曲下車進早餐。韋曲是一個小鄉鎮，在唐代爲諸韋世居的所在。東面有杜曲，他們兩氏，都是盛唐有名的貴族。現在韋氏幾乎絕跡，可見富貴眞像天上的浮雲一般，變幻無常，轉眼即逝，是最靠不住的。

從韋曲徒步前進，又三里過潏河。兩岸都是水田，並且還有很多樹木。頗有江南的風味。西南不遠有香積寺，爲唐代古剎。王維有一首詠香積寺的詩道：「不知香積寺，數里入雲峰，古木無人徑，深山何處鐘？」可知在那時這座名剎就已經荒涼了。

過申店東南行，又二里至神禾原。原上全是良田美疇。微風吹來，連畦接隴，一片麥花香，又十里至黃甫村。村上有古寺一處，非常莊嚴宏麗。村西阡陌縱橫，煙樹萬家，溪邊有幾個牧童，坐在草地上下棋，其生活之悠閒，眞令人羨煞。又五里至王曲鎭，鎭在交河的東岸。爲一現代化之山市，交河，一名福水，源出南山竹谷，河床闊四、五里，就是漢代之御宿川。因漢武帝駐蹕於此，故名御宿。

坐茶館吃一杯茶，休息片刻，便又循公路前進。南望終南山，奇峰鬱蒼，青紫萬狀。南五台則秀巒層出，宛似覆鐘列鼎。白雲縷縷，繚繞巖際，構成一幅美麗的畫面。憶王摩詰詩云：「白雲回望合，青靄入看無，分野中峰斷，陰晴衆壑殊。」非親歷其境，不知其妙啊。

又八里過留村，村裡有廣惠寺和圓光寺，都是唐代的古刹。又二里至竹谷口。坐水邊樹蔭下稍憩，野花遍地，絢爛似錦。枝上小鳥，吱吱喳喳，應答不絕。唐岑參詩云：「寥寥人境外，閒坐聽春禽。」正堪藉以爲我寫照。

躋坡，過石橋至彌陀寺。寺有殿宇十餘間，也是唐代的古刹。立此西南望有一座蒼翠聳秀的孤峰，標然特立，高與雲齊，名叫孫登台。入峽谷，倚山傍澗前進，過流水石寺，又二里許至興寶泉寺，有瓦閣三間，橫跨澗中，下爲往來通道。由此而上，峰迴路轉，境極荒寂。過白衣堂、大悲堂、甘露堂，又四、五里過石橋至竹林寺。門外有大槐樹三株，都是數人圍，可能是唐代的古樹。

右上爲五佛殿，殿右有岔路，爲通往孫登台的捷徑。孫登台上有殿宇一座，如建於針鋒東尖，松柏匝環，娟秀可愛。其東北谷中塔園有印光大師舍利塔。因爲路荒，所以沒有瞻禮。過朝天門便是頭道天門。左右兩崖夾峙，殿宇正在山缺的中間，水聲汩汩，悅耳清心。又三里到觀音寺，入寺吃一杯茶，休息片刻，遂即由此上躋，山谷兩邊有很多古樹和奇石，並且仰望巖上，桃花盛開，絢爛似錦。過彎柏樹、勝寶泉。又三里到古西方境，幾座寺門都關鎖著，好像沒人住的樣子。殿右面有一大岩石，徑可四丈、高可八丈，上面築有瓦亭一間。過此，繼續向上爬，磴道盤曲，十步一轉，香花幽草，襲人衣袂。

過慈航庵、下寶泉，又三里至圓光堂，其上有一座小峰巒，孤聳特立，若無附麗。頂上建有殿宇十餘間，古樹倒垂，交枝蟠蔭。拾級盤旋而上，迎面便是頭道天門，穿門過彌陀寺、迎眞宮、五聖殿、石佛寺、千佛寺，過三天門到三聖宮。宮前有平臺石欄，可以憑倚遠眺。

再拾級上躋，石級峻滑，轉折更多。東望靈應峰，石骨崚嶒，宛似一座擎天大柱。又半里許到四天門（也叫莎蘿坪）。入寺吃幾杯茶，與和尚閒談片刻，便又辭去。

掠大台之背轉東北行，迎面是一排尖碧的峰巒，好像才出土的春筍。過一座小峰便到文殊台，拾級而上，梯磴盡處，度石爲棧。凡數折才抵達臺頂。上有殿宇九間，山門下石級陡絕。立山門東望靈應峰，黝青色峭削的石壁，光滑得像人工磨出來的一般。俯眺深壑，一片密密疊疊的大松林，涼風吹來，激起謖謖地濤聲。

下文殊台北行數十步，也有殿宇數間，名叫清涼台。此峰與文殊台本爲一體，算不得一座獨立的峰巒。寺裡只有住持一個人，塵囂不到，異常清靜。

由此躡磴而下，過一道仄嶺上去便是靈應峰，這時，忽然刮來一陣大風，我走在險仄的梯磴上，很怕被風吹到山澗裡去。頂上有殿宇十幾間，孤懸特立，四面峭絕。下望滿壑遍谷都是奇偉的古松，憶王世貞遊武當詩道：「有壑難窺地，無峰不刺天。」正可爲此山寫照。

我進寺禮罷佛，避了一會兒風，出門立在殿前南望，五峰羅列，好像並排的手指，大台與文殊、清涼二台，爭高比下，宛如蓬萊仙島。下靈應台北行，再上爲捨身台，這也是個小山峰，上有殿宇一間，東面是幾十丈高的大巖壁，名叫「捨身巖」。我這個臭皮囊早一點捨去，本沒有什麼可惜，更沒有什麼可戀。可是捨了身再入輪迴，轉畜生餓鬼，豈不更糟!?所以還是保著這條死則難捨，生則無味的老命吧。

由捨身台北行，又上一座峰叫觀音台。頂上也有殿宇十幾間，高臺複階，軒然挺峙。東北望天池寺與無懷上人塔，都像擺在眼前一樣。

下觀音台由原路折回，繞文殊峰南行，凡數轉拾級又登大台，南望群山盤亙，萬笏朝天，積雪堆陰，皎然未融。北望平原綿邈，河流如帶，豆田麥壠，秀錯綺分。《讀史方輿紀要》上說：「終南脈起崑崙，尾銜嵩岳，鍾靈毓秀，宏麗瑰奇，作都邑之南屏，爲梁雍之巨障，其中盤紆迴遠，深巖邃谷，不可殫究，關中有事中南，其必爭之險也。」大台爲五台之最高峰，頂上建有殿宇二十多間，院落寬敞，也算是此山最大的一座廟。

由大台躡石磴盤旋南下，越嶺埡又三折至大茅蓬。該寺有佛殿三間，客堂三間，左右雙峰標舉，前面瀕臨絕壑，蒼松古檜，映天蔽日，充滿了詩情畫意。

進茅蓬拜罷佛，承本立上人和慧明法師引到客堂，洗漱畢便隨喜齋飯，幾樣用山蔬作的菜餚，味道非常清美。飯後，我走出殿外，隨意欣賞寺外的風光。殿右方有一座小圓阜，其上古木參天，可奕可觴。南面懸崖有湘子洞。傳說唐代大文豪韓昌黎的侄兒韓湘子，和明嘉靖年間性天、文理二位高僧，都在那個洞裡修過道，我在幼年最歡喜聽說書彈詞的唱「韓湘子渡林英」。那時就很想學韓湘子去終南山修道。現今我果然有緣來到終南山，即如學不到韓湘子，也可以如願以償了。

茅蓬前面山坳裡有很多白花樹，遠看好像大雪堆，與青山蒼松相映襯，更覺美趣無窮。細觀終南山脈，不但峰巒雄厚，而且景物也非常幽麗。無怪唐代有很多高僧名士都爭來棲此。當今禪宗大德虛雲和尚，早年也曾在大茅蓬住過，可惜我與大師無緣，想慕高風，曷勝悵惘！

終南山大小茅蓬，大約有幾百處，都是一般修苦行的僧人們憑自己雙手和勞力開建起來的。他們藝黍種芋，自耕自食，而且修持謹嚴，遠離世俗。與大叢林居高樓、擁肥田，養尊處優，不事生產者迥有不同。只因時局不安，我不能留在山裡和他們同甘共苦，眞是一大憾事！夜間與慧明法師品茗談禪，悠然相忘。人生百務，還有比這更樂的嗎？

二十六日晨，起床盥漱畢，辭慧明法師，同本立、戒賢二位上人，離大茅蓬由東路下山。凡三折至縛龍樁。路旁小茅蓬前立有個石柱，大約有四、五尺高。傳說古時有一個火龍精，常變化成人，在長安市賣藥。往往施魔術傷害人的生命。當時觀世音菩薩知道這個妖物在人間作怪，於是發大悲心，設計把火龍捉著縛在這個石樁上，使牠永遠不能再害人了。這就是神咒經所謂「安禪制龍」的意思。人的煩惱好比火龍，修禪的人必須能制伏著煩惱，才能達到明心見性的境界。這並不是迷信的神話，而是很有深意的。

又下數折是一道小嶺，東望有一座高聳秀拔的小峰巒名叫賢聖台。頂上也建有殿宇十餘間，爲急於趕路，沒有上去瞻禮。越嶺正北行，夾道都是蔽日參天的大松樹，我嘉歡畫松，當即取紙筆擷爲畫稿。

過十方普同塔，我們坐在石頭上休息片刻。四里至斗姥堂，回望五台，靈峰縹緲，依依不忍捨去。過華嚴寺，又六里至石鱉谷，因爲谷口有一個大石如鱉，所以便取爲谷名。志書上也叫太乙谷。呂大防說：「隋築都城，南直南山石鱉谷。」便是指此地而言。谷水就是潏河，其東岸有馬路，可通翠華山。翠華山也是南山名勝之一，爲中央軍校分校所在地。谷西岸新建西式樓房一座，林木掩映，風景如畫。

沿谷西岸正北行，又五里至太乙宮，宮爲唐代之古廟，今爲中正中學所借佔。我們在宮外小店吃罷飯，天忽然陰雲密布，下起毛毛雨來了。我遂即與二位上人作別，獨自撐起傘冒雨前進。

沿馬路北行，夾道有兩條水渠，農民都利用渠水灌溉，因此，這一帶頗有江南風景之美。東望有一道漫岡，就是在唐代有名的龍首原，也叫龍首山。尾起樊川，首瀕渭水，南北長六十里。隋時以長安城狹小，又改建新都於龍首原上。昔時城池宮殿，早已化爲煙塵，現在幾乎一棵樹也看不見了。

又五里下坡至樊川，考樊川就是漢代杜縣之樊鄉，爲漢高祖的大將樊噲的食邑。史稱唐貞觀十四年大獵於樊川，就在此地。其北面高坡就是杜陵原，原上有杜陵與少陵兩個荒冢。杜陵是漢宣帝的陵，少陵是許后的陵。少陵略小，去杜陵東南十餘里，陵西有唐代大詩人杜甫的舊宅。杜詩常自稱「杜陵布衣」，「少陵野老」，都是由這來的。

馬路東北約二里，在杜原南端斷崖上有一座古刹，叫大唐興教寺。唐三藏玄奘法師的骨塔就在寺裡面。這是西安附近最有名的古蹟。

玄奘法師，俗姓陳名褘。原籍河南陳留縣，後又遷居緱氏，就是現在河南偃師縣。師生於少林寺西北鳳凰谷陳村，十三歲便隨他的胞兄捷剃度於洛陽淨土寺。後避王世充亂，遍遊秦蜀荊襄名藍古刹。太宗貞觀三年，師年二十六歲，毅然由長安赴印度遊學。在印精研內典，旅居十六年，至貞觀十九年才返回長安，朝廷詔太常卿江夏王道宗，設九部樂，並敕京城諸寺幡蓋，衆伎送師暨翻經像諸高僧入慈恩寺。於高宗麟德元年示寂於西明寺。享年六十三歲。詔葬於滻水東岸，當時會葬者二百萬人，極一代之哀榮。

至總章二年，又遷塔於樊川北原，並建一座興教寺，以爲紀念。其弟子圓測和窺基二位大師的骨塔也附在奘師塔的左右。其在中國佛教文獻上是很有價值的。不過，年久失修，塔寺漸漸傾圮。至民國初年，僅賸破屋土窯，景象異常荒涼。至民國十一年經住持妙闊法師募資重建佛殿寮房。三十年秋，又經朱子橋大居士重修三塔與鐘鼓樓。使廟貌煥然一新，爲秦中僧伽最佳的清修勝地。我本想前往拜塔，並訪該寺住持妙闊法師，無奈大雨滂沱，未便繞道，只好望塔遙拜而已。

過灞河大橋轉西北行，又十五里至杜曲鎮。杜曲在唐代也是名勝之地。如杜佑、杜牧、杜如晦，皆生在這裡。地理人文極一時之盛。又二十里過韋曲鎮，這時，雨消雲散，麗日乘空。下午三時返抵西安。

五九　天寶路去來

由陝西寶雞到甘肅天水，在抗戰時期政府基於軍事之需要，特地趕工完成一道天寶鐵路。這條路沿著渭河上游，穿山越嶺，鑿有一百四十多洞隧道，工程異常艱鉅。我爲好奇心所驅使，特地結伴去看天寶隧道之奇觀。

民國三十七年五月十日，我與同鄉郭子萬和李春明二君，由西安出發搭火車西去。這時，小麥方熟，眺望渭河平原，滿地金色，使人目迷神眩。因爲不久以前，共軍把鐵路橋梁全都炸毀。臨時搶建木橋，很不堅固。車駛在上面，橋柱咯咯吱吱響，乘客莫不提心吊膽。

下午三點半到寶雞，下車聽說西面天寶路上坍方。西去火車停開，這等於向我們頭上潑一桶冷水，抱著沈重的心情去找旅館休息。寶雞是我在四年前舊遊之地，市容並沒有什麼變化。我們在旅館住了兩晚，到十二日車站才公告坍方修復，開始通車。我們得到這個消息，都高興的不得了。

當天上午八點，一行又搭車西去，天寶路車型略小，並且裝置也特別壞，乘客好像塡板鴨，車廂裝得滿滿地，男女老幼，擁擠不堪。西行不遠進山，火車沿著渭河右岸，穿洞過峽，隨山蜿蜒，非常有趣。

天寶路石質旣鬆，而隧道又不曾磚砌。不但雨天容易坍方，而晴時也常鬧山崩。因此，行車隨時就會發生危險。這一帶童山濯濯，森林極少，景象頗感荒涼。

過故川鎭見右面山麓土筍成林，高高低低，大大小小，有尖的、圓的、四方的、三稜的。形形色色，多采多姿。這種土筍都是雨水沖蝕成的，全出於自然之神的匠心妙手。眞可與美國西部大峽谷中土筍林之奇觀媲美。

過香泉、石洛里，下午四時到蘇家河，這是一個大山鎭，約有一百多戶人家，商業還頗發達。車剛停站，聽說前面又有地方坍方，下午車決定不開。乘客不得已都紛紛下車各找地方休息。鎮上只有一家旅館，客人早已住滿。我與子萬、春明在民家找到一間小房子，地既潮濕，而空氣又不流通，把門板支起來權當舖位，下午車既不開，又沒有事做，正好從從容容欣賞山地風景。

蘇家河北面靠山，南面臨渭河，與三岔鎮隔河相望。其附近是個小盆地，沿河都是水田，村外有很多柿樹，綠蔭蔽日，涼爽宜人。其遠近峰巒，錯落有致，襯以急湍茂林，景色如畫。我們在這個小鎮上住了一天，於十三日上午七點才又登車開行。

向西約二十餘里便入甘肅省境，這裡山勢漸低，而且都是土山，沿路鄉村也有很多大柿樹，並且還有花椒樹，為禿山荒谷增添不少生氣。再前進，又是一個小盆地，沿河兩岸水田縱橫，稻秧漠漠。柳暗花明，可慰旅魂。到北道埠南渡口下車，坐岸上等渡船擺渡。

那時，天寶鐵路只到北道埠，沒有修到蘭州。北道埠在天水東北，渡口在天水東南。因為待渡的人太多，渡船只有一隻，供不應求。所以在岸上等了將近一個鐘點才渡到彼岸。渡口本來修有一道便橋，擺渡的船家故意把橋破壞，借擺渡向人家勒索。這些人都是強盜出身，說話粗魯野蠻，沒有理性。行人都怕他們，敢怒而不敢言，我很想教訓他們一頓，結果被子萬阻止住了。

我們在西岸雇了一輛馬車，遂於馬蹄得得聲中向天水行進。約三十里過烽火樓下坡，遙遠便望見渭河北岸柳林梢頭，連綿的雉堞和高聳的城樓。車沿渭河南岸又行六、七里，到達城南渡口，這一帶河灘很寬，水多潛流。所以不需橋梁舟楫。西望紅日僅餘半規，炊煙縷縷，繚繞林間，因憶杜工部詩：「渡頭餘落日，墟里上孤煙」句，正可爲此景寫照。過渭河，穿柳林，經東關進城，住在天水旅社。枕上占詩一首道：

輕車送我更西遊，洞轉峰迴逐渭流；
滿眼晴川殘照裡，春風躍馬到秦州。

天水，在漢時爲上邽縣，魏晉以來爲秦州，民國廢州改天水縣。城有五座，東西連延四、五里。北面倚山，南臨渭河。地形險要，自古爲兵家必爭之地。城關商店與住宅，全爲舊式建築。商業不甚發達。天水人文異常豐富，如伏羲、李廣、姜維等，都出生於此地。西關有伏羲廟，城南有李廣墓，城北有祖師廟，城西有杜甫宅，城東南有麥積山千佛石窟。都是有名的古蹟。

我在幼年看家鄉簧戲唱「天水關」諸葛亮收姜維一劇。對於天水便有很深刻的印象。姜維，字伯約，官征西將軍，是位有名的孝子，我很喜歡這個人，想不到居然會有機會來到他的家鄉。天水西南有祁山，就是孔明六次北征用兵的所在，緬懷前賢，何勝悵惘！

十四日上午，我和子萬同到西關謁伏羲廟，殿宇有兩進，都是宮殿式建築，黃瓦飛簷，莊嚴輝煌。伏羲塑像，高大威嚴，頗似原始人的樣子。史稱：「伏羲，風姓，有聖德，象日月之明，故稱太昊。教民佃漁畜牧，養犧牲以充庖廚，故又名庖犧。始畫八卦，造書契，都陳，在位一百十五年，傳十五世，凡一千二百六十年。」由此可知，伏羲不但發明熟食，而且又創造文字，眞可算是我們中華民族文化之祖了。我們向這位四千年前偉大的聖人恭恭敬敬行了三鞠躬禮，遂即辭出又往祖師廟巡禮。

出西關北門爬上高坡，東北行約二里許便到祖師廟，廟前有幾百株柏樹，蒼蒼蔚蔚，蕭森陰涼。廟裡殿宇約有三、四進，規模也異常崇閎。因爲有駐軍，不許參觀，所以在門外徘徊了幾分鐘，立在坡上眺望天水城，好像五個連環。城關市坊民宅，高高低低，一覽無餘。下坡由東關北門回城。順便參觀天水市容。其建築可能是爲防火災，屋山比房頂高出數尺，此爲一大特色。街道雖不甚寬，可是異常清潔。並且門外多植楊柳，點綴得頗有詩情畫意。

十五日上午，我獨自往東關南門外中山公園一遊。公園南瀕渭河，有幾百株大柳樹，長條拖地，濃蔭蔽日。微風吹來，清涼宜人。園裡有一所民衆教育館。庭前雜蒔花木，瑯環雅潔，市民能抽半日暇在這裡賞花讀書，眞是人生一大樂事。沒有到過西北的人，一定會想著西北各地都很荒涼。殊不知西北各地如天水這樣的靜宓幽美的地方實在太多了。我訪教育館館長王繼堯談了一會兒，遂即辭出。又乘興占詩一首道：

策杖園林百慮忘，幾樹紅榴媚綠楊；
渭水東流半繞郭，騁懷更上讀書堂。

十六日上午八時，我又獨自往城南謁李廣墓。出南門過河，約半里進山谷，這一帶全是土山，有些人家就在山谷兩崖開穴而居，仍過著原始人的生活，又行三里許由村外循小路轉上山坡。迎面有一道圍牆，中門有一道小門。進門見有石碑一座，中刻「漢李廣之墓」五個大字，爲胡宗南將軍所書。碑後有一座土冢，便是李廣埋骨的所在。墓園沒有樹木，景象異常荒涼。史稱：「李廣，成紀（今天水）人，猿臂善射，文帝時以擊匈奴有功，封散騎常侍。武帝時爲北平太守，匈奴畏之，號曰飛將軍，避之數歲，不敢入右北平，與匈奴七十餘戰皆捷。然數奇，未得封侯。」賈誼也喟歎道：「馮唐易老，李廣難封。」可見李廣的武藝與汗馬功勞，早已名高天下，又何必待封侯而才顯呢？我占詩一首道：

日照南山依渭流，英雄千載一荒邱；
彎弓射虎卻穿石，留得高名何必侯。

麥積山，去天水東南六十里，山勢突兀，四面都是懸崖，崖上在唐代鑿有石窟石佛，並且還有壁畫。其佛像全爲寫實的作風，面目衣飾，和眞人一模一樣。與雲岡、莫高、龍門三大佛蹟，都不相同，而自成一種獨特的風格。在中國佛教藝術上具有崇高的價值。在抗戰時期，張大千先生曾去看過。我本打算也去看看，只因聽說山裡有土匪，所以沒有敢冒險，眞是一大憾事！

六〇 西安半年

同鄉李其蘇先生和他的太太焦子正女士在西安東大街開一個小規模的紡紗工廠。我與朱景德兄同住在他們前院一間小屋裡。並且還和他們全家在一起吃飯。李先生手裡雖有不少積蓄，但商人是以賺錢為目的，所以飲食非常儉素。他們夫婦脾氣都不好，每在吃飯的時候罵孩子，我們作客的內心也有不少的委曲。

每天下午太陽不大的時候，我與景德兄便去破爛市逛舊書攤兒。因為時局不安定，有些世家便把祖先幾代所收藏的線裝書送破爛市去了。有一次我看到有一部殘缺的《佩文齋韻府》，書商撕開論斤賣，實在太可惜了！我為愛惜這部書的版本，於是便把全部收買回來。同時又想到古人有句話：「積田子孫未必能守，積書子孫未必能讀，不如積德廣為子孫種福。」眞是至理名言。我在舊書攤還買一方綠硯，和明祝枝山寫的八幅大屏條。書體為草書，字大徑尺，其筆法氣勢，遒逸駿爽，自云醉筆，更覺可貴了。

祝允明，字希哲，又字枝山，江蘇長洲人。性敏慧，五歲能作徑尺字，稍長博覽群籍，善詩詞，與文徵明、唐六如、徐貞卿，號稱四才子。書法最工，名高天下。他近師松雪，遠法永興，細楷更精妙絕倫。

有時，我與景德兄往中山公園散步。西安中山公園好像難民收容所，有很多外省逃來的難民，都帶著涼席躺在園裡納涼。看著很不雅觀。公園面積雖很大，但是種植花木並不多。因此，市民來公園，不是為的賞花，而是為的納涼。我到公園最喜歡立在中正亭前望終南山。我的感覺如何，最好以王摩詰的詩：「太乙近天都，連山到海隅，白雲迴望合，青靄入看無，分野中峰變，陰晴衆壑殊。」來描寫。因為這幾句不但意境太美，而且也正寫出了我的心聲啊。

有一次出去散步，在街上碰到在北平美專老同學林蘊山。彼此緊握著手，半晌沒有說出話來。老林（同學時稱呼）字鶴齡，安徽安慶人。十五年未見，好像還沒有變樣。那時他在西安路局服務。早已結婚，有一位「可人兒」伴在身邊。從見面後，我與景德兄常到老林家去。他的太太不但待人親熱，並且還會作一手好菜。所以常留我們在她家吃飯。

那時，西安路局局長是莫衡，他在路局養很多花，並且還有十幾盆曇花。老林常引我們到路局花園裡去玩。我從來沒有見過曇花。在路局看曇花可以說是「破題第一遭兒」。路局還有一片大草坪，好像一面碧綠栽絨氈。有時我們躺在草坪上看星星眨眼，眞覺有趣極了。

五月中旬，開封淪陷，西安也跟著緊張。景德兄準備到青海教書，我決定往成都卜居。正在將要動身的時候，侄兒蘭堂從臺灣去信，說臺灣自然環境如何美，對於我作畫幫助如何大，邀我一定去臺灣。因爲內地人對於臺灣一切情形都不大清楚，尤其是「二二八事件」才告平定，所以有些朋友勸我不要去臺灣。起初我本來很猶豫，不過蘭堂一再去信催我。最後不能不決定來臺灣了。

因爲景德兄是我最知好的老同學，我不願讓他一個人留在危險地帶，所以勸他也同我到臺灣去，當時他也接受我的意思。

那時，我們手裡賸錢不多，恐怕到臺灣路費成問題。於是又在省立民衆教育館舉辦一次畫展，籌備一些路費。

自開封淪陷後，由西安去武漢，無論鐵路公路，全都不通。我們不得不決定搭乘飛機。可是由於時局緊張，準備離開西安的人激增，因此，我們自登記經二十天才購得飛機票。

本來我也勸老林一同來臺灣，他一則有家眷，二則又有職務，所以不能同來。我每想起他，便覺是一大憾事。

六一 倉皇東南飛

六月十五日上午七點半鐘，我與景德兄帶著行李乘人力車到西安西關航空檢查站辦理過磅手續。承李其蘇先生和老林夫婦都來送行。熱情洋溢，使我感激得直流眼淚。因爲我的行李過重，臨時把書籍和文具挑出一部分留給老林保管。

七點五十分，我們與其蘇先生和老林夫婦，揮淚握別。遂即登上航空公司備的交通車到飛機場。機場在西安西關西南，正是漢細柳營之所在。一片空闊的大平原上，分置著幾十架銀灰色的飛機。被陽光照著，如同水銀燈一般的光亮。我們搭乘的是一架五引擎巨型機，看樣子好像一隻立地振翼的大鵬。大家扶梯上飛機。我的座位恰好是靠左邊的窗口。

八點整，馬達一動，機聲喳喳叫起來了。輪子順跑道行駛幾百碼，便離地冉冉升上天空，在西安上空兜了一個圈子，我搶了一個鳥瞰的鏡頭，西安城、大雁塔、小雁塔，都縮爲案上的建築模型。郊外廣漠的田園，一塊青，一塊黃，極似僧人穿的百衲衣。我向那座古老的城池告別道：「可愛的西安，不久我還要回到你的懷抱，再見吧！西安！」

飛機載著我們幾十個天南地北的客人，一直向東南飛去。我憶起《莊子．逍遙遊》有云：「有鳥焉，其名爲鵬，背若泰山，翼若垂天之雲，摶扶搖羊角而上者九萬里，絕雲氣，負青天，然後圖南，且適南冥也。」正可以藉以爲我們所駕這隻大鵬寫照。

當機身掠過終南山頂的時候，我探首窗外，很淸楚地看到有許多奇峰和斷崖，頂上堆滿了蒼翠的森林，被日光照著，現出一片晶瑩的靑光來。我所遊過的南五臺和輞川，也都歷歷如繪地在鐵鵬的翼下。

過漫川關入湖北省境，俯瞰漢江，好像一條蟠曲蜿蜒的長蛇。鄖西縣城好像一顆圍棋盤上的黑棋子。過鄖縣便入均縣境，哦！那不是武當山嗎？是的，一點兒也不錯，武當山是我舊遊之地，它的面目我記得很淸楚。這個美的鏡頭，無論如何也不能輕意放過，我用兩隻眼睛死盯著它。

啊！這是天柱峰，這是蠟燭峰，這是豺狼峰，這是展旗峰，都一齊展現我的眼簾了。天柱峰上的金殿，好像翠玉棒頭上嵌了一顆大珍珠，被日光照著金輝四射，使人眼花撩亂。還沒有等我把七十二峰數完，武當山便已經躲在雲層裡了。我只好從腦海的記憶中再泛起它的影子。

過均縣、穀城，我向下探視，發現沿漢江南北岸有兩個姊妹城，江南是襄陽，江北是樊城，這時因爲是在低空飛行，所以對於城內外的房舍，和路上的行人，都看得很淸楚。襄陽西南隆中山裡武侯祠也在視線以內。我向那位「功蓋三分國，名成八陣圖」的諸葛先生，只有遙拜而已。

飛機掠過襄樊，忽遇幾百團白雲圍繞著機身，忽上忽下，忽左忽右，極似一大群頑皮俊姣的小綿羊。我很想伸手把牠捉進來，可是手還沒有伸出去，牠便溜得無影無蹤了。這正如「道」，瞻之在前，忽焉在後，不在左右，也不在上下。這是無法捉摸的呀！

入自忠縣境，便掠著小洪山，大洪山飛行。俯瞰有很多奇峰高巖，蒼松茂林，風景非常幽美。山麓溪隈，三家兩家，竹籬茅舍，板壁紙窗，更充滿了詩情與畫意。

記得在對日抗戰時期，大洪山會戰，張自忠將軍壯烈殉職。爲抗戰史上寫下可歌可泣的一頁。緬懷忠烈，不禁「出師未捷身先死，常使英雄淚滿襟」之感。

過京山便入湖北沼澤地，映入我的眼簾的是湖沼相連，港灣交錯。這時正是大雨剛過，湖水正漲的時候，一片汪洋，盡成澤國。有很多村落，被大水淹沒，只露樹梢和屋頂。災民藉破木船和小竹筏作爲交通工具，情形非常悲慘。我雖是喜歡遊山玩水，但面對著這樣的景象，還會有閒情逸致嗎？

再前行，看見漢江與長江都納入我的視線以內。被日光照射，如同水銀洩地一般。武漢三鎭，沿江綿延數十里，高樓大廈，煙囪林立，正如杜牧〈阿房宮賦〉所云：「蜂房水渦，矗不知其幾千萬落。」的景象。十一點半鐘，飛機降落武昌機場。下機，火傘高漲，炎威蒸人。我與景德兄把行李取出，遂雇乘人力車到碼頭登渡輪過江。這時，江流暴漲，波浪洶湧，使人驚心駭目。於漢口江漢碼頭登岸，下榻於長江旅社。在空中飛行三個半小時，飽覽一千七百多里的名山和勝水，眞是此生一大快事。

下午二時即購得往南京的船票。我請景德兄先帶行李到船上等候。我獨自去看同鄉知友焦松岩弟，彼此見面，不禁悲喜交集，料想不到會在這裡相會！松岩是於河南泌陽淪陷後，攜全家老幼避難來到漢口，他在背巷租了幾間矮陋小房子，十幾口人蹙居在裡面，尤其在這大炎熱的天氣，眞夠苦的了。

我與松岩，既是親戚，又是同學。二十年來，他努力辦學，既有幹才，而又喜歡研究學問，因此，朋友們對於他的前途都寄以莫大的希望。這時，他們全家的生活，全仰賴他販賣一些貨物賺一點錢來維持，他對我談起家庭瑣事，好像有無限感慨。我非常了解而且同情他這不幸的遭遇。

當我和松岩正在屋裡談話，忽見同鄉知友朱恆甫從外面進來，他是才從駐馬店來到。我們恰巧在這個時候碰面，眞太不可思議了。恆甫名景升，是景德兄的堂弟。我們都是盟兄弟，他不幸幼年喪母，少年喪父，侍繼母，扶弱弟，盡孝盡悌，興家立業，甚爲鄰里朋友所欽重。他在縣裡也是從事教育，熱誠直爽，可謂今之古人。這時，他攜眷住在駐馬店。其生活之苦，是不待言的。我勸他和松岩也同到臺灣來。他倆都因爲無法擺脫家室之累，所以行不得也。

我與松岩恆甫作半小時鄉談，爲著急需趕到船上，於是便忍痛向他們告辭。他倆把我送到碼頭，又依依不捨的談了幾分鐘，這時，沿岸夾竹桃盛開，一簇簇燦爛鮮豔的紅花，迎風招展，使我這個天涯遊子，憑添不少離緒、別恨、與鄉愁。

六二 漢寧江程

六月十五日下午六時，船自漢口啓碇東下。我立在甲板上，東望汪洋浩瀚的江流，濁浪接天，似無際涯。幾十隻輪船和民船，或上或下，爭在中流衝波搖蕩。船行十餘里，回望水平線上，黃金色的霞光擁著一顆火球般的紅日。武漢三鎭漸漸消失於茫茫的暮煙。

下午八點船到黃岡縣。考黃岡在南齊爲齊安縣，隋改今名。故城在今治西北一百二十里，唐代才遷至今治。清爲黃州府，民國廢府爲縣。宋蘇東坡爲與王安石政見不合，於元豐年間被貶在黃州住了好幾年。現在城東還有東坡築的雪堂。東坡前後赤壁賦所寫的赤壁，在黃岡城外。這天正逢農曆五月望日，「月出於東山之上，徘徊於斗牛之間。」「仰望赤壁，斷岸千尺，山影幢幢，不辨樹石，東坡遊赤壁所描寫的：「白露橫江，水光接天，縱一葦之所如，凌萬頃之茫然。」我都親身領略盡致了。東坡謫居黃州，正是最不得志的時候，他不但不以得失繫其心，而且結伴同遊，飮酒賦詩，放浪於形骸之外，唯有智者達者才能有這樣的灑脫。他擬答客問說：「客亦知夫水與月乎？逝者如斯，而未嘗往也。盈虛者如代，而卒莫消長也。蓋將自其變者而觀之，則天地曾不能以一瞬；自其不變者而觀之，則物與我皆無盡也。而又何羨乎？」這一片話，全是莊生忘物我、齊死生的氣度。東坡之可愛處，並不在他敢言直諫的勇氣，而正在他這樂天知命的胸襟。我在船上占詩一首道：

日暮掛帆衝浪行，江天寂寂悵孤清；
晴川闊渺黃州近，赤壁月圓牽別情。

船由黃岡東南行，風停浪落，江平如掌，水天上下，星月交輝，靉靉遠山，映襯著點點漁火，充滿了詩情與畫意。天微明，過田家鎮，鎮在蘄春縣東南長江北岸。高樓大廈，連綿數里。該鎮東扼九江，西控武昌，自古爲兵家必爭之地。

東行過武穴，東南望有一淡灰色的突兀巍峰，縹緲於白雲之間，這就是發動對日抗戰的司令臺——廬山。再衝浪前進，於十時到達九江。船泊碼頭，我與景德兄隨同大家下船往市裡瀏覽。

九江，在明清爲府，民國廢府爲縣，是江西省北部最大的商埠。其特產以茶紙磁器爲大宗。九江街道狹窄，建築多爲舊式。碼頭舳艫相接，商業極爲繁盛。廬山在九江縣南，上有五老峰，爲江南名山。廬山北有一條大嶺，名叫牯牛嶺。風景清幽，爲有名的避暑勝地。廬山香爐峰前有東林寺，爲晉慧遠大師淸修宏法的道場。憶唐錢起江行云：「咫尺愁風雨，匡廬不可登，祇疑雲霧窟，猶有六朝僧。」我今也有同感哩。

我在街上選購幾件繪畫用的杯盤，遂與景德兄一同上船。十一時船啓碇東下。約三十餘里至湖口，南望鄱陽湖煙水蒼茫，風帆掩映。湖中有一峰獨峙，名叫大孤山。因山形像鞋，又名鞋山。我想順道去鄱陽湖玩幾天，無奈行李太多，行動不便，只有望湖興歎而已。

轉東北行，又六十餘里，前望江心有一座小山，孤拳特立，砥柱中流，這就是有名的小孤山。山在彭澤縣北，俗又稱小姑山。山上建有幾座廟宇，樓閣玲瓏，木石森麗，宛似蓬萊仙島。這個姿容妙曼的小妞子，有一個情人住在大江南岸，名叫彭郎磯。她倆朝朝暮暮隔水相望，如同牛郎織女隔著一道銀河。自古以來，不知博得多少神經質的墨人騷客的眼淚。宋蘇東坡過小姑山有句云：「舟中估客莫漫狂！小姑前年嫁彭郎。」又清彭玉麟與洪楊作戰，收復小姑山也有「彭郎奪得小姑回」之句。我想小姑與彭郎，本來是一對如膠似漆的小夫妻。可能是因爲彭郎有外遇，把小姑趕到江裡了。我占詩一首道：

　　桑下羅敷自有夫，堪憐流落在江湖；
　　多情自古空餘恨，夢繞彭郎是小姑。

彭澤縣，在大江南岸，漢代所置，故城在今江西湖口縣東三十里，三國時吳孫權於此置郡。晉代大詩人陶淵明曾在那裡作過八十幾天的縣令。今縣在故城之東，城倚山而建，俯瞰小姑山。自古爲沿江軍略重鎭。

陶淵明家在九江西南九十里之柴桑，也是諸葛孔明會孫權之所在。陶公爲不屑於向督郵磕頭，而丟掉烏紗帽，又回到柴桑三徑就荒的家，領導著孩子們種起田來。這樣「有所不爲」，「唯適之安」的胸襟，眞是了不起。我在幼年就崇拜陶淵明，太史公說：「雖不能至，吾心嚮往之。」在船上又占詩一首，藉爲弔祭淵明先生的一瓣心香：

不貪富貴不羞貧，種菊東籬自在身；
舟過九江彭澤近，瓣香清酒弔詩人。

前行又五十餘里過東流鎭，江水浩渺，一眼望不到邊際，江中有很多沙洲，洲上種有楊柳和蘆葦。岸邊設有幾架魚罾，與遠山斜陽相映襯，繪成一幅美妙的圖畫。我占有兩句詩道：「輕舟孤泛煙波上，願執長竿作釣翁。」可是在這個年頭兒作釣翁也不是一件容易事啊！

東北行又百餘里至懷寧停泊。懷寧舊爲安慶府，爲安徽省會。城瀕大江北岸，沿岸有迎江寺與大觀亭，爲著名的勝蹟。迎江寺有一座七層大塔，矗立江表，勢凌霄漢，極爲壯觀。城內瓦屋鱗次，多爲舊式建築。因時間匆促，不能進城觀光，只有遠望而已。

由安慶啓碇前進，東南望，有一排奇峰，矗立在半空，檢看地圖，才知那是九華山。九華山爲佛教四大名山之一，是地藏王菩薩的道場。在安徽青陽縣西南四十里，《寰宇記》說：「亦名九子山，上有九峰，如蓮花削成。」唐代大詩人李太白登此山，才改名九華。明代王陽明曾在此山讀書，悟得致良知之理。山上寺宇最多，香火也最盛。我對名山懷前哲，占詩一首道：

縹緲九峰矗碧天，直疑雲頂放青蓮；

緬懷王子讀書處，畢竟地靈鍾大賢。

過貴池，天已黃昏，灰幕低垂，一片模糊。過銅陵，東望像一枚黃柑似的月亮才從地平線上升起，照耀得半江都像潑了一層水銀。這時，大地一切都靜悄悄地安息了。只有幾點明滅的漁火，依然不停的閃爍。

船到蕪湖，大概是十二點，月亮已經升到半天空。蕪湖爲安徽最大的商埠，其特產以茶米爲大宗。我看到靠近碼頭有很多船隻，桅杆之多，直像一片大森林。沿岸高樓大廈在日光下還可以看出模糊的輪廓。現在的蕪湖城，爲五代時南唐所置，地當魯港與長江會口，商業極爲發達。

由蕪湖東北行，約五十餘里，過東西梁山，兩崖對峙，中闢一門，形勢異常險要。梁山在安徽和縣和當塗之間，在和縣者叫西梁山，在當塗者叫東梁山。又名博望山。也稱天門山。自六朝建都金陵，都在這裡屯駐重兵，以爲國防要塞。

又二十餘里至采石磯，采石磯是牛渚山向江心突出的高巖，爲歷史上有名的要塞。自後漢時孫策攻劉繇牛渚營，孫權命周瑜在這裡駐兵防守以後，歷代莫不以采石爲重鎭。如隋韓擒虎滅陳，宋曹彬攻江南，明常遇春破元兵，都是由采石進軍。我占詩一首道：

月照輕舟衝晚潮，天門東望水迢迢；

牛渚采石今還在，百戰英雄皆寂寥。

過馬鞍山至南京，天已大亮。船泊中山碼頭，我與景德兄遂一同帶行李下船進城。南京爲我舊遊之地。在對日抗戰時期，雖被敵人佔據，但是時經八年，終於還我河山，恢復舊物，我們中華兒女們揚眉吐氣回到首都的懷抱。我興奮之餘，又占詩一首道：

金陵處處聞笙歌，萬國軒車冠蓋多；
敵出降旛寰宇靖，依然還我舊山河。

六三　京滬七日

我與景德兄到京住在金陵旅社。下午出去分訪同鄉郭子衡先生和焦元甫、韓國強。郭先生在中央研究院工作，專門研究銅器，我與他的二公子伯如是要好的朋友。元甫與我更是莫逆之交。那時他隨立法委員李靜安才逃到南京。國強初當選國大代表，也是從開封來京，我與他們將近十年沒有見面，患難中相晤，更覺親熱。

到南京第二天上午，我與景德兄同元甫、國強重遊玄武湖。記得我於民國二十五年秋曾來遊過，那時，湖中芰荷枯殘，不免令人有蕭索之感。此遊是在夏季，碧綠的荷葉，布滿了湖面。微風吹來，清香宜人。抗戰八年，首都湖山雖不幸蒙塵，可是五洲公園的建築，還沒有被炮火摧毀，我占詩一首，以示我內心之慶幸。

五洲園裡百花開，八載干戈歷劫灰；

亂後重臨湖上望，胡塵未掩舊亭臺。

我們四人登樓坐在廊下，一面欣賞湖景，一面品茗閒敍。元甫感慨地說：「現在時局惡化，我與國強能在南京住多久，實不敢說。您倆到臺灣去，眞是幸運。」我說：「無論時局怎樣轉變，南京不會失守。我與景德兄打算從臺灣到日本去玩玩，不久還要回南京哩。」國強說：「您們對於時局不要太樂觀，去臺灣最好作長久之計吧！」那時我對於時局的看法，模糊的很。現在才知道，元甫與國強對於時局的認識是很正確的。在玄武湖分手後，國強多年沒有消息，元甫雖通過兩次信，不幸於前年因病去世。不料南京一面，竟成永別！

那天下午，我往西華門三條巷清溪琴社訪余地山先生，誰知早已換主人了，琴社道友們也都風流雲散。回憶民國二十五年秋，我同徐元白先生來京，下榻於琴社，彈琴賦詩之情景，不勝今昔之感，喟然占詩一首：

西華門外草如茵，物換星移十幾春；
琴社故人都散去，庭前愁對綠楊新。

我與景德兄因爲急著來臺灣，所以在南京只住兩天，於十九日上午八時，即搭綠鋼皮車赴上海。過棲霞山東行，沿路水田漠漠，稻浪翻風，竹籬茅舍，煙村相望，繪就一幅美妙的圖畫。蘇州、無錫，是我舊遊之地，不能下車，再尋前蹤，唯有對著太湖、虎丘，探首一望而已。

下午四時抵達上海北站，下車取出行李，雇腳夫帶到站外。因爲流氓要強帶行李，糾纏約半小時，找警察來把流氓驅走，我們乘機雇兩輛黃包車，才離開這無法無天的野蠻地帶。

我未到上海之前，便聽說上海流氓猖獗，社會黑暗，小偷惡霸，大多參加幫派，有恃無恐。官吏、警察，都無可奈何。有許多名流學者在這種灰社會裡住久了，對於一切怪現象都看慣了。街頭巷尾，發生欺侮詐騙，強取豪奪的事，大家也都熟視無睹。使上海這隻吃人的猛獸，披著文明的外衣。我雖是第二次到上海，但是由於對於上海沒有好感，所以打算停留一天就搭船到臺灣去。只因購買船票不易，於是不得不多耽擱幾天。

對日抗戰八年，上海最大的損失，就是四馬路棋盤街商務印書館之被炸。該館積全國才智之士的心血結晶，蔚爲東南文化之寶庫。不幸毀於一旦，造成永遠無法彌補的損失。

六四　東渡臺灣

我與景德兄爲候船在上海住了五天，於六月二十四日才搭船離開上海向臺灣行進。當船由黃浦江駛向吳淞口途中，我立在甲板上望著沿岸卓立森排的希臘式、羅馬式的高樓大廈，和上海市政府莊嚴輝煌的宮殿式建築，才深切感覺這座現代化的城市，眞不愧博得「東方之珠」的美名。

出吳淞口順長江東下，前望江流浩瀚，渺無際涘。約二十餘里船入東海。這時，太陽漸漸接近地平線，海風料峭，波浪洶湧。回望國門，懷念久別的家園，不禁悲從中來，清淚直往下流。

倚欄望月，占詩一首：

海天月照晚潮生，解纜樓船衝浪行；

回首中原丘墓遠，無邊煙水增離情。

船過舟山群島，大約是在晚上九點左右，明亮的月光，照耀在海面，泱茫的碧波泛起一片銀鱗。西望山影幢幢，有高，有低，有大，有小；或像鐘，或像鼎，或像筆架，或像屏風，形形色色，多采多姿。山下明滅的漁火，閃耀著幾道燦爛的金光，更顯出水國之夜的靜謐。

舟山是屬於浙江省定海縣，明代設有千戶所。其附近海域，大小島嶼，星羅棋布，因此，總名叫舟山群島。清道光二十一年，英國海軍，曾以武力佔據，雖不久又歸還我國，但訂有不得割讓與他國的條約。那時，我們自己的土地，就沒有主權自由處理，眞是國家之恥辱！

舟山是具有攻守價値的國防要地。在明代倭寇偷襲我國沿海大陸，便是由舟山登岸。民國三十八年，整個大陸淪陷，有一位女英雄黃八妹，自動組織義軍，駐守舟山群島。至四十年，黃女士接受政府命令，全部撤退臺灣。黃八妹來臺中展覽刺繡，她對我談及此事，還不勝歎息悲惋呢！

我愛水，我更愛海，因爲海能滌消我的世慮，海能擴展我的心胸。孔子感到道不行的時候，他老先生要乘桴浮於海。我爲厭惡國家之戰亂和恐怖社會之不安，早就想造一隻大船，攜家泛海，過一生自由自在的生活。可是現在的海與春秋時候的海也大不相同。海裡有潛水艇、魚雷艇、掃雷艇，以及巡洋艦等等，使魚鱉蝦蟹都不得相安，書獃子乘桴浮於海，豈能得安嗎？

二十五日早晨天微明，我就從鋪上起來到甲板上等看海上日出的景觀。約停十幾分鐘，驀地看見東方魚肚白的天空，泛出一層紅暈，好像酒後有些醉意。又過幾分鐘，那幾片悠然自得的閒雲，也都鑲嵌著一道金邊。俄而，火球似的太陽，從大汞爐裡慢吞吞地升上來，照得半邊天都是紅的。海裡浪花，也反射出晶瑩的光芒。與天上霞彩相映，實在美麗極了。我認爲看日出最好是在海上。因爲太陽從水平線升上來，球體既大，景色也更瑰麗。如升到半空，使人感覺便沒趣味了。

當我欣賞日出正起勁的時候，忽然感覺有些頭暈目眩，回艙告訴景德兄，他說：「可能是暈船的毛病，躺下休息休息就會好的。」我便聽他的話，躺在鋪上，並且還嚼幾粒八卦丹，約停一個小時，我覺著不要緊了，於是披衣出去換換空氣。誰想剛站穩腳，哇地一聲，嘔吐起來，當時感覺很不是味道。景德兄急忙扶我進去躺下，既不敢妄動，又不敢進飲食，眞如同害大病一樣。

躺到二十六日下午五點鐘，景德兄叫道：「臺灣快到啦，趕快起來，出去看看！」我聽說快到臺灣，高興極了。於是趕快披衣起來，揉揉兩隻惺忪的眼睛，走出船艙門口，向南一望，果然看見迎面有一座青灰色的大山（就是臺北大屯山）。我手扶著欄干，眼一直盯著這個大目標。

這一帶海裡飛魚很多，成群結隊，繞船亂飛。有些能飛兩三丈高，好像一群雪燕，有時伸手可以捉著，很覺有趣。再向前進，不但那座大山看的更清楚，而大大小小的島嶼也都次第呈現在眼前。當船接近剔透玲瓏的彭佳嶼和基隆嶼的時候，我感覺是在作夢，是一個奇異不可思議的夢。不禁自問：「這眞是道書上所說的蓬萊仙島麼」？

船駛過防波隄，不遠便靠基隆港碼頭，看錶已經七點。我看到基隆市高樓大廈，和明如繁星的電燈，使我興奮得幾乎要跳起來。禁不住又占詩一首：

孤舟泊岸登基隆，椰櫚亭亭凌碧空；

燈火萬家煙水裡，恍疑誤入蓬萊宮。

登岸用過晚膳，又兌換若干臺省通用的小鈔。我們到商店買東西，大家對我們都非常和氣。而且賣東西一言爲定，絕不說謊。我初和他們接觸，第一個好印象就是「貨不二價」、「彬彬有禮」，好像到了如《鏡花緣》所說的君子國。（現在每天所看到的盡是抗爭、打鬥、強暴、搶劫，君子國變爲魔鬼窟，回憶初來臺灣之感受，眞可使人痛哭。）

八點從基隆火車站搭夜車赴臺北。探首窗外，看到山麓水隈，小茅店，三家村，都使用電燈，使我既高興又感慨。到臺北萬華站下車，遂乘人力車往大理街糖業公司倉庫。承同鄉樊冠華與侄兒蘭堂慇勤招待，食宿起居，都很便利。

六五　臺北兩月

臺北市城池與市街

臺北市位於臺灣北部，爲全省第一大都市，前清爲省治，在我初來臺時，仍爲本省省會。地據淡水河畔，扼水陸要衝。自清光緒五年修了一道四方形的城牆，共有五道門，都是用紅磚砌築的。至光緒十一年才設省治，巡撫劉銘傳便駐在此地。現在舊城牆全都拆除，僅保留南門、北門、東門與小南門和城樓供人憑弔。全市分城中、萬華、大稻埕三區。城中爲官署所在地，萬華與大稻埕爲商業區。人口集中，商業繁盛，市肆整齊，馬路修潔。街道兩旁，都種植榕樹，全市像一個大公園。前總督府大樓，雄傑壯麗，爲全市最高大的建築。其市景之優美，可謂全國各省省會之冠。市內著名的名勝古蹟有：植物園、博物館、龍山寺與新公園等。市外有：圓山動物園、北投、草山、碧潭、淡水與仙公廟等，都是都人士女遊覽的勝地。

我與朱兄初到臺北，便開始籌備畫展。名義是由臺灣省文化協會主辦，地址在中山堂光復廳，日期自七月七日至十日，一共三天。那時文化協會會長是尤彌堅先生，他對於提倡文化事業非常熱心。他說過去大陸畫家來臺舉辦畫展的只有劉海粟和豐子愷兩位，我們是第三次。我們展出作品共一百多件，我的作品，大部分是人物仕女，少部分是山水。山水畫中，有一幅「蜀道萬里圖」手卷。這幅卷畫是對日抗戰勝利前一年，在南陽西北山廣慈寺完成的。我來臺灣的目的，想辦一所藝術專科學校。在畫展期間曾與尤會長談過。他認爲臺灣有錢人少，籌募經費不易，勸我從長計議。計議了四十多年，到今天還沒有辦成。

新興宮

畫展結束後，無所事事，於是乘機到各處遊覽。

七月十四日上午，往成都路新興宮巡禮。此廟創建於日本明治十一年十二月二十六日。有大殿三間，爲日式建築。日本宮廷寺廟之建築形式，都是模仿我國唐代宮殿的規制。大殿門前蔽以圓頂小閣，名叫「玄關」。殿內正中供弘法大師畫像。左右還供幾尊塑像，身高丈餘，衣以錦繡，紅髮青面，樣子非常可怕。據說新興宮是佛教密宗的道場，因此，其所供奉的偶像，與他寺不同。

殿右方有石砌高臺，爲弘法大師的骨塔，塔上立有弘法大師的銅像，斗笠袈裟，持杖托缽，面貌慈悅，令人有瀟灑出塵之感。

植物園

七月十七日，我與景德兄和蘭堂侄，同往植物園遊覽。園在臺北市區西南，毗近萬華。其面積五十二公畝，爲市區第一大園林。進園門，綠蔭蔽天，清雅宜人。順石子甬路走去，兩邊雜植全是熱帶植物。計有：檳榔、椰子、棕櫚等一百餘種，全部不下千株。我因爲是北方人，乍到亞熱帶的臺灣，看見許多花木都感到新奇。

樹林裡碧草如茵，可坐可臥，中間有一個大池塘，水面浮出幾千朵睡蓮花，有紅的、白的，與圓圓地綠葉相參錯，織成一面璀璨瑰麗的繡氈。環池種有幾十株高大的椰子樹，樹下設有路椅，男女老幼，三三兩兩，悠然自得的坐在椅子上乘涼。我從大陸戰亂中逃出來，看到這種情景，不禁歎道：「臺灣同胞眞是幸福！」

池塘東面有一座西式建築，是植物園圖書館（後改爲中央圖書館）丹壁綠樹，相映如畫。該館藏書，都是研究植物的參考書，除少部分英文書外，其餘全是日文。非研究此門學科者不敢問津。

園東還有日人所設之建功神社，光復後改爲忠烈祠。祠前有銅馬一對，大小形狀都與眞馬相似。飛舞騰躍，其造型與手法，頗有藝術價值。祠宇爲宮殿式建築，畫棟飛簷，輝煌崇閎。襯以植物園之林木，更覺雄傑壯觀。我們坐在池邊路椅上觀賞了一會兒，遂走出返回旅寓。即景占詩一首：

高椰秀樹蔽天蒼，風動荷花陣陣涼；
凝碧池邊聊小坐，幾聲梅笛百憂忘。

六六 淡水半日遊

七月十八日上午十一時，我與景德兄和蘭堂侄，自臺北站搭火車往遊淡水。淡水鎮位在臺北市西北大屯山與觀音山之間，北面臨海，在早年原為通商碼頭。

過士林、北投，前行不遠，過隧道便到淡水河邊。淡水河發源於大霸尖山之東北，名叫大科崁溪，曲折西北流，至淡水鎮西南入海，全長一百三十公里。臺北以下可通汽船；臺北以上，帆船可達大溪。河床闊約五百公尺，碧水拖藍，平波如鑑。沿岸都是水田，與青山相映襯，充滿了詩情畫意。

車沿東岸正北行，前望豁然開朗，好像到了另一個天地。西望觀音山，孤峰聳秀，崚嶒嵯峨，極似一尊端坐的菩薩。過竹圍站約十幾分鐘到淡水鎮。下車順大街步行北去。

淡水鎮倚山帶水，地勢衝要。市區民房，高高低低，錯落有致。馬路非常清潔，行人多騎腳踏車代步。我們在飯館用罷午膳，便又沿著馬路去海水浴場。靠海邊有西式樓房一座，名叫「蓬萊閣」旅館，北望大海，汪洋浩瀚，一碧萬頃。更有雪浪排空，好像幾道長隄。西面有一座半島，沙洲漁艇，相映成趣。當時有男女青年數百人，正裸體就浴，或攜手攀肩，或浮水眠沙，嬉笑歌唱，喧囂不已。我們對於游泳都沒有經驗，而且在這種場合，也沒有勇氣脫衣服。因此，只在海邊靜坐旁觀而已。

由海水浴場返回，順道又往忠烈祠、紅毛城和英國領事館遊覽。紅毛城於明崇禎元年，西班牙人據此時所創建。初名聖若谷城，後經荷蘭人和鄭成功，屢加整修。城下有廢砲四門，平置地上，供遊人憑弔。

由領事館南面拾級登坡，有幾座西式建築，都是洋人住宅。還有純德女子中學一所，校舍宏敞，椰林布蔭，處處琴韻歌聲，悠然有世外之感。我登樓倚欄遠眺，占詩一首云：

舟浮淡水碧波深，一抹紅霞明遠岑；
獨立高樓憑檻望，輕風送過海潮音。

六七　龍山寺巡禮

七月十九日上午八時，我獨自往龍山寺巡禮。寺在萬華大理街北，創建於清乾隆三年，為臺北歷史最久的名剎。山門南向，凡五間，雕梁彩棟，簷牙高啄。四根石柱，都圓雕飛龍，玲瓏剔透，工極精美。屋頂覆以黃色釉瓦，脊上並飾以飛龍舞鳳。門上彩繪四大天王像，怒目猙獰，令人生畏。衣紋筆法生動，頗有藝術價值。

過山門，左有鐘樓，右有鼓樓。前進爲中佛殿，黃屋重簷，宏麗輝煌。殿前臺階，石砌修整。拾級而上，入殿拜佛。正中供接引佛像，文殊、普賢，左右配侍。供案前有很多善男信女跪在佛前抽籤卜問吉凶。我就座啜茗與住持閒話。他說：「原來中佛殿於第二次世界大戰時，不幸被盟機投燒夷彈焚毀；光緒皇帝敕贈『慈暉遠蔭』大匾，也同付一炬。今殿是光復後又重建的，其規制比舊殿差得多了。」他又興奮的告我道：「居士！說也奇怪，佛殿雖被燒毀，可是佛像並沒有損壞。」我讚歎道：「眞是金剛不壞身啊！」一切因緣所生法，未有能常住不壞的。佛的肉身既早已不存，木雕泥塑的偶像，豈能常存不壞嗎？

出中佛殿到後面，見有大殿五間，其規模形式與中佛殿相同。殿裡正中供天上聖母像，金冠霞披，與活人一模一樣，端莊溫悅，栩栩如生。上面懸有「水德揚靈」匾，清嘉慶年間立的，字蒼勁不俗。

由龍山寺神佛並祀看起來，才知並不是純粹佛教的道場。而且出家僧人也談不上戒律與修持。他們不過做做經懺，販賣如來而已。

寺前闢爲小販市場，熙來攘往，異常喧囂，眞可與北平龍福寺，開封相國寺，和南京夫子廟媲美了。感賦七絕一首：

殿宇莊嚴謁佛宮，對僧品茗話神通；
善男信女拜經懺，淨土不離鬧市中。

六八　新公園與博物館

七月二十三日上午九時往新公園遊覽。園在前總督府東北公園路與懷寧路之間，創建於西元一八九九年，面積七萬六千平方公尺，是臺北最有名的公園。

由懷寧街進公園西門，前行數十步向左轉有一道水泥小虹橋，橋下爲一曲池。滿池開放紅白睡蓮花。池周植有松、榕、橘、柚數十株，青蔭蔽日，疏密有致。旁有藤架板亭，供遊人憩息。

過虹橋沿曲徑東行，迎面是一片大花壇，周圍滿布奇花異草，好像瑰麗的繡氈。壇中央有一個圓池，碧水如鑑，游魚可數。池裡置一海礁大石，水從石巔噴射而出，高衝丈餘，垂注池中，跳珠濺沫，呈爲奇觀。池子南面，植有棕櫚、椰榕、松楠千餘株，修幹亭亭，陰幽生涼。沿曲徑還植有杜鵑數百株，惜不逢花時。園之西南角建築一座音樂臺，前置長椅數百把，每逢週末，演奏音樂。其東南角有西式樓房一座，設有廣播電臺。紅瓦綠樹，相映如畫。

園之北面就是臺灣省立博物館，爲希臘德李克式之二層大廈。建於一九〇九年，時經六年才全部落成。白壁青蓋，形式巍峨壯觀。其中陳列品共有一萬三千四百件，分歷史、高砂、南洋、地質、礦物、動物、植物、雜類八個部門。內多貴重資料，富有學術價值。樓下爲省立圖書館，每日均免費開放，可謂大衆文化之寶庫。

該館大門向北，前有石級數十磴。入門爲一正方形大廳，四周有水泥柱十二根，高約十五公尺。柱頂都雕有精美的花飾。柱座與壁根全用花岡石所製成。地面係以黑白石鋪砌，色彩參錯，像僧人穿的百納衣。其上藻井爲圓形，繪有彩色圖案。

左方爲臺灣歷史陳列室，有沈葆楨夫人畫像，和墨拓沈夫人乞援血書稿，最富於文獻價值。按，沈葆楨，字幼丹，福建侯官人。道光丁未進士。由御史出知江西廣信府。以守城禦太平軍有功，擢江西巡撫。後因丁母憂，返閩督辦船政，爲我國創設海軍第一人。沈氏曾兩次奉欽命巡視臺灣，光緒五年卒，諡文肅，圖形紫光閣。其夫人是林文忠公則徐之女，性敏慧，有膽識。太平軍起，所至城邑，莫不豎白旗迎降。那時，夫人與沈公守廣信，誓以身殉，並刺血寄書則徐的舊部饒總兵廷選乞援。廷選自玉山拔隊馳救，夫人親自執爨爲客軍犒勞。七戰而圍才解。以此夫人與沈公名揚海內。其血書詞意婉摯，可驚天地而泣鬼神。我讀之感極而泣，占詩一首：

刺血裁書乞救兵，協夫矢志守危城；
忠肝義膽驚天地，留得千秋萬世名。

六九　水源地

因爲住在市裡，環境嘈雜，不便作畫，於是由同鄉陳鴻祺君介紹，搬到水源地社會處職員宿舍暫住。

水源地爲自來水公司所在地，去臺北市東南約二公里，我們住的是日式房子，共有十幾間，窗明几淨，環境優美。室外有檳榔數株，碧葉參天，疏疏有致。門前是一片廣場，後面靠一條清溪。瓜棚豆架，殊饒野趣，極似成都西郊的浣花溪。舍之西南有三座小山，滿山都是蒼翠的森林。山前爲新店溪，闊約二百公尺，水流量不大，夏季可行漁船。立此南望，雲山重疊，蔚然深秀，渡艇漁罾，相爲映襯，充滿了詩情與畫意。

唐代大詩人杜子美避安史之亂，出走西川，卜茅於成都浣花溪畔，閒居吟詩以自娛。我今雖也逢衰世，潦倒天涯，但能於此山明水秀之地借得一間靜舍，吟讀寫畫，以遣無聊之歲月，也可以說是不幸中之大幸了。舍之前後，山與清溪，均無美名，我不揣譾陋，命山叫「玉鼎」，溪叫「漱玉」，並占七律一首：

小閣清清依碧流，蒼松繞郭林塘幽；
窗前豆架穿佳蝶，籬外稻畦泛野鷗。

地僻堪擬子美宅，身貧敢望石崇樓？
此邦獨喜無爭戰，滿眼青山暢我遊。

七〇 碧潭開天鏡

碧潭去臺北市南十一·五公里，屬於臺北縣新店鎮，也是臺灣十二名勝之一，有汽車、火車可達，交通非常便利。七月二十八日，我獨自搭清晨六點三十分火車往碧潭遊覽。過景美、木柵與七張犁等站到新店下車。新店是一小山鎮，馬路修潔，人口稀少。左倚青山，右帶碧溪，風物閒美，使我直覺到了世外桃源。

由大街南行，約百餘步遇岔路，右轉迎面便是碧潭大吊橋。橋長約二百公尺，闊約四、五公尺。弧形木架，上庋木板，兩端有鋼筋水泥柱四根。杜頂繫大鐵條，以吊橋床，正橫跨在碧潭的中央。宛似一道半環長虹。

碧潭南北長約五百公尺，下以竹籠石築壩蓄水。澄碧的水面，沒有一絲波紋，平靜得像一面光潔無塵的鏡子。青山白雲，浮光耀彩，游艇四五，容與中流。豔侶並坐，悠然自得。西岸一帶，翠巒丹壁，聳臨深淵，名曰「小赤壁」，眞是最恰當不過。

過吊橋拾級上躋崇阜，徑曲苔古，草長露深。登其巓再下爲一平臺，地可方丈，周繚以水泥欄楯。其下峭壁百尺，鐫有孫科題「碧潭」兩個大字。這時，麗日當空，晴雲蕩漾，憑欄俯瞰碧潭，極像引鏡照面。東望三峰鼎峙，嶙峋聳秀，樓閣高低，翠樹掩映，充滿了詩情畫意。乘興占詩一首：

玩奇乘興碧潭遊，兩岸青山映畫樓；
秋水瀠回淨似鑑，天光雲影泛輕舟。

七一 玲瓏縹緲的仙公廟

仙公廟位在臺北市東南的猴山，去新店東北八公里。又名指南宮，不但是臺北十二名勝之一，並且是全臺婦孺皆知的一座大廟。

我從新店返回木柵，沿公路東北行，約三里許，因爲溪上大橋被水沖毀，不得已繞道溪之南岸。在亂草叢林中穿行六、七里，忽見前面豁然開朗，仰望東南，層巒疊巘中，露出紫府琳宮一角。過溪登岸，便入登山大道。路爲磚石所砌，極修整光潔。左右有燈塔數十對，與綠樹相映，更覺莊嚴美觀。

拾級登山，凡三百九十七級至茶亭，汗流浹背，坐下休息片刻。前行綠椰扇風，扶桑吐丹，又上三百二十七級至南薰亭。亭建於嶺脊，下有賣冷飲者，遊人多在此憩足。由此再上二百八十一級至指南照像館。路旁有許多大樹，蔽日參天，陰森幽涼。巖上立有石雕牛馬龍蛇以及人物，工極精巧，栩栩如生。由此轉西南行，又百餘步，迎面有兩座石獅，左右對峙，造型及手法，頗有藝術價值。

又數十步至灶神廟。廟前有大圓池，中央跨一虹橋，周圍繚以雕欄，全爲水泥建築。池左右立石人三對，神態飄逸，栩栩如生。由神殿後面上行，有級路四道，又二百八十九級至仙公廟。計登山路，共二十餘階，凡一千一百九十四級，可謂全臺級路之奇觀。

山門額書「指南宮」三個大字。神殿建於嶺麓，飛簷複宇，雕梁彩棟，玲瓏剔透，精美絕倫。以建築工程而論，此廟在全臺算得屬一屬二的了。殿凡兩座，前爲過廳，沒有神像。後殿供呂祖眞君像，鶴氅綸巾，令人肅然起敬。案上供張甚盛，就是「南面王」也沒有這樣的享受，無怪乎秦皇、漢武也要學仙呢。

殿內楹聯很多，有一聯云：「襤褸飄墜指南宮，笑白酒已醒，尙有黃粱未熟；仙侶倘逢韓北渚，問猴山新景，何如鶴寺舊遊？」款書李黃海題。詞旣典雅，書亦不俗，可謂此廟楹聯中之首選。

出後門，上躋絕頂，滿山都是楠木和茶樹，鬱鬱蔥蔥，不見天日。向西北遠望，淡水如帶，支流交錯，觀音、大屯諸山，原阜列峙，峰巒環立。或如峻壘，或如雕牆，兀嵂岌嶪，氣象萬千。山外碧海茫茫，渺無際涯，縮百里於咫尺，眞覺眼福不淺。下山經深坑至景美搭火車回水源地寓所。途中占詩一首：

仰望天梯千尺高，蒸雲擁樹似奔濤；
琳宮紫府凌霄漢，爲拜仙公不覺勞。

七二　綠化的草山

八月十六日上午八點四十分，我獨自到公路局東站搭汽車往草山遊覽。因爲天氣特別晴朗，所以遊客也特別擁擠。過中山橋，探首望基隆河，澄碧平靜，沒有一絲波紋。有幾隻拖煤的小船，好像在明鏡裡蕩漾。與兩岸綠樹相映襯，繪出一幅美妙的大畫。

過宮下站到士林，民衆搭車的更多，並且有的把菜擔和米袋也堆放在人行道上，弄得幾無下足的地方。由士林轉東北行，過芝山岩開始上山。油路雖極平坦，可是路面太窄，深怕發生撞車的危險，心絃不免有些緊張。盤旋而上，峰迴路轉，兩邊都是茂密的森林，高高低低，濃蔭遮天。

過下竹林站，沿嶺巔東北行，俯眺臺北原野，煙村霧樹，星羅棋布。淡水、基隆二河，蜿蜒於平川綠野間，好像幾條長蛇。仰望大屯山，巍峰突兀，片片撲人眉宇。下嶺過小石橋，便入草山溪谷，竹樹環合，悄愴幽邃。樓閣亭館，聳立山麓，直疑到了神仙福地。至車站下車，時已十點四十分。出站到衆樂園打個轉，離園循馬路轉北行，左右夾植松杉、櫻桃、和法國梧桐，交枝接葉，清幽宜人。登山轉東北行，不遠便是有名的草山溫泉。泉自溶岩裡湧出，匯爲一塘，深約丈餘，寬可三丈，水的溫度爲七十一度。濁水沸騰，熱氣沖天。泉周溶岩狼藉，無人整理。我對同遊的王君說：「草山自然風景好像一位丰姿綽約的美人，而溫泉像是美人面上的疥斑。」他很同意我的看法。

由馬路北行，到林間學校，校舍全爲日式建築，四面是密密層層地森林，翠羽小鳥，吱吱喳喳，在枝間跳來跳去，悠然自得，樂不可言。辦公廳門首有沈尹默題：「陽明山莊」四個大字。沈氏爲大陸名書家，這幾個大字爲名山生色不少。

該校共分四班，教室有桌無櫈，兒童上課都坐榻榻米，仍沿日治時的舊習。

離林間學校仍沿大路東北行，仰望七星山，巍峰障面，上干雲霄。每至初春，山頂積雪與碧樹相映襯，風景如畫，因此，「屯峰積雪」，列爲臺北八景之一。回首南望紗帽山，圓峰突兀，蔚然聳秀，滿山全是相思樹，看不見山膚。前行二里許到山本別莊。西望豁然開朗，使人心目頓爽。莊上榭閣園亭，珍花奇草，布置得非常美雅。充滿了詩情畫意。

仍由原路折回，往草山招待所與草山賓館一覽。館前是一道峽谷，竹樹森蔚，石黝水碧，臨流小坐，凄神寒骨。由此返衆樂園一浴。午餐後，徒步走回臺北。途中占詩一首：

青山綠樹映高樓，更有幽篁夾碧流。

衆樂溫湯塵洗盡，自無俗慮到心頭。

七三　基隆一日遊

八月二十二日上午八時，由蘭堂侄陪我同往基隆遊覽。由臺北車站搭火車東行，過松山、南港，沿基隆河南岸前進，入山峽，石壁峭削，奇峰競秀。過八堵，林木叢茂，景色綺麗如畫。過大隧道便到達基隆車站。下車時已中午，遂覓店用膳。食訖，先參觀基隆港。港在臺島北端，爲本省第一大港。東、西、南三面環山，唯北面與海相接。岸壁和碼頭同時可以停泊三千噸以上之輪船四十艘。萬噸之船隻可以暢行無阻。水深一百六十英尺，一碧萬頃，舳艫相接。不但爲海上交通之樞紐，並且爲臺灣之軍略要地。港岸全用水泥築成，招商局與海港大樓，高棟連雲，巍然雄峙。基隆市街在港之南岸與東岸，市肆整齊，馬路修潔。

過明德大橋，順義二路轉東行到忠烈祠。立祠前西望高砂公園，青山凝黛，翠樹穿雲。亭臺錯落，宅舍櫛比。其景色之綺麗，眞可與杭州西湖媲美。

離忠烈祠順信二路東北行，約三里許登旭丘一覽。立山頂四望，岑巒重疊，森林密翳，極像滄海碧波。旭丘一名和平公園，爲基隆八景之一，在基隆市之東北方。居高臨深，風景如畫。清光緒十二年，臺灣巡撫使劉銘傳與法軍作戰時所築的砲臺，遺跡還在。法軍之陣亡者多葬於旭丘之麓。因此，取其提督之名稱其地叫孤拔濱。

由原路下山，沿港岸馬路北行，約二里許，到海水浴場。背倚崇岡，面臨碧波，北風鼓浪，雪花千疊。浴場設備非常完善。可惜我們不會游泳，未能下海以滌客塵，眞是一件憾事！

由海水浴場轉回，繞至基港西岸，循馬路登山。夾道松竹布陰，上下一碧。凡兩折抵達絕頂。拾級而上，爲一平臺，立此，俯望深港，遠眺大海，煙波茫茫，雪浪浩浩，疊岫與雲容相接，遙天共水色交光。悠然怡然，大有不知人間何世之感。

下山順公路北行，約一里許至防波隄。隄有內外兩道，高約三丈，闊約五尺，全用石與水泥建築，極爲雄固。隄之西端，有一座小山，尖峭刺天，好像才出土的春筍。穿石峽轉幾個彎，又一里許到達海邊，亂石纍纍，浪花騰躍。遠望碧波汪洋，渾無際涯。和平島、基隆嶼和彭佳嶼，奇石崚嶒，近在咫尺。坐海邊稍憩，仍順原路轉回車站，遂搭五點四十分火車遄返臺北。千山煙雨，一片糢糊，繪出一幅米家潑墨圖。車上占詩一首：

大海汪洋遊客孤，江山信美世間無。
歸途霎霎滿天雨，疑是米家潑墨圖。

七四 臺灣縱貫鐵道一瞥

我與朱兄在臺北閒居兩月，他受臺南糖廠中學之聘，我受臺東師校之聘，從此彼此各奔東西。臺東師校新任校長劉寅讓，字子謙，是我的鄉長。教育廳派他以督學兼校長。我來臺灣，本來志在自己辦學，不願再為人作嫁。但是辦學既不可能，只好去東師作為棲身之地。

八月二十七日上午七點我與劉督學、王校長同往臺東接事。由臺北車站搭火車南下。過板橋、樹林到山子腳，右倚山麓，左濱大溪，隔窗南望，層層疊疊地山峰，彎彎曲曲地溪流，好像活動銀幕最美的彩色風景片。過鶯歌轉西北行，穿過土峽，前望亂山重沓，好像浪簇潮湧。又二十餘里到桃園站停車。桃園位於臺北與新竹界上，為臺灣最大茶產地。乾隆時粵民移此，廣植桃樹，因此得名。鎮在盆地之中央，土地肥沃，農村經濟繁榮。

由桃園轉向西南行，過中壢、平鎮、楊梅、伯公岡和湖口等站，沿路阡陌交通，煙村相望。過竹北站不遠便到南寮溪。溪發源於五指山，建有兩道大鐵橋。大者凡十五孔，長約五百公尺。西面還有公路橋一道，凡二十七孔，鋼筋水泥，工程浩大。公路兩邊，松樹夾植，行列整齊，為最美的一段道路林。

前行數里到新竹站停車。新竹雖為縣治所在地，但人口不多，商業亦不景氣。由此轉西南行，西望大海，碧波泱漭。過兩隧道到崎頂站。站西有海水浴場。濱海長松翠竹，相映如畫。

過竹南站，路歧爲二，正南下者爲山線，西南下者爲海線。我們所乘的是山線車，過中港溪便開始入山。中港溪發源於鹿場大山。經獅頭山到淡文湖入海。溪有兩道鐵橋，橋墩爲水泥所築，凡十六孔。過造橋站，又過隧道到後龍溪。溪發源於大湖東南馬拉邦山。溪中多鴨卵石，水多潛流。過溪十餘里到苗栗站停車。苗栗爲新竹縣南一大山鎮，市在小盆地的中央，四山鵠峙，水田周環。

由苗栗前進，又一里許，過大隧道。深約五百公尺，左右山花盛放，金間玉錯。過南勢、銅羅，東西山巒重疊，嶙峋聳秀；芳草甘木，蒙絡搖綴。如行山陰道上，應接不暇。過三叉大隧道到十六分站，見路邊標高「拔海一千二百二十呎」，爲縱貫鐵路之最高點。站南北有兩大隧道。東面有十幾戶人家，瓦屋茅舍，錯落有致。

由十六分南下，又連過六條隧道，距離近者，只有數十公尺，車內一片開關窗子聲，使人忙個「不亦樂乎」。隔窗西望鯉魚潭，兩山夾峙，一水中貫。阡陌交通，屋舍掩映於綠樹翠竹間，正如陶淵明所寫的「桃花源」之景。

出山過大安溪鐵橋到泰安站停車。大安溪發源於大霸尖山，至內灣出山，下游形成小三角洲，全長一百公里。爲臺灣西部坡度最大之河流。河床寬約七百公尺，灘多流石，全是石灰岩質。溪上鐵橋約三十餘孔，好像一條大爬蟲。在泰安西望，原隰綿邈，海光接天，水田煙村與火焰山相映，好像一幅夏圭的山水畫。

前行過大隧道，約二、三公里到后里站。后里是一個小山鎮，地勢高曠平衍，附近全是蔗田。其東南山坳裡，有毘盧寺，爲中部有名的古剎，而且也是遊覽勝地。

由后里南行，約三里許，過大隧道到大甲溪。溪發源於南湖大山之西，經八仙山森林區，到內埔入海，全長一一八公里。下游也形成一個三角洲。河灘很寬，大部分闢爲水田。修竹高椰，掩映於煙村水郭間，風景如畫。溪上鐵橋與公路橋並列，其工程與大安橋可相伯仲。

過大甲溪又七、八里到豐原站。因錯車在站停三十分鐘。豐原爲臺中縣政府所在地，東面有山，西面全爲平原。由此南下，阡陌縱橫，村舍相望，半天在黑洞深峽裡鑽行，到此心目頓覺快爽。

過潭子又十餘里到臺中站。臺中是中部最大的城市，四面環山，據於盆地之中央。市肆櫛比，高樓聳峙。站房是一座大樓，比臺北車站更宏偉壯觀。車在站停十餘分鐘，遂又開行南下。這時天已將午，我們在車上買幾盒便當以充午餐。便當原爲日本人所發明。雖是冷食，但在旅途中打尖，最爲方便，這與歐美之三明治，可以說是異曲同工。

由臺中轉西南行，過烏日、王田到大肚溪。溪有南北兩源：南源叫南港溪，出師魯凹山西南，經埔里盆地與北源合流。北源叫北港溪，出合歡山西。兩溪會流後才叫大肚溪，到塗葛崛入海，全長一一二公里。溪上有鐵路橋兩道，公路橋一道，其規式都極壯觀。

過溪到南王田，爲山線與海線相交之所在。路旁池塘荷花盛開，清芬宜人。又十餘里到彰化站。彰化爲臺中以南第二大鎭。康熙六十年朱一貴之亂平，總兵藍廷珍建議，分諸羅北境爲彰化縣。城東丘陵起伏爲八卦山。滿山相思樹，結綠凝翠。爲彰化唯一的清遊勝地。

車停約二十分鐘，又開行南下。過花壇、員林等站，沿路有很多香蕉林，長葉拖地，果實層層下垂。好像王彥章用的大鋼鞭。過社頭站東望清水巖，石紋橫裂，綿亙數里。宛似一道城牆。巖下被青松翠竹籠罩著，風景極爲綺麗。

前行過田中到二水站，這時，天氣陰翳，涼風吹面，頓感有些秋意。二水爲往水裡坑之鐵路分歧點，土地肥沃，阡陌縱橫，爲臺灣之米倉。過此，又五里許到濁水溪。溪發源於合歡山之南，到二水才出山地。下游紛歧，分斗六、西螺、虎尾、北港諸溪入海。臺灣西部最大之平原，便是由濁水溪沖積成的。溪全長一百六十五公里，爲臺灣第一長流。溪上有鐵橋一道，長約八百公尺。荒沙漠漠，濁流滔滔，西望曠蕩綿邈，極像從河南邙山北望黃河的氣象。

過大濁溪，轉西南行，過林內、斗六、斗南、大林，細雨霏霏，山容樹態，一片模糊。過民雄又十餘里到嘉義市。嘉義爲鄭成功時代之天興州地，清康熙十四年設諸羅縣。乾隆五十二年，林爽文攻諸羅城，軍民協力死守，幸未淪陷，因此，清廷詔改諸羅爲嘉義，以示褒獎。該市東爲丘陵地帶，西爲廣漠平原。鐵路縱橫，交通四達。阿里山去市東百餘里，有鐵路支線可通山頂。

由嘉義南行，過北回歸線標便入熱帶境地。過水上、後壁、新營、林鳳營、番子田等站，西望平疇沃野，大部分都是蔗田。因爲氣候較暖，二季稻早已出穗。又六、七里到曾文溪。溪發源於阿里山南，於玉井出山，到西港南，安平北入海，全長一百四十一公里。溪上也築有鐵橋，長約八百公尺。

過善化雲散雨歇，從雲隙裡透出幾絲微弱的陽光。探首東望，層層疊疊地遠山，煙巒翠色，充滿了詩情畫意。子謙先生對我說：「東山有一處天然大池塘，名叫虎頭埤，周圍六公里，池水澄碧得像一面鏡子。不但風景優美，並且還是臺南水源地。」因爲我們趕路，不能往遊，心嚮往之而已。

過永康站又十餘里到臺南市。市據南部大平原之中央，爲臺省最早之城市，民族英雄鄭成功逐去荷蘭人建都於此，城西安平港自昔即爲軍略要地。南市大廟最多，而延平郡王祠和孔子廟，更是歷史最悠久的古廟。臺南車站建築高大宏偉，頗爲壯觀。

由臺南前行，過車路墘站，見有大池塘，波平如掌，日光照射水面，像一爐汞水銀汁，呈爲奇觀。過中洲站到二重溪，溪發源於月尖山之西麓，到安平南入海。舊鐵橋於太平洋戰爭發生後被盟機炸毀，殘架廢墩還依然留在那裡，供人憑弔。

過大湖、路竹、岡山、橋子頭諸站，這時，灰幕低垂，四境蒼茫，一片模糊。唯有西南半屏山、壽山，還隱約可辨。過南梓、舊城，於萬家燈火中抵達高雄市。下車一同下榻於長春旅社。茶房、服務生全爲女性，旅客如需侍應，只須拍手，不必呼喚。這是本省旅館的規矩。

高雄原名打狗，爲臺灣第二大城，並且還是第二大港。負山面海，形勢最爲衝要。市內大建築多於戰時炸毀，因此商業不甚景氣。

我們在高雄過夜，於二十八日上午八時又一同搭公路局汽車轉赴臺東。東北行，十八公里到鳳山，路面全是水泥鋪墊，平展光潔，車馳如飛。鳳山爲高雄縣治，因孫立人將軍在那裡訓練新軍，所以市民熙來攘往，商業頗爲茂盛。

過九曲堂到下淡水溪，溪發源於八通關南，到東港以西入海。全長一百五十六公里，爲臺灣第二大川。下游約五十公里可以通航。溪上有火車與汽車大橋兩道。長一千五百三十公尺。闊約十公尺，爲臺省第一大橋。荒灘漠漠，幾望不到邊際。

過溪到屏東市，進站停車休息。屏東爲臺省九大都市之一，因交通便利，所以商業也很發達。離此轉東南行，路面多已損毀，行車顛簸不堪。東望大武山，碧峰巉然孤起，蒼蔚幽秀，不可名狀。過潮州土地脊磽，亂草靡靡，老遠不見人煙，好像沙漠的景象。又數公里到枋寮站停車加油，乘客全下車休息。該站是一個十幾戶的小村子，位在海邊，無論東西車輛，都必須在這裡加油。

沿海邊轉東南去，眺望海水藍碧，渾漭無涯，高浪翻雪，吼聲震耳。西望琉球嶼，岑巒孤峙，很像一只小酒杯覆在海面。沿海大多是漁民聚落，他們住的全是木板房，破陋湫隘，不蔽風雨，和都市上的高樓大廈相比，眞有天淵之別。漁民捕魚，有的駕木筏，有的撐竹筏，終日在驚濤駭浪中與水搏鬥，其冒險犯難勇敢之精神眞令人敬佩！

過枋山到楓港停車打尖。楓港是一個小村站，去高雄九十三公里，去臺東一百公里。僅有店舖兩家，三面環山，一面瀕海。公路在此分途，南向恆春，東往臺東。由楓港東行一公里便入山路，右傍崇崖，左沿大溪。峰迴路轉，風景如畫。躋達嶺巔，地名壽峠，爲高雄與臺東分界處。這一帶居民山胞最多，茅庵草舍，衣服襤褸，生活甚苦。

前行不遠，便望見太平洋，水色拖藍，一眼望不到邊際。東南海中有一座山，名叫紅頭嶼，孤峰聳峙，好像一架碧玉屏風。車盤旋而下，路面旣窄，而彎度又狹，車輛往來，最易衝撞。此路之危險程度，實有甚於川陝公路。約四、五盤下抵山腳，過阿望衛橋東行，出山口便到太平洋西岸。近水作碧綠色，遠水作深藍色。雪浪拍岸，衝激洄旋，使人不禁神駭目眩。

沿海岸轉北行，過大武到金崙斷崖。崖之最高點在一百公尺左右，上爲高巖，下爲深洋，山光水色，相映如畫。過太麻里、知本大橋，便入臺東平原。西面高椰修篁，連綿數里。阡陌交通，屋舍參錯，我直覺以爲眞到了桃花源。又十餘公里到馬蘭，爲臺東糖廠所在地，煙囪高聳，矗立霄漢。又前行三、四公里到臺東市。下車遂帶行李往省立臺東師範學校。途中占詩一首：

輕車宛轉入蒼茫，石屋竹籬似古荒。
半日崎嶇山路盡，忽開眼界見重洋。

七五　臺東半年

省立臺東師範是一所初創辦的學校，暫時借佔附小作校舍，全校學生只有六班，設備非常簡陋。而且學生大部分都是山胞子弟，素質既差，而語言也不甚通。因爲教職員宿舍不敷分配，所以我與教務主任范某夫婦同住一棟日式榻榻米房子。中間隔一道紙門，房分而門通。另外還有一位河南同鄉喬玉富老弟，住宿別處，在我們這裡打伙。我們同雇一位下女作飯。張王李趙合組一個臨時的家庭。

臺東縣城位在臺東縱谷的南端，卑南溪的右岸。西面靠近中央山脈，東面瀕臨太平洋。商店、民宅全是日治時建築，惜於第二次大戰時，大都被盟機炸毀，斷壁頹垣，使人目不忍睹。因爲人口稀少，所以商業也不景氣。春夏冬三季氣候都很溫和，只有八月到十月颱風季節較爲惡劣。

每當颱風來時，卑南溪沙塵蔽天，使人不敢睜眼。如遇大颱風，掀屋拔樹，水電都停，實爲人民一大威脅。

市區名勝有鯉魚山，臺東公園（臺東師院現址），熱帶植物試驗所，珍珠泉，海濱長隄和馬祖廟等，都是假日週末市民好玩的去處。

市區居民全是閩南人和客家人，山胞多居鄉村和山地。在從前日治時代，對於山胞特別歧視。在經濟、教育及有關生活方面，用種種方法壓制他們，使其永遠落後，不得進步的機會。山胞因感於待遇之不平，所以對於平地人民也深懷怨恨。結果造成山胞與平地人民之間的鴻溝。光復後政府對於此種不合理之政策，根本廢除，待之以諸民族一律平等，實行教養兼施的政策。因此，山胞深爲感奮，而對於平地同胞之感情也日漸融洽了。

我在臺東師校任美術課，課業並不太忙。課餘時間，除作畫之外，還種花、作詩，清晨到臺東公園呼吸新鮮空氣；傍晚往海邊散步閒眺或撿貝殼。公園西面靠鯉魚山，風景非常清幽。園裡有一個池塘，在水中還有一個小島。島上建有茅亭石墩，供遊人憩息。微風吹來，綠波蕩漾。池外樹木不下數千株，高高低低，大大小小，與鯉魚山相映，頗有詩情畫意。我每次去公園，便在小島上靜坐半小時或一點鐘。

臺東海邊築有長隄，其上遍植相思樹和鳳梨。隄下是沙灘，有很多山胞在灘上搭棚以居，野炊而食。男的赤身露體，依然還是原始生活。立在灘頭，俯眺海面，大風捲浪，勢如山頹。浪花衝激到灘上，極像無數小爬蟲，昂頭伸爪，蠕蠕前進，看著非常有趣。遠望水天一色，碧波萬頃，火燒島、紅頭嶼、鵝鑾鼻，都歷歷可指。我乘興占詩一首：

漫步長隄夕照收，漁家廬舍在灘頭；

平波萬頃連天碧，願掛輕帆衝浪遊。

我的隔壁近鄰范某，是東師教務主任，外貌裝得非常文雅，而性情卻粗暴殘忍。他們夫婦最好開玩笑，可是他的太太如有一句話冒犯了他，他就破口大罵，毫不留情。有一天晚上睡到半夜裡，他們倆人爲著一句話忽然又打起來。范某把太太踼到地下還不算，又狠狠地用凳子把太太的腿部打傷，不能動彈。經我和同事把她送入醫院，住半月才能走路。那時我想：和這兩個冤家住在一起，眞夠倒霉了，下學期無論如何也不能再待下去。

同事喬玉富，比我小幾歲，天眞活潑，一片孩子氣，我和他最能談得來。他知道我愛靜，因此也最同情我的處境。我煩悶的時候，便和他傾訴。

有一天晚上，我作夢到深山古寺出家，第二天有一位同事送給我一本旅行雜誌，其中有一篇〈獅頭山遊記〉。文中報導獅頭山不但是臺灣佛教聖地，並且風景優美，也是觀光勝地。由此便打動了我出家的心弦，決定離開教師的崗位，重溫我黃卷青燈，閒雲野鶴的生活。

流光如駛，不覺半年過去，寒假來臨，在結業的次日，我親向校長劉子謙先生面辭，他懇切地挽留我，不放我走。我沒有辦法，只好撒個謊，暫時不使他失望。可是他仍然不放心，暗囑玉富留我的行李。

那天晚上，我對玉富說：「我定於明天早晨離開台東往西部去，決計不再轉回來，千萬不要告訴校長知道！」玉富緊握著我的手，眼噙著淚水說：「老兄去志甚堅，小弟不便強留，吩咐的事，一定照辦，請別後多加保重！」

天不亮玉富就叫工友拉車來替我帶行李到車站。不料剛到車站，東師有幾位同事趕來代劉校長強留我的行李。拉拉扯扯，糾纏了半個鐘點，他們看我的去志無法挽回，才放我帶行李上車。臨別都掉下淚水，玉富更依依不捨，幾乎說不出話來。朋友們的摯情，使我永感不忘。

七六　武陵村之遊

武陵村在臺東縣桃源鄉，去臺東西北二十公里，該村有番社，為山胞之聚落。我因留心於高山文化，而且又最愛「武陵」、「桃源」富於詩意的雅名，所以便與東師同事洪、簡二君結伴，同往武陵村遊覽。

民國三十七年十月三日下午一點四十分自臺東車站乘火車西北行，約五公里入臺東縱谷。這時，驕陽炙人，還依然像盛夏的天氣。過檳榔、稻葉、瑞源，到瑞豐站下車。沿路蒼翠的森林與青蔥的草原相映襯，好像一幅水彩畫。

順小路西行，荒草靡靡，不類人境。西南望卑南主山，白雲繚繞，嶄然秀峙。約二公里到七家村，有居民十餘家，都是住的茅庵草舍。由此沿大路轉南行，過村又四公里到嘉南路溪。溪源出卑南山，岸闊流急，卵石纍纍。又一公里到明野吊橋，橋下距水面約四十公尺。碧流滔滔，聲震耳聾。溪之兩岸，峻崖峭削，林木蔽虧。西望崇山峻嶺，煙雲縹緲，夕陽映之，青紫萬狀，眞有「武陵桃源」之感。乘興占詩一首：

天晴結伴武陵遊，路曲林深境最幽；

茅舍竹籬雞犬靜，索橋渡我過溪流。

過橋沿山路上行，又百餘步到武陵村。村在卑南主山東面一平阜上，地勢高敞，風物清美。村上有派出所及國民學校各一所，房舍全是日式建築。庭中遍植花草，頗整齊美觀。這時紅日西墜，暮色蒼茫，我們即借宿於國民學校。校長陳生才君，年二十餘歲，原籍福建，相貌魁偉，性情爽朗，暢談山地教育問題，頗有獨到的見解。他將山胞杵歌譯爲漢文並配以曲譜教授學生。此種工作對於溝通文化方面，實有莫大的貢獻。記得《臺海使槎錄》附有番歌三十四首，並且也都譯成漢文。有一首「麻豆思春歌」，是描寫男女戀愛的故事，頗有趣味。順錄下面：

唉加安呂燕（夜間難寐），音那馬無力圭支腰（從前遇著美女子），礁嗎圭礁勞音毛嗇（我昨夜夢見伊），没生交耶音毛夫（今尋至伊門前），孩如未生支連（心中歡喜難說）。

晚餐後由陳君陪同參觀番社，番社去學校約二里多路。進村見迎面一室，燈光熒熒，室外有男女十餘人，正在鼓腹而歌，音調婉轉，哀感動人。室內人語嘈雜，一片都盧嘓嚕聲。我們站在門口向裡面仔細探視，見室內也有男女十餘人，席地圍坐，狂飲拇戰。男子多裸體，臍下圍以三角黑布。郁永言〈詠番民風俗詩〉云：「生來從不識衣衫，裸體年年耐歲寒，犢鼻也知難免俗，烏青三尺是圍闌。」這正是我親眼看到的情景。

陳君告訴我說：「山胞無論男女老幼，全都嗜酒如命。他們不知儲蓄，雖食不果腹，衣不蔽體，每天還依然沽酒痛飲，醉即載歌載舞，盡情狂歡。因此山胞經濟停滯於原始狀態而無法改善。」（現在山胞，由於教育程度提高，所以生活水準與平地同胞生活無大差別。）

該社有居民十四、五家，房屋全是茅茨土階，建築極卑隘簡陋。房舍對稱排列，都無院落，而且樹木又少，頗覺荒涼。室內雖有榻榻米之設備，但用器卻非常簡單。僅有竹籃、穀磨、陶缸及鐮鋤、刀劍而已。其食物向以薯芋爲主，不常吃米。大概是因爲坡地水田少的原故。山胞男女衣服，黑白不一等。小衫右衽，短至臍上。腰下圍幅布，旁無襞積，名曰「桶裙」。婦女多數頭勒白巾，腰束博帶，望之像戲劇中人。其所用衣料，多出於自織。有的織成五彩花紋，非常精巧美觀。

人之生活之苦樂，是在自由之多少，不在物質之豐嗇。平地人物質享受雖好，但受法律道德和社會規範之拘限而不得自由，因此並不能常感到快樂。山胞物質條件雖差，可是他們過的是「日出而作，日入而息，鑿井而飲，耕田而食」，無拘無束，自由自在的生活，所以並不羨慕平地人那種「紙醉金迷」奢侈浮華的享受。

我們在武陵村小學住了一宿，遂與陳君告別，返回臺東。我有此機會作武陵漁人，問津桃源，採風問俗，眞是三生有幸。

七七 新港之遊

新港去臺東東北五十一公里，位於太平洋岸。一九二九至一九三二年與花蓮同時建為漁港，最大漁船可同時停泊四十艘，為臺灣五大漁港之一。

民國三十七年十月二十四日上午八時，我獨自由臺東汽車站搭車作新港之遊。這時，天氣乍晴，海風送爽，沿路水田漠漠，晚稻吐穗寸許，好像夏季的景色。約五公里過卑南溪大吊橋。依山傍溪前進，又三公里過富原轉向北行。左為峻坂，右為大洋，海水被日光照射，銀輝一線，使人目迷神眩。濱海有很多珊瑚礁石，為風吹日久，如同蜂窩一般。西北望都蘭山，嵐翠照人，白雲繚繞，充滿了詩情畫意。

過都蘭山又八公里至大馬站，有山胞百餘戶，都是阿美族。此族人數最多，約佔全臺山胞三分之二。雖也以耕田、打獵、捕魚為業，但其生活方式較他族為進步。村北有一道索橋，橋柱中立，高十餘丈。其下溪谷幽深，林木密蒨，流水湍激，浪花騰躍。

過橋仍沿海岸北行，過小馬、都麗、鹽濱、八濱等站至新港鎮。該鎮背山面海，地據形勝。下車出站西北行，過神社躋平岡。西望新港山，峰攢岫複，嵂屼崚嶒。山腰有飛瀑一道，水自百丈峽倒瀉而下，宛似疋練掛空，呈為稀有的奇觀。沿馬路前行，左右都是高大的楠樹，交枝接葉，驕陽不入。約半里許，至三民示範國民學校。校舍建於平岡之中央，居高臨下，形勢天然。校舍約有四、五十間，板壁瓦蓋，清潔修整。庭前雜蒔花木，姹紫嫣紅，錦堆繡鋪。其校景之優美，為我渡臺以來所僅見。

該校校長顏傳福，年六十一歲，世居新港，自民國前七年即在該校任教，至今四十一年從未間斷。並且身體健壯，精神矍鑠。其教不厭的精神，眞可使人敬佩。

顏校長陪我參觀畢，又邀我同往他的住宅茶敘片刻。入院門見碧草如氈、高椰聳秀。庭中遍蒔奇花異草，金間玉錯，燦爛可愛。其居室為一幢日式房舍，窗明几淨，琅環雅潔。內分書房、臥室、客廳、廚房，井井有條，布置得無不妥貼美觀。顏氏平素生活之有規律，於此可見一斑。

由學校南行，約半公里至漁港。港之內外築有防波隄兩道，全為水泥與鴨卵石所砌成。北面為碼頭，西面為修船廠。港內波平如掌，水清似玉。港口外建有燈塔一座，約有一丈多高，全身塗以朱漆，聳臨碧波，極雄麗壯觀。去港東面幾十步有珊瑚礁林，高高低低，奇形怪狀，玲瓏剔透，如盆中景。其下浪蹴飛花，峻湍怒激，好像千軍萬馬，爭奪登岸，呈為稀有的奇觀。

新港之北約三公里有白守蓮半島。島之尖端有三座高約三百多米之珊瑚礁石，狀如巨人觀濤，名曰「三仙臺」，下面有幾個大洞，人可以從裡面穿行。四面奇礁聳峙，飛沫沖天，這才眞是蓬萊仙島。

回新港，時已暮色蒼茫，住在淸明旅社。

次日爲臺灣省光復三週年紀念日，新港各界舉行運動大會，並有山胞歌舞表演。我應顏校長之邀，於上午八時前往參觀。我對於看運動會原無興趣，主要是看山胞之歌舞表演。參加歌舞之選手，除領隊外，全是青年婦女，計有二百餘人，共分四隊，輪流表演。步伍整齊，姿態婀娜，歌聲婉轉，音調和諧，實具有極高的藝術價值。

山胞的衣飾樣式顏色，異常複雜，多采多姿，蔚爲大觀。其中有披雲肩的，大概是仿元代的服飾。考元代舞衣，多用雲肩爲肩飾。《元史輿服志》載：「雲肩制如四垂雲，青綠黃羅五色嵌爲之」。又〈順帝紀〉載：「飾宮女爲十六天魔，身披瓔珞大紅絹金長金雜襖雲肩」。明代至清所有雲肩多爲四垂雲式，其制與元代相同。但不限於舞衣。明代貴婦常服即加雲肩。淸代以雲肩爲常禮服之裝飾，只有少女及新婦才披帶。入民國服制雖改，但我在幼年還親眼看到新婦多披雲肩。其式樣仍是四垂雲，邊綴絲繐銀鈴，行動鏘然有聲。多年不見此種鮮美的服飾，不想竟於山鄉海隅見之，眞覺眼福不淺。看罷歌舞表演，我即返回臺東。

知本溫泉去臺東縣西南十六公里，在知本溪南岸，泉水含炭酸質，爲治腸胃及皮膚病之特效劑。設有公共浴場，爲臺東區遊覽之好去處。

三十七年十一月十四日，上午八時，我一個人自臺東搭汽車往知本溫泉遊覽。約半小時至知本站下車，沿馬路西北行，右倚峻坂，左濱大溪，夾道多竹，高者三四丈，修竿密葉，青翠可愛。過千歲橋約三里許至知本溪渡口。溪源出知本山，由此東流四五里注入大洋。渡口原有鐵索吊橋一道，惜於早年被大水沖毀，尚餘水泥橋柱，聳立中流。溫泉即在對岸，有日式軒室數棟，背倚翠巒，面臨清流，風景極美。時值溪水方漲，濤浪怒激，我徘徊很久不敢輕涉。於是沿溪上行，約半里許，至水渠閘門，立平臺上西望，危巖叢莽之上有瀑布一道，就是本地人所稱的「白玉湫」。我與致勃勃地很想過溪走近看看，但是上下仍沒有渡處，不得不折返知本車站。正在小店憩息，適遇張致果先生自臺東回山過此。張係安徽蚌埠人，法國巴黎大學理學碩士，現任大武農場場長，住在知本溫泉上面農場。他早年曾隨六十八軍在河南南陽駐防，以此因緣，暢談甚歡。他邀我去農場參觀，我感其誠意，欣然同往。

過知本大橋轉西沿灘溯溪約三里許至知本溫泉。見溪邊築有草庵數間，男女四、五人，都裸體在溪中沐浴。據張氏說：山胞常藉溫泉浴治療疾病。溫泉浴室有兩處，一處是大衆池，圓形，直徑一丈五尺，因無人光顧，所以沒有放水。另一處是單人池，方形，長約六尺，寬約四尺，水深約三尺，澄澈如鏡，無硫磺氣，並且溫度適中。我在單人池浴畢，遂與張先生離溫泉上山。

夾道古樹參天，榛莽荒穢，野花與紅葉相映，燦爛如錦，綺麗可愛。路邊有很多古榕樹，大者佔地方數十丈，懸根如柱，其中可作房屋，呈爲稀有的奇觀。數轉躋至嶺麓，西望亂山屏簇，嵯峨空翠。山崖又有瀑布一道，騰空飄蕩，如飛煙散綺，比前所見者更奇。

上行，豁然開朗，竹樹環合，碧草萋萋，中闢園圃數畝，稻田芋區，瓜棚豆架，使人悠然有「世外桃源」之感。又百餘步至農場辦公室，是一棟日式建築，窗明几淨，陳設雅潔。張先生宿舍在辦公室南面。有瓦房二十餘間。立門前東望，都蘭山、臺東縣、太平洋，都歷歷如列几席。午承張先生備素食招待，熱情可感。值今亂世，能隱居深山，蒔花種菜，與人無爭，眞是淸福不淺。

我與張先生志趣相投，談的非常愉快，他懇切留我在農場住了一晚，到次日才返回臺東。

七八 花蓮之遊

民國三十八年元月三日晨由臺東火車站乘火車往花蓮遊覽。臺東縱谷設有鐵路一道，自臺東至花蓮港，全長一百七十三公里。工程自一九〇九年開始，至一九二六年完成。此路完全採用輕軌，車型較西路略小。分二、三兩等：二等爲機油車，速度較快，六小時可達花蓮。三等即普通車，速度甚慢，至花蓮需十二小時。因爲萬里橋與木瓜溪兩座橋梁被山洪沖毀，還未修復，臺東與花蓮兩方客車，必須對駁，不能直達，所以我只好搭三等車。

臺東縱谷居民，多爲山胞，阡陌縱橫，村舍相望，瓜棚芋區，雞犬不驚，那樣安靜、樸實、優美的情景，眞可使人羨慕。過檳榔、關山、通安、玉里，大雨滂沱，四山如墨，車內乘客，異常擁擠，人語嘈雜，聒耳欲聾，觀賞風景的興趣，全被他們掃光了。

過三民站約十餘里入大隧道。洞深約三公里，十分鐘始畢。此爲彎洞，全用磚石砌成，工程浩大，殊堪驚心動魄。臺東無論大小車站，均爲日式水泥建築，門前編扶桑爲籬，碩花燦然，凝丹吐錦，使旅人觀之，足以怡神忘倦。過花蓮溪至萬里橋，乘客全下車緣橋過河。橋長約九百公尺，有數百工人，正在日夜搶修。我隨著衆乘客行至橋中，俯視濁流滾滾，浪花騰躍，不禁有些驚懼，默念觀世音菩薩，心才平靜下來。當時我忽然想起民國二十年夏，我去北平考學，適逢黃河鐵橋橋柱被洪流沖毀，南北火車對駁，我抱著古琴，緣橋過河的情景。

大家到達彼岸又徒步行十餘里，遇駁車來迎，都爭先恐後疾奔登車，因車箱減少，更感擁擠零亂不堪。開車北行，過萬里橋站，時已黃昏，暮靄蒼茫。過木瓜溪出臺東縱谷北口。北望開曠平原，遠山橫黛，心目大爲豁然。六點至花蓮站下車，已是萬家燈火時分，入餐館用膳後，住中山路大同新旅社。被帳清潔，甜睡甚適。

花蓮縣在太平洋西岸，位當臺東縱谷之北端三角洲上。原名新港，於清光緒四年才建街市，十一年臺灣改省設花蓮廳。對日抗戰勝利，臺灣光復後，又改廳設爲縣。地勢高曠，雄固衝要。市坊與民宅均爲日式建築。市區有十餘條街道，以中山與中正兩路商業最爲繁華。街道多爲水泥與柏油路，綠樹紅花，相映成趣。並且環境清潔，居民閒雅，生活簡樸而安靜，好像不知人間有兵爭事。

縣政府在中山路與中正路交叉口，建築狹隘不足觀。省立花蓮師範學校，在中正路之東北端，有大樓三座，其東面爲中正公園。園內有中山堂、中正臺、運動場、游泳池。唯多樹而少花，頗覺單調。中正公園東北萃華路有省立女子中學，校舍為大樓兩排，規制宏麗，環境雅潔。庭前遍植奇花異草。杜鵑盛開，燦爛如錦。

學校北面為米崙溪，溪畔都是教員與公務員宿舍。椰林掩映，頗有畫意。米崙溪發源於花蓮山，經米崙山南通過花蓮市區，東注大洋。溪水清澈，游魚可數。溪東西建有四座大橋：一是中正橋，凡五孔，長約一百五十公尺。二是鐵線橋，橋面已毀，僅餘鋼骨水泥橋架。三是公路橋，水泥建築，工程浩大。四是鐵路橋，全是日治時所造。日人雖與吾為敵，但是其建設之精神，卻不能不令人佩服。

溪北岸有高岡，遍植松樹，密密麻麻，一片青翠。西北有一土阜名米崙山，沒有樹木，甚覺枯燥。市區東北三公里為花蓮港，於一九三一年開始修築，工程至一九三九年完成。現有防波隄一千五百三十公尺，防波隄內水深退潮線下七·五公尺之水面積七萬平方公尺。可同時容三千噸之輪船三艘及大型漁船五十艘，為臺省五大漁港之一。

市區有戲院兩處，電影院一處，以中正路中央大戲院建築最為宏偉。室內設有可容納一千人之座位。布置堂皇，空氣流通。當時正演唱歌仔戲，唱做化裝，均與大陸地方戲大致相同。其所唱者，都合忠孝節義，富於民族意識。所以在日治時禁止演唱，現今不但山河光復，而禁錮五十年之臺劇也都獲得解放了。

花蓮縣區鄉間多阿美族，其俗畫面，男者畫額中，女性兼畫嘴旁，遠望如鬍髭，甚覺別致。

我所看到者，都是四十歲以上的人，青年人無畫面者。

七九 太魯閣與清水斷崖訪勝

我遊花蓮的目的，是在往太魯閣與清水斷崖訪勝，所以只在花蓮住了一夜，便於四日上午十時，於細雨濛濛中徒步北上。本省因交通便利，無論男女老幼出門，都以腳踏車代步，極少有徒步的。我這次遠足，目的在遊覽山水，擷取畫稿，自以芒鞋竹杖徒步爲宜。因爲徒步最自由，想行便行，想止便止，從容不迫，無往而不自得。

過中正橋循蘇花公路北行三里許，改由小路沿海邊前進。穿過松林，東望海水拖藍，汪洋無際。浪花怒激，濤聲震耳。路旁有許多白珊瑚石，好像蜂窩，奇形怪狀。我很想拾取若干，以作紀念，但身無行囊，沒法攜帶作罷。

前行沙軟路斷，於是又覓小徑轉入森林，誰知荒草靡靡，很遠不見人家。頗有蠻荒探險之感。摸索數里出深林才見村舍。轉向北行，約一公里許入蘇花公路，路面坦闊，可以合眼放步。

蘇花公路爲自蘇澳至花蓮港之交通線，長一百四十二公里。舊道爲清代所開闢，唯路狹坡陡，行旅不便，乃於一九一六年才再加以開鑿，至一九二四年完成，然猶不能行駛汽車。一九二七年以後，再加以改善，才成寬達四公尺之公路，於一九三二年竣工，先後費時十八年，至一九三三年四月才正式通車。此路由太魯閣口往北，全倚斷崖開鑿，右濱深洋，勢極險峻。清水斷崖更具觀光的價值。

循公路北行，夾道都是蔗田菜圃，牧童騎在牛背上在田埂啃草。這時，天稍開霽，陽光微露，西望層巒危峰，青紫萬狀。十五公里過三棧橋，見溪邊居民，多爲畫面山胞，多無綿衣，披裹布片以禦寒，鳩形鵠面，狀極可憫！聞花蓮縣政府正擬建設新村，供山胞居住，以解決其住的問題。前行又四公里至新城，進小館用膳畢，遂至新城旅社住宿。旅社爲日式建築，不但帳清潔，並且主人待客，彬彬有禮，使我精神上得到莫大的安慰。

新城是花蓮北面一個小鎮，位於達基里的溪南岸，南去花蓮十九公里，西去太魯閣口五公里。僅有居民百餘家，大多以捕魚爲業。該鎮設有國民學校、忠烈祠、汽車站、神社、旅館，環境清潔，靜謐沒有噪音，在此小住一宿，也算一件快事。

太魯閣南去花蓮港二十六公里，沿達基里的溪而上，爲第三紀層岩結晶之石灰岩而成的大峽谷。自谷口至上游之達比多，約三十多公里名太魯閣。日人初佔臺灣，爲要招撫東番，乃首先披荆斬棘開闢此路。谷中奇巖峭壁，矗雲干霄，碧流湍激，隨山宛轉。我初到臺北時，即聽臺省畫友藍蔭鼎君說太魯閣與清水斷崖之勝，不可不遊。

五日凌晨起床，天仍陰翳，下著毛毛細雨。用罷早點遂撐傘步行，離新城往太魯閣遊覽。循公路西北行，五公里至太魯閣口。有居民數十家，自然成一小聚落。隔溪對岸有發電廠，巍樓聳峙，電架林立，惜機器損壞，不能發電。達基里的溪發源於合歡山與南湖大山。經達比多、巴塔幹、仙寰橋至太魯閣口外入太平洋。溪上建有鐵線吊橋一座，長一百三十二公尺，建於民國十年。吊橋南端有一個隧道，洞口路標：「太魯谷公園進口處」數字。

過隧道依巖傍溪前進，仰窺危巖，崩石橫出，嵯峨崚嶒，如犬牙相錯。峰迴路轉，約一里許，忽見峭壁障面，高約百餘丈，上突中陷，光滑不能攀登。山民懸空架木爲棧，長約四、五丈，走在上面，搖曳不定，使人神駭目眩。時有往合歡山採金者多人，都負囊攜筐，疾趨而過，履險如夷，了不爲意。我因素患貧血，故畏險止而不往。

冒雨緣崖路折返，遇礦業公司職員賈君偕行，方知由太魯閣口至達比多之觀光公路，以年久失修，大部被山洪沖毀，鐵線吊橋，也並損折不存。山中不但無旅社，且又無居民，想前往訪幽探勝，非自帶飲食與綿被不可。即如裹三日糧，而緣峻崖，涉深溪，也不是好玩的。

我遊太魯閣雖未達到目的，但仍不肯敗興而歸。於是由太魯閣口過大吊橋往遊清水斷崖。約四公里過塔克利站，路邊有山胞村舍，茅屋豆架，與紅葉相映，像是一幅圖畫。西望青山橫翠，崢嶸崔嵬；煙雲繚繞，氣象萬千。又四公里入清水斷崖，仰窺峭壁千尺，巉巖鐵裂，如堵側立，蒼然聳峙。俯眺深洋藍碧，雪浪呑山，洪波泱漭，盪心耀目。公路因崖鑿空，外虛內陷，邊築短欄，狀如城堞。路面爲水泥鋪墊，平坦光潔。汽車往來如螻蟻爬壁，使人驚心動魄。

又一公里過清水隧道，洞深約二百公尺，旭光東啓，曲屈通明，前行過小橋轉一S彎，仰望層巒疊巘，聳入雲中，青樹翠蔓，蒙絡搖綴。西南有一大嶺，蒼崖逼天，石色斑斕，峭削光滑，不生草木，極像關仝的山水大畫。這時雨勢更緊，山路寂寞，不見人跡，唯有青山白雲慰我旅魂而已。

沿海前行，過五、六個隧道，如穿連環，狀極奇特。又一公里轉彎至清水站，入派出所稍憩。立門前四望，層巒危峰，木秀石奇，白雲呑吐，時隱時現。清水溪穿流於灌莽間，滔滔汩汩，一片清音妙響。

過橋倚崖傍溪行，出坳谷，峭壁當前，拔天堵立，巖頂前突，似探首而下視；巖腹內陷，若虛中而有容。石理平列，好像板築。恍如又到劍關夔門。又三公里許見路邊立有路標，上書：「清水斷崖入口，標高八一．四米突」。清水斷崖，至此爲止，爲蘇花公路最奇、最美、最富於觀光價值之一段。

由清水斷崖北行，即入佳南岩斷崖。過隧道下坡，林木密蒨，鳥語啁啾，芳草幽花，金間玉錯。約二公里至那剛站，時已過午，饑腸作鳴。想吃東西，但沒有售者。不得已進入民家乞開水一碗，拌甜食以果腹。那剛又名牛崛，在大河北岸，有居民數十家，全住茅庵草舍，不蔽風雨。其西約一公里許也有一座鐵線吊橋，長二百三十八公尺，河水乾涸，景極荒涼。

出峽仍倚斷崖前進，俯眺深洋，礁岩林立，色呈褐紫，遍體圓竅，或像臥獅，或像立猿，或像仰足，或像伸拳，多采多姿，千奇百怪。石與浪激，飛花數丈，其聲轟然，震耳驚心。遠望有漁艇三五，風帆掩映，隨波上下，濤簸浪捲，此情景雖很有畫意，但想到漁民生活之苦，不禁惻然興阻了。

又過數隧道至象鼻洞。此洞也是因巖開鑿，高約丈餘，深僅數尺，鬼斧神工，畢肖畢眞。正如巨象伸鼻吸取海水似的，眞是稀有的奇觀。我平生畫山水，喜作奇峭之圖，自入蜀飽覽劍閣、夔門之險後，而此興更濃。及遊清水斷崖，都是我夢寐所追求的丘壑。徒步遠行，雖足下稍受委曲，然胸中筆底所獲甚豐。董其昌說：「不讀萬卷書，不行萬里路，不可以言圖畫也。」此中道理，決非日臨名圖，足不出戶者所能體會的。

過姑姑子村，克奈寶站又七公里至大濁水溪。此爲小三角洲，亂草靡靡，一片荒涼。溪上原建有大吊橋一座，長五百一十六公尺，爲蘇花公路最大的橋梁，惜爲山洪沖毀，塔柱橋床，都已蕩然無存。時花蓮縣府正鳩工庀材趕修水泥大橋，橋基業已修竣，尙未庋板，據說不久即可通車。大濁水溪位於花蓮與蘇澳之間，爲臺北與花蓮兩縣天然之縣界。溪北岸爲一小村市，有居民十餘家，並設有國民學校、派出所各一處。

立在溪岸北望，翠峰屏簇，白雲盪漾。山腰有瀑布三疊，遠望如疋練掛空，並且林木密茂，雄深幽邃。過溪入村市，時近黃昏，遂覓飯館用膳。餐畢，借宿於澳花國民學校。承潘校長熱誠款待，盛意可感。潘君家在羅東，係阿美族山胞，年二十六歲，性謙和，彬彬有禮。早年在羅東職業學校畢業，臺灣光復後，曾往新加坡，從事於推廣農業。君能操國語，唯不甚流利。其妻也是羅東人，二人年貌頗相當，可謂一對佳偶。晚間在辦公室與潘君暢談二小時，宿於教員住室。

六日黎明即起，早膳畢與潘君告別，仍徒步返回花蓮。此行雖未窮探太魯閣之勝，然得暢遊清水斷崖，飽覽海上巖洞之奇觀，也可以聊以自慰了。

流光如矢，轉眼四十四年，潘君已是七十歲的老人，未知還健在否？淮陰不忘漂母一飯之恩，我豈是忘情之人？追懷前塵，占詩一首：

清水奇巖獨問津，潘君留我寄萍身；
山中夜雨話不厭，一別倏忽四十春。

八〇　高雄之遊

高雄，原名打狗，爲臺灣第二大城，清同治二年與基隆同時開港。背山面海，形勢險要，爲本省南部工商業中心。

民國三十八年元月，我決心往獅頭山出家，先到西、南部各大城市遊覽。二十日由臺東搭公路局車去高雄，住宿於長春旅社。那天下午只到火車站、省立高中與愛河瀏覽一小時。火車站在三鳳街東端道北。站房中爲方形挑角的三層大樓，綠瓦粉壁，宏麗堂皇。由三鳳街西行約五百米即至高雄中學。該校前後有大排樓房四座，每座都有百餘間，丹壁灰頂，也頗宏偉。椰林掩映，把校園點綴得更有畫意。其庭前有古榕樹一株，槎枒虬古，大數人圍，可能有五百年以上的樹齡。三鳳街西端有國民學校一所，其前面就是著名的愛河。河床闊約七十公尺，濁流滔，穢臭不堪。見有小艇數隻，往來其間，很像南京的秦淮河。高雄市區街道，中山路最爲寬闊。路面清潔整飭，並行爲五線道。安全島遍植椰子蒲葵，高幹聳秀，青蔭蔽日。左右兩旁菩提樹，如掛幃帳，更是一大特色。

高雄市政府位在中正路右方，重樓飛簷，畫棟彩甍，建築形式，最爲宏麗壯觀。過市政府前行約一公里至高雄港。港在高雄灣內，寬僅一百五十公尺。口北爲壽山，口南爲旗後山，兩山夾峙，形式甚爲險要。港內長十二公里，寬僅一千五百公尺，港灣作袋形，好像內湖。環港爲商店、住宅，連綿數里。望旗後山，恍疑立在漢口江漢關碼頭望武昌。港內可同時停泊三千噸以上之船隻二十九艘，萬噸以上船艦可自由出入港口。

壽山在運河西面，原名高雄山，高三百五十公尺，乃珊瑚石灰岩所凝成。巍然孤起，峻嶒嵯峨。山上遍植相思樹、苦苓樹及鳳凰木，層層疊疊，滿山青翠。山坳有一座高雄神社，飛閣流丹，高棟連雲。循小路登山，西望碧波泱漭，渺無際涯。港口建有紅白燈塔兩座，巍然對峙，雄偉壯觀。南望隄外，浪花捲起千堆雪，極像一道大瀑布。漁帆掩映，隨波上下。山趾礁石纍纍，波濤澎湃。二三遊侶，立石上執竿垂釣，悠然自得，使我羨慕不已。因念孟浩然詩：「坐觀垂釣者，徒有羨魚情」，正可爲我當時心情之寫照。

八一 臺南市之遊

臺南爲臺灣最早之城市，華人於一五九〇年即移居於此，至一六三〇年荷蘭人佔據臺灣，才開始建築城垣。明末福建發生飢荒，巡撫熊文燦用船運飢民數萬人來臺開墾，至清順治八年，民族英雄鄭成功盡逐荷蘭人，改赤嵌樓爲承天府，並曰東都。嗣後成功之子經又改東都曰東寧省。至光緒十一年移省會於臺北。十八年改舊臺灣府爲臺南府，就是臺南名稱之由來。故城周圍一里，於日治時把城垣拆除，今僅餘城門供人憑弔。

臺南古蹟最多，其重要者如：孔子廟、開山廟、五妃墓、赤嵌樓、天后宮、關帝廟、開元寺、安平港以及臺南公園等，都是富於歷史意義的勝蹟。

三十八年元月二十六日遊臺南市。該市馬路寬闊，環境清潔。火車站站房，高樓宏偉，比高雄市站房更爲壯觀。

孔子廟

孔子廟在文廟路，廟門東向，門外有一石柱，迎面爲大成坊，額書「全臺府學」四個大字。過坊爲櫺星門，門前有大榕樹一株，直徑五公尺，杈枒虯古，已有五百年的樹齡。門裡有泮池，作半月形。門東爲名宦祠，門西爲孝子祠。進入德門，北爲明倫堂，時，木工正刻元趙孟頫書之〈大學篇〉，字大如盤，筆法縱肆，可謂趙書中之上品。堂後有八角亭一座，亭凡三層，形式頗古雅。

由東角門進去，有一方院，北爲大成殿，上下兩層，重簷黃瓦，彩棟輝煌。殿前陛中雕一盤龍，工極精巧。殿內中供孔子神位，左右供四配十哲。上懸康熙、乾隆、同治、光緒等御書匾額。殿後爲崇聖祠，左右爲兩廡及禮器庫、樂器庫。崇聖祠東還有圖書庫。其門窗棟椽，牆壁圍欄，全塗以朱色。其建築之規制形式，與大陸各縣文廟幾完全相同。

臺南孔廟係於明永曆二十年鄭經應其父參將陳永華之請所建築者。鄭氏覆亡，廟亦傾圮。至清康熙二十四年巡撫周昌改建爲府學，才又爲之一新。至光緒十五年又改爲臺南府學。日人佔臺後，又加修葺，才成現在的規模。

開山王廟

開山王廟在建業路，或稱開臺聖王廟，日人改稱開山神社，今又改名叫延平郡王廟。因民族英雄鄭成功，忠貞英武，渡臺抗清，盡逐荷人，勵精圖治，終能成其開發臺灣之偉業，功在民族，澤被萬世。於光緒六年欽差大臣沈葆禎奏請賜額，並敕建專祠，崇功報德，以慰英靈。先清廷原不許臺民奉祀鄭氏，至光緒時，才准公開廟祀，並賜諡「忠節」。當時，建築祠宇所用的器材，全由福州精選運來。其工程之浩大，可想而知。於民國四年，日人重又修葺，拜殿改爲日式，本殿及兩廡仍保爲中式。每年二月十五日舉行祭典，儀式極爲隆重。

祠前有新建石坊一座，額曰「忠肝義膽」。坊左右有大榕樹兩株，據說是鄭成功所手植。山門額曰「明延平郡王祠」，爲重其出處，故額首題「明」。

入山門迎面就是祠堂，內設神龕，祀延平郡王塑像。方面大耳，肅穆莊嚴。左右配祀部將甘輝及張萬禮二將軍像。前廊懸有清光緒六年李鶴年、沈葆禎等奏請清廷建祠賜諡銅額一面。外尚有楹聯多副。其中有湖南省主席王東原撰之「志存明社，力抗虜廷，挈一旅海上縱橫，圭土舊提封，遺像清高留浩氣；地闢草萊，誕敷文教，亙三紀荒洲殷阜，河山今復旦，崇祠展拜佩雄圖。」對於鄭氏之孤忠大節，豐功偉業之讚頌最爲周延。

鄭成功初名森，明福建泉州府南安縣人。父芝龍，母日本平戶士族田川氏女。森儀容俊偉，倜儻有大志。弘光時入南京太學，聞錢謙益名，執贄爲弟子，謙益爲他取字叫大木。及唐王立閩中，芝龍使森入朝，帝奇其貌，因賜國姓，名成功。成功自江南敗歸，地蹙軍孤，於是依臺灣通事何斌的計畫，調舶百艘渡海入臺，以謀拓土立足之地。永曆十五年十月，清廷棄成功父芝龍於市。十二月成功以臺灣平，改臺灣城爲東都，以赤嵌城爲承天府。並撫番行寓兵於農之策。並且又招漳泉惠潮流民，闢污萊，制法律，定職官，興學校，起池館以待宗室遺老之來歸者。永曆十六年，成功以金廈諸將抗命，極爲憤恨，五月初八日登臺脫去冠帶，請太祖祖訓出，坐胡床進酒讀，至第三帙歎道：「我有何面目見先帝於地下哩？」雙手掩面而逝。計成功自隆武丙戌起兵，凡十有七年而卒，年三十九歲。

祠堂後殿祀成功生母田川氏像。左爲寧靖王祠，祀朱術桂及五王妃。祠前有古梅一株，樹幹斑駁，圍以朱欄。據說爲延平郡王手植。東西兩廡祀曾從鄭氏之一百十四位將官神位。並陳列有三百年前安平圖及鄭氏所乘之肩輿。瞻禮畢，用通韻占詩一首：

郡王祠裡謁先賢，遺像千秋尚懍然。
寶墨數行留正氣，寒梅一本見忠肝。
志存明社殲胡虜，力闢蒿萊撫島蠻。
故國山河無限感，瓣香泣拜漢衣冠。

大南門

大南門本名南寧門，在臺南城南門路。按臺南城建於清雍正元年，至乾隆五十三年，又改建擴充。門凡三道：東曰「東安」，西曰「靖波」，南曰「南寧」。城垣悉已拆除，唯城門樓猶巋然獨存。南門敵樓凡兩層。飛簷彩棟，制頗崇閎。甕城全以方石砌成，高約兩丈，固若鐵鑄。惜今已失其作用，只堪供人憑弔而已。甕城內有巨碑數道，皆爲清初時所立，字跡斑駁，大部不可句讀了。

五妃墓

順南門路南行，復東轉又一里許，至五妃墓，墓前有祠，均建於小荒壠上。祠前有大榕樹一株，圍七公尺，根幹奇古，枝葉四布。據說根下封有「寧靖王從死五妃墓」墓碑。今左邊有五妃碑一道，係日治時昭和二年立。進門有一小院落，後有祠堂一間，椽折瓦搖，破陋不堪。內供五妃塑像，積塵遍體，案欹爐荒，對之使人心傷！

五妃就是明寧靖王朱術桂之妾袁氏、王氏、秀姑、旌姐、荷姐五位女子。於清康熙二十二年，鄭氏敗於澎湖，寧靖王看大勢已去，於是自裁以殉社稷。五妃也都自縊盡節，遂合葬於此。乾隆十一年巡臺御史范咸其，嘉五妃之節義，乃又重修其墓，並於每年例行祭掃。墓在祠後，半圓形，係以水泥所造。高約丈餘，周圍以短牆，斜陽衰草更感荒涼。朱術桂之殉國，是三百年前可歌可泣，極動人的故事，可惜至今，大家都淡忘了。

忠烈祠

順府前街西行北轉至忠烈祠。前有新建水泥牌坊一座，額曰「浩氣千秋」，造型極雄偉壯觀。順甬路前進，左右有銅馬銅獅各一對。馬高約五尺，獅高可四尺，冶鑄精美，生動飛舞。拾級而上爲祠堂三間，內祀抗戰烈士神位，入內瞻禮畢遂即離去。

赤嵌樓

赤嵌樓一名紅毛城，又名半月城，是在西元一六二四年，荷人佔據臺南時所建之普羅民遮城遺址。赤嵌是平埔番社阿眉族名稱之譯音，即赤瓦之意。志云：閩文，水涯高處曰勘，後訛爲嵌。因該樓所用磚瓦俱爲赤色，所以紅毛樓與安平城，都以赤嵌命名。赤嵌樓原名海神樓，至民國三十六年由臺南市長改爲今名，以副舊赤嵌城之名。三百年前，城瀕臨海港，船隻可以碇泊近岸。樓亦瀕海而建，前爲海岸沙灘。鄭成功驅逐荷蘭人，遂改此樓爲承天府，並儲存軍械火藥。赤嵌樓與文昌閣並列，位於臺南市赤嵌街路東，重宇飛簷，彩梁畫棟，外觀非常宏麗。憑欄眺望，市肆櫛比，想在昔時，海濤怒激，舳艫相接之情狀，令人不勝今昔之感。

中山公園

中山公園在公園路之北端，爲臺南市民最佳的休憩場所。入園門前進，迎面爲一噴水池，由池邊順曲徑前行，右面有一大塘，碧水清澈，漣漪可弄。環塘有榕樹數十株，幹粗約合抱，密葉青蔥，濃蔭布地。過橋北行爲假山，峰巒巖穴，溪澗坳壑，奇石羅列，布置甚美。其上碧草如茵，雜花似錦，風晨月夕，在此清吟慢步，觀魚聽鳥，眞是一大樂事。

開元寺

開元寺位於臺南市東北約二公里。原爲鄭經爲其母董氏建築的別墅，時稱「北園別館」。鄭母亡後遂改爲寺。清康熙二十五年巡道周昌，增建亭榭池館。現今殿宇四進，純粹大陸北方寺廟式建築，爲臺省最大的名刹。山門東向，面臨大溪。門前榕樹列植，綠蔭相接。西面爲蔬圃，茂林修竹，映帶左右，過圃有一平臺，上建寶塔三座，七層飛簷，規制玲瓏。爲寺宇園林生色不少。

熱蘭遮城

城在安平港，爲荷蘭人所建。原名賽倫地亞城，又名赤嵌城、濟龍城、王城、紅毛城。去臺南車站約六公里，乘汽車十分鐘即達。安平原爲臺南灣的一個島嶼，面臨臺灣海峽，爲本省對外交涉的最初門戶。其後水落灘淺，勢與臺南竟成接壤。鄭成功曾於此地登陸，大戰荷蘭人，至今尚有荷蘭人建築的堡壘。因名書家朱玖瑩先生住在安平，所以我曾去過數次。

八二　烏樹林小住

民國三十八年二月二日，我由臺南市搭火車到臺南縣烏樹林小住三日。烏樹林是一個著名的新村，去臺南縣政府所在地新營東北約六、七公里，是爲新營糖廠全體職員所建設的新村，其全部建築和設備，均合乎現代化的理想，可以說是臺灣新村中的模範。村在白河北岸，面臨曲流，形勢天然。共有日式房舍四十餘棟，平分四排，寬敞整齊；窗明几淨，琅環雅潔。各家庭院，都編扶桑爲籬，雜蒔花木，清雅宜人。開窗寫日，步屧弄月，俯仰徘徊，莫非詩意。

村中並行有三條馬路，全用水泥鋪墊。長約五百公尺，闊約八公尺，修直平坦，光潔如鑑。夾道列植翠椰烏樹，交柯接葉，蔽日參天。該村東首有國民學校一所，莘莘學子，朝研夕讀，琅琅書聲，達於戶外。村西端爲圖書館，內陳書報雜誌與照片掛圖，村民老幼，飯後趨入，盡情閱覽，可慰一日工作之疲勞。

館前是一片草坪，環植蒼松翠柏，修剪各種花式。或像鴨卵，或像漁舟，或像寶塔，或像重樓，參差錯落，多采多姿。樹間碧草如毯，可臥可坐。如偕俊侶二三，席地清話，遠眺夕陽，近聽流水，足以消慮忘憂。

館後闢爲菊圃，寒英百畦，花大如盞，碧葉霜莖，啓人遐思。其北爲辦公廳，門外種植草花數區，姹紫嫣紅，燦爛似錦。間有白桂一株，早春著花，清芬襲人。東面還有合作社、理髮室、販賣部、火車站。每日糖廠小火車開往新營與白河，往返七八次，交通極爲便利。此等火車比一般火車爲小，軌距僅二呎六吋，不但鋪設較易，並且成本也較低廉。臺灣糖業公司爲便於運輸甘蔗，普遍在各地設小火車，並售票載客。

去村西南百餘步建有糖廠，大廈數座頂壁全用綠色洋鐵片築成。煙囪高約二百公尺，巍然聳峙，勢凌霄漢。沿白河北岸有公共運動場，全爲水泥所造。其上有神社一座，烏樹交蔭，爲納涼消暑佳地。環村綠野平疇，彌望無際，徜徉其間，令人心清意遠。

八三　關子嶺之遊

關子嶺位於嘉義市東南十七·七公里，去烏樹林十五公里，其溫泉與北投溫泉，世稱雙絕。

三十八年二月四日晨，由烏樹林乘小火車往白河作關子嶺之遊。過白河東南行，約四公里許即入山路，修篁夾道，風露凄清。過靑草埔山勢愈高而路也愈曲。盤旋而上，沿道多變葉木，密葉硃染，絢麗可愛。倚巖傍澗前進，又三公里過一隧道，危壁巖巖，使人驚心動魄。峰迴路轉，又數盤抵達嶺巔。沿澗行又轉一彎到達關子嶺站。下車過閒雲橋入山市，有旅館與商店十餘家。旅館建築以關子嶺旅社與淸秀旅社爲最大。重樓峻宇，俯臨溪流，紅瓦綠樹，相映如畫。

由山市南行數十步拾級而上，仄磴修整，峻若天梯。凡四階二百八十七級才躋崖巔，標高三百三十四米。四望白雲吞吐，群山隱現，石骨崚嶒，嵐光照人。下崖循大路南行，穿竹林，躋高坡，徑仄苔滑，積葉寸厚。過石灰窯上躋絕頂，秀石怪木，奇卉美箭，蒙絡搖綴，交蔭其上。振衣環眺，亂山重沓，蔚爲綠海。村墟井邑，星羅棋布。遙望嘉義、新營，煙樹萬家，歷歷可指。下頂返過石灰窯仍循大路西南行，越小嶺就仄徑下行到水火同源洞。洞在石崖下，爲石灰岩質，深半尺許，高廣約三尺餘。石呈蛋白色，其下有一小池，方約四五尺。池水呈灰綠色，泡沫騰湧，好像鼎沸。水面上冒火焰，約四五尺高，焰花熊熊，接連不斷，觀者莫不嘖嘖稱奇。洞上石龕供一手執長矛浮雕石像。前面石臺祀不動明王像，並有鐵坊，係日本昭和十六年建。因枕頭山全爲火山岩所構成，故又名火山。其各處噴出的燃質瓦斯遇氧氣即燃，往往現火焰狀，呈爲水火同源之奇觀。世俗無知，視爲靈異，甚覺可笑！

仍循大路倚巖西行，約二公里至碧雲寺。寺門西向，倚巖面壑，地勢雄勝。寺創建於清乾隆五十六年，其後代有修葺。大殿三間，前爲捲棚。左右爲客堂、齋堂共二十餘間。大殿中供觀音菩薩塑像，左右供十八尊者像。法像莊嚴，栩栩如生。山門前左有清虛殿三間，內供韋馱塑像。寺前有一區花圃，植有奇花異草，燦爛如錦。圃外有古榕樹一株，幹古葉茂，據說樹齡有五百年。該寺共住僧尼十餘人，住持名霖淨，因事出未歸。入客堂用膳畢，付香資若干遂辭去，循大路返回關嶺溫泉。溫泉是一棟木造建築。內分男女兩池，池長約三公尺，寬約二公尺，水呈乳白色，屬鹽類炭酸泉。溫度爲五十四度，爲治腸胃病特效劑。滑膩如脂，與泡沫浴頗相仿。我解衣入池浴畢，買人面竹杖三支，遂乘汽車返烏樹林。

八四 嘉義市之遊

三十八年二月三日上午八時由新營乘火車北上，時，雲霧迷濛，一片模糊。九時抵嘉義，下車遂入市區參觀。該市街道爲輻射形，馬路宏闊，大廈連雲，頗具現代化之規模。惜有一些建築於二次大戰時毀於兵火，至今尚未恢復舊觀。中山路全用柏油鋪墊，最爲修潔。市政府與商業職業學校均在此路。

順中山路東行，約二公里半至山子頂中山公園。園西邊有兒童樂園。入園門見左側有地震碑一道，文長，未暇抄錄。前行迎面有兩池，一圓一長，均爲水泥所砌。中立層臺，噴水四射。環池高椰聳秀，羽葉垂蔭。池北爲葡萄架，架作弧形，寬廣數丈，龍幹虬枝，交絡於上。下置露椅石案，可坐可茗。池東有乾隆御製詩碑一道。序曰：「命於臺灣建福康安等功臣生祠，詩以誌之。」詩云：「三月成功速且奇，紀勳合與建生祠。垂斯琬琰忠明著，消彼萑苻志默移。臺地期恆樂民業，海灣不復動王師。日爲日毀似殊致，崇實斥虛政在茲。」

由碑側北行數十步爲清溪，細流湯湯，如像彈琴的聲音。溪上建有木橋三道。過橋上平阜，寒林蕭疏，落葉滿地。前行過小虹橋有一小島，曲水周環，碧草如茵，板亭中峙，清雅宜人。環亭古木參天，丹楓美豔奪目。亭後爲游泳池，池水乾涸，看不到青年兒童戲水了。由此往南爲兒童樂園運動場，鞦韆滑梯等具，設備頗爲完善。因在寒假，沒人玩耍。

出兒童樂園順馬路東北行，林木深處有動物亭。上下覆以鐵網，內畜臺灣猴兩隻，與牠食物，即伸手接取，宛如兒童，甚覺有趣。過溪上崇阜，沿小路北行，拾級而上迎面爲「盟軍殉職紀念碑」，字爲孫立人題。高約六、七公尺，爲水泥所造。順馬路前進至忠烈祠，左右有燈塔二十座及石獅銅馬各一對。馬高丈餘，冶鑄精美，頗有藝術價值。祠堂凡三楹，是一座中式建築。因有駐軍，未入內展謁。

由祠右沿荒徑下坡，約百餘步至農業試驗所，有日式瓦舍四、五間，依山面溪，瑯環雅潔。沿溪東行，林木幽深，尤多丹楓，霜葉蔽天，一片紅霞。我坐在林中，仔細觀賞，依依不忍捨去。間有一種樹木，長葉如柳，柔條下垂，幹高數丈，皮色灰綠，惜不知名。再前進，高竹夾道，青翠欲滴。溪流汩汩，悅耳清心。

由忠烈祠順馬路下坡，至太保樓，樓爲兩層，彩梁畫棟，頗爲壯觀。內置几凳，淨潔可坐。中央懸一王太保油彩畫像，英俊莊嚴，栩栩如生。左懸一匾，上刻太保樓記，爲宓汝卓撰文。（按，清太子太保王得祿，嘉義人，爲在籍武生。於乾隆五十一年率義勇五百人起義討伐林爽文，其後蕩平蔡牽，屢建奇功。官至閩浙水陸提督，老病回籍，倡議重修嘉義城垣，並建義倉，以備兵荒。道光二十一年，英人窺伺基隆，王公時年七十有一請纓衛國，駐節澎湖，卒於防次。嘉義城垣，後被日人拆除，僅留東門城樓，移建於公園內，俗稱太子樓，今改稱太保樓。）

離太保樓，遂又搭汽車往謁吳鳳廟。廟去嘉義市東南十公里中埔鄉。廟為中式建築，規制頗狹小。殿壁為磚石砌成，上覆以各色釉瓦。雲龍飛舞，剔透玲瓏。山門額曰「阿里山忠主吳鳳祠」。殿內正中供吳公神位。楹聯云：「筆下游龍傳藻思，雲中矯鶴擬清標。」為清嘉慶年間宰相蔡新題。殿前翠柏羅植，森森生涼。吳鳳為臺灣一位傳奇性的人物，常為市井平民所樂道。吳公是諸羅（嘉義）打貓東保番子潭莊人，少讀詩書，深明大義。曾任阿里山番通事，以任俠名聞鄉里。為戢止山胞馘首之風，乃犧牲自己的生命。公卒於清乾隆三十四年八月七日，年七十一。去廟一公里許社口公路旁為吳公死義處，今立有石碑，以紀念這位大智大仁大勇的義人。

由吳鳳廟返嘉義市，遂搭火車轉回新營。

八五 遊阿里山

阿里山為臺灣森林之寶庫，山水雄奇，風景優美，久已馳名中外，膾炙人口。山為玉山西出之一支，東西闊八公里，南北長二十公里，面積一千二百萬公畝，拔海自九百二十四公尺至二千八百六十九公尺。西去嘉義市七十四公里，登山有森林線鐵路以維持交通，九小時可達。因為新營去嘉義市很近，所以我要把握機會登阿里山遊覽。

三十八年二月十日八點五分，由嘉義車站乘遊覽火車去遊阿里山。過北門站見道側壁懸吳鳳油彩畫像，紅衣紅冠，面貌清臞，雙目炯炯有光，令人肅然起敬（今像被拆除）。前行約三、四公里即入山路。左右陂陀蜿蜒，修篁交蔭，阡陌縱橫，瓜棚豆架，極富野趣。過竹崎站上獨立山，繞四大彎，過數隧道。車隨山勢盤旋而上，最大的隧道深約七百公尺，穿山腹開鑿，其工程之艱鉅浩大實堪驚人。鐵路橋梁柱與橋床全爲木製，車行其上，吱吱作響。俯視深澗，更使人驚心動魄。過樟腦寮站又數轉過五處隧道至獨立山站，眺望峰巒層疊，嵐翠照人，頓覺精神振爽。

前行又數轉，東北望草山嶺，斷壁千尺，白石粲然，據說此斷崖係於民國三十一年崩墜才成現在的奇觀。過梨園寮站升達嶺巔，緣嶺前進，夾道古檜寒杉，森森生涼。又二公里至交力坪站，有居民數十家，屋舍多臨崖懸空而建。竹壁紙窗，別饒風緻。又數轉過四處隧道至水社寮站。沿道高竹蔽日，如在綠雲中行。山麓多松檜，無慮數十萬株，密密叢叢，宛如米元章的水墨畫。又過六處隧道轉一大彎至奮起湖站。道側蒼杉綠蕉間綴以緋櫻，如美人鬢邊插花，更加嫵媚。奮起湖是一個陷落小盆地，高度在一千公尺以上，爲山線第一大站。有居民數十家，瓦屋鱗次，錯落有致。

由此前進，又過六隧道，前望山頂方平，石理橫列，好像板築的那座山，白雲繚繞，忽隱忽現，很有畫意。我忙取出紙筆，速寫其貌。過哆囉嗎站，轉一大彎，過四隧道。仰望塔山，黝壁千仞，石骨嶙峋，嵯峨險怪，極像印度伽耶山割髮塔的樣子，造物之奇，使人歎爲觀止。臺灣山多森林，大都岩石內蘊，唯此山樹木稀少，岩石裸露，所以才能見其峻峭詭奇的雄姿。

又數轉至十字路站，俯視山坳，櫻花盛開，好像用朱色染成的紅霞。附近都是山胞的聚落，竹屋茅舍，湫隘不堪。前行又過四隧道，車在壁腹穿行，十餘分鐘才出洞口。回望斷崖崚嶒，古木參天，不覺已凌二千公尺以上了。倚崖傍澗行，又數轉至平遮那站。北望大塔山，巍峰雄峙，嚴峻崔嵬，又像夔門劍閣，使人不禁畏懼之感。

前行入原始林區，樹高十餘丈，都是千年以上之物。枝梢萎禿，幹如傅粉。又數轉至神木站。站以樹名，神木在站西路旁。是一株樹齡三千高齡的紅檜。幹高五十三公尺，直徑十三・六公尺。根株圍以木柵。老幹擎天，枝葉茂盛。據說美國樂秀縵山谷的大樹林，年齡均在三千八百年以上，最大者，根株內可通汽車，正可與此神木媲美。

車倒行而上，見道北也有古檜多株，雪膚龍枝，可與神木相伯仲。因林間榛莽荒穢，所以不爲遊人所注意。由此可見，物之顯晦，也是有幸有不幸的。我占了兩首詩寫在後面：

一

阿山古木三千年，百尺杈枒在道邊；
可惜大材難爲用，只合巖下餐風煙。

古木千章勢拂雲，不生五嶽誰封君；
林間已作擎天柱，何必材名天下聞。

二

又一公里許升達阿里山站。下車時已五點，遂覓宿於阿里山旅館。阿里山車站是一個小山市，有店鋪居民數十家，並有高山博物館、派出所、山林管理所等機構。房舍全都是日式，高低大小，錯落有致。旅館是日式樓房，上下均設榻榻米，窗明几淨，琅環雅潔。我住在樓上，開窗憑眺，三面山色，盡收眼底。時，雲散雨止，北望塔山，如在几案。入夜山風料峭，天又落雨，好月無光，令人悵然。山上氣候較寒，幸無蚊蟲騷擾。萬籟俱寂，夜氣淒清，枕上一夢，不覺東方大白了。

十一日上午攜傘前往高山博物館參觀。該館建築，爲五間日式樓房。脫履而入，室內地蓆板壁，異常清雅。其中陳列動植礦各種標本。中間陳有明治神宮鳥居材根株，年輪八百三十五，直徑約三公尺，作三稜形，以日本歷代服裝紀年，設計之妙，實可佩服。壁懸日人何鉌生紀事詩立軸，詩云：「斧斤走入翠微岑，伐盡千年古木林。枕石席苔散無跡，鳴泉尙作舊時吟。」大正八年七月書，字仿米元章體，遒勁飛舞可觀。據說：何氏是日本林業博士，曾兩度居阿里山，對於保護森林頗有貢獻。

出博物館，陰雲四合，雨聲瀟瀟。未便遊覽，乃張傘返回旅館。午後，雲散天霽。獨坐客樓，憑欄眺望。白雲飄忽，倏來倏往，已而匯爲雲海，平鋪脚下。遠近山峰爲綿雲所蔽，時露黛螺幾點，宛如蓬萊仙島。千態萬狀，變幻滅沒。直疑身在太虛幻境。入夜大雨滂沱，獨坐敲句以遣悶。

十二日清晨，雲散日朗，群山爭露頭角。早點後約傅李二君同遊塔山。塔山爲阿里山北面之連峰。其岩石爲第三紀中新統及新統之砂岩與頁岩所構成。最高峰海拔三千公尺以上，峰巒之奇峻，與華嶽劍關相比也無遜色。

出旅館順鐵道東北行，松杉夾道，凄神寒骨。約二公里越嶺埡轉彎即至塔山。仰窺峭壁巉巖，崩石欲墜。路因崖鬬，蜿蜒如帶。倚巖傍澗前進，連過橋梁數道。大者約長五十公尺，都是懸空架設，全爲木製。枕木而外中未庋板，行至中間，俯視不測之淵，不禁神昏目眩。塔山原多原始森林，惜爲山民誅伐殆盡，已現濯濯之象。

轉西北行，又十公里至千人洞。洞爲石鼓盤溪之水源地，深七十六公尺，高二十二公尺，口徑二百四十公尺，洞內二萬平方公尺，可容千餘人，故名千人洞。巖壁嶙峋，宛如一道大城門。附近古樹凌雲，虬枝拏空，憑虛而立，令人飄然意遠。

下午二時，同傅君登祝山頂遊覽。祝山爲阿里山主峰，南去車站三公里。由站西就山徑登山南行，雨後苔濕徑滑，灌莽塞途，境極荒僻。前行左右全是檜木林，幾看不見天日。路邊有許多野花，絢麗如錦。數轉抵達嶺巔，西望測候所，高樓聳峙，巋然突出林梢。倚崖傍壑轉東南行，俯眺蒼松翠柏，滿山遍谷。又數轉盤旋而上抵祝山絕頂。頂爲一小圓阜，面積周圍約二十餘丈。三面都有森林，唯東面豁然，可以眺遠。時煙消雲斂，東望鹿林山、玉山、秀姑巒山，千巖萬壑，歷歷可指。已而陰雨四合，勢如潮湧，谷風怒號，細雨飄灑。乃張傘與傅君匆匆下頂。傅君冒雨疾奔，我在後急追，返至車站，傅君衣帽盡濕，已成落湯雞了。

晚膳後我正坐廊下整理畫稿，忽見傅君來告：「此刻晚霞極美，爲什麼不趕快欣賞？」我抬頭向西眺望，果見山外雲海茫茫，南北數百里，平鋪如掌，泱漭無垠。邊際爲落日餘暉透射雲面，現出金光一道，宛如海洋的水平線。雲海愈擴愈大，愈變愈奇。始而橙色，繼而黃色，最後變爲白色。傅君立在背後，凝眸諦觀，直至水平化爲烏有才止。我欣然占詩一首念與傅君：「夕陽西下落霞明，一道金光作水平。雲海茫茫仙島現，天將奇景送人情。」傅君笑道：「不是天送人情，是我來送人情，希望您能不忘小弟這份人情。」乃相握手一笑而散。

這天正是元宵佳節，夜深浮雲淨掃，天宇澄碧，星月交輝，光明如晝。我獨坐山樓，遙望家園，不禁黯然神傷！

十三日凌晨五點起床。推窗外望，殘星未落，曉月猶明，於是約傅君再登祝山觀日。路上遇遊客多人，頗不寂寞。約四十分鐘登上祝頂，見已有多人先來，談笑之聲，劃破了山林之沈寂。已而旭日由玉山頂升起，金光耀彩，射在塔山頂上，每座山峰，都戴上金冠。約數分鐘，日輪像一顆大水銀球掛在玉山上空。照得山河大地，都從甜夢中覺醒。泰山觀日出，日從水平線升起；祝山觀日出，日從玉山頂上升起，霞彩已滅，觀者感受自不同了。日出之景雖不甚滿意，但仰望東南有彩雲一片，七色繽紛，呈波浪紋，實爲難得一見的奇景，不負我們起早爬山的苦心。

返回旅館，即攜衣物赴車站候車，傅君送我上車，依依而別。

八六　臺中市一瞥

臺中爲臺灣省中部平原大都市，四面環山，市據大盆地之中，形勢衝要，扼縱貫山線鐵路之中樞。淸岑敏英撫閩時，曾建議政府設省會於此。至光緒十三年劉銘傳撫臺，重申前議，並奏請築城。但於十七年省治設在臺北，臺中僅置府城。民國三十八年二月十五日，爲遊日月潭先到臺中市遊覽。

臺中火車站分前站後站。前站正對中正路，站房是一座西式大樓，巍然雄峙，異常壯觀。站前爲一廣場，中央闢一圓圃，雜蒔花草，布置有致。商店整齊，馬路清潔。行人多拖木屐，三輪車爲唯一的代步工具。商業繁盛，頗具現代化的規模。

市區北端有中山公園，內有池塘，周約兩千公尺。池中建有水榭，兩座相連，丹蓋尖頂。內設有茶座，我坐下品茗小憩。水榭東面爲一小洲，有橋可與岸通。洲上有一座草亭，額曰「停雲亭」，也是遊人休憩的所在。亭外有青松古榕數十株，高低相映，頗有畫意。池中碧水瀅潔，漣漪可弄。環池植有榕樹百餘株，幹古枝奇，姿如盆栽。東面有一株大鳳凰樹，幹有合抱粗，挺直十餘丈高，枝葉茂盛，拔地參天。池邊幽花爛漫，錦堆繡鋪。時有青年男女二人，自棹瓜皮小艇。容與平波，雙槳輕搖，悠然自得，好不羨煞人也。

出公園又往寶覺寺巡禮。寺在北區錦村里，創建於民國二十六年。寺周水田縱橫，林木蔥鬱，為臺中清遊勝地。寺有大殿五間，重簷複宇。殿之中央供釋迦牟尼佛，並有緬甸玉佛。窗明几淨，陳設精潔。殿左為佛教圖書館，陳列中外佛教典籍及名家著作，以日文籍最多。殿前右方有七級靈骨塔一座，高約十丈，每層都作圓形，登臨其上，煙樹萬家，盡收眼底。該寺還設有佛學研究院、佛教弘法社及覺群報社，主持人為大同法師。法師原在鎮江焦山佛學院任教，後又飛錫香港弘法。去年該寺住持宗心上人慕其名乃迎請來臺。法師年少英俊，精明強幹，為佛教難得的弘法人才。

宗心上人俗姓林，曾婚。早年遊學日本，研究佛學。上人聰慧爽朗，樂與藝術界交遊。承熱誠招待，衷心至感。

臺中市政府與市黨部，都在民權路，其建築均為西式。市政府宏敞莊嚴，市黨部小巧玲瓏，頗有藝術價值。

民生路有省立師範學校一所，前面有一排大樓，西式巍峨壯觀。樓前植椰子樹數十株，高十餘丈，羽葉翠舉，宛如鳳翼。

中市有綠川與柳川兩道小溪，通過市中。溪岸夾植垂柳，長條拖地，如張帷幔，爲臺中一景。

臺中飲食業不甚發達，大餐館只有中正路一家醉月樓。中山公園對面自由路有幾家小餐館，以五味齋比較著名。我因爲吃素，所以中午就在五味齋用膳。

八七 遊日月潭

三十八年二月二十三日下午五時，由二水搭集集線火車往日月潭遊覽。日月潭原名龍湖，位於中央山脈，玉山之北能高山之南，屬臺中縣魚池鄉，海拔七百二十六公尺，周圍二十四公里。爲臺省第一名勝。

火車先南行三里許與縱貫線分道轉向東南，時，四境蒼茫，落霞映彩。至濁水站，時已黃昏，停二十分始行。過隘寮站和大隧道，又三十分轉彎至水裡坑站，下車遂到市區下榻於嘉興旅社。

水裡坑爲二水至外車埕鐵道的最大中間站，也是由臺中入山各道之樞鈕。位於濁水溪所浸蝕的平原上，爲一沖積湖盆地。山環水合，地稱形勝。市房臨溪而建，馬路清潔，交通四達。市南對岸山麓有鉅工發電廠，是日月潭系水力電廠之第三所。

二十四日凌晨五時起床往車站候車。星月猶明，風露凄凊。六點半鐘搭火車往外車埕。外車埕也是一處小盆地，僅有居民數十家，散處於車站左近。倚巖傍溪行，過三座隧道即達目的地。東南三公里許有大觀發電廠，該廠完成於一九三四年，可發電十萬瓩，取溪水主流以爲動力。發電量居第一位。我原打算由此步行假道電廠往日月潭，因路遠，且南面蒼崖壁立，勢極雄偉。曲折坎坷，步行不易，於是止而不往。乃又乘原車，返回水裡，九點二十分搭公路局車往日月潭。

離水裡坑過橋南行，約半公里上躋山麓。路徑蜿蜒，彎度極小，隨山宛轉，危險萬狀。過頂崁折向東北行，松杉夾道，蔽日參天。約三十分至社頭站，阡陌交通，廬舍相望。居民全是山胞，男女老幼正在田中插秧。又數轉過桃源洞經水社至日月潭。下車順馬路北行數十步登小丘，桂竹夾道，綠蔭蔽日，丘上巍樓聳峙，俯臨湖面者，就是日月潭最著名的賓館涵碧樓。並排樓閣三棟，全是日式建築，高棟複宇，錯落有致。門額有孫科題「涵碧樓」三字。室內陳設精潔，爲山中最華貴的旅館。憑欄眺望，全湖風景盡收眼底。時，天氣晴朗，日華曄曄，平湖如鏡，水色拖藍，遊艇三五，隨波上下，充滿了詩情畫意。

湖中央有光華島，像一頂涼帽平置在湖面。上建日本神社一座，並設有燈塔石坊，但缺乏樹木，甚覺荒涼。環湖重巒疊翠，倒影湖面，更增加「南天西子」之嫵媚。對面水社大山，巍峰屏簇，嵐光照人，白雲縹緲，掩映飄忽，令人起淸虛超塵之感。

在涵碧樓休息片刻，遂到湖岸碼頭，乘獨木舟往番社與文武廟遊覽。潭中交通工具計有遊艇、汽艇和獨木舟三種。獨木舟，下作半圓形，爲最原始的水行工具。其形式簡陋狹小，除船手外僅可乘坐一人。船手多爲女性，雙手蕩槳，凌波如飛。我乘獨木舟先到對岸番社遊覽。

番社有山胞數十家，背山面水，是名副其實的世外桃源。村舍都是板房竹屋，全族百餘人，總名水社。其酋長姓毛，有兩個如花似玉的女兒，號稱「公主」。年二十餘歲，頗有大家風度。其服飾與臺東山胞婦女舞妝相彷。翁年四十餘歲，體格壯健如力士。遊人爭與他們父女們合影，都欣然接受，因爲他們是以歌舞或與遊客合影作職業。高山族有其獨特的文化，大抵表現於雕刻與服飾方面。

我在水社村打了一個轉，徒步沿湖到文武廟參觀。文武廟位在日月潭北山麓，林木茂密，淸幽宜人。殿前有石磴三百六十五級，級盡爲大殿。殿宇爲宮殿式，重簷疊栱，莊嚴宏麗。內供孔子、文昌與關公塑像，瞻仰聖哲，令人肅然起敬。

離文武廟，仍乘獨木舟，返回涵碧樓。進午餐畢，買蝴蝶標本兩袋，遂於一點三十分搭汽車返臺中市。日月潭自然風景雖極優美，然以缺乏人工建設，似爲美中不足。今後須多建築亭臺樓閣，廣種花木，以資點綴，使成爲名副其實的美麗樂園。則對於人民精神生活之裨益是未可限量的。

八八 獅頭山出家未成

獅頭山為臺灣佛教聖地，早已列入十二名勝之一。去竹南車站東十八公里，為竹南與竹東兩區的界山。每日有公路局汽車與輕便臺車之便，一小時可達。山上寺院林立，風景之勝冠於全臺。我今已脫俗羈，身同閒雲野鶴，決計登山剃度，以償夙願。

三十八年二月二十六日下午一時自竹南搭公路局車往獅頭山。過頭份斗換坪入山路，路面全以柏油鋪墊，極平滑光潔。過珊珠湖至中港溪，溪源出鹿港大山，也稱大東河，過獅山至此凡九轉，因此稱「九曲溪」。至竹南西南入海。兩岸村落棋布，氣象萬千。過銅鑼圈、三灣、崁頂寮又數轉抵達獅頭山站。站有店舖數家，面山背水，為遊人休憩之所。

下車拾級登山，左右有方石柱一對，左刻「曹洞宗獅頭山」，右刻「勸化堂開善寺」。級路整飭修潔，夾道秀草蒙茸。左為獅頭巖，壁有摩崖書刻「同登佛境」四大字。其上即蹲獅峰，與東面的翔鶴峰，雙崖對峙，中虛一線。前行入深峽，古木參天，青蔭環合。流水潺潺瀉出於兩峰之間名碧玉溪。過橋迎面黝壁相夾如門叫鳴琴峽。細流汩汩，韻若琴索。

出峽前望，豁然開朗，綠樹叢中見紫府琳宮名開善寺。寺上偏西有一峰嶄然竦出名妙高峰。其前攢巒如髻名靈鷲峰。偏東危巖橫亙名千丈巖。巖前修篁掩映，黃屋飛簷就是輔天宮與勸化堂。坐茶亭稍憩，目觀山色，耳聽流泉，直疑身在畫中。

北轉過道安橋，取東路上躋，數轉至紫陽門，丹壁黃瓦，宏麗壯觀。門左倚峰麓，右傍絕壑，其上櫻花怒放，景色之綺麗，實爲他處所罕見。過紫陽門，輔天宮躋平臺至勸化堂。堂創建於清光緒二十八年，背倚百丈懸崖，前臨萬仞絕壑，有大殿三間，內爲岩窟，供孔子、老子、觀音塑像。儒釋道合祀一堂，充分表現我們中華民族兼容並包的精神。庭前爲月臺，外繚以水泥欄杆。奇花異草，金間玉錯。憑欄眺望，衆流來會，群山奔赴。近的象嶺凝翠，遠的鹿峰聳秀，白雲翻雪，紅霞映彩，耳聽梵唄悠揚，經聲婉妙。更堅定了我在此出家的願心。

僮子引我拜訪堂主達眞法師，寮舍對坐，啜茗清話。法師俗姓林，苗栗縣人，年五十餘歲，像貌清癯，衣著樸質。他早年曾參學於廈門佛學院，禪淨兼習，略識內典。惜該堂香火太盛，不是清修之地，每日送往迎來，所以內心甚苦。晚齋後，他要我住在東樓客寮，明窗淨几，琅環雅潔。開窗仰望太空，皓魄流光，星漢垂影。松風水月，啓人縹緲清虛之感。

次日早齋畢，我向達眞法師說明決心出家的來意，他很誠懇的對我說：「在這末法時期，居士發願出家，確很難得。不過勸化堂風景雖好，但是遊人太多，不大清靜，老實說不是修道的環境。我可以介紹山後元光寺，那裡比勸化堂清靜，修道作畫，都極相宜。並且該寺方丈如淨老和尚，人很慈悲，到那裡出家，他一定很歡迎。」我接受達眞法師這番好意，便帶著他寫的一封介函往元光寺拜訪如淨老和尚。

離勸化堂順石徑西行，迂迴曲折，林木交蔭。凡四五折至開善寺。寺也是背倚高巖，面臨深壑。有大殿五間，爲中西合壁式。崇脊飛簷，莊嚴宏麗。殿內大洞窟，壁頂裝以水泥，好像一棟巨廈。中供西方三聖，並有緬甸玉佛。幢旛寶蓋，陳設精潔。該寺創建於民國七年，與勸化堂同爲曹洞宗。臺省佛教多承日本之餘緒，獅山曹洞宗係由日本大本山傳來。我拜罷佛，與住持明淨和尚茗敍片刻，遂辭出往元光寺。

由原路折返，拾級盤旋而上，徑古苔滑，老樹森羅。凡兩大折至千丈巖下。仰窺懸巖峭立，壁腹內陷，勢如欲墜，使人驚心動魄。獅山岩質，全是水成岩之粘板岩。係於若干萬年前爲海水沖積而成。其後因陵谷之變，海水沈落，山才嶄然露出頭角。至今猶呈板築的現象。其石色灰藍，沙細如粉，間有海螺化石。其風化久者，多已變爲土壤。《金剛經》云：「一切有爲法，如夢幻泡影。」可見山河大地，都是無常，何況我的小小臭皮囊哩。

扶杖上行，約二十分鐘才達崖頂。計自崖腳至此，共七階一千三百二十三級。振衣絕巘，俯瞰原壤如繡，大海茫茫，群山重沓，翠浪千疊。不禁遺世獨立之感。沿崖東行，過望月亭、松關嶺，古松森羅，緋櫻燦爛，如在畫中。步石徑下行，夾道杜鵑盛開，幹高丈餘，花大如斗，灼灼簇簇，絢麗奪目。約百餘步抵元光寺山門。寺背倚松關嶺，面臨深坳，左右巖巒曲抱，形勢天然。元光寺也稱「獅巖洞」，大殿內爲一巨洞，深約三丈，廣約五丈，好像一所大廳。洞外有廊有柱有階。洞內中央供西方三聖，左右供十八羅漢。佛龕全用灰色水泥捏製，巖巒洞壑，極盡雕琢之能事。該寺創建於淸光緒二十一年，正是日人奪取臺灣的時候，爲獅山開建最早的名刹。其法統原爲臨濟宗，至第二代由曹洞宗接法，現在二宗同參。其實二宗旣同屬禪宗，自無再分門戶的必要。臨濟宗源出六祖弟子懷讓，懷讓傳馬祖，馬祖傳百丈，百丈傳黃蘗，黃蘗傳臨濟義玄禪師。此宗至宋又分楊歧黃龍二派。禪宗五家合此二派，世稱五家七宗。

元光寺第一代和尙，姓邱法名淨源，祖籍福建詔安，僑居臺灣大溪。自光緒二十一年開闢獅巖洞，設立龍華道場。晚年祝髮爲僧，六十一歲往福建鼓山依古月和尙受具戒，道高志堅，爲佛門之大德。

我拜罷佛，由沙彌會性引見方丈上如下淨老和尙。到觀海樓啜茗閒話。那時如老六十一歲，身材雖不甚高，但是貌古眼豁，神澄語溫，乍接觸便予我一種好印象。使我由衷地歡喜敬慕。他看了達眞法師的介函，笑了笑，慢聲慢語的對我說：「居士願來我這個小廟出家，我非常高興，恐怕居士未必能過我們這裡淸苦的生活，請居士先在這裡住一段時期看看，如果不怕吃苦，再正式剃度出家。」我當即五體投地給如老磕頭表達最敬的謝意。

師，俗姓陳，名華玉，原籍廣東，祖遷臺灣臺北縣板橋，後又移居新竹縣北埔西村。師出生於板橋，幼年家貧，年二十三歲，以感於娑婆世界之煩惱，乃毅然入觀音山凌雲寺皈依三寶，剃度出家。於民國四年渡海參福建鼓山受具足戒，不久便又返臺。先後任凌雲寺、淨蓮禪院及獅山水簾洞住持數年。駐錫淨蓮寺時並閉關三年，至民國三十五年八月，應元光寺大衆之請，才接任元光寺住持。

師，虛懷若谷，樂學不倦，更富於民族意識和國家觀念。談及外侮內患，便感慨唏噓，甚至淚下沾襟。這在出家人中更是很少見的。師，禪淨兼修，先後閉過兩次關，勇猛精進，戒德過人，於率衆念佛耕作外，並且還能注重教育。師曾對我說：「朝聞道夕死可矣。我今年六十一歲，還沒有聞道，怎能不及時加倍努力呀。」

師有巧思，富於藝術天才，他於水簾洞壁間親手塑造三十三天境。山水人物，亭臺殿閣，莫不精妙。三十三天，梵語忉利天，爲欲界之第二天，在須彌山上。中央爲帝釋天，四方各有八天，因此華譯三十三天。此界出於〈佛地經論〉和〈智度論〉。

我到山上不久，如老便和我計畫，打算在山上興辦佛學，並設立圖書館和醫療所。我很願意幫助他完成這三件大事。師雄心勃勃，除計畫辦學外，並且想把元光寺向前擴建。他爲著要我設計建設圖樣，特地引我到該寺左右前後勘查一遍，並囑我爲元光寺八景命名。我所命八景之名是：松關鶴唳，祇園橘香，新亭延月，北海晴波，蓬窗竹影，精舍晚鐘，南巖夕照和苔徑春櫻。如老看了非常高興。

我到元光寺一個多月，又有慧三法師、慧峰法師和龍健行老居士（即後來出家的本際法師）也來元光寺掛單安居。每天吃罷晚飯，我們幾位和如老便坐在觀海樓外面廊下閒聊天。有一次我與慧峰法師談起唐代王播貧時，客居揚州木蘭院飯後鐘的故事。如老在旁笑道：「請居士放心！

我可不是木蘭院的和尚啊。」由此可見，如老不但慈悲，而且還很有風趣咧。

慧三法師離獅山後，多年不知他的去處。慧峰法師是山東湛然寺高僧倓虛大師的徒孫，離獅山後，去臺南創建湛然精舍，弘法利生，丕振祖風。不幸於二十年前即捨報歸西了。龍健行老居士，安徽桐城人。仁厚灑脫，善詩詞，書法自成一體。離獅山後，於中壢圓光寺披剃出家，後到基隆修建海印寺，不久即在該寺圓寂。寫到這裡，我對他們三位非常懷念，回想前塵，不勝苦空無常之感！

如師爲提高大衆的教育程度，特地禮請上慈下航老法師、大醒法師和律航法師來山講經。並由慈老在山上結夏，駐錫開善寺講唯識論。當時遠近庵堂僧尼前往聽講者異常踴躍。頓使獅山佛教光芒萬丈。我在十歲便歸依過國運禪師，這時慈老駐錫獅山，我又歸依慈老。慈老並賜我一個法名叫佛能。

元光寺也是僧尼同住，共有十四五位。除沙彌會性在中壢圓光寺讀佛學，還能略談佛法外，大衆都沒有什麼學識。往往爲很小的事便發生口角，使大家都不得安靜。不但是一個大家庭，而且是一個煩惱的家庭。我想自己過了多年單身生活，早就出了家。住在這裡，找一個煩惱的家，既不能修道，又不能安心作畫，實在沒有意義，因此決定暫時不出家。

我住在山上，除每天早、晚隨大衆上殿拜佛外，有時作畫，有時寫遊記，有時與諸位同修出去散步。我遍訪後山剎寺庵洞：海會庵、金剛寺、靈霞洞與水簾洞諸名勝之後，並從如老同遊東埔、北埔和五指山。那時我最大的收穫是每天上午去開善寺聽慈老講唯識，開啓了我的智慧之門。慈老身材魁梧，方面大耳。聲如洪鐘，慈祥可親。儼然是畫圖中的唐玄奘，使我對他由衷地敬慕。那時慈老在中壢圓光寺辦佛學院，自任院長。他在山上只住一個多月便回中壢了。

慈航老法師是福建省建寧縣人，生於清光緒二十一年。俗姓艾，號繼榮，父炳元公爲前清國子監，母謝氏系出名門。十一歲母親去世，十七歲又喪父親。因家無依靠，遂赴泰寧縣峨眉峰佛寺披剃，依止自忠和尚座下。民國元年秋季，受具戒於九江能仁寺，並參禮九華、天台、普陀諸道場。先後親近圓瑛、度厄、太虛等大師，並得圓瑛大師傳授法卷，兩度閉關閱藏。三十五歲任安慶迎江寺住持。曾創辦佛學研究部、僧伽訓練班、義務夜校、國民學校。三十六歲赴香港、仰光等地弘法。抗日戰爭期間，隨同太虛大師遍訪緬甸、印度、錫蘭等佛教國家。四十七歲駐錫馬來亞，在星馬等地巡迴講經。五十四歲應臺灣中壢圓光寺妙果和尚之邀來臺創辦佛學院。那時獅山元光寺沙彌會性即在該院受教。不幸臺灣發生教難，佛學院僅辦一年。後應汐止靜修院達心、玄光尼師迎請講經。五十六歲，趙恆惕居士等發起在汐止興建彌勒內院，慈老每日在院內講授因明、唯識等。五十八歲再度閉關。六十歲於關內安然圓寂。弟子依其遺囑，坐缸入塔。民國四十八年五月十九日開缸，肉身未壞，五官分明，成爲全身舍利。遂覓畫工塑爲金身包骨法像。慈師生前鼓吹以教育、慈善、文化事業以挽佛教之衰頹。如今已逐一實現了。

我是一個福薄業重的人，過去在大陸第一次去西湖淨慈寺出家，第二次去鎭平菩提寺出家，都以因緣不契未能如願。這次來獅頭山出家，雖是得到這樣優美的環境，而又遇到如淨老和尚這位仁慈的大德，不幸由於當時政府對於在山林寺廟長住的外省僧俗不放心，以致發生教難，使我不能很安閒的享受這份晨鐘暮鼓的清福。

我在元光寺住了五個月，接受鄉長董作賓先生的勸告應臺中省立師範學校黃冠宇校長之聘到臺中重溫粉筆生活。當我離元光寺下山的時候，蒙如老和全體僧尼兩衆送我到望月亭畔，並且都依依不捨的流出了眼淚。使我感動得不自禁的也哭了。如老握著我的手，再三叮嚀：「居士要用功學佛，保重身體，多作饒益衆生的事。將來如有機緣再回山來。」如老那樣慈祥的態度，懇摯的話語，一一都刻印在我的心版上，永遠不能忘記。

八九　臺中師校的粉筆生涯

臺中省立師校，創建於日治時代，是專爲培植日本子弟而設的學校，因此校舍特別宏敞、整齊、優美。校長黃金鰲先生，字冠宇，安徽省人。原任國立北平師範大學訓導長，北平緊急時，政府派機接來臺灣。教務主任侯璠，字子奐，察哈爾人，原任廣東中山大學教授，渡臺應黃校長聘負責教務。訓導主任張起鈞，原任北京大學教授，與陳雪屏、黃冠宇同機來臺，亦應聘在中師負責訓導。教師有陳榮銓、戴鎬東、崔蘊蘭、藍文徵、陳穎昆、鄒豹君、劉世澤、李存祿、楊宗珍（孟瑤）、王逢吉、王靜珠等，在大陸也都是知名的學者。黃校長爲提高中師教師素質，特別延聘大家爲培養優秀的師資貢獻心力。

那時，男女學生有七、八百人，全體師生，全都住校。起居作息，共同生活，好像一個大家庭。我到中師，因爲是單身，住在大樓西首與教室爲鄰。承黃校長禮遇，要我擔任國文、美術兩門課，並兼一班導師。每天早、晚查自習、查寢。爲導師職務關係，週末還要主持班會。並邀任課老師都出席指導。老師訓話後，讓諸生報告一週學習心得。師生同堂研究，一片和諧。這時我才深切領會粉筆生涯的樂趣。

中師指導美術的有三位老師。我專指導國畫，林之助與張錫卿指導水彩畫。因爲在日治時代，學校美術指導西洋畫與東洋畫（即日本國畫）。臺灣光復後，青年學子們大多嚮往中華傳統文化，所以學習國畫也特別感興趣。他們除在課內認眞學習外，在課外也利用時間練習，所以進步很快。每年暑假在校外舉辦一次師生聯展，甚獲社會人士佳評，對於老師指導，學生學習，發生很大鼓勵的作用。

種花是我唯一的嗜好，我種花的旨趣，並非全在欣賞花的美麗，主要是在觀賞花的生意，對於教育學生有啓示的作用。

在我的住室窗外有一小片空地，只有兩株白花樹。我把地開起來，種植些玫瑰、扶桑、杜鵑和花草。並命名叫「半角園」，一個月後小園就有了生氣。花晨月夕，我獨自坐在園裡，或觀花，或吟詩，怡然自得，寵辱皆忘。有時，同事和學生也到園裡徘徊觀賞我所「人化」的自然之美。我深切體會，人如完全享受別人製作現成的東西，就會自私、消極、墮落；享受自己的創作，就會擴展心量、積極、奮發。這個半角園是我的創作，不但供我自己欣賞，同時也供別人分享。當我看見同事或學生在園裡看花的時候，比我自己看花的感受，還更快樂。

中師大樓後面，有三長排平房，爲教師與學生的宿舍。每排宿舍前面都有空地，任其閒置，甚覺可惜。我向校長建議，由訓導處與各班導師指導學生把空地開闢起來，種植花草，以美化校園的環境。黃校長認爲可行，於是便照我的計畫實踐。我也參加這項有意義的勞動。當我放下畫筆，拿起鋤頭，加入學生群中用力掘地的時候，雖是冒出滿身大汗，但我卻感覺是在揮動椽筆，創作一幅美的大畫。三個月後，花開了，每一位老師、學生和工友，走進花圃，面對著「萬紫千紅總是春」的花朵，也都綻開內心喜悅的笑容。不但美化了環境，也美化了每個人的生活。

後來我搬住在第四排宿舍，窗外有幾株大樹，樹蔭雖好，但常生毛蟲，實很討厭。我於是又動腦筋，想再創一片小天地，以安身立命。我向校長建議，把樹除掉，由我自己規劃、開闢，建設一個小花園。校長又慷慨答應了。

總務處派幾個工友，花一天的時間把樹全都挖掉清除。他們的勞動結束，也正是我的勞動開始。我脫掉上衣，拿起鋤頭，一俯一仰地對這塊像肝硬化似的死土地動手術。當我正在勞動的時候，總務處要派工人替我開闢，工友與學生也爭相要爲我代勞，我一概婉謝。我勞動一個星期才把地挖完。遂即參考我規劃的圖樣，又把土弄碎，慢慢地整理。並且還挖一個小池子，先蓄上水。把地整理完即分區種花或播種，池裡移植蓮藕，以伴池旁那株老柳。經過半年時間的培護，欣見滿園花開，我又完成一件美好的創作。

曇花，冰清玉潔，具有仙姬之姿，爲百花中的最上品。可惜只在深宵「一現」，即告香消玉殞，與愛她的詩人詞客們永留遺憾。我初到中師，便培植一盆曇花，快開花的時候，我把它搬到屋裡。某日在開花以前，我因事必須北上臺北。晚十時回來，開門忽聞滿室清香。開燈一看，果然曇花盛開，好像白衣大士從雲端降臨，喜悅之情，不可言喻。我忙搬把椅子，坐在花前，注目玩賞。恍惚之中大士把我帶入夢境，醒來細看，花都垂頭喪氣，沒精打彩了。白衣大士給我留一句話「色即是空」。

時過兩年，我養這盆曇花，某日同時開放二十餘朵。我敬備茶點，邀請黃校長、李炳南居士、蔡念生居士、蔡伯毅居士、陳榮銓先生、戴鎬東先生與朱時英居士，同來品茗觀賞曇花，並且賦詩以抒雅興。現在回想起來，倏忽三十多年。諸公多已作古，能不黯然神傷?!

中師前面五廊巷有兩位近鄰，一位是蔡念生居士，一位是老立法委員霍戰一先生，另一位住在自治街楊朔吾先生，號稱「橋頭三老」。都是臺中市的名士，也都與我爲忘年之交。蔡居士，名運辰，年六十餘歲，東北哈爾濱人。早年曾從莫德惠出使俄國。學貫中西，尤精研佛學，善作詩文。公體貌俊偉，聲如洪鐘，爽朗寬厚，平易近人。霍先生，也年逾花甲，東北吉林人。現任立法委員。身材短小，像貌清癯。關心國事，喜評時政。講話幽默，極有風趣。楊源先生，字朔吾，浙江人，年五十餘歲。飽讀詩書，學崇孔孟。藏書萬卷，工書能詩。頗富資財，樂於助人。三老於每日清晨相約於師校門前集合，步至農場，坐橋上休息片刻，再回家用膳。這就是「橋頭三老」之號的由來。有時，三老於晚膳後過半角園與我啜茗閒敍。或談佛法，或評政治，或論書畫。無拘無束，樂不可言。霍、楊二老，早歸道山。蔡老攜眷赴美定居，久無消息，甚可懷念。

每逢週末，黃校長便邀陳榮銓、戴鎬東、王逢吉與本人在向尙路校長宿舍小聚。那時他還沒有續絃，也是孤家寡人。宿舍請一下女洗衣作飯。因爲他自己善烹飪，所以宴客不需下女動手。冠宇先生最重尊師重道，每週請我們餐敍，並不是要談什麼問題。意在表示尊師重道而已。

有一位英文教師陳南士先生，我們雖授課不同，但由於同喜吟詠，憂國憂時，志趣相契，所以交締忘年，過從甚密。先生名穎昆，字南士，號筠叟，世居江西省高安縣。國立武昌高師畢業。學識淵博，宅心寬厚。少年時期便喜作新詩，常發表於報刊。不但爲新詩園地的播種者，並且還是提倡新文藝的先鋒。至中年以後漸覺新詩索然無味，才轉而篤好舊詩。我與南士先生，常相唱和，相知頗深。細玩先生所作五古，近乎陶謝。歌行律體，折中於李杜王孟，雖不必有心摹古，而自與古人合。三十九年，程天放出掌教育部，南士先生應邀離開中師北上，以國民大會代表兼主任祕書。四十三年與程氏同退，舉家棲居中央新村，讀書養性，著述吟詠以自娛。民國七十七年逝世，享壽九十歲。有《待歸草堂詩稿》行世。我每次在臺北舉辦畫展，先生必自提花鑑，蒞場致賀。古道熱腸，使我永感不忘。

我因爲信仰佛教，初到臺中，即與李炳南老居士結緣。並常去慈光圖書館聽炳老講經。炳老號雪廬，山東濟南人。初受儒業，後歸佛門，弘揚淨土，並尊孔孟。既重墨翰，不廢吟詠。慈悲爲懷，以醫濟世。供職於孔子奉祀官府，創辦圖書館、醫院與蓮社。蒙炳老關愛，每逢年、節互餽薄禮，四十年沒有間斷。我與炳老之交，正如細水長流，清澈無染。

朱斐居士，字時英，又字堯生，江蘇無錫人。英敏仁慈，少年歸依三寶。初在上海，依印光法師修習淨土，來臺後，又拜慈航法師、李炳南居士爲師。臺中寶覺寺宗心居士辦《覺生雜誌》，聘朱居士爲主編。居士請我繪佛教插畫，爲我與時英訂交之始。後來時英由李炳老大力支持，創辦《菩提樹月刊》。爲臺灣佛教水準最高的刊物。廣受東南亞佛教信衆們的歡迎和稱讚。因爲我與《樹刊》介紹我的兩位學生江錦祥、王炯如畫插圖，我與時英往來更密，而交情也更深。前年時英夫人捨報往生。他把《樹刊》交付臺北友人負責編輯發行。他有時去美國，有時去大陸，有時住臺中，行蹤飄忽不定，所以晤面就少了。

我到中師不久，便與畫友林之助、朱龍安、徐人衆、潘榮錫、王爾昌、李長林等，聯合舉辦中部美展。後來彭醇士、韓玉符、高一峰也先後參加我們的行列。定期展覽，每年一次，地點在自由路省立圖書館。因爲水準不低，所以極受社會重視。

那時，故宮博物院辦事處和古物，才從大陸遷來臺中。辦事處設在霧峰北溝。古物寄存臺中糖廠倉庫。員工分住糖廠克難小屋。有一位研究員李霖燦與家眷也住在那裡。霖燦是河南輝縣人，杭州藝專畢業。不但能畫，對於雲南麼些文字也很有研究。因爲我們有同鄉的關係，所以他常一個人提著小袋子來半角園找我聊天。有時我陪他到西郊臺中農場散步，欣賞夕陽西下，落霞殘照的景色。不久，應美國國會圖書館之邀請，整理麼些文字，在美旅居兩年。返國後攜家隨故宮辦事處遷居於臺北士林外雙溪。先升書畫處長，又升副院長。並兼臺大、師大、輔大中國畫史教授。因爲不但他的職位提升了，並且研究工作與課業又繁重，所以很少到臺中來。

九〇 我與董作賓先生

董作賓先生，字彥堂，河南南陽人，北京大學預科畢業。爲當代甲骨文字學家。民國三十八年，彥老才從大陸來到臺北，全家住在和平東路青田街。我曾慕名去拜訪他。是我與彥老結緣之開始。

三十九年二月二十四日下午七時，彥老從高雄回臺北，經過臺中，與臺大政治系主任李祥麟、法律系主任洪力生及教授十餘人下車，同住自由路民衆旅社。彥老獨自到中師看我。約談二十分鐘，時已黃昏，同往中山路北方麵食館用膳。食訖，我又陪彥老逛街，送他到民衆旅社，遂握別，我回學校。

次日早餐後，我往自由路民衆旅社回拜彥老，適逢他和十幾位教授們，正要出門往中山公園與省立農學院參觀訪問。承彥老堅邀同往，盛意難卻，只好從命一同登車。大家到公園沿著池塘轉了一圈，遂即登車往農學院。該院位在東南郊，去市區約二公里。校舍雖不甚宏敞，但是院中竹籬豆架，頗饒自然風味。一行到辦公樓前，承李院長亮恭與林教務長一民接見，登樓至會議室，聽李院長簡報後，啜茗閒敍片刻。又承院長與教務長引導參觀各種標本室。其搜集之富，保養之精，實爲大陸各大學所罕見。彥老說：「入斯院多識鳥獸草木之名」，大家都有同感。

返回市區經過南臺中，我與彥老下車至孔子官府訪奉祀官孔德成先生一敍。那時，孔氏才三十歲，體貌俊偉，西裝革履，儼然是紳士模樣。彥老對我耳語道：「太洋氣！」我微笑道：「聖之時者也」。

由孔府辭出，又同往振興路教育部職員宿舍，訪莊嚴先生晤談片刻。莊先生，字慕陵，北平人，學識淵博，精於書畫鑑賞。臨池功深，尤擅瘦金書。原任北平故宮博物院課長，來臺暫代院長職務。公有四子：莊申、莊慶、莊喆、莊靈。當時，四兄弟皆十幾歲，申讀一中，喆讀二中，靈讀小學。申所繪水墨山水，筆墨脫俗，我與彥老都很驚異。慕公出示莊申仿夏珪長江萬里圖長卷，請彥老題跋。彥老因事不能久留，允攜至臺北題寫。遂告辭趕回旅社。下午彥老率團往日月潭遊覽，我因有課，未能同去。

四月八日，董彥老同何日章先生又來臺中，上午十一時邀我前往糖廠倉庫，同觀故宮博物院所藏宋張擇端所畫「清明上河圖」。我欣然冒雨前往。先到莊慕陵先生家，會同諸公至倉庫，慕公命守護人員開箱，把所藏三本清明上河圖全都取出，展在案上，供我們鑑定。一本名「清明易簡圖」，此圖絹心，細密光澤。長約十二英尺，卷首裝以黃色蠟箋紙，乾隆御書「夢華陳迹」四個大字。卷尾還有乾隆御跋及蘇舜舉、沈德潛題字。畫尾右下角書「翰林畫史臣張擇端進呈」蠅頭小楷，頗像宋體。所繪鞍馬人物，市橋郭店，均極工巧精妙。其他二本，也是絹心，其長度與易簡圖也相仿。第二本卷首書「賜錢貴妃」數字。並題七言詩一首。卷尾有蘇舜舉及岳璿跋，字仿東坡體。此本也極工麗，觀其所繪人物與筆法似出明仇英之手。第三本絹質粗劣，人物市橋，不及前二本遠甚，必出於庸工俗匠之手。自元明以來，清明上河圖仿本甚多，我曾見七、八本，無一眞跡。此次所看「易簡」與「賜錢貴妃」二圖，雖也可疑，但即使是贋本，也有其極高的藝術價值。觀罷清明上河圖，即同到莊先生家小酌。吃罷飯，我送董、何二公到旅社休息，下午二公搭火車返回臺北。

董彥老有藝術氣質，愛好書畫古玩，能寫一手甲骨文好字。並且平易近人，極有風趣。我每去臺北，即到青田街拜候彥老。有一次下午去看他，他正在寫字。寫了一副，又寫一副，寫罷把筆放下，坐下和我啜茗閒聊。他感慨地道：「前幾年有人求我寫字，我很高興。現在應酬多了，就感覺有些麻煩。」我道：「大概書畫家都有同感。」彥老道：「無怪乎鄭板橋說向他求畫的多時，他就要罵人。」我道：「我不會罵人，只怪自己不該學畫。」彥老笑道：「你畢竟厚道。」

我正要告辭，適逢外面打雷掣閃，風雨交加。彥老留我吃晚飯，我只好接受他的盛意。

彥老住的是一棟日式榻榻米房子，空間還頗寬敞。因爲他是中央研究院歷史研究所院士兼臺灣大學教授，所以臺大分配他一棟宿舍。在他客廳壁上掛有一塊紙匾，橫書「平廬」二字，是臺大校長傅斯年的手筆。那時勞幹教授也住在董宅左近。

晚膳後，雨仍下的不停，彥老對我道：「下雨天，留客天，天留，我也留。你不要去住旅館，今晚就住我這裡。我們多聊聊。」我道：「雨如不停，主人不留，客也不走了，我想給彥老畫一幅抽象畫。」彥老又以驚異的口氣問道：「你還會畫抽象畫？」我道：「試試看。」彥老道：「好，那你就畫吧。」彥老裁一幅宣紙，展在案上。我先把墨調好，執著大筆，蘸飽了墨，在紙上如風掃電掣般亂揮一氣。數分鐘即完成一幅「傑作」。彥老拍手笑道：「好！好！這幅畫雖是什麼都不像。可是我覺著很有趣味。」我道：「雨中避免無聊，意在博得彥老笑笑而已。」

我畫長城萬里圖、長江萬里圖和文字畫，受到彥老很大的鼓勵。民國五十四年，江圖完成，彥老先已去世，未蒙指教，爲我一大憾事！

九一　我與溥心畬先生

溥心畬先生，號西山逸士，前清恭親王奕訢之孫，故世稱溥王孫，世居北平。先生貌古神閒，才華過人。幼承庭訓，飽讀詩書，詞賦書畫，都有高名。我於民國二十二年在北平初識先生，至三十九年，倏忽一十七年。先生於民國三十四年與齊師白石先生聯袂赴南京、上海舉行畫展。畫展結束，齊回北平，而溥先生攜眷往杭州遊覽。不幸首都與杭州相繼失守，乃又潛返上海。時囊空如洗，生活發生問題，賴友人暗助以糊口。北京中共當局聞知其窘狀電請他回平，並餌以要職。先生素重氣節，乃婉拒之。遂計脫滬市，買民船渡至定海。蔣公嘉其忠貞，即命陳長官派機迎至臺灣。

民國三十九年二月二十六日，心畬先生首次來臺中，舉行畫展，下榻於臺灣銀行俱樂部。我去俱樂部拜訪他。他的夫人、公子、朋友，還有兩位記者都在座。我與先生晤面，談起在大陸流亡狼狽的情形，不禁流下了眼淚！《新生報》記者陸崇仁、《中華日報》記者陳玉祥，認爲溥先生在大陸名氣雖是很大，但本省人對他的大名知道的卻不多。囑我寫篇揄揚的短文送報社發表，使社會人士，踴躍參觀他的畫展。我因敬仰溥先生學問、人品、氣節，於是就慷慨答應了。

那天下午一點三十分，我應臺中市黨部的函邀，往新北投食堂參加歡迎溥先生茶會。與會者多爲臺中文藝界人士約六、七十人。先生即席講立品、讀書，語重心長，聽者莫不感動、敬佩。

二十七日上午八時，中師黃校長請溥先生在大禮堂演講。他所講的內容與昨日茶會所講大致相同。講畢，我與黃校長、侯主任陪他到校長室啜茗閒敘。溥先生說：「我帶家眷才到杭州的時候，蔣先生聽說我的生活發生困難，於是派人到杭州贈我銀元若干，以作旅費。我認爲受金無名，當即婉謝。來人感到我不接受，他回去無法交代，於是設計說：『請先生贈總統山水畫兩幅，可以接受了吧？』我點點頭說：『這樣辦可以接受，太難爲您了！謝謝！』」我們聽溥先生談蔣公贈金的經過，對他廉介不苟的情操，更敬佩不已。當天晚間，黃校長在自宅歡宴溥先生，並邀我與市政府教育科長、各中學校長潘振球等作陪。席間，溥先生又談些清宮裡小故事，大家聽的津津有味。席散，我送溥先生回招待所。

三月五日上午九時，臺中市政府請溥先生在中山堂作學術講演。我陪溥先生依時到中山堂，約候二十分鐘，主持人陳宗熙市長還未到，聽衆等得不耐，我與溥先生更著急。先生很氣憤地說：「豈有此理！不講了，我們走吧。」我正要勸阻他的時候，他已起身走下講臺。我立即趕上去，他頭也不回的走出中山堂。我只好陪他到中山公園坐一會兒，等他消了氣，勸他回中山堂，他執意不肯，不得已只好送他回招待所休息。事後才知道陳市長因臨時有事，所以才誤了時間。他到中山堂即忙派人找溥先生，結果沒有找到，所以才向聽衆宣布講演會延期。現在我回想起來，眞是一件有趣的事。

那天下午，溥先生邀我同往太平路訪余代表于非。因爲溥先生也是國大代表，與余爲同事，並且他們在北平時早即相識。所以彼此見面，格外親切。余代表是東北哈爾濱人。體態俊偉，天性豪爽。不但喜歡收藏書畫，並且能畫山水。我與他雖爲畫友，但平時甚少往來。對日抗戰勝利後，余在東北和日本購得百餘幅中國明清以來的名畫和日本名蹟。他請溥先生分別予以題跋，溥先生接受了他的請求。我只陪溥先生去過兩三次，至於給他題過若干件，我就不清楚了。

溥先生有兩個女弟子，一個名安和，一個名劉河北。那時她倆都才十七、八歲，頭梳兩條辮子，劉小姐相貌清秀，安小姐雍容大方，是標準的古典美人。這兩個小姐，才華都很高，並都學畫工筆人物士女，仿古的工夫相當不錯。溥先生在南京時，安和便由她的父親安懷音先生介紹向溥先生磕頭拜師。因此，溥先生到臺中來，安和便約劉河北，常到招待所向老師請教。溥先生不指導畫，而給她倆講四書。我就覺著有些奇怪。溥先生雖畫了多年畫，並以畫名聞於世，但他不喜歡別人稱他畫家，喜歡稱他文學家。他教學生，勸學生先多讀書，可能就是基於這種重文輕藝的觀念。

中師黃校長託我再請溥先生演講一次，溥先生表示很高興，講題是「中國文字源流」，時間二小時。七日下午三點，我去招待所接溥先生來校演講。適逢安和與劉河北兩個小姐也在那裡，我請她倆也陪老師來。到學校先在校長室休息幾分鐘，黃校長、侯主任與我便陪溥先生到大禮堂。走到院裡，有許多男女學生都爭看安和小姐的風采。安和的確太美了，眞像一朵「出水芙蓉」。

溥先生對全校師生講文字源流，全以傳統的觀念，依據古書所記載，自伏羲畫卦講起，至漢代許愼說文爲止，廣徵博引，語多精闢。一氣講二小時，好像還沒有倦意。

溥先生畫展，是在省立圖書館。開幕時觀衆雖很踴躍，但作品只售兩三幅。溥先生與他的夫人都頗失望。溥先生的畫，用筆清勁，設色淡雅，布局空靈，書卷氣很濃。

三月二十七日，溥先生又來臺中，仍住銀行招待所。上午十時，溥先生以電話約我閒敍。當時他正在揮毫寫文天祥正氣歌。寫畢他請我坐下閒聊。他把香煙銜在口中抽了兩下對我說：「題畫紀年，最好用干支，不必用國號，因用干支雅，用國號便俗。」我想他忽然對我講這句話，可能是因看到我畫的那幅「蜀道萬里圖」用國號紀年而發。向他解釋說：「我在早年題畫，也全用干支紀年，唯在對日抗戰時期改用國號紀年。懍於國家民族存亡絕續的關頭，更覺國號之可貴，所以才用國號紀年。」先生歎息的說：「在今世風日下的時候，您能堅持民族立場，可謂名教中的志士，敬佩！敬佩！」我說：「佛庭是民國人，應守民國人的立場而不變，與公堅持前清人的立場而不變是相同的。我用民國國號紀年，也好比先生常用舊王孫之印。我與先生所持的立場雖不同，但固持操守之用心是沒有二致的。」先生又說：「民國未必長久！」我說：「國家興衰存亡，本是常事。我們爲國家一份子，應行其所當行，明其道，不計其功，只求心安理得而已。」先生笑道：「我到臺灣以來，可與談心者，也只有您一人而已。」談到這裡，看錶時已正午，於是告辭回校。

因爲我與溥先生志趣氣味相投，所以後來我去教育部美育委員會工作，有空的時候便去臨沂街拜訪溥先生閒聊。或談佛法，或談詩文，或談書畫，或談山水，天南地北，上下古今，談到忘年、忘我、忘情的境界。記得在四十六年三月二十一日我又去訪溥先生。當時他正在作畫。彷彿是仿劉松年的筆法，染以小青綠。一面畫，一面談話。他頗憤慨地道：「去年某日我去臺中東海大學授課，黃金鰲邀我在醉月樓吃飯，並請有彭醇士、孔德成、徐復觀等作陪。有一女侍應生在旁斟酒，醇士當即作詩一首，以助雅興。復觀請我和一首，我不好拒絕，於是也作了一首，並囑保密，不要外洩。不知怎的，我那首詩很快就在臺北報刊發表了！我實在與那個女孩子並無瓜葛，所傳如何如何，眞太冤枉！」溥先生，生活瀟灑，最喜宴飲，因不避風月之場，致玷清譽，是很可惋惜的。

九二 我與錢穆先生

在對日抗戰時期，即聽說北京大學有位錢穆教授，是苦學成名，對於本國歷史很有研究。那時，我對於錢先生即非常景仰。民國四十一年，錢先生應張曉峰先生之邀來臺講學。二月二十一日，省立臺中圖書館請錢先生演講，我想使我最仰慕的史學大師，現在來到臺中，給我請教的機會，無論如何不能錯過。所以那天晚上我也去圖書館聽講。講題是「復興中國文化的條件」。廣徵博引，見解精闢。他雖不用講稿，但有條不紊，聽衆莫不敬佩。講罷，黃館長陪錢先生到會客室休息，我趨前向錢先生問候，並致敬仰之意。我們又談文化與國家民族興衰存亡的關係。約二十分鐘，黃館長派人送錢先生到銀行招待所。

錢穆先生，字賓四，世居江蘇無錫。篤志好學，焚膏繼晷。以家貧中學畢業，無力升學，乃在本鄉小學教讀爲業，以維生活。於授課之餘，專研經史，並開始著述，以《近三百年學術史》，聞於燕京。北京大學校長蔡元培先生重其所學，誠聘先生北上講學。上第一堂課，諸生踴躍受教，座無虛席。於是先生名震京華了。「七七」對日抗戰初起，先生隨北大南遷昆明，仍在西南聯大任教。抗戰勝利，又隨校遷回北平。北平淪陷，先生先回江蘇故鄉，不久，隻身逃往香港。在港與唐君毅、牟宗三等創辦新亞書院，後改中文大學。先生初次來臺，新亞尚未成立，正是他顚沛潦倒的時候。

先生在省立圖書館演講後，中師黃冠宇校長也慕名請錢先生演講。講題是「師道」。大意不外勉勵諸生敦品勵學，並要發揚孔子樂業的精神。講罷，我陪錢先生到我住的菩提精舍休息。並磨墨展紙，請他書小中堂一幅。他立即書謝靈運〈山居賦〉一則。詞是：「仰前哲之遺訓，俯性情以自便；奉微軀以宴息，保自事以乘閒。」先生筆姿勁秀，自成一體，書如其人也。

四月十七日，賓四先生應聯合國中國同志會朱家驊先生之邀請，在私立淡江英專禮堂演講。才講畢，正開始解答問題，不幸天花板坍落，錢先生腦部受傷，並折肋骨一根。立法委員柴春霖當即斃命。田培霖教授也受傷折肋骨三根。董作賓先生面部也受微傷。該校當即派人護送錢先生等入中心醫院作緊急治療。這是政府播遷臺灣以來，文化界最大的不幸事件。我與黃校長都特別關心錢先生生命之安全。

錢先生在臺北中心醫院療養一個多月，我曾去看他兩次，不但頭蓋骨縫合很好，並且腦傷也已平復，記憶、思維不受影響，可謂不幸中之大幸。先生於五月二十一日移來臺中靜養，住太平路存德巷臺銀宿舍，是一棟日式榻榻米平房。我去看他，適逢外出。

過了幾天，錢先生來我菩提精舍閒敍。先生談他在淡江英專受傷的經過。他說：「人生有命，早即把生死置之度外。我雖不是佛教徒，但相信因緣。一切遭遇，都是事有湊巧，湊巧就是因緣成熟的結果。」我說：「賓公經此大難，必有厚福，今後更可以文章報國了。」

錢先生有一個女弟子胡美琪小姐，是前浙江省主席胡家鳳的女兒。這時才來中師圖書館工作。先生要我同到圖書館看她。錢先生來臺中休養，主要是靠胡美琪的照顧。

六月九日上午，錢先生又來舍下。他問我中部八仙山風景如何。我告他說：「三十九年春，我曾去八仙山遊過。山很雄峻，森林也很茂密，上山有纜車可以代步。初春桃花、杜鵑、櫻花、梅花盛開的時候，風景最美。」先生與我相約，明年春如不回香港，可以同往遊覽。談到中華文化衰落的問題，先生感慨地說：「當前中國沒有純粹的學術家，實為文化衰落的現象，想建設文化，非獎勵學術不可。」

我近著《新一元論》書稿，前曾面交錢先生，請他指教。過了一週，我去存德巷看他，見面他第一句話就說：「大著我已經拜讀，使我很驚異，想不到您是位畫家，竟有這樣高深地哲學思想。能把科學與哲學，天與人，心與物，融會貫通，構成哲學地美學新體系，非讀萬卷書，具有大智慧不能辨。我希望您不必急切付印，資料如能再增加一些，就更充實了。」他對我的誇奬，我是不敢當的。不過我很感謝他給我的指示。後來我又增加若干資料，至五十七年才由中山學術基金會資助出版。

八月一日錢先生來舍下辭行。他說：「定於十日赴臺北轉回香港，短時間不可能來臺。」我請他同到中正路山東食堂小酌，並邀王逢吉先生作陪。席間暢談國家前途，社會風氣與學術風氣等問題。過一天下午七時，我去存德巷爲錢先生送行，並贈他靈芝一株，以留紀念。正在談話，忽聽鄰家呼喊，先生的浴室起火，先生態度鎭靜，恍若無事，我扶他趕快出來，見浴室正冒濃煙。所幸警察帶鄰人進來，放水把火息滅，沒有釀成大禍。否則如在錢先生睡眠時發生，那就不堪設想了。事後我對於錢先生「處變不驚」的修養還是很敬佩的。

八月十日午後往火車站，送錢賓四先生與胡美琪小姐回港。敬贈七言律詩一首，以代驪歌。詩是：

孤忠勁節作貞民，香島歸來彌可親；
志在尼山宣聖教，學研性理指迷津。
梁摧未折擎天柱，國破獨留淑世身；
陽關愁送春風去，應念中臺望蒲輪。

九三　我與張大千先生

我初次與大千先生會面，是在民國二十三年（一九三四）他和胞兄善子先生聯袂在北平中央公園水榭舉辦畫展。那時他與善子先生，都是長髯飄胸。雖僅三十六歲，看外表好像五十許的中年人。大千先生，天性爽朗，和易近人，雖僅交談片刻，卻使我留下永遠不可磨滅的印象。

民國三十三年（一九四四）五月，大千先生從敦煌回到四川，爲避暑住在灌縣青城山上青宮。我於是年六月自西安入川舉辦勞軍畫展，也在青城山天師洞小住兩個月。曾與大千先生多次會面交談，獲益甚多。我在成都少城公園舉辦個展，蒙大千先生主動爲我寫幾封介函，並冒暑蒞場指教，更使我永感不忘。

民國四十二年（一九五三），大千先生自巴西回到臺灣。那時故宮博物院在臺中霧峰北溝，他來臺中看畫，黃冠宇先生請他吃飯，我又有幾次向他請教。其後他曾回國舉辦畫展、出席故宮博物院古畫會議、定居外雙溪，雖又會面多次，但由於拜訪他的人多，都沒有機會多談。大千先生回國參加古畫會議，暫住臺北市林森路一家旅館，我順便去旅館看他。當時只有張目寒先生在座。我們三人正談故宮古畫的時候，我提出故宮鎭山之寶董源「洞天山堂圖」質疑，在大千先生正要回答的時候，林語堂先生進來，要請大千先生吃飯，把我們的談話打斷了。現在想起來，眞是一大憾事！

民國六十三年，我應臺北省立博物館之邀舉辦禪意畫展，蒙大千先生蒞場參觀，並當場選訂一幅，不料我的作品竟引起他的興趣，每一幅他都看的很仔細。大千先生的畫是潑墨、潑彩；我作禪意畫，是潑墨潑水，方法與風格並不相同。

大千先生回國定居外雙溪摩耶精舍數年，我不願多去打擾他，所以只去過一次。我們坐在客廳裡，談潑墨畫法、平劇和北平小吃，彼此很愉快。他說：「我用潑墨法作畫，是因為眼疾，視力欠佳，不能多用細筆，所以才用潑墨。這種畫法，在唐代張璪、王洽都用過，並不是受洋畫的影響，也不是我張某人所新創。不過我又加以潑彩，與傳統古法稍有不同而已。」我對於大千先生講話之坦率眞誠更加敬佩！

民國五十四年，我畫「長江萬里圖」才完成，適逢張目寒先生將去巴西探訪大千先生，我託目寒先生代請大千先生題江圖引首「長江萬里圖」五個大字。蒙大千先生慷慨揮毫。寫罷當即交目寒先生帶回。這幾個大字，不但寫的快，並且寫的特別好，使我萬分感激。

大千先生以苦行僧閉關修道的精神，在敦煌千佛洞棲居三年，共摹二百七十六件壁畫，非有卓越的才華、堅強的意志、遠大的抱負及深厚的功力，誰能製作出那麼多輝煌不朽的藝術名蹟？先生音容雖渺，精神宛在。我永遠會懷念他。

九四　我與莊嚴先生

莊嚴先生，字尚嚴，號慕陵，又號迂翁，原籍浙江，後徙居北平。性曠達寬厚，愛書畫詩詞。臨池功深，書法二王，更以善寫瘦金體著稱。早年於北京大學畢業後，即供職於北京故宮博物院。「七七」事變，隨院遷至貴州安順。大陸變色，又隨院東渡來臺，暫借臺中糖廠克難小屋安居，不久獨攜眷遷於故宮博物院辦事處所在地霧峰北溝。住三間小瓦房，非常簡陋。慕公自書「洞天山堂」横額懸掛門楣。夫人申若俠女士，育有四子：長名申，次名慶，三名喆，四名靈。都極英敏，愛好藝術，並成才成名。

我於民國三十九年由董彥堂先生之介與慕公認識後，常到北溝去看名畫，每次先到洞天山堂與慕公閒聊一會再去庫房。慕公平易近人，藹然可親。尤其學問淵博，講話很有風趣。有一次下午我去北溝，適見慕公與夫人正坐在門前樹下納涼。他請我坐下，沏一壺茶，啜茗閒聊。我問道：「『洞天山堂圖』雖是一幅極完美的名蹟，但從筆法看來不似董源，未知慕公曾注意否？」他想了想道：「我對這幅畫也早有懷疑，但不敢確定出於何人之手。」我道：「是否出於高房山之手？」慕公道：「我們觀點很接近，但還須慎重研究，不能遽下定論。」

四十一年八月二十四日，省立圖書館請高鴻縉先生演講。我陪董彥堂先生、莊慕陵先生，應李霖燦兄之邀同往小酌。席間又談故宮名蹟「富春山圖」與「洞天山堂圖」之疑點，仍無結論。

二十七日上午，我與同事陳滌塵先生、戴興周先生同往北溝故宮博物院辦事處看畫，承慕公接待。適逢高鴻縉、黃君璧、與勞幹諸先生，正在庫房點驗古物。其中有王石谷仿黃鶴山樵「消夏圖」，筆墨蒼厚，氣韻生動，爲石谷名蹟之妙品。慕公笑道：「諸位能有機會欣賞石谷這幅名蹟，眞是眼福不淺。」觀畢，我們與諸公告辭，又步至山中一遊。山容水態，清美如畫，鳥語啁啾，令人悠然忘倦。

四十八年三月十三日，李霖燦兄來訪，轉達故宮莊慕陵先生邀我鑑定故宮所藏宋代磁琴的雅意，我受寵若驚，欣然接受。即於次日上午九時，偕立法委員史夢蓮先生同往北溝故宮博物院辦事處。先至洞天山堂晤慕公閒敍片刻，即由慕公陪入庫房。吳科長把磁琴取出，放在案上請觀。此琴爲南宋時物，裝以織花錦囊，爲仲尼式，比一般琴略小。琴面古色斑爛，直看不出是磁製的。琴面安有冰絃。據吳科長說：「早年在北平故宮時，絃是古琴名家鄭穎孫先生所安，鄭氏並且彈過，感覺音色不甚佳。」我撫絃一揮，絃鬆音低，不能成操。我把磁琴各部位名稱簡告慕公與吳先生，遂到陳列室參觀，約一小時，返回臺中。

四十九年九月二十四日，上午往故宮博物院訪莊慕陵先生與李霖燦兄，請檢出宋范寬「雪山行旅圖」仿本與江參仿范寬「廬山圖」，並懸對觀。此兩圖雖都不是范寬眞蹟，但在仿本中可謂雙璧。有人認爲「行旅圖」是王石谷所摹。我細觀「廬山圖」筆法與「行旅圖」實出一人之手。

質諸慕公與霖燦兄，他們也都印可。惟他們兩位都堅執此兩圖為明代人所摹。但「廬山圖」用筆老勁，恐明人無此本領也。

有一天慕公攜三公子喆來半角園訪晤，並破例帶一盒水果。寒暄奉茶後，公道：「我是沒事不登三寶殿，今天我來，是有件小事要拜託您。」我問道：「慕公有什麼事要我辦，請吩咐！」公道：「小兒剛從省立臺中二中畢業，想考臺北師範學院美術系，因為他的素描程度低，恐怕術科不易過關，所以特來請您介紹一位長於素描的畫家，給他補習補習。」我想了想道：「王爾昌的素描不錯，我可以介紹。」莊喆聰慧文靜，沈默寡言，沒講一句話。約談半個小時，他們父子道謝辭去。我先介紹王爾昌，爾昌又推薦高一峰。莊喆補習數月，參加聯考，榮獲錄取，並如願進入師院美術系，補習果然收效。

五十四年，我作「長江萬里圖」完成後，又撰長歌一首。慕公看到我這首歌，非常高興。並囑李霖燦兄轉告，願書全篇，以作紀念。我即備佳宣一幅，託霖燦兄順交慕公。不到一週，慕公即書畢又託霖燦兄送來。五百餘字，用行書，一氣呵成。實為慕公最得意的精品。使我如獲至寶，喜出望外。慕公書這首長歌與馬紹文先生書的長跋，同時裝在江圖隔水之後，可謂「雙璧」。

故宮博物院遷於臺北士林外雙溪，慕公也攜眷北上住在院東路宿舍。雖不是高樓，但住的空間比北溝洞天山堂寬綽的多了。由於蔣復璁先生接任院長，順理成章地提升慕公任副院長。那時張曉峰先生在華岡創辦文化學院，並設藝術研究所，禮聘慕公爲首任所長。慕公先聘我指導研究生畢業論文口試（如董夢梅、高木森、蘇瑞屏、王哲雄、蔣勳等，都是那時的研究生。）後又聘我指導中國繪畫理論。我對於這門課，本來很有興趣，因爲中國繪畫理論包含儒、釋、道三家思想，研究生必須有時間讀書，才能研究，但是我探知他們都在外任課、任職，沒有多的時間看書，所以我就婉謝了。

我作文字畫，初在臺北歷史博物館展出，慕公看過認爲這種藝術與抽象藝術接近，値得研究提倡。因此，他又聘我到文化藝研所指導文字畫。我指導一年，由於健康欠佳，不便遠地授課，於是就未再受聘。蒙慕公不棄，能尊重我之作人爲學，我對他的知遇之情，永感不忘。

九五　我與虞君質先生

虞君質先生，名文，浙江寧波人，父洽卿公上海商業鉅子。北平清華大學畢業，爲梁任公高足。英敏莊靜，愛好文藝。在大陸時，參加文藝活動，受知於張道藩先生。渡臺後受臺北師範學院之聘，任美術系教授。並與趙友培等創辦《文藝創作月刊》。君質先生，學識淵博，文思敏捷，不但擅長散文，而於藝術理論也有研究。他經常爲藝術界撰寫短篇評介文字，在《新生報藝苑精華錄》發表。並撰著一部《藝術概論》，出版後甚獲藝術界重視。他有道德勇氣，主持正義。因此，在他未去香港中文大學之前，是臺灣文藝界最活躍的人物。

我與君質先生訂交，是在民國四十五年，《文藝創作月刊》發表我所撰〈東方印象主義藝術大師——王維〉一文。他對於我這篇文字非常激賞。遂即來信，邀我到臺北晤面外，並希望繼續供稿。我在文刊連續發表幾篇傳記文字。

我初次與君質先生會面是在臺北市龍泉街。他住的是一棟榻榻米房子，空間很小。後來遷到羅斯福路一段小巷子裡。空間雖大一點，但有噪音。他的夫人吳燕如女士比君質小二十幾歲，育有一男一女，是一位標準地賢妻良母。她幫助君質抄稿、整理資料、作飯、洗衣，了無怨言。那時燕如的娘家母親也和他們住在一起，分擔一些家事，但不久就去世了。

因爲我研究中國畫史、畫論，君質先生研究藝術理論，我們論人、評畫，觀點極爲接近，所以很能談得來。我每次去臺北，即到羅斯福路與他會面閒聊一會兒。有時燕如包素餃留我吃飯。

我在臺中與寶覺寺住持林宗心居士決定合作創辦藝術專科學校，居士願以全部寺產作基金，並以該寺房屋與彌勒大佛腹樓作校舍。暫設美術、音樂、工藝三科，由林居士任董事長，負責物色董事。我負責校務。我推薦君質先生擔任校長，在臺北聘請教授，居士欣然同意。我到臺北與君質詳談辦學的計畫，他很願來臺中以襄盛舉。他怕我的意志不堅，特又來信鼓勵道：「世界局勢時刻在動盪不安中，吾人似可抱定但求耕耘莫問收穫的態度，不爲外物的紛擾所動。」可惜不久我應張曉峰先生之邀聘去教育部美育委員會供職，把辦學的事擱下了。

四十六年元月教育部設美育委員會，部長兼主任委員，君質先生兼祕書，我任駐會專任委員。爲工作關係，我與君質先生晤面的機會更多，彼此相知也更深了。

有一天下午，我從板橋往教育部出席第四屆全國美展常務委員會議。出席委員有馬壽華、鄭曼青、虞君質、梁又銘、張穀年等十餘人。散會後君質先生告我道：「近來我與鄭曼青感情頗不愉快。」我問：「什麼原因？」他道：「去年我曾撰〈詩書畫三絕〉一文，在《中央日報》學人欄發表。文中引有「萬綠叢中一點紅」句。曼青大不謂然。他認爲萬綠叢中一點紅是指採桑婦人朱唇說的。文中指楊柳樓臺紅衣美人是不對的。並撰文詭辯，送《暢流》發表。《暢流》主編吳裕民不願發表此種筆戰文字，置之不理。曼青催促幾次，裕民將原稿退回。曼青以爲吳太不給面子，憤然又送《暢流》，強迫裕民即速發表。裕民左右爲難，將鄭文送交給我，以商對策。我細閱後，又撰文逐條駁其謬誤，交《暢流》與鄭文同期發表。」此事之經過，裕民也曾對我談過，我告裕民，爲免鄭、虞傷朋友和氣，鄭文不必發表。不料他二人竟鬧成僵局。憑良心說，我是支持君質的觀點的。他二人早已作古，爲文壇留一段佳話，也不算是壞事。

四十八年，君質先生應東海大學之聘，每週來臺中授課。常過我西園精舍閒敍。十二月二十八日，君質來訪，暢談宿命之理。他說：「吳忠信先生去世前幾天，請人給他批八字，卜者斷他必於某日某時命終，果然應驗不爽。」我說：「日月星辰，山河大地，胎卵濕化，一切成住壞空，都是由無始注定。」君質笑道：「您不但有慧根、慧思，並且還有慧眼，看的很對。」約談兩小時，我陪他同往存仁巷訪彭醇士先生。醇士看見我，首先對於《民主評論》發表我那篇〈由故宮名畫三百種論鑑賞〉文字大為讚揚。認為我論畫的觀點很正確。入座後我們暢談當代畫家與畫風。中午我邀二公到五味齋小酌。餐後，君質因談話誤車，不得已出四十五元雇包車趕赴東大。君質笑道：「今天拾老本了」。

君質先生有個得意學生劉國松才從臺北師院美術系畢業，成立「五月畫會」，提倡抽象藝術。東海大學教授徐復觀反對抽象藝術，二人發生筆戰。後來君質先生也投入戰場為劉國松助陣。雙方愈戰愈勇，演成人身攻擊。因為君質與復觀都是好友，不忍坐觀雙方惡鬥，雖出面調解，依然互不相讓。我只好作壁上觀了。學佛必破我執、法執，法執亦即我執。世間一切爭鬥，皆由我執所起。讀書愈博，法執愈深，若無慧劍，終牢不可破也。

君質先生赴香港接任中文大學美術系主任一年後，接他的夫人吳燕如女士也去香港照顧他生活起居。約一年餘，燕如不幸因病去世。君質先生驟失愛侶，哀傷逾恆。中大任滿，抱病返臺。入醫院療養，兒女不在身旁，全賴學生張友村、劉梅卿夫婦慇懃照顧。終因醫藥罔效，也撒手離開人間。二十餘年來，虞君質的大名，在臺灣新聞媒體早已消失，老朋友私下也很少提到他的名子。人情冷暖，世態炎涼，怎不令人浩歎！

九六　我與老報人安懷音先生

記得在民國三十九年三月，溥心畬先生應臺中師校黃校長之邀來臺中講學，下榻於臺灣銀行招待所，我去拜訪溥先生，見有一位衣冠楚楚、相貌堂堂的客人在座，經介紹才知是安懷音先生。那時他在黨史會任職，住臺中公館里，與立法委員費希平為隔壁鄰居。因為他的長女安和在南京時，就已拜溥先生門下學畫，所以他帶安和去看溥先生。從此我和安先生便結為「忘年」之交。他常帶小女安方來看我，有時還命他的次子安岳邀我去他家閒聊天。他的夫人寧師樸女士，身出名門，讀書知禮，精明賢淑，持家教子。是一位最能幹，最標準的家庭主婦。

我和安先生交往既久，自然就無話不談，因此不但對於他的生平事蹟知道的清楚，而且對他立品治學，應事接物各方面，也更有了深刻的認識。安先生是湖北省英山縣人，民國前十八年出生於書香之家。方面大耳，氣宇軒昂。幼年雖讀過不少古書，但並未參加科第。他有愛國的熱情，革命的思想和遠大的抱負。民國五年，他離開家鄉去到北平，因志切報國，於民國六年考取保定軍官學校，適逢張勳復辟，未辦入校手續，乃往大連任《泰東日報》編輯。後又任天津《益世報》與《大公報》編輯。十七年去北平接任《華北日報》社長。二十六年，蘆溝橋事變，攜眷離開北平，入川寄居重慶，在黨史會任職。因廉正不苟，所以張溥泉先生對他特別賞識。

民國三十四年，對日抗戰勝利，安先生隨政府還駐南京，首都危急，東渡來臺。黨史會借住臺中市政府房屋辦公。安先生闔眷住公家宿舍。那時兒女既多，又無積蓄，生活相當艱苦。但是他的夫人爲著相夫教子，自己買菜、作飯、洗衣、種花，家室溫馨，其樂融融。

安先生長女安和，善繪工筆人物仕女，結婚後仍住娘家。安夫人爲鼓勵女兒努力作畫，她自己也學畫工筆花鳥，並已有了成就。民國四十四年，羅家倫先生邀安先生去臺北任「國父史蹟陳列館」館長。他每次回臺中，就來看我，我去臺北，也必看他。我們見面，喜談立身處世，孔孟之道，間亦涉及歷史藝術與國家大事。但不批評時政，發人陰私。他慈悲爲懷，抱利人主義。他說：「利人愈多，人生價値愈高。」又說：「每個國民要愛自己的國家，這是作人的大節。」他於治國方面，最推崇唐代陸宣公（名贄，字敬輿），於齊家方面，最推崇清代曾文正公（名國藩，字滌生），其志節抱負，於此可見了。

安先生不抽煙、不吃酒、更不賭博，唯一嗜好就是讀書。有時也喜歡種花，增加生活趣味。他說：「我一個人住在臺北，精神並不感覺寂寞。因爲窗外枝頭小鳥都是我的朋友，對鳥談天，免生齟齬，豈不更好？」世間有許多大藝術家，儘管每日忙於藝術創作，但滿腦袋都是「名利」，有幾個人懂得藝術生活？安先生雖不是藝術家，但他郤眞懂得生活藝術，也眞能享受藝術生活。

安先生在國父史蹟陳列館任職十六年，於民國六十年辦理退休，回臺中重與家人團聚。六十三年夏移家臺北，行前還贈我兩盆紅白茶花和兩株紫薇。現在紫薇正綻放燦爛的花，而贈花的人，早已不在。睹物懷人，能不黯然！

安先生在臺北八德路賃屋而居，我曾去看他們，安夫人還留我吃午飯。安和、安方也都坐在一起。我初見安方時，她才四、五歲，在我跟前唱歌跳舞，天眞爛漫，逗人喜愛，轉眼已成大姑娘了。她學習國樂，能彈古琴，聽她彈一操「平沙落雁」，更引起我對少年的回憶。

安先生於民國六十四年攜眷赴美，在紐約定居。因胃癌不治，與世長辭。享年八十三歲。安和小姐從關島來信，告我安先生於病中，每接我寄去的信或詩，莫不含淚展誦，不忍釋手；臨終前夕還一再告訴家人說不能與我再見爲憾！今年正是安先生百歲冥誕。再將當年我所撰的那副輓聯錄後，作我遙祭老友的一瓣心香吧。

交屬忘年，情同手足，過從便論天下事；
心切救世，志復河山，俯仰無愧古今人。

九七　殘而不廢的潘榮錫

民國四十年間，我與臺中畫友彭醇士、韓玉符、徐人衆、林之助、朱龍安、王爾昌、楊啓東等舉辦中部美展，潘榮錫也參加我們的行列。由於時常參加集會的關係，所以彼此見面的機會就多了。

榮錫方面大耳，身材魁梧，天生的忠厚藹然可親的福相。他並且信佛，與我又是同道，因此於課餘之暇便在一起閒聊天。榮錫出生於江西省鄱陽縣書香世家，父甸宇公爲積學之士，善畫花鳥，蜚聲鄉里。他以聰慧的天資，又承庭訓之薰陶，所以幼年便喜好繪事。及長，考入上海美專，從名師學畫，其藝猛進。畢業後，正值對日抗戰軍興，乃毅然投筆從戎，參加抗敵救國之神聖工作，隨軍轉戰南北，藉以飽覽名山大川。不但羅萬象於胸中，並且抒豪情於筆下。

大陸易色，他脫離軍戎，攜眷來臺，任教於省立臺中女子中學，擔任美術課程。由於他教學認眞，態度和藹，所以深受學生們的愛戴。他除了擅長繪畫外，對於篆刻也很有研究。不抽煙、不吃酒，沒有不良嗜好，只以藝術作爲精神之寄託。

民國四十七年冬，他爲參加一項展覽工作，不眠不休，漏夜趕辦，不幸腦溢血病突發，雖無生命危險，但右臂麻木不仁，從此失去了執筆繪畫，握刀刻印的能力。那時他才不過四十歲，子女都很年幼，大的剛入初中，小的還不足一歲。家事和病榻之照料，全靠他的夫人劉宗琳女士。而且教師待遇微薄，又無積蓄，生活與醫藥費用，都發生了問題。但他安之若素，不但不消極悲觀，相反的奮鬥求生的意志更加堅強。

他每天靜坐在家裡，心平氣和的默默沈思。他感到對家庭，對國家，責任之重大，身體雖是殘了，決不能作一個廢人。無論如何要突破難關，開創光明的前途。靈機一動，想到清初高其佩用左手作畫，我爲何不能用左手作畫？於是便下定了決心，開始用左手練習作畫寫字和刻印。他憑著最大的信心和毅力，鍥而不捨的努力練習。畢竟上天不負苦心人，經過三年勤奮苦練的工夫，不但恢復了病前的技巧，並且朋友們一致認爲更超過右手的成就。

他這種驚人的毅力和成就，使各界人士對他更加敬佩與讚揚。俗語說：「有志者事竟成，有爲者亦若是。」一青年守則說：「有恆爲成功之本」。這在榮錫奮鬥史上，更可以得到證明。

榮錫寫意花鳥，法吳昌碩和白石老人；山水法黃賓虹與傅抱石。用筆豪放而有含蓄，設色濃麗而不媚豔。刻印初以漢印爲宗，法度嚴謹，後又參以吳、齊之法，布白、刀法、神韻更佳。他曾用左手刻了一部《般若波羅密多心經》，每方字體都不相同。他因右臂痲木失靈，自號鈍道人。其實左手更勝於右手，何鈍之有。榮錫精力旺盛，正宜展其才華，多作一些好畫，流傳後世，不幸於六十三年二月二十六日，因病逝世，年僅五十六歲。藝壇失一長才，我失一同道益友，思之能不痛惜！

九八 觀張岳軍先生珍藏石濤八大名蹟

我由於景仰石濤大師的才藝和他孤松寒梅般的高風亮節，所以這多少年來，都在蒐集石師的畫蹟，與有關石師生平的資料。渡臺以來，曾在報刊發表過幾篇研究石師的論文，並出版了一本石濤大師評傳。料想不到這本拙著竟會引起總統府祕書長張岳軍先生的注意。他接二連三的給我寫了兩三封信，並託孔達生先生送口信，邀我到臺北去鑑定他所珍藏的石濤與八大書畫名蹟。我爲答謝張先生的盛情，於是便於民國四十九年四月三日搭車北上。依約定的時間下午四點去張公館，拜訪張岳軍先生。

那時岳公住在重慶南路三段九巷一號。傳達開門引我先到外客廳坐下奉茶後，岳公即從裡面出來，見面很親切的寒暄幾句，要我並坐長沙發上閒敘。他雖是四川人，但滿口是流利的官話，沒有一點鄉土口音。他說：「這次邀請呂先生光臨舍下，一則請先生鑑賞我所藏的幾幅石濤八大的書畫，二則請先生爲石濤畫的十二幅通景屏作篇序子，並請親筆寫，我打算附在通景後面送日本影印。」我想石濤的名氣太大了，我如寫序，豈不是「佛頭著糞」，但長者之命不敢辭，只好勉強答應了。岳公又說：「我於民國十二、三年間曾在河南開封住過一段時間，因此河南老一輩的軍政界人物，多半都認識。」那時，胡笠僧作河南督軍，岳公任警察廳長。我由他這幾句話不禁引起童年的回憶。

當我們正談得開心的時候，吳頌堯先生回來了。吳先生也是一位著名的收藏家，我們曾在一起吃過飯。岳公當即讓吳先生陪我到內客房坐，另叫侍者同到樓上去取石濤大師的書畫。內客房正面壁上掛有一幅八大山人畫的「朝雲問道圖」。此圖爲橫披，寬約四尺，高約三尺。畫才女朝雲向東坡問道的樣子，右畫梧桐坡石作背景。左題東坡詩並有八大款印。我雖不曾見過八大人物畫，但從坡石梧桐之筆法和款印可以斷定為雪翁的眞蹟。

客房前壁還掛有一幅石谿和尙畫「山高水長圖」，此畫是寫黃山天都峰景。其皴點雖似黃鶴山樵，但蒼厚荒率過之，是石道人一幅完美的畫。

約十餘分鐘，岳公同侍者攜畫下來置在案上。有大屏、中堂、橫披、冊頁等共十八、九件，都是石濤大師的名蹟。他先把十二幅通景屏篋子打開，逐幅都由吳先生扯著展開讓我從容地觀賞。觀畢由岳公親自捲起。此通景屏是石濤大師一生唯一無二的傑作。岳公很得意的對我說：「這十二幅通景屏，除前數年總統借去掛過一段時間外，多年就不曾全部拿出來看過，這次約請呂先生來看，可以說是例外。」我聽了岳公這番話，使我內心眞有說不出的感激！

看罷通景屏，吳先生又展開一幅大中堂，這幅是墨筆山水，也是石濤大師的傑作。畫心縱約八尺，寬約四尺，左右是峻峭的懸巖，上面是重疊的奇峰，中間是夭矯的古松，下面是嵯峨的怪石。懸巖與怪石之間是迂迴的樵路。路上有一個隱者和一個樵夫。筆法蒼勁，氣魄雄深。左上角石師自題「可以橫絕峨嵋巔。大滌子拈青蓮句。」款書「靖江後人」。此圖與「黃山形勝」大中堂可謂「雙璧」。看罷大小中堂、橫披，最後又看石濤小楷道德經。石師小楷全法王右軍黃庭經，而渾厚過之。觀此更可稔知石師臨池功力之深厚。八大、石谿、漸江三家，不能望其項背也。

岳公陪我一氣看三個鐘點，他還沒有倦容，其精神眞可使人敬佩。七點十分向岳公告辭。他贈我影印石濤十二幅通景和手捲。回來後，我寫了一篇〈觀石濤書畫記〉曾在報刊發表，以報岳公之盛意。

張岳軍先生邀我觀畫往來信件附錄後面：

岳公託吳頌堯送來親筆函

佛庭先生大鑒：先後得讀大著石濤大師評傳及暢流所載佳作兩篇，特重大師之高風亮節，發揚先賢之潛德幽光，獨排衆論，至佩卓見。於介紹拙藏十二幅通景，刻畫尤詳。群於退食之餘，偶一摩挲書畫，而於清湘雪箇之眞蹟亦甚鍾愛。惜所見不多，辨識膚淺。台端鑑賞精邃，固不敢妄攀同好，倘北來之便，甚願有所請益也。先此致意，並頌道祉。張群拜啓。三月十八日。

答張岳軍先生函

岳軍先生有道：日昨庭在臺北暢流雜誌社，接誦吳頌堯先生袖下大函，猥蒙藻奬，無任慚惶！本欲晉謁崇階，敬聆教益，爭奈時値大選，未敢分神，有負雅愛，尙乞諒宥！公於政事之餘，披覽書畫，頤養心神，淡泊寧靜，殊堪佩仰。庭天性疏野，平生最慕戴安道、陶淵明、倪雲林、大滌子諸賢之高風亮節。因讀傅抱石著《石濤上人年譜》載康熙南巡石濤接駕事，有誣賢者，故不惜詞費，力爲辨白，洗其沈屈。蒙公不棄，引爲同調，石師有靈，亦必囅然。夫氣節，乃民族之大防，大防如潰，則社會未有不亂，國家未有不亡者矣。顧亭林先生曰：「有亡國，有亡天下。」民族廉恥道喪，即亡天下者也。石濤、八大，皆爲明裔，國亡不事二姓，韜晦於空門，寄情於詩畫，其節亦云烈矣！後人凡有血性之士，歌頌讚歎之不及，奚暇爲昔賢畫蛇添足耶？庭與松柏早訂歲寒之盟，黃卷青燈，自甘寂寞，惟願河山重光，芒鞋竹杖再徜徉於五嶽四瀆之間，它不敢望矣。肅布悃忱，祇頌崇安。呂佛庭。三月二十二日。

張岳軍先生來函

佛庭先生大鑒：昨奉覆書，拜賜畫集，深用感佩！先生踵武先賢，崇尚氣節。矢志以松柏爲友，寄情於山水之間，於此風義凜然，令人欽挹。頃聞文旆又將北來，至希先示行止，以便抽暇，一圖良晤，藉聆雅教。先此布復，順頌時綏。弟張群復啓。三月二十八日。

張岳軍先生來函

半僧先生大鑒：日前暢晤，快慰平生，慧眼眞知，拙藏備荷指點。承允爲重印石濤通景作序，將使刊本增輝。頃奉手翰，兼示瑤章，雒誦迴環，深感藻飾逾量。不才獻替微薄，曷敢比擬先賢，過蒙期許，徒增汗顏耳。石濤楷書道德經墨蹟照片，容俟洗印妥善，當即檢奉，以供清玩。先此布意，順頌文祺。弟張群復啓。四月十二日。

九九　教育部去來

在民國四十五年間，我寫有一篇〈美育眞諦〉，曾在《中央日報》副刊發表，教育部長張其昀先生對這篇論文特別激賞，當即創設美育委員會，作爲推展美育的專任機構。他兼任主任委員，聘師範學院教授虞君質先生任祕書，徵聘我擔任專任駐會委員，負責行政工作。我在十幾歲的時候便立志出家作和尚，雖關心國事，但厭惡政治。自知不是作官的料子，所以對於行政工作沒有絲毫興趣。但辭之不獲，不得不勉作「馮婦」。

我於民國四十六年一月九日下午赴教育部報到。與張先生晤面，他說：「這次邀呂先生到教育部來，有三件事要請您費神。一是美育委員會推展會務的工作。二是籌備國立藝術館開幕及舉辦書畫展覽的工作。三是籌備第四屆全國美展（前三屆皆在大陸舉辦）。」我說：「佛庭學淺才拙，不是作行政的料子，恐怕辦不好，讓部長失望。如有不到的地方，還請包涵！」他又說：「請不必過謙，一切事我們商量著辦。」

板橋公園給張先生蓋有一棟房子，他不曾住過，要我去住。次日他派總務司長張振宇陪我去板橋公園看房子。房子雖不大，但四周種許多花木，環境卻很優美。並且裡面陳列張先生藏書數萬卷，正可以利用晚間時間多看些書。於是就決定住在這裡。

那時，郎靜山先生任中央電影製片廠廠長，也住在板橋。每天上班，就會碰面，同車赴臺北，在車上閒聊，頗不寂寞。因爲板橋去臺北甚遠，陰天下雨，趕路上班，更感不便。

國立藝術館，位於南海路，與國立歷史博物館爲鄰。館長由吳季平兼任，我兼任美術組主任，申學庸任音樂組主任，戲劇組主任，原聘戲劇大師齊如山先生，因齊先生年邁，又聘齊氏高足張大夏。因爲藝術館兩邊畫廊外面，沒有圍牆，我怕舉辦重要展覽，如發生問題，責任重大。所以決心作一短時間把兼職辭掉，專在美育委員會負責。

張其昀先生，字曉峰，浙江鄞縣人，東南大學畢業，英敏好學，識量宏遠，尤富愛國思想。精研中國史地與中華文化。早年在大陸即常在報刊發表卓見，蜚聲於文化界。因此受知於先總統蔣公，於三十九年同來臺灣。初任中央黨部祕書長，後轉任教育部長。他有遠大的抱負，堅定的意志，銳敏的眼光。作事不計艱難困阨，愈挫愈奮，再接再厲。他的信條是「一個人作兩個人用，一文錢當十文錢用。」國立歷史博物館、國立藝術館、國立科學館與文化大學，都是基於他的信念創設起來的。我與他雖有時爲小事情發生過爭執，但他對我「堅持原則」的態度，卻很能諒解。他對虞君質先生說：「呂佛庭是今之古人。」因此我對他就更加尊敬。

我到教育部第三天，張先生假植物園國立歷史博物館設筵歡迎日本書道訪問團，並邀我作陪。在座者有：張默君、齊如山、黃天石、程滄波、卓君庸、宗孝忱與本部吳次長俊升、高次長信等二十餘人。訪問團團長爲高瀨莊次郎，團員有安井謙先與小山天舟。張先生爲透過書道諧和美，以增進中日兩國之友誼，囑我撰文一篇，在《中國一周》發表。以表達我方對訪問團歡迎之忱。

英國中國美術史學家達維德博士與雪蘭夫人，於民國四十五年十二月來臺，住臺中霧峰北溝故宮博物院研究中國磁器。於四十六年元月十二日返回臺北。張部長於十四日下午四時，在臺北賓館設茶點歡送這二位不遠萬里而來的貴賓，並請達氏報告研究心得。我也受邀參加這次盛會。出席的學者有：李濟之、毛子水、勞幹、莊尙嚴、馬壽華、虞君質等二十餘人。因達氏不良於行，乃由雪蘭夫人代講，李濟之先生作通譯。並放映瓷器彩色幻燈片。散會後，張先生又囑我撰寫〈達維德與中國瓷器〉一文，在《中國一周》發表。

二十四日上午到教育部主持徵紀念章會議。與會名家有：劉獅、季康、王王孫、胡克敏與鄭月波等十餘人。因下午還須出席月會，所以未回板橋。兩週以來，僕僕於臺北道上，接待外賓，說無聊的應酬話，寫送往迎來的文字，這種工作實在沒有意思。張先生不止是把一個人當兩個人用，而是要把一個人當幾個人用。可惜他邀我來推展與美不相干的「美育」，實在找錯了對象。

我在教育部期間，每逢週末或週日，便偷閒去訪劉延濤、溥心畬、虞君質、馬紹文、安懷音，幾位道長，閒聊一會兒，以抒悶氣。有一次我到永和大吉里訪劉延濤兄。適逢畫家郭明橋君正爲他畫像。畫畢，郭君辭去。延濤取出近作山水數幅，請我批評其得失。他在早年曾從胡佩衡學過山水畫，但後來又學石濤，所以已看不出胡氏的面目了。他雖是監察委員，但我們有同鄉之誼，所以我就不客氣的說：「延公筆墨意境極高，我沒有話說。如能以少勝多，執簡馭繁，就更好了。」他笑道：「老兄說的很對，以後再畫，筆墨更要求簡。」中午承留吃水餃，食訖又暢談畫法、畫理，由於觀念觀點接近，所以非常愉快。延濤爽朗率眞，虛懷若谷，工畫而外，並善詩能書。其詩近陸放翁，即題畫亦不忘家國。其書小楷法二王，淸秀絕俗。草書得于髯公之眞傳。我與延濤論畫，知無不言，言無不盡，向不作客氣語。近年聚少離多，他今病骨嶙峋，久疏筆硯，甚可念也。

張默君女士，邵元沖之夫人。邵氏於西安事變時追隨蔣公殉難。其夫人任監察委員。張女士善寫章草，爲當代著名的女書家。於四十六年二月將家藏玉器多件，捐贈國立歷史博物館。張部長念其多年爲國家獻替之功，特致酬臺幣四十萬元。名義雖曰捐贈，實際則爲出售。當時頗招物議。張女士捐贈玉器，不但史博館爲其展出供衆觀賞，並且張部長在教育部設筵爲她祝賀。應邀赴宴的名畫家有：馬壽華、劉獅、季康、梁又銘、梁中銘與我。名書家有張默君、程滄波。主人爲張部長與吳次長。席間都異口同聲讚揚張女士犧牲奉獻的精神。

同日下午一時，出席第四屆全國美展籌備會。此次破例由張部長親自主持。出席籌備委員有馬壽華、張默君、梁又銘、梁中銘、劉獅、季康、吳次長與我，共二十餘人。吳次長向大家報告，美術協會準備於三月二十五日舉辦全國美展，其名稱是否妥當？張部長聽說，大不謂然。乃依據政府法令力爭。美協理事長馬壽華先生與梁氏兄弟，允請美協祕書長高逸鴻另改名稱，此番爭執，才告平息。

三月二十五日，我去中山堂參觀美術協會所主辦的現代美展。發現方向、楊英風、陳洪甄三人版畫，功力既深，風格又新，最爲突出。於是即將三人姓名記下。適逢日本政府擬舉辦國際木刻展覽，函教育部徵求版畫參展。我即徵得方向、楊英風、陳洪甄三人版畫六件，寄送日本。陳君作農村一幅，刀法老辣蒼勁，最爲精彩。我與此三人都不相識，我負責推薦他們，意在爲國儲才。儲才一面要能培植，一面要能發掘。如培植而不能發掘，則眞才埋沒就出不來了。眼看國家培植許多人才，無人推薦，或有人推薦，而國家不能用，眞可使人浩歎！

三月六日上午到教育部上班，收到張部長交下任博吾捐畫函一件。函稱：

「曉峰部長先生：閱報欣悉張默君先生捐獻古玉與國家之義舉，史無前例，薄海同欽。此種敦穆風教，挽回狂瀾，精神亟應效法。茲爲響應張先生義風起見，特將近年青綠鉅幅山水一幀捐獻國立美術館（後改名爲歷史博物館），敬希鑒收，賜轉該館懸掛。如承代爲裝裱以謀永遠保存，尤感厚植也。耑此敬請勳祺。任博吾敬上。二月十二日。」

按當時國立美術館所收購的名家書畫，全由黃君璧先生一手推介。任博吾因未獲徵購，所以才有捐畫之舉。

我爲決心脫塵鞅而縱林壑，於三月十日獨自往臺北觀音山訪悟明法師。山去臺北市西北二十餘里，公路局車直達山腹。主峰突兀崚嶒，高不可攀。有一小峰拊其背，尖翠如筍。其東南有兩小奇峰，石骨鐵裂，狀如螺髻。主峰前有一座古剎就是著名的凌雲寺。崇脊飛簷，玲瓏炳煥。面臨深壑，背倚絕巘。林木茂密，極爲優美。住持悟明法師，河南周家口人，與我有同鄉之誼。知客僧臥雲，安徽桐城人。年二十餘歲，忠厚謙和。寂光禪師，江蘇人，也在此掛單，爽朗健談。另有畫家余偉，字退邨，也是安徽桐城人。杭立武在南京作教育部長時，退邨曾任祕書。此時在山靜居作畫。我與悟明法師說明決心辭去教育部公職入山清修之來意，法師極表歡迎。午齋後又登後山頂一覽。下午冒雨下山，幸攜有布傘，未致落湯雞也。

我的住室是在板橋之西浮洲。洲爲棗核形，東西有兩條小溪，至浮洲北端會流，東北數里入淡水河。溪在平時，渟滀而不湍激，沙岸蘆汀，叢竹遠岑，漁人三五，泊舟撒網，如詩如畫。三月二十七日，大雨滂沱，花溪水漲，車不能渡，行人都需搴裳涉水而過。尤其是婦孺力弱流急，危險萬狀。次日我寫信呈張部長，請濟水困。信說：「昨日東溪水漲，交通斷絕。洲人皆爲水困，望洋興歎，其狀甚慘。忽憶杜子美客耒陽時，爲雨水所困，數日不得食。卒以飽啖牛肉而死。庭今雖有老杜之危，然不食牛肉可無虞也。唯行人搴衣涉水之狀弗忍坐睹耳。如雇五十民工，一日即可將此數丈路基墊高，諸校師生及洲民皆便，未識仁者能發惻隱之心否？」部長看了我這封信，當即電請板橋縣政府，即速先以木料搭建便橋，以利行人。現今更建爲水泥大橋，並擴建爲大馬路了。

四月五日下午三時往教育部出席第四屆全國美展常務委員會議。出席委員有馬壽華、黃君璧、鄭曼青、虞君質、梁又銘、張穀年、藍蔭鼎、傅狷夫、胡克敏與我等共十餘人。由馬壽華先生作主席，由我報告會務。鄭曼青，號曼髯，浙江人。短髮長鬚，貌頗清秀。詩書畫拳醫皆能，有人戲稱五絕。自視甚高，傲岸不群。蔣夫人宋美齡女士初從黃君璧指授山水，後又請鄭曼青指授蘭竹。他二人由妒生怨，彼此不但不相往來，並且同席開會，也不交談。鄭曼青與虞君質雖有浙江同鄉之誼，但由於都矜文才，互不相讓，結果積怨更深。我認為藝術家的心量，應像海一般的開闊，但我到臺北以來，仔細觀察藝術家們的言行，其眼光、心量，比農工商界更短視、更狹窄。這就是人的心靈為「名利」所縛的結果。

奉張部長指示，藝術館首先舉辦鄭曼青作品展。我原定名為「鄭曼青先生畫展」。簽呈後，部長把名稱改為「鄭曼青先生名書畫欣賞會」。我認為加一「名」字不妥，所以堅執不改。為此我與吳館長還發生爭執。因為鄭曼青是蔣夫人的老師，鄭曼青畫展，夫人不能不看。張部長為博蔣夫人的歡心，所以予鄭曼青特別的榮譽。

四月十五日鄭曼青書畫欣賞會開幕。蔣夫人果然蒞臨參觀。張部長、鄭氏夫婦及本館同仁都陪第一夫人看畫。只有我跑去植物園坐在亭子裡欣賞池中的蓮花。這就是我這一生注定不能作官的原因。

四月十七日上午，黨國元老李石曾先生與監察委員劉延濤先生來藝術館，暢談如何發揚傳統書畫，與石公早年留學法國時提倡製豆腐的經過。李石曾先生，名笠瀛，河北省高陽縣世家子。他的父親李鴻藻，字蘭孫，咸豐年間進士。是同治的老師，官協辦大學士、吏部尙書。卒贈太子太傅，謚文正。石公性放達，雖早即參加革命，但終生未作官。好讀書、藏書，提倡中華文化。石公在臺北中華路有一棟辦公室，壁懸宋黃庭堅〈幽蘭賦〉碑刻拓本十二大幅，他邀我同去觀賞。此碑原在河南葉縣南臥羊山。大陸變色，移入葉縣博物館。黃書〈幽蘭賦〉，爲黃書之最精品。惜各帖都未收入。石公書，全法黃庭堅，因此他對〈幽蘭賦〉視同珍寶。那時石公年逾七十。長髮蓄鬚，兩目炯炯有神。他講話極有風趣。那年冬天，石老一個人去臺中，住在銀行招待所。以電話約我晤面。我問：「您老來臺中有什麼事？」答道：「我來找太陽。」我忍不住笑了。那次我陪他到山東食堂小酌，並逛中山公園，已是三十六、七年前的事了。石公作古也已二十多年。每憶長者風範，使我不勝懷念。

陳南士先生，不但是同事，並且還是詩友。我到臺北，我們見面的機會就多了。南公與我相約四月十九日上午十一時到臺北火車站相會，搭火車往汐止四腳亭靈泉寺遊覽。中午在開山堂前池旁就石桌野餐。

寺在月眉山前，爲善慧和尙所開建，其規模依大陸叢林，有山門、中佛殿、大雄寶殿。左右爲寮房、客堂、雲水堂。殿宇莊嚴，環境淸幽。客堂壁間有名詩僧八指頭陀題詩兩首，茲錄於後：

一

六月林深暑氣微，萬松涼透水田衣；
月眉山色應相似，到此安禪莫憶歸。

二

萬疊煙巒鎖翠深，紅塵無處可相侵；
好將大海風濤氣，證取空潭水月心。

八指頭陀，湖南湘潭人，禪功極深，其詩意境也極高，此二首，《八指頭陀詩集》未見收入，甚覺有遺珠之憾！自靈泉寺歸來，步八指頭陀題壁詩原韻奉和兩首錄後：

一

疊疊春山映翠微，蒼苔滿徑蘿牽衣；
靈泉古寺林深處，鳥解留人不欲歸。

二

遠上月眉石徑深，枝頭春老落花侵；
池邊小坐悟禪意，鳥語泉聲不著心。

偕南士先生遊靈泉寺

爲愛靈泉勝，登臨結同遊。
新篁窓蓬户，流水漱石頭。
曲徑隨山轉，嵐光與雲浮。
池邊共冷食，清話滌煩憂。
古寺鐘聲寂，安公詩尚留。
禪林無俗韻，談笑夕陽收。

五月一日下午往教育部出席全國美展籌備會議。出席人有：馬壽華、虞君質、黃君璧、郎靜山、劉獅、梁中銘、張穀年、林聖揚、吳寄萍等十餘人，仍由馬壽華先生作主席。討論分別推薦國內外書畫家時，黃君璧從衣袋內取出人名錄一本，並列一表。一氣寫了幾十個，眞可謂「囊才濟濟」了。君質先生自來不喜說話，這次尤其緘默。只說了一句「我是皆大歡喜」。有關人才之取捨問題，我更不願多講話。

散會後，君質先生拉我到會客室談了一會兒。他對我前日為書法欣賞會事向部長抗言力爭一節，深表讚許。並言部長對我也很能諒解。我道：「我作事只求正其誼，個人利害，從不計較。」

本館由鮑主任負責籌設電視，於五月二十二日下午二時試播。邀請文化界約五百餘人，張部長、何應欽將軍、馬壽華先生等都來觀賞。在國內看電視是第一次，所以大家都感到很新奇。首次播放的節目是：洞簫、古琴與國劇。國劇是由國立藝專學生演出，都很精彩。我認為中國傳統文化的特色和優點，固應發揚光大，但對於西洋物質文明，必須迎頭趕上。

我到臺北工作，有兩位道長使我終生難忘。一位是馬壽華先生，一位是馬紹文先生。二公學問道德修養，是書畫界最敬仰的典型人物，所以自然成為書畫界的領袖。馬壽華，字木軒，安徽渦陽人，河南開封法政學堂畢業。不但精研法學之六法，對於畫學之六法也有研究。他雖以墨竹著稱，而畫山水，也清潤高雅。我與木老結緣，就是在我到教育部任職的時候。後來我們又共同組織中國書法學會和中華民國畫學會，見面的機會更多。我每次去臺北出席會，住在教師會館，先到臨沂街拜候木老，他一定到旅館回看我。在官場中像木老平易謙虛的風範，現在是看不到了。

馬紹文先生，字瀞廬，湖北江陵人。曾任湖北宜昌縣長。書畫詩詞，莫不兼善。尤其是水墨花卉蘭竹，更有高名。我在教育部時，常去臨沂街拜訪瀞老。暢談詩詞書畫佛法，契合無間，甚感愉快。瀞老像貌端厚，和藹可親。經常短衫布履，平易近人。他與書家張相，畫家陶芸樓爲莫逆之交。某日晚間，我去拜訪瀞老，他說：「今晚月光很好，咱們出去走走。」於是便面談面走，不知不覺走到新公園。坐在園裡花棚下面，看會兒月亮，各自詠一首詩。從公園出來，看到賣水果的，又坐在廊下各啖一片西瓜。分手的時候，我說：「今晚陪瀞老街上散步，公園望月，廊下啖瓜，是我平生最值得紀念的一件事。」瀞老笑道：「怕我這一生，沒有這種機會了。」未過半年，瀞老就一病不起作了古人。我再去臺北，有誰同我街上散步，月下詠詩，廊下啖瓜呢？

我應張曉峰先生之邀到教育部任職，原想對於促進美育之實施與美術之發展貢獻一些心力。但是工作幾個月後，深切體會，再作下去，於公無補，徒然犧牲自己。所以決定請辭。

六月十七日上午九時往臺北，先到教育部面謁部長請辭本兼各職。適逢部長赴陽明山，未得見面。三天連謁三次，最後才蒙接見。我向他報告：「半年以來，藝術館成立，已經辦過幾次重要展覽；第四屆全國美展也已籌備就緒；美育委員會，事務性的工作，該作的也都作了。我不是作行政的才具，深怕作不好，對不起曉公，所以決定辭去本兼各職。曉公對我十分優厚，萬分感激。」部長神色有些驚訝道：「佛庭兄，您才來幾個月，還有很多事要請您多費神，現在您不能辭，請再作一段時間！」我斬釘截鐵的說：「實在對不起，我不能再作下去，請曉公原諒！」部長問道：「您堅執要辭，我不能勉強留您，您決定要到那裡去？」我答道：「決定去臺北觀音山凌雲寺看經作畫。」部長微笑道：「佛庭兄是有道之士，住在廟裡也好。如有什麼問題，需要我幫忙，請不要外氣，隨時給我聯繫。」我感激他這份熱情，不禁流出眼淚道：「謝謝曉公的愛護，再見！」他把我送出門外，依依而別。

一〇〇　觀音山小住

民國四十六年七月九日上午，雇人帶行李，由同鄉張性荃兄陪我赴觀音山凌雲寺掛單。承住持悟明法師與文建法師款待甚殷，並給我一間寮房棲身。我住在板橋浮洲里時，開窗便面對觀音山。及住在觀音山，開窗又面對浮洲里，因緣眞是不可思議。我每到山林寺廟裡，就會感覺身心得到大解脫。人畢竟與鳥獸一樣，對於自然的親切感永遠不會消失。夜間，我坐在樓上，眺望臺北市，閃爍明滅的電燈，好像天上的繁星。直疑我是從凡間又回到天上。欣然占詩一首：

寂寞禪林響暮鐘，蒼蒼大地返鴻濛；
瑶池寶樹上方界，幾疊青山浮遠空。

寺裡有一位寂光法師，是大陸東北人，年約五十幾歲。方面大耳，身材高大魁梧，的確是羅漢像。因爲他修禪，所以也歡喜談禪。每逢晚齋罷，他就找我聊天，有時我和他鬥機鋒以取笑樂。

有位河南同鄉韓玉祥君，從大陸帶來戴雨農所藏文史書畫數千冊，在他曬書時，我順便借得《畫典》一冊，《大唐三藏聖教序》一冊，《智永書眞草千字文》一冊，《懷素千字文》一冊。三種古帖封籤都題「民國二十二年褚民誼題」字樣。聖序題籤人姓名被剪去。可見此帖必是褚民誼之家藏。抗日勝利後，褚家財產被政府收沒。因此，他的書帖也散歸他人了。

鄉長楊一峰先生知我來觀音山，枉駕過訪。一公，河南新鄉人，現任立法委員。北京大學畢業，不但詩、文有名，並研究孔孟思想。臺北孔孟學會即公所首倡。其詩平淡清眞，近陶淵明。偶而我與一公通信唱和。他住在臺北永和，每聞我去臺北，必邀我共進早餐。閒話詩文之外，不談政治。悟明法師留一公午齋。食訖，我陪一公登後山眺望海景。各賦詩一首。返寺，一公告辭下山。

八月一日下午，我去新店廣照寺探候本際法師。寺藉巖腰洞窟而建。地勢高敞，環境清幽。本際法師，就是三十八年在竹南獅頭山同住的龍健行老居士。他六十歲在中壢元光寺披鬀出家，今來此掛搭，閉關習淨。他有一部詩集，準備付印，囑我鑑定刪校。我與法師就禪榻暢談佛法與詩道，至七時才告別返觀音山。枕上占詩一首：

寺對青山列翠峰，松巖古洞臥吟龍；
蒲團清話悟禪理，月下頻傳日暮鐘。

張某養一隻牝羊，被奸人勒斃，羊主既剝其皮，又要食其肉。寂光法師，不但告其烹調之法，還想下廚代庖。我惻然勸止道：「師為佛子，告其食法，就已違背慈悲，怎能忍心代庖呀！」寂光知愧乃止。殺為五戒之首，寂光早即受過比丘戒，豈能不知呢？

我於寂光法師處借得觀音山淩雲寺開山大德本圓和尚著《印度巡禮佛蹟寫眞帖》一冊。上人杖錫西遊，經印度緬甸諸國，跋涉河山，恭探佛跡，經一寒暑，才還本山。每遇勝蹟，攝影而外，並以詩文紀之。文旣雅馴，詩亦可誦。尤其是所記印度佛陀伽耶千佛藏文塔，更足補我國文獻之不足。其記云：「塔在流連禪河之東，高六十丈。唐高宗欽派宋懷文督造，為太宗追薦冥福。」

八月十六日上午，我於余偉居士房中看到戴雨農接收褚民誼所藏書畫冊，都是京滬書畫家於敵僞時期的作品。有汪精衛的行書，劉海粟與黃賓虹等山水。因保護不善，致多霉污，甚覺可惜。退郛藏《名筆集勝》四冊。其第一集首頁為唐鄭虔山水。水墨，筆姿渾勁，實為希世之珍。我當即臨仿一幅，雖得其形似，未能得其神似，甚可愧也。

應退郛之囑畫山水一幅，微染淺絳。率題句云：「無法即有法，走筆似驚蛇，能識此中意，勝卻誦法華。」有時，退郛請我登樓作畫。我信筆揮灑，藉抒禪意。後來我以潑墨作禪意畫，實植基於這個時候。

虞君質先生兼國立藝專影劇編導專修科主任，邀我到該校指導文學概論。我因才脫籠縶，不願再受束縛，所以沒有接受。

我借韓君保管的明汪砢玉撰《珊瑚網名畫題跋》一部。卷八有一則趙孟頫題其子仲穆畫云：「昨自杭回道，經茅山西墅。時夕陽將下，松如偃蓋，水若鳴琴。青山萬重，白雲千頃。山下有乘駿馬者，出沒於其間，乃天然一圖畫。心有所得，以目疾未愈，不能舉筆，因命子雍代之。至大四年五月既望，識於鷗波亭。」跋後尚有七言絕句一首：「雲白山青幾萬重，谿邊游子馬如龍。眼前有景畫不盡，歸去鷗波命阿雍。」

我住在凌雲寺，隔窗外望，正是松雪翁所描寫的景觀。愧我無松雪之妙筆耳。

元王叔明畫有「破窗風雨圖」，楊維楨撰有〈破窗風雨記〉。記云：「大名劉聘君，遭世難走楚越間，屋無室宇，所至即浮屠老子之宮，而假寓焉。每風雨連夕，鐙窗獨坐，韋編相對，誦讀之聲琅然與風雨相叶。」此文也正可爲我寫照。

八月二十八日下山到國立藝術館出席全國美展第二次籌備會議。出席人有：馬壽華、虞君質、林玉山、梁中銘、又銘、鄭曼青、張默君與孫多慈等二十餘位。鄭曼青穿白麻布圓領長衫，張默君傅粉塗脂。二人爲此次會議，大增光彩。

第一次全國美展，是由國民政府前大學院，於民國十八年在上海舉辦。第二次全國美展，是在民國二十二年王世杰任教育部長時在南京舉辦。第三次全國美展是在重慶舉辦。第四次全國美展是於民國四十六年在臺北舉辦。也就是政府播遷臺灣第一次全國美展。我應聘參加全國美展評審，大約十五、六次。全國美展初期評審，關說之風甚盛，評審委員往往受人情包圍，取捨不易公平。因此，影響臺灣畫風有一面倒的趨勢。自民國七十年後，制訂評審制度，才漸漸走上正軌。

戴公祠藏《兩漢金石記》及《清代禁燬書目四種索引》，由韓君手中借閱數日。《清代禁燬書目四種索引》，凡四卷。此書爲杭州抱經堂書局印。細觀此部書目，所列禁毀之書，以呂留良、錢謙益二家爲最多，其次則爲陳繼儒、屈大均二家。大抵凡含有民族意識之典籍，概在全毀或抽毀之列。清廷統治漢人之方法雖密，手段雖狠，但秦火之餘，終不免於疏漏。如顧炎武之《日知錄》，不依然行世嗎？執政者如不以修明政治，富國利民爲重。而專以防民之口，銷民之書爲務，最後必招天怒人怨，把國家帶入危亡的境地。我因得句云：「笑彼清廷計太疏，諷時文字不留餘。言如有價終行遠，秦火安能燒壁書。」

九月一日，五股鄉民在淩雲寺下院西岩寺舉行迎神賽會，並請寺僧放燄口，超薦餓鬼孤魂。我與退邨、韓、紀二君同往隨喜。並瞻謁陳果夫與吳鐵城的墓園。

西雲寺有大殿三間，東西客室寮舍十餘間。倚崖面溪，綠環翠繞，頗有畫意。寺前左右有菩提樹兩株。左邊一株，大可合抱。惜主枝於去年被颱風吹折，其葉密密疊疊，青翠可愛。經謂釋尊坐菩提樹下悟道。我今也坐菩提樹下，愧福薄慧淺，即坐破蒲團也悟不了的。

共坐樹下稍憩，聽僧衆誦經。梵唄悠揚，令人意遠。午承住持僧堅留隨喜齋飯。食訖，觀鄉民群集比賽。鑼鼓齊鳴，諠囂如市。下午三時，搭乘汽車返淩雲寺。

我在觀音山小住兩月，中師黃校長冠宇先生，連寄幾封信，邀我速回中師任教。我既未接受藝專之聘，怎好再回中師。但黃校長最後來信說：我如不回中師，他就要來山接我。爲他這番熱情所感，我就不得不考慮「胡不歸」了。

九月三日清晨，承寺僧備素齋爲我餞別。食訖，請寺工老夏擔行李下山。承僧俗二衆送至梵音精舍，合掌依依而別。寂光法師贈我《法華經》一部，清桂和尚親送我於臺北西站，更使我永感不忘。途中占詩一首：

半載京華似夢遊，西風明月又中秋。
臺中親友催歸去，一片冰心夕照收。

我離中師半年，正如天涯遊子，倦遊歸來。仍住西園精舍，「三徑就荒，松菊猶存。」

一〇一 西園瑣憶

民國四十六年九月八日爲中秋佳節。上午獨往苗栗汶水遊法雲寺。寺在觀音山前，松竹森羅，風景絕佳。晚與慧照法師對坐殿前，談禪望月，悠然物我兩忘。爲我平生所度中秋佳節，最值得紀念的一刻。

法雲寺，山環水抱，環境清幽，爲全臺最宜於修道的選佛場。律航法師初剃度曾在此住持兩年。我小住一宵，暮鼓晨鐘，破迷啓悟。清晨慧照法師書贈兩偈。一云：「諸一切法無常，一切法無我，及寂滅涅槃，是名三法印。」二云：「即離於識，不得法界，離於法界，亦不得識。」發人深省，意甚可感。

早齋後，我占詩二首，贈慧照法師留別。一云：「禪林談淨理，妙語落天花，能得如來果，何須著袈裟。」二云：「中秋明月夜，松下靜談禪，離識無法界，心寂自悠然。」慧師送我下山，至汶河橋合掌而別。

慧照修禪，諸尼師修淨，因法緣不契，啓單離去至宜蘭礁溪某寺棲身。久無消息，不知所終。

十月五日，懺雲法師由埔里觀音山來中。朱時英居士請上人年齋，並邀南亭老法師、李炳南老居士與我作陪。上人是安東省人，年三十餘歲。貌古神閒，語默聲細。今專修律宗，戒行謹嚴，道心甚堅，將來必是佛門中的龍象。

接教育部張部長來函。言欣逢于院長右任先生八秩榮慶，擬約請國內名作家八十位，分別撰述歷史上著名文學家八十人（散文家、詩家、賦家、詞家、小說家及戲劇家等），總名《中國文學史論集》。用資紀念。特邀我撰述宋代大詞人晏殊一篇。受邀名家有：蘇雪林、成惕軒、勞幹、王德昭、李辰冬、屈萬里、劉延濤、李漁叔、張維翰、趙友培、秦孝儀、臺靜農、莊嚴、梁容若、虞君質、陳紀瀅等與本人共一百人。於民國四十七年四月初版，由中華文化事業出版委員會發行。

十月十一日晚六時，承中市畫友徐人衆、林之助、高一峰、唐鴻、王爾昌、李長林、潘榮錫，於裝甲兵餐廳設筵爲我接風。暢談同心協力，發揚傳統文化，甚感快慰。人衆兄即席賦詩一首云：「一觴一詠昔賢樂，言畫言詩大國風。諸子人爭仰絕藝，濫竽我獨愧雕蟲。殘山賸水半僧意，神駿驚濤高氏雄。花鳥林唐擅二美，雲煙王李作元戎。古歡左筆饒天趣，偶證前緣感志同。良會今宵難得似，文光無限道心融。」

宋李伯時畫佛像多用游絲描，不設彩色，世謂之「白描」。這種畫風亦可能是受佛教禪宗思想的影響。《心經》云：「色即是空，空即是色；色不異空，空不異色。」如以色的觀點來看，白描亦猶彩繪；如以空的觀點來看，彩繪亦猶白描。色與空既不異，則白與彩亦無別。

《列子》一書，舊本題周列禦寇撰。列氏，戰國鄭人，與莊周同時。其學本於黃帝、老子。其思想接近佛教禪宗。《列子．仲尼》云：「心將迷者，先識是非，知有是非，心之病也。所以達生篇云：『知忘是非，心之適也。』」這種思想與六祖所說：「於彼相中不生愛憎，亦無取捨。不念利益成壞等事，安閒恬靜，虛融淡泊」之理極爲接近。

《中庸》有云：「喜怒哀樂之未發謂之中，發而皆中節謂之和。」我認爲喜怒哀樂未發爲心之體；發而皆中節爲心之用。喜怒未發，乃靜中之諧和，發而皆中節，爲動中之諧和。「致中和，天地位，萬物育」，是說如能達到體用動靜和諧的境界，則天地可以安其位，萬物可以得其生了。

我自臺北歸來，於上課授畫之餘，讀書撰文以爲常課。閱讀既多，思亦漸深，且喜有所發明。

臺中耆宿蔡北崙先生，世居臺中。天性爽朗，心地仁慈。飽讀詩書，崇儒信佛。早年旅居上海，結交名士，賣卜爲生。臺灣光復，才回故鄉定居。我初識先生，公已年逾古稀。因志趣相契，所以過從甚密。公效王羲之誓墓故事，屬畫「誓墓圖」。圖成並題七律一首：

共欽東海有貞夫，解薜辭親入祖都。
吳市吹簫心在漢，申江賣卜志驅胡。
早輕富貴勵澆俗，今值清明作宿儒。
誓墓爲全忠孝意，浩然正氣耀名圖。

十月二十九日，作夏景山水二幅。於日記中略抒畫山水之管見。記云：「夫畫山水，當分春夏秋冬，朝暮晦暝，陰晴風雨。畫某時，當思用某皴最宜。苟千篇一律，略無變化，則非善畫者也。大抵畫春山宜用荷葉皴與小披麻皴。畫夏山宜用長披麻與米點皴。畫秋山宜用小斧劈與馬牙皴。畫冬山宜用長披麻與大斧劈皴。四時之景有何特徵歟？曰春山豔冶模糊而如醉。夏山蒼翠蓊鬱而如喜。秋山荒落蕭索而如瘁。冬山慘淡渾沌而如睡。此乃四時景之大較也。學者當揣其理，識其徵，因時隨機而變通之，未可膠柱而鼓瑟也。如對景寫生，則當別論矣。」

十一月十一日中午，邀莊慕陵、李霖燦、徐人衆、高一峰、林之助、王爾昌、潘榮錫、唐鴻與李長林諸書畫友假西園武德亭雅集小酌。亭在園之西南角，八角木柱，頂覆以草。額有劉安祺將軍書「武德亭」三字。亭外綠蕉掩映，松竹交蔭，碧草如茵，淸雅宜人。慕公飲酒微醺，賦詩一首。我與人衆也步韻奉和。霖燦出宋人畫照傳觀，更增許多雅趣。

我畫山水，喜畫雪景。以我對於自然觀察之體驗，畫雪景宜寫其慘淡淒淸之狀，使人望而覺寒。雪有雨雪、霽雪、晴雪、霧雪、風雪、季候雪、萬古雪之別。「大地一籠統」之雪，曰季候雪；雲南、四川、西康、西藏雪山之雪，曰萬古雪；雪怎能萬古不化呢？因雪山之雪，舊積未融，而新積又凝，終古不化，故名萬古雪。畫季候雪，當辨四季花木，何者宜寫，何者不宜寫。如配以梅花爲宜，如襯以桃李牡丹，即不合時了。古人善畫雪景者，唐有王維，宋有李成、范寬、郭熙與許道寧諸家。因北方寒重雪濃，諸氏都是北人，所以寫眼前景，眞切而易工。畫雪景之法，唐宋人多漬粉板刻而易變。未若借地爲雪自然而持久。我於早年家居時，每值隆冬，最喜拖屐踏雪。今寄泊臺島，玉山、合歡入冬，雖積雪可賞，然在平地，是看不到大地瓊瑤，萬木琉璃之景的。

十一月三十日上午，安懷音先生來舍面邀於晚六時過安府餐敍。我如時前往。見其夫人兒女都換新衣，如辦喜事。候韓玉符先生、于飛與李霖燦夫婦到齊，主人即讓入座。酒過數巡，于飛先生暢述懷音先生少年生活瑣事，以取笑樂。酒罷，見上湯麵壽桃，才知是日爲懷公華誕。我們都未備禮祝嘏，深感遺憾！席散，我問玉符，今爲陰曆何日，答云十月初九。我笑道：「今天也正是我的賤辰。」諸位爭與我握手道賀，並謂如此巧合，實在不可思議。安夫人事先並移聖誕紅兩株以備送我，此事更不可思議。

我初到臺中，便與林之助、韓玉符、徐人衆、朱龍安、王爾昌、潘榮錫、李長林、唐鴻諸畫友，提倡舉辦中部美展，後來高一峰君也參加我們的行列。四十六年秋，我離臺北觀音山，仍回臺中師校任教，承人衆、爾昌、緯初、榮錫等諸畫友之慫恿，組織「八清畫會」，提倡國畫藝術，發揚傳統文化。並聚餐雅集，合作一幅「八清圖」留念。龍安與我專畫山水，人衆、榮錫、爾昌，專畫寫意花鳥，唐鴻專畫工筆花鳥，長林專畫魚蟹，一峰專畫馬。大家推我領導。我仔細考慮，道義之交，不在形式。有了組織，便是自畫圈子，會招圈外的朋友歧視、疏遠，甚至嫉妒、傾軋。明末清初，江浙吳派、浙派之門戶對立，互相水火，便是最好的前車之鑑。因此，八清畫會，只集會一次便無聲息了。

高一峰是山西省人。瘦高的身材，面黑，雙目深陷。不幸左眼失明。敏慧忠厚，富於感情，木訥不善言詞。由於夫人殘廢，兒女年幼，且負擔又重。所以內心埋藏一股難言之痛。時間久了，便鬱結爲莫名其妙的心病。他內心痛苦的時候，便來找我談談，我以佛法解他的煩惱死結，使他精神上暫時得到一點安慰。但是不久，其煩惱依然如故。我知道他的宿業太深，無法使他不再煩惱，但我看他實在太可憐，怎能忍心不救助他呢？一峰對於中、西繪畫造詣都很高，尤其最長於畫塞外駝馬人物。他與趙望雲、沈逸千的畫風很接近，而用筆奔放、冷峻比趙、沈二家更有過之。可惜其壽不永，實在是藝壇一大損失。

我到中師不久，以三年的時間寫就《中國書畫源流》這本書，先由中華文化出版事業委員會出版，列入現代國民基本知識叢書。其後又於民國七十年由華正書局改版發行。這本書有七大特點：

一、古人談中國書畫起源者，多謂書畫脫胎於八卦，後人不察，亦都附和其說。我爲正本清源起見，在本著第一篇特別指出舊說之謬誤，並證明中國文字實脫胎於原始繪畫，與八卦絕無孳乳相續的關係。

二、中國文字不但脫胎於繪畫，而且一直到現在，數千年以來，除一部分作爲符號文字外，如篆隸行草還依然與畫有不解緣，尤其是草書它本身就是抽象的圖畫。因此，我特地把文字與繪畫攝爲一個系統。

三、自唐代以後，裝飾繪畫率出於庸工俗匠之手，而不爲文人畫家所重視，此種風氣直接阻礙案畫之進步，間接對於手工業之發展亦有不利之影響。因此，破例把裝飾畫列爲中國繪畫一大支流，以宣揚我國古代飾畫之精巧與美妙。

四、美術史列建築、雕塑、金石、陶瓷等類，旨在說明其本身之年代和價值；本著雖亦列建築、雕塑與陶瓷等，但旨在藉以證明中國飾畫演變之情狀。

五、本著把中外現存中國歷代重要書蹟與畫蹟，全作具體的評述，並簡單註明作者之生平，以闡明各家各派淵源紹續之關係。

六、南北朝以來，中國書畫對於朝鮮日本影響極大，本著特把彼我畫蹟與書蹟對照參證，以加強吾民族自信心。

七、爲使讀者閱讀醒目，容易記憶，本著把由上古至今，各代作者，分宗分派，列表以明統系。

四十年前，精力充沛，記憶力強，更難得的是世俗應酬少，可以專心埋頭著作。今屆耄耋之年，腦筋遲鈍，宜以多讀勤作，以補其缺欠。

民國四十七年元月二十六日，門人江錦祥來晤。攜臺灣印《東寧墨蹟》一冊。其中第一部爲古今珍奇書畫。計有：寧靜王（朱述桂）書，鄭成功書，日人伊藤博文書，犬養毅書，林則徐書，沈寶楨書，唐景崧書，施士浩書，（按施氏，字澐舫，號耐公，臺南人。父星階，一門雙進士，授內閣中書。光緒乙未，日人佔據臺灣，公棄家內渡，往來於泉廈之間，高風亮節，彌足矜式。）曹謹書：「山濤鑑物眞如水，松雪能書亦類仙。」行書，飄逸清潤。因爲曹謹對於臺灣民生極有貢獻，所以我特地提出來，對於他的生平事蹟予以表揚。

曹謹，字懷樸，河南省沁陽縣人。道光十七年春正月奉命任鳳山縣知事。開九曲塘，築陂設閘。引下淡水溪之水以資灌溉。渠長四萬三百六十多丈，灌田三千一百五十甲，收穫倍增，民樂其業。十八年巡道姚瑩命知府熊一本勘察後，旌表其功，並命名「曹公圳」立碑永垂不朽。二十年曹公陞淡水同知。二十一年英人犯福建，並窺基隆。二十二年英艦侵大安，公親督兵勇抵抗。二十四年漳泉籍民衆械鬥，地方秩序大亂。公聞報，疾赴彰淡之交界，調解其爭鬥。後提倡文教，崇尚實學。每逢朔望必親到明倫堂宣講聖諭。爲使教化落實，刊行孝經小學，交蒙塾習誦。公餘之暇，招引諸生課試，分獎花紅。淡水舊有學海書院，工程未竣，公捐俸促其落成。更增設鄉塾，淡水文風，由是大昌。道光二十五年，公病卒於任。不惟淡民感其德建德政祠，以資紀念，而鳳山人亦建祠於鳳儀書院內，春秋俎豆，至今不替。光緒二年福建巡撫丁日昌奏祀名宦祠。曹公之德光，不惟照耀三臺，並且亦是吾中州人之光也。

元月二十七日，從東海大學徐佛觀先生處借得《石濤上人年譜》讀之，頗有所得。雨窗獨坐，占詩兩首：

一

市子强爲牧，主人嗟亡羊。
宰夫不善割，偏代庖丁忙。
松柏摧爲薪，荊棘充爲梁。
目翳混皂白，智昏倒衣裳。

奪食塞蟻穴，分蜜覆蜂房。
淫聲令耳聾，豔色使人盲。
魚美體爭羡，花嬌重海棠。
蘭到擔頭賤，何如山中芳。

二

我畫乃寫胸中意，我畫非寫眼前真。
君莫賞我生前畫，君且賞我百年人。
人到百年成骷髏，須賞形骸以外神。
半生飄零似雲鶴，始悟石濤是前身。

《石濤上人年譜》，爲傅抱石所著。他考證康熙南巡，石濤兩次接駕。我認爲石濤大師是天子不得而臣，諸侯不得而友，箕山首陽中人。以其孤高絕俗之性格，冰清玉潔之品操，豈肯仆伏於道路，折節迎駕呼萬歲？因此，我就各方面蒐集資料，以半年的時間撰就《石濤大師評傳》，力爲辯之，以洗其沈屈。本著於四十七年由臺中瑞成書局出版。有：劉延濤、蔡念生、徐人衆作序。

二月十一日，《中國畫史評傳》最後一篇寫就。全書二十九萬餘字。史傳之作，旨在傳其人，傳其事。西洋史家，注重人與事之眞，故「上窮碧落下黃泉」，廣搜博採，分析比較，以求資料之可靠。中國史家，注重「隱惡揚善」，多逞私意，浮誇不實。史傳在記敘人之思想與動態，及事之前因與後果，不必夾雜議論。本著《畫史評傳》，卻打破「史法」往例，不但記敘史實，並採分析法、批判法、推理法，以力求客觀、公允、眞實。本著是以畫家之生平爲經，以探索其畫風之來源與其對於後世之影響爲緯。爲使本著不但具有宣揚中華文化的價值，並且富於創新的意義。故於人物之取捨方面，自東晉至清代，僅取顧愷之、戴安道等二十四家。因爲這二十四家，無論人品或畫風，對於後世都有極大的影響。本著在畫蹟方面，比過去各家畫史、美術史所著錄者較詳，並列表以明其師承之統系。本著於民國五十三年由中國文化研究所出版。於七十七年又由中國文化大學改版發行。是我平生分量最重的一部著作。

三月一日午後睡起，正在抄詩，忽見朱龍安兄由彰化來訪，未入座即告：「徐元白先生近已病逝杭州。」我聞耗大爲驚悼！不禁涕淚沾襟。我喟然對龍安道：「唉呀！元白一去，我也不忍聽元音了。」

徐元白，以字行，浙江定海人。天性敏慧，丰儀瀟灑。工書善畫，尤精古琴。民國二十二年，曾任河南汝南縣長。二十三年調遷軍政部軍需署開封倉庫主任。我於二十三年夏由北平美專歸里，道過開封。因同鄉學友譚方成兄之介，從先生習彈「鷗鷺忘機」、「秋江夜泊」與「普安咒」等操。先生珍藏唐、宋、明、清名琴數床，並監造新琴多床，音韻都極美妙。二十五年秋九月，我應先生之約同赴南京，並遊上海、蘇州、杭州。我請先生介紹到靜慈寺出家，以機緣不契，未能如願。返汴，適逢西安事變，中原鼎沸，我與先生告別，避地於南陽菩提寺。自是即未再與先生謀面。我渡臺後，聽古琴名家梁在平兄說對日抗戰初期，先生攜眷入川，定居重慶，常與琴友雅集。先生在開封時，夫人育一子，名匡梁，那時尚在襁褓，今在杭州藝專任教，算來，他的年齡，已屆花甲了。我遊杭州時下榻之處南屏山後徐氏別墅半角山房，經過文化大革命之浩劫早已不存。人與屋都使我懷念不已。慨然占詩一首，藉抒悲感。

廿年濶別懷人琴，忽得噩耗淚滿襟；
半角湖樓元白去，從今不復聽元音。

日本影印《支那南畫大成》一冊，後有王石谷畫「江山縱覽長卷」。卷首有何瑗玉題「江山縱覽圖」。卷尾有梁卓鉅、羅天池、張南山等跋。張跋云：

右王石谷江山縱覽圖，余生平見石谷畫以此爲第一。杜詩所謂：「怪底江山起煙霧，元氣淋漓障猶濕。」此畫得之。觀此知石谷之能事。而南田之斂手相推非漫然也。此爲南海葉雲谷農部所藏。雲谷病篤，遺言以贈其友臨川李芸甫水部。今冬芸甫自桂林宋章門，出以見示。屬爲跋以誌得畫之由。蓋不忘故人臨終惓惓之意也。兩君皆精鑒藏，皆與余善。雲谷於去歲已歸道山，令余與芸甫重披此卷，追惟曩昔，停雲落月，爲之憮然！

石谷此卷，山石法關仝，樹法李成、巨然。筆法老勁，氣韻深厚，層巒疊嶂，咫尺千里。眞可謂「運宋人之丘壑，得唐人之氣韻。」我自習畫以來，即不重石谷之畫，今觀此卷，始知石谷之畫藝，是未可輕視的。畫尾石谷自題「甲子嘉平上澣寫於天閾之放眼樓。」按甲子爲康熙二十三年。石谷六十三歲。

三月二十九日上午往霧峰坑口村訪曹緯初一敍。其案頭有《南畫大成》一部，隨意披覽一過。有「秋山蕭寺圖」一卷，標燕文貴畫。然細觀其山石林木人物屋宇，筆法全出荊浩，其蒼勁古厚，即營邱亦無此境界。日人多不識畫，故往往「張冠李戴」，此卷標名，必有錯誤。

十時由緯初寓辭出，獨自策杖進山走數里。兩面丘陵起伏，溪流中貫。岸山煙村相望，林木蓊翳，風景極美。而枝頭小鳥，應答不絕，更使人怡神忘倦。東望炎峰山，九十九峰，像一朵初綻放的碧蓮花，想登臨縱覽，惟嵯峨峭拔，無路可通，於是作罷。

十二時出山，過草屯入小館用膳畢，搭公車赴彰化。訪朱龍安暢談三小時。龍安與其夫人都能畫能操古琴。各彈一操，雅興不淺。

近年我習章草，頗有心得。章草爲草書之祖，前人都認爲章草乃史游所創。然細觀西漢武帝太始三年簡，漢宣帝神爵四年簡，與五鳳元年簡，都是急就草書。可見章草於西漢初就已經有了。絕不是史游所獨創。今世所傳章草，只有索靖與皇象二家。而皇象本久藏內府，絕少流傳。此帖以太和館本最佳。眞草並列，不獨草法古茂，眞字亦極雅健。爲玉煙堂與松江本所不及。

民國二十三年三原于右任氏，爲提倡標準草書，在滬登報徵求草帖。購得太和館本《急就章》一帖，乃付影印，並爲之跋。抗戰軍興，于宅被日寇劫掠一空，此帖不知去向。大陸光復，政府還京，有徐筱圃持此帖送歸于氏，且完好無缺。帖首尾所鈐「于氏世守」與「關中于氏」二印，乃吳昌碩氏所刻贈，今仍爲于氏所藏。我藏《急就章》帖，亦爲太和館本，惜字劃略纖，已失原神了。

趙孟頫千字文乃本於晉索靖月儀帖，故遒峻而少古厚。月儀即尺牘，前人已疑其僞。唐李嗣眞云：「靖有月儀三章，觀其趣尙，大爲遒竦。今月儀不止三章，或謂昔人離析，然書無斷裂，固自完善，殆唐人臨寫近似。」我亦疑其爲唐人僞作。但劉延濤則謂：「其書極精熟，且多姿媚，質以唐人章草書，恐不辨也。」如以月儀與出師頌、急就章對觀，即可證知月儀絕非晉人書。延濤精研草書，豈智者千慮亦有一失麼？

七月八日，往東海大學訪徐復觀先生一敍。復觀室懸彭醇士畫山水一軸。筆墨清潤，爲醇士佳構。復觀告我道：「醇士自己認爲此畫勝溥心畬。」我笑道：「醇士太無志，何不說必勝董巨黃吳哩？」醇士，字素翁，性剛直，貌清俊，善畫山水，法戴醇士。書法沈尹默，小字極清秀。詩步江西體，高雅可誦。我曾撰一聯：「觀畫欣逢林下叟，補書欲翦巖前雲。」先生願爲我書，因臥病不起，未能如願。殊爲憾事！

西園精舍窗外，翠竹枝上，時見小鳥群集。有息者，有鳴者，有仰者，有俯者，有交頸者，有對吻者，有啄羽者，有剔足者，悠然自得，一片生意。寫生即須寫此生意。否則，即如有黃徐趙易之術，只能得其貌，不能得其神了。

七月十二日上午，由門人黃朝湖、陳鳳山、趙水椿、莊光雄、陳世輝、龔鈞釗諸君陪遊集集大山。途中多長瀑茂林，風景絕佳。十二時坐山坳枯樹下共進野餐。又上半小時即達絕頂。其高度海拔一千一百三十公尺。立此四望，玉山、明潭、埔里盆地，都收在眼底。下山返集集鎮，時已四點三十分，仍住朝湖家中，晚承諸生公宴。朝湖在校時，不但嗜愛繪畫，並用心研究繪畫理論，那時我即看出其前途未可限量。

七月十五日，應蔡念生居士之屬繪「呂姑祠圖」完成。跋云：「呂姑祠者，遼東蔡拱之先生太夫人祀其外祖父母及從母之祠也。其從母名鳳春，年及笄爲賊所擄，不屈死。先生以其節義可風，屬余繪『呂姑祠圖』，以資紀念。先生性爽朗，重氣節，篤信佛法，精研內典，道德文章，爲世所欽。今同客臺中，寓柳溪西畔。參究玄旨，過從甚密，故樂爲之圖。並略敍其因緣云。」

七月二十六日下午七時，往闞家訪虞君質先生。適逢徐佛觀先生也在座。君質方由日月潭、八卦山遠遊來中。我問他觀感如何？他說：「日月潭風景單調，新修玄奘寺所塑玄奘大師像，面傅紅色，俗不可耐。」我也去過日月潭，與君質頗有同感。日月潭自然景觀雖美，但缺乏人文點綴，所以就比不上西湖之能引人入勝了。

佛觀在東海大學任教，因爲我常撰文在他所辦的《民主評論》發表，所以他對我也很敬重。

佛觀對我說：「彭醇士對老兄的山水畫很推崇，他說黃君璧不及您的風格高。」我遜謝道：「彭先生之過譽，實不敢當，有志之士，當與古人共千秋，同不朽，怎能與時賢較一日之短長？」

闞將軍名漢騫，山東人。體態壯偉，氣宇軒昂。近年閉門謝客，臨池自娛。其書雄勁縱放，有英雄氣，正如其人。

次日上午，我正濡筆作畫，君質先生來訪。他對於我的生活環境，頗感羨慕。當時我是畫一幅「秋山遠岑圖」，他說：「佛庭兄的思想境界，正如畫中的秋景，有蕭疏淡遠之致。」我道：「正想達到淒清荒落之冬景。」先生笑道：「如眞能達到這種境界，即可成佛作祖了。」我道：「願努力勉之。」我與君質論畫、論人、論事，觀點極爲接近。因此，每次晤談，彼此都很愉快。

五月十八日上午八時，應故宮博物院李霖燦兄之邀往北溝參觀古畫。這批畫都是昨天招待約旦國王胡笙所展示的歷代名蹟。宋畫有宋徽宗「池塘秋晚圖」。卷後有鄧易從跋，文云：「徽宗皇帝御製『池塘秋晚圖』，向曾大父樞密在政府時侍紫宸宴。酒酣樂作，上乃聲其慶會之意。出斯圖以賜曾大父曁大父侍郎。先君知郡，傳至易從，迨今四世，百有餘年矣。拜觀寶圖，筆精墨妙，超卓今古，豈俗子所能作哉？謹當珍藏，以示子孫，垂之不朽，堅忠孝大節，仰答聖眷隆渥也。淳熙丁酉春，南陽鄧易從拜書。」鄧跋書既劣，又無印章，甚覺可疑。

五月二十一日晚間，同鄉史夢蓮先生來訪。出示鄉前輩〈李敬齋先生七十自壽序〉，文亦莊亦諧，頗覺有趣。敬公世居河南汝南。早年留美學土木工程，曾任河南大學校長暨河南教育廳長。晚年研究文字學，頗有創見。其序文云：「先就字形演變之跡，寫成《文字源流》一書，以此自壽。非敢賣弄智慧，聊示不甘作一烏龜耳。」文尾並綴一詩云：「中華民族開化早，十萬年前文字生。傳寫日久舛譌多，魚魯帝虎認不清。我承許氏總訂正，常用字形漸可通。人造衛星何足道，乾坤一擲太陽輕。」敬公好勝心切，未免太自負了。

五月二十三日，竟日大雨，天氣驟涼。讀宋牧仲〈論畫絕句詩序〉，甚佩其卓識，特錄於此。序云：「一貴官語余曰：『骨董中鏡與劍差足取，以有用也。最無用者，惟畫乎。』余笑曰：『公好官，請以官喩。凡抱關擊柝各有所司，所謂有用也。若宰相無專職，而百官之職皆其職。如公言，則宰相最無用矣。世間衣服飲食，宮室，皆用之適吾身，獨畫用之適吾心。當塵鞅勞勞中忽得名畫，便如置身長林巨壑，心爲一洗。或對古名賢高士，則肅然起敬。畫雖一藝，其用最大，願公勿輕議也。』」宋氏學博識眞，故能設此妙喩。此論實不啻予一般庸官俗吏一當頭棒喝！

史夢蓮先生，待余情逾手足，感激不忘，因率賦五古一首。今反覆讀誦，深覺近陶，淡而有味。故錄此以示自珍。詩云：

史子篤鄉誼，愛我孤且貧。
美饌輒相招，情逾手足親。

相見無飾語，解衣何率真。
論文窮幽奧，評畫別雲塵。
時或話中嶽，時或憶西秦。
冷眼薄榮利，曠懷忘屈申。
共抱仲連節，願作葛天民。

七月二十四日晚十時，東海大學教授魯實先君來訪。實先湖南省人，魯蕩平先生之從子。專研文史，學識宏博，於殷墟契文，頗有創見。惟才高氣驕，深爲士林所不諒。實先既愛慕我的畫藝，又敬重我之爲人。所以特來面懇，想執弟子禮，從習山水。我深爲他的誠意所感。於是慨允其請。君遜謝問道：「如今習畫山水者甚衆，我也習此，恐不能獨勝如何？」我道：「孔聖云『游於藝』。繪畫在怡神、養性、陶情，何必爭勝要名！」君知他的觀念與我不契，所以就不來學了。

八月六日，李霖燦兄攜莊慕陵先生函來訪，邀我往故宮博物院鑑賞羅家倫先生藏石濤自畫像「種松圖」。我於七日上午搭乘小火車赴北溝博物院訪晤莊慕陵先生。公出示羅氏所藏石濤「種松圖卷」。方展其半，我即斷其爲僞構。此畫高約一尺，長約三尺。右畫石濤據石而坐，有髮無冠，衣紋爲流水描，細弱無力。中畫一人一犬，犬作狂吠狀，人面甚俗劣。間布松石，用筆也纖弱不足觀。上下左右，題跋殆遍，其書也都甚平庸。石濤自題五言律詩一首云：「雙幢垂冷澗，黃檗古遺蹤。火劫千間廈，煙荒四壁峰。夜來曾入定，歲久或聞鐘。且自偕尼隱，棲棲舉種松。」後題：「時甲寅冬日清湘石濟自題於昭亭之雙幢下。」鈐「臣僧元濟」印。

按康熙甲寅，石濤年已四十五歲，其書畫用筆，必不如此稚劣。畫後雖有長跋，備加推崇，然徒暴露其作僞心機之深密而已。羅氏素研石濤，以通人自居，豈智者千慮也有一失麼？

石濤畫卷觀畢，又往庫房觀故宮名畫。同觀者有李霖燦、美國人艾瑞慈、德國人李佩、日本人顧華山諸位專家。宋巨然「秋山圖」，無巨然筆法之渾樸。我與霖燦兄都斷爲元吳仲圭手筆。

九月二十五日晚，夢遊山林，林中有一座古刹，殿宇莊嚴，環境清幽。入寺，沙彌引至方丈。住持僧出，命沙彌奉茶。僧問：「本寺有一位八大，施主可願見否？」我道：「八大現在何處？我願見他。」僧說：「好，請隨我來。」方丈右邊有一間書房，我隨住持進去，見有一老人，正面向裡立著揮毫作畫，我與住持立其背後靜觀。畫爲橫披，近景畫密林一排，中爲河流。對岸畫平坡遠山。景少筆簡，確爲八大風格。畫畢，八大回首轉身，住持當即爲我介紹。彼此合十寒暄數語，八大讓我與他並坐几旁用茶談話。我注視他相貌清俊，長髯搭胸。頭挽髮髻，兩鬢已霜。我正要向他請教，忽聞犬聲，夢被驚醒。追想夢境，實在不可思議。曉起並占詩一首：

昨夜夢遊深山中，青林古寺塵境外。
住持引我入禪房，見一老人稱八大。
貌古神閒眉宇清，飄然一笑肅不拜。

握管揮毫筆墨奇，賸水殘山兼雲檜。
荒落蒼茫去雕飾，創化無跡通三昧。
對坐品茗正欲言，犬吠夢覺真可怪。
高人抱節不逢時，早視富貴如草芥。
無國無產又無家，閒雲野鶴了俗礙。
丹青不爲千秋名，聊將憂騷寄圖繪。

十月十三日，鄉友劉延濤、杜新吾與書友李超哉，同來臺中，下榻於糖廠招待所。承邀於上午九時同車往日月潭遊覽。途中我與他們詳談夢見八大山人的經過，他們都嘖嘖稱奇。勸我再寫一部八大山人評傳。我們到日月潭在涵碧樓啜茗休息片刻，即雇船遊湖。午後三時乘車返中。日月潭路旁崖下，生有許多秋海棠，綻放粉紅色的花朵，妍美可愛。我順手拔了幾株，攜回培植。車過霧峰，順便到北溝故宮博物院訪莊慕陵先生閒聊一會兒。因爲延濤初從北大畢業曾在北平故宮博物院工作過兩年，與莊先生是老同事，所以見面更感親切。

我們回到臺中，已是萬家燈火時分，我請他們入山東食堂小酌後，遂同過我澹園精舍瀹茗看畫，又閒敍一小時他們才辭去回糖廠招待所。

十四日上午應莊慕陵先生之約，我到招待所與延濤、超哉、新吾同往北溝故宮博物院看畫。中午承莊先生在洞天山堂治素饌餐敍。餐罷繼續看畫。這次所看的是自梁張僧繇至元四大家，歷代最珍貴的名蹟。如李思訓的「江帆樓閣圖」，董源的「洞天山堂圖」，荊浩的「匡廬圖」，巨然的「秋山問道圖」，關仝的「關山行旅圖」，郭熙的「早春圖」，黃子久的「富春山圖」及倪雲林的「樹石遠岫圖」等，都是故宮鎮山之寶。

十一月二日上午九時，應書家李超哉之邀往彰化縣溪洲遊覽。那時臺灣省糖業公司設在溪洲，超哉任公司祕書，住在溪洲。我到達糖業公司晤超哉與職員郭燕嶠正在閒敍，忽見莊慕陵先生夫婦、朱龍安夫婦與葉醉白也都趕來。午承超哉在糖廠設筵款待。飯後遂到拾翠樓招待所休息。樓外綠樹蔽日，碧草如茵。琅環雅潔，別有天地。龍安夫婦因事先回彰化，我與莊公夫婦、醉白、燕嶠等乘糖廠吉普車遊西螺大橋。橋去溪洲西南二公里，橫跨濁水溪上，凡三十一孔，長約二公里許。立橋上西望，疏林荒灘，極像黃河景色。返溪洲時已黃昏。晚膳有酒，莊公大醉，扶公至主人宿舍稍憩。

莊公酒醒，超哉取出佳紙請我與莊公揮毫。公堅持讓我先畫，他後題。我提筆寫「秋林遠岑圖」，數分鐘而就。公以醉意猶濃，題未竟已不成書。超哉又出紙請我書對聯二副。我當即撰兩聯：一是「常結煙霞侶，不辭山水緣。」一是「今日同觀陶令菊，何時共棹米家船？」前者書與超哉，後者書與燕嶠。夜宿拾翠樓，庭靜市遠，魂夢都清。

次日清晨用膳畢，莊公夫婦與醉白和我，即與超哉告辭，搭公路局車，離溪洲北返。過永靖下車，至苗圃買花苗十餘株。車抵臺中，莊公與夫人遂回北溝，我回澹園精舍。溪洲之遊，荏苒三十餘年，回想同遊之樂，使我不勝懷念！

十一月七日下午六時，我同朱龍安、徐石上、高一峰、曹緯初、李長林、王爾昌與唐曉嵐，在民生路裝甲兵俱樂部雅集。餐後，我倡議以八清爲題，合作梅蘭竹菊松柏桂花水仙一幅，以資紀念。龍安畫松，石上畫柏，一峰畫蘭，緯初畫菊，長林畫竹，爾昌畫梅，曉嵐畫水仙，我畫桂花。都以遊戲之筆寫之，全爲水墨，未上彩色。後面由石上題字說明。龍安、一峰、緯初都已作古。現今石上定居美國，長林早棄筆硯，曉嵐寄旅香港，爾昌移居臺北，會少離多，動如參商。「八清圖」由我保存，睹畫懷人，不禁神傷！

十一月十二日，應基隆書法研究會邀請，搭快車赴基隆市評審中日書展作品。名譽會長于右任、賈景德、董作賓諸位大書家，也都到場。評審委員有臺北書家王壯爲、宗孝忱、李漁叔、張昭芹、陶芸樓、程滄波、馬壽華、馬紹文等十餘位。日本送展作品共四千餘件，我國作品僅有三百餘件，尙不及日本作品十分之一。眞太不像話了。而且日本書品多大幅，我國書品多小件，相形之下，更見我國文化之萎縮。日本書法可分三派：一是保守派（全法中國碑帖），二是革新派（漢文夾雜日文），三是最新派（如抽象畫，狂怪難識）。保守派之書風以狂草爲最盛。法我國明代傅青主、張瑞圖與王鐸者較多。大都用筆矯健縱恣，氣勢磅礡，爲我國當代書家于右任之外所不及。有越內秀次郎書「萬里無片雲」五字，筆仿磚文，雄勁高古，評審委員莫不歡喜讚歎。大家評審畢，與于右任、賈景德等合影後，即往銀行餐廳赴主人顏滄海先生午宴。我因吃素，獨返臺北。

十一月二十六日下午在二己班上課，在一個女學生課桌上見有一本《御香縹緲錄》。這本書原著者爲德齡女士。譯者爲秦瘦鷗。德齡是滿清貴族裕庚親王的大小姐。裕庚曾作過駐歐各國的欽差大臣。尤其是駐英法時間最久。他的次子勛齡在法國習軍事，歸國後在朝襲承他父親的爵位。他的次女容齡精通英法文，歸國後與德齡同入宮充作慈禧太后最寵幸的侍從女官。出宮後嫁廣東唐寶潮。德齡和她的妹妹都極精明伶俐，說話行事，善伺主上顏色。因此在慈禧嚴威之下，故能安然無恙。她出宮後在上海和美國駐滬領事Mr. T. C. White結婚歸美國去，便開始她的著作生活。她的著作不下六、七種，都是以清末宮內的情形爲題材的。這本《御香縹緲錄》，文字寫得生動流利而有趣味，並且把清廷一切事物情景描寫得細膩詳盡，的確是一本好書。她所記載的雖不免有失實的地方，但略加渲染，並不傷大雅。這位美貌多才的大公主，不幸於民國三十三年十一月二十二日在加拿大撞車身殞。正如她自己所說的終究佔了中國歷史的一角。早年我在北平曾讀過她的詩集，那時即對於這位才華絕世的美人，不勝愛慕與佩仰，今天看到她的遺著，更使我歡喜踴躍。當即借來，挑燈夜讀，手不能釋。

十二月一日午後才睡起，李霖燦兄來，送我一本他新出版的《旅美十記》。他寫遊記，文筆活潑而有趣味，我很喜歡讀這種文章。我說：「您如專寫遊記，恐怕早就成遊記專家了。」他說：「專家的頭銜太多就壞了。」研究學問是需要有專詣，否則博而不精就不足貴了。

霖燦每到我這裡來就要看畫，表現像兒童要吃糖菓一般的神情。但我近來為寫《畫史評傳》，作畫很少。我問他說：「您在故宮常看古人名蹟，怎會看上我的畫？」他說：「因為我喜歡您的作品。」我說：「是這樣，我就受寵若驚了。」

教育部向當代名書畫家徵借作品二十八件寄往羅馬展覽。託方豪教授收存。今接安懷音先生來信說：「方教授對他說，教育部寄給他的書畫原為二十八件，但他卻只收到二十二件，有六件未曾收到。」此六件有我的一幅「太白喬嶽圖」，張穀年的一幅山水，傅狷夫的一幅山水，陳雋甫的一幅山水，安和的一幅仕女，卓君庸的一幅草書。方還說教部係用平信寄出，未曾掛號。作品遺失，就不足怪了。但作品遺失，教部也應有個交代，至今我還未接到通知，這是官僚不負責的作風。

十二月十日為本校光復後十三週年校慶。上午請何應欽先生演講。記得民國二十二年我在北平慧文中學舉辦畫展，何先生曾去參觀。現在他雖是七十歲人了，但還依然像四十多歲的樣子。他講話態度非常和藹，很有學者的風度。他講世界道德重整會的信條，和實踐的方法。其信條：第一絕對的誠實，第二絕對的純潔，第三絕對的無私，第四絕對的仁愛。這與中國儒家精神是無二致的。他講了兩個鐘點，了無倦容。我聽過多少名人演講，以何先生講話最誠懇，最切合實際。

十二月十一日下午睡起，師院教授林玉山兄由臺北來訪。玉山號桃城山人，出生於嘉義縣。

早年留學日本學東洋畫。對於中國水墨畫也有研究。尤擅長於花鳥畜獸。相貌清俊，謙遜和氣，頗有儒者之風。我於三十七年初到臺北即與林教授認識，相交已整十年了。我們暢談臺灣畫風和中國繪畫之發展等問題，觀念極爲接近。我曾贈送他一本新出版的《石濤大師評傳》，他很稱讚我這本書。因爲他要回賓館，閒敍一個多鐘點，我送他上車到賓館休息。

我和玉山兄別後，作了一首五言詩寄他。他回臺北也作兩首七言絕句贈我。全抄錄後面，以續前緣：

玉山人見訪

焚香方靜坐，忽聞客叩門。
倒履啟户視，握手幾忘言。
欣然坐清話，鳥雀歡亦諠。
淑世無長策，歸隱在西園。
久未踏京塵，故人情猶溫。
松菊頗堪賞，畫道難細論。
匆匆駕言旋，愧未奉醇罇。

戊戌初冬南下臺中訪半僧居士

一

精舍幽閒不染塵，中臺駐錫且安身；
禪林墨客原三絕，居士胸懷異凡人。

二

小春過後訪西園，學府鄰居絕俗諠；
對坐畫房懷往聖，超然世外一乾坤。

十二月十六日午後往五郎巷訪蔡拱之居士閒敘。由談到胡適中國思想史，他發表對於近代中外思想之大系的看法。他說：「先就中國近代思想來說，可分四個階段：第一在同光時期爲國粹主義；第二在清末民初時期爲中體西用主義；第三在五四運動以後至蘆溝橋事變以前爲科學至上主義；現在爲唯物主義。再就歐洲近代思想來說，也分四個階段：第一在文藝復興以前爲宗教獨尊時期；第二從文藝復興以後爲宗教與科學衝突時期；第三爲宗教與科學並存時期。第四爲宗教與科學融合時期。」我認爲居士的看法，不但新而且正確。他又批評胡適現在準備研究佛教禪宗說：「佛教之禪，必須一步一步切實去參。到豁然貫通的時候才能徹底了悟。斷沒有只看看藏經便能悟得禪的」。居士的見解，非常精闢。我告辭出，他送我到橋上。這座橋就算是「虎溪橋」吧。

民國四十八年元月十六日，閱《中央日報》，驚悉霍戰一先生於昨日上午八點十分因肝癌病逝於臺大醫院。噩耗傳來，恍如晴天霹靂，好友又弱一個，能不痛悼！先生是吉林省永吉縣人，民國紀元前十九年生。早年留學日本，回國後創辦東洋中學於哈爾濱。民國十五年又創辦《大東日報》於長春，為東北各省第一家純民營報紙。歷任察哈爾省政府委員，長春市議會議長等職，現任立法委員。天性爽朗，和易近人。與我訂交已十有餘年。先生於赴臺北前夕，還派人送函言別。並謂我的窗外翠竹，不能共賞為憾。原望先生早占勿藥，返回臺中，重續橋頭之緣，誰料醫藥罔效，竟成永別。

四月二十三日晚間作「清江泛舟圖」，平遠淡設色。弟子江錦祥謂似雲林，我實無意法雲林，偶與雲林相合而已。

秦祖永《繪事津梁論畫》云：「畫中靜氣最難。骨法顯露則不靜，筆意躁動則不靜，全要脫盡縱橫習氣，無半點暄熱態，自有一種融和閒逸之趣浮動丘壑間，正非可以躁心從事也。」

我的山水畫，論者都說已達靜境。最近梁寒操先生來信也說：「見贈大繪，自是宋元風範，即懸齋中細賞，覺山川草木皆有靜穆虔誠之象。」

六月二日，讀元湯厚《古今畫鑑》，記五代南唐鍾隱從郭乾暉學畫一事，頗饒趣味。其文云：「郭乾暉畫鷹鳥得名於時，鍾隱亦負重名，自謂不及。乃變姓名受傭於郭，經年得其筆意，求去。再拜陳所以，郭憐之，以畫傳授，故與齊名。古人用心，其苦如此。」今人從師，多恥下問，視鍾隱之好學，能不慚愧麼？

六月六日，由熊式輝家借得宋拓大字《麻姑仙壇記》一冊。字元神未失，惟起首十餘字爲俗子墨污，甚覺可惜。帖尾有何紹基跋云：「魯公書《麻姑仙壇記》，世僅傳小字本耳，其大字本自宋以後不見於金石著錄，金薤琳瑯稱爲雷所破，宜乎拓本稀寂，不僅珍如星鳳也。余昔得此宋拓本於姑蘇，蓋即漁洋虛舟所見之本，歷劫流轉，神光炳峙，樸逸厚遠，實爲顏書各碑之冠。黃雨生工部兄一見此帖，詫爲瓌寶。余固祕不欲假借出門，雨生遂令仲郎瀛石鉤橅上石。瀛石年少善書，於魯公有微尙，所志與余同。顧余刻忠義堂顏帖因循未就。黃氏父子刻此帖，數月訖工。從此傳拓萬本，信所謂纂懿流光若斯之盛者矣。欣喜記之。道光二十有二年仲秋月，道州何紹基謹跋。」今臺灣坊間所售顏帖最少。而欲購大字《麻姑仙壇》更不可得。故今見此帖，如獲明珠，喜出望外。

葉醉白將軍，浙江省人，對日抗戰時期，曾參戎行，籌策禦寇。渡臺後退役住在臺中。六月七日上午，將軍來西園精舍邀我到他家中觀畫。他出示數幅近作馬圖，筆墨簡放，比前所見者更有進境。將軍擬於最近在省立臺中圖書館展出，以公同好，請我撰文揄揚。情摯難卻，我便答應他了。

六月十日上午，我又去北溝訪莊慕陵先生閒敍，談故宮所藏元黃子久「富春山居圖」卷。此圖一眞一贋，我都仔細看過。明董其昌對於此圖最爲讚賞。他曾對王奉常說：「子久畫，冠元四家，而生平最合作宜莫如富春山卷。其神韻超逸，體備衆法，而脫化渾融，不落畦徑，誠爲藝林飛仙，迥出塵埃之外者也。」我觀此卷，茸筆既多，而氣亦不貫，林木繁碎，皴點絕無「渾融之感」。我絕不同意是子久的得意之作。古人論畫，往往以個人好惡，欺蒙後人耳目，觀者不可不察。

六月十八日讀清張庚《圖畫精意識》記李營邱「山陰泛雪圖」甚詳。他記述營邱畫雪法，更爲他書所未載。識云：「其設色法，以赭爲地，上留雪痕，再用淡墨入苦綠染。然後罩染石綠，復以墨綠染之。其凹側處，略染石青。其雪痕處，以粉點雪，樹枝及苔，俱以粉勾粉點。……其一片清寂嚴冷之況，令觀者肌欲生粟。神矣，化矣！余之得窺營邱之門者，由此圖也。且悟右丞之法，蓋李出自王也。」我甚愛此圖意境高雅，於是如其法也畫了一幅。師其意不求其似也。

十一月二十五日下午，往農場訪蔡拱之居士閒敍。我說：「宇宙萬有，大而山河大地，小而蚊蚋塵沙，其成住壞空，莫不自無始即由命定。一切現象都是必然，沒有一物一事是或然的。吾佛謂宇宙人生，都是因緣和合，可藉人力增減。但因緣生法，可增可減，或成或壞，是由無始命定，絕非人力可強而成的。如佛門弟子，同修佛法，有成佛作祖，有一世無成。這都是由於因緣不同，所以才注定必有不同的結果。人能相信數命，視一切現象爲必然，則當下即可破除煩惱。或問：「如信宿命，經可不看，佛可不念麼？」答道：「看經不看經，念佛不念佛，也是宿命所定啊。」蔡老聽我這種違背俗見的妙論，頗爲讚許。

十一月二十九日下午，讀《老子》精華數章。〈玄德〉云：「知者不言，言者不知。塞其兌，閉其門，挫其銳，解其紛，和其光，同其塵，是謂玄同。故不可得而親，亦不可得而疏；不可得而利，亦不可得而害；不可得而貴，亦不可得而賤，故爲天下貴。」此說與我佛之破除慾念，無分別見之理是一致的。

天地萬物，都是自然因緣和合而成，並非有神主宰。故《老子》云：「生而不有，爲而不恃，長而不宰。」

《老子》又云：「爲學日益，爲道日損。」王陽明解釋云：「爲學卻從多聞多見上用功，故曰日益；爲道只在澄清本源上用功，故曰日損。要之學不積，則本源不清。日益者，正所以日損之也。」此解甚妙，非體道深者，不能領略其奧旨也。

十二月二日下午六時，往慈光圖書館聽李炳南老居士講經。講神識投胎一節，微妙而有趣味。他說：「學佛必先破除煩惱，轉識成智，才能達到不生不滅的涅槃境界。否則死後其神識即入六道輪迴。六道，天道最高，人道次之，地獄、惡鬼、阿修羅是比較層次低的。除成佛證涅槃者外，人死都有神識。即俗所說的靈魂。神識投胎，或在當時，或在三日，或在七日，或在二

七、三七。神識在脫離人體尚未投胎之際，名曰中陰身，或中有身。投胎之後，則中陰身即隨所投之六道而變化了。神識投入天、人、地獄、畜生、阿修羅五道，都不能再現原形。惟投惡鬼道，時或藉感應之力，而原形可見。故有父母、妻子、朋友身亡多年，還能見其形貌，聽其聲音的。修養工夫高者，識入何道，可以預見。故俱舍偈云『倒心起欲境，濕化染香處，天首上三橫，地獄頭歸下。』首句謂人心之迷惑顛倒，乃由慾念所起。次句謂濕生化生投胎，必藉香味之因緣。三句謂神識如入天地則頭直豎。如投人與畜生、地獄三道，則必橫行。四句謂如入地獄道，則頭必下垂。此種形象，非道高者不能知哩。」

我推測神識在人體即爲微電波，人死，則此種微電波離開人體，隨空中電波隨處飄蕩。偶遇男女交媾，即附精子投胎，而又成某道之神識了。

十二月三日，有李生問初學書，當從何帖入手？我答：「初學書，必從唐人碑帖入手。因唐人寫字，橫平豎直，法度嚴謹，有規矩可循。姜堯章《續書譜》抑唐而貴晉，康有爲《廣藝舟雙楫》抑唐而貴六朝，都是愛奇而惡正。惟趙子《固論書》不尚空談，而務本根。他說：『學唐不如學晉，人皆能言之，夫豈知晉豈易學？學唐尚不失規矩，學晉不從唐入，多見其不知量也。僅能敧倚，雖欲媚而不媚，翻成畫虎之犬耳。』此論確爲持平之言。

學草書，先當取法張芝、索靖、章草等，則結體平正，下筆有源，然後再仿太傅，法右軍。今人作草，往往隨意用筆，失誤顛錯。雖云新奇，然實成大病，握管者可不愼麼？」生聞言欣然，遜謝辭去。

十二月七日，閱《式古堂書畫彙考》，黃山谷《評諸家書》云：「司馬溫公，天下士也。所謂左準繩右規矩，聲爲律而身爲度者也。觀其書猶可想見其風采。余嘗觀溫公《資治通鑑》草，雖數百卷，顚倒塗抹，訖無一字作草，其行己之度蓋如此。」前年中國文化出版事業委員會付印我新著《中國書畫源流》一書，編輯邵恭君見書稿無一字草，即大爲讚賞。謂從未見書稿有如此工者。書稿之工拙，雖與內容無大關係，但如太過潦草，則爲編者和手民平添許多麻煩，且排版容易發生錯誤。因此，我平生撰文、著書，全用楷書。

十二月八日，爲鄉長史夢蓮先生作「夏松齋讀書圖」一幅。跋云：「史公夢蓮，性溫厚，質樸無華，精研文字之學，識者咸推堪繼許氏。公長余十歲，爲忘位忘年交。每值星期假日，恆具素饌招余往，暢話文字而外，不言俗事。丙申春公索畫『夏松齋讀書圖』因題屬紀念，未敢率爾操觚，故越三載始成。夫夏松者，隱於衆木而不自見也。公平易近人，不鳴高，不立異，而以夏松自況，其志操之貞潔可知矣。」

十二月九日，閱《金陵白衣定熙集》宇宙萬有本體論，如飲甘露，頓覺清涼。其前言有云：「法句云『誦習千章，不如一行』蓋知解愈多，去道愈遠。落於知見，則觸途成滯，多作障礙。」此與《老子》所謂「爲學日益，爲道日損」之理，極爲切近。宇宙萬有，非空非有，非常非無常。自性觀之，非有；自相觀之，非空。自變觀之，非常；自靜觀之，非無常。空有雙泯，心相兩亡，始見宇宙本體。」

十二月十日晚，往中臺書局買書，見架上有《中外名人格言》，買了一本，帶回即對燈連續讀了多篇。此書爲陳紀綱編著，其取材，均係中西先哲名言法語，兼及世傳俚諺。凡五千餘條，於存心治學，立身處世，大有助益。其附錄陶覺云：「吾人立身天地間，當以身在天地間負荷，壁立千仞，卓然不爲流俗所移。流俗者，禽獸也。墮於流俗即墜於禽獸。須發大勇猛心，方做得成就。有志而不能大成者，只緣世情窠臼。未能超脫，入世而不知出世耳，須是吾心自作主宰。凡富貴貧賤死生得失利害毀譽榮辱苦樂，種種外境界物，時時蕩搖，時時牽引，惟以慧劍斬之。須還我本來乾乾淨淨的方寸地。誓不爲彼淆吾見而奪吾守，時自猛省，時自鞭策。無一毫可爲己恕，無一線可爲物引，則私欲亦退處於無權之地，吾身方立得住。不然，昏昏擾擾，斷送一生矣。」陶氏這篇箴言，正如藥石針砭，我當自礪自勉。

十二月二十三日，閱《虛雲和尚年譜》。其願力之宏，道心之堅，可與玄奘、道安二位大師媲美。年譜說：雲門事變後，師將赴北平，與衆告別時，乃自書一聯云：「坐閱五帝四朝，不覺滄桑幾度；受盡九磨十難，了知世事無常。」虛雲和尚詩，以五言功力最深，有似杜，有似王，極清眞自然，無斧鑿痕。如〈泛舟西湖〉云：「不解煙波意，誰來駕此舟？心同秋水潔，身與白雲浮。既契眞空理，當懷濁世憂。仗師三昧力，得共海天遊。」

民國四十九年一月十六日，閱《菩提樹雜誌》，有惟悟上人一文。他說：「小乘自私，大乘爲公。」其鄙視小乘，未免太過。試問自私之人，能證阿羅漢嗎？釋尊說法，隨緣適順，本無大小之別，後世判佛法爲大乘小乘，並軒輊其高下者，是爲計度執見所障，不惟到不了菩薩的境界，即想成羅漢也不可得哩。

元月二十九日上午，往公館里安懷音先生家拜年。他的兩個小姐好像兩株牡丹花，兩個兒子好像兩株芳桂樹。我看見他們一家人，眞有說不出的羨慕與喜悅。

家庭這個團體，全要憑倫理和感情來維繫。一般作父母的，對於子女，不是失之於嚴刻，便是失之於溺愛。很少有和樂之中而寓規矩的。像安家這樣和樂而有規矩的家庭，不但是少見，而且在世風日下，人倫敗壞的今日是絕無僅有。懷音先生與夫人教育子女，全用純眞而有理知的愛，因此，他的兒女都樂意接受父母的教誨。

李炳南老居士、孔德成先生、彭醇士先生及周邦道居士都來拜年。李炳老受舊禮教薰陶最深。因此無論對任何人都是謙恭和氣，彬彬有禮。他老即如不能成佛，至少也可以作一個有道德的君子。

我平生在求學作人方面，全得力於良師益友。現在我所親近的幾位長者，莫不是品學兼優的君子。他們都是我的良師，我能有緣親近他們，眞是莫大的幸運。

良師就像一面鏡子，他可以照出你的面目邪正和心地善惡。使你不能不「時時常拂拭」，省察、策勵、改過、遷善。人可以無明鏡，但不可無良師。

一月三十日下午，我去雙十路回拜畫友高一峰。一峰雖搬到新居，但他的心情並未因環境改善而轉好。他最近作的幾幅畫，筆滑墨滯，似不如往年的作品。藝術是思想、性格、感情之反映。作者有什麼樣的感情，便表現出什麼樣的藝術。一峰由於心情苦悶，所以他的畫就不能予人以快感。畫家必須無憂無慮，才能自由自在的創作。心有憂慮，就有繫縛，繫縛不能解脫，則靈感就不來了。

二月一日上午往彰化訪朱龍安兄賀節，承留吃午飯。龍安的夫人姓吳名筠，善畫梅蘭，並能操古琴。我問她道：「現在還常彈琴麼？」她答道：「每天買菜作飯，已忙個不了，那裡功夫彈琴呀！」我和她開玩笑道：「龍安調和七絃，您調和五味，正是異曲同工。」她與龍安都笑了。

龍安飯廳壁上釘有一幅「拜石圖」，才畫不久，還未題款，龍安告我道：「我平生最崇拜石田、石濤、石谷，我畫這幅拜石圖，不是米顛拜石，是朱雲拜石。」龍安畫山水人物，全法石田，功力頗深。這幅畫石頭人物，筆墨位置都雅秀妥帖，可以算是一幅精心之作。

畫家蔡福田君送來影印石濤十二幅通景。此畫原爲李文潔氏所藏，今入總統府祕書長張岳軍先生之手。全景畫山水、松石、蘭竹、蕉菊、芙蓉，氣勢磅礴，令人震撼。李氏讚爲「天下第一大滌子」，不算誇張。我置之案頭，不但仔細玩賞，並開始撰〈天下第一大滌子〉。引言還未寫完，安懷音先生和李霖燦兄來訪。霖燦說他的岳丈黃醒洲先生去世，到本月五日爲三周年。請我代同鄉寫篇祭文，並希望我親筆謄寫。我對於駢文本不見長，平生更不喜作壽序、祭文。不過我和霖燦爲莫逆之交，此文不能不寫，於是就慷慨答應了。

二月二十四日，在慈光圖書館聽李炳老講經買了一本《雲居山志》。志載有關佛印和尚的事跡與詩文。過去由於小說、戲劇演青蛇、白蛇水漫金山的故事，把佛印和尚描寫爲破壞白蛇與許仙二人婚姻的惡僧，實際佛印是一位悟道的高僧。

志稱：「佛印名了元，字覺老，饒州浮梁林氏子。聰慧過人，幼有神童的稱號。年十九出家，遍參匡廬、金焦、大仰。後又住雲門，凡四十年。德化緇素，縉紳賢者，多與之遊。四衆傾向，名動朝野。元符元年正月初四日無疾而終。世壽六十七。」

佛印與蘇東坡友誼甚篤。他與東坡有一封信，甚可發人深省。使我深受感動。茲將全文錄後：

「嘗讀退之〈送李愿歸盤谷序〉，愿不遇知於主上者，猶能坐茂樹以終日。子瞻中大科，登金門，上玉堂，遠放寂寞之濱，權臣懼子瞻爲宰相耳。人生一世間，如白駒之過隙，二三十年，功名富貴，轉盼成空。何不一筆勾斷，尋取本來面目，萬劫常住，永無墮落。縱未到如來地，亦可驂駕鸞鶴，翱翔三島，爲不死人。何乃膠柱守株，待入惡趣耶？昔有問古德佛法在什麼處，德曰：佛法在行住坐臥處，著衣喫飯處，痾屎撒尿處，沒理沒會處，死活不得處。子瞻胸中有萬卷書，筆下無一點塵，到這地位，不知性命所在，一生聰明，要做什麼？三世諸佛，則是一個有血性的漢子。子瞻若能腳下承當，把二三十年富貴功名，賤如泥土，努力向前，珍重珍重。」

我今細玩〈佛印與東坡書〉，恍覺其言似為我而發。我雖不曾登金門，上玉堂，然以一技之長為名利所繫，不能「驂駕鸞鶴，翺翔三島」。是亦負古德之望矣。

三月一日，王生問國畫之特徵與優點。我答：「國畫最大的特徵就是寫意。寫意就是表現作者主觀的意思、心性和感情。」

國畫最高的境界是淨化，而非美化。無美麗之色，而有靜逸之氣者為上品。想使畫有靜逸之氣，必須先求心有靜逸之氣，心如何才能有靜逸之氣？那就關乎修養了。因此學畫不能不注意修養。修養的方法，不外乎清心寡欲。故唐志契說：「外慕紛華者不可以作畫，馳逐聲利者不可以作畫。」

一〇二　張岳軍先生來函

三月二十六日接總統府機要室祕書吳頌堯先生函，他說：

「半僧先生大鑒，前聆教益，無任景佩。今晨岳公（張群）面囑致候。並謂如先生來北，乞撥冗一談。又弟之小冊，得先生以倪黃小筆寫之，便足千古，僅先布謝，餘容續陳。再陳者，如先生來北，乞先示知，以便恭迎。又上。」（吳頌堯先生，事從張岳公多年，愛好書畫，尤通文墨，樂與書畫家遊。）

四月二十二日，又接張岳公二十日的信，再將原信抄錄於下：

「半僧先生大鑒，蕪函甫寄，復奉手札附尊書石濤通景題記。筆法蒼勁，成此鴻篇，有勞清神，既佩且感。重印石濤通景，正與東京承印人士洽商中，以讓與發行權爲原則。石濤道德經照片，已加洗印，計二十六張，茲併函寄上。贈友尙屬初次，即希莞存。此覆藉候文祉。弟張群復啓。四月二十日。」

我本草野書生，蒙岳公獎掖愛護，因緣眞是不可思議。此後每逢我在臺北舉辦畫展，岳公必到場觀賞。更使我沒齒不忘。

一〇三 拜觀弘一大師書金剛經

四月十日，韓石安先生出示弘一大師書《金剛經》一冊，我借來細觀一過。弘一大師書，融漢魏鍾王自成一體。高妙醇古，我非常喜愛。經尾附有三篇跋文，照原文錄後，作爲研究弘一大師書法之參考。

跋一云：「歲次丙子三月二十一日敬書，四月初八日書訖。以此功德，迴向亡友金咨甫夢疇居士。願彼業障消除，往生極樂世界。早證無上菩提。普度一切衆生。沙門演音弘一并記。」

跋二云：「咨甫，浙金華武義人。弱冠遊杭學於高師藝術專科，傳桑本田氏授手工，讚其精絕。求諸彼邦，未之有也。爾後任杭州師範兼女學歌樂教師二十年。嘗語余曰，始任教師，頗多佳興，近惟頹倦耳。余來南閩，曠絕音問。甲戌九月，印西上人書來，謂咨甫臥病半載，艱苦備歷，已謝世矣。遺囑請余寫經，爲其迴向佛道。忽忽二載，及於今夏乃訖，併志緣起焉。龍集玄枵木槿榮月，演音時掩室古浪日光院。

跋三云：「弘公大師，精持律學，素擅書法，植骨章草，頤神鍾帖，而筆端莊嚴，奄有律意，尤足矯近代狂書肆心之失。師洪嫥嫥嚮往昔者久矣。今秋其高足廣洽師出近書《金剛經》影印傳布，且爲師洪述其緣起。公於癸酉之歲，杖錫菰閩，廣師白意，乞寫梵網。公謂寫經資世，必常人習誦者，其利益乃大。嗣夢有以《金剛經》請者。前歲又夢見金剛寫本，若塗金然。適印西師郵書代申金居士臨終之願，公遂薰筆浴硯，虔書此冊，凝神冥會，依期圓滿。師洪再拜展對，凡得六十八幅，虛實向背，妙緒四周，如聞韶護之音，如見干羽之舞，如游華嚴法海，如入極樂蓮邦，以此獻於世人。未發心者，必循公書而起信，已發心者，必感公書而增修。空一切相，入一切智，以云利益，誠大矣哉！廣師募集衆力，用成淨舉，與於茲數者，悉不易得。謹載冊末，同識嚮往云爾。中華民國二十五年丙子臘八日，南通慧茂居士費師洪拜跋，兒子福純侍。」

一〇四 周茂叔與佛印論道

佛印禪師，爲宋代著名的高僧，與蘇東坡交誼甚深。四月二十日晚間，燈下讀《雲居山志》，載有周茂叔謁見佛印禪師一事，二人談修道境界，足以發人深省。特抄錄於後：「佛印禪師，周茂叔謁見，問曰：『天命之謂性，率性之謂道，禪門何謂無心是道？』師曰：『疑則別參。』公曰：『參則不無，畢竟以何爲道？』師曰：『滿目青山一任看。』公有省。一日忽見窗前草生，乃曰：『與自己意思一般。』以偈呈師曰：『昔本不迷今不悟，心融境會豁幽潛。草深霜外松常道，盡日令人看不厭。』師和云：『大道體寬無不在，何拘動植與飛潛。行觀坐看了無礙，色見聲求心自厭。』由是命師作青松社主，追媲白蓮無事。」

即茂叔與佛印二偈結句「看不厭」、「心自厭」看來，二人皆未悟道。如改爲「不相關」、「心自閒」，不唯合韻，且可見性矣。

一〇五 讀茶花女小說有感

我讀《茶花女》這部小說，才恍然於弘一大師出家之遠因，可能是受了演《茶花女》話劇的影響。小仲馬寫這部小說，的確太感人了。《茶花女》和《紅樓夢》，都是一部禪。善讀者會從恨海情淵中解放出來，而超升到聖潔純正的心靈之世界。可惜多少痴男怨女都被這部小說的故事吸引著，好像陷入萬丈的深淵而不能自拔。就如多情善感的蘇曼殊大師，何嘗不是受這本小說的影響呢。

衆生由惑造業，由業受苦。惑有三種：一曰見思惑，二曰塵沙惑，三曰無明惑。無明又分根本無明與枝末無明。人之所以受種種苦，都是由於執迷不悟，造作惡業，爲枷鎖繩牽，不能自由之所致。故想脫離苦海，必先斷惑。惑斷則一切繫縛自可解除了。

四月二十八日新聞報導：南韓政變之局，急劇直下。昨日李承晚被迫辭職，今日李起鵬全家又被其子殺害。不到一週，整個韓國鬧個天翻地覆。韓共與中共不費一槍一彈，如反掌似地推翻了一個堅強的政府。自古以來，搞政治者多無好下場。李承晚氏堅苦奮鬥，復國建國，結果竟得這樣的下場，眞太可悲了！

智者大師，是陳隋時的人。俗姓陳，世居河南穎川，因避晉亂，徙居荊州之華容。父名起祖，於梁元帝時封爲益陽侯。大師生而穎異，七歲僧授普門品，一遍即能成誦。年十八父母雙亡，師與兄陳辭去衡州果願寺，依舅氏法緒出家。二十歲受具戒，精研戒律。三十八歲入天台山，後至荊州玉泉山，建立道場。以爲弘宗演教之地。至六十歲圓寂。師生平所說之法，有台宗三大部，時人稱他小釋迦。臨終仍念佛往生西方。因此，弘天台宗者，多兼弘淨土。天台宗以止觀法門爲主。我在早年，對於「止觀」最爲契機。

橫貫公路，主線支線全部工程已告完成，定於五月九日在谷關舉行通車典禮，並定於十一日行駛班車。此路係於四十五年七月七日分在花蓮東勢兩地同時開工。由榮民第一、四工程總隊承建，由中國青年工程建設工程隊等協助，從太魯閣入山，沿途海拔逐漸升高，至關原一帶，高達二千六百二十公尺。其中合歡山、黑岩山、羊頭山，聳立於北；饅頭山、立霧大山排列於南。地形險峻複雜，幾乎無法攀援。這段困難重重的工程，由於工程局工程師與榮民們的通力合作，克難奮鬥，共歷時三年零十個月，終能完成這項空前偉大的工程。

於橫貫公路開工之日，我即與李霖燦兄約定於橫貫公路完工通車之日，同搭第一次班車暢遊太魯峽谷之勝，因此，我於通車前晚往南臺中約李兄，誰知公車只到宜蘭，不到花蓮，大失所望。

一〇六 相由心造

「相由心造，心滅則境滅。」因山河大地爲心識所攝而現種種形象，故曰「相由心造」。如心不動念，則一切形象也就不現了，故曰「心滅則境滅」。境滅非指實際之山河大地而言，乃指由心識所攝之形象而言，不可誤解。

止觀法門所攝範圍甚廣，如種花時，雜念不起即是止；由花而悟榮枯無常即是觀。修止觀法門，要言旨相合，名實一致，更勿執著於語言文字。否則，正如永嘉禪師所云：「分別名相不自休，入海算沙徒自困」而已。

我作「禪意畫」、「無相畫」、「抽象畫」，並不是受什麼東方、西方畫會的影響。遠在民國四十九年五月十八日，李霖燦兄來訪，我即和他談無聲樂與無相畫。我深切體會，一切聲、相，都是由主觀意識造出來的。無相即無不相。因人的感覺不同，而由主觀的意所造出的形象也千差萬別。

六月六日，中美文化經濟協會理事長梁寒操先生來信向我徵畫，準備贈送艾森豪總統，藉以表達歡迎之意。我畫了一幅「夜話舊雨圖」。中間畫了幾株雜樹，右邊畫一棟茅軒，有兩位老人坐在西窗下，剪燭閒話。屋後是一片密密層層地翠竹松杉。右上有幾座巍峰，飛瀑自高巖掛下。整幅用小青綠烘染，頗秀氣迎人。左上角題：「與君共剪西窗燭，重話巴山夜雨時。」並題「中華民國四十九年六月，寫於臺中，奉艾森豪總統先生雅政，呂佛庭。」下鈐「佛庭」印，左下角鈐「相由心造」邊印。我從來不主動贈送達官貴人們書畫，因爲艾森豪先生是第二次世界大戰時，世人所敬仰的英雄人物，並且在他任美國總統期間，對我中華民國很友善。現在他應邀來臺訪問，增進中美友誼，我應當對他表示一點敬意。

一〇七 聽李炳南居士講經有感

六月十五日晚八時，往臺中慈光圖書館聽李炳南老居士講《維摩經》。他說：「按佛教經典的內容而論，可分幾個等級。如《彌陀經》，可以叫校長經，《觀音經》可以叫教務主任經，《維摩經》可以叫學生經。」他這個比喻頗覺有趣。

炳老又說：「學佛的人，關起門來，自己用功，不與外人來往，絕對不能成佛。」我對於他這種說法，頗不以謂然。學大乘佛法，固然貴有出世心，不必有出世身，但智慧較低的一般凡夫俗子，初學佛法，如不經過關著門子澄寂觀照的功夫，而仍在熙來攘往的世俗社會中，想斷五欲六塵，明心見性，或一心不亂，恐怕是不可能的。釋尊入山修行，悟道以後才去說法，度化世人。凡夫俗子，己尚未悟即登壇說法，豈不等於「下井救人」！山林佛教變爲城市佛教，儘管信衆踴躍，乃如花子朝山，不過看看熱鬧而已。

一〇八 應朱玖瑩先生之邀作家教一月

名書家鹽務總局局長朱玖瑩先生託李超哉邀我於暑假去臺南指導朱夫人康女士馨玉學習國畫

山水。因玖公與我早年在河南南陽菩提寺有一面之緣，所以欣然接受他的邀請，於八月一日赴臺南暫作家庭教師。玖公是湖南長沙人，才華卓越，宅心寬厚。臨池功深，最擅顏楷。曾入譚延闓幕，大楷極似譚書。對日抗戰時期，曾任河南安陽及南陽行政督察專員。渡臺任臺南市南門路，任鹽務局長。我在臺南朱府住一個月，至九月中師開學才回臺中。朱夫人精明賢淑，爲典型的賢內助。因玖公大陸原配夫人尚在，致與如夫人感情失和。未久夫人不幸罹癌症去世，甚可痛歎！玖公榮退後，即遷居安平。單身無依，境甚凄涼。今雖有孫女侍奉，然目昏手顫，神智不清了。

我在臺南時曾賦詩一首云：

德澤被宛邑，早仰朱公賢；
政聲繼劭氏，耄耋節彌堅。

宋沈迪論畫云：「先當求一敗牆，張絹素訖，倚之敗牆之上，朝夕觀之，既久，隔素見敗牆影裡，高平曲折，皆成山水之形。心存目想，高者爲山，下者爲水，次者爲谷，缺者爲澗，顯者爲近，晦者爲遠，神領意造，恍然有人禽草木飛動往來之象。於是隨意命筆，默以神會，自然景皆天就，不類人爲，是謂活筆。」我近年作畫，也常觀敗牆污地，以爲畫稿，正與宋氏之法不謀而合。

八月二十一日上午，學生謝瑞煌陪我遊高雄大貝湖。湖去高雄東北十餘公里，湖外建有一座大牌樓，額題「大貝湖」三個大字。湖原名大埤湖，以產貝著稱，臺灣光復後才易今名。湖周圍約十五、六公里，最闊處直徑約三公里，四周丘陵環繞，山色水光，一片碧綠。在隄岸西面還有小湖，可惜一片荒蕪，沒有整理。惟湖中紅蓮綠菱還頗有詩意。

進大門有幾十株古樹，綠陰蔽日，涼爽宜人。這時正逢各國華僑青年來此觀光，舞蹈歌唱，聲震雲霄。我們在樹陰草地上稍坐片刻，遂沿湖濱小路信步遊覽。湖中有一座半島形的小丘，新建一座樓房，爲蔣總統的行館。離行館不遠，有一座新建的瓦亭，形式還頗古雅。沿湖小徑兩邊，翠柳布蔭，好像一道翠雲廊。與湖中小艇相映，充滿了詩情畫意。那時環湖尚未建築高樓大廈，一片荒寒清寂之趣，很像南京「莫愁湖」。我與瑞煌在湖上玩了一個多小時，忽然風雨交作，眼前展開一幅大潑墨山水畫。急忙坐上計程車返回高雄。大雨傾盆，滿街積水，霎時變成澤國了。瑞煌相貌清俊，氣質文靜，性喜文學藝術。十年前攜眷赴美後即未返臺，甚可念也。

我在臺南朱玖公家住的時候，八月二十七日晚作一奇夢。我與鄉友王君遠遊，日暮投村覓宿，見有二位道貌岸然的長者肅立相迎。我們到他家中，互通姓名，才知一位是王元照，一位是王原祁。二人都是古冠服，相貌堂堂，迥異常人。原祁能操縵，彈高山流水一曲，元音妙響，清人心脾。他彈罷琴，又展紙揮毫，畫水墨菊花一幅，筆清墨潤，我與元照都拍手叫絕。醒後細思，王原祁以畫山水著稱，其傳世之作，從未見有花卉，夢中所見，實不可思議。

一〇九　鑑賞范寬谿山行旅圖

北宋范寬畫「谿山行旅圖」有兩本，今均爲故宮博物院所藏。一爲范氏眞蹟，一爲後人仿作。仿本用筆綿密秀細，故宮藏家疑出王石谷之手。但我將此圖與宋江參仿范寬「廬山圖」對觀，兩幅筆法完全一致，故確定此圖爲江參所摹，決不是王石谷的手筆。九月二十四日，我特地往北溝故宮博物院訪莊慕陵先生與李霖燦兄，並請慕公取出宋范寬行旅圖仿本及江參仿范寬廬山圖，並懸對觀。此兩圖雖都不是眞蹟，但在仿本中可謂「雙璧」。我確認廬山圖筆法與行旅圖實出江參一人之手，慕公與李兄則堅執此兩圖必爲明人所摹。然而廬山圖用筆蒼勁，恐明人無此本領。

一一〇　莊大使館雅集

十一月一日上午搭車赴臺北參加美國駐華大使莊萊德暨夫人舉行之茶會。下午四點三十分往中山北路莊大使公館。這時，黃君璧、藍蔭鼎、鄭曼青、劉延濤、馬壽華、傅狷夫、梁又銘等數十位畫家都已先到。我與莊大使夫婦及諸畫友寒暄後，便與延濤坐在一起閒話家常。茶會未開始前，美國新聞處先放映美國現代名畫。新聞處主任並說明邀請諸位名家準備舉辦中國繪畫展覽之意義。茶會畢，每位畫家於紀念冊上作畫一幅。大使客廳掛有一幅上海王一亭與吳昌碩合作一幅「達摩面壁圖」，用筆、運墨、設色，均爲上乘。散會後，承延濤兄挽至新公園小舖吃素蒸餃。餐畢，我即搭車返回台中。那次參加茶會的名家，現在只有狷夫、延濤和我還在，時光如流，轉眼三十多年了。

一一一　合歡山賞雪

我來臺灣多年，在平地不但沒見過雪，並且霜也未見過。臺北大屯山，每到冬季，雖有積雪，但我只去陽明山看過花，從未看過大屯山的雪。由於新聞報導，合歡山積雪很深，景觀極美，每日登山賞雪者甚衆。我得到這個消息，於是就決定獨自前往賞雪。十二月十日上午八時去公路局車站搭車，想不到李炳南老居士、朱時英居士、徐醒民居士等也在車站候車。我就和他們一同上車。因緣眞是不可思議。中午車到合歡山，皚皚白雪，覆蓋著峰巒和樹木，好像銀鑄玉雕一樣。下車後，有幾個年輕同伴，有的堆雪人，有的團雪球，異常有趣。我與炳老袖手靜觀，覓句吟詩。我占七絕一首云：

邂逅相逢緣更奇，同心向道任驅馳；

無寒無熱禪那意，最喜雪公多妙詞。

西園賞水仙

我盆養水仙，花開十餘朶，狀如瓊樓瑤臺，太可喜了。但名花何必自玩，共賞不更樂嗎？於是敬備幾樣茶點，邀請李炳南老居士、蔡北崙老先生、蔡念生老居士、朱時英居士、戴興周居士，於晚七時蒞西園賞花閒敍。北老年八十齡最高，坐席之上左。炳老年七十一，坐席之上右。念老年六十，坐席之左上，時英年四十，坐席之右上。興老年六十五，坐席之左下。我年五十一，敬陪末座。水仙盆放置中央，點心四盤，壽桃各一，藉以爲諸公祝壽。炳老和念老興致頗高，談經論道，妙語動人。北老不適久坐，先離席辭去。炳老與念老至十一時始歸。這天是農曆臘月二十二，次日二十三爲小年祀灶日。我占詩一首云：

名花共賞會西園，論道談經仰大賢；

臘鼓催人祀灶日，水晶宮裡降張仙。

蔡念生居士也賦七言絕句二首，題是：「半僧邀賞水仙，即席呈教。」

一

晚風縷縷送幽香，遺世丰神絕世妝；

不向人間求片土，清泉白石是家鄉。

二

縞衣仙子降瑤臺，玉作精神雪作胎；
勝似宓妃臨洛水，清波一去不歸來。

一一二　觀吳道子護法天王像

五十年二月十五日有河南同鄉攜來唐吳道子護法天王像求鑑定。此畫，絹本，高四呎六吋，橫闊二呎六吋，絹紋疏而厚，方眼棘手，獨梭半熟，入粉搥如銀板，故絲條精彩入筆。右上角寫神像牌號爲「右白虎，後玄武，護法威靈。」書體樸拙如唐人寫經。右下角有：「元符二年太歲在己卯三月二日敕賜成都三寶院供奉」。按元符爲宋哲宗年號，二年爲西曆一〇九九年。正中鈐有「雍熙之寶」及「天章閣寶」大璽二顆。下有奇縫璽一顆。左下角有：「政和六年八月重卻太乙□□道正武光」。另行有「道衆□正卻」等字樣。政和乃宋徽宗年號，六年爲西曆一一一六年。左下角末端有一花押，其字如吳道玄三字之組合。墨色焦黑，如神像之衣紋。我確認是吳道玄親筆簽押應無疑問。宋郭若虛《圖畫見聞志》有云：「宋太宗欽明睿哲，富藝多才，時方諸僞歸眞，四荒重譯，萬機豐暇，屢購奇珍。太平興國間，詔天下郡縣，搜訪前哲墨蹟圖畫數千軸以藏之。淳化中閣成，上飛白書額，親幸召近臣縱觀圖籍賜宴。」《宣和畫譜》載「吳道子護法天王像二，大護法神十四。」由此推想，太宗之後，宣和之前，元符年間，敕賜吳道子畫之護法神像供奉於道院，是不可置疑的。此圖神像威武，具有修眞度世的形貌。衣紋細勁流暢，捲折飄舉，正如畫史所謂「吳帶當風」。

一三 佛法即美學

佛的境界即最高的美的境界，佛為理性的覺醒，美是同情心的外射。佛的智慧是圓融無礙，美的同情到物我兩忘。佛的修養功夫是：由有知到無知，由有想到無想，由有為到無為，由有我到無我，由有法到無法。講經參禪，焚香拜佛，都是有為法，必到明心見性，或一心不亂的境界才是無為法。然而想到無為的境界，則又非從有為起步不可。故成立學社，研究經典為初學所不可少的有為法。

佛法理趣圓融，包羅萬象，佛法終極目的為一大和諧，故可以說是「美學」。

一一四　我與董彥堂先生一夕談

五十年四月十日晚上，我去青田街拜訪董彥老。他自前年患中風後到現在，精神好像還未復原。眼既無神，而說話也缺乏氣力。他新出版一部《中國文字》，是照抄本影印的。書中有很多古文字插圖，有一部分是圖畫文字，簡單樸拙，非常有趣，爲中國美術史最寶貴的參考資料。彥老知道此書對我很有用，因此自動送我一部。他另外還取出一部中央研究院《紀念董作賓先生六秩晉二學術論文集》和《殷曆譜》。論文集有胡適等幾十篇文章。《殷曆譜》是香港大學出版的，這是彥老一生的精心傑作。他告我說：「這部書推算到中華民國八十年，當未印之前，港大學校當局要我把中華民國推算到政府自大陸撤退時爲止，我認爲這關乎國號存廢的問題，無論如何不能更改，所以堅決反對。港大不願爲此起爭執，結果仍依了我的意見。」這部書不管推算的年月是否正確，只彥老愛國家重氣節之偉大的精神就已經不朽了。

彥老很謙虛地說：「你研究的是藝術，我研究的是科學，科學的定律是暫時的，藝術的價值是永久的。」我說：「科學離開實用時，便成了藝術。比方您以濃厚的興趣研究《殷曆譜》，對它觀照玩味，則《殷曆譜》便離開實用的對象，而成審美的藝術對象了。」彥老認爲我說的很對，所以非常高興。

因爲外面下著大雨，不便告辭，所以就在董府吃晚飯。食訖，彥老裁宣紙一幅，又要我用朱墨畫一幅竹子，爲其夫人祝壽，眞是「一往情深」。竹子畫就，彥老又取出徐文鏡先生《西湖百憶》詩集給我看。這是彥老於民國四十六年九月在香港大學講學時，徐先生贈給他的。文鏡先生是古琴名家徐元白先生的二弟，精研金石書畫，早已聞名江南。那時客居九龍，以製印泥維持生活。不幸兩目失明，潦倒以終。《西湖百憶》爲七言絕句，全詠西湖名勝古蹟。讀之令人不勝今昔之感！

一一五　記戴氏寫經册

五十年十一月六日晚間外出，有周力行君來訪，留戴傳賢居士寫《般若波羅密多心經》一册。並留言謂：「彭醇士先生在家母壽册作『孝園寫經圖』後，囑來求先生賜畫。因家住屏東，專程而來，明晨須買車南返，遂不自知其倉促冒昧也。」我外出散步回來，見壽册及留言，感其意誠，遂磨墨援管畫「無量壽佛圖」一頁，並題詩一首。此册經文，戴傳賢先生以行楷恭寫，清潤俊逸，實足寶愛。經文前頁，爲先總統蔣公暨夫人題字。經文後有：于右任、賈景德、陳含光、溥心畬、許世英、胡適、暨張大千等題跋。大千並畫一尊觀音像。經背爲畫，有：彭醇士、馬壽華、陶芸樓、張穀年、劉延濤、吳詠香與本人各畫一頁。我對於周力行的身世，至今還不清楚。我相信戴季陶居士這本寫經，必傳無疑。

一一六　與孫多慈談抽象畫

十二月三十日，應教育部之邀，搭上午車赴臺北。下午四點五十先到臺大醫院探問鄉前輩張有山先生病況。六點正往植物園獻堂館出席教部晚宴。宴前鄧傳楷次長代表教育部頒授胡克敏與顧傳福獎狀。顧君之獎，由其父顧祝同將軍代領。參加晚宴者，有馬壽華、黃君璧、劉延濤、傅狷夫、胡克敏、孫多慈、姚夢谷與本人八位畫家。主人為教育部代表鄧傳楷。席間我與孫多慈談抽象畫。至八時席始散。

一一七　董彥老見訪於西園

三十一日下午董作賓先生暨夫人子媳同來臺中，下榻於臺中戲院對過巷裡高賓旅社。彥老因不喜住旅社，於是迎來西園同住一夕。燈下我與彥老評斷「延春閣清明上河圖卷」，並暢談中國文化問題。彥老熱愛國家和民族文化。他與我的觀念觀點，幾完全一致。談到十一點，他還不覺疲倦。董夫人告我說：「彥老病後，心情欠佳，肝火太盛，容易發怒。言語行動又恢復兒童的天眞。因此，才陪他到臺中來，看看朋友，到故宮看看畫，調劑調劑心情。」彥老是一位眞正作學問的學者，不幸近年多病，不能安心研究，不僅是他個人的不幸，同時也是國家的損失。

一一八　為畫長城萬里圖遷居模範街

我爲畫「長城萬里圖」與「長江萬里圖」兩幅長卷，特租模範街八巷十七號張必魯君之日式宅舍一棟，於五十一年七月十一日遷入。地偏境靜，最適宜於作畫。長城不但是我國建築史上最偉大的工程，並且還是全世界三大工程之一。原來是戰國時代燕、趙、秦諸國分別築城，以禦邊患，秦始皇統一列國後，令蒙恬北築長城，以禦匈奴，東起遼瀋，西迄臨洮，陵山越谷，五千餘里。爲世界獨一無二之奇觀。古長城創建於春秋戰國時期，以齊國長城爲最早，至秦始皇時才把各國長城聯絡成一氣。至北魏、北齊、隋、唐，屢有修築，不過稍變更其位置而已。現在的長城，乃唐代以來改定的形勢，至明代又加重修。至清代，蒙古內附，數千年北方之屏障便失其國防之價值了。今長城西起甘肅省酒泉縣嘉峪關，東至河北省臨榆縣山海關。當初長城之設計者，不唯對於國防建築之計畫極爲周密，而且其審美的眼光也甚高。所有烽火臺距離之遠近，與城牆高度之比例，都配合得非常調和、優美、壯觀。

長城不但是我國建築史上的奇蹟，而且也是我中華民族文化之結晶。它既表現出我國文化之崇高與莊嚴，也表現出我中華民族之質樸與堅毅。如果沒有我中華民族偉大的氣魄，也決產生不出這樣雄峙千古的長城。我之所以愛長城，並不在長城之古，而是在長城之美。

於對日抗戰勝利之初，我曾打算橐筆負糧，足芒鞋，手竹杖，由山海關徒步至嘉峪關，遍遊萬里長城，飽覽幽幷秦甘山河之偉觀，詠之以詩，繪之以畫，以激發同胞愛國之熱忱。不幸大陸易色，東渡來臺，光陰荏苒，不覺十有餘年。萬國備戰，世變日亟，倘不思隨分及時報國，將必抱憾終身。興念及此，乃毅然決然，閉門謝客，專心於「長城萬里圖」之製作。自壬寅正月至癸卯二月始全部完成。前後經過一年又一個月，連製草圖時間為一年有半。

圖為絹質，長一三四呎，寬二呎二吋。東起山海關，西至嘉峪關，沿長城關隘城郭，山寺野店，以及駝馬人物，都穿插於深山曲水之間，並充分表現塞上的風光，使覽者如親歷其境，步步入勝。

一一九　臺北展示長城萬里圖

五十二年三月十八日，攜「長城萬里圖」赴臺北住博愛路成功湖旅社。十九日上午，《中央日報》採訪主任偕兩位記者來作專訪。臺北各大報也都紛紛發表畫展新聞。下午六時在善導寺預展，並邀于右任、梁寒操、馬壽華、虞君質、楊一峰、劉延濤、梁中銘、梁右銘、姚夢谷、李漁叔等，備素齋開敍。長城圖卷引首，請于公題「長城萬里圖」五個大字。于公觀畫時對我說：「爲書此五字，曾數易紙。」使我非常感激。

我原來是應省立博物館之邀請展覽長城圖卷，及到臺北，國立歷史博物館館長包遵彭知悉此事，當即託姚夢谷找虞君質先生和我商量，邀我先在史博館展覽三天，供藝文界欣賞。我因包館長之盛情所感，於是就答應了。

三月二十一日下午三時，長城萬里圖在史博館展出，該館並舉行茶會。到有來賓張岳軍、馬壽華、沈剛伯、虞君質、林玉山、張穀年、高逸鴻、宗孝忱、王壯爲、丁念先、馬紹文、朱久瑩、李超哉等一千餘人，把二樓畫廊擠的水洩不通。因爲從前沒人畫長城，更沒有像這樣長的畫，所以觀衆特別踴躍。展出第二天上午應教育廣播電臺之邀往科學館樓上作半小時演講錄音。第四天展覽結束，應電視公司之邀，攜長城圖到公司拍新聞片。三月二十五日上午九時，長城萬里圖移襄陽路省立博物館正式展出。爲限制兒童入場，所以售入場券。展期一週，每天自上午九時至下午五時，觀衆絡繹不絕，有不少是從中、南部和東部來參觀者。那時的盛況，現在是看不到了。

一二〇　中國畫學會成立

五十一年春，姚夢谷兄來臺中，我陪他到中山公園散步，他告我說：「我打算成立畫學研究所，想請您也作發起人。」我說：「您的盛意，我可以接受。但是研究所是以理論爲主，以研究理論者爲對象，範圍太狹，不如中國畫學研究會名稱範圍較廣。」他認爲我的意見值得考慮。那時彭醇士先生住在太平路，距公園很近。夢谷要我去看彭先生。並面邀醇士也作研究所發起人。醇士當即答應了。夢谷在臺北又邀虞君質、馬壽華、董作賓、王壯爲、胡克敏等一百多位書畫名家作發起人。籌備一年多，至五十二年八月二十日才開會正式成立，名稱爲「中國畫學會」。（後改中華民國畫學會）開成立會那天，我與彭先生爲颱風所阻，都未出席。但被推爲理事。虞君質先生爲理事主席，他與姚夢谷兄來函，希望於二十七日北上出席理監事會。全體理監事會在臺北植物園獻堂館舉行，我依時出席。到有理監事：馬壽華、虞君質、高逸鴻、胡克敏、張穀年、劉延濤、李石樵、袁樞眞、林玉山、金勤伯、姚夢谷與本人二三十位。我因須趕五點鐘車返回臺中，所以投票時間提前。

中華民國畫學會自成立迄今整三十年，由夢谷在幕後策劃，由虞、馬二公作組織之領導，對於提倡藝術、獎勵藝術人才，栽培藝術人才，實有莫大的貢獻。不幸夢谷先是多病，不能任事。

並於去年撒手西歸。我眼看此一全國最大的藝術團體，成立茁壯，蓬勃發展，而又眼看它黯淡衰落，愛莫能助，奈何！奈何！

一二一　訪徐佛觀話凌波

五十二年十一月二日上午，往東海大學訪徐佛觀先生閒敍。談及香港明星凌波，我說：「凌波才眞是活菩薩，菩薩大慈大悲，能使人離苦得樂。凌波到處，皆大歡喜，不是菩薩化身是什麼？」佛觀聽我這樣讚揚凌波，非常高興，遂取出凌波贈他的彩色半身近影，請我以菩薩像寫其眞。我固辭不可，才允其所請，把凌波倩影帶回。像高一英尺，雲鬢蓬鬆，姿容妙曼，眞可謂「竦輕軀以鶴立，若將飛而未翔」。左上邊題「徐教授復觀惠存」。右下角題「凌波」二字。凌之一點與波之磔勢特長，正可表現其豪放不拘的性格。佛觀於下邊題詩云：「千年舊恨入新歌，裙屐居然蓋綺羅。一曲黃梅淒婉調，萬人拋淚說凌波。」右邊又題云：「天花眞見下繽紛，飛向空山化彩雲。一笑漫勞參佛印，萬靈猶自繞歌裙。前朝往事何堪憶，故國鄉音尙可聞。從此書城春不盡，燈光星影共絪縕。」佛觀題詩，婉摯纏綿，恐凌波未必能領其情也。我因信佛，恐招物議，凌波像未畫，旋即寄還佛觀。此事已經三十一年，佛觀早已作古，凌波已成「徐娘」，記在這裡，爲佛觀與我留一段佳話。

一二二 溥董二公之喪

溥心畬先生，罹患鼻癌，先住中心診所，照鈷六十，他感覺疼痛難忍，於是回家療養。我曾去臺北臨沂街溥宅慰問。見他面部發腫，兩目無神。但他意志堅強，不爲病魔所屈，依然奮筆作畫。危急時又送中心診所，數日即歸道山了。時在五十二年十一月十七日。先生享年六十八歲，停靈於極樂殯儀館，我於二十四日下午開弔時，又特別由臺中趕至殯儀館躬奠。中國文人畫家，詩書畫三絕從今絕響了。

眞是「無獨有偶」，因緣不可思議，溥心畬先生往生六天，董彥堂先生也因高血壓病逝於臺大醫院。當即移至臺北極樂殯儀館。彥老享年六十九歲，比溥老只大一歲。遺夫人熊海平女士，五男：玉京、敏、興、乙、武，女萍。住臺北市青田街十一巷十號臺大宿舍。彥老於五十二年十二月二十三日下午三時逝世。於十二月一日發引，葬於南港中央研究院山上。彥老終生研究甲骨學，發揚中華文化，蜚聲國際，光耀宇內。今後恐不可能有第二人了。

我作「長城萬里圖」，彥老予我很多鼓勵。拙圖完成，正逢彥老住臺大醫院治病。我去醫院慰問，他的神智雖清，但不能講話。因此「長城萬里圖」在省立博物館展覽的時候，彥老不能蒞場指教，實在是莫大的憾事。

一二三　棲居寶華山畫長江萬里圖

「長城萬里圖」完成，我即著手製作「長江萬里圖」草圖，時經數月，草圖完成。於五十三年二月二十日遷居於臺中北屯區寶華山大山精舍。專心畫「長江萬里圖」。大山精舍位於寶華山南麓，有大殿三間，寮房六間，我的畫室在大殿左側，隔窗南望，台中盆地，盡收眼底。窗前有隙地一區，由工友與學生助我闢土除穢，蒔花種竹。滿山翠木蔥蘢，林間碧流環繞。我曾說：居不必高樓大廈，但求青山無俗韻，流水有清音，就滿足了。

大山精舍右方有一座大廟名「南普陀」，殿宇崇宏，寮舍寬敞。設有佛學院，由廣化法師主持講座。花晨月夕，與廣化上人或策杖散步，或亭中論道，滌塵卻慮，悠然不知何世。山前爲正覺寺，當時朱鏡宙老居士棲此習淨。時相過從，獲益甚多。

二十七日爲元宵節，長江萬里圖卷開始落墨，先畫大江入海之浪濤與大帆船。畫江海波濤，要如雲翻風捲，有疏密爭讓，起伏低揚之勢。唐代吳道子與孫位二家，都是畫水的能手，我當兼二子之長。

觀故都春夢

三月十日下午往臺中發信，順便至臺中戲院看一場電影。片名「故都春夢」，爲香港邵氏公司出品。此片原名「啼笑姻緣」，爲吾師張恨水先生所寫的《啼笑姻緣》小說所改編。這個故事初拍製電影係在民國二十年前後，我遊學北平美專時曾看過。由胡蝶飾女主角沈鳳喜與何麗娜。曾轟動全國，賣座空前。其吸引力之強，如與凌波、樂蒂所演的「梁山伯與祝英台」影片相比，並無遜色。光陰荏苒，不覺已三十年，胡蝶早成徐娘，我也兩鬢蒼蒼，追憶前塵，恍若隔世。（來臺後，我曾在《中央日報》記者郎玉衡家與胡蝶同席吃過一次飯。）我於感慨之餘還作了一首詩：

一別春明三十年，曾觀啼笑結奇緣；
而今胡蝶無顏色，我亦滿頭髮燦然。

因恨水師身陷大陸，其小說在臺列爲禁書，所以，邵氏拍製此片，改名爲「故都春夢」。李麗華飾沈鳳仙與何麗霞，關山飾范嘉樹，凌波飾關秀珠。李麗華年逾不惑，演青春少女，猶天眞活潑，伶俐可愛，實在是天生的麗質。軍閥時代已成過去，固然有如春夢，現在的一代也何嘗不是春夢啊！

一二四　畫史評傳

四十六年我在教育部時，即決定繼《中國書畫源流》之後，再寫一部《中國畫史評傳》。開始蒐集資料。單篇曾在《文藝月刊》發表。完稿後，承教育部長張曉峰先生交中國文化研究所出版發行。借李霖燦兄從美國帶回的「宋人望賢圖」送林照相館攝彩色照片以作《中國畫史評傳》的封面。此圖經霖燦兄考證，判定爲「漢高帝回新豐圖」。人物生動寫實，山石遒古妥貼，可能是南宋劉松年手筆。本著出版後，大專院校研究中國畫史的青年們，或爲教學，或爲升等，多購爲參考的資料。至民國七十七年，因坊間已無存書，於是又由文化大學出版部改版發行。

史傳之作，旨在傳其人，傳其事。西洋史家，注重人與事之眞，故「上窮碧落下黃泉」，廣搜博採，分析比較，以求資料之可靠。中國史家，注重「隱惡揚善」，多逞私意，浮誇不實。史傳在記敍人之思想與動態，及事之前因與後果，不必夾雜議論。本著畫史評傳，卻打破「史法」往例，不但記敍史實，並採分析法、批判法、推理法，以力求客觀、公允、眞實。本著是以畫家之生平爲經，以探索其畫風之來源與其對於後世之影響爲緯。爲使本著不但具有宣揚中華文化的價値，並且富於創新的意義。故於人物之取捨方面，自東晉至淸代，僅取顧愷之、戴安道等二十四家。本著在畫蹟方面，比過去各家畫史、美術史所著錄者較詳，並列表以明其師承之統系。

一二五　與廣化法師談真空妙有

三月二十四日，我仍住大山精舍。晚齋後廣化法師來晤。二人對坐品茗閒敍。我指窗外燈影對法師說：「您看，這不就是眞空妙有麽。」法師點首說：「是。」我說：「即境說是空，即影說是有。但境既非眞空，也非眞有，又可以說非空非有。然而細察境有燈影，境非眞空；影非燈之實體，影非眞有，故又可說非眞空，非眞有。但非眞空非眞有也是偏執，執破則言忘慮絕。言忘慮絕，才悟得『眞空妙有。』」法師說：「居士所談的正是第一妙諦。」廣化法師，為律航法師弟子，精研佛學，戒行兼備。自剃度以來，為病魔所苦，體氣衰弱，講話乏力。今仍在南普陀主持佛學講座，許久沒見面了。

一二六　誦楞嚴經

我住在山上，白天畫長江圖，晚間誦《楞嚴經》。釋尊與阿難對話一段，如剝繭抽絲一層比一層深，一步比一步緊，使我歡喜讚歎，獲益不淺。

考《楞嚴經》譯本最為晚出。傳說隋時天台智者大師以通印中三觀法結習法華，有西域僧人對他說：印度有《楞嚴經》，早即發明三觀妙法。智者聽說，歡喜踴躍，於是發願誠求佛菩薩加被，能早傳此經到中國來。師於佛前祈請十有八年，果有印僧般剌密帝受智者大師的感應，誓攜《楞嚴》，東傳妙法。不料行至邊關被守關的攔阻，不得已又轉回印度。但這位印僧東遊意志甚堅，不達目的，決不終止。設計書經於絹帛，剖臂封經於膚內，又攜經離印東來。至廣東登岸，被我方邊令逮捕械送長安，面謁宰相房融。融問他來華有何目的，他說攜有《楞嚴經》卷，想傳布中國。融聽了衷心甚喜，即命人剖臂將經取出。先由烏萇國沙門彌伽釋迦譯成華語，又由房融以中文撰寫。華譯印度經典，以《楞嚴》文詞最美，後人有疑此經爲僞構。但細研此經內容，多與他經相合，經文斷非僞作。只是剖臂封經之事，似不近情理，姑妄聽之可也。

太虛法師於《楞嚴》大意中說：「倘不明《楞嚴》之果位，起增上慢，非但不得利益，反易墮落。見性成佛，頓悟法門應漸次。有頓中之漸，頓悟中有漸次之修證。有漸中之頓，漸修中有頓發之覺悟。」我認爲漸之用在頓，頓之功在漸，無漸則頓莫開，無頓則漸成空，故二者相輔相成，乃爲一體之功，如視爲對待就錯了。

一二七　為人生而藝術的藝術精神

四月十日，讀《民主評論》第十五卷第一期及第二期連載徐佛觀〈孔子爲人生而藝術的藝術精神〉一文，甚佩其見解精闢，引證淵博。他說：「由孔子所傳承發展的『爲人生而藝術』的音樂，決不曾否定作爲藝術本性的美。而是要美與善的統一。並且在其最高境界中，乃到自然的統一。而在此自然地統一中，仁與樂是相得益彰的。但這要由『下學而上達』的無限向上的人生修養，透入到無限的藝術修養中，才可以做得到。而此時之樂是與一般所說的快樂，完全屬於兩種不同的層次，乃是精神『上下與天地同流』的大自由，大解放的樂。因爲儒家所說『樂由中出』的話，表面上好像是順著深處之情向外發，但實際則是要把深處之情向上提。這種向上提，也可以說是層層提高，層層向上突破，突破到爲藝術的眞藝術，超快樂的大快樂。」佛觀所謂「層層提高，層層向上突破。」不僅爲最高的道德，而且爲最高的美的境界。我於十年前所寫的〈美育〉一文中曾說：「美是善的昇華」，就是由善的境界層層提高，層層向上突破之美的境界。佛觀已去世十多年，現在眞能體會這種境界的不可得了。

一二八　法顯西遊求法

我國高僧赴印度求法者，以法顯法師爲最早。法師俗姓龔，幼年出家。因求戒律，杖策西遊。於後秦姚興弘治二年發自長安。在途中跋涉六年，停留印度六年，歸途三年。於晉義熙十年船抵青州（山東）登岸。在外凡十五年，共遊三十餘國，著有《佛國記》，簡潔雅馴，爲佛教文獻之寶典。今爲西洋人譯爲數國文字，以供研究印度古史與東西交通之資。師自敍云：「顧尋所經，不覺心動汗流。所以乘危歷險，不惜此形者蓋世志有所存，專其愚直，故投命於不必全之地，以達萬一之冀。」讀此，更對顯師堅苦卓絕的精神敬佩不已了。

一一九 楞嚴釋疑

《楞嚴經》第一卷，阿難白佛言：「世尊，我亦聞佛與文殊等諸菩薩法王子談實相時，世尊言：心不在內，亦不在外，如我思惟，內無所見，外不相知。內無知故，在內不成；身心相知，在外非義。今相知故，復內無見，當在中間。」此段經文，常水法師說：「外不相知，不字應是又字，才與下句身心相知意相合。」圓英法師著《大佛頂首楞嚴經講義》講至此段也認爲「外不相知」，不字上旁補一非字，其義就不矛盾了。但我參究數日，認爲經文「內無所見，外不相知」句，於文既順，於理亦明，應無錯謬，不必增改。常水法師改不爲又，圓英法師增非字於不上，稍懂中國文法者，就可以知道是不通的。適逢朱鏡宙老居士來訪，我將鄙見告訴他，鏡老細看經文後，也點首印可。他去後，我又細讀此段經文，反覆參究，抵暮才於此段文理，上下貫通，了無滯礙。試詮釋如左：

阿難對佛曰：「據我思考忖度，內既不見心肝脾胃，爪生髮長，世尊謂心不在內，自屬極是。而在外之眼與境既不能相知，世尊謂心不在外，亦甚有理。因心肝脾胃皆屬無知之故，所以執心在內之說則不能成立。身心不宜分離，當屬相知，所以執心在外，自屬於理不合。今既知身心為相知，則不能內見腹焦，其理甚明。由此可知，心應當是在中間吧。」

讀誦《楞嚴》，可從此中破妄顯眞，明心見性，而達覺岸。謹占絕句一首：

楞嚴善巧在名言，百誦自能開慧門；
生法生心皆為妄，須從悟處見真元。

一三〇 張四妖奇

我在大山精舍住的時候，六月三日那天上午，大雨滂沱，山齋靜坐，忽憶吾鄉張荊園應試文章，不禁啞然失笑。荊園，清道光年間人，家在吾鄉東北九十里之荊樹墳。性行怪誕，玩世不恭，所以時人給他起個外號叫張四妖奇。荊園不但文才極高，並且能詩善書，不慕榮利。幼嗜繪事，更以畫驢著稱。其生平佚事最多，談起來足以噴飯。

我在幼年曾聽先父說：荊園十幾歲時，往南陽參加府試，考官命題曰「沛然莫之能禦也」，荊園提筆洋洋數千言，交首卷。其文有「東一陣，西一陣，溝滿河平；南一陣，北一陣，牆倒屋塌」一句。卷尾大書「筆下留情」四字。主考閱畢甚怒，乃以朱筆批曰「才足驚世，文不對題，孺子不可教也！」從此荆園不再應試，斷送了他的前程。

荆園作畫，大都寫實，全用水墨，不設彩色。筆簡形具，而成獨特的風格。傳說：荆園有一次想畫人從驢背墜下來的樣子，再三思索，仍不得要領。於是心設騙局對妻說：「岳父病危，盼你即速回去侍奉，快束裝出來，我去牽驢同往。」婦聞言悲不自勝，於是揮淚上驢就道。行數里，遇一淺溝，驢性不過溝，荆園急用鞭策，驢大驚跳，其妻倒身墜下。荆園以爲畫之情狀已得，內心甚喜。佯對妻說：「今天出門不利，暫且回家，明天再往。」遂扶妻上鞍踏鐙。返至家中，實告其妻，跪地請罪，才免縛手頂燈之罰。荆園對朋友也常發生惡作劇，頗有徐文長之風。

一三一 升等

民國五十年臺中師專改制，我受聘爲副教授，至五十三年，當升教授。校方通知送著作升等，我決定以《中國畫史評傳》送審。校方設有審查委員會，教師升等，都須由審查委員會票選決定。有某同仁深恐審查人員故意刁難，於是約我於未投票前拜訪審查人以示請託。我鄭重告某同仁說：「如今各大專學校教師爲求升等順利，不惜卑躬折節向審查人送禮請託，競扇惡風，靦不爲怪，實爲教育界莫大的恥辱。本校爲培養師資之學府，吾輩豈能爲升等而貶損教育之尊嚴！如審查人刁難，當據理力爭，踵門拜訪，萬萬不可。」我兩次升等，雖不曾拜託任何人，但都順利過了關。

一三二 原始西洋美術

西洋美術之發展，比我國還更早。在史前時期，原始人類於山林巖穴中，即已開始美術之創造。其圖象線條雖極簡單樸質，然其靈智卓越，美感豐富，與今人並無二致。約在西元前一萬六千年，西洋史前美術已發展至最高峰，其作品之優美，眞足使人驚心動魄。如在西班牙阿爾達米拉發現之公牛壁畫，在法國方德高穆發現之馴鹿、犀牛及古象壁畫。在西班牙拉維哈發現之狩獵壁畫等，都是極優秀的名蹟。尤其是狩獵圖作風與我國戰國時期之獵人壺，漢代之武梁祠石刻之作風極相似，其技巧之美妙，實臻上乘。生於現代的美術家，未必有這樣創作的本領。由此足證藝術之美，旣無新舊，也無進退，今之學者豈可執偏而概全啊！

一三三 讀倪雲林西林禪室圖

雲林畫蹟傳世者，多不作人物。只見日人山本悌二郎所藏雲林的「西林禪室圖」有三個人物，令人喜出望外。此圖爲一幀冊頁，疏林陰中畫一蘭若。老僧對几凝神靜坐。几上置經數卷，室前池邊有二僮子立而閒話，神態悠閒，殊饒逸趣。此圖筆墨無多，而皴點荒率自然，眞所謂「天然去雕飾」的逸品。讀畫之餘，乘興占詩一首：

山舍清清遠市囂，名花相對慰寂寥；
凝神靜讀雲林畫，不覺炎威暑氣消。

一三四　山齋會李朱二老

寶山精舍，幽潔敞朗，遊人罕至，我棲此忽將半載。謝絕塵事，游心澹泊。焚香作畫，竟日與古書古人相對。形忘道接，悠然自得，世間榮利，不能擾也。雲林詩云：「逸筆縱橫意到成，燒香弄翰了餘生。窗前竹樹依苔石，寒雨蕭條待晚晴。」差堪爲我山居之生活寫照。

五十三年七月十二日上午，李炳南、朱鏡宙二位老居士蒞山閒敍。敬備素筵一席，聊示供養長者之微忱。炳老說：「在對日抗戰時期，寓居四川重慶歌樂山，與朱鏡老爲鄰，時隔二十年，還能在此同筵並座，因緣眞不可思議。」朱鏡老是古文家章太炎的女婿，所以他對於太炎先生生活情形所知最詳。他說：「太炎先生生平專心治學，不修邊幅。穿皮鞋常左右互穿，穿線襪也常穿顛倒。抽香煙常接續不斷，但不擇品質。好客健談，請謁者不拒。因爲他的學問淵博，都可應機說法。只方言太重，聞者大多不易領會他所講的意思。」鏡老是浙江溫州人，爲國大代表。品端學粹，深受佛教界所崇仰。當時隱居正覺寺，閉戶修淨著書。鏡老與炳老都是七十六歲。炳老耳聰目明，健步如飛，鏡老耳聾眼花，體弱多病，所以他對於炳老之健，似不勝豔羡之意。人之福報大小，乃前世業力所感，不是錢、勢所能倖致的。寶山之會，忽忽整三十年。李、朱二老，皆作古人。追懷長者風範，益增敬仰之思！

一三五 吃空心菜

七月十三日晚齋，有空心菜一碟，余已食其半，菜姑忽踉蹌而入，張惶變色，指空心菜問道：「居士吃過否？」我答道：「吃過。」她皺眉苦臉地道：「這碟菜作的不好，請不要吃！」遂端菜匆匆離去。我看她的神色可疑，於是投箸出門覘其動靜。已而住持與老尼會觀前來面告：「下午工人將洗荔枝樹殺蟲劑藥水潑到空心菜畦，菜姑未注意，刈而烹之，及將菜送居士室，才想到此菜有毒不可食，因此特來取去，請居士原諒！」我笑道：「莫要緊，莫要緊，不會中毒哩。」晚齋後老尼與菜姑又來對我道：「方在山下購得解毒藥，請居士趕快服用。」我又笑道：「我沒中毒，何必服解毒藥？無毒而解毒，才眞中毒哩。此毒是由諸位疑心所造，我即中毒也不會死，何況並未中毒呢。請諸位安心，毒即解了。」衆聞余言，皆大歡喜散去。

一三六　真常之心體

佛學對於「心」之體相用，解釋最爲精微透闢。學佛旨在明心見性。倘不明眞常之心體，即使時時參禪，日日彌陀，均歸無用。阿南尊者，爲佛之高弟，猶誤以妄心爲眞心，何況我們俗子凡夫呢。

人之眞常之心，靜則爲眞如（本性），動則爲無明。能藏無明者名曰「阿賴耶」，即相宗所謂之第八識。阿賴如倉庫，其作用在儲藏一切種子，而不分別善惡。分別善惡者名曰「末那」，即相宗所謂第七識。一切善惡、是非、美醜，都由此識所分別，也由此識所造作。可謂迷妄之本，罪惡之源。眼耳鼻舌身意謂之六根，六根之外尙有六識。前五根與色聲香味觸法六塵相接，必賴意根立起反應，則前五根才能發生見聞覺知的功用。否則根與塵相接，也如木石之相撞，不可能發生關係。故意根也如傳達長，客來即命傳達引見主人，倘不吩咐傳達，客與主人即不能相會。有時使六根與六塵不相接，然仍不免計度、思量、分別，其原因何在呢？這是第七識之法塵影事。《楞嚴經》佛告阿難曰：「縱滅一切見聞覺知，內守幽閒，猶爲法塵分別影事。」禪家但滅六識曰「無心定」，兼滅七識曰「滅盡定」。修禪到「滅盡定」才能不生不滅，證羅漢果。但至此境，還未得究竟。必再進一步將阿賴所藏之污垢塵滓盪滌淨盡，轉迷成智，返妄歸眞，才能超三界而證佛果。吾人學佛當以究竟涅槃爲最後之歸趣，不可以得小果而自足。

一三七 山水畫派

山水畫在明代即已各立門戶，派別紛歧，至清初派別更多，而門庭也更森嚴。只南宗山水即分立八派，每派都有若干門徒。拘泥師法，黨同伐異。畫道至此，掃地無餘了。王石谷為虞山派領袖，因其名氣最高，故勢力也最強，淺薄附熱之輩，爭歸其旗下，藉增聲價。故方薰《山靜居畫論》云：「海南繪事家，不入石谷牢籠，即為麓臺械杻，至為款書皆絕肖者。故二家之後，非無畫士，如出一手耳。」今臺北畫家，也有些聚徒嘯衆，有所謂「七友」、「八儔」、「十人」、「壬寅」、「己巳」等種種名目，可謂清初江南畫派之餘續。

一三八 蔡元培辦大學

蔡元培先生，思想宏通，眼光遠大，民國以來，學者之中，實所罕見。我對於蔡氏辦大學之方針，尤為敬佩。他說：「所謂大學者，非僅為多數學生按時上課，達成一畢業資格而已也，實為共同研究學術之機關。」又於〈北京大學月刊發刊詞〉中說：「大學者，囊括大典網羅衆家之學府也。如人身然，官體之有左右也，呼吸之有出入也，骨肉之有剛柔也，若相反而實相成。各國大學、哲學之唯心論與唯物論，玄學美學之理想派與寫實派，經濟學之干涉論與放任論，倫理學之動機論與功利論，宇宙論之樂天觀與厭世觀，常樊然並峙於其中。此思想自由之通則，而大學之所以爲大也。」故蔡氏在北大任校長期間，延聘教授，只問學詣，不重資歷，網羅各種人才，兼容並包，開誠相見，其恢宏之襟度，卓越之見解及偉大之人格，實爲民國以來，我國教育學者，無人能與並駕的。現今臺灣大學教育，也如清末民初之京師大學堂，學生入大學，其目的不在研求高深學術，而在混取文憑爲博得高官厚祿之階。或爲逃避兵役，暫藉大學爲藏身之地。有些學生，不願讀書，急於問政。經常集會結社，製造風潮。

一三九　與丁仁齋居士談禪

七月二十五日下午三時，教育廳丁仁齋居士來訪。居士習禪多年，自謂頗有所得。我問他靜坐方法如何？答道：「初受蔣維喬居士指點，依四禪八定之法參習。對於心性，頗有所悟。」我又問：「心性有何分別？」居士含混其詞，茫然不得要領。反問道：「心性有何分別？」我道：「心與性是一體的兩面，性爲心之體，心爲性之表。心本來是清淨的，由於爲無明所蔽，所以不光亮了，而心之體『性』，也就見不到了。神秀偈：『時時常拂拭，莫使惹塵埃。』不惹塵埃，心就光亮了，也自然見性了。鈍根人修禪，須依四禪八定，一步一步突破三關，使心透出光明而達見性的境界。利根人修禪，如電光一閃，心即明亮，當下見性，不須破三關，依四禪八定也。正是『直指本心，見性成佛。』『本心』即是本來的清淨心呀。禪師教人，必針對學者的根器而說法，否則，不惟自誤，且誤人矣」。丁居士聽我這番詮釋，頻點首讚歎。

一四〇　我最敬仰的戴安道

我於兩晉人物，最愛陶潛戴逵。逵字安道，譙國人，後徙居剡。史稱他：「少博學，好談論，善屬文，能鼓琴，工書畫，含和隱璞，累徵不出。」三國與魏晉時期的知識份子，有一種欺世盜名的風氣。大都如安道所謂：「自驅以物，自誑以僞，外眩囂華，內喪道實，以矜尚掩其眞主，以塵垢翳其天正。」流風所及，人心詐僞，風俗日偷。卒致禮崩道乖，社會紊亂。安道所以著論亟辯儒道之走上偏差之路，窺其動機，端在正人心，匡時弊。他所以遁棲巖穴，守道安貧，始終不渝者，正爲示人以眞情，不屑誑人以自僞啊。

一四一　訪東海三友

七月二十九日上午，往大度山訪東海大學三友徐復觀、梁子美與藍孟博。復觀正研究中國繪畫理論，擬於最近撰〈氣韻生動〉一篇，略談他個人的觀點，要我表示意見。他雖不習繪畫，但憑其多才博學，且富於思辨的能力，所以言之尚能成理。將午我興辭，他夫婦懇誠留吃中飯，我婉謝別去。子美才從日本歸來，正患腹瀉，臥床休養。我不便擾其清神，握手寒暄數語即去。孟博兩鬢蒼蒼，已現衰老之相。因我急返臺中，所以見面也僅談一刻鐘即告辭。他執意送我至車站，冒烈日立車窗外十餘分鐘，待車開才拱手而別，其重舊誼之情，在世風澆漓之今日殊不可多見。三友早作古人，追念疇昔，不勝愴懷。

一四二 歸去來兮

我借居寶華山大山精舍作長江萬里圖，不但環境清靜，食宿方便，並且屏去應酬，心情愉快。本想把江圖完成再離開山舍。但由於有幾個尼姑，互相猜忌，感情不合，我雖爲客體，也不能不受影響。我爲保持平靜的心情，於是於八月十日，由學生與工人搬運家具行李遷回臺中西園精舍。承住持設齋爲我餞行，並率僧尼送我至山下，其慈悲之情，使我至今不忘。我遷出西園，山居半年，園中草深數尺，荒穢不治。正如陶令所云：「三徑就荒，松菊猶存。」感賦七絕一首：

遷居山舍西園荒，翠竹依然護草堂；

歸去應門無稚子，松間明月伴幽涼。

一四三　訪彭醇士論畫

八月十二日往太平路訪彭醇士先生閒敍二小時。此次是醇士氣喘未發作，最愉快的一次談話。醇士字素庵，號素翁，江西高安人。民國九年，畢業於北京中國大學。常與桐城派姚叔節和名儒陳散原文酒酬唱，才名遠播。其書胎息於帖學，深得右軍神髓，書品極高，而鑽研聖序，工力尤深。醇士之畫，以山水爲主，偶而也畫水墨牡丹，人物極少。他畫山水全法戴熙，清潤渾厚。詩宗江西派，與陳含光同調。醇士雖研畫多年，然不曉水墨畫興於何代。我告他說：「惲南田云：『水暈墨章，興於唐代。』」他才知曉。醇士對我評黃君璧之畫說：「黃君璧山水，如無一筆是黃君璧便佳。如有一筆是黃君璧便不佳。」醇士剛直，論人評畫，一字之貶，嚴於斧鉞。論畫觀點不同，我故不敢輕議時賢。

一四四　與王逢吉教授談人品

八月十三日晚間，同事王逢吉來訪。他因參加講師升等落選，頗憤懣不平。我慰勉他說：

「吾輩為人師表，當以敦品勵學為重，不必斤斤於名義之得失。如今教授名器濫授至極。不憑學識，而憑人事關係，倡啓奔競之風，實在太可恥了。得之不足喜，失之何足悲。吾人如有眞品實學，他日將薄教授而不為哩。」逢吉聽我這番話，氣才稍平。逢吉後升教授，為文藝作家，其散文常在《中副》發表。臺中師院退休，常旅居美國。原與我私交甚厚，近年甚少來往。

一四五　江源

長江最遠之源，其說不一。天台齊召南著《江道編》云：「金沙江即古麗水，亦曰繩水，亦曰犁牛河，番名木魯烏蘇，出西藏衛地之巴薩通拉木山東麓，山形高大，類乳牛，即古犁石山也。其西北二源最遠，出巴薩通拉木之西五百里。山曰勒斜爾烏藍達普蘇阿林，山高大，石多赤色。」金匱華湛恩著《防江形勢考》云：「嘗考《西南志》而知江之源實出於吐番之犁石，南流而至武定是為金沙江。」前人考查江源，因交通不便，且缺乏科學儀器，所以都不正確。我根據大陸最新地圖，確定江源在祖爾肯烏拉山北，東流曰沱沱河，再東曰通天河，再東南流過玉樹境始名金沙江。經四川、雲南，轉向東北，再經四川至宜賓市與岷江會流東去，始曰長江。經湖北、江西以下又名揚子江。實長一萬一千餘里。（近有中視節目「大陸尋奇」製作單位實地探測，長江發源於青藏之間珠穆喇瑪山雪窟之中。）

一四六 王維修禪

唐代佛教，各宗蔚起，如百花齊放。不但高僧多傑出之人才，而一般才學之士，多於晚年功業喧赫之餘，也往往皈依佛教三寶以求歸宿。王維更是最突出的一位。維不惟篤信佛法，並且對於禪宗教法也深能解悟。觀其所撰〈六祖慧能禪師碑銘〉，即可證知。由於摩詰禪學功深，所以其詩大都清空靜逸，予人以鏡花水月之感。王漁洋《詩話問答》云：「問右丞鹿柴、木蘭諸絕自極淡遠，不知移向他題亦可用否？答：摩詰詩，如參曹洞禪，不犯正位，須參活句，然鈍根人學渠不得。」

一四七 濟人之困

張國銘君，國立藝專畢業。清秀溫雅，天資敏慧，中西繪畫，造詣頗深。我於五十三年元旦在高雄舉辦「長城萬里圖」展時，與君有一面之緣。未久君即赴馬公服役，後駐防善化。他給我來信，想借二百元，以作返家路費。我愛其才，且憫其境。於是冒雨親往善化致送川資，君住營房，未便久留，仍冒雨返回台中。其後始知張君家在台北市哈密街，家境清寒；待親至孝。我發願盡力之所及，多作濟困救難之事。占詩一首云：

救人之難濟人貧，無慮無憂自在身；
富貴功名皆夢幻，寶筏一葉渡迷津。

一四八　為吉祥寺琉璃殿撰聯

八月二十八日接臺北山佳淨律寺住持廣元法師來信言：吉祥寺住持續祥法師求我爲琉璃寶殿撰書對聯一副作刻柱用。我當即撰就一聯云：

發十二願救度衆生苦厄，
經百千劫證得無上菩提。

書就即掛號寄去。

藥師佛，具名藥師光如來。又名大醫王佛，梵名鞞殺社寠嚕，爲東方淨琉璃國之教主，發十二誓願，救衆生之病源，治無明之痼疾。十二誓願見《藥師經》。

人心之攀緣外境，正如猨之攀木摘果。攀此枝，望彼枝，戰戰兢兢，眼花撩亂。得一果食之，暫感忻樂，及食盡，又攀別枝，求得他果。但果有盡，而欲無饜，則攀緣之苦亦無窮。人之貪求財色名位，也當作如是觀。

一四九 與張治春先生談性理

八月三十一日，晚八時，往玫瑰一村訪張治春先生暢談性理之學。他正蒐集資料，想講明格物致知之理，以啓後學，其意甚佳。治春是尊朱子「即物窮理」之說，我是想爲朱、陸二子作調人。因此，我與治春的基本觀念有些距離。陸子以萬物備於一心，故認爲格物就是明心。這是絕對唯心論。朱子以物與心爲二，故認爲格物就是窮理。這是科學的唯物論。無論唯心唯物，都是偏頗之見，未能認清「明心」與窮理眞意之所在。要知「格物」，不是在即物以明心，也不是專在認識物之質料與構造，而是在即物明覺渾然與我爲同體。倘能明覺宇宙萬物皆渾然與我爲同體，才可以與天地參矣。渾然與萬物爲同體，乃爲心之本然，也是仁之大用。治春謂儒家之仁，不必愛及於物。試問間形骸，分物我，怎能謂之仁呢?

一五〇 撰中國繪畫四種境界

中華民國畫學會約我在臺北國立歷史博物館演講，我自定講題爲「中國繪畫四種境界」。九月十二日講稿撰就。共分四章，凡九千餘言。第一章，以古人爲師；第二章，以自然爲師；第三章，以心爲師；第四章，無意無象。

十月九日在臺南市社會教育館展覽「長城萬里圖」。十一日上午，成功大學杜學知教授偕夫人來參觀，並面邀於十二日晚七時三十分到成大教授書畫研究社作專題演講。我素不善言詞，最怕公開演講，無奈情不可卻，只好勉強接受。屆時，成大派學生駕車來接，至該校書畫研究社。房舍寬敞，琅環雅潔，明月當窗，靜謐宜人。室內早已坐滿了聽衆。杜教授陪我進門，全體即響起一陣掌聲。杜教授向大家介紹後，我即開始演講，又是一陣掌聲。我講的題目，就是最近撰的那篇「中國繪畫四種境界」。講二小時方畢，教授與學生提出若干問題，我都分別解答。有幾位教授都向我握手道賀，認爲我所講的內容，是發前人之所未發，頻讚不已。至十點三十分結束。我於熱烈的掌聲中向大家揮手告別。

五十四年二月二十七日下午三時，應國立歷史博物館暨中華民國畫學會之邀在該館講堂講「中國繪畫四種境界」。聽衆有：馬壽華、馬紹文、王壯爲、劉延濤、丁念先、張隆延、高逸鴻、張穀年、張德文、李超哉、何浩天、姚夢谷等書畫名家百餘人。由姚夢谷主持。講畢深獲道長們讚許。這是我平生最感榮幸的一次演講。之後我又在臺北師大美術系、國立藝專、臺中師院及中興大學講過數次。畫界對我的「四境界」說，反應還相當不錯。

我的「四境界」說發表以後，大多畫界朋友們認爲循序漸進的「四境界」說，如唐代「神秀禪」，平穩踏實，足以作爲國畫創作的指標。也有少數朋友認爲到第三「以心爲師」的境界，已經夠高了，第四種境界，如蓬萊仙山可望而不可即。我認爲藝術創作如學佛登山，陳義不能不高。如登玉山，既能走到阿里山，只須努力上進，便可達到最高峰。如才智不高，而又不肯用功，即第三境界也不可能達到的。

一五一 妄人

香港畫家曾某，專畫人物仕女。其畫格既俗劣，而人品尤卑污。妄自尊大，忝不知恥。近因張曉峰擬聘他來臺任文化學院文化研究所主任，而激起臺北畫界之公憤。日前集會，數其罪狀。通過新聞媒體，公開聲討。畫界莫不稱快。十月二十四日晚間，李超哉兄自臺北來訪。他暢談近赴南洋舉辦書展之觀感。並告我臺北書畫界聲討曾某之經過甚詳。我說現在書畫界都罵曾某爲妄人，老兄要特別愼重。超哉笑道：「我眞得愼重，否則我也成妄人了。」我戲道：「現在書壇正虛位以待第二妄人，老兄有意就麼？」二人哈哈大笑，超哉起座別去。因爲超哉近年知名度很高，並且辦活動最多，在臺北特別活躍。免不了也招同道們的物議。我說的雖是戲言，但也有諷諫的意思。

一五二 虞君質先生一封信

君質先生受香港中文大學之聘接任新亞書院藝術系主任。在將去香港之前，給我來信告別。因爲這封信頗有紀念價值，所以抄錄在這裡：

「前承枉駕，並承惠賜大著《中國畫史評傳》，心感無旣。近來小病兼旬，友好處多疏函候，知我如兄，當不罪耳。上月弟忙於料理小女出國，近又接受香港中文大學之聘，去新亞書院任該院藝術系主任一職。約於十月中旬即須前往。弟與該校暫定任期一年，從此相隔愈遠，仍期時惠教言，開我茅塞爲禱。弟此行擬偕內子同往，故辦理出入境手續較繁。人生如大海萍寄，況又丁此艱難時局，不得不謀生勞碌。朝秦暮楚，思之殊啞然耳。即出家修道一事論，恐在此茫茫人海中已難覓一片淸靜道場，他何足論！臺北博物館近正展出一部國寶，頗有足觀者。聞兄早已來看過，惜不知駕來時日，未克迎候爲悵！容再圖良晤。此不一一。」

我與君質純粹是道義之交，叨蒙愛末，相知最深。聞將遠行，曷勝依依之情。我作「江干送別圖」贈君質及夫人，以示惜別之意。畫右題李太白送友人詩：「青山橫北郭，白水繞東城。此地一爲別，孤蓬萬里征。浮雲遊子意，落日故人情。揮手自茲去，蕭蕭班馬鳴。」

十月四日上午九時，往羅斯福路訪君質先生暢談兩小時。中午假善導寺太虛圖書館設素筵爲君質及夫人餞行。並邀姚夢谷兄與夫人作陪。食訖，我們又談二小時始散。

君質先生在未移家香港之前，曾任國立師大美術系教授兼臺大哲學系教授。並任中國畫學會理事主席。經常撰寫名家畫評，弘揚文化、藝術。爲臺灣最著名的藝評家。

一五三　曉雲法師

十月二十一日，台中模範村愼齋堂及菩提樹雜誌社公宴才從香港來的三位法師。邀我作陪，和她們結緣。有一位尼師，法名曉雲，俗名游雲山，廣東省人，相貌清秀，身材瘦長。談吐韻雅，瀟灑出塵。嗜愛繪事，並喜遊歷。早年曾遊印度，著有《印度藝術》。承持贈一冊。曉雲長於水墨畫，筆簡韻清，頗有禪意。別後，她即往阿里山遊覽，二十六日下山返中，仍住愼齋堂。邀我於午前和她會面，談「藝進於道」。她說：「西洋人學畫，只重技術而不重道，吾人應闡明道於藝之重要性，以啓迪後學。」其思想見解，大致與我相同。我對她說明「中國繪畫四種境界」之第四「無意無相」就是藝進於道。她很讚佩。暢談兩小時，我合掌告辭。後來文化大學創辦人張曉峰先生禮聘曉雲法師主持佛學研究所，我也應聘在藝術研究所任課。彼此晤談的機會較多。近年她又創辦工學院，培植僧才。我更敬佩她弘法度衆的精神。

一五四　于右任草書

十一月十一日，新聞報導監察院于院長右任以肝癌症於十日晚間逝世，享年八十六歲。我於五十二年四月在臺北善導寺舉行「長城萬里圖」預展，蒙于公莅場指教。並乞公大書「長城萬里圖」五個大字，以裝引首。公平生和易近人，故文苑士子都歡喜親近這位大書家。噩耗傳來，我爲失去發揚中華文化之泰斗，不禁悲悼之情。

于右任名伯循，以字行，生於一八七九年。陝西涇陽人後徙居三原。幼年家貧，故自稱「牧羊人」。曾受教於名儒毛班香、朱佛光及劉古愚，尤得益於伯母房太夫人之庭訓。中舉後，參加革命，南征北奔，但不廢臨池。公於漢魏碑學之研究，功力最深。眞行草各體，氣勢磅礴，縱恣圓渾。晚年又創標準草書，爲我國狂草另闢一新途。

一五五　李雪廬居士之詩文

在臺佛教界都仰慕李雪老弘揚佛法之德望，深知雪老詩文者甚少。雪老之詩，深受盛唐諸家影響，其文深受唐宋八家影響。其調之古，格之高，實爲時賢所不及。九月十八日上午，我去菩提樹雜誌社拜候雪老，暢談詩文，並月旦時賢。雪老很謙虛的道：「我平生喜歡吟詠，但不以詩名，所以知我能詩者甚少。渡臺以來，只有老弟是我的知音。」我謝道：「公詩於工部、青蓮濡染最深。遣詞自然，不事雕琢。且景中有我，情不離道。陳含光、彭醇士不能望公之項背。佛庭才疏學淺，於渡臺前輩中獨喜公詩。蒙公不棄，許爲知音，實在愧不敢當。」我在寶華山住時，曾備素齋恭請李雪老、蔡念老、朱鐸老蒞山雅集。蒙雪老贈七律一首：

故人雅集碧山岑，澗曲橋斜屋隔林。
户內還聞流水響，床前更覺白雲深。
横胸書味酣於酒，促膝蘭言臭在心。
別後贈詩難和唱，高岡只有鳳鳴音。

書慰女學生林照美

十一月二十三日，接中師畢業女生林照美來信，因其母逝世，悲哀不已，求我指示迷津。我憐其悲情，於是回信慰勉之云：

「接閱來信，驚悉令太夫人駕返瑤池，曷勝愴懷！惟人生壽命之修短，乃由業力所感，亦即天命之所限。有生即有死，人自呱呱墜地，即踏上生死之路，無論王侯將相，販夫走卒，皆無法逃避此條必由之路。汝爲母逝而悲，固爲人之常情，惟死者既不能復生，生者則當以守身爲孝。愚見，汝勿再作無益之悲。宜發願歸依三寶，持戒念佛。一則超度死者提早往生，一則自己精神得所安頓。汝若能視學童如己出，愛學童如子女，犧牲小我，成全大我，燃燒自己，照亮別人，則生命更有光輝，生活亦更有意義矣。望深思勉之！」

一五六　蔣予檢之蘭

十二月二十日，午後到中央書局購得日本珂羅版印《蔣予檢墨蘭冊》一冊。線裝，磁青色封皮，式頗古雅。蔣予檢，字矩亭，號梅隱，河南睢縣人，清道光壬午舉人。曾任江西省知縣，工書畫，尤以墨蘭著稱。人品高潔，藝林共仰，頗有鄭板橋之風。此冊共收墨蘭十幀，用筆飄逸，雅秀出塵，觀之如對高士，令人鄙吝頓消，寵辱皆忘。早年我曾在鄉同親友處見蔣氏墨蘭屏幅，即喜其神韻靜逸，似不食人間煙火。日人極重其畫，尺幅片紙，視如奇珍。

一五七　陳慧劍居士

陳慧劍居士，文才卓越，篤信佛法。著《弘一大師傳》蜚聲藝林。十一月二十七日，接慧劍來信，向我求畫《弘一大師傳》封面。信稱：

「久仰高風，惜近年俗忙，未能親近受教。憶十年前，曾在時英兄之樓上拜謁一面，而後即隨軍伍駐防各地，迄至五年前退役於茲。謹有懇者：晚對長者畫風仰之已久，惜本身雖愛好，但無深度之欣賞力。近以拙作《弘一大師傳》出版，頗思得長者一畫，印於書頁中，以襯大師之高行。未知長者有暇揮寫否？晚於十一月一日，有〈高山仰止〉一文發表於香港《佛教月刊》。故想畫的主題，最好與文配合，以表對弘一大師崇仰之思。即畫題爲「高山仰止」山水畫一幅。以此求公，甚感冒昧。尚乞垂教。」

一五八 林紓三來臺灣

林紓字琴南，號畏廬，因所居多楓樹，故自號冷紅生。原籍福建閩縣。幼年家貧，賴母針黹所入以度日。紓敏慧好學，初受教於薛則柯。無錢買書，常逛書攤，手不釋卷。三十一歲中舉，以教讀爲業，立志不仕。晚年築室於北京永光寺街。內置兩案，一案作文，一案作畫。天性孝友，篤於倫常，故賢者也樂與他親近。他是吳汝綸的門生，時人都視他爲桐城派。紓所譯西洋名著《茶花女》爲我國近世譯業之首倡，並且也是他成名之作。林氏因爲他的父親客居臺灣，所以他曾三次來臺。第一次來臺省親，是在同治六年十六歲。第二次來臺弔弟喪，是在同治十七年二十七歲。第三次來臺奔父喪。他來臺是住在淡水蜆子街。其所撰〈凶宅〉一文曾說：「余客臺灣時，居近蜆子街。高屋三楹，中爲奴子洪福所居，左爲先子燕息之所。」他的父親在臺是作官，或經商不得而知。

一五九　張擇端清明上河圖元祕本

張擇端「清明上河圖」元祕本，一傳至金元帥府，二傳至金皇宮內府，三傳入元祕府，四傳至貴宦某氏，五傳至武林陳彥廉，六傳至楊準，七傳至周靜山。入明八傳至六卿朱公家，九傳入徐文靖公溥家，十傳入李東陽家，十一傳入開封某寺僧家，十二傳入嚴嵩家，入清則爲收藏家祕藏數百年。至民國三十四年抗日戰爭結束，有美人名孟義者購得此卷於北平。攜返美國後，適值董作賓先生在芝加哥大學講學，經董公鑑定，知爲元祕本，於是攝影付印以傳世。於民國三十八年董公曾將元祕本清明上河圖照片贈我一套。至四十五年，我歸還董公。「清明上河圖」，我曾看過七本。元祕本未必是張擇端的原作。

「清明上河圖」，是南宋翰林張擇端所繪。擇端是東武人，字正道。博學多藝，精擅鞍馬人物。因見北宋京師及汴河兩岸士農工商之生活百態，而以寫實的手法繪就民俗長卷一幅，名曰「清明上河圖」。自宋代以來仿本甚多，魚目混珠，眞贋難辨。前年門人陳錦添君自大陸攜回「清明上河圖」一卷請我題跋。此本是蘇州某畫家摹本。絹心，長一百八十公分，闊八公分，設色畫。我於三十年前曾見其原作影印本，並撰文評論。斷爲宋畫。此卷雖爲摹本，但細觀其市橋郭店，村舍舟車以及鞍馬人物，用筆勁細，設色古雅，技法熟練，必出於工筆畫高手，惜無款印，不知作者姓名。

一六〇 悼陳滌塵先生

民國五十四年元月十二日，接臺北來電，驚悉同事陳滌塵先生，於十一日下午六時，病逝於臺大醫院。消息傳來，不勝震悼！先生名榮銓，出生於湖北漢陽。武昌高師畢業，與師大教授潘重規同學，曾任縣長。民國三十六年渡臺，即在中師任教。年七十二歲，奉命退休。我與先生同事十五年，比屋而居，相處融洽。課餘飯後，談詩論書。先生書法李北海，詩宗白香山。風度瀟灑，和易近人。故男女學生都樂接其謦欬。哀痛之餘，敬賦輓詩一首：

比屋爲鄰誼最深，談詩論道感知音；
光寒北斗庭花寂，追思典型淚滿襟。

滌塵先生於去世前年十一月二十四日賦謝同事詩云：「衰齡最怕受恩多，不報於情於理何。欲報又愁時日短，思量無策手頻搓。」不料此詩竟成讖語，思之黯然！

一六一 釋三法印

元月十五日，王生來晤問：「何謂三法印？」答道：「一切行無常，一切法無我，及寂滅涅槃，此三是法印。諸佛菩薩都通達三法印而證佛果。從現實世界說三法印所包涵者爲無常性、無我性、無生滅性。無常性，即變異的世界觀；無我性，即相對的人生觀；無生滅性，即人生宇宙的實相。物理現象之變異，對成住壞空；生理現象之變異，對生老病死。心理現象之變異，對生住異滅。又問：「處今之世當如何作人？」答道：「處順境，最易銷磨志氣；處逆境，足以砥礪品操。衆人譽之，自恃自驕，譽有何益？衆人毀之，知惕知警，毀有何損？當今之世，小人道長，君子道消，君子當韜光修身而自重。否則，如隨波逐流，則君子也成小人了。古之教育，化小人爲君子；今之教育，化君子爲小人。老子說：『絕聖棄知，則民樸鄙。』」雖爲過激之言，但細察也是現代的實情。

一六二 門人王炯如之才藝

元月二十日上午，門人王炯如來晤。持贈一本謝冰瑩居士著《仁慈的鹿王》。內頁數十幅插圖，都是炯如所繪。此書可與豐子愷《護生畫》之價值等量齊觀。炯如信佛茹素，善繪連環畫，爲三寶服務，功德無量。中午我留他同至小館吃素餃。我說：「佛講《般若》、《法華》、《楞嚴》是第一義諦；《觀無量壽經》及《彌陀經》是第二義諦，學者倘明斯旨，就不會爲禪、淨劃一道鴻溝了。」炯如欣然對道：「師於佛教經典，最爲通達。」我道：「實一竅不通」。炯如默然，若有所悟。那時炯如三十餘歲，現在年逾花甲，頭童齒豁，戒行與年俱進。先任蓮社社長，現任慈光圖書館館長，創辦刊物，舉行講座，弘法利生，心慈願弘。未負師教，甚可喜也。

一六三　偕史夢蓮先生遊東埔

史夢蓮先生，名宗周，河南淇縣人，任立法委員，渡臺住臺中市模範村，性剛正仁厚，好讀書，深研文字學。與我過從甚密，每晤文字之外，不談他事。先生也喜遊覽，相約於元月二十九日搭公車同往東埔一遊。東埔去水裡坑東南約六十公里。由水裡乘民營汽車兩小時至和社。下車步行一小時半可達目的地。由水裡至和社，車溯溪谷前進，左右都是高坡峻嶺。山巖水隈，蒼松紅葉，相映成趣。過和社吊橋，仰望玉山諸峰，積雪皚皚，矗雲插天。憶杜工部「玉山高並兩峰寒」句，正可移爲此山寫照。由和社至東埔約七公里，在日治時期，原修有一道臺車路，臺灣光復後，其枕木全被山地人拆除，早已無法通車。中有兩段崖路，上下陡峻，異常危險。路面闊不盈尺，必須側身才能通過。史公因神經衰弱，於是投杖捫壁，仆伏蛇行。我面對這段上覆危巖，下臨深澗的險路，初也戰戰兢兢，不敢冒險，但史公已經過去，不得不鼓勇履險了。過此前行，沿路桃李爭放，紅白相間，與丹楓雪峰相映，呈爲奇觀。下午四點半至東埔，下榻於溫泉招待所。溫湯一浴，征塵盡滌。枕上占詩一首：

山重水複漫遊春，徑仄巖高須側身；
行到東埔日欲暮，溫湯一浴滌征塵。

次日清晨盥洗畢，我與史公拄杖到村東散步。忽見北面林木深處有一道百尺銀泉自崖端噴湧墜下，桃李相映，充滿了詩情畫意。回館用罷早點。又與史公同往前村遊覽。東埔村前有一條小溪，溪上建有索橋一道。史公素患心臟病，踏上索橋，因搖拽不定，我攙扶他，他也堅不肯過。無奈，只好請他坐在岸邊稍候，我一人過橋到前村去。

我在三年前春節過後，曾來過東埔，並到前村遊覽。那時，前村有數百株桃樹，繁花盛放，像胭脂湖。村上有四、五戶人家，板屋竹籬，黃髮垂髫。可謂名副其實的「世外桃源」。這次我到前村一看，桃樹都被砍伐，板屋依舊，但不見人煙，使我大失所望。悵然回到索橋，與史公離東埔下山。是日天氣晴朗，萬里無片雲。南望玉山，更雄峻嵯峨，如別故人，依依不忍捨去。又占七絕一首：

東埔勝地又重遊，百尺懸崖掛瀑流；

村外桃花山上雪，歸人何忍不回頭。

一六四　奇女子阿輝

二月八日新聞報導：有一奇女子，名叫阿輝，臺中市人，年二十三歲。在臺北縣水河村林村長家作店員。阿輝十六歲時，其母信卜者之言，命女改扮男裝，遠遊藉避惡運。她於是離家出遊，十七歲受雇於林家。時經六年不曾被人發現她是女兒身。她在林家工作，與菜園園主鄭元興交情甚厚，認為鄭君誠實可託，所以於春節前對鄭吐露實情，並願與鄭結為夫妻。鄭初告其母，母不信阿輝是女子，斥責鄭同性結婚，想法太荒唐。經證實阿輝女性確實不偽，鄭母才允其婚事。阿輝與元興遵母命於五十四年二月五日訂婚。消息傳出，全省轟動，都譽為今日的祝英台。

男女兩性相交，有有情無緣，有有緣無情，二者均不得結合。如梁山伯與祝英台二人，因有情無緣，故不能結為連理。而阿輝與元興二人，因既有情又有緣，故能締結鴛盟。因緣不可思議，婚姻要靠緣分。阿輝雖與元興訂婚，但是否結婚，不得而知。阿輝如仍在世，已過知命之年，早成兒孫滿堂的老太婆了。我驚其事奇，特賦詩讚之：

阿輝巧扮男兒身，締結鴛盟費苦辛；
梁祝無緣空遺恨，鄭生幸遇有情人。

一六五　長江萬里圖全部皴廓完成

「長江萬里圖」，自民國五十二年七月繪構草圖至五十四年二月十三日下午五時，全部皴廓完成。費時一年零六個月。此圖長十九丈，三尺寬，仿古色絹畫。由青海經過西康、雲南、四川、湖北、湖南、江西、安徽、江蘇九省。據專家實地勘察，全長約一萬一千多華里。我畫江圖，是由下游漸次溯往上游。由崇明島畫起，沿江重要城市爲鎮江、南京、安慶、武漢、宜昌、巴東、巫山、奉節、萬縣、酆都、重慶、瀘縣、宜賓、巧家、金江、麗江、中甸、鄧柯、白玉。舊說長江發源於青海巴顏喀拉山南麓是不正確的。如以沱沱河爲江源，當發源於靠近西藏邊境之葫蘆湖之西南境。（據中視「大陸尋奇」實地探測，源在沱沱河之上珠穆喇瑪山。）

我畫江圖，既不仿古，也不離古；不求肖眞，也不離乎眞。「江圖」用筆是融合雲頭皴、披麻皴、解索皴和折帶皴，構成自己獨特的面目，與夏圭「長江萬里圖」與文徵明「長江萬里圖」完全不同。繪畫之高卑美醜，原無絕對的標準，而鑑賞者的意識型態，也是千差萬別。故吾人作畫，只求合乎自己的意思，不必注意他人之評頭論足也。

一六六 遊鐵砧山

二月十五日下午一時，偕鄉友侯太品、蔣振興二君乘計程車自大甲往遊鐵砧山。山去大甲鎭北約四、五里，高約百餘公尺，其狀極像南陽獨山。上有劍井、鄭成功祠、望海亭、忠烈祠及鄭公塑像諸勝蹟。劍井口徑約五尺，碧水一泓，清澈可弄。遊人多伏井緣，用手掬飲。傳說鄭成功與番人作戰，退守此山，被圍無水，士卒渴不得飮。成功持劍插地，忽見水自地下湧出，才解除水荒之厄。井上面立有一座四稜碑。陽爲于右任書，陰爲賈景德書。鄭祠湫隘，像也委瑣，不足表現其忠貞偉大的氣概。望海亭是一座兩層六角的建築。登臨其上，極目中原何處是？鄉關不見使人愁。忠烈祠前植有絳桃千株，繁花簇簇，燦爛似錦。鄭公塑像，立在山之絕頂。像爲水泥所造。高約兩丈，權衡合度，雄偉莊嚴。挺立方臺，面西北向。憑弔遊眺之餘，慨然賦七律一首：

東風吹鬢亂雲奔，千樹桃花映石門；
大海茫茫揚正氣，荒祠寂寂弔忠魂。
豁眸同灑新亭淚，策杖獨尋故壘痕；
插劍湧泉井尚在，而今誰報鄭家恩。

一六七　移居山佳淨律寺

淨律寺在臺北山佳西北三里鳳凰山南麓。倚山面溪，環境清幽。住持廣元法師，安徽阜陽人。故律航法師大弟子，爲紀念其師，在此建寺，弘法度衆。誦經之餘，並研書畫。因我與律航法師同爲上慈下航歸依弟子，所以廣元上人敬我如其師。他知我由寶華山搬回臺中，江圖雖竣廓完成，但尚未染墨設色，特邀我移居該寺，完成這幅長卷。我爲他熱誠所感，即欣然允其所請。

二月二十三日，搭早車北上。承門人江錦祥（逸子）與蘭更生伴行，搬運行李。抵達山佳車站，風雨淒淒，天氣驟寒。承廣元上人來站迎候，盛意可感。江、蘭二生於家具行李搬運完畢同赴臺北。我與廣元上人到淨律寺。午後冒雨將由臺中運來的杜鵑花、金絲蓮分植盆中。上人助我取土澆水，數小時還不覺疲倦。該寺有大殿三間，左邊爲客堂寮房。我與上人分住客堂左右。廚師老楊獨住寮房。老楊名智永，江蘇人。時年七十多歲，耳聰目明，身體健康。他天性仁慈，篤信佛法，每日早晚，上殿拜佛，從未間斷。寺內只有廣元、智永和我三個人，環境清靜，了無塵擾，是學佛作畫最理想的道場。山前瀕臨大漢溪。南望正對角板山。層巒疊翠，白雲繚繞，宛如西安南望終南山的景象。下午日暮，我於鐘磬聲中眺望南山，賦詩一首：

鳳凰山寺欣重遊，春滿佛宮花徑幽；

雲鎖千峰皆北向，洲分二水騈東流。
巖前習淨僧爲伴，松下讀書鶴結儔；
一杵鐘聲消世慮，超然物外是前修。

一六八 追思吳承燕教授

吳承燕教授，天性寬厚，善畫能書，時在省立臺北師校任教，循循善誘，深受學生尊敬。早年我在教育部時，曾與吳教授數度接談。由於觀念接近，彼此引爲相知。我棲居淨律寺於二月二十七日應中國畫學會之邀在國立歷史博物館講「中國繪畫四種境界」，承燕兄也蒞場聽講。散會後他緊握著我的手，對於四境界之概念讚佩不已。他聽說我住淨律寺，特邀我於三月七日過七張犁嘉興街三百二十二號吳宅餐敍。他的新居是一棟平頂兩層小樓。滿室懸掛當代名家書畫。眞可以「琳瑯滿目，美不勝收」八字形容最爲恰當。午餐是由吳夫人下廚烹調，數樣素菜，味尙可口。雖備有紹興佳釀，但我不能飲，辜負好友的盛意。我們暢談當前臺灣之畫風，和畫家爭名爭利，不重人品之惡行。彼此都有共識。餐畢又承吳兄堅挽同看電影。片名「鳳凰」，爲港臺明星所合演，頗有娛樂價値。散場後，吳兄偕其媳送我到車站，依依而別。六時返回淨律寺，廣元上人與老楊都去臺北。我自炊自食，半僧陞爲全僧了。齋罷賦詩一首：

濛濛雨未歇，日暮歸山林；
犬臥僧房寂，燈孤佛殿陰。
清蔬連水煮，新句對爐吟；
齋罷蒲團坐，不覺夜鐘沈。

一六九　曾約農之警語

曾約農，湖南湘鄉人，曾文正公之孫，曾任臺中私立東海大學第一任校長。他於〈記辭公故副總統瑣事一則〉中，有一段警語，特節錄於後：「先文正公每謂『兵者，陰事也，哀戚之意，如臨親喪，肅敬之心，如承大祭，庶爲近之。』昔者田單攻狄，魯仲連策其不能下，田單問之，仲連曰：『將軍在即墨，坐則織簣，立則仗鍤，將軍有死之心，士卒無生之氣，聞君言，莫不揮淚奮臂而欲戰，此所以破燕也。當今將軍，東有夜邑之奉，西有淄上之娛，黃金橫帶而騁乎淄澠之間，有生之樂，無死之心，所以不勝也。』先文正公嘗深信仲連此語，以爲不刊之論。自大陸淪陷，中央遷臺以來，十餘年矣，於爲政治軍，民生國計，均有長足進步，世所公認也。然而各界驕盈之象，亦相緣而至，駸駸乎有『此間樂，不思蜀』之勢，吾滋懼焉。」先生發此警語，至今已三十年。如現今先生還在，每天看到立法委員和國大代表們爭吵打鬥之武劇，恐先生要學魯仲連投海自盡了。

一七〇　一場虛驚

三月十五日，我移居淨律寺才二十天。午後我正爲「長江萬里圖」染墨，忽然想到院裡走走。仰面向天空一看，見青煙瀰漫林間，草灰隨風飛颺。再向北面山頂注視，見有熊熊烈火，才知有人放火燒山。我急忙叫老楊快去山佳派出所報告。約二十分鐘，濃煙遮天，火頭順風，正向淨律寺撲來。在萬分危急的時刻，派出所派警察與民衆十餘人，攜著麻袋和鋤鏟、鎌刀從山下趕來。廣元上人也從臺北返寺。大家先把重要衣物和家具搬到山下農家。我攜著長江圖卷，立在寺前，合掌恭敬，求佛菩薩和律航法師在天之靈保佑平安。很快火已延燒到大殿後面，光燄像數十隻餓虎，勢不可當。感謝菩薩保佑，風忽轉向，火從大殿後面燒向左方。救火人員奮勇撲救，約半小時即全部熄滅。本寺幸免回祿之災，我們飽受一場虛驚。人在危難的時候，誠心念觀世音菩薩聖號，必有感應，不可不信。

一七一　林添禎與張國權

三月二十一日《中央日報》副刊，發表臺灣大學政治系學生洪乾佑之〈野柳海濤聲〉一文，是爲追思其同學張國權而作。張國權是江蘇人，清俊活潑，敏慧好學。死時才二十一歲，就讀於臺大政治系二年級。父母僑居香港，他自己住在臺北市伊通街。於五十三年三月十八日，國權隨三十五位同學，同車往野柳郊遊，因在仙履岩爲同學攝影，不愼失足，落海溺斃。當時有一位賣冷飲的小販名林添禎的，輕生重義，勇敢過人，看情勢危急，當即跳海拯救國權。不幸二人都被海浪捲去，作了龍王宮裡不速之客。林添禎捨身救人的義行，曾轟動全國，傳爲美談。政府並爲他鑄像建祠，俎豆千秋。洪君之文，是爲林、張二人逝世週年紀念。淨律寺廚師楊智永與張國權有同鄉之誼，他把張君的遺像放大，供在他的住室內，每日焚香上供，視爲己出。張君有知也可以瞑目了。

一七二　與太滄老和尚一面之緣

三月二十八日，應香港曉雲法師之約，往北投金山分院商談籌設佛教學術館的計畫。中午蒙太滄老和尚留吃齋飯。金山分院乃悟一法師所創設。太滄和尚原任江蘇鎮江金山寺住持。大陸易色，飛錫渡臺。悟一法師請太滄暫且駐錫金山分院。太滄和尚身材魁梧，德相莊嚴。謙遜慈悲，藹然可親。可謂當代佛門中的龍象。我向他請教閉關清修，念佛靜坐，弘法度衆諸問題，蒙溫語解答，如坐春風。齋罷，文化學院創辦人張曉峰先生來會。曉公爲禮聘曉雲法師主持國際佛教文化學術館，特折節面邀。並邀我與曉雲法師共同籌劃。我以長江圖尚未完成爲由，未作決定。

三月三十日，因曉雲法師將回香港，善導寺住持悟一法師設齋爲她餞行，並邀梁寒操先生和我作陪。齋罷，曉雲法師出示國際佛教文化學術館計畫草案，徵詢我的意見。我接過匆匆看了一遍，因爲我對這件事並不熱中，所以沒有表示意見。

四月一日張曉峰先生與曉雲法師，先後給我電話，邀我兼任國際佛教文化學術館副館長職務。並告我上午十點半搭機飛返香港。承曉公不棄，仍需要我幫忙，我本當接受，不讓她失望。但我考慮再三，一則對於行政工作沒有興趣，二則曉雲爲比丘尼，要我與她搭配，瓜李之嫌不能不避，因此，決定婉謝。遂下山至山佳搭車，趕至松山機場，向曉雲法師說明不願兼任學術館職務的原因，請她不要誤會。送她登機分別後我即返回淨律寺。我未接受張曉公的厚愛，對於曉雲法師也有些歉意。在金山分院時，曉雲法師勸我最好在太滄老和尚座下剃度。我因爲打算多作幾幅長卷，俗緣未了，錯失了與太滄大和尚的這次法緣。太老圓寂已經二十餘年，現在想起來，眞是一大憾事。

一七三 收江錦祥為入室弟子

江錦祥自號逸子，福建福州人。幼嗜繪事，才華過人。十六歲由鄉長陳泮嶺先生之介從我習畫人物仕女。我教他臨摹唐宋諸大家名蹟。時，故宮博物院所藏歷代書畫名蹟都在北溝，江生常去觀賞。由於功力深厚，十年後即能自運。他學書先法楊朔吾，後學彭醇士，因非專詣，故不及學畫進步之速。我遷居山佳淨律寺不久，錦祥寄我一信。我看他書法欠佳，遂裁覆云：

「來信閱悉，不去陽明山華岡甚佳，因文化學院經費短絀，恐將來生活有弗繼之虞也。汝今後寫字，不必學彭書。大楷宜寫魏碑、漢分；小楷宜法二王之黃庭、洛神；行書宜仿聖序。學古猶恐難躋高明之域，況學時人耶？求學必立志取法乎上，如志卑，終不能有成也。余學無成就，愧為人師，望汝努力弗懈，百尺竿頭更進一步。」

一七四 劉延濤蒞山見訪

廣元法師出家修持雖淺，但寫字作畫用功特勤。他不但收藏許多當代名家書畫珍品，並且常邀名書畫家于右任、馬壽華、高逸鴻、張穀年等來山雅集。劉延濤是個懶人，在臺北「七友」之外，極少與同道往來。因為他知我住在淨律寺畫「長江萬里圖」，所以於四月六日下午挈女公子乘車來訪。他贈廣元法師墨蘭一幅，贈我日製大蘭竹畫筆一支。延濤的畫，山水之外，墨畫梅與蘭竹，意境極高。我們在客堂茗敍片刻，延濤要看「長江萬里圖」。時，正是染墨全部完畢，尚未著色。我把江圖取出展在案上，延濤細看約一小時才看完。對這幅長卷之布局和筆墨意境稱讚不已。延濤很重友誼，對於我住在寺裡生活起居，特別關注。我與廣元法師陪他到大殿參觀壁上掛的名家書畫他說：「掛在這裡比掛在故宮博物院更好。」廣元不禁笑了。下午五時，延濤告辭，我與廣元法師送至山下，合掌依依而別。回寺占詩一首：

少無適俗韻，最喜作山民；
市遠寺常寂，地偏友更親。
賦詩景似畫，弄翰妙如神；
惜別頻揮手，登高望故人。

題門人高木森谿山無盡圖卷

高木森，彰化市人。讀臺中師校時，從我習畫山水。由於他聰明過人，而又用功最勤，所以進步甚速。後來考入臺大外語系，每參加國畫比賽，即名列前矛。於五十四年四月十三日，木森攜近作「谿山無盡圖」到淨律寺請我跋尾。我既愛木森之才。又愛此圖筆墨意境之高，欣然援筆跋之：「木森棣才質清俊，敏慧過人。弱冠嗜愛丹青，十載未忘結習。近作『谿山無盡圖』長卷，以子久仲圭之筆用營邱河陽之格，皴染無多，草木華滋。丘壑煙雲，變化無窮。渾厚磅礡之氣，撲人眉宇。倘能精進弗懈，不難頡頏董巨。石谷子曰：『以元人筆墨，運宋人丘壑，而澤以唐人氣韻，乃爲大成。』有厚望焉。乙巳暮春，余爲作『長江萬里圖』徙居臺北樂山淨律寺，君出斯圖索題。余展翫再三，愛不忍釋。爰誌數語歸之。」木森考入文化學院藝術研究所後即少弄筆墨。赴美入堪薩斯大學後，幾不作國畫了。榮獲博士之後轉作水墨抽象，曾在日本及香港展出。他研究畫史、畫論雖有專集行世，然而把山水畫放棄，殊可惜也。

一七五　禪詩與禪機

四月十四日上午蓮航上人來訪，請我畫放生池圖。我告他放生須行乎自然。不可到市場購買魚蝦放生。如在市場購鳥雀魚蝦放生，則捕者更多。欲救之反而害之。蓮航認爲我說的很有道理。

晚齋後同廣元上人往吉祥寺訪續祥和尚閒敍。歸時，皓月當空，明星滿天，清風徐來，涼爽宜人。過山佳在路旁買甘蔗香瓜攜之返寺。燈下占詩一首：

群山籠暮靄，皓月照空林；

策杖躋苔徑，倚巖聽磬音；
禪庭僧共語，枝上鳥同吟；
定裡本無相，何須覓我心。

詩成。自覺頗有禪意，錄此以俟印證。

次日午後往臺北歷史博物館取畫，順便訪姚夢谷兄。時，于還素也在座。還素問道：「居士何時出家？」我道：「我早已出家，如再出家，即還俗了。」他笑道：「居士這句話很有禪機。」

晚七時從臺北歸來，大雨滂沱，衣履半濕。途中得句曰：「晴時固佳雨亦好，不許禪心計陰晴。」

一七六　悼張鏡微先生

十四日晚自臺中回山，接張鏡微先生訃告。老成凋謝，曷勝傷悼！先生名相，字鏡微，江西武寧人，生於民前二十二年七月十八日。卒於五十四年四月十一日，享壽七十六歲。先生於清季南昌洪都中學畢業，東渡日本習法律於東京法政大學。民國五年考取高等文官，發外交部後奉使朝鮮，任新義州領事，達二十年之久。民國二十六年七七事變，日人遣使誘脅使降，先生持節不爲所屈。先生詩近東坡，書宗北魏，著有《白石詩草》行世。我於民國四十六年在臨沂街馬紹文先生家中初識先生，一見如故，許爲忘年。

一七七　參觀當代名家書畫展

四月二十一日上午，往臺北參觀英雄館臺灣詩壇所舉辦的當代名家書畫展及省博物館標準草書展。在英雄館遇馬紹文、劉延濤、程滄波、邵幼軒、高逸鴻；在博物館遇丁念先、李超哉、雷佩之與胡恆等。他們都很關心我畫的長江萬里圖，何時完成？並問我是否準備作全幡。名家書畫展，有張穀年畫鉅幅山水，筆法似廣東高氏兄弟，延濤對我道：「這是嶺南派。」我笑道：「穀年與嶺南二高溝通了。」標準草書，劉延濤學于能遺貌取神，冠於儕輩。其次成舍予所書橫披，如龍翔鳳翥，也還不惡。餘皆不足觀。今之學于者，大都食其糠粃，未能取其精華。

一七八　一聯解學潮

四月二十二日，爲律航法師冥誕，其弟子廣仁上人自汐止來山爲其師誦經紀念。廣仁告我譚延闓早年任某大學教授，值學生爲伙食罷課，公撰一聯書於黑板儆之曰：

「君試觀世界爲何如乎？橫流滄海，忽起大風濤，河山帶礪屬誰家？願諸君嘗膽臥薪，每飯不忘天下事。

士多爲環境所累迫耳，咬定菜根，方是奇男子，王侯將相本無種，思古人斷齋劃粥，立身端在秀才時。」

諸生讀了這幅情文並茂的長聯，大爲感動，於是風潮就停息了。「譚延闓一聯解學潮」遂傳爲美談。

一七九　遊放生寺

四月二十五日上午八時，同廣元上人下山，往臺北約周鈞亭先生去南勢角放生寺拜佛。周鈞亭，山東人，時年七十餘歲，方面大耳，相貌堂堂。仿顏體書功力極深。常爲賈景德代筆，臺北市許多商號賈景德署名的榜書，都出於周鈞亭之手，因此降低了周氏書家的分量。

放生寺是一座西式建築，背倚崇阜，形勢天然。寺前鑿一方池，方數百坪，周植杜鵑楊柳，碧草如茵，清潔優美。池水深碧澄澈，養錦鱗數千尾，大者約一尺餘長，結隊游跳，一片活潑天機。住持蓮航法師，迎我們進殿禮佛畢即至客堂奉茶閒敘。壁掛佛教大德李炳南老居士詩軸一幅。詩云：「開池栽柳最多情，剪短垂絲莫使生。若任長時拖水面，還愁誤惹紫鱗驚。」這首詩正是天人合一的境界，非李義山豔體詩所能望其項背。中午承蓮航法師命女弟子治素齋饗客，盛意可感。

午後與周先生、廣元上人、蓮航上人同車往新店七張參觀阮清源花園。園之面積有數千坪，其中花木全是阮氏親手所植。他於培植盆栽更有研究，於奇石上植松栽榕，修剪爲各種形態，千奇百怪，皆饒美趣。惜園中花草不多，未免單調之感。阮氏客室掛有揚州八怪高鳳翰畫奇石一幅，併鄭板橋書對聯之上聯「脆甜新削紅蘿蔔」，下聯「粉爛秋蒸紫芋頭」。俗而不腐，極富諧趣。由阮園至臺北，時已四點，承周先生挽至中正路素食之家進晚膳。食訖，我獨往臨沂街訪馬紹文先生閒敍一小時，七點搭夜車返淨律寺。以「遊放生寺」爲題賦七律一首：

南山凝翠草萋萋，策杖尋幽路欲迷；
幾杵鐘聲出古寺，一行鷺影落新溪。
池邊駐足觀魚躍，柳下屏身聽鳥啼；
萬物欣然皆自得，忍將群動成粉齏。

一八〇 登汐止慈航院

五月六日爲吾師上慈下航圓寂十一週年，汐止慈航院新建慈航堂，適於此時落成。定於五月四日上午在慈航堂舉行紀念典禮。我應邀前往致賀，並瞻拜慈老遺容。上午十時自臺北公路局東站搭往基隆車東去，至汐止站下車，換乘三輪車由汐止鎭轉往南行，約二里許，至山腳靜修院門前下車，循登山汽車路宛轉上行，時見男女四衆來山進香者絡繹不絕。吾師德望感人之深遠，於此可見了。凡三折躋達慈航院，中爲大殿，左爲客堂，右爲慈老生前之關房，建築都甚卑陋。我進大殿拜佛畢，即至關房外客堂休息，並入關房瞻禮慈老遺像及遺物。關房壁中開一拱形小窗，爲遞送飲食而設，壁左開一小門。室內中置几案，上供慈老遺像，後面靠牆爲慈老生前之木榻。被褥一捲，置在榻上。前面壁開玻璃窗，窗下置一書桌，桌面淨潔無物。因慈老慈悲喜捨，物質享受極簡。正因他不貪圖物質享受，而精神所受則更多。

在此稍憩，策杖繼續上行，見有宮殿式寺宇一座，就是大家所要參拜的慈航堂。黃瓦丹柱，莊嚴輝煌。門額爲趙恆惕居士隸書「慈航堂」三字。字大徑二尺餘，方遒雄傑。殿內靠後中間龕內供慈老蛻骨塑像。慈老生前，體態豐肥，方面大耳，今則枯瘦如柴，面目清癯。身雖未壞，貌則全非。追思於民國三十八年夏，在獅頭山侍座受教之情，不禁愴然淚涔涔下。我拈香拜畢，看到車馬盈門，香煙滿室，而又轉悲爲喜了。

出慈航堂循小路上躋南峰至靈峰塔。塔爲方形，全用青石所造。塔內中供慈航菩薩塑像。四周列置民間骨罈。塔上爲一平臺，四面繚以雕欄。竚立北望，層巒疊嶂，翠木森鬱。河流映帶，風景優美。由靈峰塔右，即石級而上爲慈航菩薩靈骨塔。塔爲圓形，全用水泥建造。慈老金剛肉身，已於四十九年移出，現在空無一物了。塔前雜蒔杜鵑、櫻桃、桂樹、芙蓉，姹紫嫣紅，落英繽紛，令人徘徊不忍捨去。中午在山下靜修院隨喜齋飯。我與師大教授謝冰瑩女士同席並座，她也是慈老的歸依弟子。對於佛學頗有研究。向我索畫山水一幅，我慨允之。齋罷我即到汐止搭火車返回淨律寺。途中賦詩一首：

白雲籠翠木，策杖躋靈峰；
香繞慈航院，敬拜蛻骨容；
金剛豈不壞，須識報身空；
看山石上坐，心靜一杵鐘。

一八一 碧落碑

我著《中國書畫源流》唐代書法條說碧落碑是李陽冰所書。後閱葉昌熾撰《語石》卷六有云：「若書奉命者，更不一而足。余所知如唐碧落碑，題鄭承規奉命書」。才知碧落碑並非出於李陽冰之手。自愧學識淺陋，所見不廣。按碧落碑，在今山西省新絳縣龍興宮。宮舊名碧落觀，故世稱碧落碑，字都是古篆體，不易辨識。據李璿之以爲陳惟玉書，李漢以爲黃公譔書，究爲那一家書，無法證明。《洛中紀異》云：「碑文成而未刻，有二道士來請刻之，閉戶三日，不聞人聲，人怪而破戶，有二白鴿飛去，而篆刻宛然。」其說荒誕，只可姑妄聽之。碑文有「唐五十三祀」之紀年。是年爲唐高宗總章三年。又《金石錄》云：「李陽冰見此碑，徘徊數日不去。陽冰自恨其不如，以槌擊之，今缺處是也。」康有爲《廣藝舟雙》也記有此事。周鈞亭先生藏有「碧落碑」拓片，並照像以廣流傳。承周先生贈我「碧落碑」照片一套。此碑書體結構與南岳岣嶁碑書體相近，必出於好奇之士所爲，必不是唐代大名家之書。

一八二　悟明法師約吃齋飯

悟明法師知我住淨律寺畫長江圖卷，特備素齋邀我與廣元法師前往餐敍。五月十八日上午，偕廣元往樹林千霞山海明寺拜訪悟明法師。海明寺去樹林鎭北五華里，在千霞山南麓，爲悟明法師所創建。面對五乳峰，水木清華，境極幽邃。庭前有木蓮一株，幹高餘，葉茂密爲橢圓形，花是白色，肥大如蓮，清香馥郁，爲佛前最佳之清供。該寺有大殿三間，左有磚樓一座。樓下中爲客堂，右爲方丈室，左爲客寮。大殿右邊有寮舍數間，全爲尼衆宿舍。大殿中供西方三聖。陳設精潔，布置美雅，令人心清神暢。悟明法師於民國四十六年在臺北觀音山凌雲寺任住持時，我初辭教育部美育委員會職務，曾在該寺靜居三個月，承法師照顧甚殷，別後甚少晤面。因此我與廣元上人應邀來晤，倍感親切。法師引入大殿拜佛後，即到客堂閒敍。中午承以素饌香茗相饗，大快朵頤。食訖又啖西瓜數片，即向法師告辭，法師又以自著《仁恩夢存》一書見贈。我與廣元上人合掌敬謝，下山歸來。近年悟明法師接任日月潭玄奘寺住持，中國佛教會理事主席及中央委員，風塵僕僕，成了忙人，所以見面就更少了。

一八三 記短句二首

五月十九日晚齋後，偕智永上人下山沿公路散步，同坐誇仙橋閒話片刻，聞村舍歌聲婉轉，笛韻悠揚，欣然率賦絕句一首：

古木垂枝壓碧流，千山寂寂暮雲收；
誇仙橋上共僧話，清歌短笛忘世憂。

五月二十四日，廣元上人赴臺北，我與智永留守。中午有兩位比丘來寺，我教智永備蔬食饗客。飯後占詩一首：

地僻常無車馬諠，歡迎素士叩禪門；
平生不入酒泉郡，忽令羊蹄踏菜園。

《晉書》：「姚馥性嗜酒，武帝時初授朝歌長，固辭，及遷酒泉太守。池有泉，其味若酒，馥拜受焉。」又《啓顏錄》云：「有人常食蔬，忽食羊，夢五臟神曰，羊蹄破菜園。」我作詩極少用典，此詩用典，自以爲貼切而有禪意。

一八四　袁子才論楞嚴經

袁枚，字子才，清乾隆時人。性好女色，風流倜儻。博學多才，詩文都有名於時。曾任江寧知縣，治隨園以爲別墅。子才與程綿莊論《楞嚴經》云：「自幼即聞古之達人文士，靡不好《楞嚴》者。今生四十年，蒙先生教以寓目。初見似奇，再玩之，覺甚平平。大率即宋儒語錄耳。宋儒講學，有意爲深徵《楞嚴》談禪，有心爲高妙。其大旨在曲引旁證，敷衍成章。平易處忽生峰曲。到吃緊處，仍不說明。非故爲瘦詞，即亂以番語，以便再申文義，重起波瀾。不知略聰悟人觀一波便知再一波，萬千波之不過爾爾。徐騎省以爲如一桶水傾出後，復傾入一桶中，了無意義。可謂道破機關。」子才評斷《楞嚴》，語同戲論。我曾細讀《楞嚴》，其文字係用剝繭抽絲法，愈剝愈密，愈抽愈細，剝至最後，繭破蛾出，脫然無羈。子才學博慧淺，未能透悟佛理，故亦附會《楞嚴》爲僞撰，殊爲憾事！

一八五　寄呈李炳南居士書

雪公長者尊鑒：拜別慈顏，倏又匝月，每憶道範，輒深馳依。日前庭返臺中授課，展誦公題拙作「長城萬里圖」長歌，書既渾穆，詞又清新，盪氣怡神，感曷可勝。第蒙以端楷莊書，多分清神，心實有未安耳。它日裝之卷端，與江山並傳，同爲人間留一段佳話，亦人生一快事也。庭嘗謂詩道至今，卑靡極矣，惟公本乎三百篇之旨，而法盛唐諸賢之氣局，振衰起弊，可冠群倫。然公韜光隱曜，猶不屑以詩人自居，其德輝雅量，更足照映千古。豈尋章摘局雕蟲之士所能比哉？庭才疏學淺，詩文皆無所成，近成提筆妄字，尤有才盡之歎。偶有吟詠，莫非爲表胸臆抒性情而已，未敢與詞壇名家爭一日之短長也。山居以來，閉門作畫，略無塵擾。每於花晨月夕，偕僧漫步，隨路勾留，看山如笑，聽鳥欲語，無拘無束，可擬羲皇上人。每得新句，便收囊中，謹錄兩首，恭呈政削。肅布謝悃，祇頌法安。

一八六　長江萬里圖全部完成

「長江萬里圖」於六月十七日上午十一點半點苔完畢，也就全部完成。自前年七月初起稿，至今恰爲兩年。在此兩年之中，閉門謝客，得罪不少朋友，並花費不少金錢與時間。蒙佛菩薩加被和朱校長匯森先生之鼎力協助，能夠順利完成。其心情之愉快，不是言語文字所能表達的。

應朱校長和諸同人之邀請，於十八日上午把長江圖卷帶回臺中西園精舍。二十七日先在臺中師專圖書館展出兩天。承李炳南、蔡念生、高惜冰、孫克寬、徐復觀、李霖燦、陳其銓、徐人衆、朱龍安、趙松泉、韓玉符等道長藝友蒞校參觀。東海大學文學系主任孫克寬先生並贈長歌一首，其詞云：「呂公佛心兼佛貌，筆捲波濤三峽倒。長江萬里貯心胸，點染煙雲與沙鳥。一帆初潮吳淞東，赤岸銀濤與海通。黃州赤壁亦嶄絕，玄鶴翩翩鐵岩裂。黃鵠磯邊起樓閣，一葉輕帆掠大別。當年我作三巴遊，縹緲巫峰起客愁。今看雲山倏明滅，青梯素月綠波浮。灎澦堆頭石如馬，忠州城畔樓如畫。字水迴環嘉陵綠，直上青天船倒掛。君眞造化出鑪錘，玉龍雪山金沙堆。何物星宿海，何人博望槎，渾淪一氣收絹素，觀者贓汗口咨嗟。呂君呂君非畫師，學通天人具大悲。毛錐自具三二相，斷取三千世界明琉璃。北取長城入冥漠，榆關紫塞橫空落。北方健兒射鵰手，幻作江南萬株柳。夏圭不過大渡河，君今橫絕青海口。峨峨金碧現莊嚴，趙宋家兒寧復有。惠崇只作春江圖，沙雁寒汀意卷舒。寧識中原有人大筆如椽掃，驅排萬象吞元虛。我今作歌非頌君，羨君奇氣鬱勃成氤氳。爲我早具千斛之舟百丈席，送我重看鍾山雲。」

此歌氣勢浩蕩，正如長江大河，一洩千里。令人讀之，心神頓覺快爽。

一八七　盧鴻草堂十志圖之辨

七月一日接東海大學徐復觀先生寄贈《東海學報》七卷第一期抽印本徐撰〈故宮盧鴻「草堂十志圖」的根本問題〉一文。復觀廣徵博引，蒐集資料甚豐，其結論約可歸納四點：㈠「草堂十志圖」，決非李公麟手筆。㈡「十志圖」與十志詞，皆唐末人為之。㈢「草堂十志圖」有二種不同本。㈣唐盧鴻原未作「十志圖」。前三點我可以肯定，惟第四點，我尚有疑問。我於數年前曾在《民主評論》發表〈由故宮名畫三百種論鑑賞〉文中，曾簡論盧鴻十「志圖卷」。大意謂：「乾隆皇帝與張大千先生，都疑為宋李公麟摹本，余觀此圖，筆法蒼勁古厚，其皴法與上海龐虛齋所藏之唐鄭虔山水，及故宮博物院所藏之唐勺光胤花鳥畫之山石皴法極相似。且山根石隙以夾筆畫鳳尾草，此皆為五代與兩宋所無者。故余斷『十志圖』為晚唐人所摹，可無疑問。」我與復觀的觀點極接近，惟謂盧鴻原未作「十志圖」，我不敢苟同。

遷回臺中

我為畫「長江萬里圖」移居山佳淨律寺，時將半年。承廣元上人關照甚殷，銘感不忘。因江圖完成，決計遷回臺中。八月四日，雇人幫我整理衣物書籍行李。於下午二時，開始覓人往車站搬運，至五時才搬運完畢。我親手培植十年之久的杜鵑花十餘盆，也隨客車運回。花好像我的兒女，雖在顛沛流離中，我也不忍棄之不顧。搭七點七分火車南下，承廣元上人送至車站，盛意可感。晚十二時抵達臺中。一年兩次遷居，如同候鳥，無有定所。數十年來，隨緣行腳隨緣住，大千世界無處不是家。枕上占詩一首：

樂山日夕佳，鹿鶴欣同群；整裝返舊廬，
掩關守吾真；亂草蔽花徑，清蓮護游鱗；
修篁遮窗碧，葡萄葉葉新；禪榻修道業，
詩畫足怡神；但求心解脫，何必遠六塵。

家具書籍由車站取回，安排一天才整理就緒。陶淵明詩云：「少年罕人事，游好在六經。行行向不惑，淹留遂無成。竟抱固窮節，饑寒飽所更。弊廬交北風，荒草沒前庭。披褐守長夜，晨雞不肯鳴。孟公不在茲，終以翳吾情。」此詩正可借爲那時我的環境和心情寫照。

一八八　陸游之印

八月廿一日，晚出散步，過中華路二段，於玉華印舖發現玻璃橱中陳有大印一方，請印主取出，接過細觀，乃是宋代詩人陸游的印。正巧我於那天下午才讀罷放翁的《入蜀記》及詩詞，忽見此印，感到意外的喜悅。印爲石質，好像被火燒過，變爲灰色。方形，每邊四・八公分。厚二・二公分。一面刻「陸游之章」爲白文；一面刻「放翁」二字，爲朱文。篆刻渾樸圓勁，必出於高手。惜字與邊都殘缺不完，是爲美中不足。據印主黃桂田說：「此印原由莊士哲自大陸帶來臺灣，贈本省人施惠臣，惠臣之子銀山轉贈黃君。」今莊士哲和施惠臣二人都已去世，所以想查考此印之來歷，恐怕不可能了。我想出資收藏，印主不肯出售。此印屢經滄桑，至今尚幸流傳人間，且爲我所發現。豈因我讀陸公詩文精誠之所感應麼？

陸游字務觀，自號放翁。山陰人，祖佃、父宰，都聞名於時。游早有文名，以父蔭補登仕郎。舉試薦送，屢名列於前。所以爲秦檜所嫉。孝宗稱他「力學有聞，言論剴切。」提升爲樞密院編修。後來出任四川夔、嚴二州刺史，勤政愛民，頗有建樹。范成大在蜀時，曾任游爲參議官，二人爲文字交，不拘禮法。游以寶章閣待制致仕。卒年八十五歲。才華超逸，尤長於詩詞。因愛蜀中風土，題其生平所集的詩曰《劍南詩稿》。清新刻露，自成一格，後人稱之爲「劍南派」。著有：《入蜀記》、《南唐書》、《渭南文集》及《放翁詞》等傳世。放翁勵清操，愛國家，我不但愛讀其詩而尤重其人。

一八九 弔顏思齊墓

九月四日，由嘉義乘計程車往鹿寮山拜謁明末民族英雄顏思齊墓。山去嘉義東南約六十里，南去白河鎭約十五里。至檳榔村停車。沿途陂陀起伏，竹木茂密，風景頗佳。由村前過溪登山，小徑曲屈，蜿蜒於灌木茅草間，深怕遇到猛獸，大聲念觀世音菩薩以壯膽。約三十分鐘即達山頂。草深境荒，不見人煙。顏氏墓在山頂東麓，坐子向午，南面正對關子嶺及鹿寮湖。環顧丘陵起伏，層層環拱，實爲形勝之地。墓爲荒草堙沒，早無墳跡。墓前立有一碑，風剝雨蝕，字全漫滅。前左方於十年前新建「顏思齊墓表」一座。高約四尺，序顏氏事跡甚詳。我拜墓畢，緬懷先賢，不勝感慨。率賦七絕一首：

幽篁美箭夾清溪，地僻山荒路欲迷；
借問顏墳何處是，草叢碑斷弔思齊。

一九〇 長城長江兩圖拍攝電影

九月二十二日，應行政院新聞局之邀，於上午九時由學生粘克夫陪同攜長城長江兩幅圖卷赴臺北攝製電影。由彰化搭火車經海線北上，至下午四時抵達臺北，仍下榻於歐美旅社。身體頗感勞頓，休息至暮才告恢復。晚膳後往臨沂街訪李漁叔先生暢談兩小時。漁叔於兩月前索畫橫披一幅，我畫「蜀江清曉圖」順便帶來面致。他看了非常高興。對我的筆墨評價很高。漁叔出示張照行書屏條請我評鑑。我說：「張照書源於趙孟頫。往日所見者都是楷書，拘謹無味。此書參以李北海，縱逸超妙，允爲合作。」漁叔認爲我的眼力不錯，彼此談書論畫，非常開心。漁叔相貌清俊，才氣超逸。其書勁秀，自成一格。墨梅亦清勁不俗，畫如其人。

我到臺北次日，上午往新聞局面商拍畫之時間、地點與方式。並與楊紹印君晤談片刻。二十四日晚，攜畫至新聞局，展示於禮堂，由該局專業人員架機拍攝電影。我與安懷音先生和匡仲英、楊紹印二君都上鏡頭。我笑謂懷公道：「我於少年時曾粉墨登場，表演話劇，三十年來未溫舊夢，如今重作演員，甚覺有趣。」

攝製電影之事，至今又三十年，懷公早已作古，仲英定居美國，紹印也退休賦閒。新聞局贈送我的拷貝也都生銹。追憶前塵，不堪回首了。

一九一　出席中國書法學會

九月二十六日，上午往臨沂街訪馬木軒先生略敘片刻，遂同往糖業公司禮堂出席中國書法學會理監事會。出席人有：馬壽華、程滄波、馬紹文、劉延濤、李超哉、王壯爲、李普同、石叔明、曹秋圃與我等十餘人。由理事主席馬壽華主持開會。報告會務後，我即席以先總統蔣公於民國四十二年發表的〈民生主義育樂兩篇補述〉所揭示有關書畫的眞知灼見，向大家提出來，以示提倡書法藝術之重要性。其文說：

美術是不能單從形式上考究的，（略）又如寫字與作畫，必須筆力貫注，而後神情才會活潑。我們中華民族立國於東亞大陸，屢經喪亂，終必復興，這樣質勝於文的精神，自有其不可磨滅的貢獻。（畧）書畫兩者是相通的，能畫的人必能書，並且能書能畫的人又往往長於雕刻。古人說志於道，據於德，依於仁，游於藝。美術的最高境界，便是智德合一，身心和諧的境界。

回憶於三年前書法學會初開預備會也是在此處。當時董作賓先生、張默君先生也都參加盛會，散會時，我與董老一同離去。曾幾何時，董張二位道長，都作古人，思之不禁黯然！會未結束，延濤挽我同車往永和家中吃午飯。飯後暢談兩小時才返回旅社。

一九二　觀黃庭堅書幽蘭賦碑拓

應李石曾先生之約，於九月二十七日上午十時，偕楊紹印君往中華路李石老辦公處，觀黃庭堅書〈幽蘭賦〉碑拓。適逢石老也到中華路，晤面寒暄幾句，石老說：「聽說黃庭堅書〈幽蘭賦〉碑在河南葉縣，離呂先生家鄉不遠，所以特地邀請先生駕臨，看看我這套〈幽蘭賦〉碑拓。」石老引我與楊君上樓。樓上中間擺一張長方辦公桌，四周擺十幾把木椅。左邊牆壁滿掛十二大幅〈幽蘭賦〉碑拓。唐代楊尙、顏師古都作有〈幽蘭賦〉。黃書〈幽蘭賦〉，是唐韓伯庸的傑作。宋徽宗時，奉召書於績熙殿。黃庭堅字魯直，號涪翁，又號山谷，洪州分寧人。熙寧初舉進士，留守國子監。哲宗召爲校書郎，徽宗即位起爲吏部員外郎。善行楷草書，自成一家。因爲黃庭堅作過葉縣令，所以葉民不但在縣北臥羊山爲他修廟，並把黃書〈幽蘭賦〉刻石立於廟內，爲這位賢令大書家以留永念。〈幽蘭賦〉碑拓，每幅長七尺，濶二尺。字大者一尺有奇。雄渾奇縱，如天馬行空，有不羈之勢。可謂山谷之奇作。寒食詩卷跋，春遊詞與〈幽蘭賦〉碑相比，都不足同日而語。但三希堂及它帖，均未收入。眞令人有遺珠之歎。我在大陸時，曾購藏有此碑拓，惜未攜出。臺灣坊間沒有出售者。我爲弘揚黃書，特把李石老贈我的黃書〈幽蘭賦〉，商請藝林文物社段維毅君影印以廣流通。聞葉縣黃書〈幽蘭賦〉原碑在文化大革命時，多被毀損，近年全移於城內，經專家補修後建館保護。

一九三 參觀近三百年先賢書展

九月二十八日上午，往國立歷史博物館參觀近三百年先賢書展。展品共有八十餘件，布置在二樓。由包館長陪我細觀半小時始畢。我以爲最佳者如：明倪元璐草書之遒逸，傅靑主草書之連綿，王覺斯行書之蒼勁，淸劉石菴行書之俊逸，楊沂孫篆書之高古，屠寄僧章草之圓潤，姜宸英草書之秀逸，何焯小行書之淸勁，張照行書之渾厚，民國余紹宋行書之圓秀。于右任先生書菜根譚長聯，渾勁雄肆，龍飛鳳翥，超越古人。鄧石如之隸書，用筆結體，庸肥惡俗，殊不足觀。

一九四 搭機訪問澎湖

應救國團總部之邀，我於十月三日上午赴臺北準備明日飛澎湖訪問。下午五時往救國團辦理報到手續，旋即乘車往花園飯店住宿。我與中興大學教授王正身同住一個房間。由飯店供給晚餐併晚點。此次受邀者都是大專院校教授，晚膳後，我與臺中師專同事李荷亭兄步至淡水河中正大橋欣賞夜景。西望三重市，煙水蒼茫，燈火萬家。好像立在武昌黃鶴樓遙望漢口江漢關之景。

四日淸晨盥洗畢，大家乘公家所備專車至火車站與臺大、師大教授專車會合，一同開往松山軍用機場。進罷早點，即分兩隊登機起飛。是日無風無雨，天朗氣清。我由機窗俯瞰臺北市區道路屋舍，宛如一臺模型玩具。離陸臨海，西望水天一色，好像在太空飛翔。我由大陸來到臺灣十餘年來，從未離開過本島，這時正如小鳥出籠高飛一般的喜悅。九點四十分飛臨澎湖。俯眺列島棋布，港灣交錯。馬公島如奔馬，漁翁島似駱駝，白沙島像一隻小犬，都是自然之神造成的傑作。

飛機降落機場，一行下機與歡迎人員王副司令官、莊主任、李祕書與教育科長張行慈等握手寒暄畢，入候機室稍憩，遂分乘司令部所備專車，開往防衛司令部拜訪司令官。司令官姓艾名靉，湖南人，年約五十歲左右，體格魁梧，貌相英俊，謙恭有禮，有儒將風範。艾司令原任鳳山陸軍官校校長，於去年才升任澎湖防衛司令。大家進禮堂入座後，先由艾司令官致歡迎詞，嗣由訪問團團長李可中教授致謝詞，遂又舉行簡報。於澎湖地理、民政、財政、教育、文化、產業、交通、以及名勝古蹟，都作以概略的說明。

澎湖群島，是由大小六十四個島嶼所組成。有人島二十一個，無人島四十三個，以澎湖島和漁翁島爲最大，白沙島次之。最南端爲七美嶼，最北端爲目斗嶼，最東端爲查某島，最西端爲貓嶼。南北相距約三十餘公里，東西相距約二十餘公里。馬公縣治在主島之中央。從大致形勢看，頗像一隻巨蟹。澎湖東距臺灣最近海岸二十四海里，西距福建省最近海岸七十五海里。由馬公北至基隆一九五海里，南至高雄七十六海里，西至厦門九十五海里。馬公、白沙、漁翁三島之間爲一大港灣，倘能努力善爲建設，實爲最理想的軍港。甲午戰後，日本迫我割讓澎湖，就是著眼在此。

澎湖土壤磽嶢，不宜農作。而且風烈氣燥，植樹不易成長，所以景象荒寒，如同大陸西北。該地居民，多以捕魚爲業，淳樸勤勞，仍保有傳統的古風。澎湖面積雖小，但交通並不閉塞。馬公至高雄有定期客貨輪船常川行駛。空運除軍機外，另有「民航」與「中華」兩航空公司所經營的環島班機。澎湖各島名勝古蹟有：林投公園、觀音亭、媽祖宮、孔子廟、通樑大榕樹、中正橋、十人塚、燈塔、西嶼落霞及七美人塚等。

十點三十分，一行與艾司令官告辭，由王副司令等陪同仍乘專車往白沙島參觀通樑大榕樹。馬公與白沙二島之間尙有中屯島，此島僅有白沙六分之一，三島之間築有堤橋以連接交通。過中屯至白沙，見路邊高阜上有一座風力發電廠。在塔形的圓柱上設有大風輪，直徑約七、八尺。據說此種風力發電，在亞洲尙屬首創。過鎮海村、白沙鎮，轉向西行至白沙西海岸參觀跨海大橋工程。跨海大橋在連接白沙與漁翁兩島之交通。全長五千五百二十五公尺，橋梁兩座共長七百五十公尺，爲遠東第一跨海大橋。此橋於民國五十四年五月十六日開工，我們去看時，正進行淺水部分鑽探工作。完成後，可將馬公、中屯、白沙、西嶼四個島嶼連成一體，可以免除每年季風期間交通中斷之困擾。

由跨海大橋施工處乘原車折返通樑村，下車參觀大榕樹。此樹已有三百餘年歷史，傳說係由大陸移植於此的。有氣根數十本與主幹同樣大。高可丈餘，蔭蔽數畝。其枝縱橫交織，鐘乳垂垂，夭矯奇偉，呈爲希有的景觀。澎湖植樹，不易成活，唯有這株大榕樹屹然特立數百年不衰，實在令人不可思議。教育科科長張行慈君的夫人是我的學生，因此他對我特別關照。他和我站在大榕樹下合影留念。

離大榕樹返回馬公金龍頭赴艾司令午宴。海味盛陳，可惜我茹素，無福享受。來澎湖吃海鮮，機會難得，所以一行大快朵頤，都很高興。十三點三十分，隨團離金龍頭往馬公市區遊覽，並到武德機場參觀戰鬥體能訓練。離武德機場又登上專車往林投公園向國軍公墓致祭。公園濱海，林木茂密，可謂澎湖唯一的名勝。公墓在公園西面，依山面海，地踞形勝。建有忠烈祠一座，祠之前左爲趙公家驤之墓；右爲吉公星文之墓。二公都是河南人，並同時於八二三金門炮戰時殉國。據嚮導人員說：林投公墓，原爲吉星文任澎湖防衛副司令時所創置，不料他本人竟先莖於此地，豈吉公有預感麼？全體向趙、吉二公墓敬禮默念畢，遂登祠堂獻花致祭。由李可中團長主祭，王副司令官陪祭。禮成，到海邊遊眺片刻即登車往飛機場，承艾司令官也趕來送行，地主盛意可感。訪問團一行，於下午四點登機起飛，與送行諸長官揮手而別。五點返抵松山機場。天陰無雨，是一次圓滿愉快的旅遊。到今三十年了，回想起來，恍如南柯一夢。

一九五　出席歡迎美國藝術訪問團茶會

中美經濟文化協會暨臺北美術界聯合舉行歡迎美國藝術訪問團茶會，我應邀於十月二十一日北上。抵達臺北，先到南海路美國新聞處看前日所攝的彩色畫照，並分別標示地名。午餐後往國父史蹟陳列館取長江萬里圖。一點半鐘往中美經濟文化協會訪會長梁寒操先生。當時臺大教授徐子明也在座。我雖與徐教授不認識，但在報章雜誌上常閱讀他罵胡適的文章。他也看過我的長城萬里圖。彼此都有些心儀。他感慨的說：「五四運動後，中國共產黨所以發展之速，應該歸功與胡適之。」他雖沒有明言爲什麼，但我心裡明白，一定是針對胡先生主張新文化運動必須全盤西化說的。徐先生對於傳統文史哲學方面的書讀的很多，所以他竭力維護傳統文化。他罵胡適先生的文字，雖不免過於激烈、嚴刻，但他卻完全基於熱愛國家和民族文化而發，是可以原諒的。近世文人多趨炎附勢，隨波逐流，不重操守名節。徐子明先生，不爲利誘，不爲勢劫，能夠保持他守正不阿的風骨和節操，我對他由衷的敬佩。在中美經濟文化協會與梁寒操先生、徐子明先生略談片刻，於一點四十分辭出，與蕭一葦、謝劍峰等同車往圓山飯店參加歡迎美國藝術訪問團茶會。出席人有：梁寒操、馬壽華、虞君質、張穀年、高逸鴻、姚夢谷、胡克敏、黃君璧、蕭一葦、張德文、林玉山與本人等一百多位。我與馬壽華、張穀年、黃君璧、虞君質、姚夢谷同席。

穀年說：「我是無恥的人。」大家聽了，都大爲謌然。他又指著口說：「請諸位看看我有沒有齒！」因爲他才把牙齒全都拔掉，還未及裝。於是引起哄堂大笑。

茶會設在金龍廳，其內部裝飾及陳設一如北平故宮之豪華。茶會於三點開始，首由梁會長致歡迎詞，嗣請美國訪問團團長講話。餘興請黃君璧當衆揮毫，畫水墨山水一幅。並請梁寒操書對聯一副，贈送訪問團。五時茶會結束。我乘計程車返回旅館休息。

一九六　程滄波先生代南懷瑾居士索畫

九月二十九日，程滄波先生來信云：「佛庭居士尊前：題畫專郵奉上，乞賜正！南居士懷瑾，今之大德，久慕公畫山水，屢次託爲代求，想可賜允。倘祈畫成，即爲賜寄，結此勝緣，不勝拜感。專布並候賜覆，祇頌法喜。弟程滄波合十。」程滄波與我都是書法學會理事。因爲滄波從南懷瑾居士習禪，所以他二人過從甚密。

十月一日，我裁函答程滄波先生云：「滄波居士道鑒：敬覆者，二十七日惠書併尊題拙作長江萬里圖墨寶，均已拜收奉悉。佳什清新雋永，寄慨遙深，至感至佩！囑爲南居士作山水一幅，容日繪就即寄呈報命。因唔並乞代爲致候。肅覆，祇頌道安」。

十月十三日，受程滄波之託，爲南懷瑾居士寫「松廬安禪圖」一幅，上首題七絕一首云：

「禪到悟時境亦淨，畫成逸品不須多。聖經寶典齊拋下，獨坐蒲團養太和。」畫於當天即包裝投郵了。

二十七日接臺北南懷瑾居士回信云：「佛庭居士左右：弟自嫌塵俗，故於當代名家書畫，極少愛好，更無所乞求。每讀居士大作，輒爲之神馳不已。前託程滄波先生代爲請求，蒙賜『松下禪坐圖』一幅，讀之大有沙淨水明，悠然神往之趣。不但於此中深得機韻，且見作者之高華絕俗，至佩至謝，容後報也。」南居士爲當代禪學大師，當時任中國文化學院哲學研究所教授。此後他還收藏我畫的一幅僧裝自畫像。南居士赴美十餘年，後又回香港定居講禪。去年曾見新聞報導，居士近返大陸。其行蹤飄忽，今不知其所往了。

一九七　八儔書畫會

臺北書畫家們，繼「七友畫會」之後，又有「八儔書畫會」之成立。八儔會員有：馬紹文、高拜石、謝宗安、李超哉、陳其銓、朱龍安、傅狷夫與施孟宏。以馬紹文先生爲領袖。八儔應臺中省立圖書館之邀定於十月十五日舉辦聯展。十四日八儔書家馬紹文先生、高拜石先生、謝宗安先生與施孟宏先生於中午自臺北來中。下車先到圖書館休息。應宋館長新民於中正路沁園春歡宴。我也應邀作陪。席間談書論畫，賓主盡歡而散。午後三時，馬紹文、高拜石、謝宗安、施孟宏諸位書友來我西園精舍晤敍。我陪他們同到中山公園小坐。馬、高二位道長，不惟善書，其詩文也有高名。且淡泊名利，品格端方。早為士林所共仰。十五日上午八點三十分八儔書展揭幕，我應邀前往觀禮。來賓有：彭醇士、韓玉符、徐人衆、潘榮錫、趙松泉及各中學校長等約七、八十人。宋館長主持開幕並致歡迎詞。我也講幾句門面話。八儔展出作品約八十餘件。馬紹文的行書，高拜石的篆書，李超哉的草書，謝宗安的隸書，朱龍安的魏碑，陳其銓的甲骨文，施孟宏的楷書，都獲觀者好評。

中午我假柳川南路魏胖子小吃館請八儔道友馬紹文、高拜石、謝宗安、陳其銓、施孟宏與省府圖書館趙松泉小酌。柳川與南京秦淮河有些相似。兩岸全是克難板屋，垂柳掩映，頗有詩意。我對諸道友說：「我們現在同坐秦淮河上，朱雀橋邊，對此碧流垂柳，竹籬板屋，不可無詩。」馬公說：「請主人先作一首，以助雅興如何？」衆道友齊鼓掌催詩。我欣然即席成詩一首：

柳川設宴迎八儔，雅集秦淮朱雀樓；
安得畫舫同泛月，黃花紅蓼滿天秋。

柳川雅集，已三十年，給我留下最美好的回憶。

一九八 遷居

長江萬里圖完成，了卻一樁心願。但我仍需清靜環境，以避煩囂。因此又在模範街四十巷五之一號租了兩間小屋。於十月三十一日上午整理衣物行李書籍，由工友和學生幫忙，遷入新居。這裡地僻境靜，宜佛宜畫。並且毗近慎齋堂，朝夕前往拜佛、靜坐，更有益於身心。

室內才整理就緒，接省府書法研究會負責人陳其銓先生來信，並寄宣紙一幅索畫。其書云：「佛庭道長史席：日前聆教，至感快幸。竊以當代能畫之士多矣，然論功力深醇，與乎畫品之高，當推足下耳。謹奉上粗紙，敬求法繪。如紙質不合，即乞另紙見賜，尤所企幸也。」陳其銓，字奇川，廣東豐順人，生於一九一七年。廣東韓山師院肄業，對日抗戰時期投入海軍，渡臺後退役，任臺灣省府參議。先在省府成立書法研究會，後指導臺中圖書館書法班，又創辦弘道書會，並任中國書法學會理事主席。其書以晉唐植基，嗣寫甲骨，後寫漢碑，以寫禮器功力最深。近今又合篆、隸、行、楷而變爲雜體。多年培植書法人才甚多，功不可沒。

一九九　李漁叔跋長江萬里圖

十一月七日，接到李漁叔跋長江萬里圖題字一幅。跋云：「佛庭先生畫長江萬里圖，筆墨精微簡妙，設色古茂，兼廉州、耕煙之勝，視楊子鶴、徐雲滄輩爲遠過之。充其所至，飛騰變化，未可量也。佛庭天趣高遠，拜經勤學，與之語，澹然若雲，莫窺其際，視塵世榮利如鷗外微波，曾不芥蒂於胸，具此一副襟懷，乃千載人也。」漁叔湖南人，才質高騫，吐屬風雅。書宗褚河南，變其結構，頗見功力。品高學粹，我更敬其人。因此、我向他乞一短跋，以爲紀念。

二〇〇　莊慕陵書長江萬里圖歌

我作了一首五百餘字的「長江萬里圖歌」，寄請故宮博物院莊嚴先生指正。蒙公不棄，對我這首「巴里下人之歌」極爲激賞。並囑李霖燦兄面告，要我速備與江圖同闊的佳宣一幅送去，公願照長歌書寫，以留永念。慕公對我這樣厚愛，使我意外的喜悅。於是於十二月三日上午，裁灑金宣紙一幅，攜之前往北溝請莊公揮毫。適值李霖燦兄也來北溝。當時故宮古物已經遷到臺北士林外雙溪。莊公留守，仍住洞天山堂。我與莊公、李兄暢談一小時，依依辭去。十年以來，我常去北溝故宮，或觀書畫名蹟，或訪莊公談詩論畫。因此，我對吉峰園林花草與洞天山堂，也不勝依戀之情。

莊嚴，又名尙嚴，字慕陵，號六一翁，出生於北平，才氣高逸，博覽群書。北京大學畢業後，於民國十三年入故宮博物院工作，遍覽歷代文物碑帖。莊公的書法，植基於李北海、趙松雪，仿宋徽宗瘦金體功力最深。他在北大時即向沈尹默請益學書，因此，他寫行書不但深得沈氏的神髓，並且勁秀灑脫超過沈尹默。莊公書我那首「長江萬里圖歌」，是用小行書，韻清品高，是他平生最得意的傑作。與馬紹文先生的行書跋，同裝在「長江萬里圖」隔水後邊，可謂此卷的雙璧。

二〇一　參觀中山博物院

北溝故宮博物院遷到臺北士林外雙溪，改名爲「中山博物院」，我於十二月八日，初次前往參觀。該館依山面溪，水木清華，風景極爲優美。其建築爲宮殿式，前有臺階三層，三面繚以白石雕欄。館舍爲三層高樓，上層爲翬飛式，丹甍碧瓦，崇脊飛簷。其下兩層爲四角轉樓。從整體觀之，頗像南京中山陵，略無莊嚴氣象。現在我國建築師設計大型宮殿式建築，今不如古，令人可歎！

館內陳列唐宋元明清歷代名人書畫二百餘幅，其中有明代王疇雍與王世昌巨幅山水兩軸，絹心，高約一丈五尺，闊約一丈八尺，都是仿馬夏筆法。筆墨布局，完美無瑕可指。也可謂鎮山之寶。參觀畢即同書畫處處長李霖燦兄步至溪邊遊眺，欲觀雙溪銀瀑，以時晚止而不往，遂搭車返臺北旅館。

二〇二　劉霜橋居士信佛好古

民國五十五年元月九日下午，承近鄰劉霜橋居士來訪，並邀我於晚間往吃素餃。那時居士七十二歲，鶴髮童顏，健步如飛。精研佛學，嗜愛古玩書畫。因爲他的長女淑賢從我學過畫，所以居士與我過從甚密。吃罷水餃，居士把舊藏漢代磚文拓本及玉璜、玉印、竹雕筆筒請我欣賞。磚文有：「海內皆臣、歲登成熟、道無饑人」一方，「單于和親、千秋萬歲、長樂未央」二方，「富樂未央、子孫益昌」二方，「宜子孫、定番昌、樂未央」二方。海內皆臣及單于和親四方，磚文既長，字也淳古，其價值最爲名貴。筆筒高約五寸，口徑約二寸，通體細雕蘭亭集禊，人物生動，精妙絕倫。玉璜色爲白綠，花紋簡古，我斷爲商代物。此數品都是故宮博物院所沒有的古物，眞可謂稀世之珍。居士說：「我存這幾樣古玩，渡臺以來，還不曾給第二人看過。」使我有「受寵若驚」之感。

二〇三 虞君質先生談羅馬教廷之建築繪畫

虞君質先生從香港返臺，於元月十三日蒞中來訪，暢談羅馬教廷建築甚詳：羅馬教廷西斯泰因禮拜堂，是教皇私人禮拜之所。頂畫創世紀，爲文藝復興三傑之一米蓋朗琪洛三十二歲時的作品。米氏原以雕刻著稱，奉朱利亞二世之命繪製時，並非心甘情願，但爲教皇權勢所迫，不敢違抗。其畫一絲不苟，工細至極。作者畫時，仰臥高架之上，濡色揮毫，以五年時間才完成這項傑作。米氏自架上下地，腿軟目眩，幾不能舉步，實爲古今藝術創作最大的苦役。米氏六十歲時，又奉西斯都四世之命，於西斯泰因禮拜堂壁上繪「末日之審判」，又畫六年才全部完成。有一次還從木架上跌落下來受了傷。因爲他有這樣偉大的精神，所以才能創作永遠不朽的作品。

君質先生說：「老兄畫長城、長江兩幅長卷，也是空前的藝術工程，眞可與米蓋朗琪洛媲美，可惜時代不同了，不易受到普遍的重視。」我說：「我自學畫以來，只知畫我所當畫，所能畫，所願畫的，從不考慮一時的榮利。我如生在義大利文藝復興時期，爲教皇服役，被吊在空中仰畫壁頂，即如賜我高爵厚祿，我是絕不幹的。」君公笑道：「正因爲老兄風骨稜稜，所以才三遷其居，關著門子完成兩大不朽的傑作。」

二〇四 瑣記數則

為指導諸生國畫，特撰《中國山水畫法淺說》一冊，在付印前並撰短序一篇，抄錄於後：

或曰：畫不必有法也，無法亦即有法。石濤不云「至人無法，非無法也，無法乃為至法」乎？余曰，石師之意非謂盡屏規矩，於法一無所知也。乃謂勿為法執，勿為法縛耳。夫初學於法不可不知也，不可不能也。古謂「得魚忘筌，得兔忘蹄」，如尚未得魚見兔，不要筌蹄可乎？中國畫學，卷籍浩繁，其理精微，即以專學之士窮畢生之心力，猶恐不能盡通其義，而望初學青年博覽群籍，精研其理，誠戛戛乎難矣。職是之故，爰就中國畫論，擇其精要而會通之，撰為《中國山水畫法淺說》若干篇，以為初學者之津梁。學者即此門徑，登其堂奧，有厚望焉。

劉霜橋居士來訪，持贈《梁任公萊園名勝十二絕墨寶》一冊。梁氏於清宣統三年辛亥春，應霧峰林獻堂之邀，偕同志與女兒數人來臺，寓居萊園五桂樓，時與騷人墨客飲酒唱和，殆無虛日。任公親題萊園名勝十二絕句，以答謝居停愛客之盛意。原書初裝懸萊園五桂樓，嗣恐日久損佚，才移萊園中學珍藏。後又由林獻堂的長子林攀龍將梁氏題詩，輯為一冊付梓行世，藉垂久遠。其十二絕句，一為「題萊園」，二為「題木棉橋」，三為「題擣衣澗」，四為「題五桂樓」，五爲「題小習池」，六爲「題荔枝島」，七爲「題萬梅崦」，八爲「題望月峰」，九爲「題千步磴」，十爲「題夕佳亭」，十一爲「題考槃軒」，十二爲「題留別主人」。任公書頗似劉石庵，清潤秀雋，正如其人。我初遊萊園，亭臺池館，花木泉石，依然詩情畫意。二十年後又遊萊園，五桂樓作爲學生宿舍，不但亭軒殘破，而泉咽花寂，一片荒涼景象，令人不勝今夕之感！

《詩友月刊》發表李漁叔「自題梅花」四首。其第三首云：「高標生具歲寒姿，冷抱從來只自知。卻笑黃花誇傲骨，幾曾飛雪到東籬。」這首詩詞清意新，不落古人窠臼。漁叔之懷抱於此可見了。

夢谷來信，邀我去臺北與君質餐敘。席間君質告我道：「自香港歸來，朋友邀飲，一天兩場，應接不暇，眞是苦事！」我笑道：「人沒飯吃，是苦，飯太多，也是苦。所以佛說人生是苦。」我們談至下午六點，君質又須赴「七友之宴」。明知是苦，又不能不去吃也。

二月三日，「七友畫會」聯展開幕。上午十時去長沙街孺慕堂參觀。承劉延濤、高逸鴻、張穀年在場招待。孺慕堂原不是畫廊，因爲便於蔣夫人之光臨，所以即成爲七友畫會固定展畫之場所。那天中午承孔孟學會會長楊一峰先生之邀往永和楊府吃水餃、綠豆稀飯。暢談詩詞書畫，至感快慰。

四日上午九時，搭中興巴士往外雙溪中山博物院訪副院長莊慕陵先生略談片刻。辭出後，我沿溪岸馬路上行四五里。見溪中有許多大磐石，高者丈餘，兀峙雄傑，呈為奇觀。原想再向內雙溪暢觀泉石之勝，因應劉延濤兄之邀，中午趕往永和餐敍，同鄉燕化棠、齊惠吾也在座作陪。同鄉見面，只有談家鄉事，所以我們談少林寺、嵩山、洛陽龍門、開封龍亭，如數家珍，倍感親切。

二〇五　書畫緣

為臺北《世界畫刊》作山水兩小幅。一幅全用潑墨，山石林泉，都自然成象。題云：「煙樹朦朧去雕飾」。一幅用蓬頭粗服之筆，妙趣天成。題云：「無限江山任我造，信筆揮來覺有神。」我寄張社長自英函云：「此二幅皆弟神來之筆，天然去雕飾，幸勿從牝牡驪黃求之。」

三月十一日收到臺北名書家周鈞亭居士寄贈《周鈞亭書出師表》一冊。封簽為孔德成署耑。前為我所畫「錦湖臨池圖」。次為王雲五先生序。其書師法魯公，蒼勁雄古，可與岳武穆書出師表媲美千古。周鈞亭，字錦湖，山東博興人，幼承家學，臨池功深，清介質樸，頗為士林所重。

二月十七日下午，蔡念生居士來訪，告我我國居延漢簡，近由美國運回。居延漢簡，是西北科學考察團於新疆甘肅地區發掘出來的。西北科學考察團係由我國科學研究會與瑞典、德國人合作組成。我國團員十人，瑞典團員五人，德國團員十五人，共三十人，公推國立北京師範大學校長徐炳昶先生任團長。於民國十六年自北平出發，至民國十九年才告結束。中途因爲經費支絀，徐炳昶先生與瑞典人斯文赫定博士乃於十八年繞道俄國，經西伯利亞鐵路先回北平向政府請求增加經費。徐炳昶字旭生，河南省唐河縣人。性剛正淳樸，研究中國古代史，有著作行世。對日抗戰時期，追隨政府，任中央參政員。並一度返回南陽領導抗敵救亡工作。大陸易色後，不知先生之所在。

自民初以後，中外學者在大陸西北甘肅新疆一帶發現無量無數的漢代木簡，早年考古學家羅振玉氏曾著有《流沙墜簡》一書行世。我從木簡上不但可以認識漢簡本身之價值，並且還可以探討出草書、行書的根源。漢簡完全爲實用而設。其書體大多都很草率。歸納其內容，不外有關公事的文件，或處理私事的記錄兩種。中國文字到簡書，可謂空前的大改變。

南投水裡鄉蓮因寺住持懺雲法師請我撰門聯五幅，抄錄如左：

㈠月照千峰鐘說法
花飄滿院座生春

㈡山爲幻相緣心寂
樹擁明霞悟性空

㈢不妨習淨參蓮社
最喜談經對遠公

㈣四大皆空真還假
一心不亂淨如禪

㈤掃地焚香清福不淺
談經論道前生有緣

全世界最美的國家，在歐洲屬瑞士，在南太平洋屬紐西蘭。是我平生最嚮往的兩個國家。二月二十日讀劉必權〈紐西蘭之旅〉一文報導：在紐西蘭克利斯查基西方庫克國家公園附近有庫克山，海拔一萬二千三百四十九呎。山頂設有十七萬三千畝之蓄水池，其三分之一之面積終年積雪結冰。在米爾珊境尚有古恩湖，濱湖克麗絲丁納山，海拔八千二百一十呎，倒影湖面，隨波蕩漾，有如仙鄉幻境。讀劉文之後，使我對紐西蘭更嚮往不已。

有人說：「中國人重私德，不重公德。」我認為沒有公德心的人，私德也有問題。民國五十五年二月二十一日的日記說：「外國人雖不講孝悌忠信禮義廉恥，然而社會自有秩序，相見自有禮貌，一片字紙，一塊果皮，一口唾沫，非其地不吐不棄也。彼何以而能然？此無他，曰，守法而已。反觀我國國民，雖日受五常八德之教，而社會無秩序如故也。相見無禮貌如故也。隨地亂抛果皮字紙如故也。其故安在哉？曰，公德之觀念淡漠而已。夫為政不在多言，倘執政者導民以禮讓，教民以公德，則風氣之轉移，必易如反掌矣。」

接李霖兄十八日自印度來信云：「今日往遊鹿苑，釋迦文佛初轉法輪之處。廢塔蒼然，碧草遍地，野花成行，令人感慨無量。玄奘大師曾來此地。思鄉誼高風，千載之下，不知千頭萬緒，如何料理思路。因又思及吾兄信佛，故代爲巡禮三匝，代購印香一束，算是代爲了卻一樁心願。」

二〇六　寫字之撥鐙法

二月二十五日，彰化縣溪湖糖廠陳作良君來信請教撥鐙法云：「週前敬讀《半僧傳》，深覺文字率眞、淡泊、清高。敬佩之餘，忽對書畫之事興趣倍增。奈一門外漢，居住小鎭，求教無門。即以其書法中撥鐙法求教於有數十年經驗之同事，亦不得其解。因想就以上問題求教於大師。」我答云：「按《廣川書跋》云：『鄔融嘗問懷素撥鐙法如何？曰：如人並乘，鐙不相犯。』或曰：『鐙謂馬旁之腳踏，撥鐙，謂筆畫之相推讓，如乘馬者之能撥轉以避之也。』以上兩說，都含糊不清，令人茫然。早年我曾從岳父張松齋先生學書，翁釋撥鐙法云：『撥鐙法是用大指、食指、中指指尖執筆，無名指與小指自下靠之。腕平掌虛，運轉靈活。正如騎馬踏鐙，宜淺不宜深，深即動轉不靈了。』我認爲岳翁之說，比較合理可信。」

二〇七 王書樂毅論石刻

王羲之書樂毅論石刻，於唐太宗死後陪藏於昭陵。至後梁時，溫韜盜發太宗昭陵，並取樂毅論碑石。至宋傳入高紳之手，然已殘缺不完了。字存二十九行，末兩行僅存最後一字。末行存者爲「海」字。故世傳樂毅論有「海」字本。唐張彥遠《法書要錄》稱：唐太宗貞觀年間從內府出示樂毅論眞蹟，命直弘文館學士馮承紫臨寫賜長孫無忌。此二說未知孰是？日本光明皇后於天平十六年（大唐天寶三年）十月三日在難波宮臨畢樂毅論名帖。卷尾款書「藤三娘」三字。按光明皇后乃日本聖武天皇之后。其父爲太政大臣藤原不比等。時，皇后四十四歲，於翌年即隨聖武天皇還都奈良。皇后所臨者，全部四十三行，字都完好，此拓本必在開元之前，那時還沒殘缺。

二〇八 寒玉堂畫論

溥心畬先生著有《寒玉堂畫論》一冊，於民國三十九年，由臺中師範學校斥資付印。全校教職員人手一冊。其文典麗博雅，可誦可傳。惟美中不足者爲：「吳道子曰，關仝有筆無墨，項容有墨無筆」之句。史稱五代荊浩曰：「吳道子有筆無墨，項容有墨無筆，吾當兼二子之長。」非吳道子之言。豈智者千慮必有一失麼。我與溥先生晤談多次，未能請其改正，殊爲憾事！

二〇九 展覽長城長江兩幅長卷

自三月二十八日起，至四月四日止，在臺北市襄陽路省立博物館展覽「長城萬里圖」、「長江萬里圖」七天。首日下午三時舉行茶會，招待文化界及新聞界人士。馬壽華、梁寒操、張岳軍、孫哲生、劉延濤、周樹聲、李石曾、楊一峰、段劍岷、張穀年、高逸鴻、鄧傳楷、馬紹文、莊慕陵、石璋如、張目寒、姚夢谷、梁又銘、李霖燦、吳玉璋、季康、蘇瑩輝、索予明等，均蒞場參觀。各大報記者也都爭來採訪。次日正式公開展覽，自上午九點開門，至下午五點關門，觀衆川流不息，大廳擠得水洩不通。自早抵暮，我都在會場送往迎來，幾不得片刻休息。第三天星期一，博物館照例休館，因爲市民不知有此規定，所以在九點以前便有許多觀衆聚集在門外鵠候。九點後館方人員才向觀衆報告今天例假不開放參觀，激起觀衆反感，有些鼓噪漫罵。事後我聽到觀衆這樣的熱情，被擋在門外，內心也很覺不安！這天我趁畫展不開放的機會，上午往重慶南路回拜總統府祕書長張岳軍先生。岳公見我即翹大拇指道：「士別三日，當刮目相看，先生之畫，今可出人頭地了。」說實在的，我所以花數年的時間畫這兩幅長卷，目的是在使我們的同胞熱愛中華錦繡河山，並不是要與時賢爭一日之長短。第四天參觀畫展的觀衆更加踴躍，有從南部來，有從東部來。有訪問者，有贈詩者，有投書者，大家對我的熱情，就是此次展出的代價。第五天下午六時往中正路素食之家赴八儔書畫會晚宴。主人有馬紹文、高拜石、謝宗安、陳其銓、尤光先等。另有姚夢谷兄作陪。馬公和易近人，有古君子之風。且博學多識，語饒風趣。席間把杯，談藝論道，消除我數日的疲勞。這次畫展，同時展出兩幅潑墨「煙雨圖」，不料深爲臺北畫友所激賞。尤其是葉醉白君，最愛「煙雨圖」的風格，並願從我學習畫法。第六天上午應暢流雜誌社社長吳裕民兄之邀，往北投奇岩新村吃中飯。其夫人手烹素菜，甚合我的口味。午後回博物館收閱南懷瑾居士留函：「佛庭居士左右：旬日間承滄波居士見告，仁者將開畫展，定前月二十九日開始。嗣因未得確訊，故當日未克親趨恭賀。本月一日下午，因授課之便，順道博物館拜謁仁者，未遇至悵！今日因得少暇，偕內子家人專誠拜讀大作，除申敬佩之忱外，並攜函留上，請恕疏忽之罪。肅此即頌道祺。」此次展畫，承蒙藝文界獎讚有加，期許甚殷。我受到大家給我的鼓勵，更要繼續努力多創作優秀的作品，對於復興中華文化聊盡綿薄之力。

二一〇　送張君遠征

房主張君，在空軍服役，奉命赴馬祖受訓，家留少婦弱女。我恐啓鄰人狐疑，瓜李之嫌，不能不避，於是雇人作伴，以免杯弓蛇影。張君離家時，其夫人懷抱三歲幼女揮淚送別，情甚可憫。我賦七絕一首爲贈：

揮手送君獨遠征，少婦幼女淚縱橫；
門前楊柳千絲繫，試問誰能遣別情。

張君之女，嫁與現在臺中市大宏建設公司劉董事長。前年我曾邀她們夫婦和女兒、女婿在聖華宮餐敍。因緣眞是不可思議呀！

二一一 觀齊白石作品選集

四月二十八日晚應潘榮錫居士之約，同觀「齊白石作品選集」。此集爲語文學家黎錦熙與齊師長子齊良已所編。前有白石翁像及自序。次爲畫，分原色、單色兩種。原色版三十五幅，單色版九十二幅。次爲書，共七幅。次爲印，共一百一十五方。早年我在北平美專時曾受過齊師之課，但我未學他的畫。白石翁在五十歲前，作畫受八大山人影響最大。筆墨神韻，直可亂眞。其畫草蟲，精細生動，早年也是寫生能手。今讀其畫，如見其人。老人樸質可愛，甚足令人懷念。

二二二 讀雪壓軒詞集

《雪壓軒詞》，乃清初才女賀雙卿所作。雙卿號秋碧，江蘇丹陽人。生於康熙五十四年，父務農，家境貧寒。其夫周某，也是農家子，粗鄙無學。雙卿性敏慧，善作詩詞。其詞纏綿悱惻，寄情遙深。其詠菊調寄「二郎神」云：「絲絲翠柳，裊裊淡煙依舊。向落日秋山影裡，還喜花枝未瘦。苦雨重陽挨過了，虧耐到小春時候。知今夜蘸微霜蝶去自垂首，生受新寒浸骨，病來還又。可是我雙卿薄倖，撇你黃昏靜候。月冷闌干人不寐，鎮幾夜未鬆金扣。枉辜卻，開向貧家，愁處欲澆無酒。」又「望江南」一闋云：「春不見，尋過野橋西，染夢淡紅欺粉蝶，鎖愁濃綠騙黃鸝。幽恨莫重提。人不見，相見是還非。拜月有香空惹袖，惜花無淚可沾衣，山遠夕陽低。」因雙卿家貧無筆硯，偶有即興之作，以粉書花葉上。後人輯之名《雪壓軒》。我對於此說，有兩個疑點，第一是雙卿之詞既能傳世，絕非不學而能。既從師學，即不能無筆硯。第二是雙卿既用粉書於花葉，也必用墨寫在紙上。斷無未學書而能錄寫詩詞之理。後人爲奇其才，而故傳玄虛之言，可以說是「畫蛇添足」。

二一三 友情

五月五日清晨搭火車往山佳淨律寺訪廣元法師，因赴臺北，未晤。下山適與季康、丁念先二位藝友不期而遇，於是同行折返山寺。暢談半小時。季康是浙江慈谿人，善畫工筆仕女。念先是名書家，以寫漢隸禮器碑著稱。季康因心情欠佳，想在淨律寺靜居數日。因廣元上人不在，只好回臺北了。

臺灣畫刊社社長譚峙軍兄來信，說我很像陸放翁。我照照鏡子，喟然歎道：「我何幸似放翁，又何不幸似放翁！」因感賦七絕一首：

文既無成詩不工，國破家亡奔海東；
畫裡江山和淚寫，故人憐我似放翁。

國大代表王子步先生，河北省人。天性爽朗，宅心寬厚，樂與書畫家交往。我在山佳淨律寺繪「長江萬里圖」時，子步來山，經廣元上人介紹，爲初次結緣。我於三月底在臺北博物館展覽長江圖時，子步曾到場參觀，並面訂兩幅長條山水。五月十六日接子步由基隆來信云：「佛庭先生道鑒：上月閣下長城長江兩幅長卷在公園博物館舉行展覽，不僅弟驚爲當代鉅製名作，即所有觀衆亦莫不交口稱讚，歎爲近代希世之寶，殊足珍貴。弟愛書畫，尤愛先生法繪與墨寶。因功力深厚，風格清新，與衆不同也。更因先生重道義，輕名利，品格高超，實爲今日不可多見之君子也。基於此，前次在博物館欣賞先生兩幅鉅作時，曾面訂兩幅長條山水，即返回基隆。第三日再至新公園，不料展期已過，潤筆只好匯付矣。」

五月十九日，省一中校長黃冠宇先生陪立法委員張翰書來訪。張言有美國愛好中國文化之士數十人，定於暑假來臺接受我國有關中國文化之講習。課程方面，設有國畫，擬聘我擔任講座。我感其意誠，於是就答應接受了。

燈下讀劉心皇著《弘一大師傳》，卷首爲胡秋原序。其中有一段云：「二十四年間，跣足芒鞋，一巾一擔，白水青菜而食，一蟲一介不傷，此固清苦絕倫矣。然不但非匹夫匹婦所能效法，而使人人皆念佛靜坐，白水青菜又由何而來？在最後二十四年間，如弘一法師能以同一堅苦繼續在繪畫、音樂方面努力，其貢獻於社會者，無疑可能更大。」因胡秋原不懂佛法，故認爲念佛靜坐，不及繪畫音樂對於社會之貢獻大。殊不知世間一切學問，唯佛學爲了脫生死，最究竟圓滿之學問。畫與音樂，既可淨化人心，也能污染本性，故非絕對有益於社會人生的活動。因此，我之繪畫，在求「藝進於道」。唯有藝進於道，才能對於社會人生有所貢獻。

二一四 小林旭來中表演

五月廿五日，日本電影明星小林旭應臺中電臺之邀來臺中表演歌唱。下午七點半鐘，有朋友送票邀我同往省立體育館瞻仰小林的丰采。是時萬人空巷，路爲之塞，可謂盛況空前。其魅力之大，可與淩波媲美。那時小林年方三十，身長貌美，舉世無雙。綽約中而有英俊氣概，更足令人欣慕。我國古時美男子宋朝、潘安、何郎等，究竟是如何的美，不曾見過，未便妄測。現代的美男子梅蘭芳，我是見過的。但與小林旭比，風韻還差一些。他每一動作，每一歌聲，每一顧盼，都風靡全場的觀衆，使每一個人都如醉如痴地注視著他。散場歸來，占詩讚之：

幾生修得顏如玉，妙舞清歌天上來；
秋水滾珠人欲醉，傅粉何郎震三臺。

（按《語林》云：「何平叔美姿儀而絕白，魏明帝疑其傅粉，夏日與熱湯餅，既啖，大汗隨出，以朱衣自拭，色轉皎然。」宋璟賦云：「儼如傅粉，是謂何郎。」）

二一五 寸幅千里圖

五月二十六日，接李石曾先生與杜負翁先生來函，邀我去臺北欣賞王壯爲家藏清代畫家李耳山所繪「寸幅千里圖」。函云：「茲訂五月二十二日中午十二時舉行第八十六次粥會，展覽王壯爲藏『寸幅千里圖』。圖爲乾隆間揚州山水名家李耳山繪。高僅盈寸，長八尺，誠希見精品。經負翁考證，文載蝸涎集中，敬乞光臨鑑賞，幸勿交臂失之！」因函來時間已過，未能往觀，實爲憾事！

按汪研山《揚州畫苑錄》云：「李志熊，字耳山，又字竹逸，丹徒廩生，江都人。居郡城廣儲門內曇花路北，華秋岳題其室曰竹居。先生性愛山水，嘗問業於方洵遠（士庶），能得師法，而其荒率蕭散之氣，往往過之，不落畫家縱橫窠臼。先生邃於經史，所著不存。存者唯耳山畫山水記二卷。」

二一六 水滸傳作者

《水滸傳》雖是一部家喻戶曉的傳奇小說，但著者事跡淹而弗彰，知者甚少。五月二十七日，我查閱《江蘇省興化縣志文苑傳》錄有明淮安王道生撰〈施耐庵墓誌〉及〈施耐庵傳〉，對於施耐庵之生平事跡言之頗詳。施耐庵名耳，字耐庵，又字子安，興化縣白駒鎮人。祖籍姑蘇，南宋覆亡十八年後生。時為元成宗元貞丙申二年。元文宗至順辛未年，三十六歲，與劉基為同榜進士，長基十六歲，後在錢塘作官。因平方國珍亂，直言得罪當道，於是辭官歸里。摭拾舊聞，閉門著書。張士誠據吳稱王，屢徵耐庵，以母老婉謝。後明太祖朱元璋定鼎南京，也曾幾次徵耐庵出仕，終不肯接受。卒於洪武三年，享年七十又五。葬於興化大營。著有：《志餘》、《隋唐志傳》、《三遂平妖傳》、《江湖豪客傳》（即《水滸傳》）等著作傳世。我曾評謂：君子用藏有道，進退有節。若施公者，生逢亂世，韜光養晦，奉母避徵，抱節以終，可謂出淤泥而不染之君子矣。

二一七　文體

作文旨在表情達意，不必受文體之拘限。只要表情表得好，達意達得妙，就是好文章。因此，我作傳記之文，每將文言、白話、韻文、散文，鎔為一爐而冶之。並不感到彆腳。讀名文藝作家梁容若教授〈文學百家傳序〉有謂：「我想儘量概括作者本人的詩、詞、曲、文，有自傳性的地方，納入文中。這樣自然就揉合了韻文、散文、白話文言的疆界。」梁先生的觀點，正與我的想法不謀而合。

二一八 海瑞罷官

六月五日，報紙新聞報導：大陸近日爲檢舉鄧拓「海瑞上疏」及麒麟童「海瑞罷官」，驚天動地，人人自危。恐從此大陸更無寧日了。海瑞字汝賢，號剛峰，廣東瓊山縣人。生於明武宗正德九年，卒於神宗萬曆十五年，享壽七十二歲。朝議賜太子少保吏部尚書，謚忠介。並賜發葬後加封太子太保。海瑞於嘉靖四十五年二月上治安疏，得罪下獄，幾送了老命。公剛正廉明，世稱包公。他死時，僉都御史王用汲等過府作弔，見他臥室，舊帳破箱，僅存十餘金。其清苦比一般寒士猶有過之。用汲與衆親友都不禁流下淚水，於是醵金爲公治喪。城鄉平民，自動罷市七天，以表哀思。出葬時，平民參加葬禮者，絡繹塞途。鄧拓與周信芳都是借「海瑞罷官」而諷刺時政。不料竟成文化大革命之導火線。海瑞也是我最敬仰的歷史人物之一，賦詩讚之曰：

伏闕上疏爲國憂，甘赴鼎鑊言不休；
一死萬民齊下淚，懍然正氣壯千秋。

晚間史夢蓮兄來訪，談古論今，甚感快慰。公喟然歎道：「如今有神有人，可惜沒有尸主，人神之意無由溝通。下情也就不能上達。這是國家眞正的危機。」又談東漢董宣的事跡。更不勝感慨。考，董宣是東漢陳留圉人。字少平，光武時爲洛陽令。湖陽公主蒼頭殺人，匿於主家。公主出行，蒼頭護駕，董宣在路上候公主駕，格殺蒼頭。公主回鑾，哭訴於帝。帝怒而召宣，命向公主謝罪。宣兩手據地，終不肯低頭。帝稱宣爲「強項令」。從此宣打擊豪強，莫不畏懼。京城的人都稱宣爲「臥虎」。並歌之曰：「桴鼓不鳴董少平」。如今只有軟骨的奴才，那裡會有強項人呢？

二一九　侯璠先生

侯璠字子奐，察哈爾人，國立北平師範大學畢業，曾任廣東中山大學教授。初來臺任省立臺中師校教務主任，我們同事數年。子奐於四十五年，北上任國立師範學院教授，旋即改任實習系主任。於民國六十四年退休。未久即因病去世。子奐宅心寬厚，教學認眞，深受同事與學生之尊敬。在中師時，子奐與我過從甚密。別後見面雖少，但依然保持過去的友誼。六月二十日，子奐赴東海大學授課來臺中住寶華旅社，我去看他，略談二十分鐘。他去師院十餘年，依然書生本色，更值得使人敬愛。他感歎的說：「如今社會風氣，都走歪道。投機取巧者佔上風，守正不阿者受冷落。正義不張，如何得了呀！」在那時立法委員和國大代表還沒有打架的事。子奐如活到現在，每天在電視上看到立法委員和國大代表們掀桌子，搶麥克風，爭吵揮拳打群架的情形，不知作何感想呢？

二二〇 宋朱二老

六月二十日午後，宋晞尙教授從臺北來訪，邀我同往大坑寶華山正覺寺拜訪朱鏡宙老居士。宋公字達庵，江蘇南通人，曾受業於經濟學家張季直。研究水利工程，早年曾赴河南負責黃河堵口工程。現任臺灣大學及逢甲學院教授。朱公字鐸之，浙江溫州人。爲章太炎的女婿。學識淵博，精研佛法，專修淨土，戒德兼備。我從離開寶華山，許久未與鐸老晤面。此次見公身體健康，甚覺安慰。我們三人閒敍半小時，即向鐸老合掌告辭。公著《八大人覺經述記》，業已出版，我與宋公均蒙贈一冊。文筆簡練，生動有趣，讀誦不覺疲倦。如釋「苦」云：「苦，好像與人們有生俱來。苦，好像影之與形，無法避免。所以《大寶積經》說：『身爲苦器，苦所逼故。身爲苦聚，五蘊生故。』苦與身的關係如此。由四大和合的身，不僅是苦，更是無常。人們由少壯而老，是剎那剎那地在那裡變化。不過這種變化是漸變，而不是突變。所以每日相見的人，就不知不覺地被他騙過了。如果偶然遇到一位數十年不相見的親舊，你或須要向他請教高姓大名，這是等於突變之故。『少小離家老大回，鄉音無改鬢毛衰，兒童相見不相識，笑問客從何處來？』那是多麼令人感慨萬千的一首詩呀！」

二二一 女子的裙子

六月二十四日《中央日報》副刊方塊報導：「本月十日，中國文化學院，舉行畢業典禮，名流學者前往觀禮的很多，登臺演講的也有，都是長篇大論，延至十一點多鐘，林語堂登臺，只輕描淡寫地說：『男子的議論，要和女子的裙子一樣，愈短愈好，最好是沒有。』引起哄堂大笑，歷久不止。」林語堂善諧趣，早以「幽默大師」名聞中外。故此公不言則已，言必令人發噱。畢業典禮於來賓疲勞轟炸無可奈何之際，林語堂幽默幾句，足以提神盪氣，自屬皆大歡喜。然而如來賓登臺皆如是幽默，則典禮還有意義嗎？

二二二 西洋現代藝術之派別

法國藝術評論家傑克・魯威克近將二十世紀繪畫之流派，以塞尙、果更爲起點，分爲二十派，並製「現代美術系統圖」於《巴黎藝術報》發表。其名稱爲：㈠樸素派，㈡傳統之具象，㈢存在主義，㈣色彩之寫實主義，㈤新具象派，㈥黑色寫實主義，㈦抽象表現主義，㈧非形象主義，㈨筆觸主義，㈩禪，(十一)抒情的抽象，(十二)自然主義的抽象，(十三)幾何學的抽象，(十四)歐普藝術，(十五)

肌理的形而上學派，㈤普普藝術，㈦書描派與裝飾派，㈧動態藝術，㈨新寫實主義，㈩物體藝術。

二十世紀西洋新藝術，朝興暮落，花樣百出。宛如婦女比賽時裝，殊無意義。總之新派畫家皆爲魔術師，其創作是玩魔術，不過欺騙觀者的視覺而已。

二一三　馬壽華先生宅雅集

七月十八日，搭中午觀光號快車北上，出席中國畫學會理監事會。會址暫借國軍文藝活動中心。散會後一部分理監事應馬理事長木軒先生之邀去臨沂街參加雅集。木老並備晚宴招待。我與姚夢谷兄、余偉兄同往。受邀者有：劉延濤、陳子和、傅狷夫、姚夢谷、陶壽伯、葉公超、高逸鴻、張穀年、胡克敏、余偉、邵幼軒、陳丹誠與我，共十三位。主人備紙筆請畫友合作花鳥數幅，並攝爲電影。畫畢入席。木老具盛饌美酒饗客，至九時始興盡而散。此次雅集，全是當代畫壇之俊彥，可謂一次歷史之盛會。然而細觀合作之畫，皆不見佳，實在辜負馬木老之雅意。

二二四　張大千先生詩二首

我國前駐比文化參事郭有守，於民國五十五年春赴大陸投共。郭與張大千先生是中表兄弟，所以大千甚感痛惜！先後於三月二十五日與四月十日，賦詩二首，發表於《世界畫刊》，第一首云：「落拓杜司勳，長貧鄭廣文。竟爲妻子累，遂作死生分。人道君從賊，吾知賊陷君。已枯雙眼淚，音訊不堪聞。」第二首云：「佳人作賊孰憐卿？半累妻孥半自輕。從此茫茫天地隘，世間無處不愁城。」

有關亡國誌痛的詩，桃花扇尾聲中，藉張薇之口唱云：「白骨青灰長艾蕭，桃花扇底送南朝。不因重做興亡夢，兒女濃情何處消？」又明末吳次尾甲申至南京賦詩誌慨云：「江山南國尙依然，獨見衣冠倍去年。日日除書拜新命，何人曾說舊幽燕？」三百年後讀此詩，不禁古今同慨！

我對於大千先生之節概，素極敬仰。於七月二十四日，大雨滂沱，暑氣頓消後，步他賦郭有守七絕詩原韻奉和一首：

豪情健筆驚公卿，富貴榮華敝屣輕；
萬里傳詩見節概，幼安猶自羈巴城。

二二五 讚安懷音先生

安公懷音，主臺北國父史蹟陳列館十有餘年，高風亮節，時賢同欽。公今退隱田廬，種花著書以自娛。於七月二十五日謹賦七律一首，聊示敬仰之意，讚云：

北闕宦遊十載餘，悠然隨處可安居；
案頭清供唯墳典，懷抱幽情卻毀譽。
蘭桂並芳光甲第，孟梁同德隱蓬廬；
松雲高臥誠堪羡，寵辱不驚好著書。

此詩之作，將三十年。安公赴美定居，不久即因胃疾去世，懷想音容，不禁愴然！

二二六 氣節

趙滋藩筆名文壽，早年在《中央日報》任副刊主筆。評論政治，提倡文學，文筆犀利，主持正義，深受文藝界之尊敬。我與文壽同時接受第一屆中山文藝獎。他曾來臺中訪晤於雙柳園。暢談文藝與政治風氣，具有共識。

文壽於七月二十六日在《中副》方塊發表〈氣節〉一文。我引申他的意思在當天日記寫道：「夫東漢獎孝廉，故士子皆以氣節相尙。三國重詐術，故豪俊不以事敵爲恥。孔子云：『君子之德風，小人之德草，草上之風必偃。』苟爲政者不能培廉操，勵名節，國家有難，而欲民效死勿去，未之有也。數十年來，政風士風敗壞極矣！忠義者受貧賤，貪墨者享富貴。倒行逆施，皀白不分。上下交爭利，安望人人能臨大節而不可奪耶？國家無錢不足憂，無原子彈不足憂，惟國人寡廉鮮恥，不重氣節是可憂耳。」

觀察現在臺灣的政風士風之敗壞，不知要超過三十年前多少倍？憂國之士大多不願看，不願聽，不願言了。

二一七　品鑑書畫

八月七日上午十時，應姚夢谷兄之約往木柵餐敍。他住在一座小丘陵上，瓦舍荆籬，花竹扶疏。園雖小以成趣，門雖設而常關。披襟當風，瀹茗評畫。眞是人生一大樂事。夢谷原配夫人留在大陸。於渡臺三十年後才又與張容休女士結婚。張女士天性賢淑，知書達禮。對夢谷溫柔體貼，情同梁孟。

夢谷出示《英國影印中國畫集》一部。其封面印山水畫一幅。筆墨結構，均臻上乘。夢谷以爲是董源的手筆，我仔細觀賞後斷然道：「決非董源，必是郭忠恕。」夢谷又審視英文名字，果爲郭忠恕。因爲郭忠恕畫跡流傳甚少，所以其格法不是淺見者所能識別的。

中午承夢谷饗以素饌。張女士親手烹調，味極精美。夢谷已於去年逝世，追憶前塵，恍若一夢。

同日下午五時，往臨沂街訪李漁叔先生論書評畫。漁叔出示名家書畫請我評鑑。㈠陸師道畫山水八景冊。用筆簡勁高逸，實爲上品。每一景後都有王寵行書跋。王書與陸畫，可謂雙璧。㈡劉石庵行書冊。觀其用筆，略無神韻，疑爲贋品。㈢張問陶與吳讓之屏聯。都庸劣不足觀。㈣董其昌小楷《金剛經》。也甚可疑。㈤明祝枝山草書聯。狂縱略無法度，只有一個醉字尙可取。漁叔能書善畫，早已蜚聲藝壇。觀其購藏昔賢名蹟，多爲贋品，其識力似有問題。由此可知，當代藝苑具正法眼者實太少了。

二二八　朝元仙仗圖記

宋武宗元「朝元仙仗圖」與徐悲鴻所收藏的吳道玄「八十七神仙卷」是當代所存唐宋人物畫價值連城的兩卷希世之寶。仙仗圖爲美國人所得，故宮博物院李霖燦兄於五十三年由美國帶回影印複製品一卷，我曾在安懷音先生家見過，惜無暇細觀。時隔兩年，於五十五年八月十三日下午往模範村訪史夢蓮先生。他說：「李霖燦把『朝元仙仗圖』託他帶回，交江錦祥臨仿，還留在舍下。」遂把圖卷取出，與我同觀。我以爲機不可失，徵得史公同意，把該圖攜回，不但細觀，並全部詳記如左：

「朝元仙仗圖」，絹本，高二呎二吋，長二十八呎二吋。爲白描人物畫，筆法全仿吳道玄。畫中人物計男者十八人，女者八十一人。分大帝、力士、神王、仙仗、金童、玉女。除龜茲樂伎外，每人頂上都標有名字。如：天騶甲卒、稽和金剛、威劍神王、天丁力士、破邪力士、明星大神、飛天神王、太極仙侯、九疑仙侯、妙行眞人、西靈玉童、扶桑大帝、元陽童子、九光靈童、太清仙伯、太丹玉女、開明童子、開光童子、海空梵行金童、太極靑耀金童、太玄眞人、梵氣彌羅玉女、玄都七變金童、空洞靈光玉女、南極天帝君、洞眞元氣金童、易遷金華玉女、蒼元洞眞玉女、斬魔神慧金童、至靈太極玉女、光妙音眞人、夜靈玄妙金童、含和太光玉女、口丹自在金童、虎碧萬變金童、伏魔妙惠金童、太玄夜精玉女、法像眞人、口虛司禁玉女、仙樂龜茲部、太極丹華金童、珠林淨光玉女、洞空無相金童、東華天帝君、紫華扶晨玉女、道空常寂玉女、洞陰玄和玉女、香山寶相玉女、寶相自然金童、上眞自然金童、妙音惠空玉女、朱光妙善金童、碧落太華金童、太陰玄和玉女、太妙眞人、皓華素靈玉女、守淨玉女、素靈太妙金童、梵寶丹昌玉女、守素玉女、香林惠化玉女、散花玉女、玄靈飛霞玉女、紫虛自然玉女。其人物筆法、造型，飛舞飄灑，實有「吳帶當風」之妙。

畫無作者款印，尾有顧德輝跋云：「五帝朝元圖，向藏宣和祕府。南渡後天家之物散落人間者，奚可勝數！大德丁酉秋仲，從張氏二百金購歸。子昂學士定爲武宗元手蹟。觀其運筆，如狂風掃籜，仙像則各具精神。無論爲吳爲武，終是希世奇珍，藝苑獅象也。大德甲戌長至節，崑山顧德輝敬題。」畫尾上角鈐「稽古殿寶」大璽，併「宣和」長方小印。下角鈐「雙鳳樓」與「寶藏」二印。

顧跋之後又有張氏與趙松雪跋。張跋云：「右吳道子畫『五帝朝元圖』參政翟公所藏也，後以歸余，不改裹褾，猶舊物之質者焉。乾道八年六月望，歧陽張子題畫。」無印。上鈐「宣和殿寶」大璽。趙氏跋云：「余嘗見山谷跋武虞部（宗元）五如來像云：『虞部筆力遒古，可追吳生。便覺恪輩相去遠甚，不足可觀。』此圖是虞部眞蹟，《宣和譜》中所載『朝元仙仗』是也。與余所見『五如來像』用筆政同。故不敢以爲吳筆，然實數百年間寶繪也。虞部名宗元，字總之。大德甲辰八月望日，吳興趙孟頫跋。下鈐「趙氏子印」。後鈐「竹裡館」、「張氏祕篋、可庵所得銘心絕品」、「柯九思」、「柯氏精玩」諸印。

畫首隔水前有羅振玉氏署「趙文敏公審定宣和御府著錄北宋武宗元筆朝元仙仗圖眞蹟。丁卯仲秋羅振玉署于津沽寓齋。」下鈐「羅振玉印」與「六十後字含章」二印。

卷後有余彥祥、黎簡、梁啓超諸人題跋。余跋云：「玉山顧仲瑛，隱君子也。凡書畫之異絕者，求之不論其直。以是名聞澥右。嘗遺余武洞清畫十八曜像，蘇漢臣三境天尊及豁落二斗火府官將之類二十餘軸，誠不易得也。一日，復以此朝元圖授予曰：幼聞吾曾祖與子之玄祖，素相往來，（中缺數字）緜延不絕，今四世矣。似非宿有玄契能如是乎？吾老矣，故以此歸（中缺一字）子。迺武虞部眞蹟。具載《宣和譜》中，非他畫可比。且不屬吾子孫，而屬於子者。豈不以交誼之篤，愛敬之至也。愼勿輕棄置焉。予迺焚香拜受，（中缺數字）十年矣。我後人苟能繩繩相繼，不忘授受之志，相與傳無窮，可謂（中缺數字）書以爲識。歲在壬子春三月既望。昆丘外史余彥祥在聽海軒書。」無印。

黎氏跋云：「壬子秋予假館番禺張明經心如所（缺數字）來售者。余力勸□君（缺數字）以金得之。踰五年爲嘉慶元年，宋博士芝山葆淳攜一本從蒲州來，與此卷神氣筆力皆同。此本校（較）精細，而欄檻時有改筆。是則此爲初稿，而宋君本則第二稿也。古（缺略）最重眞跡墨稿，僧繇畫龍稿至梁時猶存，可見也。遙遙千年，茫茫萬里，而此二卷得偶一合璧，豈非奇事？（缺二字）嘉慶二年黎簡。」下鈐一印。

梁氏跋云：「自漢石畫傳世者，逮兩晉六朝畫著錄於名畫記者，什九皆故事畫也。宗教畫濫觴梁隋，而大盛於唐。蓋佛教東來而印度及中亞藝術隨之而入。不獨畫題與畫風開新生而已，即畫材如衣飾建築動植物等所採取亦益豐而賾。吳道子獨擅千古以此也。道教畫在唐不概見。道教本自無物。所謂道藏者，悉剽竊佛典拉雜而來。自餘教理及儀式，乃至名號等，舍稗飯撏撦佛家外，無一能自立。自宋眞宗痴佞黃冠，道流始事事思與佛者角勝。道教畫蓋起於是時。而武虞部其巨擘也。此畫為吳為武，當以此決之。嘻！藝術貴創，虞部蓋以因為創者也。亦一世之雄也哉。丁卯中秋後二日新會梁啓超跋。兒子思永隨侍同觀。」後鈐「新會梁氏」與「啓超私印」印。

按《元湯垕圖繪寶鑑》云：「武宗元，字總之，河南白波（在南陽境）人，官至虞曹外郎。善丹青，長於道釋，造吳生閫奧，行筆如流水，神彩活動，大抵如寫草書，奇作也。由此可知武宗元專擅釋道人物。其書法與畫法全仿吳道子，並且他的畫技極高，可與武洞清齊名。細觀「朝元仙仗圖」，人物描法雖是遒勁飛舞，但天女髮髻，僅具匡廓，不染不分。欄干雲樹，也都草草描出，筆無神韻。此圖或為初創之粉本，或為仿作之存稿。決非吳武二人真蹟，可以斷言。

黎簡斷此本為初稿，與我所見正不謀而合。顧德輝跋稱此圖為「五帝朝元圖」，張氏跋稱「吳道子畫五帝朝元圖」，趙孟頫跋則斷此圖為武宗元真蹟「朝元仙仗圖」。按《宣和畫譜》所列吳道子畫蹟有「列聖朝元圖」，可能是一畫異名。《元湯垕畫鑑》有云：「武宗元宋之吳生也，畫人物行筆如流水，神采活動。嘗見朝元仙仗圖，作五方帝君，群從服御，眉目顧盼，一一如生，前輩甚稱賞之。」

依以上諸家所跋時間而言，趙跋應在顧、張之前，然而趙跋反在顧張二跋之後，不能無疑。並且細觀趙跋字與印章都不見佳，因此我更懷疑前面諸跋，全出於好事者之偽造。以梁任公之博雅，竟受諸僞跋之蒙蔽，足徵書畫鑑賞之不易。

「朝元仙仗圖」，安和與江錦祥均未臨仿。獨有董夢梅君摹繪一幅，並求我作一長跋。董畫用筆遒勁，亦必傳無疑。

一一九　臺北行二三事

八月二十七日，李霖燦兄因公赴美。我與故宮索予明、周鳳森諸友同黃守淳女士往松山機場送行。與李兄同行赴美者有：李濟之、石璋如、那心如。飛機八點起飛，揮手揚帽，不勝依依。

下午三點往歷史博物館聽勞幹教授演講。講題爲「敦煌壁畫」。內容頗爲廣泛。他站在美育的立場，以爲人生而藝術的觀點，認爲像敦煌的作家畫，有重於宋元以後的文人畫。因爲作家畫是大衆藝術，文人畫只有少數人能欣賞。勞幹字貞一，先在臺灣大學任教，此時爲美國加州大學教授。散會後，我去和平東路訪陳子和一敍。子和贈我石印兩方，是畫家吳平所刻。子和對吳君刻印評價甚高。

張道藩先生，在重慶時，提倡文藝，聯絡文藝家參加救國抗日行列。渡臺後，任立法院院長兼中國文藝協會理事主席，爲文藝界的領袖。我雖與他素昧平生，但由於他曾看過我畫的「長城萬里圖」、「長江萬里圖」，並對於這兩幅長卷特別重視，所以託姚夢谷兄約我，於八月二十九日到他公館會面。他住在臺北市通化街一八六巷十九弄五號，環境僻靜，無噪音喧擾。室內掛有道藩先生畫洋夫人肖像和花卉，作風寫實，與徐悲鴻的西畫風格頗接近。客廳中間有一長方茶几，兩邊置有沙發，陳設非常簡單樸素。道藩先生身材英挺，相貌清癯，講話慢聲慢語，溫文儒雅。他雖從政多年，但沒有一點官僚習氣。彼此寒暄就座，承洋夫人奉茶。夫人雖爲法國人，溫靜樸實，彬彬有禮，極像我國舊式大家婦女。道藩先生於讚揚我的兩幅長卷外，並對我多所勉勵。他暢談早年在大陸時，提倡文藝，獎勵文藝人才。他從法國留學回國，還編過劇本，登臺演過戲。談兩小時，娓娓不倦。先生逝世已二十餘年，音容雖渺，典型猶在。

一三〇 讀謝瑤環史劇詞

九月十二日，閱《新天地》第五卷第七期轉載大陸名戲劇家田漢作「謝瑤環」歷史劇詞。此劇編於民國五十年，共十三場。其唱詞簡練優美，故事曲折動人，援古諷今，意義深刻，實爲田氏不朽之作。我看到劇詞，便在兩小時內一氣讀完。讀至第十二場謝瑤環唱云：「忽聽得堂上一聲喊，來了我忠心報國的謝瑤環。自從奉制出宮院，誓要與三吳的百姓懲貪婪。打武宏權貴皆喪膽，斬蔡賊酷吏也心寒。明知道朝中必結怨，只要除萬民苦，那顧得一身安！狗賊子告我要謀反，血口噴人嫁禍端。自古道忠臣不怕死，怕什麼玉女登梯、仙人獻果、鳳凰展翅、猿猴戴冠。

愁只愁江南百姓又要受苦難，愁只愁天下紛紛難免戰血丹。」田漢「謝瑤環」名劇與吳晗的「海瑞罷官」，可以並傳不朽。

二三一 章太炎獅子吼

餘杭章太炎先生，是一位學博識宏的通儒，也是愛國的志士。他的抱負和氣慨，極可感人。十月二十三日下午朱鏡宙老居士過我西園精舍，暢談他的岳丈章太炎先生生平事蹟。鏡老說：「章先生出西牢抵達東京。我國留日學生開歡迎會，出席者七千餘人。先生即席發獅子吼，莊諧百出，聞者莫不動容。先生的講詞有說：『兄弟少時讀蔣氏《東華錄》，其中戴名世、曾靜、查嗣庭諸案，令人憤恨異族之亂華。後讀鄭所南、王船山之書，民族思想因益發達。甲午以來，涉獵西書，略窺民主自由之學理。而朋儕聞我逐滿獨立之說，不曰瘋癲，即曰叛逆，自取殺身之禍。然我行我素，不顧其他。大凡怪誕之論，非瘋癲者不發；即使能發，遭遇艱難困苦，非瘋癲者不能固執。古往今來，作大學問成大事業者，非瘋癲者莫辦。兄弟淺見，瘋癲不足畏，所畏者富貴利祿當前，瘋癲霍然而愈。』這是何等抱負？何等氣魄？聞其言而志不立者，必是不可教的懦夫！」

二三二 陳立夫著四書道貫

我在家喜歡種花，入市喜歡買書。十一月二日上午往中央書局閒逛，購得陳立夫先生著《四書道貫》一部。此書共分十篇：一曰總論，二曰格物篇，三曰致知篇，四曰誠意篇，五曰正心篇，六曰修身篇，七曰齊家篇，八曰治國篇，九曰平天下篇，十曰結論。前有錢序、梁序、劉序、自序、凡例；後有跋、附錄、大學、中庸。陳氏以自然科學之研究法，施之於孔學。列章句，別從屬，驗表裡，融會通，義理昌明，統系井然，斧斤在手，斲鑿無痕。啓孔學之篋鑰，攝注疏之紛紜，實爲研究孔孟學說最佳的寶典。立夫先生，早年留學美國，專習工礦。回國從政，歷任黨政教育要職。大陸易色，乃隨政府來臺，掛冠後，重去美國，以養雞孵卵販賣爲生。操作勞苦，忘其貴盛，不忮不求，隨遇而安。可謂當今濁世之完人，名教之中流砥柱。我爲敬其人而樂讀其書。近年立公定居於臺北天母。在公共場合我與他會過幾次面。拙著《中國十大名都》，蒙立公撰序，衷心不忘。

二三三　首次受獎

中華民國中山學術文化基金會，於十一月十二日上午八時半在臺北市中山北路國賓飯店國際廳舉行隆重典禮，慶祝基金會成立週年紀念。並頒授學術著作文藝創作及技術發明等獎。首屆學術著作獎八位得獎人是：任卓宣、傅啓學、李雲漢、朱介凡、郭婉容、林雨康、韓光渭、項輔辰。十二位文藝創作獎得主是：王夢鷗、王集叢、趙滋蕃、王韻梅、張秀亞、葉蟬貞、吳若、張永祥、朱白水、陳懋良、吳子深、呂佛庭。我以受獎人身分前往國賓飯店參加頒獎典禮。典禮由基金會董事長王雲五先生主持，首由主席報告籌備經過及設獎之宗旨。岫老年八十餘，鶴髮童顏，精神矍鑠，令人肅然起敬。繼由副總統嚴家淦先生發表演說。旋即頒發各項獎牌與獎金。當時觀禮的來賓約四、五百人，掌聲雷動，場面極爲壯盛熱烈。這次我是由中華民國畫學會推薦，以「長江萬里圖」獲獎。在我從嚴副總統手中接受這份榮獎時，不但內心萬分感奮，並且想到先父先母與先岳父都早已仙逝，沒有家人分享我這份榮譽，不禁一陣心酸！

接受中山文藝獎之次日，立法委員段劍岷先生邀我到永和鎮豫溪街便餐，爲我祝賀。段公兼任全國好人好事評審委員，他要推薦我爲好人好事代表候選人。我堅決婉謝。他問：「爲什麼不肯接受？」我說：「爲善不求人知才是眞好人；作好事，不求回報才是眞好事。如爲沽譽而爲善，爲求回報而行義，怎能算是好人好事呢？況且古人說：『名隱則德著，譽至而謗興。』所以我不敢接受。」公喟然歎道：「像先生可以算是『爲善不近名』的了。」

成功大學杜學知教授也來函祝賀：「半僧吾兄有道：前日閱報得悉本年以『長江萬里圖』榮獲中山文藝獎，實至名歸，欣賀欣賀！當今爲山水者，多傾向於潑墨，而於舊日之各種皴法，棄置不顧。弟與兄論交以來，常於各展覽會，注意大作，實覺面貌各別，皴法不一，出入古人，至屬多能矣。中流砥柱，益歎存古之力，用功之深。茲有不分之請，望吾兄暇內，分別以各種不同皴法之山水，繪贈一幅，藉覘吾兄繪事之全貌，並可賴以撰寫當代畫人傳也。未悉課餘有此雅興否？書此以博一笑。並頌時祺。弟杜學知頓首。」杜學知教授，河北省人。初來臺在國立臺北師範學院國文系任教，後應成功大學之聘，執教於中文學系。除研究文史哲學之外，並研究文字學與書畫理論。常在《中央日報》副刊發表論文。

十二月三日，接中國文藝協會來函，因與我獲獎有關，爰抄錄於後：「敬啓者：台端榮獲本年度中山國畫獎，本會等特訂於十二月七日下午三時，假台北市水源路二十七號中國文藝協會二樓交誼廳舉行盛大茶會，以示慶祝之意。敬請準時撥冗光臨爲禱。中國文藝協會，臺灣省婦女寫作協會，中國青年寫作協會，同啓。」

我應中國文藝協會等之邀請，於十二月七日上午搭特快車赴臺北出席慶祝受獎茶會。在臺中車站，適遇王韻梅女士，同車同行。茶會原定下午三時，因受獎人到會不齊，延至四時才開會。

主人到有宋膺、郎靜山、梁中銘、梁又銘、何志浩、趙友培、高逸鴻、姚夢谷等二、三十人。受獎人到有任卓宣、張秀亞、王韻梅、楊英風、李翰祥、胡金銓、尹雪曼及本人等五、六十人。文藝協會在臺北市水源路二十七號，面對新店溪。立在樓上探首窗外「悠然見南山」，足以擴人胸襟。茶會未結束，我即向主持人告辭，趕往車站，搭觀光號車遄返台中。

一三四　南懷瑾胡一貫兩函

十二月二十三日接南懷瑾居士寄七言絕句一首，抄錄於下：「每憶畫裡見精神，水淨沙明不染塵。萬里江山來筆下，多情半是出家身。」後又跋云：「半僧呂佛庭居士繪水邊林下禪境圖，見者讚歎歡喜。居士繪有長江長城萬里圖等，傳稱一時。筆法立意，均足千秋。賦此以贈。丙午冬月，南懷瑾未是草。」我當即步韻奉和一首云：「搬柴運水亦怡神，何必超然離六塵。幻即是眞眞即幻，明心始得自由身。」跋曰：「懷瑾居士，禪宗大德。緣雖一面，誼深三生。蒙惠佳什，意眞詞清，感佩之餘，賦此爲報。」

十二月二十八日，接胡一貫先生來函。函稱：「佛庭先生有道：敬啓者，弟素昧繪事，強作解人。嘗敬讀先生畫集，雄渾灑脫，而一歸於雅正，輒心儀其爲人。後得夢谷兄之介，得識荆州，迺償夙願。日昨夢谷兄轉示尊函，並繪贈『秋山』一幅。黃卷初展，滿紙雲煙。於千巖萬壑之中，見空靈高簡之氣；在淺絳微皴之外，起神逸玄遠之思。蓋所謂極物之眞而凝於神者也。題句猶是唐音，並字乃稱三絕矣。承此德馨，光我陋室，感何可言！他日倘來臺北，敬乞便中示知！當掃榻以待高軒，承教以娛永日也。耑此致謝，敬頌大安。弟胡一貫拜上。十二月二十五日。」

胡一貫先生學貫中西，是一位藝評家，曾承訪於半僧草堂。文筆簡練清新，書法渾脫有致。惟溢美之語，愧不敢當耳。

二三五　中華美術協會

張曉峰先生在陽明山華岡，初創辦文化學術院，並在院內成立中華美術協會。邀請知名書畫家入會，共襄盛舉。我雖住在臺中，也應邀參加。

民國五十六年元月四日，上午十時搭快車赴臺北出席中華美術協會成立大會。地點在延平南路實踐堂。於下午六時開會。到會哲士有：馬壽華、梁中銘、梁又銘、莫大元、郎靜山、馬白水、宗孝忱、馬紹文、高逸鴻、季康、李超哉與我等共二十餘人。由馬壽華先生擔任主席。選舉結果，我也被選爲常務委員。因壯爲未當選，我以住在臺中，出席會議不便爲由，乃讓與壯爲。會議結束，承曉峰先生設晚宴招待。食訖，馬木老邀我同車往國光戲院觀劇。劇名「搜孤救孤」

是八義圖故事。程嬰與公孫杵臼兩角，唱做俱佳，極爲感人。我很感慨地對木老道：「春秋戰國與兩漢之世，忠義孝廉之風最盛，而尤以程嬰、公孫杵臼、劉苞、范滂爲最高的典範。可惜三國尙詐謀，忠義之風漸衰微了！」木老認爲我的觀點很對。

一二三六　悲蔡邕

元月十三日，燈下讀《後漢書・蔡邕傳》，於中郎之一生不幸的遭遇，不勝惋惜！

蔡邕，字伯喈，河南陳留人。天性孝友，母病三年，親侍湯藥，衣不解帶。與叔父從弟同居三世，不分財產。甚獲鄉里稱讚。少年博讀群書，師事太傅胡廣。對於辭章、書法、音律、天文、數術，都有精深的研究。而且品操高潔，閒居翫古，不與官場往來。

建寧三年，因司徒橋玄之薦，出補河平長，召拜郎中，校書東觀，又遷議郎。邕以經籍去聖久遠，文字多謬，俗儒穿鑿，貽誤後學，所以於熹平四年，與五官中郎將堂谿典，光祿大夫楊賜，諫議大夫馬日磾等，奏求正定六經文字。得到靈帝召許，即由邕自書丹於碑，使工鐫刻，立於太學門外，作爲後儒晚學的標準課本。

邕爲楊球、曹節、程璜諸奸所構陷，召下洛陽獄，並與家屬遠遣朔方。上書自陳奏其所著十意，帝嘉其才高，方赦還本郡。邕怕奸人加害，流亡吳會一十二年。邕在吳時，有鄰家燒桐木造飯，邕聞爆破之聲，知爲良材，於是商請取來，製以爲琴，琴成其尾還有焦痕，因此時人名曰「焦尾琴」。

中平六年，靈帝崩，董卓爲司空。因慕蔡邕的高名，以威脅的手段徵邕回洛，不但連陞三臺，並於初平元年，拜左中郎將。從獻帝遷都長安，封高陽鄉侯。董卓重邕才學，待遇甚厚。邕以卓性剛遂非，不足共事。曾與從弟谷謀，潛奔兗州。因谷勸阻，未能實現。及王允誅卓，允疑邕與卓有同情之嫌，即收邕治罪。邕乞黥首刖足繼成漢史，允畏邕謗己，故不允。邕遂死於獄中。時年六十一歲。搢紳諸儒，莫不痛惜流涕。兗州、陳留間士庶，並爲邕畫像紀念。

邕對中華文化之最大的貢獻，就是正定六經文字，並由他自己書丹刻石。邕書傳其女文姬，文姬傳鍾繇，繇傳衛夫人，衛傳王羲之。我認爲邕實爲傳授書法之祖。戲劇、小說，都把蔡中郎描寫爲不孝不義的人，我爲中郎辯誣洗冤曾撰文演講，以慰中郎在天之靈。

二三七　讀仲長統逸居論

仲長統，字公理，東漢末山陽高平人。性俶儻簡放，不矜小節，時人譏謂狂生。州郡徵他出仕，即稱疾不就。他認爲凡是樂於入朝奉君者，不外乎想藉權位立身揚名而已。但人生易滅，名不常存。惟有優游偃仰，可以自娛。因此他想卜居在清曠之地，以樂其志。他說：「使居有良田廣宅，背山臨流，溝池環匝，竹木周布。場圃築前，果園樹後。舟車足以代步，涉之難，使令足，以息四體之役。養親有兼珍之膳，妻孥無苦身之勞。良朋萃止，則陳酒肴以娛之；嘉時吉日，則烹羔豚以奉之。蹰躇畦苑，遊戲平林。濯清水，追涼風，釣游鯉，弋高鴻。諷於舞雩之下，詠歸高堂之上。安神閨房，思老氏之玄虛；呼吸精和，求至人之彷彿。與達者數子，論道講書；俯仰二儀，錯綜人物。彈南風之雅操，發清商之妙曲。逍遙一世之上，睥睨天地之間。不受當時之責，永保性命之期。如是則可以淩霄漢出宇宙之外矣。豈羨夫入帝王之門哉！」統又作詩一首，以見其志曰：「飛鳥遺跡，蟬蛻亡殼。騰蛇棄鱗，神龍喪角。至人能變，達士拔俗。乘雲無轡，騁風無足。垂露成幃，張霄成幄。沆瀣當餐，九陽代燭。恆星豔珠，朝霞潤玉。六合之內，恣心所欲。人事可遺，何為侷促。天道雖夷，見幾者寡。任意無非，適物無可。古來繞繞，委曲如瑣。百慮何為，至要在我。寄愁天上，埋憂地下。叛散五經，滅棄風雅。百家雜碎，請用從火。抗志山西，游心海左。元氣為舟，微風為柁。翱翔太清，縱意容冶。」其論與詩，綺麗詭譎。思出老莊，兼容楊朱。言雖曠達，惜不永壽。自古放言高論，弗足為百世法，徒快一己之心意而已。

二三八 長短句詩

詩自三百篇後，有楚辭、古詩樂府、近體律絕及詞曲，代有變化，原無定規。近體演變爲詞，詞又演變爲曲，正是我國韻文之一大進步。然而塡詞必依詞譜之聲調句數，作曲又必通聲韻之學，規律極嚴，不能逾越。思想性靈，都受拘限。自元代迄今，七百餘年，詩詞規律，略無改變。民國雖有現代詩之創體，然因鑄詞造句，歐化成分太重，或膚淺庸俗，或生鄙晦澀，還未達到成熟的景地，不能與宋詞元曲分庭抗禮。我有見於此，所以自五十六年元月十九日起，才有「長短句」之作。我所作的長短句，不限句數，不限字數，用韻不爲四聲所拘，造句也不拘文白，惟以自然天成爲妙。這就是與宋元詞曲不同之所在。長短句用詞，雖可以淺顯通俗，但必須保持傳統詞曲的意境。否則，就眞成「下里巴人之歌」了。

抄錄長短句數首：

一

北風停，霜氣重，蟲淒夜永。
疏林梢頭，明月照殘景。

燈下魂馳中原，誰憐孤影？
念嘗膽臥薪，不覺被冷。

二

月照高樓，窗裡人弄影，歌舞未休。
望江山如醉，誰識悲愁？

三

彩燈初上，油路馳香車。
問君：「何之？」曰：「鳳麟酒家。」
千金買得一宵醉，人道風流豪華。

四

幾點疏星，兩行衰柳，一縷輕煙繞寒林。
野寺晚鐘，頻傳清音。
倚杖臨流，放懷高歌，任霜浸。

功名似煙，榮華如夢，空古今。

五

光陰似輪匆匆去，一年容易，不覺歲又暮。
柳絲遮斷陌上路，小樓簾垂何人住？
舊日同遊無覓處，花謝鳥啼，夕陽伴老樹。
欄外簫聲欲消魂，風吹池水爲誰皺？

一三九 頭汴坑之遊

民國五十六年元月二十二日，應劉正文先生之邀，偕史夢蓮先生，於上午八時半乘計程車，同往頭汴坑翠屏山遊覽。自臺中市東北行，約八里許過一江橋入山，又二里許至頭汴坑鎭，有商店居民數百家，鄉民市集，頗爲熱鬧。臺灣低窪之地多以坑名之。名雖不雅，但衆稱日久，改正也非易事。

過此沿汴水溪上行，亂石堆疊，碧流涓涓。又數里至合作村，因前有吊橋，不能通車，我與史公乃策杖步行。過吊橋因史公神經衰弱，劉君掖之以行。橋長約二十餘丈，上展以木板，闊僅二尺許。兩邊維以鐵欄，行其上左右擺動搖曳，心臟不健者即不敢過矣。

前行，峰迴路轉，林深石奇。時見瓦屋茅舍掩映於翠竹紅樹之間，充滿了詩情畫意。劉君任臺中縣府視導，能操臺語，每遇山民，無論老幼貧富，都親切寒暄，宛如家人。過謝村東望迎面有數峰，聳然特立，如翠髻，如黛螺，蒼松掩映，景色媚人。又數里至洪園，入林舍稍憩。此處是一片蕉園，綠葉層疊，如羅宮扇。有園丁周君，陝西商縣人，年五十餘，性剛直爽朗。自言退役後，初以賣卜爲生，今爲洪家傭，伶仃孤苦，情甚可憫！

周君前導過邱村，迎面又有數峰羅列，或如伏牛，或如臥虎。中有蒼巖峭削，壁立矗雲之大峰，就是我們所嚮往的翠屏山。過溪即仄徑攀藤而上，約百餘級，抵達劉君蕉園。其園闢於高坡之上，地勢平衍，據劉君說約有四甲多地。遍植香蕉、枇杷、木瓜等各種果木。園中建有工寮數間，爲園丁宿舍及養牲畜之所。環睇翠峰屏其後，汴溪繞於前，青巒蒼壑，白雲吞吐。使我想到孟浩然的「綠樹村邊合，青山郭外斜。開軒面場圃，把酒話桑麻。」詩句，正是爲我們眼前的景物寫照。我早即有買山誅茅韜晦養志之想。劉君識我有退隱之意，願贈地以成全我的心願。當時我雖接受劉君的盛情美意，但我考慮闢地建屋是一件麻煩的事，所以只好心領了。

共坐工寮門外啖果聊天，悠然怡然，寵辱皆忘。各摘木瓜兩枚，攜之下山，午飯於邱玉雲君家。承殷勤款待，熱情可感。歸途占詩一首：

山路崎嶇水幾灣，雞鳴犬吠翠林巔；

蓬門煙鎖塵不到，它日願來作散仙。

回憶頭汴坑之遊，忽忽二十七年。同遊史夢蓮先生早已作古，劉正文君多年未晤，不知還在否？現頭汴坑，高樓大廈，鱗次櫛比，人口密集，已成鬧市。昔日之清幽靜謐，不可見了！

二四〇　憶西湖

元月二十七日，午後睡起，獨往公園小坐。觀池榭畫舫，忽憶西湖風景，率成長短句一首：

憶在少年時，橐筆攜琴遊杭州。
南屏晚鐘禮古寺，六橋煙柳月一鈎。
平湖展碧波，覓句弄扁舟。
北高峰上極目望，長虹橫斷錢塘秋。
蘇小韻事成陳跡，淡煙衰草一荒丘。
岳王墓前感精忠，古柏蕭蕭使人愁。
孤山訪梅鶴，放歌半角樓。
元白逝去元音渺，天涯招魂淚欲流。

二四一　北投雅集

應監察委員劉行之先生柬邀，於元月二十八日午後搭火車北上。次日上午，往木柵訪姚夢谷兄略敍片刻。其庭中杜鵑盛開，翻紅吐白，燦爛似錦。由木柵返臺北去連雲街探視張穀年兄病。時，他正用膳。其夫人照顧甚殷。相敬之情，不讓梁孟。穀年是江蘇人，上海名畫家馮超然的外甥。善畫山水，爲七友之一。身體單薄，面貌清癯。天性和厚，平易近人。多天未見，兩鬢堆霜。握手唏噓，不勝衰暮之感。

下午四時二十分，到公路局東站，與馬濬廬、丁念先、謝宗安與陳其銓諸道長會合，同車往北投赴劉行之兄晚宴。行之住宅在北投溫泉路右面高坡上。瓦舍數間，背山面壑，琅環雅潔。庭中碧草如茵，紅白杜鵑更絢麗可喜。北投素以「豔窟」著稱，爲尋花問柳之輩的樂園。行之以柏臺之尊，能於青樓豔窟之間，得此洞天福地，眞乃人生之大幸也。行之俊爽廉正，臨池功深。眞草隸篆，各體兼擅。其夫人爲國大代表，且爲烹飪能手。晚宴十幾道菜，均清美可口。宴罷，候夢谷兄到，遂開會商討創辦《藝壇月刊》事宜。至十時十分才與行之告辭，返回臺北。

《藝壇月刊》是一份純粹提倡中國傳統書畫藝術的刊物，原發起人有馬紹文、姚夢谷、丁念先、謝宗安、劉行之、陳其銓和我共七人，但劉行之不久即退出，又有王愷和與高拜石二人加入。每人交五千元作爲印費。初創刊由藝壇社發行，公推丁念先負責主編。我們都擔任社務委員名義。因丁念先太自私，每期都發表他家藏的書畫，並且他對於編務沒有經驗，編排死板，不易引起讀者興趣。所以銷路極不好。一年多時間，大家集資都快賠光了。在大家不願再投資情況下，公推夢谷獨力發行，並負責主編。夢谷精明強幹，接編以後，力求改進。銷路漸漸好轉。苦撐至他去世前兩年，因體弱不支，乃交給戴竹谿君主編。他不幸於八十二年與世長辭了！

二四二 墾丁與鵝鑾鼻之遊

民國五十六年二月九日，正是農曆元旦佳節。昨天自臺東至四重溪下榻於清泉旅社。因逢除夕，旅客只我一人。晚膳後，主人引溫泉水於室內池中，解衣一浴。不僅征塵盡滌，連心中的世憂也洗淨了。好不容易在旅館遇到這樣寂寞的一夜。可惜案上沒有蠟燭，不夠年味兒。燈下靈感一動，成長短句一首：

爆竹聲中除舊歲，千里飛輪惹征塵。
今夕何處留客？四重溪，泉最溫，盡情一浴暖客心。
遊子飄零慣寂寞，放懷高歌莫傷神！

清晨七點十分，搭公路局車離四重溪往墾丁公園遊覽。至恆春換車南下，路左有一座石坊，橫書「恆春熱帶樹木園」。園中椰子、檳榔約有數千株，迎風招展，翠色如洗。過坊盤旋上坡，約四五里抵達墾丁園中。下車遂到各處巡覽。此園有十二景：一是望海亭，二是仙洞，三是銀龍洞，四是觀日峰，五是石筍寶穴，六是一線天，七是第一峽，八是迷宮林，九是垂榕谷，十是棲猿崖，十一是銀葉板根，十二是茄冬神木。

仙洞是臺灣最大的珊瑚礁洞。洞深一百三十五公尺，高三十五公尺。洞壁遍懸鐘乳石，奇形怪狀，多采多姿。望海亭是一座草亭，站在亭子外面，可望臺灣海峽和巴士海峽交接處海天一色之景觀。西面大尖山和貓鼻頭，也都羅列眼前。亭柱有一聯云：「到此閒遊，莫放過北嶺奇巖，南園寶樹；來人毋躁，且靜觀西山暮靄、東海朝暉。民國四十六年十一月立，臨海林渭訪撰并書。」銀龍洞，洞五十公尺，南北貫穿觀日峰。洞壁鐘乳石，蟠懸如龍，鱗甲片片，潔白晶瑩，呈為奇觀。墾丁公園，可謂神仙洞府。林茂石奇，是臺灣南部第一觀光勝景。

乘計程車離墾丁公園南下，至鵝鑾鼻途中，見海邊有船帆石，高四五丈，狀如獅猊，極為奇特。鵝鑾鼻位在臺灣東南方，突出海面如鵝鼻形，因此得名。海邊建有一座燈塔，為海上船艦夜行之目標。登塔望巴士海峽，碧波拖藍，浪花堆雪。漁舟掩映，海鷗上下，使人心曠神怡，一切俗慮雜念都消了。在此午膳畢，遂搭公路局車開往高雄。途中又成長短句一首：

名園屬墾丁，奇樹珍木，鬱鬱青青。

西峰如黛螺，東巖展翠屏。
仙人古洞真奇絕，曲屈上下，一井通明。
崩壁離披使人驚，或如寶蓋，或如蓮蕊，或如壽星。
奇形異狀，鬼斧神工。
岩石剔透何玲瓏，古榕夭矯似蟠龍。
百尺峽，磴道一線通。窠鶴棲猿掛古藤。
扶杖觀日峰上望，鵝鑾鼻，貓頭汀。
碧海泛銀浪，直疑誤入廣寒宮。

一四三　記陳定山與賣餅翁贈和詩

二月二十八日，《中央日報》副刊發表陳定山與賣餅翁贈和詩，頗有趣味，特照錄於後：

「鄰有賣餅翁，日炊一爐而止，日午則高臥不出。吾不知其名，字之曰道。丁未元夜過其門，貼一聯云：『室比古人添一斗，樓觀對面起三層。』梁書，陶宏景有三層樓，翁固有道，且知書矣。

一

人間春到容高臥，門外車塵按轂長；
燈市春聲金鼓鬧，松棚火熄餅爐香。
牽門黃犬方爲累，歷世紅羊換劫忙；
陋室何妨專一斗，看人四面起阿房。

二

閉門合署陳無己，也把新詞贈餅師；
日暖花鬚烘蜜蠟，天寒魚腦凍梅池。
喜聞鶯燕將雛至，懼致兒童積木危；
坐看東方青帝笑，種瓜得豆與春期。

（註）唐文宗元夜觀燈戲，一兒積木乘高，其父徬徨四匝，危懼流涕，爲之罷宴。
餅師答：

一

天涯也有逢春日，柳眼垂青客路長；
啼鳥喚回金谷夢，勞人沽得玉壺香。
樓觀迴出三層傑，籠餅炊成十字忙；
一月玄都花怒放，謹將猿馬鎖心房。

二

貂裘不受崇高節，師道真堪作道師；
問字近鄰楊子宅，接籬遙見習家池。
太空詩境新開拓，小市生涯缺阽危；
容我逃秦淪賣餅，喜從空谷遇鍾期。

翁姓孫，名霖恩，號二斗，蘇北人。」

孫詩結句，雋永而有深意，論者謂比陳詩猶高一籌。當時，定公與餅翁都住臺中自立街。我曾聞定公言餅翁爲一奇人，然未曾晤面。定公搬回臺北不久，即作古人。自立街克難小屋，早已改建高樓，賣餅翁不知何往了。

二四四 與馬紹文先生往來函札

三月二日接臺北馬紹文先生來函，併題拙作「長江萬里圖」，公以行書揮寫，蒼勁瀟灑，與莊嚴先生所書拙撰長歌，可謂雙璧。函云：

「佛庭吾兄閣下：別來甚念。承囑之件，因事稽延，未早報命，抱歉之至。日前書就，惟覺不甚愜意，謹隨函奉寄，即請訾收賜覆！何日來遊，盼過我一談！此頌春禧。」

三月三日，我覆馬紹文先生函：

「瀞公長者道鑒：前者庭赴臺北，在歷史博物館晤教，因場面囂雜，未克暢敍，殊爲憾事！昨奉惠示，併尊題拙作『長江萬里圖』序，至佩至感！公書，蒼勁瀟灑，爲庭所最景仰，尊跋尤足寶愛。容日北上，必先詣府暢聆雅教也。肅布謝悃，祇頌道安。」

三月十五日又接馬紹文先生函：

「佛庭吾兄道鑒：茲有懇者，春人詩社五十週年紀念，擴大唱詩，徵求獎品，弟爲該社社長，責無旁貸。同人仰慕法繪，欲求一畫以爲榮。用謹專函奉懇，務祈推情專賜山水一幅，不落上款。更有不情之請，盼能在一星期內寄交弟處，以便裝璜。侍愛諸多煩瑣，勿罪爲幸。」

我感於馬瀞老索畫之誠，乃畫「松谿觀瀑圖」一幅，即於二十七日寄馬公矣。

二四五　悼陳泮嶺先生

鄉前輩陳泮嶺先生，因心臟病發，住臺中醫院急救。四月四日晚間，我往醫院探視，當時藉氧氣呼吸，已經不能言語。他的夫人與兒女在側侍奉，都極悲痛。我也忍不住掉下淚來。陳公字峻峰，河南西平縣人，國立北京大學土木工程系畢業，與陳立夫先生爲同班同學。天性爽朗，宅心寬厚。年方弱冠，即在開封參加革命。後在天津領導大專青年提倡愛國運動。三十六年任黃河水利工程總局局長。渡臺任私立逢甲大學第一任校長。公與家人住臺中市模範村，與我過從甚密，爲忘年交。因我單身在臺，蒙公關懷備至。公於四月六日晚，終因心疾不治，撒手離開人間。八日上午，我往北郊寶覺寺致奠，並送輓聯一副。陳公不但是吾河南人望，並由於他在臺中提倡國術，又是國大代表。所以親友參加喪禮者數百人，備極哀榮。

二四六　周邦道居士

吾友周邦道，字慶光，江西瑞金人。家貧好學，參加南京第一屆高等考試，榮獲第一名，世稱「新科狀元」。先生孝友謙和，篤信佛法。在大陸曾任江西省教育廳長。光復後被選爲國大代表。渡臺閤眷在臺中振興路賃屋而居。生活儉樸，如同寒素。先生長子曾從我習畫，因此慶光與我相知頗深。後任考選部政務次長，先生偕眷遷居臺北龍泉街八十六巷三十五號。顏其室曰「半鍋一盌之堂」，爲名書家趙恆惕居士書。跋云：「周子慶光，稱其先大父濟行公，幼孤寒，攜半鍋一盌鞠育於曾叔祖母鍾氏。稍長，憑此鍋盌與先大母獨立成家。茹苦創田園，孫子若孫，積爲餘慶。今慶光兄爲考選部政務次長，顏其堂曰『半鍋一盌』，以彰先德，而示來昆，可謂孝思純篤已。」慶光在臺中時，曾與我談過此事，並囑我繪之以圖，以資永念。慶光品端學粹，善書能詩，爲民國以來，政壇中之完人。他去世已經五年，每憶先生謦欬，輒令人懷念不已。

二四七 文藝四要

五月二十七日，與文友座談文藝創作之問題。有問：「文藝創作，其要點是什麼？」我答道：「文藝創作約有四要：一要自然，二要眞摯，三要優美，四要精練。自然即不刻意雕琢；眞摯即不無病呻吟；優美即不惡劣粗鄙；精練即不拉雜浮泛。如「採菊東籬下，悠然見南山」者，自然也；如「遙憐小兒女，未解憶長安」者，眞摯也；如郭沫若頌揚史太林之「你是鋼，你是太陽」者，惡劣也；如林語堂斥桐城派方姚爲「謬種」者，粗鄙也。如「有犬臥通衢，逸馬蹄而死之」者，拉雜浮泛也。文藝創作，如能得四要而去四病，則可文起兩岸之衰矣。

二四八 頌以色列

中東以色列對阿聯國家戰爭，終於六月五日上午爆發，僅經三日，猶人全勝。以國以雷霆萬鈞之力，秋風掃落葉之勢，席捲西奈半島，橫越蘇彝士，驚世人之心，寒納賽之膽。亦云壯矣！以色列乃小國寡民，八方為敵，四面作戰。其所以取勝者，主要因素在上下一心，戰志高強。兵法所謂「哀兵必勝」，於此次以阿之戰，可以證明。我以「頌以色列」為題占長短句一首：

以國起應戰，烽火遍中東。
耶穌呵護民族魂，千軍萬馬動雷霆。
三日席捲西奈島，蘇彝士河血染紅。
約旦豎降旗，埃人爭曳兵。
遺靴履，棄刀弓，鐵輪沈沙水道封。
以少勝多自古有，弱能制强殊堪驚。
壯哉！壯哉！以色列！固爾河山孰能爭？
胡笙休矣！納賽悔乎？從今偃武莫稱雄！

今中東接受美國調停，以阿已締和約，拉賓與胡笙亦握手修好。世無百年之戰，永久之敵。

我與大陸，究竟是戰是和？未知執政者將何以處之？

二四九　記林洋港先生

民國五十六年六月二十五日上午，臺中師專舉行畢業典禮，中部各縣市首長，都應邀蒞校指導。南投縣長林洋港先生，對諸生講話：「我作縣長，立志改革社會不良風氣，絕不遷就環境作一普通的俗吏。……」義正詞嚴，激昂慷慨，聽者莫不動容。

謝東閔先生作省主席，任命林洋港為建設廳長。在他任內有一件事很值得讚揚。就是我們玫瑰三村才建設完成各住戶已經遷入。水利局認為本村是水利地，不能建築，房屋必須拆除。本村住戶，於是聯合起來，一面與水利會抗爭，一面向市政府請願。市長不敢作決定，問題無法解決。本村民衆代表不得不向省府請願。謝主席當即派建設廳長林洋港先生親來勘查。他到本村巡視後，當即面告請願諸代表，玫瑰三村可作建築地，房屋不必拆除。村民莫不歡欣鼓舞，一致稱讚林洋港先生是一位眞正愛民的好官。這也正是他「不作俗吏」的檢證實踐吧。

文辭欺人

六月二十九日的日記：「明顧亭林先生《日知錄》『文辭欺人條』有謂：『古來以文辭欺人

者，莫若謝靈運，次則王維。靈運身爲元勳（謝安）之後，襲封國公。宋氏革命，不能與徐廣陶潛爲林泉之侶。既爲宋臣，又與廬陵王義眞款密。』又謂：『王維爲給事中，安祿山陷兩都，拘於普施寺，迫以僞署。而文墨交遊之士上護王維。如杜甫謂之高人王右丞。天下有高人而仕賊者乎？』義正詞嚴，誠春秋之筆也。右丞有知，能不赧然。」時過二十餘年，今又翻閱此一則日記，不禁哈哈失笑。我笑的是，王維高人，爲安祿山擄去，竟屈賊失節。杜甫平生節概，爲世所欽，竟讚失節之王右丞爲高人。如是矛盾，豈不可笑麼？

二五〇　二王廟之辨

七月十七日《中央日報》副刊「中副小簡」刊毛一波致仲父先生之函說：「灌縣都江堰的二郎廟，有殿二重，前殿（正殿）供楊二郎的塑像（即封神榜上的三眼童楊戩）。後殿供李冰的塑像（也許有李冰之子的神位，記不清了。）李冰是當地治水有功的地方神，在那個廟中似屬配祀性質。（另有李冰專祠，即在當地離堆伏龍觀內。）我以前也和一般人那樣的誤信二郎廟爲李冰父子的廟了。這是近讀鄉長王元輝的『二郎與大郎』一文才明白過來的。（詳見《四川文獻》第五十八期）。」我讀後，發現此簡有兩大問題，一爲廟之名稱，二爲廟內所祀之神。我雖不喜作手論文字，然而事關地方文獻，實在不敢緘默。

我於民國三十三年七月中旬由成都赴青城山，道過灌縣，曾在二王廟小住一週。天性嗜遊，更喜作記遊之文，因此，對於二王廟之廟貌、神像、匾額以及楹聯，都有詳細記述。據我所記，二王廟頭道山門額書「王廟」二字。二道山門額書「二王廟」三個大字。聯云：恢拓禹功名父子，創開天府一神仙。」二王殿於民國十四年重修。凡兩層七楹，重檐畫棟，崇宏無匹。額書「利濟金川」四字。楹聯云：「鑿內江口以平秋汎，導外江水以慰春耕，盈虧繫此身。二千年利溥害除，恩波永照秦時月；深灘低堰乃安其流，截角抽心乃順其勢，典型在西蜀。十四字科金律玉，敷土同垂禹貢經。」殿中祀秦守李冰之子李龍德塑像。袞冕執圭，金身莊嚴。令人肅然起敬。並非毛一波所稱三眼童楊二郎之像。

二王殿後爲老王殿，其規制大小與前殿相仿。聯云：「六字炳千秋，十四縣民命食天，盡是此公錫予；萬流歸一匯，八百里青城沃野，都從太守得來。」內額題「父作子述」爲戴傳賢所書。殿內祀老王李冰金身像，也極莊嚴肅穆。

根據以上所記的事實，第一由匾額可以證明二王廟絕無二郎廟的名稱。第二由前殿楹聯及神像可以證明其所祀是二王李龍德，決非封神榜上的楊戩。第三二王廟祀典在唐代已極隆盛，並非由楊二郎廟所改建，以李冰配祀。第四老王與二王乃係人民對李冰與李龍德父子之尊稱，更不應與「二郎」混稱。如外省人對於全國聞名的二王廟發生誤解尚有可原；如王元輝、毛一波都是四川省人，而竟發生如此誤解。使堂堂二王廟蒙上一層陰影，豈不是天大的笑話。

二五一　出席文復會首次會議

七月二十八日上午八點三十分，應邀往陽明山中山樓出席中華文化復興運動委員會首次會議。中山樓在陽明山南麓，東西二嶺環抱，如坐圈椅之中。形勢天成，風景優美。樓於五十五年十一月落成，全爲宮殿式建築。重簷畫棟，崇宏壯麗。進正門玄關爲一大廳，地砌大理石，中鋪紅毯。右爲會客室，沙發斗椅，全是硬木所製。雕花崁螺，式樣特別古雅。左爲會議室，其用具陳設，也都莊嚴輝煌。

過大廳是走廊，頂爲圓形，如北平祈年殿。廊之左右有白大理石雕欄。溫潤如玉，制極精美。廊盡又爲一大廳，上下三層，彩梁畫棟，美輪美奐。下層爲大禮堂，可容三千席。上層爲餐廳，藻井都飾彩繪，或爲蓮紋，或爲寶相紋。其花紋之精雅，色彩之調和，比古建築花飾更美。中山樓之規模雖不及北平故宮之宏偉，然而，其工程之進步及內部設備之完善，正是文化復興之象徵。

十時宣布開會，由立法院長孫科先生爲大會主席。出席人有：嚴家淦、何應欽、王雲五、張道藩、左舜生、陳啓天、程滄波、錢穆、林語堂、陳大齊、李濟、楊一峰、藍蔭鼎與文化界名流學者一千餘人。我與錢穆先生在廊下晤談片刻。見他身體健康，甚感欣慰。開會時，我與藍蔭鼎並坐，久未晤面，更感親切。蔭鼎兄對我說：「佛庭兄過去對我勉勵的話，我都記在日記裡面，永感不忘。」

大會進行至討論時，發言者雖極踴躍，情緒也很熱烈，但都能保持風度，秩序非常良好。近一月多來，國大代表們，每天在中山樓開會，爭吵打架，掀桌子，拔麥克風，把莊嚴神聖的殿堂，作爲鬥牛之場。實在太可悲了！

二五二　斥詖詞謬説

畫家郭某，初自美國來臺，在歷史博物館舉辦個展。同時在《中央日報》副刊發表輕誣傳統國畫和國畫家之譁眾取寵的謬論。我爲維護傳統文化與國畫家人格之尊嚴，於是也在《中副》發表一篇〈談國畫變的問題〉。痛斥郭某誣衊傳統之荒謬無知。次日即接文化學院教授姜一涵君來函，對我這篇拙文，備加讚揚。函云：

「半僧教授賜鑒：昨於《中副》拜讀大作，除佩卓識，亦甚爲藝林稱快！晚於讀郭某文後，亦一時氣憤而爲文駁斥，發表於今（五）日《中副》，或已蒙披閱矣。概以郭先生對藝術既無基礎，又言論偏頗狂妄，已普遍引起反感。教授首張義幟，痛予斥責，雖未指名，而文藝界咸能知之。此愈顯示教授之修養。而晚之文，則不免火氣太大，且毫無緩衝餘地，深祈不吝客觀之批評和指教為幸。耑此，順請教安。後學姜一涵敬上。」

我遂即覆姜教授一函云：

「一涵道兄台鑒：手示誦悉，拙文過承誇獎，愧不敢當。《中副》發表閣下〈也談國畫的變〉大文，義正詞嚴，矢無虛發，非氣正識眞不能為也。讀之再四，歡喜踴躍。閣下與弟可謂同聲相應者矣。郭某狂妄自大，譁衆取寵，倘不闢其言而挫其鋒，恐將流毒於人心，貽害於國家匪淺。吾人之所為，正如孟子所謂『吾豈好辯哉？蓋不得已也。』如今士風，大多習於通脫圓滑。潔身自好者，則守口如瓶，輕薄躁進者，則放言欺世。故是非不明，正義弗張。顧亭林先生曰：『有亡國，有亡天下。』天下將亡，妖孽橫行。吾人豈忍坐視哉？今大敵當前，隱憂正多，吾人即不作岳武穆、文天祥，亦當作顧炎武、王船山。願與吾兄共勉之。耑復，順頌祺。」

姜一涵，山東人，性剛直，善畫山水。文化大學藝術研究所畢業，赴美深造。曾任文大講師、教授及藝研所所長。今在美國定居。

一五三　記宋公觀壩圖

宋希尚先生，字達庵，江蘇南通人。張季直的門生。公在臺中逢甲學院任課。每來臺中，便過西園品茗閒敍，甚相得也。公屬我作山水一幅，我欣然應之，乃畫「宋公觀壩圖」，以資紀念。並跋云：

「宋達庵先生，早年遊美，習水利工程，才識卓越，抱負宏遠，學成歸國，數任黃河堵口之役，皆告合攏，民賴以安。嗣又溯長江，入三峽，作成高壩發電之設計。公與美邦薩凡奇氏，不惟爲生民之福星，實亦今世之人傑也。民國五十五年春，余展出拙作長江萬里圖於臺北時，始識達庵先生。其後公每來臺中，即枉顧寒舍。以公與余皆有志爲民除千年之患，興萬世之利，故暢話農田水利，歡然無間。玆承雅命，敬作長江高壩圖，以紀念其未竟之業。略贅數語，以誌景仰云爾。民國丁未八月，寫於臺中江山萬里樓。」

九月十五日上午搭車赴臺北。下午三時攜「宋公觀壩圖」往和平東路訪宋達庵先生，暢談兩小時。宋公對觀壩圖，極爲稱讚。堅挽我同往素食之家用膳，我因有事婉謝了。公贈我他的近著《河上人語》一冊，遂告辭它去。

達庵先生雖爲水利專家，但細讀公所著《河上人語》小品文，也清新雋永，可讀性很高。其內容：或談水利，或傳師友，或記遊蹤，文既精鍊，而又生動有趣，即與當代文藝作家之文相比亦無遜色。

過了幾天，宋達庵先生又來一封謝函：

「佛庭先生文席：承惠大作（宋公觀壩圖），業已裝裱，懸諸中堂，豈僅蓬蓽生輝，抑亦大江東去，水電開發，富國康樂之基，啓示觀衆。所以日來友好，莫不交口讚譽。（尤妙者，另有薩凡奇博士外國人入畫，別出心裁，莫不拍手叫好。）兄眞有心人，厚我至多也。下月初大專開學，弟或來逢甲一行，屆時當抽空奉訪，一傾積愫。匆匆奉聞，順頌道安。弟宋希尙頓首。」

達庵先生希望我再畫一幅「黃河堵口圖」，我雖慨允，但尙未著筆，不幸公返道山。我爲呈示「季子掛劍」之意，特於「黃河萬里圖」下游，畫一段黃河堵口情景。有一穿長衫倚馬立於金隄之上作指揮之勢的人物，就是宋希尙先生。以彌補我對宋先生的歉咎。

二五四　鯉魚潭之遊

九月八日上午八時，偕劉才斗君往鯉魚潭遊覽。劉君江西人，恃才傲物，放浪不羈。初來臺在臺中女中教英文，後又到逢甲學院任教，因行不檢束，旋即辭去，在大坑租屋而居。君蓄鬚結髮，作道士裝。常草鞋竹杖，擔囊入市，在車站孤坐終日。旁人輕笑，不動聲色。君博覽群書，於儒釋道諸家學說以及天文地理醫卜星相，無不通曉。談來娓娓不倦。君知我修禪，清靜淡泊，故偶來叩關，品茗閒話。

過大安溪大橋，至鯉魚口站下車。西北望火炎山，斷崖千仞，層峰刺天。日光映之，極像火炎。上下綠樹相映，景色綺麗如畫。沿公路前進，約二里入山口，由小路轉東沿溪行，草深路曲，林木蓊翳。山麓有兩三人家，竹籬茅舍，雞犬不驚。約行四、五里，誤入歧路，於是折而越嶺南下。俯眺谷中，平疇沃野，煙村相望，正是我們所嚮往的鯉魚潭。我與劉君坐桂圓樹下，進野餐果腹，即下抵谷中。

鯉魚潭是一道寬闊的山谷。谷中有一條小溪，自東向西迤邐至鯉魚口入大安溪。東西約長六七公里。沿溪兩岸，全是良田美疇。叢蕉映水，高竹拂雲。其南岸長嶺橫亙，如列翠屏。據村人言：因此間有數潭，水中多鯉魚，所以名叫「鯉魚潭」。我們坐在溪邊，目觀青山，耳聽流水，悠然怡然，寵辱並忘。忽憶韓愈〈送李愿歸盤谷序〉云：「窮居而野處，升高而望遠，坐茂樹以終日，濯清泉以自潔。採於山，美可茹；釣於水，鮮可食。起居無時，惟適之安。」正可為鯉魚潭之村人寫照。劉君說：「這裡風景實在太美了，這裡人民的生活也太幸福了。我眞願永遠徜徉在這山谷裡。」我說：「這裡沒爭鬥，沒諠鬧，空氣常新鮮，水也沒污染。如沒人拉票、買票，那就眞是『世外桃源』了。」

我們聊著聊著便走上水泥大橋。在橋邊倚欄小憩。清風徐徐，涼爽宜人。靜觀二、三村童，脫衣下水游泳，跳躍翻鬥，作魚戲狀。天眞爛漫，使人豔羨不已。

返至鯉魚口，時已夕陽西下，忽聞野寺鐘聲，欣賦七絕一首：

林深路曲沿溪行，四面峰巒似碧城；

欣看牧童共戲水，忽聞野寺報鐘聲。

二五五　王貫英拾破爛助學

王貫英，山東東平人。早年立志從軍報國。三十八年隨軍來臺，不久即解甲退役。天性忠直仁厚，爲慕武訓行乞興學之義舉，首倡「廢物助學」。每日踏車載筐，遍行臺北街巷，於垃圾堆中撿拾廢紙、破銅、爛鐵，分類出售。所得之錢，除每日留十元作飲食費外，餘資儲存銀行。他自奉極儉，一身破衣，從不更易。取出零星儲存銀行五萬元，購置經史千餘部，贈送人文中學圖書館，並購置二十五史一部贈送平民中學。還爲貧寒子弟設獎學金，以鼓勵有志的學子努力上進。自古以來，富者不仁，仁者不富。聖賢多出於貧賤之家。今人多貪財以自肥，王君獨散財以行義。雖曰未學，吾必謂之學矣。

二五六　唐太宗設弘文館

唐太宗是高祖李淵的次子，名世民。隋朝末年，天下大亂，太宗勸高祖舉兵起義，征服四方，即帝位，建立統一之偉業。初立建成爲太子，封世民爲秦王。建成元吉死，高祖又立世民爲太子。高祖在位九年，傳位於太宗。太宗銳意圖治，勤政愛民。賢相有房玄齡、杜如晦；諫臣有魏徵、王珪；名將有李勣、李靖。去奢減賦，寬刑整武，海內昇平，威及域外，在位二十三年，號稱「貞觀之治」。太宗為秦王時，為籠絡天下人才，開弘文館，延攬英豪碩彥。共得一十八人，即世稱的「十八學士」。且命閻立本繪像，褚亮作贊。千載傳為美談。十八學士計有：杜陵杜如晦，臨淄房玄齡，餘姚虞世南，錢塘褚亮，萬年姚思廉，隴西李元道，江陵蔡允恭，汾陰薛收，收的從子薛元敬，萬年顏相時，武功蘇勖，高陵于志寧，武功蘇世長，趙州李守素，蘇州陸德明，衡水孔穎達，信都蓋文達，新城許敬宗。十八學士以房玄齡、杜如晦為首。秦王登基後，都為太宗貞觀時期的賢相。玄齡善謀，如晦善斷。世稱「房謀杜斷」。

近日臺視播放「唐太宗李世民」連續劇，由於編劇、演技、服裝道具以及內景外景，全都完美逼真，把我從五代的亂世中帶回初唐貞觀之世。雖是觀劇，但好像在作美夢，使我的精神得到暫時的滿足與安頓。

二五七　一次不尋常的雅集

五十六年十月二十一日，應《中央日報》記者郎玉衡君之邀赴臺北景美大坪林郎宅參加午宴雅集。玉衡才結婚不久，這次請客，也可以說是喜宴。在座的來賓有教育部文化局長王鴻鈞，臺灣省製片廠廠長楊樵，本省名畫家藍蔭鼎夫婦，文藝作家尹雪曼，名導演李翰祥、沙榮峰，電影名星胡蝶、周曼華、朱牧等十餘位，全都是文藝界人。胡蝶與周曼華都已息影，許久不曾在銀幕上看到她倆人的倩影了。當時我對她倆人的感覺，正是「徐娘雖老，風韻猶存」。李翰祥才不過三十幾歲，溫文儒雅，像是白面書生。他爲導演梁祝黃梅調，一鳴驚人。

餐後，玉衡放映結婚電影，觀畢時已兩點。蔭鼎兄挽我同坐沙榮峰車，至士林福林路一二四號之十一「鼎廬」參觀。鼎廬是蔭鼎兄的新居，位在圓山北麓。倚山結構，層樓迴環。室內沙發地衣，琅環雅潔。樓上分別陳列繪畫及古物。壁上掛有一件縮小的巴西人首，令人毛骨悚然。蔭鼎兄對我說：「這件首級原爲張大千先生所得，先獻贈蔣總統，蔣公不喜此物，弗肯接受，大千又贈魏道明，魏也不受，於是才贈送給我。」蔭鼎愛奇玩，這顆首級才有了歸宿。室內還供有一幅耶穌畫像，目能開閉，也非常神奇。我對於他所陳列的奇奇怪怪的古玩藝兒，並不感到興趣。使我最欣賞的卻是蔭鼎兄的水墨畫。

我立在窗外，倚欄北望，原隰綿邈，江山如畫，欣占七絕二首：

一

翠繞煙環百尺樓，窗含西嶺展滄洲；
高人自有千秋業，樂在丹青何必侯。

二

把杯論道故交親，得失忘懷有幾人？
高臥名山圖四壁，傳家忠孝座生春。

二五八　自學成名的王岫老

王雲五，原名日祥，更名之瑞，字岫盧。廣東中山縣人。公天姿敏慧，七歲入塾讀書，因家境清寒，時讀時輟，年長半工半讀，以補家計。曾入守眞館、同文館學習，博覽群籍，勤奮不懈。爲我國自學成名的典範。後應聘在中國公學、國民大學任教，並任上海商務印書館董事長多年。學識淵博，思想宏通。心量寬厚，深獲各界人士之敬重。

我與王岫老認識，是在民國五十五年，岫老頒發第一屆中山文藝獎的時候。五十六年十月二十三日，岫老爲他的女弟子王東平小姐向我索畫，來一親筆函云：

「佛庭先生：久違，敬念。茲有女弟子王東平小姐，慕先生法繪甚久，擬求賜畫一小幅。附奉宣紙一小幅，如荷俯允，畫就祈寄臺北市開封街商務印書館爲感。弟王雲五。」

王岫老寄我這封信，是以章草寫的，古勁秀雅，比所謂專家者書品更高。但岫老從不肯自我暴露，其謙德更值得敬佩。

十一月十一日，應中山學術董事會之邀，於上午搭車北上。下午三時，先往新生南路三段十九巷八號，拜訪王雲五先生。把我與王東平小姐畫的山水畫，面致岫老。他看過，非常高興。還要請我吃飯，我婉謝了。公之住宅，是一棟日式平房。室矮院狹，有若寒素。會客室僅可蹙膝，其書房滿陳圖書，幾不堪容身，公平生淡泊，於此可見。岫老身矮頭大，鶴髮童顏。談話誠懇而有風趣。其任事之忠勤及研學之刻苦，眞不愧爲學術界之典範。

四時往中山堂觀中山學術會頒獎典禮。大會由王雲五先生任主席。並請孫科先生致詞。貴賓有何應欽先生。受獎人有薩孟武、姚從吾、吳大猷與梁容若等。

二五九　一畫之辯

我在拙著《石濤大師評傳》解釋《石濤畫語錄》「一畫章」：「太古無法，太朴不散，太朴一散，而法立矣。」曾說：「按太朴乃出於《老子》。《老子．俗薄還淳》云：見素抱朴。〈聖德〉云：朴雖小，天下不敢臣。又〈微明爲政〉云：化而欲作，吾將鎭以無名之朴。石濤所說的『太朴』，亦即老子所說的『朴』。夫太朴即《易經》上所稱的『太極』。太朴本來是混沌的，混沌未開，宇宙無物，而亦無法。混沌既開，則物始成形，而成物之法亦立了。故石濤曰：太朴一散而法立矣。」我自信如是詮釋「一畫」之意，簡單明瞭，應無錯誤。然而徐復觀先生於第五期《東方雜誌》發表〈石濤畫語錄中的所謂一畫的問題〉一文，詮釋一畫說：「在此根源之地，虛靜之心，不紛不擾，這是一；主客冥合不分，也是一。但是此『一』是涵融著自然的美地形相，而可成爲畫的根源，故稱爲『一畫』。」他雖廣徵博引，終不免使人有「蚊子蛟鐵牛」（佛觀語）之感。佛觀先生才氣高，讀書多，我素極敬佩。但他逞強好辯，主觀太深，則是我所不敢苟同的。佛觀先生去世已十四、五年，如今再交一位直諒多聞的諍友，不可得了！

二六〇 住院療疾

五十六年十一月十二日上午往木柵訪姚夢谷兄，承留午餐。食訖同往臺北。途中夢谷發現我的兩眼色黃，大爲驚異，他說眼黃是肝疾之症狀，不可不注意。並願陪我就醫。我說：「回臺中再入院檢查，謝謝。」

回臺中過四、五天才就醫診病，確定是肝炎，須住院療養。接受老友王紹庭醫師之勸告，於十一月二十四日上午八時由弟子成應生伴送入空軍醫院療養。空軍醫院對門是基督教浸信會。滿院碧草如茵，花木扶疏，老來紅方開，紅豔如火。醫院後傍小溪，高竹籠岸，叢蕉映水。我因愛其環境優美，所以每日傍晚即往院外散步。

每日躺臥病榻，注射點滴。枕上成長短句一首：

入院醫囑從容住，病榻不覺夕陽暮。

畫眉聲聲慰客魂，風吹殘葉落無數。

中原萬里家何處？廿年相思向誰訴？

儘教身邊繞群芳（護士），不作雨後沾地絮。

我住院兩週，勞動師專同人、學生與工友，都到醫院慰問。我有何德何能，敢接受長者和朋友之盛意！內心實在不安。

十二月八日清晨，由學生與工友來醫院，為我整理衣物，陪同搬回東海新村。病癒出院，我應感謝王紹庭兄。

二六一 參加中日書法國際會議

民國五十七年元月四日，應邀赴臺北出席中日書法國際會議。場址在中山堂光復廳，下午三時開會。我方出席代表有：馬壽華、莊尙嚴、馬紹文、劉延濤、程滄波、王壯為、高逸鴻、李超哉、李普同與我等一百三十餘人。日方代表有：星島二郎、田中英市、小山青、浮乘廉、浮乘雪子與岡本四郎等一百三十餘人。由我方代表馬壽華為主席。公致詞，不看講稿，內容精闢，聲音宏亮，博得全場熱烈的掌聲。日方代表星島二郎爲副主席，端莊靜穆，極有修養。教育部長閻振興以貴賓身分致賀詞，宣讀講稿。爲討論中日書法國際會議組織，推選雙方代表人數各限定十五人，雙方代表發言熱烈，爭執不決。程滄波發言：「因鑑於此次日方訪問團代表人數太多，致我方籌備接待，大費周章，故以後開會，必須限定人數。」我方代表認爲有失國體，爲之譁然。

二六二　溥心畬臺中畫展

商人嚴笑棠君，住臺北永和，收藏溥心畬先生書畫最多。於五十七年元月八日，在臺中市自由路省立圖書館展出大小百餘件。我應邀前往參觀，大多是溥先生精品。其「溪山暮靄圖」、「江山無盡圖」、「峰巒毓秀圖」、「崇巖聯璐圖」與「王孫三絕冊」，尤爲精品中的上選。在以前我所見溥先生的書畫，多爲應酬急就之作，因此，對於他的筆墨，並不甚佩服。自看過嚴笑棠這次收藏展，使我不能不由衷的讚道：「中國文人畫至溥王孫將成絕響了」。展品之中，有一幅行書長卷，是寫他舊作三賦。詞云：「哀舊邦之顚覆兮，閔震亂於八紘。去吳江之極浦兮，待廣漠而南征，……」秀逸瀟灑，有飄然出塵之致。引首有陳含光題「舊宋遺言」鐵線小篆四字。心公跋尾云：「僕自國變後，隱居馬鞍山慧聚寺。誦讀之暇，頗喜文詞。弱冠少作，旋即棄之。逮及丁丑丁內艱，未禫即卜居昆明湖上。越八年南遊，值亂，遂浮海來居鯤島之上。借書誦習，不廢文藻。與笑棠嚴君邂逅相遇。嚴君欲造《金剛經》幢爲母祈福。其孝行今日之所稀也。求獲佳紙，屬寫橫卷，錄舊作三賦。時在乙未三月，綠園中書。西山逸士溥儒識。」

心公於五十四年逝世。觀其遺墨，不勝人琴之感！

二六三　陳南士索畫

吾友陳南士先生，自教育部主任祕書退職，閉門研學，深入簡出。五十七年元月十四日來函，索畫「待歸草堂圖」。函云：「佛庭居士吾兄慧鑒：久別，時殷懷想。即維道履勝常，寫作日富爲頌無量。弟於去夏移居溝子口埤腹路，稍欲閉門習靜。即政大課亦擬辭謝。安得素心如左右者，樂共晨夕乎？擬求賜寫『待歸草堂圖』（三尺直幅）俾面壁靜對如與故人清話，則幸甚矣。北來有暇見過，尤所佇望！耑此，敬請教安。弟陳穎昆拜上，元月九日。」並附待歸草堂酬錄。其〈次韻酬張惠老（相）題待歸草堂〉云：「溪邊小築傍煙蘿，喜有吟朋載酒過。老矣但堪游鹿豕，歸歟安得送雞鵝。便便腹愧五經笥，短短埤依萬里坡。爲問李膺憶蓴菜，秋來鄉夢定誰多？」

我與南士先生，爲在中師同事，氣味相契，交締忘年。先生北徙，即少見面，展誦書詩，如面對故人。

元月十九日，爲南士先生寫「待歸草堂圖」成，並題七絕一首云：

北望中原日待歸，故園寥落景全非；
草堂堪比杜公宅，梅鶴琴尊一布衣。

南公晚年徙居中央新村自宅，與知己詩友，時相唱和。民國七十七年九月十四日，病逝於臺北，享壽九十歲。公自渡臺以來，集存古近體詩及詞約千餘首，自名之曰「待歸草堂詩稿」。藏諸行篋，久未付梓。其女公子方新深虞詩稿散佚，乃決計付梓，以廣流傳。由侄婿熊琛編排設計。並索余作序、題籤。

二六四　發潛德之幽光

三月十六日下午三時至國立歷史博物館參觀八儔書展畢，與八儔諸道友合攝一影，遂告辭往士林鼎廬，訪藍蔭鼎兄一敍。蔭鼎告我一件密聞，我除記在日記裡面，從未向別人談過。蔭鼎說：「民國三十九年，上海危急時，張岳軍、朱家驊、吳鐵城、杭立武四人乘專機自上海機場將起飛來臺。適見張大千帶十餘皮箱，踉蹌趕至機旁，揮手大呼，願同機來臺。當時，他四人所帶行李已經過重，實不能再容大千的箱篋。但杭立武自忖大千箱篋必是書畫，國寶不可失，於是立即把他的皮箱提出兩件，拋於機外。朱家驊爲杭氏義氣所感，也慷慨拋出兩大皮箱。大千得杭、朱二人之助，方能攜其箱篋登機來臺，俾免於難。大千原允將其書畫捐贈故宮博物院，但他出國後食言。至今杭氏爲蔭鼎談起此事，認爲大千無信，甚爲惋惜！」

事隔二十餘年，我在此提及此事，是認爲杭、朱二氏捨己爲人之義行不可沒，所以不惜辭費，以彰杭、朱潛德之幽光。

中國文化劫

民國五十七年三月十八日《中央日報》報導：「張大千回國訪問後，在返巴西途中，曾在日本逗留旬日。他聽說福岡有一位書道連盟會長原田觀峰近由大陸廉價購得硯臺二千餘方，印石二千餘方，大批筆墨紙張，併書畫五千餘幅。於本月六日由東京搭乘飛機前往福岡訪問原田氏。原氏親至機場迎迓。並接大千先生至其家。原氏前後在大陸購得書畫數萬軸，中國中世紀以來之歷代名家，諸如王維、張志和、李思訓、趙伯駒、宋徽宗、米元章、倪雲林、唐寅、沈周、八大、石濤、鄭燮、羅牧、李流芳、朱鶴年、王冶梅、齊白石、曾農髯、李梅庵、及大千本人等，都有作品。其中有膺品，也有眞蹟。均爲傳世之寶。並非出於今人之手。」中共由於階級清算鬥爭，民間舊藏書畫古玩，都當廢料出售，眞是中國文化之一大浩劫。大千先生善作書畫買賣生意，他從原田手中購得不少珍品，自然又賺一筆大錢。在今二十世紀，一切都向錢看。大千先生不愧爲時代前端的人物。

二六五　讀陳定山大唐中興閒話

四月三日、四日兩天，《中央日報》副刊發表陳定山〈大唐中興閒話〉，寫唐玄宗幸蜀道經馬嵬驛，有三個疑點：一是「驛館後面……疏疏落落地開著一樹梨花，淒涼慘白。」二是「時在溽暑，遺體不可久停。」三是「適有戎州貢使馳獻貴妃平日最愛吃的鮮荔枝。」我想在大陸梨是仲春開花，荔枝是五月實熟，都與文中所說「時在溽暑」時季不合。適在火車站遇楊源先生，請他轉告定山先生斟酌改正。不料十二日《中副》小簡有劉國宇君，正爲我所指出的疑點公開投書，與拙見也正不謀而合。

四月十七日《中副》發表陳定山〈大唐中興閒話〉，寫永王璘節度江淮，辟李白爲從事一節。引太白〈永王東巡歌〉第一首云：「永王正月東出師，天子遙分龍虎旂。樓船一舉風波靜，江漢翻爲雁鶩池。」又十一首云：「試借君王玉馬鞭，指麾戎虜坐瓊筵。南風一掃胡塵淨，西入長安到日邊。」定公據此堅稱永王璘實未造反。慷慨爲古人辨誣，滌除千餘年的沈屈，使我非常敬佩。

二六六　藝壇同人雅集

四月十九日，接馬紹文先生來函云：「念先將歸，夢谷在二十三日出國，需二個月方能轉回臺北，《藝壇》尚多商榷之件。訂於本月二十一日下午六時在功德林聚餐，藉以討論一切。特爲函達，務祈撥冗駕臨爲盼。」此次聚餐，當輪我作東。所以我又分函諸位社友。

十一日我赴臺北，下午六時在信陽街功德林設素饌招待藝壇社友馬紹文、王愷和、謝宗安、高拜石、丁念先、姚夢谷、陳其銓諸位餐敍，商討改進《藝壇》內容與銷售事宜。因念先編輯不善，並且又無銷路。夢谷赴美返臺，自任編輯，獨立發行。我們股東集資賠光，只博得編輯委員的名義。

二六七　祝周樹老張岳公八十壽

四月二十三、四日，接河南同鄉會徵詩啓及國立歷史博物館徵畫啓，分別爲立法委員周樹聲先生暨總統府祕書長張群先生祝八十壽。周樹聲先生別號滄廬居士，河南開封人，民前二十二年生於汴梁。宅心寬厚，淡泊名利。曾任焦作福中大學校長。行憲後，任立法委員。其道德文章，爲世所欽。公善書能詩，曾任中國書法學會理事主席，並創立詩書畫會，提倡傳統藝術，不遺餘力。我於民國四十年初識樹老於臺北，蒙公厚愛，每次晤面，即邀我同往中華路會賓樓餐敍。公更於拙作長城、長江兩圖，最爲激賞。

張群先生，字岳軍，四川華陽人。誕膺天衷，聰睿明哲，仁篤慈惠，器量宏瀾。平易近人，溫文可親。在大陸時，曾任上海市長、四川主席。渡臺後，先任總統府祕書長，後任資政。居恆耽情書畫，雅契藝緣。公年八十，精神矍鑠。公曾說：「人生七十方開始」。淡泊謙沖，實不愧爲國之大老。

二六八 遷居

我住在東海新村，因爲院子太小，不能多種花草，所以又租健行路三〇八巷九號小樓一座。五月三日，在遷居之前兩天，先移花、搬花。我手移菊花數十株，半植於盆中，半植於新居後院。入夜頓感腰酸臂疼，才知體力大不如前了。

五日上午，由學生成應生、藍再興、杜忠誥、吳廷璧與工友張斯同等協助，將衣物、行李、書籍、家具，搬進新居。搬家雖是苦事，但爲擇地而居，是有不得不搬的苦衷哩。

我爲作畫而住高樓，當戒奢以儉，養吾之德。夫儉之益有三：安分於己，無求於人，可以養廉；減我身口之奉，以賙極苦之人，可以廣德；忍不足於目前，留有餘於他日，可以福後。

二六九 為溥心畬敷粉辨誣

五月九日，《徵信新聞報》副刊發表易君左之〈我與張大千〉一文。引張大千之言有云：「溥心畬是旗人，旗人的男子也抹粉的，和女人一樣。心畬執教南京中央大學藝術系，三點鐘連堂的課，只教了一點鐘，這是什麼道理呢？原來這位大畫家積習難除，當堂洗臉敷粉。頭一點鐘面盆放在講堂上，他慢吞吞的盥洗敷粉。敷完了，點點頭下課。學生上了一小時的課，看了兩小時的化妝術，落得兩便。」文人相傾，自古爲然。大千談溥心畬的趣聞，完全造謠，絕非事實。多年來，我從未聽說心畬先生有敷粉之習。即如有之，也不會坐在教室當衆化妝。即如敷粉，至多不過幾分鐘，也決不會敷兩小時之久。大千之言，未知何所據而云然。如眞出於誣謗，實在太對不起心畬先生了。

悼周鈞亭先生暨張道藩先生

名書家周鈞亭先生於六月一日下午五時三十分病逝於臺大附設醫院。先生於民前十八年出生於山東世家。享壽七十五歲。天性敦厚，博通經史。幼喜臨池，於顏魯公書功力最深。渡臺後受知於考試院賈院長景德。常爲賈公代筆。臺北市商店匾額，署賈景德之款者，都爲周鈞亭之手筆。先生書有〈前後出師表〉，在他生前付印傳世。我於民國五十四年寄寓山佳淨律寺時，承邀在中正路素食之家餐敍。先生木訥寡言，藹然可親。他藏有唐碧落碑拓本，攝影後，承贈我一套。

張道藩先生，於六月十二日晚十時，因心臟衰弱逝世於三軍總醫院。消息傳來，不勝悼惜！先生貴州盤縣人，生於民前十四年，享年七十一歲。先生提倡文藝，盡瘁黨國。獎掖人才，持躬廉正。我於五十五年始識先生，親接謦欬，益增崇仰。其夫人（法籍）郭淑媛女士，溫厚賢淑，謙和知禮。爲現代婦女之典範。

二七〇 參觀達見水壩工程

六月十五日下午四時，宋達庵先生偕助教盧文雄君來訪。同坐達見工程處陳處長派來專車開往谷關。六時抵上谷關工程處招待所。承陳處長宗文款待殷沃，盛意可感。陳爲安徽人，早年在美專學水電工程。學成歸國即在電力公司服務。聰明渾厚，作事認眞。十餘年來，督導電力工程，備極辛勞。君於公餘之暇，臨帖習書，以遣寂寞。

山中夜氣清涼，萬籟無聲，欣賦七律一首：

八仙山上喜新晴，聯袂同車作遠行；

路曲溪環石讓坐，林深谷暗鳥爭鳴。

邱園道貴猿頻訪，衆瀑風清鶴相迎；

戴月披雲話不厭，何須名利絆浮生。

次日上午七時，陳處長陪宋公與我同車往達見參觀水壩施工地形及施工計畫。雨後水盛，兩岸瀑流，襯以林石，殊饒畫意。王摩詰詩云：「山中一夜雨，樹梢百重泉」正可爲此景寫照。自達見轉回，順便又至谷關水庫工程處參觀。此處地下隧道，縱橫如網，最長者達十餘公里，其工程之艱鉅偉大，殊可驚人。

十二點返回上谷關用膳。午後休息二小時，遂向陳處長告辭。宋公北上，我與盧君返臺中來復新村。

二七一　張道藩之節行

六月二十一日，《中央日報》副刊發表易恕孜之〈道藩先生與白石老人〉一文。略述：「民國三十五年十一月齊師南遊白下，張道藩先生託南京憲兵司令張鎭將軍爲介，正式向齊師行拜師禮，並邀各院部首長暨各大學校長觀禮。道藩先生於拜師之同日上午並先呈齊師一信，說明拜師之目的。」其原信亦同時刊出。即此可知道藩先生能屈能伸之雅懷，實爲現今讀書人所不及。

又讀《中副》發表陳立夫先生輓張道藩一聯云：

但問一義，不見死生，數艱危憂患從頭。金石早盟心，抗志相期文信國。

退無私語，進秉公忠，歎倫類節行盡此。芝蘭同室結，痛哭獨念賈長沙。

陳立夫先生此聯，義重情眞，詞約旨遠。尤其用文信國與賈長沙更有深意。當傳千古而不朽。

二七二　為梁寒操先生祝壽

六月三十日，接黃君璧、馬壽華、葉公超、陳子和、高逸鴻諸道長聯函，徵畫冊頁一幅，爲梁寒操先生祝壽。我除作「超然獨立圖」應徵之外，並依東坡水調歌頭詞意寫山水一幅，頌之曰：「先生以淸德之門風，纘縹緗之世業。鼎湖鍾秀，睥睨靑雲，端水流芳，扢揚英氣。早歲恢宏奧略，孟晉高衢，獻納訏謨，宣揚國策。當時驛遞，海內仰其光塵，元禮龍門，文苑資爲楷式。及乎運丁陽九，禹跡淪胥，抗心在懷葛之間，舉目有山河之異。扇淸風於毫素，明志事於歌詩。元遺山之自靖，存楚沈吟；韓冬郎之嗟生，報唐耿德。興懷慷慨，鼓吹中興。蹇蹇孤芳，由之寤寐；明明皎月，證證心期。松柏歲寒，倜乎遠矣。先生德量恢廣，襟度沖夷，胞與爲懷，願深悲憫。愛人逾己，以天爲宗。故當能必得其名，必得其壽。」

二七三 賃居自適

賃居西郊，面山依流，草木華滋。登臯舒嘯，對月賦詩。無事種瓜栽竹，堪儗邵平子美。遠離市囂，怡然自樂。欣占長短句二首：

一

荔枝紅，稻子黃，曉煙縷縷鎖幽篁。鳥聲亂，行人忙，流水潺潺下河梁。村舍繞荊籬，門外臥牛羊。偶值鄰叟話不厭，心與白雲共徜徉。

二

賃居西郊，算浣花溪浦。
種瓜栽竹，堪儗邵平杜甫。
小樓日垂簾，朱欄映翠柳。
綠蔭堆處，野鷗常來聚。
最好是，月華滿川，疏星布天幕。偕二三野老，策杖漫步。

歸來佳句滿詩囊，對黃耳，欣然會心，無一語。

二七四 張大千長江萬里圖

我作長江萬里圖成，託張目寒先生到巴西請大千爲題引首「長江萬里圖」五大字。引起大千先生畫「長江萬里圖」的動機。他用潑墨潑彩法以旬日時間完成長江圖卷，爲張岳軍先生祝壽。於七月十一日，在國立歷史博物館展出。此卷長三十六英尺，闊二呎二吋。絹地，大青綠。自四川岷江都江堰起，至崇明島入海止。大千仍依禹貢「導江於岷山」之舊說，以岷江爲長江之上源。並且自左向右，觀者認爲把江畫倒，頗多微詞。爭向史博館投書，要求再把拙作「長江萬里圖」與大千之「江圖」同時展出。包館長託姚夢谷來中向我借畫。我以素與大千先生友善，不願引起誤會爲由，當即婉謝。但包館長仍應觀衆之要求，派人馳書，懇商借畫。我不得已只好送展。此爲兩幅長江圖卷所留的一段佳話。

二七五 趙孟頫與管仲姬

趙孟頫想納妾，先以詞試探其夫人管仲姬，此事傳爲千秋佳話。今有學生謝瑞煌之妻，以細故要與瑞煌離婚。我念趙孟頫與其夫人的兩首詞，規勸他們多念戀愛時的風光。趙的詞云：「我爲學士，爾作夫人。豈不聞王學士有桃葉、桃根，蘇學士有朝雲、暮雲。我便多娶幾個吳姬越女無過分。爾年紀已過四旬，只管占住玉堂春。」仲姬答云：「爾儂我儂，忒煞多情，情多處似火。把一塊泥捻一個你，塑一個我，將咱兩個一齊打破，用水調和，再捻一個你，再塑一個我。我泥中有你，你泥中有我。我與你生同一個衾，死同一個槨。」瑞煌夫婦聽了，大受感動，鞠躬道謝而去。

二七六　追思本際法師

五十七年八月二十日，《中央日報》副刊發表陶希聖弔龍健行先生輓聯，才知本際法師圓寂的消息。眞如晴天霹靂，不禁眼淚直往下流。龍健行，字澄澈，安徽桐城人，出家後法名本際。世壽大約八十四、五歲。本老天性仁慈，宅心寬厚，博學多識，能寫一手好文章。作詩成癖，行走坐臥，不廢吟詠。其書行草，淸秀俊厚，爲時下名書家所不及。公於民前即加入國民黨同盟會，與居覺生、于右任等舊誼甚篤。本老富於愛國思想，每流露於言談與詩文之間。民國三十八年春，我與本老在獅頭山元光寺同住一段時間。後來我來中師任教。本老去中壢圓光寺剃度。公每來臺中，即到中師來看我。十餘年來，詩文酬唱，魚雁頻傳。自公去基隆創修海印寺，不惟很少見面，並且書信也不常通了。我本打算最近往基隆去探候老人家，不料還未見面，公便撒手歸西了！我在獅頭山與本老結識後，公知我早懷披鬀離俗之想，常寫信鼓勵我早遂出家渡衆的宏願。追念本老對我關愛之深情，更使我銘感不忘。

二七七　譚嗣同之仁學

譚嗣同，廣東人，是戊戌變政六君子之一。光緒變政失敗，嗣同不幸伏法。這位好學深思的仙才，未能充分發揮他的哲學思想，夭折了一位我國可能最突出的大哲學家，而是中華民族一大損失。《仁學》是譚氏不朽的名著。因爲我的思想與譚氏極爲接近，所以特別重視他這部《仁學》。《仁學》上說：「以太之用之至靈而有徵者，於人身爲腦，於虛空爲電。而電不止寄於虛空，蓋無物而不彌綸貫徹；腦其一端，電之有形質者也。腦爲無形質之電，是電必爲無形質之腦。人知腦氣筋通五官百骸爲一身，即當知電氣通天地萬物人我爲一身也。是故發一念，誠不誠，十手十目嚴之；出一言，善不善，十里之外應之。學者又當認明電氣即腦，無往非電，即無往非我。」

我也常想，不唯天眼通、天耳通、他心通，是電的作用，就是人與人相接時，好惡迎拒，也是電的作用。因爲電波是遍宇宙無處不有，無時不感，無時不應，也無時不通。與譚氏《仁學》

之宇宙論，正不謀而合。

二七八　出席國際華學會議

五十七年八月二十六日，應中華學術院之邀往臺北市華岡出席國際華學會議。會場在文化大學中華學術院。會議於十時揭幕。出席各國代表二百餘人。政府要員張群、孫科、張知本、于斌等，也應邀觀禮。由張院長曉峰作主席，首先報告開會主旨及籌備經過。繼請法、德、韓日與本國名學者講話。至十一點半禮成。此次華學會議，計畫周詳，工作認眞，與會代表，莫不歡欣鼓舞。

會議共分五組：一爲哲學組，參加學人四十二位。二爲文學組，參加學人二十位。三爲史學組，參加學人六十四位。四爲美術組，參加學人十五位。五爲音樂組，參加學人七位。我是參加哲學組，論文爲〈新一元論〉。哲學家方東美教授對於我的論文，深爲激賞，使我受寵若驚。

華學會議史學組楊家駱提出之論文爲〈大足唐宋石刻〉。及美術組丁念先提出之論文爲〈唐趙模㩗集右軍千文卷流傳經過與懷仁集聖教序的關係〉。兩篇論文最使我重視。

大足縣位於四川重慶市西北。其縣城東南距重慶二百二十餘公里。縣城四圍，丘陵起伏，叢山連綿。石刻即分布於縣城四周叢山之中。宋淳熙二年，大足縣米糧里有一趙智鳳，時年十六歲，往遊彌蒙，深爲苦行僧柳本尊之人格所感召，返回大足，即在寶頂山興建聖壽寺。自十六歲至九十歲，以七十餘年的時間經營寶頂道場。其規模之宏偉，結構之嚴密，題材之豐富，藝術之精美，在我國各大石刻區中堪稱第一。因寶頂區石刻，是出於一手計畫經營以成，所以構成有系統的整體。

大足寶頂宋代石刻之範圍，高約十五公尺，長二百八十公尺。其造像完整者凡二千五百五十一尊。連殘毀者，約在萬尊以上。其中有一尊千手千眼觀音像，高廣各五丈，實有千手，全自一體伸出，宛如自然天生。並且每手各持法物。鬼斧神工，令人歎爲觀止。還有一尊佛涅槃像，半身長七丈有餘，也會使人驚心動魄。

趙模，唐太宗貞觀時人，官太子右監門府鎧曹參軍事。貞觀初，與歐陽詢、虞世南、褚遂良、韓道政、諸葛貞、馮承素及湯普澈等，同時臨橅蘭亭。趙所橅集右軍千文一卷，原爲唐內府藏本，宋時入宣和御府。明成化間歸吳江史鑑。萬曆天啓間，爲吳仲宣所得。明亡，入清內府，貯乾清宮。至民初爲粵人羅原覺所得。據羅氏自跋云：「右趙模摹集王右軍千文，僅存焚餘五十九行，五百九十字及滕賓、夏克復、吳寬、范允臨、徐枋六跋。後爲何公卓所有。何渡臺後，先後以趙模千文卷及米氏雲山煙樹軸歸念聖樓主丁念先。此卷、行書，白麻紙，色暗如唐人寫經。用筆勁秀，極似聖序。念先就殘存的四百九十五字中，與〈聖教序〉所集之字並觀，即有八十七字完全相同。所以懷疑聖序可能出於趙模之手。

早年我撫〈聖教序〉，細審其字之大小行氣，宛如一氣呵成，殊不似集字而成的神貌。因此懷疑〈聖教序〉碑，或出於歐陽詢之手。並且曾與故宮博物院莊慕陵先生表達我對〈聖序〉的觀點。慕公也很贊同我的拙見。及讀丁念先兄論文，足證我懷疑〈聖教序〉當出一人之手，非集王書爲不謬。但念先力主出於趙模之手，尙待查證。

華學會議共開五天，於八月三十日結束。閉幕典禮後中午蒙嚴副總統邀宴。全體代表一致通過，將國際華學會議建立爲永久性組織，並將「漢學」一辭正名爲「華學」。

此次張曉峰先生負責召開國際華學會議，於復興中華文化及國民外交之影響，不唯重大，而且深遠。

二七九　參加大專教授訪問團活動

九月四日，應知識青年黨部之邀，赴嘉義參加大專教授訪問團，往阿里山、烏山頭、曾文水庫等地參觀林業水利。

上午七點半由臺中出發，十一點半抵達嘉義，當即前往中央餐廳集合。北部、中部與南部大專教授共七十餘人。中午承中央黨部、嘉義市市長、議長等設宴招待。

下午兩點，全體乘小火車赴阿里山，五點半抵達山頂。回望山光雲霞變化之美，不禁歡喜踴躍。一行下榻於阿里山賓館，由林務局沈局長家銘招待。我與政大教務長朱介民同住一室。雨後山林如沐，入夜靜謐無聲。開窗閒眺，欣占七絕一首：

風雨瀟瀟夜氣寒，塔山雲樹依闌看。
樓臺掩映畫圖裡，放眼騁懷天地寬。

因昨夜落雨，至曉未晴，所以登祝山看日出的活動作罷。早餐畢，由黨部諸君陪同參觀姊妹潭、三代木、博物館、慈雲寺。阿里山所有名勝古蹟，我已看過數次，這次來遊，一切都沒新鮮之感了。

博物館陳有原開山日人河合鈰太郎書七言絕句一首：

斧斤遠入翠微岑，伐盡千年古木林；
枕石席苔散無跡，鳴泉尚作舊時音。

此詩清新自然，寄慨遙深。書法黃庭堅，蒼勁脫俗。日人受漢文化薰陶深者，詩文尙能存古擷雅。

下午兩點，乘車返回嘉義，在秀山園旅社小住一晚。六日七點三十分，一行乘遊覽車往烏山頭參觀水庫。烏山頭水庫在臺南新營東南，南、北、東三面環山，西爲平原。岑巒掩映，島嶼棋布，碧水無波，明湖如鑑。爲臺省唯一自然未受破壞之名勝。我們蕩舟輕泛，引吭高歌。欣然占詩二首：

一

銀艇輕泛詩情多，碧水無波浮翠螺；
如此湖山何所似？蓬頭西子浣苧蘿。

二

煙波飄渺泛輕舟，渾似騰雲天上遊；
幾疊青山環碧水，嵐光人意兩悠悠。

離烏山頭即往曾文水庫參觀。由日本歸來的廖文毅博士，奉黃主席之命也隨車同行。中午在曾文水庫工程處用膳。餐畢即登車往水庫壩址參觀。壩址在柳藤潭，水庫往上包括大埔、那邦等地區。將來完成後，大於烏山頭水庫五倍，爲全省最大的水庫。當時正開鑿導水隧道。第一號長度一千二百四十二公尺。第二號長度一千零八十六公尺。直徑均爲十二公尺。曾文溪之兩岸，奇峰對峙，飛瀑爭流，風景絕佳。率成七絕一首：

路曲峯迴水幾灣，藤潭大壩堪留連；
闢山鑿洞賴群力，始信人工亦勝天。

二八〇 遷居雙柳園

賃居來福新村，漸覺環境不靜，因此，又在衛道路三巷十九號租到一棟小樓。院子有一百多坪，可以多種花草。竹籬笆外，有兩株垂柳，千枝萬縷，綠環翠繞，很有詩情畫意。我所以決定搬這裡住，主要就是受這兩株垂柳的誘惑。

九月二十八日上午搬來雙柳園。同鄉侯太品、焦定平與學生成應生、粘克夫、陳子表等。都來幫忙搬運家具，布置陳設，移植花木，其熱誠可感。我雖沒有兒女在臺，但每逢有事，學生們自動來爲我分勞。予我精神上莫大的安慰。新居是三層小樓，環境清雅宜人。前面正對寶覺寺大雄寶殿及新塑尚未竣工的彌來大佛。開窗外望，千家萬落，鱗次櫛比。

二八一 國家畫廊展出長城長江兩大圖卷

國立歷史博物館所主辦的拙作長城與長江兩幅圖卷展覽，定於十月十日下午揭幕。我應邀於上午搭早晨特快車北上。十時抵達臺北，適逢學生示威遊行。交通管制，行路甚不自由。下午三時，畫展開幕。參觀者計有孫科、黃君璧、高逸鴻、林玉山、楊一峰、劉延濤、蕭一偉、丁念先、余偉等數百人。中午應鄉長周樹聲先生之邀，在國賓飯店設宴爲我祝賀。在座者有：馬木軒先生、梁寒操先生暨程滄波先生等。諸公對我講很多鼓勵的話，使我非常感激。在臺北數日，承先進朋友們請我吃飯，周旋應酬，苦不堪言。

長城、長江兩圖展出，《中副》方塊發表文壽〈寸心萬里〉評論文章。《自立晚報》副刊發表監察委員劉行之〈讀佛庭萬里江城圖〉七言絕句云：

萬里江城師造化，一枝神筆發天幾；
古今多少滄桑事，付與丹青説是非。

二八二　追思戴興周先生

我在臺中師校二十年，同輩之中，陳滌塵、崔子馥、戴興周三位對我關愛最深。而戴老與我過從更密。戴老名鎬東，字興周，山東諸城人。寬厚爽朗，能詩善書。持家以儉，待人以誠。教學認眞，以身作則。博得全校師生之尊敬。先生不幸於五十七年十月二十一日因患肝疾，住進中華路民衆診所療養。二十三日病危，二十七日入昏迷狀態，全賴注射氧氣支持。二十八日藥物飲食既不能進，針也無法注射。醫師、家人、同事，都束手無策了！二十九日，神智忽然清醒，似有轉機。大家又有了一線希望。我怕是「回光返照」，仍不樂觀。果於十一月二日零時二十分，撒手歸西。上午八時，劉潤生先生親來告我戴老逝世的惡耗。我遂即同潤生先生趕往臺中醫院太平間致祭。視其遺容，不禁痛哭失聲。十一時棺木運到，遂即大殮，從此人天迴隔，不能再親先生之謦欬了！公生於民前十八年九月二十日。享壽七十五歲。先生在臺無子女。其夫人劉齊民女士隨侍在側。六日上午十時，往臺中醫院，參加送殯行列。墓地在大度山臺中示範公墓。我曾撰聯敬輓云：

執事敬，與人忠，心安理得，仰面懷中土。
學不厭，教不倦，油盡燈枯，撒手歸西方。

二八三　馬紹文先生逝世

五十七年十一月二十六日，接閱馬紹文先生治喪委員會開會通知，驚悉瀚老於本月二十三日，駕返道山。噩耗傳來，曷勝痛悼！

馬紹文（1894－1968）字瀚廬，別署懷一齋主，湖北宜昌人。仁慈寬厚，善與人交。詩文有名，書畫兼擅。早年常與楊守敬遊，其書法與人品，並受楊氏之影響。先生水墨花卉，筆墨渾厚清逸。其行書，融合漢魏晉唐，氣勢聯貫，神韻古秀，而具獨特的面目。先生渡臺後，曾和張相、陶芸樓等組織「九人詩會」。又與姚夢谷、丁念先、高拜石、謝宗安和本人創辦《藝壇月刊》。對於文化之推展，不遺餘力。

十二月三日九點三十分，往臺北市立殯儀館弔馬瀞老之喪。十時參加中國書法學會公祭，由馬壽華先生主祭。禮成，我獨自走入靈堂瞻仰瀞老遺容。追念瀞老對我之深情厚誼，不禁清淚雨下。各界往祭者不下數百人，花籃花環，內外陳滿。因瀞老生前德望特隆，所以身後始能享此哀榮。

夢谷兄囑我撰馬瀞廬先生追思文一短篇，在《藝壇》發表。文云：

「余於民國四十六年春，在教育部美育委員會供職，初識馬瀞老於黃景南耐秋草堂。公著長衫布鞋，風度瀟灑，望之儼然，即之也溫。既接謦欬，益深敬仰。自此，余常詣瀞老，談禪論畫。每晤敍，輒依依不捨去。余告公披鬀出家之意，公笑曰：『君自天界中來，俗緣未了，恐不能脫然也。』某夕訪瀞老歡談兩句鐘，公挽余同出散步。時、月光朗照，明星滿天。入小店啖西瓜數片，旋又步至新公園，玩月賞花，移時方散而歸寢。丁酉秋，蒙瀞老寄贈墨菊一小幀，余欣然報以詩云：『東籬抱節感相知，忍負秋風陶令期。多謝名圖千里贈，黃花甕酒墨淋漓。』公寫菊蒼秀渾勁，爲深得菊之隱逸之趣者也。公和易爽朗，誠以待人。十餘年來，余受益多矣。今大雅云亡，曷勝痛悼！謹述二、三事，聊抒悲思云爾。」

二八四 月球探險

美國阿波羅八號月球探險者，於五十七年十二月二十八日，從嬋宮返回地球。太空船冒著火燄通過地球的大氣層，以降落傘降落在黑暗的太平洋上，造成了一項偉大的太空旅行的高潮。美國最新的太空英雄們，在他們的六噸重太空船落在夏威夷西南約一千一百英里的微浪海中時，結束了人類最偉大的太空冒險，和歷史上最重大的探險之一。

阿波羅八號月球探險成功，使人的視野擴展到太空星際，固然是太空科學之一大進步，值得歡喜，值得驕傲。然而把頭腦冷靜一下，仔細想想，地球上廣大有用的海洋與荒山還沒有開發，有千千萬萬的飢民沒有飯吃。野心家們把大量金錢投注於太空星域，以作賭賽，究竟是聰明，還是愚蠢！

我國自古有「吳剛伐桂」、與「嫦娥奔月」的神話傳說，所以對於月亮懷有神祕感。並且稱月亮叫「月姥姥」，每年八月十五晚上，家家戶戶拜月、望月、賞月，特別對於月亮有親切感。尤其是詩人畫家，作為抒發雅興，表達美感的對象。現在阿波羅月球探險歸來，把過去人們對於月球的神祕感破除了，而對月姥姥的親切感也消失了。昔日天上美麗的月宮，現今給我們的印象是：光禿禿地，荒寒不毛，疤痕累累的岩球。我最喜畫月、望月，甚至把皎潔的明月作我終身的伴侶，但是自從看清她的眞面目，我對她的愛也褪色了。這是阿波羅八號月球探險所付出更高的代價。

二八五　大千先生贈畫與黃君璧先生記趣

五十八年元月二十八日，往臺北市和平東路白雲堂訪黃君璧先生閒敍。君公出示大千先生爲他祝七秩晉一壽近作抽象山水一幅並題七絕兩首。此事經過，頗饒趣味。君公說：「大千把這幅畫完成，並題詩後，遂乘飛機攜至日本覓工裝裱，並裝以玻璃漆框。畫還未包運，大千以疾返回巴西。過數日由裝裱店交航空公司運來臺北，因玻璃破碎，字畫均覆以白紙。我接框只見白紙，不見有畫，大爲詫異，遂馳函巴西，詢問原由。大千回信說畫在後面。我把框翻過一看，果有書畫，不禁喜出望外。」

我曾賦詩嘲抽象畫云：「抽半抽全尙感多，畫不著象是禪那。一張白紙從君賞，天地玄黃應盡羅。」大千先生如眞以白紙寄黃祝壽，豈不更有深意？可惜大千與君翁之知見，均未達到「一張白紙從君賞」的最高境界。

這幅祝壽畫，闊四尺，高三尺許，金紙，全用青綠金粉潑成，上加青綠苔點，爲全抽象潑彩畫，饒有北宗金碧山水之趣味。三年前我即思用青綠金銀朱粉潑畫，不想大千先生先獲我心矣。

尚有行書題七絕兩首：

一

七旬過一長於我，顏鬢翩然老少年；
自說欲窮丘壑美，追雲趁雨看懸泉。

二

觀瀑新成第二圖，從君雁宕想匡盧。
人生七十方開始，如此年年戒慎無。

大千君翁二公，均返道山，緬懷謦欬，不勝愴然！

二八六 徒步遊太魯閣

五十八年二月十日，早餐後，獨自由天祥徒步遊太魯閣。過稚暉橋入峽谷，溪中多大石，如几如案，如臺如柱，形形色色，多采多姿。約二公里遇臺大武副教授自後趕至，君要爲我攝影，我欣然接受。至水文站，見有瓦屋三間，花磚短牆，庭前舍後，櫻桃爭豔，清雅宜人。前行道北，桃花盛開，落英繽紛。林中有茅屋數間，地主楊春運，山東人，在此修路落戶。孤棲此間，栽桃種菜爲生。過水文橋轉彎過隧道有一小村，有纜車可通對面山頂。過岳王亭、蘭亭、至錐麓斷崖，岩壁千尺，光滑不生草木。如能在斷崖鑿佛千尊，則雲岡石窟，敦煌石窟、龍門石窟，不得專美於前矣。

過靳行橋、燕子口、溪畔，抵長春橋。燕子口，奇險曲折，洞壑幽深。當初設計者，非有審美的眼光不能創造這樣優美的傑作。步行至此七小時，雖未果腹，但並不覺疲憊。長春祠只有一座小廟，形式還頗古雅。其下有幾道瀑布也頗有畫意。我立在長春橋上爲它寫貌，並順岩廊進去，至長春祠打了一個轉。返至車站，遇中師畢業學生陳宏喜與翁錦全二君，挽我登上臺中市成功國校遊覽車，同赴花蓮。

夜宿天祥山莊，中宵望月，欣占絕句一首：

月照山莊夜氣清，披衣獨起聽溪聲。
滿天星斗識牛女，隔河相望牽別情。

一八七 開始畫橫貫公路長卷

臺灣橫貫公路自通車後，我曾往遊四次。爲畫「橫貫公路」，我特地獨自徒步往遊，對於沿途山水巖洞之美，更作深入的觀察。我畫橫貫公路的動機，一則表現沿途自然與人工建設之美。二則表現橫貫公路建設工程之艱鉅、偉大。我畫長城、長江、黃河三幅長卷，都先作草圖，然後著墨。唯有此圖，未作草圖，一氣呵成。「橫貫公路圖」，先從大甲溪入海畫起，經過重要的景點：東勢、谷關、青山、達見、梨山、大禹嶺、慈恩、天祥、九曲洞、燕子口、長春祠、太魯閣口、太平洋。沿途綺麗奇險、曲折幽邃的景觀，全表現於九丈多長的畫面上。橫貫公路自四十五年七月正式開工，迄四十九年四月工竣，歷時三年十閱月。我畫「橫貫公路圖」，自二月十三日開始，迄五月八日完成，還不到三個月。畫成裝裱後，先在國立歷史博物館展出。未久即贈送文化大學博物館。此卷全以草書筆法寫之，純爲我自己面目。論者病我畫山水筆法嚴謹，而忽視鬆秀灑脫的一面，是很不公平的。

程滄波居士來函，併題「橫貫公路」長卷短歌一首：

橫貫公路雄奇甲東亞，呂子今者盡收筆底裡。煙雲杳靄村舍古，峰迴路轉巒孤起。憶昔
展拜長江萬里圖，萬人奔走驚僧儒。後先輝映讚雙絕，壯心未已豈窮途。

二八八　讀從冒鶴亭說到馮道之無恥感賦一首

昔曾斥馮道，今又笑鶴亭。

無獨偏有偶，忘恥故貪榮。

孔子讚松柏，淵明識菊英。

物有傲寒者，人可效葛藤？

緬懷七二士，浩氣天地驚。

但求抱節死，非爲身後名。

冒鶴亭，名廣生，別號疚齋，江蘇如臯人。先世官於粵，鶴亭因生於廣東，故名廣生。清光緒甲午科舉人，官至農、工、商部郎中。入民國後，袁執政時，任鎮江關監督。南京國民政府時，官考試院考試委員。對日抗戰時，任南京僞政府行政院顧問。當時有張叔儔賦詩嘲之云：「和盡師期手不停，翩然來往蔣山青。如何隻照樓邊過，又見詩人冒鶴亭。」抗戰勝利後，鶴亭又奔走於戴季陶之門，得任國史館纂修。大陸易手後，中共又利用其文名，委以文化委員之職。鶴亭於六十年間，歷任五朝，屈節求容，堪與歷事五代十三君的馮道媲醜。冒氏卒於民國五十四年，享壽八十有七。夫惟禮義廉恥之道喪，故朝秦暮楚之士多。元劉因詩云：「四維既不張，三綱乃橫流。不有歐馬筆，誰能回萬牛？何當剷疊嶂，一洗他山羞。」當今官場，如冒鶴亭者，比比皆是。有爲加官晉爵，屈膝叩頭在所不辭，廉恥道喪，更有甚於鶴亭矣。

二八九 胡一貫評新一元論

胡一貫先生，博學多才，研究文史哲學，思想宏通，眼光遠大。風骨楞楞，樂與淡泊之士遊。我在臺北歷史博物館展出「長江萬里圖」時，先生曾往參觀，爲與一貫訂交之始。五十八年，先生兩次來中承訪，均以我因事外出，未能接待暢談，每引以爲憾事！

我自五十五年開始撰寫《新一元論》，時經三年，至五十七年四月，蒙中山學術基金會獎助出版。我撰本著的動機是認爲宇宙萬有，定於一元，紛於二三，乃是一個顛撲不破的定律。宇宙萬有如果不能一元，那麼就要衝突毀滅。大而證之宇宙，小而徵之電子，莫不皆然。因此，我要以「一元」的定律來統攝宇宙萬有，以闡明宇宙萬有一元之普遍性與重要性。並更進一步證明國家、社會、人類，唯有一元才能統一、協調、和平，達到「天下一家」、「世界大同」的境地。

出版後，我曾寄贈一貫一本，請他指教。二月二十五日，接到一貫先生回信，很客氣的說：「承賜大著《新一元論》，由本體之一元，進而爲法則之一元。且博取天人社會以爲證，體大思精，尤佩創見。《易》云：『天下之動貞夫一。』讀先生大著，乃獲眞解。而斯賓斯之進化論與一致說，不能專美於前矣。近代經濟學之聯帶主義與平衡律，乃至科際調和，雖未經先生細舉，但亦可據先生之理則以推知之，而一旦豁然貫通也。敬服之至。」

一九〇 出席教授年會

五十八年二月二十六日，赴臺北出席總統蔣公召開之春節教授年會。會場在陽明山中山樓。大會於下午三點開始，由副總統嚴家淦作主席。各部院首長均列席。教授與會者共一千九百九十八人，盛況空前。主席報告後頒獎，繼即開始座談。登記發言者有二十餘人，爲時間所限，有少數改爲書面報告。有一位銘傳商專女教授，講話幽默有風趣，博得全體喝采。

六點散會，同上三樓飯廳聚餐。大家坐定，一聲「總統到」，全體肅立，鼓掌歡迎。總統著秋色呢中山裝，滿面紅光，含笑揮手入席就座。我於對日抗戰時期，某夕夢於荒村與蔣公相遇，暢談國事。二十年前虛幻夢境，不想於今竟成事實，實在令人不可思議。

聚餐主菜以鼎器盛之。鼎式仿毛公鼎，至爲古雅。我自己作了多年飯，是一個教授中的老廚師。今受勳業彪炳的總統之邀，坐在這莊嚴宏麗的中山樓上，面對蔣公，品嘗鼎食，更是不可思議的事。

食訖，總統訓話約半小時。蔣公頻以知恥革新殷切期勉，語重心長，至足感人。講畢即離席巡行席間與全體教授點首揮手告別。全體報以熱烈掌聲，目送總統出門始散。我觀察蔣公面色紅潤，雙目炯炯有光，心想他老人家至少還能領導我們十年，不料未到五年，一代偉人就崩逝了！

二一九一　高拜石逝世

五十八年四月二十三日，名書家高拜石先生遽返道山。拜石為《藝壇》同事，緬懷風儀，不勝悲悼！

高拜石，字嬾雲，號古春風樓主，晚號芝翁。先世為浙江鎮海人，後落籍福建福州。秉性剛毅敦厚，弱冠即善屬文。雅好書法、金石。漢隸、鐘鼎，功力最深。楷書上窺平原，規矩常熟。茂厚密實，圓勁渾雅。篆隸之結構，勻整舒朗。用筆逆入平出，全用中鋒。來臺後漸少治印，所作則不脫吳昌碩、陳師曾之風貌。三十九年自廈門來臺，受聘入華南銀行服務。自四十七年起在《臺灣新生報》副刊發表〈古春風樓瑣記〉，連續十年。

二一九二　指導文化大學藝研所研究生口試

五十八年六月六日，接臺北文化大學研究生論文口試考試委員聘函。研究生有董夢梅與邢福泉二君。董君今在行政院新聞局服務，善畫工筆人物。其論文題目是〈中國佛教藝術雕刻〉。資料豐富，系統分明，足見為好學之士。邢君論文題目是〈中國佛教藝術探原〉。文筆通順，條理清析，也頗有學術價值。

六月十三日下午，往華岡文化大學指導藝研所應屆畢業生論文口試。我與莊嚴先生、曉雲法師爲一組。參加口試研究生爲董夢梅與邢福泉二人。評判結果，董得八十五分，邢得八十分。都獲通過。結束時已六點，在校門照像畢，遂乘校車赴臺北美爾廉參加研究生所備的謝師宴。考試委員有：馬壽華、王壯爲、丁念先與我共四人。指導教授有：曉雲法師、李霖燦等數人。後來參加我所指導論文口試的研究生有：高木森、黃永川、蘇瑞屏、王哲雄與蔣勳等數人。

一九三　燈下展觀安和女史摹繪五帝朝元圖

五十八年八月九日，安懷音先生邀我於下午八時去公館里安府，評鑑安和女史摹繪「五帝朝元圖」。此圖縱約一尺，長約十尺，爲白描人物畫。全幅共有人物八十七人：男二十人，女六十七人。有執拂者，有執杖者，有執笏者，有執花者；有捧盤者，有捧鑪者，有捧火者，有捧花者；有捧几者；有持劍者，有持刀者，有持蓋者，有持旛者，有持蓮花者，有持火燄者，有持龍首者，有持羽扇者；有吹管者，有擊板者，有彈琵琶者，有吹鳳簫者。侍女擁護玉帝而行。有四猛士執劍前導。人物下體，都爲欄楯所蔽。欄外層雲繚繞，蓮花亭亭。早年我曾見李霖燦自美攜回的「五帝朝元圖」影印本，觀其用筆，疑爲宋人仿作。安和女史，專畫工筆人物、仕女，仿古功力極深。其摹本人物雲欄，用筆無不生動。雖爲摹本，亦彌足珍貴。

二九四 劉延濤跋橫貫公路圖卷

八月十四日中午，往永和鎮訪劉延濤兄暢談書畫。他出示「橫貫公路圖卷」跋，讀之既感且愧。跋云：

「呂佛庭兄，余畏友也。其才之美，學之醇，律己之嚴，與人之厚，皆余之所未逮。夫詩爲心聲，畫亦如之。佛庭之畫，如古之高人，從容中道，忘懷物我，覽之使人俗念盡息。往歲所繪長城長江兩鉅製，震驚藝林。近復以橫貫公路圖見示，行雲流水，略無凝滯，其精進如此，乃知學之不可倖致也。余欲從此棄筆硯矣。五十八年夏月，劉延濤拜觀誌佩。」

延濤字慕黃，河南鞏縣人，渡臺後，任監察委員多年，受知於于右任先生。才高質美，詩書畫，都有高名。其書雖脫胎於于氏，然能遺貌取神，不似時下俗士之依樣葫蘆也。

二九五 莊嚴先生函

莊嚴先生，字慕陵，故宮博物院遷臺北後，曾任該院副院長。先生與我爲忘年交，相知頗深。五十五年文化學院創辦人張其昀先生禮聘慕陵先生兼任藝術研究所主任。五十八年八月十九日，接先生來函，邀我兼任藝術研究所碩士班指導教授。函云：

「半僧老兄畫几：不見又多日，想起居佳勝。讀報悉近作橫貫公路長圖，繼長城長江兩圖之後，鼎足而三，永傳千古，眞盛事也。茲有請教者，此間文化學院藝術研究所，自張十之（隆延）先生遠去巴黎，主任職務，推到下走頭上，辭之不獲，轉眼三載，殊乏建樹。深愧素餐。前與張曉峰先生談及所中興革諸事，曉公意欲邀請我兄下年在碩士班中任教，以壯陣容。文化學院諸生尙勤學純厚。碩士班又多係大專畢業，學生程度水準尙可。又兄有此機會，每月可到臺北兩次，就便藉與各方接觸，想樂爲之。如何之處，祈示，以便請校方繕發聘書，無任翹企，即請道安。弟莊嚴頓首。八月十一日。」

二九六　落髮未出家

我留長髮數十年，每天梳理，頗感麻煩。於是把頭髮剃光，並穿上早年縫製的海青，照一張紀念像，默然相對，還眞像一個「無愛無瞋」的和尙。我第一次剃髮，是在民國三十年，住在河南鎭平菩提寺的時候。這是第二次剃髮。出家不一定剃髮，所以金農自號「心出家僧」。學佛是要存佛之心，更不必一定出家。我早即離開妻子兒女，行同出家比丘。如住在僧尼同住的寺廟裡，則不是出家，而是還俗了。

我剃髮的消息曝光後，各新聞媒體爭相發表我剃度出家的新聞。臺中師專同事紛紛來舍下探詢。臺北梁寒操先生還特地來台中向我道賀。虞君質先生遠從香港馳函也表示賀意。使我既感且愧，不免有「好名」之嫌！

二九七　張岳軍先生談修養

五十八年九月十五日，閱《中央月刊》載有張岳軍先生〈談修養〉一文，其第三節「忍耐以自制」云：「忍耐的意義，分別來說：忍是沈得著氣，耐是吃得了苦。對於一時突發的氣忿，或枝節橫生的拂逆，要能忍得住，看得大，自不以小忿而亂大謀。對於艱困的工作，和挫辱的境遇，要能忍得住，看得遠，自不致為山九仞，終虧一簣。一位具有遠大眼光和非常抱負的人，必然能夠忍耐自制。決不會因一時的拂逆而喪志，因一時的譏毀而動心。或因他人的誤會而發怒。」岳公的言論，每一句都是至理名言，無論為政、治事、作人，均有莫大的助益。我在此時，正處拂逆之境，正需於「忍」上多下功夫。

二九八 劉太希題橫貫公路長卷七絕四首

九月二十三日，接政大教授劉太希先生題「橫貫公路」長卷七言絕句四首：

一

興酣來寫海中山，神遇天隨萬象環；
筆底如龍窮變化，一聲長嘯下禪關。

二

潑墨淋漓散鬱陶，禪機指上畫能豪；
畫山纍纍摶成嶂，畫水粼粼激作濤。

三

橫貫千山何路登，要從真佛覓傳燈；
由來畫即參禪法，上一層關更一層。

四

人知畫理從禪悟，未識詩心早入禪；
畫境每從詩境得，試尋三島十洲仙。

劉太希先生，號錯翁、無相庵主，江西省信豐縣人。北京大學文科畢業。性脫灑，不謹細行。曾任國立師範大學、政治大學等校教授。平時於作詩、臨池外，並喜畫佛像。

一九九　颱風吹倒雙柳

九月二十六日，是中秋節，因艾爾西大颱風接近本省，陰雲密布，天氣驟涼。大颱風於晚間從宜蘭登陸，由新竹與臺中之間出海。坍屋拔樹，風勢浩大兇猛。我獨臥樓上，幾度起床，不能安枕。晨起出門外望，滿眼狼藉，一片淒涼。庭側兩株大柳樹和竹籬笆，全都被風刮倒。我親手栽培的菊花和大理花，正是爭媚鬥妍的時候，也都被風吹得東倒西歪，七零八落，慘不忍睹了！這次風災，我最大的損失，就是「雙柳園」遭到徹底的破壞。使我最痛惜的就是兩棵大柳樹。花毀了，再有一年的時間，我還可以培植出來更美好的花；柳樹毀了，非有三、五十年的時間，是培植不出來的。何況這兩棵柳樹，萬縷柔條，婀娜多姿。不但蔚為園林的主體，並且還是我作畫賦詩靈感之泉源。追憶雙柳延月之景，率賦七絕一首：

颱風方去又來颱，雙柳全拔甚可哀；
萬象雖知都是幻，綠楊映月總縈懷。

三〇〇 看黃山圖觀烏來瀑

大千先生爲張目寒畫「黃山圖卷」，國立歷史博物館於十月十日在國家畫廊展出，供衆觀賞，我應邀前往參觀。「黃山圖」在二樓中廳南壁陳列。絹畫，長六丈，高二尺餘。潑墨兼細筆，青綠雜淺絳。大山全用墨潑，小峰僅勾輪廓。取景不用定點，布局全出意造。氣勢雄峻，筆墨渾融，爲大千得意之作。馬子晉評云：「離皴而求山水，猶無麴之爲釀，難乎其爲酒也。」

烏來在臺北縣新店南面，以瀑布著稱。十月十二日，上午八點搭公路局車往烏來遊覽。過新店入山，細雨霏霏，雲山模糊，充滿了詩情畫意。抵烏來下車，步行至烏來瀑布。時值暴雨之後，水勢更壯。激流嘩嘩，震耳欲聾。瀑流自巖端掛下，極像一疋白練。

由北巖乘纜車至南巖下車。上行又有銀瀑三疊，林木掩映，更饒美趣。其上爲雲仙樂園，池館林亭，布置幽雅。我入餐館進餐畢，仍搭纜車返回北巖，改乘臺車至公車站。返至臺北，時已兩點半了。即景賦詩一首：

瀑流百尺落潭中，吊纜丹車凌碧空。
多少樓臺煙雨裡，渾如奔探廣寒宮。

三〇一　石濤丹荔圖之辨

傅抱石著《石濤大師年譜》，根據石濤「丹荔圖」題詩，肯定康熙帝南巡，石濤曾兩次接駕。我撰《石濤大師評傳》，認為以石濤的身分、品格、節概，決不會仆伏於平山道上向新朝皇帝叩頭呼萬歲。當時斷然肯定丹荔圖和謁駕詩，必是奸人故意毀敗石濤名節所製造的僞證。五十八年十一月二十六日，我看到《美哉中華月刊》，彩色印有一幅石濤「丹荔圖」，並題康熙南巡謁駕詩二首。丹荔圖畫的不是荔枝，而是不知名的花。細觀右邊所題兩首謁駕詩，違背慣例，自右向左書。字既非石濤書體，而詩也肉麻庸俗不堪。正可作為否認石濤謁駕的反證。梁寒操先生給我來信也說：「石濤丹荔圖，一看知為贋品矣。」

三〇二　橫貫公路圖在史博館展出

應國立歷史博物館之邀約，定於十二月三十一日起，在該館展出「橫貫公路圖」長卷，併山水、花卉立軸七十餘幅。我於二十五日送畫到臺北。親交史博館何主任浩天。二十七日，何主任督導員工把全部作品布置在二樓畫廊，場面宏闊，頗為壯觀。

三十一日上午九時「橫貫公路圖」展覽揭幕。包館長請馬壽華先生致詞。到有書畫家高逸鴻、張穀年、劉延濤、姚夢谷、陳丹誠、胡克敏、佘偉、李超哉、梁中銘、又銘、吳詠香、張德文、馬白水、林玉山、丁念先、張目寒等百餘人，座無虛席。此圖由臺北環華出版公司斥資付印。畫展次日，為民國五十九年元旦。下午總統府張祕書長岳軍先生，由長公子交通部長繼正先生陪從蒞場參觀。岳公細觀三小時，並與我談論畫道，略無倦容。公平易近人，雖作了多年大官，但他所得到的，不是世俗所看重的財富，而是各界人士對他的尊敬。

「橫貫公路圖」長卷展，史博館應觀衆之要求延期兩次，至二月三日才圓滿結束。

三〇三 當選好人好事代表

五十六年八月，立法委員段劍岷先生來中與我面商，想推舉我為好人好事代表。我說：「為善求人知，必非眞善，故佛法有「有漏」、「無漏」之說。我學佛數十年，豈能假藉善行沽名釣譽嗎？社會好人好事甚多，我決不敢接受。」一時過兩年，於五十八年十二月三十一日，各報發表好人好事代表名單，列有我的名字。使我大感驚異。究為何人所推舉，事先不得而知。過四五天，又接表揚好人好事委員會主任委員梁永章先生來信，勸我不要再辭好人好事代表。並說還安排總統接見的項目。我爲「和光同塵」，決定接受表揚，不接受贈獎。

一月八日，應各界表揚好人好事委員會之邀請，搭車北上。委員會指定中泰大飯店爲好人好事代表下榻之所。我到中泰報到後，未接受他們的招待。

九日上午八時往中山堂接受表揚。頒獎時我離席迴避。大會結束，隨衆登車往總統府向總統蔣公致敬。沿途觀者如堵，爆竹震耳欲聾。市民爭向我們獻花。可見好人終不寂寞。正是孔子所說「德不孤，必有鄰。」接受表揚，如能更作好人，多行好事，則開會表揚贈獎，是很有意義很有價值的。如接受表揚，欺世盜名，則表揚之舉就無意義了。中午，教育部、文化局、救國團、婦女會聯合設宴招待好人好事代表。我因不喜應酬，所以未隨衆參加宴會。

三〇四　漏痕畫

三月三十日，以漏痕法作山水一幅。所謂漏痕法，是把同尺寸的兩張薄宣合在一起，用粗筆水墨，隨意皴點。畫成，取其下層，捨其上層。墨痕斑駁，斷而還連。形象天成，趣味無窮。題云：「夫丹青之妙，即在無有定法，如有定法，則非畫矣。惟初學於此須當活語參解耳。」

我創漏痕畫不久，有紐約現代畫名家，來臺中，由李霖燦、王季遷陪同到臺中師專，請我當場揮寫漏痕畫。畫成，他們都很激賞。想不到我信筆塗鴉，居然受到中外名家的青睞。

三〇五 岳飛書前後出師表

五十九年四月十日晚上步至中華路，見書攤擺有一部《岳忠武書前後出師表帖》。封皮雖破損，表文幸尙完整，於是出六十元購得攜回。此帖是在淸同治年間袁保恆鉤勒之拓本。於民國四十九年前，又由臺中市一中校長汪廣平君斥資影印。前有徐人衆兄序文，次有我的跋文。岳公與金兀朮激戰，正要收復汴京之際，忽接高宗金牌急詔，於紹興八年秋班師南下。道過南陽遇雨，夜宿臥龍岡武侯祠。道士出紙求書，公揮淚書諸葛武侯〈前後出師表〉。其書如快馬出陣，飛揚駿逸，眞可謂筆陣中之岳家軍。其草書筆力之遒健，氣勢之雄強，則爲歷代書家所不及。

三〇六 黨國元老梅喬林先生

黨國元老梅喬林先生，於五十九年四月十五日，病逝於臺中醫院，享壽一百歲。先生廣東省臺山縣人。於民前十四年赴美追隨國父孫中山先生奔走革命。民前三年加入同盟會，並任會長。民國元年返國擔任臨時大總統府祕書。民國二十二年任中國國民黨中央黨史會纂修。三十八年來臺，定居臺中，於五十八年退休。先生一生獻身革命，淡泊名利，生活簡樸。其高風亮節，忠黨愛國之精神，足爲國人之楷模。我於民國四十年，因舉辦中部美展始識先生。見其體態魁偉，氣宇軒昂，不禁肅然起敬。公住臺中商專對面巷內孫女婿伍錦進家中，我曾兩次到伍府拜訪。公剛直爽朗，談及革命史蹟，如數家珍。公晚年，以畫墨蘭自娛。用筆矯健，畫如其人。我正擬輯百家畫爲公壽，不意先生遽返道山。緬懷謦欬，曷勝愴悼！輓公聯云：

功留史冊，名垂千載；
氣壯山河，壽享百年。

三〇七 出席古畫會議

應故宮博物院之邀請，於六月十七日上午搭車北上，出席古畫會議。午後往歷史博物館參觀七友畫展。與鄭曼青、劉延濤、張穀年、姚夢谷諸畫友閒聊一會兒。曼青述說他在幼年習畫的經過，頗感親切有味。晚間，我與夢谷同車往敦化路國泰大飯店參加故宮博物院之歡宴。進門遇張大千先生與夫人。握手寒暄數語。大千因病目不能視細，銀鬚飄胸，更見老態龍鍾了。參加歡宴者有國內外畫家、鑑賞家一百餘人。主人王雲五、蔣復聰，均在場招待。

十八日晨起早點畢，即搭車往士林外雙溪，先訪李霖燦、莊慕陵略敍片刻，九時出席古畫會議開幕典禮。王雲五擔任大會主席。先請名譽會長蔣夫人致開幕詞。夫人全用英語，有傷民族自尊。

下午討論會，發表論文者爲吳訥孫與傅申。吳之論文題目是〈從故宮收藏論董其昌山水畫之演變〉。傅之論文題目是〈畫說作者問題之研究〉。

十九日上午，我到故宮博物院，未出席討論會，乃到樓上細讀八大山人十二幅花蔬冊。此冊全是水墨畫，雖師青藤白陽，然清逸過之。其題字都是歐體小楷，與別的畫所題字體完全不同。並且所題詩句，極似寒山，富於禪味。比石濤還高一籌。讀名畫是最高的享受。比坐在殿堂上聽洋狀元們「隔靴搔癢」之論還更有價値。

下午出席討論會。發表論文者爲羅越教授與何惠鑑博士。羅之論文題目是〈中國繪畫演變之階段與內容〉，何之論文題目是〈李成與北宋山水畫之主流〉。近世我國論畫者，多推崇董巨、黃王及石谷、麓臺，極少注意荆關李范的。今何君能提出李成與大家詩論，可謂「空谷足音」。

原定二十日休會旅遊，因總統蔣公於下午設茶會招待全體與會人員，旅遊改期。上午我仍往故宮博物院讀畫。董元「洞天山堂圖」雖是一幅好畫，然而決非董元眞蹟。今與高克恭「雲橫秀嶺圖」對觀，更信我的觀點不謬。

討論會全體會員於下午三點齊集博物院。三點半分別乘專車開往陽明山中山樓，參加總統茶會。四點半總統偕夫人由張祕書長岳軍先生陪同與全體會員見面，含笑握手，甚感親切，全體都報以熱烈的掌聲。

五時散會，我將出門時，適遇張岳軍先生與大千先生夫婦，邊走邊談。大千先生對岳公說：「我最佩服呂佛庭先生，他的畫才眞是文人畫。」我說：「大師不要開玩笑，我那裡敢當呀！」岳公說：「我看過佛庭先生幾幅長卷，眞了不起。」我送岳公與大千先生上車，揮手而別。

二十一日上午十時，我去中山北路國賓飯店拜訪大千先生。當時張目寒先生也在座。大千對目寒又稱讚我的畫是眞正文人畫。並讚太魯閣是全世界最美的山水。談及董元「洞天山堂圖」，他也否認是宋畫。我說：「『洞天山堂圖』必出於高房山之手」，也蒙他首肯。大千先生，率眞爽朗，和易近人，故覺藹然可親。正在閒敍，適逢林語堂親來送帖，請大千吃飯，我即告辭。大千由人扶持，送我至門口，拱手而別。

二十二日上午八時往故宮博物院出席古畫討論會。方進門，遇錢賓四先生。他邀我到他的研究室小坐片刻。錢先生與夫人住在東吳大學素書樓。蔣公爲對這位國學大師表達敬重之意，特囑蔣復璁院長爲錢先生闢一間研究室。自由來去，並不依時上班。因爲總統常去故宮，爲他二人留一晤面方便之地。

上午討論會，有英人提出論文，題目是〈張擇端清明上河圖〉。他認爲北平本「清明上河圖」，應爲張擇端眞蹟，我不同意他的觀點。北平故宮「清明上河圖」影印本，我於四十九年前即曾仔細看過。當時我認爲此本確爲宋畫，應無疑問。惟就柳樹觀之，乃是殘冬或初春之景，而不是中州清明時節之景。再就汴河虹橋來看，寫實成分較濃。張擇端是一位高級士大夫翰林，決不屑面對實景作如此忠實的寫眞。再觀其筆法，文人畫成分甚少，與張擇端身分也不契合。據此三點，可以證明，北平本決非張擇端之眞蹟。

二十三日上午討論會，王方宇的論文題目是〈八大山人〉。經熱烈討論結果，確定傳棨就是八大。朱容重是八大未出家以前的俗名。

下午四點半，我隨團體往行政院參加嚴副總統酒會。晚間故宮博物院仍在中泰賓館設宴歡送全體會員。古畫會議，前後六天，到此圓滿結束。

三〇八 應邀參加文化大學藝研所論文口試

六月二十七日，評閱文化學院藝術研究所碩士高木森、黃永川、陳國寧三生論文，並擬口試題目。高木森之論文是〈大足佛像之研究〉。黃永川之論文是〈六朝時代新興美術之研究〉。不惟文筆通順，並且都有新觀點，後生可畏，甚可喜也。

二十九日上午搭車赴臺北，住南海路教師會館。下午七時往中山北路美而廉，參加文化學院藝術研究所應屆畢業生敬師宴。指導教授有莊慕陵、王壯爲、李霖燦、曉雲法師與我等共十餘人。我因病泄，席未終即先離去。

三十日上午七時往華岡文化學院，先訪曉雲法師略敍片刻。法師勸我與她合作創辦藝術學院，我自度不才，當即婉謝。曉雲雖爲女流，但頗有英雄氣概。我作事顧忌太多，缺乏果敢一往直前的精神。此生命運注定只能畫畫寫作，事業方面不會有我的份。

自九時起，我與莊慕陵先生、曉雲法師到文化學院藝術研究所，指導碩士班畢業生陳國寧、黃永川二生論文口試。中午承曉雲法師挽吃齋飯，暢談佛教藝術。

下午二時，又到藝術研究所，會同莊主人、楊家駱指導研究生高木森論文口試。高生解答問題，清楚圓滿，使人佩慰。高生畫山水，由我啓蒙，不料今又指導他碩士論文口試。因緣眞太不可思議。

當時指導這三個碩士，現在都有了名氣。高木森今任美國加州聖荷西大學教授。黃永川任國立歷史博物館典藏組主任。陳國寧任文化大學博物館館長。

三〇九　陳摶書聯

北宋初華山隱士陳摶（希夷）書：「開張天岸馬，奇逸人中龍」十字聯，今爲衡山趙恆惕居士所藏。據趙居士說：「當初，上海名士李梅盦以三百金購得此聯，未久爲康有爲久假不歸。梅盦去世，才經沈宗植索回。」趙恆惕聞梅死，慨捐千金。其家屬感趙之德，於是將此聯贈趙。我曾於趙居士家見十字聯。款署「摶」字，鈐朱文「圖南」二字長方印。曾熙題云：「此十字冊，嚮藏嵩山，好事者改爲十字聯，海內轉相勾刻。今觀其墨蹟，直使古今書家一齊俯首。蓋別有仙骨，非臨池所能。」每字徑尺餘，用滾毫書，意態雄傑，眞氣瀰滿，非具仙骨者莫辦。此十字聯，乃集魏碑石門銘成文。考《宋五朝名臣言行錄陳摶先生傳》云：「先生名摶，字圖南，亳州眞源人，後唐長興中舉進士不中，隱居武當山，後徙華山雲臺觀。周世宗召至京師，賜號白雲先生。太宗朝，再召，賜號希夷先生。端拱二年卒。」傳中未言宋太祖登華山訪陳摶問道事。或爲傳說，未必可信。趙恆惕先生在世時，有建希夷祠堂之議，李漁叔豫撰一聯云：

夢回正華嶽雲開，十字壓蘭亭，還看醉墨騰奇氣；
碁罷漸中原事定，一枰興宋室，早識先機告太平。

三一〇 李白書上陽臺帖卷

唐代因太宗李世民善書，並提倡書藝，所以初唐、盛唐，書風鼎盛，人才輩出。如李白、杜甫、王維，莫不善書，惜爲詩名所掩，後世知者甚少。五十九年十二月十六日看到《中央月刊》發表唐李白書上陽臺帖卷。如見虹霓，甚爲驚喜。此卷，白麻紙本，前綾隔水上有宋徽宗瘦金書「唐李太白書上陽臺」八字。本幅共五行，釋文爲：「山高水長，物象千萬，非有老筆，清壯何窮。十八日，上陽臺書、太白。」一帖後拖尾尚有徽宗跋文云：「太白嘗作行書乘興踏月，西入酒家，不覺人物兩忘。身在世外一帖，字畫飄逸，豪氣雄健，乃知白不特以詩鳴也。」一帖前騎縫有舊圓印，左下角有舊連珠印，都漫漶模糊，是否宣和之璽印，不可辨識。此卷於南宋時曾經賈似道、趙孟堅收藏。入元爲張晏所藏。明代入項元汴家。清初歸梁清標、安岐，繼入清內府，著錄於《石渠寶笈初編》卷十三養心殿。至民國初年爲范陽郭葆昌收藏。旋又流入張伯駒之手。今爲北平郭觶參所藏。觀青蓮書，縱肆灑脫，與米書頗近似。我想可能是由於青蓮與元章天性放達之故吧。

三一　滿漢全席

幼年嘗於爐邊聽先父閒話前清時皇家滿漢全席，爲各種筵席之最上品。山珍海味，一百餘種，洋洋大觀，美不勝舉。但未見其食譜，不得其詳。六十年元月十一日，閱《清室內務府御膳房檔案菜譜》記載頗詳，簡記如下：「共分食品、供品兩類，惟供品只可觀賞，而不可食也。食品中大項目，則分四海鼎、四中鼎、四燒烤、四座菜、四海位、四冷葷、四熱葷、四飯菜、三配湯、三麵食、十甜點、十鹹點、十甜食、每位手碟、四看菜、四生果、四京果、四乾果、四糖果、四水果、四蜜碗、共有菜色一百一十種，須分食二日始畢。」今臺灣著名大飯店，也有烹製滿漢筵席者，饕餮之士，爭以享受此等名筵爲榮。一席雖拋萬金，毫無吝色。窮奢極欲，實可令人浩歎！

三二　臘月二十三祀灶

新曆元月十九日，是農曆臘月二十三祀灶日。大陸江南與臺灣是於二十四日祀灶，與北方略有不同。按灶君爲火神，上古屬五祀之一，俗稱灶君，也叫灶爺，又名灶王。是司廚之神。《論語》云：「與其媚於奧，寧媚於灶」。《朱子集註》云：「灶爲五祀之一，夏所祭也」。由此可知古時祀灶爲夏祀。因夏季火神祝融當令。改在臘月，或始於北宋。《東京夢華錄》云：「二十四日交年，都人至是日請僧道看經，備酒果送神，燒合家替代錢紙。貼灶馬於灶上，以酒糟塗抹灶門，謂之三醉司令」。我們河南人祀灶，先備彩印灶君畫像一幅，兩邊用竹籤撐之，置於廚房神案舊灶君畫像之前，以示新舊交接，俗稱爲灶君換衣。另備一隻高大的紅色公雞叫灶馬。又備圓餅形之麥芽糖（古叫膠牙餳）。祭時，由男性家長，燃燭焚香，奠酒，燒紙。晚輩抱雞於灶前，以示攬轡待發。主祭人灑酒於雞首，謂之「醉馬」。禮成後，家人老幼，分食灶糖。其實灶君之口未膠，而先膠人民之口了。

三一三 虞君質先生晚景淒涼

虞君質先生初來臺灣，在臺大、師大兩所最高學府任教，其夫人吳燕如女士，端莊賢淑，不但善理家務，並助先生蒐集資料，抄寫文稿。兒女繞膝，和樂溫馨。其後君公赴港，任中文大學美術系主任。不久，燕如也前往以便照顧。女兒赴美，兒子獨留臺灣，交友不慎，走入邪途。未及三年，燕如病逝香港。而君公也不幸罹患中風，不得不返臺療養。元月二十五日，上午九時，我往安東街探候君公，講話仍乞乞不清，惟步履比前較健。因其夫人去世，談起往事，悲不自勝，我也淚下漣然！我以佛法慰其悲情，並留萬元資助其生活。別後賦詩一首：

風雨淒淒執手歡，言及往事淚頻彈。
青山猶在誠堪慰，好種松梅耐歲寒。

元月二十六日，應悟明法師之邀，於上午搭車往樹林海明寺共度春節。抵寺，承悟明法師親切招待，予我精神上莫大的溫暖。爲我下榻於東樓客舍，推窗南望，七乳翠峰，盡收眼底。寺衆共十餘位，除住持悟明法師外，全是比丘尼與沙彌尼。有老，有少，儼然成一大家庭。法師和易近人，慈悲爲懷，故大衆都能和諧相處。

晚齋後，隨衆上殿誦經拜佛，至九時始罷。又到客堂隨衆共吃普茶，至十一時始聞鐘就寢。

枕上賦詩二首：

一

七乳峰前萬盞燈，夜深大地似寒冰；
世間本淨塵不染，寂歷江山一半僧。

二

天涯常作客，又是一年春；
古寺貼紅豔，寒梅綴綠新。
荒村諠爆竹，落日催歸人；
除夕爐邊坐，僧尼爲我親。

三一四 總統召開教授年會

六十年三月八日上午八時，應邀往臺北陽明山中山樓出席總統蔣公召開之教授年會及歡宴。九點開會，到場有一千多人。由嚴副總統作主席。至十二時結束。午宴設在樓上大廳。特備素菜兩席。我因持齋，與前教育廳長劉眞先生和新聞局長魏景蒙先生同坐素席。總統駕到，全體起立鼓掌。總統入座，才開始用膳。食訖，總統請大家自由發言。時有熊芷、江應龍等四五人，發表關於教育改革之意見，總統表示欣然嘉納。我雖喜歡講話，但在這種場合，不便嘵舌。總統即席訓勉大家，努力教學，爲國育才，語重心長，令人感奮。訓話畢，遂離席在各席間巡行一周，全體報以熱烈掌聲。自渡臺以來，曾蒙蔣公三次邀宴。他那偉岸的身軀，慈祥的面容，永遠刻印在我的心版上。

三一五　回拜道安法師

道安法師爲臺北松山寺住持，於六十年又接任日月潭玄奘寺方丈。師爲決定在該寺建設碑林，特蒞雙柳園與我面商。我曾向他提供一些淺見。二月二十日上午九時，我往北郊慈善寺回拜道安法師和眞光上人。先至眞光上人丈室，見他還掩被臥床未起，我頗爲詫異。合十就座。他說：「有點感冒，實對您老不敬，還請原諒！」旁有文書對我耳語：「師父於昨晚又自斷一個指頭，所以不能起床。」我聽了既驚且佩，默然未語。佛教修苦行者有用虐身之法，斷指、燃指、穿鼻、刺身，以示願心之誠。虐身是否合理，見仁見智，觀點不同。上人於五年前，爲建塔募資，曾自斷一指，今爲修建大殿，發生障礙，又斷指，以示爲佛忘我之決心。其行雖於戒不合，惟其用心實在可敬可感！

道安法師駐錫後院客寮。我與師晤談半小時。提出眞光上人斷指一事，請法師評價。師道：「學佛雖破我執，但對於身體不可隨便毀傷，否則就於戒不合了。」法師不但在玄奘寺建設碑林，並且還計畫建築四天王殿、博物館、圖書館。其提倡佛教文化願心之宏，實在令人可敬可佩！

三一六 趙孟頫評價之辯

趙孟頫字子昂，號松雪道人。宋太祖子秦王德芳之後，五世祖秀安僖王子偁，生孝宗，賜第湖州，故爲湖州人。仕元官至翰林承旨，封魏國公。因其篤信佛法，工畫佛像人物。鞍馬尤有高名。論者評謂：「有唐人之致，去其纖，有宋人之雄，去其獷。」且其詩文清遠，操筆立就。精善書法，尤造古人之室，爲元初大家。因趙宋亡國，松雪又仕胡元，世多微言。張庚《清朝畫徵錄》云：「趙松雪大節不惜，故其畫嫵媚。」黃晉題「子昂春郊挾彈圖」云：「錦韉牙檣非昨夢，豈無十畝種瓜田？」諷其不早歸隱。吾友徐復觀撰〈趙孟頫畫史地位的重估〉，深爲趙氏辯解，冀脫其「不惜大節」之咎。並以前人責趙氏爲虛矯不當。我認爲氣節乃民族之大防，不重氣節，亦猶壞大河之金隄。趙氏仕元，固爲情勢所迫，其心雖可諒，但其行是不可恕的。復觀何以偏罟其友梁容若附敵求容爲無恥而不能諒，特爲趙孟頫辯護，豈論人之尺度有長短麼？

三一七 應邀出席中華學術院會議

張曉峰先生，既創辦文化學院，又爲提倡學術，在院內設置「中華學術院」。並爲促成美術家之團結，成立美術協會，會員全爲當代名家。三月一日，美術協會開會暨文化學院校慶，我應邀赴華岡出席會議。該校校慶，全校師生之外還有許多貴賓。約有一千多人，爲一時之盛況。曉峰先生創辦文化學院，又是「無中生有」。不到十年，華岡不但建築一大片莊嚴宏麗的高樓大廈，並且集合一千多俊才精英，絃誦不輟。我親眼看到校慶之盛況，聽到曉峰先生發展教育與文化遠大的抱負，使我對這位文化鬥士由衷的敬仰。

十一點禮成，又去中華學術院參加美術協會會議。出席人有：馬壽華、姚夢谷、李霖燦、李梅樹、李超哉、陳雋甫、季康、陳丹誠、曉雲法師與我等數十人。由馬壽華先生作主席。商討發揚傳統，創新求變諸問題。散會，承文化學院備午餐招待。

三一八　赴日月潭祝賀道安法師陞座

三月二十日，應日月潭玄奘寺董事會之邀，搭七點五十分公路局車赴日月潭參加道安法師陞座典禮。十點抵達日月潭，下榻於松鶴園賓館。午膳後雇遊艇往玄奘寺。登岸先至玄光寺巡禮。寺周林木蔽天，境極清幽。寺宇僅有三間，規制甚小。內供玄奘大師塑像，造型也欠莊嚴。外立河南省同鄉會石碑一座。略述玄奘靈骨經日人送還奉安於此之因緣及建寺之經過。

入寺拜佛訖，即由寺左拾級登山，小徑曲折，穿行於翠木與幽篁之中，約二十分鐘至玄奘寺。寺前正建牌樓，尚未竣工。寺宇爲仿唐式宮殿建築，內三層，外二層，崇脊飛簷，疊栱挑角。大殿中間供奉佛像。三樓供奉玄奘大師頂骨。裝在七層銀塔內，外不能見。信衆唯有膜拜頂禮而已。因爲陞座典禮是在次日，道安法師，尚未來山。我入客堂，承知客僧奉茶小坐。遂出寺上行，約三十分鐘至慈恩塔。塔建於三層壇上，凡九層八角，高十餘丈。中空，周設旋梯，最高層中央懸一大鐘。我登臨絕頂，憑欄眺望，日月二潭，碧波如鑑，文武廟、涵碧樓，盡收眼底。下塔時近午刻，乃乘計程車返回松鶴園賓館。

次日清晨，沿環湖大道步行，再往玄奘寺參加道安法師陞座大典。途經孔雀園與文武廟休息片刻。孔雀園養有孔雀百餘隻，有華者、白者。其尾翎張開，曰「孔雀開屏」，華孔雀羽毛之美，令人不可思議。文武廟今正擴建。殿凡三層五楹，全爲宮殿式。後殿供孔子聖像，前殿供關公聖像。文武合一，爲國家祥和之兆。

環湖大道，平坦光潔。安步當車，可以自由欣賞湖光山色之美。途中遇到從臺北、臺中乘遊覽車趕來參加典禮之政府要人和佛教信衆，還有幾位熟朋友，隔車窗向我招手。也有停車挽我上車的，我堅持步行，婉謝而已。十一點到達玄奘寺，共走三小時半。我見殿裡殿外擠滿了觀禮的信衆。道安法師從人群中出來，迎我到客堂與趙恆惕居士晤面。他們聽說我徒步走三個多小時，都非常感動。

陞座典禮於十一點半開始，由趙老居士於樂聲悠揚中致送聘書。僧衆擁護道安法師陞座，對衆說法。因觀衆擁擠，我未隨喜午齋，即乘車離去。此行成詩數首：

一

登臨玄光寺，便入靈妙境。
翠木布清陰，石徑盤小嶺。
左右開明湖，仰眺梵塔聳。
鳥語靜禪心，微風搖花影。
倘能棲洞天，合當薄萬鍾。

二

梵宮巍巍似天都，四面青山展畫圖；
拜罷玄師靈骨塔，倚欄覓句對明湖。

三

佛塔九層勢凌霄，登臨絕頂氣不撓；
河山半壁蒼茫裡，北望中原嗟路遙。

三一九　應歷史博物館之邀講禪畫

民國六十年三月二十七日下午三點在國立歷史博物館演講，講題是「禪畫」。聽衆書畫家有馬壽華、張穀年、劉延濤、姚夢谷、林玉山、張德文、陳丹誠、余偉、安懷音等與大專院校學生兩百餘人。我們中國人是富於禪趣的民族，所以無論詩詞書畫音樂，都富於禪的意趣。尤其是老莊，更是最具有「禪」的思想，更富於禪趣的兩大哲人，莊周的《莊子》書，也可以說就是一部禪。明代高僧憨山大師說《莊子》是通明禪，我很同意大師的觀點。正因爲我們中國人富於禪思、禪趣，所以印度西來禪傳到中國與中國人的思想、旨趣一拍即合，不但建立中國化的「禪宗」，並且還促進中國禪畫理論與技巧之完成。

近年學西畫者，一窩蜂推崇現代畫中的「抽象畫」。我認爲無論學習或研究抽象藝術，不但要實踐禪法，並且必須從禪學建立理論之根據，才不至陷爲如林克恭所謂「有法而無法的危險境地（隨便亂畫，不成畫）」。

禪畫，不能專從技巧上下工夫，最重要的還在修養心性品德，即如不能得到「明心見性」的大悟，也必求能得到「淡泊名利」的小悟。必須有悟，則畫的境界才能高。否則，光會盲目的往紙上潑墨、倒顏色，或在牆上掛鐵鍊，手印、腳踏，那只算是遊戲，而不是藝術。

三二〇 接待臺北畫友

四月二十二日上午十點五十分，臺北畫友姚夢谷、傅狷夫與李德來中訪問。我與臺中諸畫友曹緯初、趙松泉、徐人衆、王爾昌、王榮武、崔百城，假雙十路育樂餐廳公宴。下午兩點三十分，同往中廣電臺錄音。事畢，同車往太平路訪彭醇士晤敍。醇士久患氣喘，深入簡出，甚少見客，但這次會面，精神極佳，暢談一小時，尚無倦意。下午五點四十分，省立圖書館館長宋新民假市府路欣欣餐廳歡宴臺北畫友，並邀我與陳定山、彭醇士、徐人衆、朱龍安、曹緯初、趙松泉作陪。定山放誕不羈，年逾古稀，猶口不擇言。他對宋新民說：「省立圖書館新館落成，願建議三點：一咖啡，二清茶，三小姐。」此雖爲戲言，然不當出於名學者之口。夢谷、狷夫與李德於七時搭莒光號快車赴高雄。我與石上、松泉送至車站，依依而別。

三二一 莊慕陵先生邀請函

四月二十七日，接文化學院藝術研究所主任莊慕陵先生來函：「半僧道兄禪几：多日不見爲念。茲有請者，文化學院藝術研究所美術組，本年應屆畢業生蘇瑞屏女士，原輔仁大學英文系畢業，在故宮博物院工作多年，於書畫一門攻求頗深。入文化學院研究亦專心古畫之探討。本年畢業考試，照章須請校外教授一位擔任評卷及口試諸事。弟已介紹蘇女士請兄偏勞，忝在知末，用敢干求，尚祈惠允。弟與蘇女士因此感謝大德無量。至考試諸事，將由校方逕函奉聞，更乞注意爲幸。專此肅陳，敬請寂照。弟嚴頓首。」

六月二十二日接文化學院教務處來函：藝術研究所碩士論文口試，定於本月二十五日下午二時在該校大仁館舉行。並收到研究生蘇瑞屏、黃瑞呈、彭鳳翔之論文三部。蘇之文題是〈故宮九張宋畫之新發現〉，黃之論文是〈倪雲林繪畫研究〉，彭之論文是〈沈周研究〉。

二十五日赴臺北華岡文化學院藝術研究所指導畢業生蘇瑞屏、黃瑞呈、彭鳳翔三人論文口試。我與莊慕陵先生、李霖燦教授爲一組。由下午兩點半開始，至五點才告結束。六點，三位研究生陪我們同車赴臺北參加敬師宴。尙有林玉山、王壯爲、王靜芝等亦在座。至七點半宴會始散。

蘇瑞屏畢業後，負責籌建臺北市立美術館，名噪一時。

三一二 修寺

如今出家人，爭修寺宇，起道場，上焉者作爲受衆禮拜恭敬之所。下焉者作爲沽名博利之地。明憨山大師有云：「如今只當憂自心之不悟，不必憂道場之不興。若能了悟自心，則能攪長河爲酥酪，變大地作黃金。拈一莖草作丈六金身，以丈六金身當一莖草，自然具大神通，隨心轉變，任意施爲，無可不可。如是，在我全具，又何苦思痴痴，望他人來作我家活計耶？」出家人日望他人來作我家活計者，讀此當知所省了。

三一三 臺中初建

臺中市初名大墩，也叫臺中街，原爲平埔番岸裡社之舊地。清康熙五十五年，頭目阿穆率居民四百二十二戶，男女老幼三千三百六十八名，向諸羅縣縣令周鍾瑄請求「傾心向化，一體內附」。同時申請墾拓貓霧捒之荒野。當即經縣令批准。東至大山，西至沙轆，南至大姑婆，北至大甲溪一帶曠野草地，給與耕種。日據之初，住戶只有二百九十六戶，一千四百五十二人。茅舍竹屋百餘間，略無市鎮景象。民國六十年時，臺中市已是長街數里，華廈連雲。現今更是車水馬龍，高樓摩天了。

三二四　與楊一峰先生同往故宮博物院參觀

八月二十九日晨，應鄉長楊一峰先生之邀同進早餐。食訖即搭中興巴士往外雙溪故宮博物院參觀。行至芝山路遇李霖燦兄，承陪同欣賞故宮換展的晉唐書畫名蹟。觀罷欣然占詩一首：

訪勝外雙溪，同登博物院。名書列晉唐，古畫顧吳范。上下近千年，百家並稱善。
清賞意欣欣，閒論步慢慢。室靜無塵氛，神逸忘憂患。如此希世珍，人生幾得見。

由故宮出來，吾三人乘計程車往素書樓訪錢賓四先生。拾級而上，承賓老出迎，同至客室品茗閒敘。我於五十九年夏去故宮博物院參加古畫會議時，曾訪素書樓，不覺匆匆一年了。賓老新著《朱子學案》，近才付印，尚未行世。暢談漢宋之學，至十一時半始告辭而出。途中我對一公說：「與錢賓四一席談，如對明道、晦翁。令人寵辱皆忘。」一公道：「我也有同感。」我又以

「訪素書樓」爲題占詩一首：

重訪素書樓，宛轉躋苔徑。松竹布清陰，山幽庭宇靜。錢公出門迎，瀹茗話漢宋。

不覺鄙吝消，如坐白鹿洞。砥柱在中流，志還風俗正。經師亦人師，相遇吾何幸。

三二五　覆高生木森信

六十年十月十二日寫信覆學生高木森。信云：「木森學弟如見：接閱來信，知汝決計循研究畫史及創作之途並進，且銳意求變求新，其志可嘉，至佩至喜。近作尚未見到，未便置評，想必更有進境矣。余性魯質鈍，抱殘守缺。閒弄筆墨，乃在適性陶情，固無意與時人爭短長也。昨夕夢汝歸來，設座庭中，品茗論畫。余信口拈出『體勢輕，筆墨重；形格易，氣韻難。』兩句。汝欣然首肯。余認爲讀書、行路、觀畫，在收廣識啓悟之效。否則，多讀、多遊、多觀，徒蔽明、塞聰、擾神、迷性，而無益也。汝謂：錢選仿古不及創作，文沈弟子不及文沈，四王不及元四大家，皆爲師承所誤。非也。蓋人之資質學養，各有不同，故其造詣亦各異，非由師承之過。如關仝，范寬，皆師荆浩，巨然師董元，郭熙師李成，以上諸賢，不皆爲百世法耶？學畫不惟要有師承，且必取法乎上。時人薄古崇今，厭舊喜新，安望能臻高明之境耶？」高生早獲藝術博士，今在美西加州聖荷西大學任教，專研究中西繪畫理論與畫史，對於我的「老古董」觀點，恐不能接受了。

三二六　板橋畫竹

十月二十五日，《自立晚報》藝苑刊印鄭板橋巨幅通景墨竹。用筆蒼勁奇縱，實為鄭氏上乘之作，其所題跋語及詩二十餘行，自右向左，全是小行書，也極為精妙。跋云：「余家有茅屋數間，南面種竹，夏日新篁初放，綠陰照人，置一小榻其中，甚涼適也。秋冬之際，取圍屏骨子，斷去兩頭，橫安以為窗櫺，用均薄潔白之紙糊之。風和日暖，凍蠅觸窗紙上，鼕鼕作小鼓聲。於時一片竹影零亂，豈非天然圖畫乎？凡吾畫竹，無所師承，多得於紅窗粉壁日光月影中耳。爰為數首，以當竹歌。雷停雨止斜陽出，一片新篁旋剪裁。影落碧紗窗子上，便拈毫素寫將來。二十年前載酒瓶，春風倚醉竹西亭。而今再種揚州竹，依舊淮南一片青。乾隆十八年春三月之望，板橋鄭燮畫并題。」板橋之竹，狂縱有餘，而含蓄不足，故於石濤，當拜下風。

三二七　錢穆卜卦

十一月四日，《中央日報》副刊發表錢穆先生撰〈火珠林占易卜國事〉一文有云：「近兩月來，爲聯合國中國代表權一案，閉門稍閒，夫婦輒每談及。本月（十月）二十四日，得某方電話，云該案消息不佳，或遭失敗。吾妻聞而慨切，欲余試以易占。余曰：『我雖信有此事，然從未試過。』妻曰：『既如此，正當一試。』余曰：『此當先之以虔誠，我對此信未及，恐虔誠不夠。』妻曰：『我自問虔誠，可由我主占。』遂爇香膜拜，用火珠林法，取中華民國六十年臺灣一元新幣三枚，由妻擲之，六擲得山澤損之卦。余曰：『有是哉！此占可謂巧驗。』卦名損，無論聯合國如何表決，要之於我爲損，此一驗。然此卦乃元吉旡咎之卦。其辭曰：『損，有孚，元吉，旡咎，利有攸往。曷之用，二簋可用享。』卜卦，誠則靈，靈則驗矣。」卜卦，在求知數之規範的結果。數之規範，自無始即已注定，故一切吉凶禍福，皆爲定數，弗能改易也。

三二八 神交未謀面的蔡勝天

十二月八日，清晨自北郊散步回來，接到蔡勝天君由巴黎來信。我與蔡君素不相識。信中表示對我極爲仰慕之忱，讀之既感且愧。我直覺是在夢中遇到「知音」的鍾子，當即把他這封信錄在日記上，以爲他日晤談之資：

「敬愛的教授：您好！原諒我，冒昧寫信給您。您的大名，早在十五年前就深深印在我的腦海中。雜誌、報章的報導和師友的講述，印象一天比一天加深，仰慕之情也自然天天都在增加中。可惜當時我太年幼(初中生)不敢把心事表露出來。到了高中大學也因爲功課日緊和工讀生關係，生活與學習之外，沒有機會去拜望和請教。雖然，這時代的學習對象是藝術，求知慾比任何時間來得迫切。出國學藝術，一、二十年。參觀過各地博物館，結識了當代不少國際藝壇巨匠名人，然而先生給我的印象，更加深刻。何以故?中外藝術家，都難免有門戶之見，特別是在重商的今日，不少人名不副實，不少人只會妒忌別人。爲了爭一時名利，不惜犧牲個人學術立場。做人條件，對別人就更不必提了。先生與溥(心畬)故教授是我心仰的兩位長者。先生作畫態度嚴謹，待人和藹可親。不求名利，與世無爭。這是常人所難的。這與先生終生侍佛有關。故我可肯定的說，先生的名必傳，先生的作品必永垂不朽。」

勝天自介爲江蘇吳縣人，十歲大陸變色，隻身隨親戚來臺。於國立藝專畢業後，應世界藝術總會及德國政府之邀，前往西德等地舉行畫展。後在巴黎藝術學院研究「科學藝術及數學藝術」。十年以前，我與勝天通信頻繁。其後甚少通信。他研究《易經》、《方陣》，頗有心得。黎凱旋創辦的《易經月刊》封面方陣圖，都是勝天的精心之作。因爲我的《新數論》和勝天的《數學藝術》，路子雖不同，但觀念也有相似之處，所以常以通訊方式交換意見。

三二九　錢穆先生題半僧草堂

老學弟陳炎輝君，家在埔里醒靈寺西，村前河邊有二、三分地，泉甘土肥，竹修木茂，他要借給我建築「半僧草堂」。我感其意誠，乃欣然受之。遂設計圖樣，鳩工庀材，準備建築，並函請國學大師錢賓四先生題「半僧草堂」橫額。不到一個星期，十二月十九日，接賓老回信併題額。半僧草堂四大字後面還題四句贊云：「佛庭築堂，自整自拂。堂名半僧，世出一佛。」我因景仰賓老之學問道德，所以才煩請他題額。我當即裁簡覆謝。函云：

「賓老尊鑒：自違塵教，倏又數月。每憶道範，輒深馳依。頃接手教，併尊題草堂橫額，拜讀之下，至欣至感。他日顏之門首，不惟蓬蓽生輝，且如時接謦欬，殊可寶也。世事紛紜，國步多艱，遙望中原，前路茫茫。庭嘗謂：生今之世，不能效郭子儀、岳武穆，亦當作顧亭林、王船山。公視顧王，猶有過之，誠吾之師也。庭近作文字畫多幅，謹寄呈一幀，藉博一粲，並乞教政！肅覆，祇頌道安。」

因在埔里造屋，四不靠鄰，環境雖佳，但不安全。所以未造。錢公所題「半僧草堂」額，在東山路玫瑰新村梅園懸掛多年，今又移來仁愛山莊，賓老已作古人，每對長者遺墨，不勝人琴之感！

二三〇　禪破三關

修禪由於根器不同，所以方法亦自有別。利根人可以一超直入，鈍根人必須循規蹈矩。修禪初階，有破三關之說。《中國佛學月刊》發表白聖法師〈學禪方便談〉簡明扼要，有益初機。其釋破三關有云：

㈠破本參關，禪宗又名打破當面關，略當教中之破分別我執，天台之破見思煩惱，《楞嚴》之「此根初解，先得人空。」皆與破本參之境界類似。

㈡破重關，禪宗又名打破金鎖玄關。略當教中之破分別法執，天台之破塵沙煩惱，《楞嚴》之「空性圓明，成法解脫。」皆與破重關之境界相類似。

㈢破牢關，禪宗又名打破末後生死關，略當教中之破俱生微細二執，天台之破無名惱，《楞嚴》之「解脫法已，俱空不生。」皆與破牢關之境界相類似。

以上所舉，係屬大概，未可緊執。蓋禪宗三關之名，雖如此規定，但行人之悟境，則不盡同，有一悟而透三關者，此又頓漸之不同矣。

我認為人之智慧雖有深淺，根器雖有利鈍，但禪法實無頓漸。行人如為禪法所縛，何能明心見性？

三二一　中日書法聯展

中日書法聯合展覽於十二月二十六日下午在國立歷史博物館開幕，我接日本書道訪問團團長谷村義雄、名譽團長長谷川四郎暨教育部部長羅雲平之柬邀，搭六點五十分特快車北上。過中壢，天氣陰雨，抵臺北欣見晴霽。下車先往復旦大廈拜訪虞君質先生。見他身體精神，都有顯著進步，甚感欣慰。略談片刻，即興辭而去。

午餐後，往歷史博物館參觀中日聯合書展。此次展出中日書品一百餘件。我方精品甚少。日人書，大都功力深厚，氣魄磅礴，虎虎而有生氣。揭幕前，我攜近作文字畫兩幅，在該館會客室親贈日人谷村義雄暨長谷川四郎。由中國書法學會理事魏經龍通譯。三時揭幕，中日書家百餘人，齊集二樓觀禮。由羅部長作主席，何應欽將軍暨日本駐華大使致詞。尚未結束，我即與張穀年、劉延濤離去，時，大雨滂沱，承他二人送我至車站，衷心甚感。

三二二　遊嘉義竹崎觀音瀑

民國六十一年元月二日與同鄉閆修篆同車往竹崎鄉遊觀音瀑。沿途佳果甘木，修竹高椰，風景極為優美。過竹崎、山竹崙、南靖厝、水道、忠義橋，停車步行。約三公里，迎面巨石夾溪，對峙如門。溪上橫架竹橋，可通行人。過橋沿溪岸前進，約數百步至第一瀑，聲若轟雷，震耳欲聾。水從岸端下注潭中，高約四五丈，闊約七八尺。潭側大石壘砌，可坐可臥。左為巍峰，右為高巖。有木梯百餘級，倚巖而立，我名之曰「上天梯」。梯窄且陡，頗像華山百尺峽。望之使人心悸。拾級而上，數分鐘才躋其巔。沿曲徑前進，側設茶座飯棚。遊客滿座，人聲諠鬧。又數十步，前望第二瀑，勢如疋練掛空。下抵溪中，過竹橋拾石級上躋，凡數折約五百餘級才達嶺麓。溯溪前進，又有瀑布三疊，最高者，水自巖端分流，噴湧而下，極像觀音頭紗。這就是「觀音瀑」之由來。當時細雨霏霏，山巒模糊，林木蓊翳，境極幽深。倘能於此結茅棲隱，「坐茂樹以終日，飲清泉而自潔。」該是多麼幸福啊！視時已近午，遂冒雨下山，欣占絕句一首：

細雨霏霏停客車，蒼藤翠木瀑流譁。
玩奇不覺天梯險，短笛清歌興未賒。

返抵嘉義，時已一點，承閆夫人治素飯招待，至今二十多年，修纂兄由金門縣長退下，先從南懷瑾居士學禪，後又經商，南跑北奔，席不暇暖。不惟不問政治，恐禪功也早已放棄了。

三三三　蜀道萬里記印行

民國三十三年秋，我從四川返回河南家鄉奔父喪。因避日寇，隱居於南陽騎立山廣慈寺，花半年的時間，完成一幅「蜀道萬里圖」及《蜀道萬里記》。蜀記稿帶來臺灣，大部曾在《暢流》發表。至民國六十一年四月自費付印，由臺北《暢流雜誌》發行。這是我來臺出版第一部遊記。這部遊記是用文言寫的，文詞頗受《徐霞客遊記》影響。於六十一年元月十一日撰自序一篇。文云：

「夫記山之文，斷自《禹貢》；躋嶽之言，始於孔氏。《論語》沂上，《莊子》濠梁，具見古賢遊觀之樂。至如《山海經》、《水經注》、或狀山川，或記名物，或述人文，或勘地理，而於蠟屐登臨，模山範水，則尤多所啓發焉。

司馬遷周遊名山，其文始有奇氣；宗少文幽棲衡廬，其心方獲妙悟，由是觀之，登高行遠，足以擴胸襟，開心智，其功寧不偉哉？

余天性疏野，喜觀造化，不惟耽畫嗜遊，而尤愛讀記遊之文，故於少時，即效酈道元、徐宏祖、顧景范，遍遊天下名山大川，以養吾浩然之氣焉。

民國三十三年春，日寇渡河，洛鄭持緊。余攜拙作五十幅歷代名將圖，赴後方展覽，激勵士氣。自魯山徒步入關，先至秦蜀，後經鄂西，爲時五越月，行程萬餘里。

夫吾之遊也，或乘舟輕泛，或策杖孤征；饑則就食野店，暮則投宿荒寺。或訪高僧問道，或共詞客彈琴。鹿鶴皆爲良友，花草盡是文章。對戰壘而興悲，聽流泉而忘言。嘗捫華嶽之壁，躋太白之巔。攬峨眉之秀，探青城之幽。觀夫劍門之關，嗟夫險之不可恃也，觀夫都江之堰，知人力之能勝天也。訪顧亭林讀書處，不禁景仰之思也；謁諸葛武侯廟，不勝惋歎之情也。人事有代謝，山川無古今。

非造峻極，莫知天地之大；非窮幽奧，難測境界之深。莊生曰：『吾在天地之間，猶小石小木之在大山也，方存乎見少，又奚以自多。計四海之在天地之間也，不似礨空之在大澤乎？計中國之在海內，不似稊米之在大倉乎？』

夫花草樹木，幽人觀之怡性情，庸人徒賞其色香；山川雲物，賢士觀之助道心，俗子徒玩其跡相。吾雖跋涉萬里，猶如彳亍方寸，井鼃之見，敢自多乎？

余於三十三年秋自蜀返豫，避寇於南陽騎立山廣慈寺。既繪『蜀道萬里圖』，復撰《蜀道萬里記》，藏之行篋，不覺二十七載矣，因虞散佚，故付梓存之。倘蒙明達不吝指教，則感甚，幸甚。民國六十一年元月。」

三三四 黑山之遊

黑山去大坑東南約七公里。林壑幽美，爲臺中名勝。我於三月二十一日上午九時前往遊覽。由大坑策杖東行，入山口，水郭煙村，雞犬之聲相聞。沿溪兩岸，皆良田美疇。稻秧才數寸，碧針簇簇，隨風飄舞。轉數彎，前望林木暢茂，境益幽深。黑山連峰際天排闥擁青。渡澗陟嶺麓，遇一牧童吹簫自林中出。與之語，欣然應答。彼邀過其家進餐。我笑謝而別。乃據石坐林中稍憩，巔上皆相思樹，濃陰翳日，鳥鳴上下，清風暫至，涼爽宜人，頗有羲皇上人之感。過午仍就原道歸來。

三三五 遊北部橫貫公路

三月二十九日清晨六時三十分，由臺北三峽鎮搭車赴北部橫貫公路遊覽。過大溪由三閣里入山，至五閣盤旋上嶺。四望皆小峰巒，林木茂密，清幽宜人。凡三折至虎豹坑，俯瞰大漢溪兩岸，綠野平疇，繡錯綺分。東南行，過牛角坡，北面有一小湖，綠樹環繞，遊艇倚岸，頗有詩情畫意。峰迴路轉，過長隧道，左右坡上多茶樹，青蔥彌望，蔚爲綠海。過溪坪、阿姆坪、田尾村、四號橋，至三民鎮，停車休息數分鐘。前行過圓山角、枕頭山、水源地下坡，見上限杜鵑盛放，燦爛如錦。過霞雲坪、吊橋、合流至復興大吊橋，橋面長約二百公尺，橫跨兩崖之間。過橋東望，層巒疊嶂，風景奇美。過羅浮至羅侯爲一片大臺地，煙村相望，雞犬不驚。倚山傍澗行，迎面爲一水壩，並有瀑布一道。過斷匯山，崖高峽急，如窺井底。前行，巍峰障面，凌霄比漢。過高坡站，東望半空，雙峰並峙，極像一對熊耳。過大彎站，轉向東行，前望兩崖夾水，對峙如門。山石崚嶒，古木參天。過榮華橋轉一大彎，北望高巖嵯峨，石如板築，勢如四川劍門，這就是北部著名的「角板山」。過埡口又轉大彎東行，過高義、蘇樂，轉彎向東南過隧道及巴陵大吊橋至巴陵車站，停車休息十分鐘。

巴陵爲橫貫公路之中站，有四、五人家，倚山面溪，風景優美。大溪與宜蘭兩方客車由此接駁。我與同鄉王天從先生和他的兩個義女下車至巴陵橋觀賞。吊橋長約二百公尺，與復興吊橋規制相仿，於民國五十五年完工。吊橋東岸二號隧道右側，爲舊吊橋隧道，係在日治時所開鑿。口外上面刻有「善工者，動於九天之上」數字，頗足發人深省。巴陵對面，巖壁峭削，青松杜鵑，相映如畫。

大家在飯館打尖後，於十一點十分登車由巴陵開行。轉彎至大曼過大漢橋。此橋下爲拱形，長約百餘公尺。橋北奇峰尖翠，高崖陡峭，景色雄麗。前行又轉一大彎，過萱原，西望對岸有瀑布一道，其上有居民十餘家。炊煙繚繞，雞犬相聞。蒼松雲檜，蔽日參天。過四崚、西村，沿途皆原始森林，尤多檜木。高者十餘丈，大數人圍。有的經山火後，頂禿枝折，雪膚斑爛，呈爲奇觀。

前行又轉四五道彎，過池端。村有派出所及招待站。門前有一處公園，其中蒔花種竹，並有草亭及三代木，清雅宜人。由此東行，轉兩大彎，過四道班站、棲蘭，沿途遍植杜鵑，不下萬本，翻紅吐白，錦堆繡鋪。車盤旋下山，皆連續彎路。過林森溪站，凡二十餘折抵發動站。過大同橋沿蘭陽溪北行，於下午二時三十分到達宜蘭。

下車覓小館打尖後，搭三點五十分火車北上，於六時至臺北。天從偕義女返回三峽，我下榻於成功湖旅社。途中過巴陵占詩一首云：

巖前共賞巴陵春，翠木蒼藤夾古津；
茅屋幾家臨水住，杜鵑鬥豔最怡神。

三三六　清明遙祭

四月五日爲農曆清明節，上午約劉才斗君同往大甲火炎山遙祭先靈，並往鯉魚潭、三合寺一遊。

八點三十分自北屯路搭車至豐原換乘客運車至小后里，步行至大安溪少憩。沿溪兩岸，阡陌縱橫，煙樹萬家。一碧如黛，風光絕勝。搭計程車過溪至火炎山下下車。沿溪北岸步行西去，仰望蒼松掩映，萬峰刺天。高巖千尺，如劈如削。我於溪谷焚香燃紙，跪向中原先塋遙拜畢，遂與劉君回至鯉魚潭。進山口，沿溪東行，水田漠漠，繡錯綺分。村舍相望，雞犬不驚。行四五里至縱貫鐵路橋，橋墩高十幾丈，爲本省最高的鐵橋。惜於八七水災時，橋墩左右被洪流沖毀。由橋下過溪，仍沿岸東行，就小路上山，數轉躋其巔，爲新闢黃土平原。面積約百餘甲，遍植鳳梨，工人正引水灌溉。順小路下抵大安溪北岸。東行約一里許，仰見茂林修竹中露殿宇一角。劉君道：「三合寺到了」。拾級而上，綠蔭翳日，凡三折才到寺上。寺宇有大殿三間，左右有祖堂、客堂及雜寮十餘間。依山面溪，清幽宜人。惜無僧尼守護，屋圮徑荒，燈息鐘沈，只聽鳥語啁啾而已。此寺建於日據時期，已有五十年歷史。坐庭中稍憩，遂離寺下山。即便橋過大安溪返回臺中。占詩一首云：

林中尋得三合寺，水繞山環滿壑松。
燈滅徑荒梵唄寂，佛前禮罷自敲鐘。

三三七　聞日人川端康成自殺

四月十七日發生兩件驚心動魄的事：一是日本文壇巨星川端康成自殺身亡。一是美國太陽神十六號太空人升空登陸月球高地。

川端康成於下午九時左右在其逗子海岸之別墅大廈裡臥在浴室地上，口啣煤氣管自殺死亡。生前未立遺囑，只抄日本女作家岡本塵子兩句詩：「一年年我的哀傷深了，漸漸的，韶華燦爛了。」此爲川端臨終僅有的遺筆。他的弟子三島由紀夫於前年切腹自殺，可能是促其自殺的原因之一。

人生本來就是旅行，願來就來，願往就往，活的不耐煩，就死。至於「重如泰山」，或「輕於鴻毛」，都是僞善者騙人的話。自地球上有人類以來，那有抱著某種目的而出生的呢？日人奧野健男〈從川端康成的自殺，談日本文學家的自我追尋〉一文中說：「嚴格說來，文學這種東西，乃是一種幾乎不容許人類從事，或者是說幾乎已超越了人類能力的工作。（中略）選擇這一工作爲終身職業的作家，無疑是自投羅網，成爲文學復仇的對象，結果可能弄得體無完膚，甚至非死即狂。（中略）所謂文學這種東西，正如川端康成在接受諾貝爾文學奬之後所說的：『文學家原來就是一個無賴漢。今後我會做些什麼，連我自己也不知道。』文學家乃是一種怪物，而不是對社會有益的紳士或名士。」

我曾說：「我如不學畫，必是世界上最沒用的人。然而正因爲學畫，才把我塑成更沒用，更與世俗不合的人。」

三三八　鄭曼青上總統書

五月十五日，文化學院又寄來《美哉中華》一册，刊有鄭曼青上總統書。此書乃爲爭取國大代表選舉權而發。曼青於十年前曾指導蔣夫人國畫，旋即旅居美國，教洋人學太極拳。去年我國退出聯合國，彼夫婦翩然歸來。我認爲鄭有與國人同患難，共生死之節概，所以甚敬重其人。及看到他上總統書，才知他之所以回國，意在出席國民大會，爭取選權。書中且言：「於十餘年前，曾面與美齡蔣夫人剴切言之，迄無明諭云云。」竟想藉總統夫人裙帶關係，爭取選權，誠不知天下有羞恥事！今又重將上總統書，公開發表，冀博直名，則更爲無恥之尤矣。曼青此舉，不惟辱其個人，而亦玷污七友之清譽，何不智之甚呢？

三三九　謝張濬之卜卦

同鄉張濬之來信，爲我批斷生時八字言：據邵康節《象數學》所示「雲掩皎日」之象。我當即覆他一信云：「大函誦悉。批示命相，至爲驗合，無任感佩！我國數理之玄深，誠不可思議也，弟命運多乖，幼即識之。故行世途，如履薄冰。數十年來，小心謹愼而已。夫命雖註定富貴貧賤。然心能鑄造善惡美醜。人生有限，富貴無常。『自古聖賢皆貧賤，何況吾輩孤且直。』心如有主，雖狂風暴雨不能撼，而況飄緲之浮雲乎？弟早已避世。光不待雲掩而自韜矣。」

三四〇 吳子琛逝世

畫壇耆宿吳子琛先生於五月二十四日病逝於臺北宏恩醫院，享壽七十九歲。吳氏，江蘇吳縣人，出生於書香世家。幼習書畫，其山水師董玄宰、王石谷；其墨竹師夏昶。早年客寓上海，常與吳湖帆、吳待秋、馮超然遊，號稱「三吳一馮」。民國五十三年來臺定居，懸壺行醫，並設帳授徒。五十六年以「雲山無盡圖」與拙作「長江萬里圖」同獲首屆中山學術文化基金會美術獎。我於臺北市國賓飯店接受嚴副總統頒獎時始識吳先生。吳氏貌瘦體弱，行動需人扶持。溫文儒雅，是一位深受傳統文化陶冶出來的謙謙君子。老成凋謝，曷勝悼惜！

三四一 太子大飯店雅集

朱雲，字龍安，浙江人。畫師石田，書學魏碑，能操古琴。在彰化警局任祕書，忠勤廉正，名重藝林。時來臺中，過從甚密。五月三十一日，龍安在臺中中正路太子大飯店設宴。邀彭醇士、陳定山、潘榮錫、徐人衆、王爾昌、汪廣平、宋新民與我共八人雅集。定山自負好勝，講話從不讓人，素翁故意詭而折之，諠聲雷動，滿座譁然。席散，定山向我索畫。我慨允之。

三四二 欣欣餐廳雅集

六月四日中午，於臺中市府路欣欣餐廳設素齋，邀請李雪廬居士、朱鏡宙居士、蔡念生居士、劉霜橋居士、安懷音先生、劉錫五先生及范叔恆先生雅集。並爲安老餞行。這時，李雪老八十三歲，朱鏡老八十三歲，安懷老七十九歲，劉霜老七十八歲，劉錫老七十六歲，蔡念老七十二歲，諸老一致認爲此次集會，殊不易得。諸老皆年高德劭，對於改善風俗，扶持名教，都有莫大的貢獻。可謂維繫社會人心之中流砥柱。而且以復興中華文化爲己任，身體力行，表率群倫。我有緣常接謦欬，眞是三生有幸。

三四三 敦煌石室

六月十九日新聞報導：大陸甘肅省敦煌鳴沙山莫高窟近年政府斥資整修之外，並派許多專家學者組團前往考察研究。

年，大約在景祐二年西夏人入寇鳴沙時期。至清光緒二十五年五月二十五日始經道士王圓籙破壁發現石室。內藏六朝及唐代寫本經卷。道士不知其價值之貴重，初售與附近富戶，以爲整修千佛洞之資。至光緒三十三年初，英籍匈牙利人探險旅行家斯坦因至千佛洞，乃利誘道士，盜買寫本經卷及古文件，歸藏大英博物館。越兩年至宣統元年，又有法國漢學家伯希和也接踵至千佛洞，盜買不少寫經卷子。並且於返法時道經北平，洩露石室遺經之事。清廷爲防國寶流失，乃於宣統二年命學部會同甘肅地方官員，將石室殘存經卷八千餘卷運回北京，交京師圖書館保管。（後改北平圖書館）大陸易色，運來臺灣，由中央圖書館庋藏。石室遺經，總數不下兩萬卷，不幸大部分流入英、法及日本。不惟爲國家之損失，尤爲我中國人之大恥。

敦煌石室，爲我國文化寶庫之一。石室遺經，又爲敦煌國寶之一。考敦煌石室封閉於北宋初

三四四 評閱文化學院碩士論文

六月二十七日評閱文化學院寄來藝研所碩士畢業試卷。王哲雄之論文〈淨土行儀之藝術論〉也同時收到。王生以藝術之觀點，透視淨土行儀之藝術性，而建立超越的淨土行儀之藝術觀。另有蔣勳的論文〈漸江〉，資料豐富，文筆通順，二生皆爲可造之材。

二十九日搭快車北上。三十日清晨七時搭公路局車往華岡文化學院會莊所長慕陵及曉雲法師

在大義館藝術研究所開始論文口試。此次參加口試研究生有蔣勳、王哲雄二人。蔣勳敏慧過人，口若懸河；王生亦根柢深厚，對答如流。至十二時口試方畢。我與慕陵先生、曉雲法師應邀赴蔣、王二生謝師宴。宴設佛教文化研究所，請人特治素齋。上電梯時，莊所長先入，我與曉雲法師遲一步門閉，我笑謂法師道：「我們成門外漢了。」法師道：「我研究佛學，來指導藝術研究生，才眞是門外漢哩。」佛教文化研究所在大義館九樓，憑窗外望北投、淡江、觀音山，如列几席。午後二時，陳國寧、蔣勳二生送我回臺北。時間匆匆轉眼二十多年。蔣勳赴法留學回國後曾任東海大學美術系主任。王哲雄與蔣勳同時留法，今任北師大藝術研究所教授。二人都是著名的藝術理論家。

三四五　莊嚴先生的信

我在臺北省立博物館展出文字畫後，文化學院藝術研究所所長莊嚴先生對於文字畫最感興趣，特別邀我去藝研所任課。我考慮藝研所學生對於書法沒有根基，文字畫不易學好。因此致書莊先生，願開國畫理論課程。七月五日莊先生回信說：

「半僧道兄有道：兩奉手札，恍若面談。大作文字畫尤妙，懸之壁上，遠望近睹，無不逸趣橫生。看似婦孺都懂，實際大有深奧學問。非邃於文字創造原於畫法者不克臻此。公以簡筆圖，欽佩欽佩！關於文化學院任課事，弟以爲原定之『文字畫』一課，既新穎又與藝術理論互通，而且一向無人作專題講授，倘開此課，定能號召學生。而且研究所學生向來不多。只要有一人選修，即可開授。與聽衆多少毫無關係。至於擬改『中國書畫源流』，在題名上以與鄭曼青之『詩書畫』頗有雷同之嫌。據此種種弟以爲仍以原題開授爲宜。不知尊見以爲何如？尚希卓察！近日天氣炎熱，未知中市何如？碩士口試，尚有二人，恭請我公出席。已告之選在一天，務必在禮拜五、六兩天，選定一天，尚乞放心。匆匆拜覆，敬頌道安。弟嚴頓首。」

三四六　智仁勇的蔣桂琴

六十一年八月十二日，應馬壽華先生之約，往中華路國軍文藝活動中心，觀大鵬劇團名花衫蔣桂琴小姐主演的「紅樓二尤」。因爲戲票早已搶購一空，所以會場不但座無虛席，並且立而觀者也擁擠不堪。可謂國劇公演空前未有之盛況。

前半部由郭小莊飾尤三姐，程燕齡飾前尤二姐，楊蓮英飾柳湘連，拜慈靄飾尤母。後半部由蔣桂琴飾後尤二姐，徐露飾王熙鳳。當蔣桂琴出場，立即爆起如雷的掌聲。蔣伶患骨癌，曾將右腿切去，裝以義肢，且其癌細胞已侵入肺部，成爲不治之症。今乃自告奮勇，抱病登臺，其不幸的遭遇與她大無畏的精神，實在太感人了。自出場至謝幕不知博得觀衆多少掌聲和眼淚？《大華晚報》記者說：「如果有人替國劇的復興作紀錄，或者撰寫國劇史，這一天應當是值得大書特書的一天。」我認爲蔣桂琴是大仁大智大勇兼備於一身。她抱病義演，把收入捐作設立防癌機構，濟世活人，此其仁也；自知病入膏肓而不畏懼，此其勇也；她說：「在人生逆旅中，怎能匆匆的來去呢？應該儘量發揮個人的潛能，貢獻於人類社會，由現實的生命中，充滿活躍生機，征服一切恐懼，拓展生命的永恆。」此其智也。

我嘗說：肉體之生命是暫時的，藝術之生命是永久的。蔣桂琴此次不辭生命之危險而勇敢的參加演出，就是把捉了永久的生命。

三四七　指導洪瑀鎬碩士論文口試

八月二十四日接到文化學院藝術研究所美術組韓國研究生洪瑀鎬寄來畢業論文一本。書名：〈留華韓國書畫家與收藏者探考〉。指導教授爲莊嚴先生。洪生來華才兩年，不但文筆通順，而內容尤爲豐富。如李世倬、安儀周，皆爲韓國人，在我國或爲大畫家，或爲大收藏家。但在韓國，既無畫蹟，且又不知其姓名。洪生這篇論文，對於中韓美術交流，實有莫大的貢獻。

二十五日搭早車北上，午後往華岡文化學院指導洪生論文口試。指導教授有莊所長、李霖燦與我共三人。口試兩點開始。因洪生是韓國人，華語不甚流利，所以未多問即告結束。慕公出摺扇一面，併宣紙冊頁一本，索我作文字畫。我當即帶回臺中。

三四八 劉太希陶壽伯來中雅集

九月八日午後，劉太希、陳子波、莊稺卿三位來訪，適值我正午睡，他們留刺而去。我睡醒起來，甚感失迎爲歉。

下午三時，往綠洲飯店，回拜劉太希先生，暢談當前中國書畫衰落之原因及中華文化復興之方向，約兩小時。由於思想觀點接近，所以非常愉快。太希先生，早年在北京大學文科畢業，渡臺後曾任國立政治大學及私立淡江文理學院文學系教授。學識淵博，尤擅詩文。其行草清勁灑脫，自成風格。偶而即興揮寫佛像，亦秀雅脫俗。性嗜酒，煙不離口，健談、不拘小節，接其謦欬，有親切之感。

是晚承陳子波在綠洲設宴雅集。邀有劉太希、陶壽伯、彭醇士、莊稺卿與我。壽伯是畫梅專家，才從臺北趕來。子波是南部畫家兼收藏家。稺卿家在臺中，喜與書畫家往來，人頗風雅。大家談論書畫，並即席賦詩，氣氛非常和諧。餐畢，同至稺卿家又茗敍兩小時始散。

三四九 溪頭之遊

九月二十八日，天氣晴和，獨自搭公路局車往南投縣溪頭遊覽。溪頭去竹山東南約二十公里，在鳳凰山北麓，爲臺灣大學實驗林場。原是一處山僻荒村，現在成爲名勝鬧市了。其建設有：臺灣大學師生宿舍、招待所、旅社、郵局、天主堂、汽車站，高樓矮屋，都在森林之中。購票進園門，循石徑上行，兩旁都是高大的翠竹和寒杉，翳天蔽日，蔚爲林海。草叢石隙多秋海棠，花凝紅粉，誘蜂引蝶。

前行入寒杉林，滿目蒼翠，不知幾千萬株。路邊有一株神木，是樹齡二千八百年的古檜。幹粗十餘人圍。其下空朽，闢爲兩門。內部空間可容三四席。雖飽經滄桑，依然很有生意。

返回向西北行，約三公里至大學池。池水清澈，游魚可數。池邊小築亭園，花木扶疏有致。四周杉林環繞，別有天地。林中建有木屋多棟，可供遊客住宿。我很想在此賃屋而居，但爲學校課業所羈，不得脫然。在車站附近小館吃罷午飯，遂搭車返回臺中。途中占五言古風一首：

廿年傷寄泊，客裡又中秋。
寂寞如何遣？飄然作遠遊。
車馳百花道，新綠滿平疇。

方過竹山市，盤旋躋嶺丘。
蒼蒼雲木秀，臨水鷺沙鷗。
大壑人家聚，青煙繞畫樓。
扶笻步石徑，蔽日翠篁幽。
巖下觀神木，巍巍罕匹儔。
老幹起輪菌，龍枝尚清遒。
商朝始出土，風露三千周。
無用以爲用，不需達王侯。

三五〇　文字畫展

近年青年們醉心於西洋現代抽象畫，崇洋媚外，鄙棄傳統。但抽象畫乃西洋人所創，與中國人無干。吾人要想創新，應從自己文化中找素材。因此我才下決心把傳統最古老的象形字從實用的符號裡解放出來。不但恢復其本來的面目，並且更賦予它詩的意境，重新組合爲簡單、樸拙、有生命、有趣味、純粹審美的文字畫。

我作文字畫的目的，不是專供個人坐在象牙之塔裡享樂，而是在發揚我們中華文化之特色和優點。必須把文字畫大衆化、普遍化、實用化，才能使專家以外的一般人們也能認識我國古文字，並能領略我國古文字造型之美。由於對於古文字發生興趣，而更愛我們的傳統優秀的文化。因此，我把文字畫開闢兩條路：一是描寫畫，二是裝飾畫。描寫畫又分具象、半具象、抽象三種。裝飾畫又分建築圖案、織物圖案、連續圖案、封面圖案四種。這是一條大路、平路，不但使我們中國人都能看得懂，並且使外國人也能普遍地發生興趣。

文字畫不但給青年人開闢一條創作的新路，而且還是老年人寄情遣興的方便之門。我開始作文字畫，是在民國五十五年以後。至六十一年，承文化學院藝術研究所所長莊慕陵先生邀聘指導文字畫，並應省立博物館之邀，於十月九日在該館首次公開展覽文字畫，不但各電視臺及各大報記者蒞場，競相錄影拍照，並承總統府資政張岳軍先生及名書畫家馬壽華、朱玖瑩、王壯爲、王愷和、吳萬谷、劉延濤、劉太希、李超哉等蒞場參觀，對文字畫讚賞不已，予我莫大的鼓勵。

三五一 漢夏承碑

十二月十一日晚間於臺中綜合大樓購得《明拓漢夏承碑》一冊。此碑結體奇古，用筆圓渾，雖爲八分，而參篆法。碑陰楷書「淳于長夏承碑，建寧三年蔡邕伯喈書。」跋云：「右蔡邕書淳于長夏承碑，在廣平府。承不知何許人，其仕與卒，皆無當於廣平，碑所自來，莫可考究，永樂七年修，歲久踣仆。成化己亥前守秦公民悅，復古軒以復之。碑首有穿，疑所以受縴懸棺。而八分字畫奇古，信爲漢初無疑。迨今幾七十年，海內賞鑑，擬石經矣。嘉靖癸卯築城之後，爲工匠所毀。越二年來守郡，索諸瓦礫間不獲。乃取模本臨石置亭中。」《金石錄》云：「宋哲宗元祐間，因治河隄，得於土壤中，刻畫完好如新。」《隸釋》云：「此碑字體頗奇，唐人蓋所祖述。梁庚元威作書論載，隸有十餘種：曰芝英隸、花草隸、仙人隸、科斗隸、幡信隸、鐘鼎隸、龍虎隸、鳳魚隸、麒麟隸、蟲隸、魚隸、鸞隸。此碑蓋其間之一體也。」《臨汝帖》以爲蔡邕書：「中郎之蹟，傳於今者，惟石經遺字爲有據。而與此碑字體不牟，未足信也。」丁念先八分是法夏承碑，橫畫落筆過尖，乏渾勁之趣。未足爲法。

三五二　吳昌碩山水畫

吳昌碩，字缶廬，江西省人，以善畫粗筆花鳥著稱於世。我曾聽陳定山說，吳缶廬的山水畫，都是吳待秋爲他捉刀。黃馥芳大不謂然，並撰文駁斥定山所言之謬。六十二年元月八日《自立晚報》藝苑發表吳岳廬「竹林高隱圖」山水。筆姿縱放，氣韻生動，非於傳統筆法，具有深厚基礎莫辦。畫上角並題句云：「典午風流歌。滄桑又幾經。竹林渺何許，是處見新亭。把臂成高蹈，添香欲肖形。若爲五君詠，我獨學劉伶。」

三五三　跋董夢梅仿送子天王圖及朝元仙仗圖

董夢梅弟，山東人，國立師範大學美術系畢後，在行政院新聞局任職，同時並入文化大學藝術研究所碩士班研究國畫理論。其碩士畢業口試，曾受我指導，因此建立了師弟關係。董君才華卓越，善畫工筆人物、仕女、佛像。曾以一年時間仿繪「送子天王圖」及「朝元仙仗圖」兩幅橫卷。六十二年元月六日，我往文化學院藝研所授課，董君攜兩圖卷，請我題跋。我把兩卷攜返臺中，跋就即於二月十三日，趁往文化授課之便歸之。今將跋文錄後：

「夢梅棣爲文化學院藝術研究所碩士，工畫人物仕女，法吳道子、李公麟，尤善白描，精雅絕倫。本卷乃宋武宗元『朝元仙仗圖』，用筆細勁，衣褶飄舉，視之原本，略無遜色。非學富功深，何克臻此。按，武宗元『朝元仙仗圖』爲僑居美國王季遷氏所藏。今故宮博物院副院長李霖燦先生於民國五十五年自美攜歸影印複製品乙卷，交江逸子、安文英臨仿，余嘗詳爲記之。（中略）細觀『朝元仙仗圖』，人物描法雖尚遒勁飄舉，惟天女髮髻，僅具匡廓，未染未分，且欄杆雲樹，亦皆草草描出，筆無神韻。此圖或爲初創之粉本，或爲仿作之存稿，決非吳武二氏眞蹟，可斷言也。黎簡跋云：彼嘗見有兩本，神氣筆力皆同，乃斷此本爲初稿。與余所見正不謀而合矣。顧德輝跋稱『五帝朝元圖』，趙松雪跋則斷爲武宗元眞蹟『朝元仙仗圖』，與《宣和畫譜》

所列吳道子畫『列聖朝元圖』，可能爲一畫異名耳。夢梅屬題，辭之不獲，爰述斯圖原尾以歸之。」

又跋董夢梅仿吳道子「送子天王圖」云：「『送子天王圖』，見於明張丑《清河書畫舫》及茅維《南陽名畫表著錄》。明代前諸家均無記載。《宣和畫譜》雖有天王像，然亦無『送子天王圖』。即此圖人物面目及衣紋觀之，必出於北宋名家之手。莊慕陵先生謂或出自李伯時，殊有見地。夢梅棣臨仿『送子天王圖』，余初見即驚喜踴躍，讚歎不已。其筆法遒勁，清逸超塵，腕力充盈，去來無礙。視之原卷，令人有後來居上之感焉。」

三五四　炳靈寺石窟造像

二月二十四日見《讀友畫刊》發表炳靈寺石窟造像，其資料彌足珍貴。考炳靈寺在甘肅蘭州西南永靖縣北十餘里之小積石山，群峰環抱，黃河中貫。石窟面河開鑿，梯道迴環，呈爲奇觀。寺創建於西晉，去今一千六百八十餘年。分上下兩院，上院只餘石窟，下院寺宇，僅存佛殿。該寺石窟共三十六，佛龕八十八。以唐代開鑿爲最多。佛像最大者有七十餘尺，四壁滿布雕像。壁畫佛像，法像高古，衣紋樸拙，爲西晉之世的作品。

三五五　清明往毗盧寺遙祭先靈

清明掃墓，由來已久。如《孟子．齊人章》有云：「齊人之乞食，有卒之東郭間之祭者，乞其餘不足，又顧而之他。」可見在戰國時，即有掃墓之舉了。掃墓之禮，清明之外，也可在霜降舉行。清《通禮》云：「歲寒食及霜降節，拜掃壙塋，屆期，素服詣墓。具酒饌及芟剪草木之器。周眡封樹，剪除荆草，故稱掃墓。」

六十二年清明是在農曆三月初三，國曆四月五日。我備香紙鞭炮及鮮果，由胡君攜之，同往后里毗盧寺遙祭先靈。寺在太平山南麓。寺宇整潔，環境清幽，實爲最佳的選佛場。該寺開山祖師爲覺滿尼師。現任住持是妙靜尼師。妙靜俗姓呂，臺中縣三角村人。妙靜姊妹三人，都在該寺出家，受具戒。

大殿是西式建築，匾書「毗盧禪寺」四大字，是歐陽竟無老居士手筆。蒼遒奇縱，頗似陳希夷書。殿前植有青松數株，大者合抱，森森生涼。我進大殿拜罷佛，承妙靜師奉茶稍憩，即離寺返中。

三五六 出席文化學院中華學術院會議

張曉峰先生，不但創辦學院，爲國育才，並提倡學術，尊重學人。他在文化學院成立中華學術院，並設哲士、研士，以資獎勵。六十二年四月六日，我應中華學術院之邀，赴臺北出席會員全體會議。下午四時，往中央新村訪姚夢谷兄暢談兩小時，適値落雨，承他夫婦挽留共餐。晚下榻於南海旅社。七日上午去光復南路訪虞君質先生。他因病住在學生家中。健康頗有進步。口雖不能暢言，但能撰文寫字，甚感安慰。君質先生在未赴港之前，原住羅斯福路臺大宿舍，子幼妻賢，是一美滿的家庭，曾幾何時，妻亡子散，至此淒涼境地！憶往視今，不禁愴然淚下。

下午三時，往吉林路文化學院學生活動中心出席中華學術院會議，到會者有：張曉峰、馬壽華、郎靜山、梁中銘、王壯爲、馬白水、李梅樹、馬紹文、李超哉、季康與我等二十餘人。張曉峰先生列席，由馬壽華先生作主席。商討如何發展中國美術及培養人才等問題，發言者頗爲踴躍。我即席推介陳其銓爲研士，承全體舉手通過。散會後我與中銘兄附馬木老車離去。順便往青田街訪梁均默先生一敍。均老出示乩畫寫意年魚一幅，狂縱蒼潤，驚爲神品。

三五七 畢卡索逝世

六十二年四月九日，新聞報導：西洋名畫家畢卡索因心臟病在其摩金斯別墅中於八日逝世，享年九十一歲。畢氏於一八八一年十二月二十五日生於西班牙南部之馬拉加。他的父親是一位教授畫家。畢氏爲反對佛郎哥統治西班牙，而於一九四六年定居在法國南部，被譽爲二十世紀最具影響力的畫家。畢氏的家人，決定將他的遺體葬在中古墓園中。因爲畢氏生前發誓不再回現政府所統治的西班牙。他的原配夫人柯克羅娃，生一子名保羅。第二任夫人，名賈格玲。還有一位非正式夫人華特，生三個兒子。長名瑪雅，三十八歲。次名克勞德，二十六歲。三名巴羅摩，十七歲。自華特夫人與畢氏分離後，即斷絕往來的關係。因此。畢氏的財產，由賈格玲和長子保羅二人分享。

畢卡索是立體派創始人。他由非洲原始藝術啓發創新的靈感。造型怪異，筆觸簡樸，色彩明豔。造成他獨特的風格。

三五八　遷居玫瑰新村

我爲畫長城、長江及橫貫公路三幅長卷，遷出臺中師專，在外賃屋而居。遷至衛道路三巷十九號雙柳園，倏忽四年有半。六十二年，我從臺中師專主動退休。把退休金在東山路一段一四七巷十弄四號買了一棟平房，才有了自己的窩。

房子雖僅有二十坪大，但前後右邊都有院子，約有五、六十坪，可以種植花木。在未搬家之前，我即帶工人去到新村，先把庭院闢起來，並把大小石子撿出，以便種花。靠近圍牆，還有一個小池子，更可以種蓮養魚。尤其是牆外稻田裡水，經常潛流入池裡，不需人工灌水。

四月二十九日上午九時，鄉友蔣肇民、任敬之、學生成應生、成映鴻、洪祥鈺、方豪賢、洪鎭平、何善慧與工友張斯棟諸位齊來幫忙搬家。因盆栽太多，搬至午後二時才告完畢。光衣物書籍，整理一天才大致就緒。新居自名曰「半僧草堂」，我把錢穆先生所題的橫匾也掛在門首。感賦七律一首：

東山路上多新莊，盡力經營一草堂。
種竹幾竿聽鳥語，開池方丈待蓮芳。
仲宣潦倒終歸魏，子美飄零未還鄉。

詞客哀時空灑淚，須從亂世礪冰霜。

我自幼即敬仰杜工部而薄王仲宣，至今未易此志。

三五九 應陳定公之邀小聚

五月二十日中午，承陳定山先生邀吃便飯。只有臺北暢流雜誌社社長劇慶德兄與我二人。陳夫人親作素菜數樣，鮮美可口。定公年近八旬，夫人年逾七旬，都像五十許人，可謂駐顏有術矣。

定公與夫人，不但愛好京劇，並且能唱京劇。我曾看過他們老夫妻倆同臺演出。定公飾小生，夫人飾青衣。扮相雖顯老些，但唱腔還頗有韻味。因爲我也最喜京劇，所以與定公談起京劇，都很有興趣。

定公送我《十年詩卷定山詞合刊》。我略讀若干首，認爲其律詩頗多警句。如：「夢爲遠別偏防覺，折得殘花應恨開。」又「每向鏡中驚面目，只緣地僻懶衣裳。」皆精警可誦。定公詩植基於盛唐李杜，得力於山谷二陳。其詩境與年俱進。爲臺灣詩壇僅存的碩果。定公將遷居於五權一街四巷九號。面向我索畫一幅。

三六〇　應文復會之邀講文字畫

臺北中華卡通公司董事長鄧有立君於六月七日來訪。該公司爲宣揚中華文化，攝製有文字卡通，定於十五日在臺中省立圖書館公開放映。他銜教育廳長潘振球先生口信，邀我同時作「文字畫」專題演講。因爲潘廳長兼省文復會主任委員，認爲文字是中華文化之根源，所以對於我的文字畫特別重視。經我同意後，文復會又來邀請公函。在未演講之前，我爲增加演講效果計，特又製作「八卦與象形文比較表」、「獨體象形字例」、「合體象形字例」、「變體象形字例」與「六書字例表」各一份，以備補充說明。

十五日下午三時，省立圖書館派車來接我去中興堂演講。由中興大學校長羅雲平先生作主席，教育廳長潘振球先生特別從臺北趕回來捧場。聽衆大部分是各中等以上學校教師及學生，約有一千四、五百人，幾座無虛席，是我作學術演講以來最大的盛況。

在我未講之前，先放映鄧有立君所製文字卡通。嗣由主席羅校長致詞介紹文字畫及本人。我的講題是「文字畫研究」。講兩小時才告結束。至貴賓室休息片刻，承宋館長邀往沁園春晚宴。

三六一　出席中國書畫評鑑學會成立會

六十二年十月二十五日，往臺北愛國西路自由之家，出席中國書畫評鑑學會成立會。出席人：馬壽華、劉延濤、姚夢谷、高逸鴻、傅狷夫、胡克敏、陳子和、張穀年、王壯爲、葉公超、黃君璧、邵幼軒、季康、歐豪年、李葉霜、羊汝德、柯福與我等三十餘人。票選結果，我也當選爲理事。繼之舉行理監事會，公推馬壽華先生爲理事長。陳子和爲祕書長。並推胡克敏、歐豪年與柯福爲赴日舉辦中國書畫展代表。

陳子和與歐豪年爲廣東同鄉，同住水晶大廈。爲幫助歐豪年赴日展畫，於是藉柯福常與日本畫商交往之關係，才發起成立書畫評鑑學會。歐豪年赴日展畫，以中國書畫評鑑學會代表的身分，果一炮打響。奠定了他成名的基石。

三六二　遊南部橫貫公路

十一月二十四日上午七時，同鄉閆修篆兄派司機駕車陪我遊南橫公路。離臺南市東北行，沿途岡陵起伏，溪流蜿蜒，滿山遍野全是芒果樹。自玉井東南行，過頭份橋爲橫貫公路之起點。繞青山北麓下坡北望，佳果甘木，煙村相望。過老濃橋至老濃村，有國民小學一所，大多是山地兒童。轉彎北行，迎面雙崖對峙如門，青松倒掛巖際，充滿了詩情畫意。過高中村，山高峽深，景更優美。峽谷對面有瀑布兩道。東望大嶺，嵐翠照人。過桃源橋到橋源村，有鄉公所，鄉長陳樹正君，山胞，屏東師校畢業，年三十餘歲，忠實慷慨。君登車陪我同到梅山村招待所休息。時已中午，即在此打尖。聽說前面埡口坍方，食訖便折返臺南。南橫公路，西段沒有特殊動人的風景，所以使我頗感失望。

三六三　應國立歷史博物館邀請展覽書畫

國立歷史博物館為慶祝開國八十四年元旦，特別舉辦溥心畬遺作和我的近作書畫展覽。十二月三十日下午三時開幕，到有：馬壽華、高逸鴻、劉延濤、張穀年、陳子和、梁寒操、姚夢谷、胡克敏、季康、陳雋甫等約兩百餘人。由何浩天館長主持開幕儀式，馬壽華先生致詞。展品八十餘件，大半是禪意畫。這種畫是先用清水把紙噴濕。依次再潑淡墨、濃墨，濃墨之中再潑淨水。讓它自由滲散。乾後不但墨分層次，並且渾厚淋漓，趣味無窮。同道朋友們對於我的禪意畫特別激賞。這次展出書法二、三十件，有：鐘鼎、隸書與楷隸。楷隸是融合篆隸、西晉人寫經、泰山金剛經與唐楷為獨特的一體。用筆圓渾厚重，結構端正樸拙。識者評謂如「入定老僧」。

我的書畫展，於民國六十三年元月十九日結束。下午三時，歷史博物館邀請故宮博物院副院長莊慕陵先生演講，講畢，請我與王壯爲、李超哉三位當衆揮毫，觀衆數百人，又來一次高潮。五點收畫，「戲到團圓是散場」，一切當作如是觀。

三六四 我與邱生之緣

元月二十五日，我從臺北往山佳淨律寺訪廣元法師閒敍，他告邱生死訊，使我不勝痛惜！邱生家在樹林鎮，獨出，無兄弟姊妹。聰慧過人，性愛繪事。家境清寒，初中畢業即入某工廠工作，博取微薪，以補家用。君久慕余名，於六十一年屢託廣元法師介紹，從我習畫。曾來臺中，面請教益。我看他面目清秀，才高質美，爲一可造之材。他喜畫山水，筆墨清逸，似不食人間煙火。如能長壽，將來必是中國藝苑之奇葩。

此次我在歷史博物館展覽書畫，廣元法師與邱生約同往臺北參觀。法師先行，邱生騎機車後往，不幸中途與汽車相撞，因腦震盪喪命。正是「我不殺伯仁，伯仁因我而死」。豈不痛哉!?賦詩輓之曰：

邱生才質如寒梅，不幸忽爲風雨摧！
顏子大賢偏短命，蒼天何忍不憐才？

三六五 赴薛光前博士晚宴

薛光前博士任紐約聖若望大學校長，於元月初由美返國，下榻於臺北市圓山飯店。設晚宴柬邀書畫名家張穀年、梁中銘、郎靜山、陳子和、姚夢谷與我等餐敍。薛氏雖僑居美國多年，但仍熱愛國家和傳統文化。爽朗謙遜，令人可親可敬。薛氏知我畫有長城、長江兩幅長卷，特面邀去聖大展覽。我感其意誠，乃慨然接受。薛氏返美不久，又正式來函邀請。我因考慮攜長卷出國展覽，有許多麻煩，所以回函婉謝。薛氏雖已去世十幾年，但對他邀我出國展畫的盛意，卻依然感激不忘。

三六六 悲索忍尼辛被逐

二月十五日，閱新聞報導：由於蘇俄政府放逐一位曾得諾貝爾文學獎的作家索忍尼辛，自由世界文藝界人士一致嚴詞譴責。索忍尼辛之所以被逐，乃肇因於他所著《古拉格群島》一書在巴黎祕密出版。《古拉格群島》是一部控訴史達林囚犯集中營之著作。所以觸怒蘇俄當局嚴斥索忍尼辛爲「叛國者」。該書未出版之前，蘇俄祕密警察曾以捲地毯式之搜索追尋原稿。使一名爲索氏打字的婦女不能忍受疲勞審訊而自縊身死。

索忍尼辛在一九七四年寄居於西德名作家鮑爾家中。是在山區僅有一百多人的小村子，拒絕接見一切訪客，其妻子尚留在俄國家中。索氏爲維護人性之尊嚴，誓死不肯向暴力低頭。其威武不能屈的精神，眞可驚天地而泣鬼神。

三六七 跋書畫册陳宗文索題

達見工程處處長陳宗文兄索畫冊頁，於二月二十二日畫畢。山水、花鳥，共二十七頁。尾頁並題以跋文云：「陳宗文先生，和厚爽朗，不慕榮利，書畫之外，別無他好。奉命督建達見水壩工程，住上谷關。十餘年來，如野寺孤僧，罕與塵接。盡半生之力，興萬世之利。功成不居，尤足多者。水壩將於今夏竣工，誠國家建設之一勝事也。宗文兄每來臺中，即臨寒舍。暢談古今，快逾平生。囑畫此冊，情不敢辭。謹繪山水花鳥二十七頁，藉博雅教。」

三六八 出席全國美展評審會

二月二十七日上午九時，往國立藝術館出席全國美展評審會。全國美展是由教育部主辦，由藝術館承辦，每兩年舉辦一次。此次出席評審委員計有：馬壽華、黃君璧、劉延濤、梁又銘、高逸鴻、傅狷夫、胡克敏、姚夢谷、張穀年、林玉山、季康、賴鏡成、邵幼軒、歐豪年與我本人共十五位。這次評審，是空前最大的陣容。自由參加國畫作品，共三百五十餘件，入選者一百八十餘件。第一名是國立藝專學生蔡友的大幅山水。蔡生是南投縣人，才華超卓，幼愛繪事，在讀嘉義師專的時候，常來臺中從我習畫山水。師專畢業後，又考入國立藝專深造。另外有一大幅山水，筆墨蒼渾，原審評爲第一。因以西元紀年，有損國家尊嚴，致未列入名次，甚屬可惜！

早年青年學子們學習國畫山水，大多學黃君璧先生筆法，抄襲成風，千篇一律。自君璧先生退休，又多法傅狷夫。因狷夫在藝專任教，且任國展、省展評審委員故也。所以君璧先生喟然歎曰：「我退休矣！」

今之學者，大多觀念現實，眼光短淺。爲個人一時的名利，不惜奔走鑽營，夤緣巧取，此所以學術風氣之敗壞也！

三六九　畫友潘榮錫君逝世

三月五日，忽接畫友潘榮錫逝世的訃文，好友永別，內心非常難過。榮錫君，自號鈍道人，出生於江西省鄱陽縣，天性和厚，善畫寫意花鳥。來臺後任教於臺中省立女子中學。十年前因患中風，半邊不遂。右手失靈，不能寫字作畫。乃練習使用左手，三年即運用自如，書畫更勝於右手揮毫。其堅苦卓絕的精神，藝林朋友，莫不敬佩。君於六十二年十一月，因患腸癌入臺北榮民總醫院治療，不幸於上月二十六日不治逝世，享壽五十六歲。遺孀劉宗琳，子文斗，女文輝、文怡、文彥、文斐。憶於去年春節後在省新聞處參加文藝協會年會與鈍道人晤面，不想竟成永訣！

三七〇 阿里山觀櫻

三月十四日，由嘉義搭中興號小火車往阿里山遊覽。阿里山吉野櫻名聞遐邇，今正盛放，所以此行是專爲賞櫻而來。中午到奮起湖，買便當一盒打尖。下午二時抵達阿里山，下車住阿里山賓館。館前有吉野櫻二十餘株，或破蕊初放，或含笑盛開，繁花簇簇，嬌羞垂首，極像日本婦女之文靜溫柔。車站西面也有幾十株吉野櫻，古幹長條，夭矯多姿，花更繁茂。我立在花下，靜觀多時，不忍捨去。

吉櫻是日本特產的櫻樹，花五瓣如杏，色粉紅，蒂多下垂。日本每年四月吉櫻開時，吸引全世界遊客，爭往觀賞。臺灣吉櫻並不普遍，所以阿里山吉櫻，也是觀光之一個重要的節目。欣賦七絕一首云：

祝山頂上雨初晴，爲訪名花策杖行；

吉野櫻開凝雪海，風飄萬點增詩情。

三七一 黃石齋逸詩

三月二十七日閱《美哉中華》，見有「石齋逸詩」，如獲和璧，賞玩再四，不忍釋手。明末黃道周、傅青主小楷，同法鍾繇，端秀清逸，極爲可愛。而石齋小楷之清奇猶爲青主所不及。黃道周先生，福建漳浦人，字幼玄，號石齋，諡忠烈，天啓進士。崇禎初官右中允、後少詹事。詩文書畫，名滿天下。性嚴冷方剛，不偕流俗，公卿莫不畏忌。唐王時，拜武英殿大學士。率兵至婺源，遇清兵，戰敗不屈死。著有《易象正義太函經》、《三易洞璣》、《洪範明義》、《孝經集傳》及《石齋文集》傳世。

三七二 登遊大甲火炎山

四月五日爲農曆清明佳節。上午九時，備鮮果香紙偕胡君往大甲火炎山遙祭先靈。過大安溪至松柏坑站下車，攜祭品到岸邊焚紙上香遙向中原三叩首祭畢，遂沿小徑登火炎山。因天氣晴朗，所以青年男女遊山者絡繹不絕。

火炎山原爲一座平衍的崇阜，因南麓被山水沖蝕，年久而成天然巖壑峰巒。且有青松丹楓點綴其間，其景觀之勝，可與霧峰炎峰山媲美。

登山小徑都緣巖際開闢，雖多沙土，但尙平坦易行。由山趾至山頂多爲相思樹林，間有松楓九芎。嶺端巖畔，杜鵑盛放，紅花灼灼，絢麗奪目。上多奇松，幹矮枝長，拖地拏空，呈爲奇觀。西望連峰，卓立森排。被水沖蝕的一面，皆呈淡茶色。如劈如削，不生草木。其峰如植戈矛劍戟，令人有入武庫之感。此山峰巒之奇，實非月世界可比。如能於其峰際幽谷之間建設亭臺寺宇，略加點綴，即可成爲觀光勝地。

一點四十分下山搭車返中。賦詩一首，以誌鴻爪：

火炎山獨秀，結伴共登臨。
幽草絡岡阜。奇松布清陰。
杜鵑花色豔，巖際爭鬧春。
群峰排劍戟，武庫氣蕭森。
恍疑入仙界，悠然滌塵襟。

三七三 我的文字畫與德國保羅・克利的記號圖接近

十五世紀以來歐洲藝壇奇葩德國大藝術家保羅・克利（PAUL KLEE）晚年作有一幅記號圖，很有古象形文字的趣味。克利的作品都是非常簡單的。他認爲繪畫的單純性非常的重要，須減至最少，不能再少。作畫必須表現得最經濟。有一位建築家梅梵德洛的格言也說：「最少即是最多。」正與我國「寫意」的觀念相同。

現代繪畫之書法樣式，已形成世界藝術之主流。參以中國書法藝術表現在畫面上，而呈現一種素樸單純的趣味，也就是中國「禪」的精神。這種作風先從克利的記號畫開始，近年影響到美國的畫風。如杜皮（MARK TOBEY）、克萊因（FRANZ KLNF），更活用我國的書法，已在紐約畫派中大出風頭。文化之演進是由簡到繁，由繁到簡。我作文字畫，就是爲中國文人畫另闢一條新途，達到「減至最少，不能再少」的境界。

三七四 應國立歷史博物館暨中國書法學會之邀講文字畫

五月四日下午三時，應國立歷史博物館暨中國書法學會之邀請，在該館地下會議室講「圖畫文字與文字畫」。聽衆有：周樹聲、馬壽華、高逸鴻、劉延濤、朱玖瑩、王壯爲、吳萬谷、李超哉、姚夢谷、于還素、王愷和、張起鈞、劉心皇、侯子奐、何浩天、張克明等百餘人，多爲書畫界知名之士。由書法學會理事長主持開會，報告完畢，我即登臺演講。首先說明我的論點，否定者有二，建立者有三。否定之一是文字與圖畫產生於八卦之說。否定之二是古象形文即是文字畫之說。建立之一是文字產生於圖畫。建立之二是把古象形文從記事的符號裡解放出來，恢復它本來的面目，成爲文字畫。建立之三是把中國文字畫作爲世界性的藝術。全部講詞是根據我所著《文字畫研究》，共講一小時另四十分才告結束。書家們對我這次演講，都非常激賞。

下午六時，高逸鴻假金山街銀翼餐廳設宴爲我祝賀。並邀馬木軒、周樹聲、劉延濤、朱玖瑩、吳萬谷諸位道長作陪。席散，馬木老與逸鴻兄又邀我同去國藝中心欣賞一場國劇。

三七五　記達摩六論

五月二十七日讀日人名著《達摩六論》。其中有云：「如果你想見到佛，就應該見你自己的本性；因爲這本性就是佛。如果你沒有見到你自己的本性，那麼你心中想佛，口中念佛，行爲上持戒又有什麼用呢？」又云：「當一個人還沒有見到自己的本性時，就無法脫離生死輪迴。不論他如何精通十二部經典，永遠不會解脫三界之苦。（中略）如果不了解心，念誦和談論經文是絕對沒有用的。如果你想見到佛，就應該見到你自己的本性，你自己的本性就是佛。」又云：「佛就是你自己的心，不假外求。」

我認爲人之本性，未爲私慾雜念蒙蔽才是佛性；自己的心能得清淨才是佛心。在慾念未破、心未清淨之前，還必須想佛、念佛、拜佛、誦經、持戒。以求自心清淨。否則，凡夫俗子慾念重重，焉得謂爲佛心？

三七六　黃河壺口與龍門

黃河壺口龍門之勝，是我多年以來最嚮往的兩大奇觀。八月二日見《中央月刊》發表易叔寒撰〈壺口龍門與砥柱〉一文，并刊龍門彩色照片一張，更使我神馳不已。黃河從山西省馬頭關以下，兩面石壁高達四百公尺，水流甚速。往下闊下不一，宛如口小腹大的水壺，故名「壺口」。水由壺口傾瀉而下，形成十餘公尺高的大瀑布，激流奔馳，使人驚心動魄。水由壺口南流至汾水入河之河津縣施家灘之下，兩山對峙，大河中貫，名曰龍門。東西山均建有禹王廟。峰巒黛翠，與神宮丹碧相映，殊饒詩情畫意。

三七七 錢穆先生簡史

我與錢穆先生雖是很熟，但不好意思問他的身世。八月十九日某報發表一篇有關賓四先生身世的報導：「錢穆先生於民國元年春，奉兄命赴秦家水渠三兼小學校任職，這是他教讀生涯的開始。民二年完婚。十七年夫人及子亡故。那時先生在蘇州高級中學任教。過一年在蘇州續娶。旋即赴北平任北京大學教授。對日抗戰軍興，先生隻身南下，赴長沙昆明，在西南聯大任教。於民國二十九年之夏，自昆明隻身返回蘇州，與母妻子女團聚。變姓名，閉門不出。翌年初秋，又隻身離家遄返後方。於三十一年農曆正月初五母卒，年七十七，先生年四十八。他在北大任教，藏書五萬卷。北平危急，避難南下，其藏書以一百擔米託書局保管。先生學不厭，教不倦，終生與書為伍。為我國士人苦學成名之典範。」

三七八 楊一峰先生逝世

八月二十三日，忽接鄉長楊一峰先生訃文，如聞晴天霹靂，不勝痛悼！公於三年前罹患癌症，數度入榮總治療，未見根除。不幸於本月八日下午九時三十分病逝於三軍總醫院。公河南省新鄉縣人，生於民前十二年九月二十日。享壽七十七歲。敦厚爽朗，廉正仁慈。北京大學畢業，曾任立法委員多年，創辦孔孟學會，與陳立夫、劉錫五等弘揚儒家思想。其詩淸逸淡泊，極似陶淵明，爲臺灣藝壇所重。夫人王逸凡女士，侍奉湯藥，衣不解帶，其行可欽。二子濟平、濟康，都非公所出。

三七九　鄭曼青談黃君璧畫松

九月十九日赴臺北，下午三時，往中央新村訪姚夢谷兄，適逢鄭曼青亦在座。暢談兩小時，承夢谷留餐。曼青說：「蔣夫人初請黃君璧指授國畫山水。君璧畫一古松，枯藤攀繞其上。君璧下課，夫人張畫於壁。蔣公出而觀畫，怒道：『此畫要纏死我了！』夫人以好言相勸，蔣公怒始息。從此辭君璧，改聘我去指導。」由於君璧與曼青先後指導第一夫人習畫，所以藝壇人士有稱他二人「宮廷畫家」。我曾數度與他二人同席開會，從未見他們交談，即發現他們內心似有芥蒂。曼青的話是否屬實？我只有姑妄聽之而已。

三八〇　名勝畫集出版

民國六十三年十月拙作《呂佛庭名勝畫集》由臺中長春印刷公司印製出版。此集前面印有：長城圖十段，長江圖四段，橫貫公路圖二段。次印橫貫公路名勝十幅。次印雜畫二十八幅，次印文字畫四幅。次印篆隸及楷書六幅。後印中國山水畫淺說。集首有梁寒操先生跋及彭醇士先生序。梁跋云：「呂佛庭先生爲余畏友，皈心佛法，而瘁力藝事。故性耽禪寂，復愛遊覽，中國之名山大川足跡幾遍。自避亂來臺，曾遯跡山寺多年，竹杖芒鞋，尋幽選勝。五日一水，十日一石，乃若常課。益目空塵世榮利，蕭然自得，固已同僧伽。惟於世道人心之憂，與民族國家之痛獨不能忘懷。恆思以殫其心力，以喚起國魂。又無愧爲一革命愛國之志士，爰自號半僧，亦今世一振奇人也。近年立志寫長城萬里及長江萬里兩圖，博考群籍，悉心計畫。以五十一年一月起先寫長城圖，高二尺五寸，長達十三丈，歷十又三月始成。其苦心毅力，洵非恆人所易企及。可稱爲民國畫史中空前之傑構矣，爲書數言，以誌佩仰。六十三年九月梁寒操。」

彭序云：「吾友呂佛庭先生，杜門講學，怡情毫素，覃精極慮，垂五十年。始則力求實厚，不苟所爲，繼則變爲滄逸，脫落凡蹊。其後神遊八表，藝與道合。自盧浩然草堂圖，李伯時龍眠山莊粉本，乃至荊關董巨之奇，黃王倪吳之妙，莫不究其旨歸，通其奧窔。塊然靜室，般礴解衣。當此之時，雖天地之大，萬物之多，不能以易；慶賞爵祿，毀譽巧拙，不敢以懷。儃儃然唯畫之知。凡山川草木，風雨晦明，春秋代謝，寒暑相薄，情之所不能已，語之所不得窮，一發於此。故其畫超乎筆墨，臻於自然，使見者驚歎，以爲有神若慶鐻焉。其爲人謙遜，能詩工書，尤耽內典，與余甚相得。將影印所作，屬爲之序，余雖喜塗抹，而無所成就，觀其此編，益內自愧。郭氏曰內足者神閒而意定，是眞畫者也。六十三年九月高安彭醇士。」

集中有禪意畫一幅，是我最早用潑墨作的一幅畫。我作禪意畫，意在充分表現天趣，絕去雕飾。以水墨爲戲，並不是標新立異。宋代畫家宋迪《畫訣》有云：「畫當得天趣爲妙。先求一敗牆，張絹素，倚牆上，朝夕諦觀，既久隔素見牆之高平曲折，皆成山水，心存目想，神領意造，恍然見其有人禽草木，飛動往來於陵谷溪澗，或顯或晦，隨意命筆，自然景皆天就，不類人爲，是謂活筆。」此論正與我作「禪意畫」的動機相合。我作禪意畫，無意絕相，其中妙諦，知者甚少。清戴熙云：「有意於畫，筆墨每去尋畫；無意於畫，畫自來尋筆墨。蓋有意不如無意之妙耳。」可見古人早獲我心了。

三八一　徐文鏡之才藝

徐文鏡，號鏡齋，浙江臨海人，乃古琴名家徐元白之胞弟。沖虛淡泊，擅詩詞書畫古琴，尤精於治印。文鏡與元白之琴，同學於大休和尚。於民國二十三年，徐氏昆仲與余地山、徐芝蓀、陳獨青、胡瑩堂等同組清溪琴社於南京西華門外三條巷，共同切磋琴藝。元白先生於大陸易色後逝世於杭州。文鏡於三十八年隨政府來臺，任政府鑄印技正，並承治國璽印泥，旋以眼疾赴港。不幸醫藥罔效，雙目失明。著有《西湖百憶》及《十二琴銘》出版行世。六十三年十二月十二日，讀文鏡《西湖百憶》，深佩他的詩才超卓。可惜他未返臺灣亦未回大陸，客歿於香港。

三八二　蔡勝天弟繪魔術圖

民國六十四年元月十二日，接蔡勝天弟自巴黎來信，並繪有魔術圖。此圖每進四個數字和，切爲二五零。每面十二個數字和，切爲一千九百七十四。他想把這幅草圖用鋼材作體，鋼珠上鑄以數字，穿在鋼條上，可以移動，更換利用以產生變化。今已完成「品」字形，「十」字形，「井」字形等。其圖用數字愈大也愈複雜。如對數學不感興趣即無法欣賞。因爲勝天知我正研究「新數論」，所以常給我通信討論「數學藝術」。我答勝天的信曾說：一張白紙便是〇，筆觸在紙上即成數。如筆觸多少，色彩濃淡，光度強弱，無一能與數脫離關係。如問藝術之本質是什麼？我毫不遲疑的說是「數」。勝天現在以「數」創構爲變地魔術藝術，可謂眞能把握藝術的本質了。

三八三 讀易

二月十七日，讀《周易集注》，心神頓暢。自古治學以治經爲本，治經以治《易》爲極歸。昔揚子雲謂六經之大，莫如《易》。班固以爲六藝之文，《詩》《書》《禮》《樂》《春秋》五經，乃五常之道，而《易》爲之原。《周易集注》是梁山來知德所著。來氏隱居四川萬縣深山之中，以二十九年之精研，冥心力索，縱橫推闡，始成《周易集注》一書。探漢象之精義，研宋理之英華。廣徵博引，備極蘊奧，其辭明，其旨遠，實爲初學通易之津梁，暢明大道之舟航。

三八四 梁寒操先生逝世

二月二十六日，晚七時半看電視，驚悉梁寒操先生病逝，不勝痛悼！先生於是日下午兩點五十分在中廣公司辦公室正在寫字，因心臟病突發，在送往三軍總醫院途中不幸逝世，享壽七十七歲。先生字均默，廣東高要人。生於民國前十四年。廣東高等師範學校畢業。民國五年加入中華革命黨，參加討袁之役。曾任中央黨部書記長、立法委員兼立法院祕書長、中央宣傳部長。來臺任《中華日報》及中國廣播公司董事長、國策顧問等職。先生生活淡泊，寄情於詩畫，歷年於推行中華文化復興運動，更不遺餘力。先生任中美經濟文化協會會長時，曾邀我在中山堂舉辦畫展。自那時起，詩文酬唱，結爲忘年之交。

三八五 蔣公逝世

四月六日新聞報導：蔣公於昨日午夜十一時五十分不幸因心臟病突發逝世。消息傳來，直如晴天霹靂，悲痛萬分。蔣公逝世，不但是我們同胞之不幸，也是自由世界之不幸。我曾兩次參加 蔣公之邀宴。老人的言語笑貌，永遠刻印在我的心版上，並永遠恪遵他的遺訓，努力復興中華文化。我之敬仰 蔣公，絕無意希圖得到一官半職，而是在他偉大的愛國情操，和領導對日抗戰勝利的豐功偉業。

四月七日，嚴副總統補 故總統 蔣公之缺接印視事。九日 蔣公靈櫬由榮民總醫院移至國父紀念館。由花車載送途中，有許多學校和人民團體爭設路祭，或痛哭失聲，或伏地不起，如喪考妣，實足令人感動。當靈櫬奉安在國父紀念館大廳後，揭開棺蓋時，我於電視上看到 蔣公遺容，忍不住老淚直往下流。

十三日越南副總統陳文香，前往我駐越大使館靈堂，向 蔣公遺像行禮致哀前，在簽名簿上題云：「蔣總統啊！正當全世界，尤其是越南共和國不知有多少人在痛苦中，爲什麼您卻急急忙忙而去？您猶如一顆光芒的北斗星，而今殞落。留下我們，不知何去何從？」一字一淚，泣不成聲，連拭三次淚水，才完成幾句題詞。

張維翰先生輓　蔣公七律一首云：

中宵忽報大星沈，裂腦摧肝淚滿襟。
峻德直將垂萬世，豐功豈僅蓋當今。
列邦元首愴懷衆，四海蒼生痛哭深。
百姓哀逾喪考妣，古來只有堯同歆。

三八六　棲蘭　蔣公行館

為畫棲蘭　蔣公行館，於五月十三日下午四時，由梁生德盈陪同由獨立山大同國中至棲蘭招待所門前停車。承留守人陸正榮君接待。由招待所北行數十步，拾級而上，有木造平房一棟。門左牆壁用青石砌為冰紋。門右有二窗，上下左右都用自然木釘為牆壁，古色古香，甚為雅致。陸君告我：「這就是蔣公行館」。啓鑰，進門，迎面壁懸蔣夫人為祝經國先生五十生日所寫墨蘭一幅。室左為客廳，置有沙發、茶几、座燈、電話機。內壁設有壁爐。側有木柴一捆。客廳左為飯廳，置有圓桌椅凳。再進為臥室一間，置有單人床及座燈電話。

出客廳右行，有浴室及洗手間。裡面爲　蔣公臥室。中置雙人床，被褥單枕，都是　蔣公生前曾用過的。床頭右有一小木架，上置座燈，電話，下置拖鞋一雙。近床置一沙發式躺椅。靠窗置一書桌，上置書架、筆架、硯臺、座燈。書架置有《古註十三經》、《新舊約全書》、《大學》及《中庸》。筆架插有集大莊製毛筆六管。座燈插有鋼筆二支。另外尚有圓墨一錠，大理石鎮尺一個。蔣公生活儉樸，所以用具亦不求珍奇名貴。睹遺物如見其容，不禁悽然愴懷！

行館前面闢路兩道，左右植桃李梅櫻數百株，我於前次來遊，正逢花期，翻紅吐白，落英繽紛，今則濃陰滿地，衣袂盡綠矣。因此山盛產草蘭，故名「棲蘭」。山下爲蘭陽溪與太平溪會流處，如在夏秋水漲，汪洋浩翰，必更壯觀。蔣公既有睿智，又具仁德，平生喜遊名山大川，藉以陶冶其崇高堅貞的情操和志節。下山占七絕一首：

萬木森森泛翠蒼，蔣公行館沐花香；
睹公遺物悲難禁，臥榻春燈照淚光。

六月二日，應國父紀念館之徵，敬繪「棲蘭蔣公行館圖」至下午六時才告完成。並題五言古詩一首：

爲拜蔣公跡，棲蘭訪舊蹤。群山凝翠色，萬木遮巍峰。曲徑通幽處，綠茵撒落紅。
松篁宓行館，日色照簾櫳。室靜無塵染，雲深聞暮鐘。甘棠德澤遠，千古仰人龍。

三八七　出席中小學教師國畫評審會

十二日下午三時，往國立歷史博物館出席中國畫學會舉辦之中小學教師國畫比賽評審會。地點在遵彭廳。招集人爲姚夢谷。評審委員有：馬壽華、黃君璧、劉延濤、高逸鴻、胡克敏、傅狷夫、邵幼軒與我共九位。馬、黃二位，因事未能出席。參加比賽中小學教師有十餘人。每人再把初選入選的作品當場重畫一幅。以證明絕無假冒之眞實性。複審過程，一小時完畢。散會，逸鴻邀我晚間同觀豫劇，因事婉謝。

三八八　腿患丹毒

六月十五日晨起易襪，發現小腿紅腫，不知何病，故未注意。晚乘計程車往水湳中華醫院請王玉選大夫診治，才知是丹毒，並甚嚴重，遂即注射一針，並給藥五粒。

十七日上午，鄉長張冶春先生送來桉樹葉一包。據說可治丹毒。此爲英人於前清時傳至我國的祕方。服王玉選藥仍不見效，整天仰臥床上，不能走路。我赴美展覽手續業已辦妥，丹毒未消，恐不能成行了。

十八日上午，由門人江逸子陪同，乘計程車往水湳中華醫院，請王玉選複診。他臨時向某藥房打電話，索購最新的盤尼西林一盒。據說此藥無副作用。王大夫給我注射一針，回來不久，腿疾紅即減退，腫亦見消，足證藥針有效。

十九日上午，蒙李雪廬長者偕許炎墩居士駕臨探問，使我非常感激。人之有病，乃爲前世業力所感。今又勞動長者朋友冒暑探問，內心更感不安了。我每次患病，不但不以爲苦，反足增強意志，助長道心。占詩自遣一首：

新晴梅雨後，明月更皎潔。
池荷初放蕊，修篁已有節。
林棲偏臥病，花木對相悅。
悟得無生理，心如潭水澈。

三八九　受師範大學之聘

臺北國立師範大學張德文教授，近接美術系主任，於八月二十七日來函懇邀擔任美術系四年級國畫及中國畫論兩門課程。怕我不肯接受，又託老學生藍再興來信勸請。我感其意誠，於是答允勉爲其難。

我辭臺中師專，原想閉門習淨，專心學佛，不料師大又聘我兼課，命運注定勞碌，奈何奈何！

中國畫論這門課，包含儒釋道三家思想，必須把三家思想對於中國繪畫有什麼影響弄清楚，才能文通理明。否則必貽笑大方。因此，畫家雖在創作方面赫赫有名，但能指導中國畫論者，卻如鳳毛麟角。我在師大美術系授課不到兩年，不幸兩次罹患腦血管堵塞，言語不便，於是堅辭師大兼課。張主任雖誠懇挽留，但我終以健康關係，連藝專、文大兼課一併辭掉。我於張德文兄對我敬重之熱情，永遠感激不忘。

三九〇　清李修易論畫有卓見

六十四年九月四日日記：清李修易《小蓬萊閣畫鑑》引宋牧仲《論畫》云：「近世畫家，專尚南宗，而置華原、營邱、洪谷、河陽諸大家。是特樂其秀潤，憚其雄奇，未敢以爲定論也。不思史中遷固，文中韓柳，詩中甫愈，近日之空同大復，不皆北宗乎？」修易云：「牧仲善畫，精鑑別，其持論如此，眞得飲水思源之義，足振聾聵，余深服之。然吾恐今之渴筆儉墨，強作解人，而自鳴得意者，皆掩耳而急走矣。」宋、李二家，思想宏遠，詞嚴義正，實堪佩仰。現在水墨畫家，不但唾棄宋元，甚至明清大家之法也一併鄙棄。使吳昌碩、齊白石、傅抱石、黃賓虹、李可染烏煙瘴氣，瀰漫天下，不知中國繪畫，將如何能復興也？

三九一　溥心畬自述

九月十三日，讀《溥心畬自述》有云：「畫則三十左右始習之。因舊藏名畫甚多，隨意臨摹，亦無師承，又喜遊名山，興酣落筆，可得其意。書畫一理，固可以觸類而旁通也。蓋有師之畫易，無師之畫難。無師必自悟而後得，由悟而得，往往工妙。惟始學時難耳。（中略）余好文學，兼耽書畫。且好遊名山賦詩。所與詩遊者，畫文士也。故淡於利祿，而薄功名。自比於陶潛，故號羲皇上人。余嘗讀書京西馬鞍山，故號西山逸士。樂志琴書，心懷遐舉。與世無競，與人無爭，如是而已。學貴濟物以利人，今思獨善其身，學又無成，深負母教。」心畬先生，志操之高潔，抱負之遠大，當今兩岸書畫界。是找不到第二人的。

三九二　古人筆法辯

荆浩《筆法記》云：「凡筆有四勢：謂筋、肉、骨、氣。筆絕而斷謂之筋，起、伏成實謂之肉，生死剛正謂之骨，跡畫不敗謂之氣。故知墨太質者失其體，色微者敗正氣，筋死者無肉，跡斷者無筋，苟媚者無骨。」我認爲荊氏釋四勢，瑣屑、牽強、隱晦、矛盾，殊不足取。我認爲用筆潤澤者曰肉，遒勁者曰筋，剛健者曰骨，不敗者曰氣。我論用筆之法又有四要：一曰力，二曰氣，三曰神，四曰韻。力與氣爲生命、骨格；神與韻爲丰采、文飾。並且力與氣爲用筆之根本，如軟弱無力，便是死筆。學者不可不知。

三九三 朱雲逝世

十月一日下午往國立歷史博物館訪何館長浩天閒敍片刻。在該館與傅狷夫通電話，驚悉畫友朱龍安兄病逝於空軍總醫院。哲人其萎，不勝痛悼！龍安名雲，浙江紹興人。天性和厚，淡泊名利。善畫山水，法山樵石田。書學漢魏，尤工大篆。能操古琴，師胡瑩堂。勤儉治家，清白持躬。處污泥而不染，可謂今之古人。享壽六十有九。其夫人吳韻如女士亦能琴善畫。女朱玄，任中興大學國文系教授。研究畫論，能世其家學。

我與龍安結識，是自民國三十九年開始。因我也能彈琴，所以過從甚密。他因罹胃癌，先入臺北榮民總醫院治療，我冒雨前往探視。見他面靑肌瘦，雙目無神，口不能言，即知病情嚴重，必不久於人世。果不出所料，撒手歸西了！

十月二日晨起閱報，驚悉虞君質先生也於前天逝世了。他與龍安兄都是我的知友，同時永別，怎能不使我傷痛呀！君質享壽七十三歲，一代學人，身後淒涼，更使我不勝浩歎！

君質自港返臺，既貧且病，孤苦無依。張友村與劉梅卿夫婦，迎侍其師，養生送死，掬誠盡禮。我曾撰文彰其義行。友村求我畫冊頁一幀，讚曰：「今有梁孟，友村梅卿。教育爲業，志高品清。侍師如父，以敬以誠，移風易俗，實爲國榮。」

三九四　評鑑黃子久富春山圖

故宮博物院藏元黃子久「富春山圖」卷有二：一爲「無用卷」，一爲「子明卷」。乾隆皇帝斷子明卷爲眞，無用卷爲贋。博物院莊慕陵、李霖燦等，都認爲無用卷爲眞，子明卷爲贋。我與莊、李觀點不同。無用卷黃子久自識云：「至正七年，僕歸富春山居，無用師偕往。暇日於南樓援筆寫成此卷，興之所至，不覺亹亹布置如許，逐旋塡箚。閱三四載，未得完備。蓋因留在山中，而雲遊在外故爾。今特取回行李中，早晚得暇，當爲著筆。無用過慮有巧取豪奪者。俾先識卷末，庶使知其成就之難也。十年，青龍在庚寅。歜節前一日，大痴學人書於雲間夏氏知止堂。」此即無用卷之名稱之由來。

十一月六日，往外雙溪故宮博物院參觀元四大家合展。由副院長李霖燦兄陪同登樓，先看黃子久「富春山圖」無用卷，原有六張紙。相傳清初收藏家吳問卿於臨終時，想以此卷相殉，取以付火，爲其戚屬搶出，將前段著火處剪去，故今僅餘五紙，長三丈六尺。後一幅有黃子久款識，書俗而印亦不佳。董其昌跋原在卷尾隔水，後又移在卷前隔水。細觀山石林木，屋宇人物，正如梁詩之跋所謂「筆力薾弱」。斷非黃氏眞蹟。乾隆跋中，原認「無用」卷爲贗。嘉慶時胡敬等將無用卷列入《石渠寶笈》三編，才認無用卷爲眞。今故宮博物院亦謂無用卷無可置疑。

(2)「富春山圖」子明卷，本幅縱三二・九公分，横五八九・二公分。拖尾比無用卷短四尺有奇，似爲後人裁去。卷尾有黃子久跋云：「子明隱居，將歸錢塘，索畫山居景，圖此贈別。大痴道人公望。至元戊寅秋。」下鈐「黃氏子久」一印。與無用卷印，略有不同。且其款識，字極俗劣。惟山石人物之用筆比無用卷還勝一籌。此卷董其昌跋云：「規摹董巨，天眞爛漫，復極精能。是子久生平得意筆。」乾隆御跋云：「偶得黃子久山居圖，筆墨蒼古，的係眞蹟。」故宮博物院編者則謂：「此卷或謂爲沈石田所臨者。將原款裁去，而又故在卷尾題跋鈐印」。平情而論，此兩卷即如全眞，然即筆墨結構觀之，亦決非子久得意之作。因沈石田、董其昌、鄒之鱗、沈德潛與乾隆皇帝之推崇、揄揚，鑑者皆隨聲附和，未免言過其實矣。

三九五 李成山水訣辨

十二月十四日，往臺北師大美術系授課，先講宋李成〈山水訣〉。俞越園《書畫解題》疑李成文「爲李澄叟所作，後人以其無甚畫名，遂誤以爲李成所作，抑或故刪其小序泛說而僞題李成之名，俱未可知。要之非成原書，則可斷言也。」我細讀李成〈山水訣〉與李澄叟〈畫山水訣序〉，兩文雖大致相同，但李成爲乾德間人，澄叟爲嘉定間人，澄叟竊取成之畫訣以爲序，自屬近理。但後人決不會故刪其小序泛說，而僞題李成之名。俞氏斷言非成原書，未知何所據而云然？

三九六 悟出的畫理

十二月二十七日，清晨搭乘火車北上，倚窗靜坐，逸興湍發，於畫理頗有所悟，隨筆記之，以爲後學之參考。共分二個小題。一是「山水亦有性情」，文云：

「山之性爲靜，然有起伏，有掩映，有迴抱，則情見矣；水之性爲止，然有漣漪，有波瀾，有激湍，則情生矣；山水之性情，即我之性情；我之性情即山水之性情。目與物接，心與境合，物我兩忘，情性無乖，可以賦詩，亦可作畫矣。」

二是「畫雲煙」，文云：

「畫山水中雲煙，亦猶習禪。習禪以無念爲主，有念即不明澈矣。畫雲煙以無痕爲尙，有痕即不縹緲矣。又得句曰：『千山萬水一孤村，松下時聽鳥雀喧。參破色空不著相，煙雲縹緲淡無痕。』」

三九七 唐伯虎

唐寅字伯虎，又字子畏，號六如居士。因築室於桃花塢，故又號桃花庵主。明江蘇吳縣人。才華出衆，名滿天下。然而風流倜儻，不矜細行，實爲千古遺憾！唐寅的詩傳世的僅有三十餘首，遣詞造句，多欠錘鍊。茲錄七律二首於後：

一

十載鉛華夢一場，都將心事付滄浪。
內園歌舞黃金盡，南國飄零白髮長。
體裡肉生悲老大，斗間星暗誤文章。

不才剩得腰堪把，病對緋桃檢藥方。

二

落魄迂疏自可憐，棋爲日月酒爲年。
蘇秦捫頰猶存舌，趙壹探囊已沒錢。
滿腹有文難罵鬼，措身無地反憂天。
多愁多感多傷壽，且酌深杯看月圓。

因其人品卑下，故詩格亦俗劣。寅生於成化庚寅。與文徵明同歲。卒於嘉靖癸未，年五十四歲。我曾賦七絕二首弔之云：

一

唐寅應悔博才名，書畫療貧虛有成。
脂粉隊中難立命，枉從我佛學無生。

二

身後悔將韻事傳，桃花庵主情堪憐。

桃花空自逐流水，遺恨綿綿到九泉。

伯虎放浪江湖，鬻畫爲生。貪色嗜酒，故不永年。

三九八　慈湖謁陵

十二月十日清晨六時，往臺中師專會全校同人乘遊覽專車赴大溪慈湖謁陵。十一點抵達慈湖停車場。全體百餘人下車排隊，魚貫而行。時，細雨霏霏，霑人衣襟。慈湖是一小盆地，四面環山，林木蓊鬱，煙籠翠繞，景色幽絕。雖是天氣陰雨，但民衆來謁陵者仍極踴躍。約行數百步，迎面有青石牌樓一座，額書「總統　蔣公陵寢」。進門即爲慈湖。湖西南出口處修有石橋。流水湯湯，清心悅耳。橋外爲小石峽，喬木接蔭，不見天日。

過橋沿湖邊小徑轉向北行，左轉迎面紅瓦粉牆四合院就是蔣公陵寢。座西向東，倚山面湖。門前有一圓環，內植塔柏雜卉。門前守衛人員要我們一行分三十人一隊，魚貫而入。大門一間，左右爲迴廊。進門右轉，循廊前進。見庭中有白茶樹與四季桂數株。茶花盛開，宛如雪團。上房三間，蔣公靈柩奉安中央。棺外爲黑色大理石槨，其明如鑑。一行排隊恭立靈前，向蔣公遺像行三鞠躬禮。即又魚貫退出。緬想蔣公豐功偉業，不禁淚下沾襟。感賦七絕一首：

寒風吹鬢雨如煙，湖上鱗波泊小船。

蔣公靈寢魚貫入，銅棺三拜淚漣漣。

政府播遷臺北四十餘年，總統府仍用日治時的總督府建築。蔣公逝世二十餘年，其靈柩仍浮厝於慈湖，未能入土為安。實在是一大憾事！

三九 評審臺北師大美術系系展作品

民國六十五年一月七日上午八時，師大蘇茂生教授駕車到教師會館接我去師大出席美術系系展作品複審。評審人有：張德文、林玉山、陳慧坤、金勤伯、孫雲生與本人。師大美術系，在臺灣大專院校美術科系之中，級位最高，教授陣容也最紮實，過去曾培植不少優秀人才。但觀這次系展國畫作品，大多根基淺薄，筆墨庸俗不堪。將來為人師表，豈不誤人子弟？其中有藍再興一幅山水，筆墨清潤，設色淡雅，但評審結果，屈居第二名。事後，該生提出質疑，我勸他不必注意一時的名次，只要肯努力上進，將來自有出人頭地的機會。藍生於師大畢業後即應嘉義師專之聘，今已升任教授，自不會再看重學生時期系展的名次了。

四〇〇 藍文徵先生逝世

吾友藍文徵先生，於一月二十五日病逝於台北榮民總醫院，享壽七十五歲，當即移靈台北市民權東路市立殯儀館。文徵，吉林舒蘭人，字孟博，國立清華大學研究院畢業，日本早稻田大學研究院研究。曾任國立清華大學、政治大學、西北聯合大學、臺灣東海大學、省立臺中師專等校教授。並任國立編譯館編纂及立法委員。民國三十八年秋，我與孟博教授，同在臺中師校任教。孟博住五廊巷，彼此過從甚密。先生天性恬淡，宅心寬厚，溫良恭儉，可謂今之古人。驚聞噩耗，曷勝悼惜！

四〇一 安懷音先生逝世

一月二十九日，驚悉安懷音先生，於十五日因胃癌症於美國紐約逝世，享年八十三歲。遺體已於二十日安葬於紐約長島公園墓地。消息傳來，如聞晴天霹靂。緬懷三十年相知之情，不禁淚下沾襟！

懷公，湖北省英山縣人，民前十八年生。歷任大連《泰東日報》、瀋陽《東三省民報》、天津《大公報》及《益世報》、北平《華北日報》之編輯、編輯長、主任、總編輯、代社長等職。對日抗戰時期，追隨張溥泉先生任黨史會總務科長。南京危急，隨黨史會來臺，閤眷住臺中市公館里。於民國三十九年夏，因溥心畬先生應邀來中講學，我初識先生。自此往來甚密，訂爲忘年之交。其夫人寧師樸，聰慧賢淑，相夫教子，備爲辛勞。長女安和，善畫工筆仕女；長男安強，從事新聞；次男安岳，在美經商；小女安方，研究音樂。如庭中蘭桂，競秀並芳。我於悼傷之餘，撰聯輓之云：

交屬忘年，情同手足，過從便論天下事；
心切救世，志復河山，俛仰無愧古今人。

孟博、懷音二公謝世，倏忽整二十年，追憶長者之品節風範，能不悽然愴懷？

四〇二 應工農產品展覽會之邀展出長城萬里圖

民國五十二年完成的「長城萬里圖」長卷，曾在臺北、高雄、臺南、臺中展覽，轟動一時。引起中外人士極爲重視。六十五年二月，臺北貿易中心舉辦工農產品展覽，託友人張雲家來中與我情商，借長城圖卷參加展覽。我怕辦理不慎，作品損污，初未接受。雲家二次來中懇求，我提出先訂四百萬美金保險合約，才答應送畫參展。展覽場址是在西寧南路，承李副祕書長紀信接我到場，指導布置。全圖用框架撐起，甚爲麻煩。展出三十餘天，觀衆極爲踴躍。至三月十七日展覽始告結束，我將畫取出，暫存歷史博物館。貿易中心擬赴美慶祝美國開國二百週年，又與我情商將長城圖運美巡迴展覽，我因不能分身出國，當即婉謝。史博館何館長浩天兄，希望我把長城圖捐贈該館，永久藏展。我爲感謝何館長多年來對我尊重愛護之情，當即慷慨答應不要一文錢，無償捐贈。五月四日，教育部在國立藝術館舉行慶祝文藝節大會，歷史博物館在大會開始先舉行「長城萬里圖」捐贈儀式，由教育部長蔣彥士接受，並致謝詞。同年史博館將長城圖卷運美巡迴展覽。

四〇三　在國立歷史博物館舉辦文字畫展

應國立歷史博物館之邀舉辦文字畫展，於三月十三日下午三時在該館二樓開幕。畫友馬壽華、劉延濤、高逸鴻、姚夢谷、金勤伯、張德文、陳子和等百餘人都到場參加開幕儀式。

我在展畫期間，下榻於教師會館。十八日午後，史博館何館長派人來告：總統府資政張岳軍先生來電話擬於下午三時往史博館參觀文字畫展。我於二時三十分即往史博館候晤。至三時岳公駕到，我與何館長迎至會客室略談片刻，即陪岳公登樓參觀。公看畫極爲仔細，看到倗父乙盤之倗字，上題「任重道遠」四字，慨然歎道：「這正是爲我寫照。」我知公有所感觸，故默然良久。我每次在臺北舉辦畫展，岳公必抽暇蒞場參觀，使我衷心感激。岳公不但愛好書畫，並且尊重文人，是當代政治人物中極少見的一位長者。

同時在二樓側室還有朱銘的木雕展。我與何館長陪岳公過去參觀。朱銘是本省通霄人，年四十餘歲。以家貧無力就學，於是在三義從師專習木刻。今變其師授，而為粗雕。見其展出有文武聖像與老牛拽車，造型樸拙，刀法雄渾。足見其才華卓越，前程不可限量。

四〇四 與南懷瑾一席談

三月二十六日下午三時，往信義路訪南懷瑾居士閒敍。我與居士三年未見，觀其丰采，猶不減當年。我對居士道：「君子之交，在心不在跡。翦西窗之燭，話巴山夜雨固佳，然關山遙阻，藉魚雁以通情愫，自亦無妨。」居士道：「如今時代變了，人之觀念亦必隨之改變。隱者當居城市，不當遯跡山林。因城市生活便利，山林孤陋寡聞。」因居士志在弘法授徒，故不能離開城市。如志在修道，門臨通衢，耳聞車馬諠譁之聲，凡夫俗子能不動心嗎？

四〇五 張岳軍先生養生有道

三月二十八日，文字畫展結束，往士林回訪張岳軍先生，蒙公接見，暢談逾一小時。岳公八十有八高齡，外貌還像六十許人。他每天早晨五時起床，步行五千步。過午不食，節慾調心。他說：「士君子立身行事，應該把握綱領。養身、養心、養慧、養量、養望，可說是人生修養的綱領；而誠與恆，又是五養的綱領，所以我最後提出誠與恆兩字。」公又感喟的歎道：「當今重名利之士多，談修養之士少，故人心日壞，而社會亦日亂。」我起身告辭，公送至大門。我問：「大千先生是否回臺定居？」公答道：「大千愛動，好熱鬧，他在國外怕寂寞，所以決定回來定居。」蒙公贈我《談修養》一冊，遂握手分別。後來岳公還贈我親筆寫的「自律歌」一方，用鏡框裝妥託史博館何館長轉交給我。寫道：「日行五千步，夜眠七小時，飲食不逾量，作息要均衡。心中常喜樂，口頭無怨聲。愛人如愛己，報國盡忠誠。」跋云：「余往日曾綴不老歌以養身心。八十以後，攝生之道，領悟益深。口占自律歌八句，聊以自勉耳。敬書，請佛庭吾兄雅正！弟張群。」下鈐朱文名印。多年來，我把岳公「自律歌」敬作座右銘，如接謦欬。

四〇六　遊蝙蝠洞遙祭先靈

四月五日爲農曆淸明掃墓節，上午八時我由胡君陪同攜香紙鞭炮鮮果食品，搭豐原客運車往頭汴坑蝙蝠洞遙祭先靈。

自臺中東北行，六公里過一江橋至頭汴坑。左右山麓，遍植枇杷荔枝，繁花滿樹，蔚爲花海。轉東南行約十公里至蝙蝠洞站，下車隨意瀏覽。這一帶峰巒奇秀，林壑幽美。臨水人家，屋舍儼然。站上有四五戶人家，業冷飲旅社餐館，全是新建的樓房。有兩溪於站東會流。溪中有許多大磐石，可坐可臥，可弈可茗。溪北岸有一奇峰，峭壁千尺，中鑿隧道，可通汽車。沿溪行，前望山嶺重疊，煙雲繚繞。右岸有路，爲通埔里大道。下至河谷，將冥紙鮮果置於石上，遂焚香燃炮，跪拜先靈。

車站西面大橋之南，有一高巖，其下瀕溪有兩大洞，洞口高丈餘，深不過八九尺。其上有三小洞，高僅四五尺。遊者先在洞外購一蠟燭燃著進去。洞內甚狹，僅可通人。又一洞深一百五十尺，中有壁洞，可通空氣。行五分鐘即可到達出口。細觀此洞，不像天然，必爲人工所鑿。出洞還至車站遂搭車返回臺中。途中占長短句二首：

祭先靈

清明時節無風雨，頭汴山中遊。溪谷曲，翠木幽。望中原焚香化紙，遙祭先邱。執燭探尋蝙蝠洞，高巖映碧流。甘木佳果蔚成海，臨水起高樓。處處民安樂，行人歌不休。

四〇七 忽患血管堵塞症

四月二十日，清晨策杖過橋沿鐵路散步。約四十分鐘繞過玫瑰二村回舍。上午為淨律寺廣元法師作「雪山蕭寺圖」，皴廓畫就，但未烘染。午後小睡起，才將雪圖染畢，與清旺共食西瓜，方啖數口，忽感不適。霎時，血潮上湧，右面痲木，舌僵不能言語。所幸神智未昏。我雖自知無望，但默念「觀世音菩薩」，以定力克之。果然生效，頓時即有轉機。不但面部恢復知覺，而且口也能言。我認為醫病，內力有重於外力。何謂「內力」？鎮定是也；何謂「外力」？醫藥是也。所以多年以來，我以習淨、坐禪、散步、運氣以防病，非不得已，不尋醫服藥。

這次重病，時經月餘，血壓與講話才恢復正常。在臥病期間，承臺中、臺北遠近朋友、學生，親來慰問。尤其是胡清旺君，炊飯洗衣，捧茶侍餐，更使我感激不忘。

四〇八　讀溥儀傳

五月九日，病才痊癒，草堂獨坐，讀《溥儀傳》以遣寂寞。清末醇賢親王是溥儀的祖父，精明能幹，謙沖謹慎，最受慈禧太后的恩寵。據溥儀說：他的祖父命自己的屋子曰「思謙堂」，書齋曰「退省齋」。書齋几上擺設「欹器」，上刻「滿招損，謙受益」之銘言。子女房中，遍掛格言家訓。有曰：「財也大，產也大，後來子孫禍也大。若問此理是若何？子孫錢多膽也大，天樣大事都不怕，不喪身家不肯罷。」正因醇賢有此謙德，故終其身，榮華弗替。可惜溥儀不識進退，甘為傀儡，禍延祖宗。

四〇九　晉人書

七月十七日，玩賞古碑帖。阮元跋顏魯公《爭坐位》帖云：「爭坐位如鎔金出冶，隨地流走，不復以姿媚為念。夫不以姿媚為念，其品為高。試觀張猛龍碑後，有行書數行，識魯公所由來矣。」

民國四十七年，在南京挹江門外老虎山下發掘四座東晉古墓。其中有顏謙妻劉氏墓，有用巨磚所刻的墓誌。共三行，二十四字。文曰：「琅邪顏謙婦劉氏，年三十四，以晉永和元年七月二十日亡，九月葬。」按顏謙爲晉安太守。此誌或爲其本人所書。其書用筆圓秀，結體在隸楷之間。大小不拘，高古自然。

民國五十二年，在江蘇省鎭江東郊賈家灣發掘晉劉剋墓誌。其文刻於塗有黑漆布的磚上。正面刻十八字曰：「東海郡郯縣都鄉容丘里劉剋年二十九，字彥成。」此誌書法方遒，近張遷碑，也在隸楷之間。

早年我曾與莊慕陵、馬木軒、丁念先談六朝書與漢分之間當有一種過渡之書體，以未發現爲憾！今見二劉墓誌，可謂由隸至楷之過渡書體矣。

四一〇 應張岳軍先生之邀談故宮古物

六十五年八月二十九日上午九時，應張岳軍先生之約，前往士林資政官邸晤談故宮古物運臺之經過。公曰：「故宮古物，原在南京存放，情勢危急時，我與杭立武計議急運國寶來臺，才能保存至今。」又說：「我購藏石濤、八大之畫，係在上海任市長時，有某富商藏石濤、八大墨蹟甚多，我與羅家倫、王士杰相約，分別出資購藏若干件，爲國家保存古物，免致落入洋人之手。

我於前年已將石濤十二幅通景屏及陶詩、杜詩冊等數十件存入故宮博物院。言明九十歲前仍屬本人，九十歲後歸故宮博物院。羅家倫所藏石濤的畫，也同時存入故宮。」岳公愛國、愛文化之精神，實可令人佩仰。

約談半小時，公又陪我參觀宅後花園。花園面積約有三百餘坪。中爲草坪，四周蒔花種竹，並鑿池砌山，蓄水養魚。有大千先生贈公松石盆栽四盆，乃自巴西運來，是園中最名貴的盆景。其官邸茂林修竹，映帶左右，東南諸峰，林壑尤美。公運籌帷幄，勳功彪炳，宜以佳山水爲之助焉。

四一　合作七慈圖

九月二十五日下午三時，冒雨往國立歷史博物館參加合作七慈圖。承何館長與宋主任接待。出席畫家有：張大千、黃君璧、馬壽華、劉延濤、高逸鴻、林玉山、姚夢谷與本人等共二十四人。我與黃君璧、劉延濤、程芥子、姚夢谷合作山水一幅。二小時完成皴廓，設色由年輕畫家范伯洪君任之。我平生最不喜作合作畫。因爲各人筆路不同，山石林木，不能統一，自然無法成爲一幅完美的畫。近年史博館常邀請名家合作畫，據我所見，沒有一幅好畫。大千先生拉我坐下，閒聊片刻。他對於這種苦差事，也很不贊成。大千先生對我說：「二十年前在臺中黃冠宇處看到老兄所畫山水，印象很深，眞是文人畫。」我聽了很覺驚異！因爲他這句話，過去曾對張岳軍、張目寒、唐鴻諸位也說過。以大師眼光之高，怎會偏看重我的畫？當即答道：「謝謝道長的誇獎，實在愧不敢當。」

合作畫畢，時已五點。延濤挽我往忠孝路悅賓樓吃小米稀飯，狷夫原亦同往，但至中途，下車離去。至悅賓樓，延濤點小米稀飯、素蒸餃、炒辣皮、炸圓宵四樣。暢談早年同遊日月潭之情景，歸賦七律一首：

策杖飄然又北行，群賢座上敢爭名；
生逢衰世身多繫，足踏泥途心自清。
萬里江山筆下造，四時花木夢中成；
悅賓樓裡重歡敍，話到明潭不勝情。

四一二 訪南懷瑾居士談禪

十月三日上午十時，往信義路訪南懷瑾居士談禪。我拈出「頓漸一如，禪淨不二」之旨，當承居士印可。問道：「將來作何打算？」答道：「我於三十年前即發願步弘一大師後塵，慚愧無弘一之慧劍，所以至今不得脫然。」居士笑道：「不是沒慧劍，而是不忍出鞘吧？」居士錄詩二首示我。一是唐杜荀鶴詩：「利名多路兩無憑，百歲風前短焰燈。只恐爲僧心不了，爲僧得了盡輪僧。」二是居士自作七律一首：「靜夜神思忽到明，市朝囂雜聞人聲。事於過後方知夢，浪在波心翻覺平。身似空花終幻滅，情戀浮世竟難停。看來多少虛無客，徒學逍遙誤一生。」居士原爲出家比丘，來臺後又更衣還俗，故其詩頗有自箴之意。然亦可視爲對我之「當頭棒喝」，不可不猛醒也。

四一三　省博物館展畫

應臺北省立博物館邀請，於十月五日在該館展出文字畫與禪意畫百幅。上午九時畫展開幕。觀衆到有：馬壽華、周樹聲、黃君璧、朱玖瑩、林玉山、王愷和、劉行之、陳南士、黃達雲、潘振球、劉白如等數百人，把整個展覽室擠得滿滿地。畫友們對於我的禪意畫極爲激賞。中午承陳君樸兄邀往悅賓樓餐敍。並邀高逸鴻、董開章、劇慶德作陪。

次日上午十時，總統府資政張岳軍先生來博物館參觀。多年以來，我每次舉辦畫展，岳公一定到場，看的非常仔細。此次並訂禪意畫兩幅，使我非常感激！

七日上午，張大千先生偕夫人也來參觀。我陪他看罷，他說：「我對於每一幅山水，都很覺愉快。」臨去也訂禪意畫一幅。我送大千先生出門，適逢監察院長張維翰先生也偕夫人來觀。公年八十餘歲，行動頗有不便。勞動長者，內心甚感不安。

十日為國慶佳節，上午因總統府附近實施交通管制，所以博物館暫不開放。下午觀衆空前踴躍，水洩不通，五時閉幕。朋友們讚我此次畫展圓滿成功，我說：過眼煙雲，不足掛齒也。

四一四　王維山水論

十月二十九日下午往板橋國立藝專授課，為美術組諸生講王維〈山水論〉。此篇因與荊浩之〈山水賦〉文詞大同小異。故王氏《書畫苑》、《佩文齋書畫譜》、《古今圖書集成》唐六如《畫譜》、《四庫提要》及《畫苑補益》等，或謂出於王維，或謂出於荊浩，各執一說，難定是非。愈崑謂：「此等山水畫之口訣，不必是一個時代，一個作家之作品，可能是歷代畫家隨時傳授，隨時增加之作品。雖不一定全部分是王維所作，但至少總有其一部分，甚而至於是重要部分，亦未可知。」但我通觀此篇文字，前後氣勢貫串，應出一人之手。荊浩〈山水賦〉，必是竊取王維之〈山水論〉，略微更改而成。吾人不能因〈山水論〉與〈山水賦〉文詞相似而就否認為王維所作。

四一五 全國美展名次發生爭議

十二月八日上午，往國立藝術館出席全國美展評審會議。出席評審委員有：馬壽華、劉延濤、林玉山、高逸鴻、傅狷夫、姚夢谷、胡克敏、邵幼軒、歐豪年、李奇茂與我共十一人。收到國畫作品共三百餘件，僅取一百二十件。評審結果，前五名名次，發生問題，夢谷大爲不滿，乃向馮館長質疑。九日我住教師會館，中夜就寢後，忽接藝術館馮館長電話說：「前日評審國畫第一名作品有馬壽華題詩，有違審查辦法，因有審查委員反對，決定於明日下午三時複審。」十日下午，我依時前往藝術館參加複審。馬壽華先生知道爲他題詩發生爭議，未便出席。李奇茂因第一名是他的高足，擔心名次變動，所以甚表不快。我勸他忍耐少言，避免爭論。複審結果，第一名羅振賢，第二名藍再興。羅君是藝專高才生，藍君是師大藝術系高才生，二人都才從學校畢業。藍君讀臺中師專時，從我習畫山水，後讀師大，仍受我指導。這次初審，他名列第六，我與玉山、夢谷，雖代爲不平，但格於師生之私誼，未便講話。複審結果，再興名列第二，羅振賢名列第一，全體評審委員皆大歡喜。

四一六　題十竹齋書畫譜

十二月十三日，接南陽同鄉唐嗣堯先生來函併宣紙數方。並囑我爲《十竹齋書畫譜》書一短跋，繪一插圖。跋云：「嗣堯先生，博雅嗜古，喜收古玩法書名畫。早年東渡日本，購得明代胡正言《十竹齋木刻書畫譜》一部。今應藝壇友好之請，擬於近日影印，以廣流通。余於四十年前遊學燕京，嘗見此書。不唯書畫並妙，而刻工套印，尤精雅絕倫。嗣公斥資重印，豈唯提供好古之士賞玩，而於宣揚中華文化尤有裨益焉。」另畫「十竹齋讀書圖」一幀，寄之。

四一七　三題答案

十二月十七日在師大藝術系講授中國畫論，有某生提問：「何謂水墨畫？興於何代？使筆不可反爲筆使，用墨不可反爲墨用。何謂形格，骨格？」三條，我作答案如後：

一、五代荆浩云：「水墨興吾唐代」。吳道子、王維、張璪、王洽諸賢，皆用水墨作畫。水墨畫乃用水和墨，調爲濃淡乾濕黑五墨，在畫面上表出樸素無華的風格及「空即是色」之哲理。黑爲一切顏色之總和，用墨作畫，正是「執簡馭繁」的方法。不但是中國畫的特色，並且是中國畫的優點。

二、作畫使用筆墨，宜抒發性靈，自由揮灑，不可爲古法所縛，此即石濤《畫語錄》所謂：「蓋以運夫墨，非墨運也，操夫筆，非筆操也。」畫必有我，才能如王廙所云：「畫乃吾自畫，書乃吾自書。」

三、畫有形格與骨格之分，形格指造形而言，骨格指筆墨而言。形格在取其勢，骨格在取其質。如山立賓主，水注往來，布山形，取巒向，分石脈，置路灣，模樹柯，安坡腳。石分三面，路有兩歧，是形格也。如筆使巧拙，墨用重輕，巧不離乎形，拙亦存乎質。遠則宜輕，近則宜重，是骨格也。形格體也，骨格用也；必明體用之理，才能不失規矩。

四一八 錢賓四為韓愈辨誣

民國六十六年九月十八日，有郭壽華根據白居易詩：「退之服硫磺，一病迄不痊」一句，竟誣韓昌黎因花柳病而死。其議論於報端發表後，韓文公第三十九代孫韓思道，憤然控告郭某誹謗其先祖。法院受理宣判，罰被告銀元三十元結案。此案引起學者與法律專家紛紛著文辯論。十月七日胡君自高雄回來，以剪《聯合報》所發表史學大師錢穆先生所撰〈爲誹韓案鳴不平〉一文交給我看。我當即細讀一遍，感佩錢公膽識之餘，也不勝憤慨！錢文是這樣寫的：「昌黎韓文公，不僅為唐代一人物，實係中國全史上下古今三四千年來少數之第一流大人物也。其創為古文，起八代之衰。下啓宋元明清四代之古文學，而為不祧之祖。(中略)民國以來，競務為崇洋譴華。在中國歷史上不甘仍留一好人。孔子大聖，以子見南子肆嘲弄；岳武穆為武聖，以軍閥恣誣衊；韓文公亦自不免。(中略)近代學術界亦非不敬賢尊古，惟所敬尊乃洋賢洋古，而惟己是譴。余則譴己生之不肖，不敢譴祖宗之無德。因以自孤於一世，則每以韓公之頌伯夷者自慰自勉。偶值誹韓風潮，亦不免作不平鳴。然其聲啞以嘶，其辭晦而抑，並不能鳴舉國一世之盛，而特為國族往古鳴不平。(略)」往古歷史人物，早已皆有定評。今之俗士，不但不能發潛德之幽光，反之，妄加毀謗誣衊。當道格於憲法保障人民言論自由，任其簧鼓肆鳴，不予干禁，如此民主，實在令人可悲！

四一九　李霖燦兄應邀來中演講

十月九日午後往車站接老友李霖燦兄，同至省立圖書館休息一小時，遂陪李兄去電化視聽室演講，聽衆踴躍，座無虛席。講題為「中西藝術思想之異與同」。全部放映幻燈片，舉中西繪畫、雕塑作比較說明。講一小時半結束。

十日上午八時，謝文昌、黃榮輝二君陪同故宮博物院副院長李霖燦兄來訪。茗敍片刻，即乘謝君之車同往大坑黎巴嫩山莊遊覽。山莊有樓房一棟，乃基督教所建。四面環山，景極清幽。登山西望，臺中全市，盡收眼底。林中小坐，悠然忘慮。十時半下山，我賦五言古風一首並書贈老友留念。詩云：

晚歲習禪寂，故人遠來顧。相偕遊東山，輕車馳彎路。
石齒漱清流，白雲繞綠樹。黎巴嫩山莊，樓高林木秀。
山環若青城，軒靜堪小住。品茗坐幽亭，閒話滌塵慮。
衆貪富貴榮，孰識煙霞趣。它日還中原，相期百泉晤。

四一〇　劉墉人與藝

十月十二日，接到劉墉畫展請柬。劉墉字夢然，原籍北平，出生於臺灣。天性敏慧，嗜愛繪事，一九七二年於國立師範大學美術系畢業。受聘爲臺北市成功中學美術教師，兼主持中視「分秒必爭」節目。他與周澄、涂燦琳、李義弘四人，才從師大、藝專畢業，首次在臺北省立博物館舉辦聯展，我應邀前往參觀，見劉墉相貌清俊，氣質文雅。其畫山水，清秀脫俗。且工詩能文，知其將來成就，未可限量。此次個展，我特書聯致賀。聯云：「筆端參造化，胸次醞書香。」後來劉君赴美定居，畫風改變，多年未見，「人書俱老」矣。

四二一 參觀邵幼軒女士畫展

十月二十三日下午三時，往國立歷史博物館參觀女畫家邵幼軒畫展。邵女士，浙江東陽人，生長於北平。其父逸軒爲北平國立藝專教授，以畫山水著稱。民國二十二年我遊學北平時，曾在中山公園水榭參觀其畫展，曾有一面之緣。幼軒幼年從父習畫，並拜大千先生門下爲入室弟子。工寫花鳥蟲魚，縱恣雄健，無閨閣氣。此次還展出逸軒山水二十幅，全用亂麻皴，蓬頭粗服，與黃賓虹、傅抱石爲同一筆路。我與幼軒認識，是在民國四十六年，我在教育部時。後來參加全國美展評審及書畫家集會晤面多次。她身材偉俊，相貌清秀。談吐風雅，藹然可親。其婿林中行教授，亦善畫花鳥貓魚，並爲名家。

在會場遇張岳軍先生也來參觀。看畢由何館長陪同下樓到貴賓室品茗閒敍。岳公極關懷我的腦疾，再三勸我入榮民醫院檢查，愛護之情，甚可感激！

四二二 讀鄭佩高著歷代名賢錄

十月二十五日，村鄰鄭佩高君來訪，持贈新著《歷代名賢錄》一本。鄭君字雲生，哈爾濱人。早年畢業於東北大學。來臺後服務於臺灣省政府社會處多年。宿治經濟，兼邃文史。退食之餘，纂《歷代名賢錄》，裒然成帙。體例美備，文筆清雅。史觀正確，取捨得宜，足以裨益世道而厚風俗。此書所取人物，略以時代爲先後。以春秋迄三國爲第一輯，兩晉隋唐爲第二輯，五代迄清爲第三輯。所述人物事跡，以正史爲主，兼採自他書。其自序云：「靜檢史冊，既慨古道之不存；追懷往烈，尤憤茲世之昏昏。因於昔哲前賢之出處、去就、辭受、取予、生死之大節，其藹然以存仁，慷慨以蹈義，清白以行己，介特以獨立，寬恕以卹衆，剛毅以自持者，輒低徊嚮慕。歎蒼松翠柏之可愛，憫貞士淑女之罕覯也。乃不揣學殖弇陋，略依世序，予以輯錄，並稍加評語，以闡幽光。」鄭君愛國淑世的精神，實堪令人佩仰。

四二三　高逸鴻與龔書綿伉儷來中展畫

十月二十六日，省立臺中圖書館舉辦高逸鴻龔書綿書畫展，上午九時開幕，我應邀前往參觀。雖有剪綵儀式，但觀衆卻寥寥無幾，逸鴻夫婦，頗感不快。我也覺著這種場面，實在顧不著逸鴻的面子。此次展出近作百幅，都是他夫婦合作的畫。書綿女士是文藝作家，此次是「客串」演出。「夫唱婦隨」，倒也「相得益彰」。

那天中午，教育廳長梁尚勇在山西館設筵歡迎高氏夫婦，並邀中興大學羅校長雲平，圖書館馬館長與我作陪。羅校長因主辦大專聯考，事先發言不愼，爲數學倒不倒扣分問題，致怨言載道。因此，他於席間亟言學校行政之苦，而稱羨藝術家自由之可貴。逸鴻畫展結束，想往溪頭遊覽，並邀我同去。我因事婉謝。

四一四 周宣德居士函邀演講

十月三十日，接佛教大德周宣德居士來函稱：「本社（慧炬雜誌社）爲接引大專同學研究佛學，特每月舉行粥會一次，敦請名流學者擔任講席。素仰吾兄對於繪畫造詣極深，擬請於十一月十三日下午三時，蒞臨建國南路淨廬，對大專佛學研究社團正副社長及本社董事顧問等，以佛學與藝術爲題作一小時之開示。如蒙慈允，屆時當請一位資深蓮友專誠趨府恭迎。」我當即覆信，慨允其請。

十一月十三日下午二時，往建國南路慧炬月刊社演講。我的講題是「禪畫」。義爲使畫通向禪的境界，進入禪的境界，終極與禪融合爲一。原定六十分鐘，結果九十分鐘才告結束。聽衆皆爲大居士與大專佛學研究社負責人。承周老居士慇懃招待，盛意可感。

四二五 方東美歸依廣欽和尚

我在慧炬月刊社演講畢，與周居士閒敘。他告我有關方東美先生歸依廣欽和尚的密聞說：「方東美先生，研究佛學多年，但並未皈依三寶。本年三月二十六日，方先生雖患不治之症，但內心仍持靜定。自覺來日無多，決定皈依三寶，以求精神之解脫。於是由林蘇民醫師與他的門人劉孚坤護送至臺北土城承天寺參拜不食人間煙火的廣欽老和尚，虔誠接受歸依儀式。廣欽和尚與這位哲學大師說『三歸依』後，並命法名『傳聖』。此事報紙都未發表。可見方先生臨終時對於一切罣礙都解脫了。」

廣欽老和尚是福建人，幼年家貧，四歲即為人作養子。十八歲自力更生，作伐木工人。後感人生無常，毅然到福建承天寺剃度受具戒歸依三寶。發願修苦行，野坐不畏風雨。日以野果果腹，夜不倒單。來臺後曾在臺中市東山路正覺寺掛搭數年。我曾去拜謁和尚。其後和尚北上駐錫於臺北土城承天寺。圓寂荼毗後有數千舍利。以一目不識丁的苦行僧，修至人天供仰的境界，可謂佛教高僧中之奇蹟。

四二六　埃及總統沙達特主動訪以色列

自古偉大的政治家，必是大智、大仁、大勇的人物。以埃之戰，結果埃及失去西奈半島。如想以武力收復失土，是不可能的事。埃及總統沙達特以高度驚人的智慧，毅然於十一月十九日，單槍匹馬前往以色列訪問梅爾夫人與比金總理。彼此握手言歡，開誠布公談判結果，埃及不費一槍一刀，收回了西奈半島。沙達特以他無比的勇氣與遠見博得英雄的美名，並受到全世界普遍的敬佩與讚揚。

四二七　五福臨門古樹

十二月四日上午，應學生林懋盛君之邀，同往豐原市東山觀賞臺灣最奇的「五福臨門」古樹。順東豐公路轉東行，約三公里，右轉上山。林密路曲，風景極爲幽邃。四五折才達山頂。遠望古樹盤曲夭矯，蔭蔽數畝，好像一座翠綠的山丘。懋盛說：「那就是『五福臨門』」。走到跟前，使我大爲驚心動魄，直覺是在夢中所看到的稀奇古怪的龐然大物。拭目仔細觀看。主樹是一株巨樟，幹有十餘人圍粗。臃腫扭曲，正如莊子所謂「不中繩墨」的古樹。最奇怪的是長枝拖地，又紮根挺起。古樟旁邊，還有楠樹、朴樹、榕樹和相思樹，都與樟樹攀幹交枝，結爲眷屬。巨樟樹齡約五百年，枝葉還很茂盛。地方人士，爲防損傷，設鐵欄圍之。我平生在國內外所見古樹甚多，但未有如是古樟之奇也。因五株相連，故名曰「五福臨門」，乃取吉祥之意。自古忠臣節士，以才高位重而賈禍，而大樹卻以不材終其天年。人與物固亦有幸有不幸矣。觀罷「五福臨門」下山。欣賦七絕一首：

林深路曲喜華滋，五福臨門古木奇；
榕朴樟楠成美眷，交枝接葉慰相思（樹名）。

四二八　鑑賞呂日新先生家藏古畫

十二月十七日下午，往軍功村訪宗家呂日新先生閒敍並鑑賞古畫。日新先生，年七十八歲，原籍臺中縣三角村，父汝濤公善畫山水花鳥，兄孟津先生善畫寫生工筆花鳥，在臺省藝壇有名。日新先生開設藥房，篤信佛法。每週三晚間往慈光圖書館聽李炳南居士講經。三十年來，從無間斷。其樓上客廳懸有宋李迪畫「風雨歸牧圖」，絹本、淡設色，與故宮博物院所藏者完全相同。我乍看以爲是複製品，及仔細審視，確是墨蹟。但無名款，上中鈐大印，右鈐數小印。觀其用筆設色，與李迪所繪，如出一手。即使是仿本，也是很有價值的。考，李迪，北宋河陽人。宣和畫院授成忠郎，紹興復職為畫院副使。

日新先生又出示清黃愼畫「壽星」人物一軸，請我鑑定。紙本，大幅中堂。縱五尺，橫三尺，壽星半身，立於雲中。雙手捧杯，禿頂長髯。以戰筆畫衣紋，蒼遒飛動。上以草書題數百字。定為黃氏眞蹟無疑。日新先生早已作古，未知其所藏名蹟，尚能保存無恙否？甚可念也。

四二九　馬壽華先生逝世

十二月二十九日，新聞報導：當代藝術界領袖馬壽華先生，於二十八日清晨正沐浴時，心臟病突發，不治而終，享年八十五歲。噩耗傳來，直如晴天霹靂，不勝痛悼！馬公，字木軒，安徽渦陽人。天性淡泊，宅心寬厚。清光緒年間，河南法政學堂畢業。曾任河南、山西、湖北、安徽等省地方檢查官、行政法院院長、及公務人員懲戒委員會委員長等職。精研法律外，並善畫能書。與陳方、鄭曼青、張穀年、劉延濤、陶芸樓、高逸鴻組織七友畫會，並兼中國美術協會，中國書法學會，中華民國畫學會理事主席。我於民國四十六年任教育部美育委員會駐會委員時，始識木公，交締忘年，情誼甚篤。其夫人與公同歲。於同年三月逝世。不惟白首偕老，而且同生共死。其因緣誠不可思議。我撰聯輓之曰：

靜齋論畫道，音容雖渺，典型猶在；

亂世勵清操，德望不朽，人師難逢。

四三〇　應省立臺中圖書館之邀舉辦書畫展覽

應省立臺中圖書館之邀，於六十六年十二月三十一日在該館畫廊舉辦書畫展開幕。展品國畫七十餘幅，書法三十餘幅。另有「長江萬里圖」，也展出一天，供衆觀賞。

展出之日，承中視、華視、臺視三家拍照，製作新聞節目。各界朋友及學生紛紛致贈花籃，約七十餘只，由門口擺到馬路。參觀者極爲踴躍。自早至暮，絡繹不絕。兩個畫室，擠得水洩不通。有幾位朋友遠道從臺北、高雄趕來參觀，更使我感激不已。畫展至六十七年元月八日結束。作品訂出八十餘件，並且重訂二十餘件。自九日起開始畫「一葉知秋」。此爲呂日新先生所重訂者。作畫複製，多不易佳，但我重畫此圖，反覺後勝於前。

四三一　江源考

六十七年元月十五日，《聯合報》刊出路透社北平十四日電：中共新華社從武漢報導，長江全長六千三百公里，而不是五千八百公里。負責長江水利計畫之機構經實地勘測，發現長江主流，是由圖圖河（即沱沱河）延伸入西藏北部唐吉喇山主峰。而不是發源於位置較東的巴顏喀喇山。我於五十四年畫「長江萬里圖」長卷時，即考證長江之源應延伸至青海與西藏之交界犁石山，舊謂發源於巴顏喀喇山是錯誤的。但我既不是地理學家，又不是朝裡大官，所以考證結果，並未爲在臺研究本國地理專家之注意。現在經中共證實，才見有臺灣新聞報導。

四三二 撰孤冷的漸江

國立歷史博物館館長何浩天向我徵文，並希望寫四僧之一。我於是從六十七年二月六日開始撰寫〈孤冷的漸江〉一文。現在國畫家和國畫理論家，論明末四僧之畫，往往揚石濤、八大，而抑漸江，乃是主觀好惡的偏見，是很不公平的。我認爲四僧之山水畫，漸江清、石谿厚、八大逸、石濤樸，正如春蘭秋菊，各得其宜，不必強分優劣而軒輊其高下。

弘仁，字漸江，人稱梅花古衲。俗姓江，名韜字六奇，安徽歙縣人。事親至孝，親歿出家爲僧，善畫山水，初學雲林折帶皴法，後隱居黃山，改師造化而自成清峻絕俗的風格，學者稱新安派。圓寂後葬於黃山，今其墓尙存。漸江天性孤傲絕俗，故在四僧之中人品最高。漸江於明熹宗天啓六年丙寅年十七歲，作有一幅梅花圖，收入程曦《木扉藏畫考評》中。畫左下方有漸江自題七言詩一首，是他的傳世最早的作品。漸江畫蹟中有一幅「黃海蟠龍松圖」，奇石崚嶒，古松根仰掛石隙，曲幹下墜，其枝上仰拏空，極像黃山蟠龍抓拏的奇松。石用荷葉皴，筆簡形具，清勁自然。上題絕句云：「詰曲憑高胎最勝，問年安可藉人傳？想當軒鼎丹成後，業已森森爪甲全。」跋云：「黃海蟠龍松拈土，呈桴菴先生教。弘仁。」下鈐「弘仁漸江」印。

四三三　敬仰顏習齋

顏元字易直，又字習齋。生於明崇禎八年，卒於清康熙四十三年。畢生訪友論學，明辯善教，故從學者甚多。先生斥宋儒理學之空疏，乃偏重實用功利。他說：「如天下不廢予，將以七字富天下，墾荒、均田、興水利。以六字強天下，人皆兵，官皆將。以九字安天下，舉人才，正六經，興禮樂。」錢穆先生論習齋云：「以言乎近三百年學術思想之大師，習齋要為巨擘矣。豈僅於三百年，上之為宋元明，其言心性義理，習齋既一力推倒。下之為有清一代，其言訓詁考據，習齋亦一力推倒。開二千年不能開之口，下二千年不敢下之筆。遙遙斯世，『前不見古人，後不見來者，念天地之悠悠，獨愴然而涕下。』可以為習齋詠矣。」我在早年對日抗戰時期，曾於知友焦元甫弟提倡農牧水利，斥空疏之論，重實用之學，故對於習齋極為崇敬。

四三四 遊基隆十分瀑

六十七年二月十三日上午八時，施華堂、林永祜、阮榮松諸君陪我由基隆出發往遊十分瀑。過暖暖入山路，盤旋上行，約十公里抵達山頂。環眺群峰疊翠，雲氣靉靆。路邊有一瓦亭，額曰「山麓門」。聯云：「山高海拔三千尺，麓近天衢百萬年。」拾級而上為琦園。杜鵑盛放，燦爛似錦。園之中央建立李建興先生銅像及紀念碑。李氏是基隆人，幼讀詩書，頗通文墨，以家貧為人牧牛。及長任鄉鎮所書記，因開煤礦致富。樂善好施，興學濟貧。澤被鄉里，為一方之人望。時已八十五歲，養疾於臺北榮民醫院。園後為李氏先人之墓。拾級右上為新寮，有屋三棟，釉瓦石壁，式頗古雅。乃李建興胞弟的住宅。有二童子彬彬有禮，歡迎我們入正堂參觀。中供其歷代祖先牌位，壁懸歷代李氏名賢：李鐵拐、李耳、李白、李德裕、李世民及李鄴侯畫像。全是名畫家季康所繪。

離新寮登車下山，過橋轉彎至十分寮。有二三人家，背山面溪，桃李花開，相映如畫。村西有天然石梁，俗稱「眼鏡洞」，長約三丈，高僅數尺。平溪自洞下通過，呈為奇觀。車停十分寮，步行過溪下行，水由崖端分兩大股洩下，平流約百米，水又由崖端分十股下注潭中。宛如十條銀龍自天降落，水花飛濺，如軋綿，如噴雪。氣如彩虹，聲若轟雷。我們站在岸邊，面對這臺灣第一奇景，莫不歡喜叫絕。十分瀑之形勢，極像尼加拉瓜大瀑布。然而十分瀑更有山石林木之配襯，其景觀之優，實爲尼加拉瓜大瀑布所不及。我占詩一首讚之曰：

十分瀑流氣勢雄，渾如雪絮落潭中；
倚欄靜觀雷聒耳，日照銀龍吐彩虹。

四三五　唐君毅病逝

六十七年二月十六日媒體報導：名哲學家唐君毅教授於二月二日病逝香港。消息傳來，不勝悲悼！唐教授畢生爲弘揚中華文化而努力。其讀書之多，著作之勤，愛國之誠，早爲中外人士所共仰。我雖心儀君毅先生已久，但平生只有一面之緣。我於去年十月二十三日，在省立博物館參觀劉墉畫展，與君毅先生暨夫人邂逅相遇，彼此寒暄數語，未曾多談。那時唐先生因病來臺北就醫。我看他身體衰弱，形容憔悴，語音低沈，即占其將不久於人世。不幸，果不出我之所料，哲人其萎，能不痛悼！先生曾說：「值此國難當前之際，吾人要想在風中站得穩，必需要有兩個腳跟，一個是『民族意識』，一個是『文化意識』，缺一不可。」其言殊堪發人深省。唐教授生前著作極富，計有：《中西哲學思想之比較論文集》、《道德自我之建立》、《中國文化之精神價值》、《心物與人生》、《人文精神之重建》、《文化意識與道德理性》、《中國人文精神之發展》、《青年與學問》、《哲學概論》、《人生之體驗》、《中國哲學原論原道篇》、《中華人文與當今世界》、《生命存在與心靈境界》等出版行世。君毅先生的哲學思想，對於臺、港兩地青年有莫大的影響。

據吳俊升先生說：唐教授逝世，先在香港開弔，當日親臨祭弔的不下千人。其中不僅是唐教授的親友和他的學生，還有社會各階層人士，也有和他素不相識而敬慕他的人格和言論的社會青年。還有佛門的僧尼。唐教授學問道德感人之深，也於此可見了。

唐教授的靈柩於二月十一日下午五時由香港運抵臺北機場，其親友和學生紛紛趕往迎靈。十二日上午九時，由國內學術、教育、文化界人士，在臺大法學院舉行盛大追悼會，表示哀思。有陳立夫、楊亮功、錢思亮、蔣彥士、陳奇祿等五百餘人參加。十三日上午九時，唐教授靈柩由臺北市立殯儀館發引安葬觀音山。一代哲人，身後備極哀榮，也可以瞑目了。

四三六 逸士陳希夷

三月四日，畫華山玉泉院之景想到一代奇人陳希夷。陳摶字希夷，宋安徽亳州人。聰慧有仙才，讀書過目成誦。後唐時，試進士不第，遂棄舉業，遊歷名山，怡然自得。後遇異人，授以服氣避穀之術，乃隱居武當山二十餘年。後遊華山，棲於少華石室。周世宗曾召他就問黃白方術。

希夷從容對曰：「陛下爲天下之主，當以治國愛民爲念，爲何留心黃白之術呢？」世宗聽了很覺慚愧。要任命希夷作諫議大夫，希夷堅辭不受，又回華山過隱居清修的生活。宋太宗即位，希夷兩次應召入京，帝虛懷問道，寵遇有加，賜號「希夷先生」。太宗端拱元年，摶命弟子於蓮花峰北谷中開鑿石室，室成，摶即羽化。

四三七　鄉長王撫洲先生

在臺鄉長之中，最使我尊敬的有兩位，一是周樹聲先生，一是王撫洲先生。其學問、道德、修養，都足爲後學之典範。惜二公都作古人，每憶長者之風範笑貌，輒令我懷想不已。

王撫洲先生，字公簡，世居河南省正陽縣閭河店。生於前清光緒二十五年十一月初七日。父卓如公，曾任河南桐柏縣知事，清愼廉明，甚獲人民擁戴。撫洲先生於國立北京法政學校畢業，後入美國俄亥俄州立大學獲工商管理碩士。回國曾任東北大學教授，馮庸大學副校長，河南財政廳長暨國大代表等職。於六十七年一月二十三日病逝於臺北，享年七十九歲。夫人王化民女士，現任立法委員。端莊賢淑，世稱「梁孟」。我與王撫洲鄉長結識，是在展出「長城萬里圖」的時候。我每次去臺北，王公即到教師會館訪晤，並請我餐敍。公家藏古書名畫甚豐，有時邀我鑑賞。公慈祥寬厚，和藹可親。使我永懷不忘。

四三八 蘇東坡的詩

三月十七日，有陳生問我蘇東坡「橫看成嶺側成峰，遠近高低無一同」詩句的來歷，我答道：「宋神宗元豐七年，蘇東坡自黃州貶所放還，與詩僧參寥同遊廬山。自山北雲峰道九十九盤登山，先至東林寺、西林寺，後登大林寺，經高石坊而至天池。初入廬山作三首詩。一曰：『如今不是夢，眞個在廬山。』二曰：『芒鞵青竹杖，自掛百錢遊。可怪深山裡，人人識故侯。』三曰：『青山若無素，偃蹇不相親。要識廬山面，他年是故人。』東坡與參寥首日宿東林寺，臥聽溪流，山鳴谷應。次日以詩贈東林住持云：『溪聲便是廣長舌，山色豈非清淨身？夜來八萬四千偈，他日何如舉似人。』此詩很富禪意，所以爲禪家所樂誦。東坡由東林寺往西林寺途中，見峰巒重疊，遠近不同，縱橫各異。乃在西林壁上題了一首詩，就是：『橫看成嶺側成峰，遠近高低無一同。不識廬山眞面目，只緣身在此山中。』此詩是說，人對於事理，因各執己見，故所見不同。若執見不破，即永遠不能認識眞理。東坡這首詩就詞句看，並不甚美，只因後兩句很有深意，所以爲後世文藝作者普遍所引用。」

四三九　蔣經國當選總統

第一屆國民大會第六次會議，於民國六十七年三月二十一日上午九時，在中山樓中華文化堂舉行第一次選舉大會，選舉蔣經國先生爲中華民國第六任總統，謝東閔爲副總統。大會由王雲五代表作主席。岫老銀鬢飄然，若神仙中人。張岳軍先生自榮總蒞臨會場投票，李宗黃先生抱病坐輪椅投票。大會結束，王雲五先生偕郭澄祕書長，同往總統府向嚴總統報告選舉經過，並往蔣院長官邸祝賀。蔣院長於當選後，率夫人及公子，同往慈湖謁陵。

民主政治，元首須經選舉產生，新舊交替，本極平常。但嚴家淦總統與新選總統蔣經國，在同一府中，揖讓交接，可謂自唐虞以來，開最佳的先例。蔣氏當選，固可喜可賀；而嚴氏之氣量風度，更使人可佩可敬。

四四〇　曾約農姐弟捐贈國寶

爲祝賀蔣經國先生當選第六任總統，曾約農與曾寶蓀姐弟於三月二十七日，把祖傳家寶捐贈故宮博物院。計有：曾國藩及紀澤日記、手札，李秀成親筆供詞一冊，核桃朝珠一串，翡翠玉佩一串，翡翠扳指一枚，翡翠龍紋帶鉤一件，翠珠寶石頭面一件，珠翠寶石金簪二支，寶石金扁簪一支，玉片金鍊扇墜一串。曾寶蓀爲約農先生的堂姐，時年八十七歲，二人都獨身未婚。同赴法國留學，歸國同獻身於教育事業。相敬相愛，形影不離。二人因病又同住榮民醫院，病房相連，仍互相照顧，直到逝世，手足之情不渝，亦可謂一代之奇人。我與約農先生認識，是他在東海大學任校長的時候。他託徐復觀兄邀我去東大指導學生習畫。先生相貌清俊，慈祥儒雅，給我極深的印象。

四四一　唐君毅之身世

三月二十七日，我以整天的時間讀完《鵝湖》二十篇哀悼唐君毅的文章。對於唐氏之道德學問以及他對於中華文化之貢獻，更加敬佩。

唐氏先世籍廣東五華縣，六世祖移居四川，以糖工起家置產，遂爲宜賓縣人。父名迪風，十七歲中秀才，從歐陽竟無大師習內典。著有《孟子大義》。母陳氏名大任，幼讀詩書，著有《思復堂遺詩》。君毅先生，幼穎悟，好學深思。年十七入北京大學受梁漱溟先生之教，後轉南京中央大學哲學系，又受方東美先生之教。畢業後，歷任四川、華西、中央諸大學教授。一九四九年三月，避亂至香港，與錢賓四、張丕介、程兆熊四人創辦新亞書院。一九六三年，新亞書院併入中文大學，不惟違背錢、唐、張諸人辦學之宗旨，亦且失其新亞之精神。錢賓四以不屑看外國人之顏色，乃憤然拂袖而去，來臺定居。君毅先生亦以中大與新亞宗旨不合，而獨力接辦新亞研究所，終以心力交瘁而齎志以歿。

四四二 魏受禪碑

魏受禪碑，在河南許昌小繁城鎮漢獻帝廟中。我於民國二十九年冬，自許昌返泌，過小繁城，曾見此碑。碑高八尺四寸，闊四尺六寸。二十二行，行四十九字，字大一寸二分。碑額篆書陽文「受禪表」三字。《隸釋》以爲表者，表揭其事，不是表奏的意思。世傳梁鵠書，鍾繇鐫字，謂之三絕。我細觀其隸法，方勁端嚴，與「上尊號碑」，如出一手。與梁鵠書「魏修孔子廟碑」豐肥渾厚者不同。顏魯公謂是鍾元常書，其觀點是不錯的。《隸釋》謂，此碑在穎昌府臨穎縣文帝廟。《金石索跋》曰：「今在漢獻帝廟者，後人毀斥魏文像爲漢獻像也。嗚呼！魏竊漢天下，而不能久，漢轉得據魏祠祀而久之。觀於是碑，亦千秋快事哉。」我謁獻帝廟觀受禪碑，至今五十餘年，大陸經過文化大革命之浩劫，未知此碑尚能無恙否？

四四三　胡適稱溥儀皇上

四月八日，張治春先生來舍下閒敍。談起胡適先生於宣統遜位後，曾兩次奉召入宮拜見。第二次溥儀與胡適談出洋留學問題，胡適稱讚：「皇上很有志氣」。當時頗招物議。治春先生說：「胡先生見溥儀後，回到北大授課，被學生包圍，問東問西。某生問他見溥儀如何稱呼？胡先生說：『叫皇上』。何明卿（治春同學知友）憤然說：『何不稱萬歲爺』!?胡先生默然。」北大爲中華民國最高學府，胡適先生以民國最高學府教授的身分，稱滿清亡國小朝廷「皇上」，實在有辱學校和他本人的身分。

四四四　正始三體石經出土之經過

正始三體石經，於民國十二年出土於古洛陽城南碑樓莊，朱家圪塔、大橋之間。我曾聽河南鄉長王廣慶先生敍述出土的經過說：「三體石經先出土者，係於光緒乙未三月初七日，洛陽白馬寺人劉克明，爲村南龍虎灘黃占鰲刻名章，攜有六書通，黃披視謂字形奇古，我家牛舍瓦礫中有殘石一角，刻文與此相似，於是偕劉往驗。劉知石爲異物，取黃子耀坤習字紙，以淡墨拓之。識淺者誤以爲蔡中郎漢石經。龍虎灘在今洛陽城東二十里，位於伊洛會流處之北岸。去漢時太學不遠。但黃氏對於殘石不知珍惜，以廉價售與古玩商人。後又歸合肥周李木所有。後出土者，係於民國十一年十二月，洛河南岸朱家圪塔村民朱某，取蔓根製藥，掘地四五尺，得巨石，寬仄約三尺許。又有一小石，約尺許，表裡刻《尙書》《春秋》文。經專家鑑定，才知也是魏正始三體石經。未幾石爲城南謝榮章購去，因石重不便偷運，於是雇石工白某，乘夜鑿開爲二，故字有毀損，實在太可惜了！」洛陽龍門洞窟佛像，爲無知愚民，任意鑿毀，盜賣與外國洋商，不但可惜，可恨！並且也是國家之恥辱。

古碑三體書，魏正始石經之後，尙有隋刻魏曹子建碑。此碑在東阿縣魚山。石高七尺，寬四尺三寸，二十二行，每行四十三字，字兼篆隸楷三體，雜然不倫。碑中空格，每每不顧文義，有一人而隔斷爲二者。《潛研堂跋尾評》謂：「不學無術，故有此失。」觀其隸楷，渾勁高古，非不學之人所能到此境界。我推測可能是標新立異之輩所出的新花樣。這種雜體書並不爲後世所重視，故無人倣效。今人陳其銓近年揉合篆隸眞草作書，亦未爲書家所肯定。

四四五 傷春

我自春節前罹患感冒咳嗽，至今二十多天尙未完全脫體。偶閱六十七年四月十二日日記，當時亦患感冒，記云：「春天百花齊放，燦爛如錦。余因愛花，故亦愛春。然而每至暮春，即易爲余帶來疾病，故余又怕春、惱春。近日又患感冒咳嗽，春！爲何虐我如此之甚耶？因賦七絕一首以嘲之：我本憐春又惱春，春來病擾最傷神。百花燦爛無心賞，禪榻藥罐伴老人。」說也奇怪，二十年來，每到春天即患感冒咳嗽，豈患病亦有週期性耶？

四四六　汪廣平晚宴記趣

四月十三日下午五點三十分往府後街赴明道中學校長汪廣平晚宴。座客都是文藝界朋友。計有：本慧上人（任博吾）、徐人衆、陳其銓、楊宗珍（孟瑤）、曹緯初夫婦與我共八人。汪校長字鐵梅，河北省人。愛書畫，樂交書畫朋友。備紙墨請我與石上、緯初隨意揮毫，作畫數幅。請孟瑤女士、張紹載、任博吾和曹夫人唱平劇，由博吾、紹載分別操琴。孟瑤初來臺灣在省立臺中師校與我同事，以寫散文、小說著稱，業餘喜唱平劇。我聽過她粉墨登場演「四郎探母」飾楊延輝。字正腔圓，深獲佳評。這次她又唱一段坐宮，頗有余叔岩的韻味。曹夫人，河南人，與我同鄉。喜唱平劇，專攻青衣，她與孟瑤合唱坐宮，學程派腔，也頗動聽。博吾雖爲出家比丘，但仍不矜細行。畫學石濤，其行徑，也頗受懷素道濟的影響。緯初善畫花鳥，尤長於隸書，爲我中部同道好友。其銓，字奇川，廣東人。善寫隸書，尤長於禮器碑。張紹載，河北人，研究建築，省立圖書館及臺北中山紀念堂，皆是他的名作。

四四七　清院本清明上河圖之作者

四月十九日，因傷風咳嗽，身體欠適，玩賞清院本「清明上河圖」卷，以爲消遣。此圖於乾隆元年，御命陳枚、金昆、孫祜、程志道與戴洪諸人合繪。是「天衣無縫」的最好一幅合作畫。陳枚字殿掄，號載東，江蘇松江人。雍正間其兄桐，以寫生擅場於京師，爲名公巨卿所禮重。枚爲發展他的前程，於是進京投靠陳桐。時有待詔小陳相公名善者，在京名氣更顯。其兄桐想薦枚拜陳善門下。枚才高志驕，乃掩關不出，焚膏繼晷。凡古蹟名畫，無不潛心臨摹，山水人物花鳥，無一不精。歷數年，始取所作，付人裝池。適被小陳相公看到，驚出意外。探知爲枚所繪，急造訪與枚定交。並薦枚於朝，同供奉畫院。枚初學宋人，後又參以西法。故能於寸紙尺縑圖群山萬壑。以放大鏡照之，峰巒、屋宇、橋梁、人物，與巨幅同工。

四四八　靜讀名畫記

四月二十二日，綠窗孤影，焚香靜坐，閱讀《名畫記》，以遣逸興。張彥遠云：「余自弱年，鳩集遺失，鑑玩裝理，晝夜精勤。每獲一卷，遇一幅，必孜孜葺綴，竟日寶玩。可致者，必貨幣衣減糲食。妻子僮僕，切切嗤笑。或曰：終日爲無益之事，竟何補哉？既而歎曰，若復不爲無益之事，則安能悅無涯之生。是以愛好愈篤，近於成癖。每清晨閒景，竹窗松軒，以千乘爲輕，以一瓢爲倦。身外之累，且無長物，唯書與畫，猶未忘情。既頹然以忘言，又怡然以觀閱。」彥遠不但以藝術提升其思想的境界，並以藝術美化其生活。他的思想、嗜好、生活，正與我不謀而合。玩賞書畫，雖不能當衣穿，當飯用，但可以陶情養性，「悅無涯之生」。亦正如莊子所謂以無用爲用的呀。如彥遠不爲無益之事，怎能傳此增識益智的畫記呢？

四四九 姚夢谷徵畫

四月二十八日，接姚夢谷兄來函稱：「佛庭吾兄大居士道鑒：弟於本月二十九日抵中市，將爲中市圖書館作一專題講演。屆時，請蒞臨指教！幸勿吝玉！茲有臺北式古堂畫廊，擬徵求當代名家賜件存售。吾兄名重藝壇，創作高古，務望大力支持！如荷日內揮毫，寫作一、二幅，逕寄弟處，當即交由該廊裝裱付展。一切由弟負責，祈釋念！專此順頌道安。弟姚夢谷拜言，四月二十六日。」

二十九日下午二時，我即往省立圖書館候晤姚夢谷兄。至兩點二十分，夢谷偕夫人張容休女士及男女學生五六始到，同在貴賓室晤談片刻，遂由馬館長陪同到樓下電機室。三時，夢谷登臺演講開始。講題是「民初繪畫之革新」，夢谷於民初畫家與畫風敍述甚詳，頗有助於民國畫史之研究。

四五〇　張群資政九秩壽慶

五月九日，爲張資政岳公九秩華誕。岳公從來不作壽也不接受祝壽。此次因爲是九秩整壽，政府特爲對這位國之大老表示崇高的敬意，特於三軍軍官俱樂部擺設壽堂。嚴總統伉儷、蔣院長伉儷，以及黨政軍各界人士一千餘人，均先後前往簽名祝賀。張岳公於九時五十分抵達壽堂。祝壽儀式於十時舉行。由嚴總統家淦先生主持，並致賀詞。他說：「岳軍先生，曾經手著《談修養》一書，列舉養身、養心、養慧、養量、養望五個綱領，每個綱領又列舉若干細目，意境高超，寓意深遠，而又簡切易行。見微知著，確是談修養最好的書，最正確的方針。以岳軍先生的豐功偉業，卓行嘉言，他的道德，他的人望，及其元氣充沛，康強壽考，就是從養身、養心、養慧、養量、養望的修養工夫中得來。這正是大家最好的榜樣。」岳公謝道：「自問過去爲黨國效獻無多，對嚴總統過譽之詞愧不敢當。」我所以特別提到這件事，一方面敬仰張岳公之德望；一方面認爲嚴總統這篇祝壽詞，確能表達張岳公不愧爲古今從政者之典範。

四五一　本慧上人任博吾索畫

本慧上人索畫竹林茆屋圖，於五月七日始畫就，並題偈一首：「翠竹林中一草堂，無憂無慮度時光。饑來吃飯倦來睡，何必虎溪迎送忙。」跋云：「本慧法師，山水法石濤，筆墨極超。囑畫『翠竹茆屋圖』，謹以漸江報之，愧弗似也。」五月十二日，接本慧上人回函，他說：「昨日奉獲尊繢，高簡清逸，得未曾有，具見左右功力，已臻化境，當什襲珍之也。溢褒拙作極愧。出家後多忙於佛課，染翰已荒蕪，唯臨池少間斷耳。文旆北來，尚祈枉顧，跂幸，跂幸！匆此奉謝。即上佛庭居士大德慧詧。入迂拜復。四月十日。」時，本慧住在臺北樹林，後又徙臺中市頭汴坑自資購屋而居，由女弟子照顧其生活。

四五二　國劇大公演

五月二十一日下午九時，我從電視欣賞華視轉播臺北國軍文藝活動中心國劇聯合大公演全本「四郎探母」。楊延輝一角分由周正榮、哈元章、胡少安、謝景華、葉復潤五人飾演。姚谷香女士演佘太君，鐵鏡公主由顧正秋、周韻華、徐露三人分演。程派名青衣章遏雲女士飾蕭太后。劉小地飾楊延昭。顧正秋反串楊宗保。周金福、于金驊分飾國舅。胡陸蕙飾四郎夫人。名角濟濟一堂，爲近年來菊壇一大盛事。顧正秋唱四猜時佳腔甚多，每句都獲滿彩。尤其是飾宗保唱娃娃調，更見精彩。章遏雲扮相雍容華貴，嗓音雖低，但韻味雋永，仍不減當年。姚谷香女士已七十五高齡，猶能高唱入雲。扮相慈祥，表做細膩，幾不覺其爲演戲。老旦角，以後恐無人能出其右了。姚顧章三人，皆退出菊壇有年，今能同堂演出，實屬不易。

四五三　論書

六月五日，讀《佩文齋書畫譜》宋姜夔〈論眞書〉云：「眞書以平正爲善，此世俗之論，唐人之失也。古今眞書之神妙，無出鍾元常，其次則王逸少。今觀二家之書，皆瀟灑縱橫，何拘平正。良由唐人以書判取士，而士大夫字書類，有科舉習氣。顏魯公作干祿字書，是其證也。矧歐虞顏柳，前後相望，故唐人下筆應規入矩，無復魏晉飄逸之氣。且字之長短大小，斜正疏密，天然不齊，孰能一之。」此論殊獲我心，可浮大白。

夫鐘鼎甲骨之文，結體大小長短，雖不整齊，然而左右顧盼，上下照應，變化灑落，自成章法。李斯小篆，用筆停勻，結體整齊，漢隸八分，亦復如是。六朝以降，唐人楷書，尤重法度，如撥算子，毫無變化。我初學書，雖也從唐人植基，但又上追漢晉及北魏北齊，漸脫唐人面目。

渡臺以後，又融篆隸及西晉北齊經體，自闢蹊徑。用筆全取中鋒，或輕或重，有乾有濕。結體或大或小，有疏有密。使字與字，行與行，有照應，有顧盼，如血肉相連，不容單取。作書筆須法古，體宜變新。蓋鍾繇而後尚有鍾繇，羲之而後尚有羲之哉！

四五四　評審全國大專院校學生書畫比賽

六月七日上午九時往國父紀念館，評審全國大專院校學生書畫比賽作品。我與葉公超、姚夢谷、高逸鴻、胡克敏五人評審國畫，一小時即畢。甲組第一名陳肆明，是我的入室弟子。原在臺中師專畢業，時在師大藝術系肄業。天資聰敏，好學不厭。公超與孟谷對肆明的畫，尤爲激賞。書畫全評審畢，承宋主任時選備茶點招待。席間與王愷和、王壯爲閒敍片刻，大家即散。承高逸鴻、與夫人龔書綿女士同車送我至教師會館。下午到重慶南路宏業書局購得《中國歷代戲曲選》一本，我爲與東漢鄉賢蔡邕辨冤白謗，決定撰《蔡中郎評傳》，故選此書中之〈琵琶記〉以爲反駁之依據。

四五五　國父奉安南京大典

民國十八年六月一日上午九時二十分，國父孫中山先生靈車緩緩開至紫金山中山陵前，九時三十分靈柩降車換槓。九時三刻起槓，沿石級前進，國民政府樂隊四十人，在前奏哀樂先導。蔣公並在靈前指揮槓夫恭謹將事。十時一刻，靈柩恭移於陵墓祭堂中央。宣贊員宣贊舉行奉安典禮。奏哀樂，行三鞠躬禮，獻花圈，讀誄文。然後恭移靈柩進入墓門。奏哀樂，全體人員默哀。接著敬謹奉安。奉安時，由蔣公主祭，譚延闓等在後陪祭。獻花圈，讀誄文後，再由槓夫敬謹將靈柩奉移進墓門。國父家屬、蔣公、全體中央代表、各國專使代表等，隨進墓門，恭謹扶柩奉安壙內。其時為正午十二時整。紫金山的禮炮鳴一百零一響致敬。全國民眾一律停止工作，默哀三分鐘，向這位中華民國開國之父致悼！奉安大典至此告成。我在六十七年六月十三日看到《中央日報》刊出國父奉安南京及蔣公偕夫人步行往浦口車站迎靈的照片，想到國家的前途，不禁愴然淚下！

四五六　讀漢書以消暑

東坡讀《漢書》以佐酒，我讀《漢書》以消暑。唐太宗說：「讀史如同照鑑」。我雖不是皇帝，但也需要明瞭歷代興衰存亡之前因後果。東漢末葉，君弱臣奸，外戚宦官專政弄權，欺君枉法，陷害忠良。梁冀、董卓，更是奸臣之中首要的人物。而馬融、胡廣，都是一代儒宗，位高望重，名滿天下，貪祿附勢，顚而不扶，卒至傷賢誤國，身辱名裂，殊可令人惋歎！

李固爲漢代名臣，識大體、礪忠節。不幸因反對立蠡武侯得罪梁冀被誅。臨終與胡廣趙戒書曰：「固受國厚恩，是以竭其股肱，不顧死亡，志欲扶持王室，比隆文宣。何圖一朝梁氏迷謬，公等曲從，以吉爲凶，成事爲敗乎？漢家衰微，從此始矣。公等受主厚祿，顚而不扶。傾覆大事，後之良史，豈有所私。固身已矣，於義得矣，夫復何言！」胡廣與趙戒看過這封信，悲慚得流下了淚水。足見他們還有點良心。

四五七　赴日月潭小住

應日月潭青年活動中心袁主任傳福之邀，於六月十七日上午八時，攜畫具衣物，搭公路局金龍號快車往日月潭。上午十時抵達明潭終站。下車換計程車至青年活動中心。承袁主任與諸位組長，熱誠款待，衷心甚感。

我下榻於活動中心後面山麓精舍。小樓一座，窗明几淨，琅環雅潔。竹樹四圍，鳥聲應答，午後小睡，魂夢都清。庭中種梅百餘株，惜不逢花時。倘在孟春來遊，棹獨木舟，泛香雪海，詠詩、作畫的靈感，不知又增幾許呢？晚間孤燈獨對，欣賦長短句一首：

萬木蒼蒼山凝翠，寒杉矗雲隱高樓。花映紗窗靜，苔封石徑幽。蟲吟鳥啼奏天樂，暑氣不到夏亦秋。跣足忘塵慮，小睡逍遙遊。洞天福地切莫負，展紙揮毫畫滄洲。

次日黎明即起，天氣晴朗，山容如沐。林中鳥語啁啾，應答不絕。後山勢如圈椅，左右曲抱。萬木森羅，蒼翠宜人。煙雲飄緲，忽隱忽現。慈恩塔高矗雲霄，玄奘寺鐘聲未沈。北望明潭似鑑，小舟泛波。青山碧水，翠樹白雲，織成一幅綺麗的圖畫。日月潭眞是世外桃源，我能在此小住，自覺清福不淺。

四五八　訪朱鏡宙居士論道

七月二日上午八時，往正覺寺拜候朱鏡宙老居士。居士字鐸氏，浙江樂清人，爲章太炎先生的快婿。篤信佛法，生活淡泊。因腿骨跌傷，不良於行。年九十歲，兩耳重聽，須藉筆談。鏡老在紙上寫道：「呂居士身體很好，一定能享大壽。」我寫道：「學佛應無壽者相」。鏡老又寫道：「衆生相是指空間言，壽者相是指時間言，佛法打破一切相，只是團團的一絲不掛。」我答道：「命就是數，富貴貧賤，夭壽禍福，全是數。」鏡老又道：「個人是命，國家興衰存亡是數，因此，我安於現實。」又道：「我得佛法好處是安貧樂道，最簡單來說是安命。我認爲一切是命注定的。」我道：「幸或不幸，原爲相對，以不幸爲幸，那麼就無往不自得了。」鏡老笑道：「極富哲理，開我茅塞。」又寫道：「早年我住某寺，遇一老嫗，不識文字，而能作詩，有一偈云：華屋量人斗，嬌妻渡海船。田園身後債，兒女眼前冤。」我道：「此偈爲警世之言，殊足發人深省。但詞既不俗，而平仄又調，疑非不識文字者所能作的。」鏡老點頭默然。我即合掌告辭。

四五九　機體主義之哲學觀

方東美《從歷史透視陽明哲學精義》有云：「機體主義之哲學觀，早期中國思想家恆視爲哲學推理之結論，然卻成爲王陽明思想所憑藉之重要起點。由於身、心、意、知、物，只是一件——渾然一體，不可分割——機體主義遂表現爲一極複雜之概念，容有種種不同角度，不同層次之解釋。諸如實有之統一，存在之統一，生命之統一，價值之統一等等，均需藉種種本體論、宇宙論、哲學、人類學等理論系統，始能一一闡釋妥當。」我所著《新一元論》之所以能爲方東美先生賞識，正因爲與「機體主義」之概念不謀而合。方先生走的太早，失去求他印證的機會，眞是一大憾事！

四六〇 杜忠誥代購後漢書集解一部

我爲撰《蔡邕傳》，託學生杜忠誥在臺北代購《後漢書集解》一部，於七月二十日收到，並接忠誥來信言：「吾師有爲天下平不平之志，發心爲蔡中郎昭雪千餘年來不白之冤屈，只此仁恕胸懷，便足令人景慕。中郎地下有知，亦將感奮於千古之下矣。」

《後漢書集解》爲南朝宋范曄撰，王先謙集解。范曄字蔚宗，博通經史，善屬文，能隸書，曉音律。刪諸家漢書，成一家之言。因不得志，與魯國孔熙先謀反，結果送上「斷頭臺」，走上身敗名裂的命運。王先謙序云：「范蔚宗氏《後漢書》，拔起衆家之後，獨至今存。其褒尚學術，表彰節義，既不蹈前人所譏班馬之失，至於比類精審，屬詞麗密，極才人之能事。雖文體不免隨時，而學識幾於邁古矣。」我認爲范蔚宗之文實不遜於太史公，然而論其史識，則爲司馬氏所不及。因昧於義利之辨，而斷送用世之抱負，殊可令人歎惋！

四六一　夢見吾妻張書蘭賦詩一首

七月二十三日，夜夢還鄉，與吾妻張書蘭晤面，相對悽然淚下，無言而醒。晨於枕上賦詩誌之：

「我妻張書蘭，其品比蘭香。清秀無俗韻，心地更善良。二十訂婚事，自作嫁衣裳。既繡紅羅裙，又裁漢宮妝。華冠翹鸞鳳，絲枕繡鴛鴦。嫁爲我家媳，生兒育女忙。孝敬翁與姑，和睦妯娌行。夫婦親以禮，人稱如孟光。世亂雁分離，各在天一方。卅載無消息，夜夢嘗還鄉。匆匆入家門，屋頹草木荒。寂寥不見人，天昏感凄涼。忽見書蘭面，清癯髮已蒼。蹙頞無一言，相對多悲傷。醒來覺是幻，聚散原無常。」這首詩收入《江山萬里樓》詩集。

我與書蘭分別五十年，雖於前年僅見一面，但她未再嫁，我未再娶，彼此心安理得，都無遺憾。

四六二　讀三國志惜禰衡之才

七月二十九日，讀《三國志》，對於狂士禰衡，既愛其才，而又憐其遭遇之慘，乃記入日記云：

「禰衡字正平，平原般人。有才辯，而氣尙剛傲。初以孔融之薦詣曹操，操忌其驕，乃送與劉表。表不能用，又送與江夏太守黃祖。祖長子射爲章陵太守，與衡友善，嘗與衡同遊，共讀蔡邕所撰碑文。射愛其辭，歸後恨未繕寫。衡曰『吾雖一覽，猶能識之。唯其中石缺二字，爲不明耳。』乃書出之。射馳使寫碑還校，如衡所書，莫不歎服。後因衡罵黃祖，祖恚，遂令殺之。衡時年二十六。夫士存心必正，立身必潔。正則勿驕，潔則必廉。若恃才傲物，未有不敗亡者也。」

四六三　莊氏一門藝文展

八月五日，國立歷史博物館，爲弘揚民族文化，推廣倫理教育，特在該館畫廊舉辦「莊氏一門藝文展」。我應邀前往參觀。莊嚴先生，字慕陵，自號六一翁，北平市人。時年八十歲，國立北京大學畢業。歷任故宮博物院副院長，臺大、師大、東海、東吳等大學教授及中國文學院藝術研究所主任。爲當代書畫評鑑家、大書家。其夫人申若俠，吉林人，時年七十三歲，北京師範大學畢業。長子莊申，次子莊因，三子莊喆，四子莊靈，皆能世其家學，名重藝林。莊先生囑畫「洞天山堂圖」，畫成，即以此圖爲公祝八十壽。並跋云：慕公渡臺之初，居於臺中縣吉峰山陰故宮博物院官舍。瓦屋數間，竹樹四圍，環境清幽，如同世外。顏曰：「洞天山堂。」余常叩軒問道，爲不速之客。光陰荏苒，忽忽二十餘年。公每談及吉峰洞天，似猶不勝依戀之情，今憶寫洞天山堂及吉峰勝概，爲祝慕公八秩榮壽。並題七絕一首：

一門書畫儗羲獻，法古創新世必傳；
洞天山堂莊夫子，誨人不倦邁前賢。

慕公逝世，已十餘年，今憶起長者風範，輒懷念不已。

四六四　天主教精神領袖教宗保祿六世逝世

八月八日新聞報導：全世界七億天主教徒之精神領袖教宗保祿六世，於七日清晨三時四十分，以心臟病在羅馬南面夏宮逝世。消息傳來，無論天主教徒或非教徒，莫不爲之震悼！

教宗保祿六世原名蒙蒂尼（Giovanni Battista Montini），一八九七年九月二十六日生於義大利北部倫巴狄省布雷西亞附近的康塞斯托。一九二〇年五月二十九日開始擔任聖職。並在教廷格里高大學接受教會學院外交人員之訓練。嗣後進入梵蒂岡國務院任職。一九五四年教宗庇護十二世任命他爲米蘭總主教。若望二十三世去世後，於一九六三年六月二十三日由八十位樞機主教選舉蒙蒂尼爲教宗。於六月三十日加冕。成爲梵蒂岡第六位以保祿爲名的教宗。一九六八年七月二十九日保祿六世發表控制有關生育的通諭，重申教會的傳統立場。反對以人爲的方式控制生育。此項通諭曾引起教會內外廣泛的爭議。保祿六世是歷史上旅行最多的一位教宗。他在此噴射機時代，擔任和平使徒旅行七萬多英里中，曾在紐約洋基體育場投手壘上講道。在耶路撒冷爲基督徒祈禱。並曾在馬尼拉逃過行刺企圖。保祿六世是自一七九九年以來第一位離開義大利的教宗。他的九次國際性朝聖之旅，領著他到過南極之外的每一大陸，並使他博得「朝聖教宗」的頭銜。

四六五 錢多並不幸福

八月十日《中央日報》有一則新聞，大意是：臺中有一王姓富翁，財產雖多，但精神並不快活。一日翁出外散步，過觀光理髮廳門口，見一青年獨坐門外與人擦鞋，哼唱歌曲，悠然自得。翁睹此情，心想己富常無樂趣，彼貧反無煩惱，可見苦樂不在貧富。於是贈百萬臺幣與擦鞋之青年，以試其得錢多後情緒之反應。青年接受贈金，既感且喜，勞心竭慮，不知作何用途。致心煩意亂，寢食不安。始悟錢多反不及擦鞋之快樂，乃將贈金如數奉還王翁。此事傳爲佳話。不知驚醒多少夢中人。

四六六 又接師大之聘

民國六十六年，因病堅辭師大兼課，承美術系主任張德文兄不允辭聘，保留職位一年。六十七年夏，我赴臺北，又向張主任堅辭，請其勿再發聘。不料於八月十六日師大又寄來聘書，併張主任親筆函。函云：「佛老賜鑒：前者辱承枉駕，失迎至歉！茲悉貴躬已愈，特寄上聘書，務希惠予賜助，千祈勿卻為感。耑此奉懇，肅頌教安。」張主任對我實在太厚，在辭受之間，使我又增加不少困擾。過數日，我去臺北往溫州街訪張德文兄，懇辭兼課。他說：「因為師大正籌備成立藝術研究所。將來更需借重佛老。您如不辭系裡兼課，將來聘請佛老任研究所課比較簡單。您還是不要堅辭。」我說：「老兄的好意，我萬分感激，但因身體尚未復元，深恐不能勝任。」張主任又慷慨地說：「您如身體發生問題，我可以代課。」我說：「這樣，豈不使外人罵呂某人戀棧！」主任說：「我希望佛老仔細考慮考慮，再作決定。」我回臺中又考慮幾天，認為身體健康要緊，不必南北奔跑。於是於二十五日，把師大聘書寄還張德文兄。德文兄知我最深，待我也最厚。我辜負了他的厚愛，將使我抱憾終身。

四六七　我國樞機主教于斌先生逝世

「自古人生誰無死？留取丹心照汗青。」我國樞機主教于斌先生，五十年來，爲教爲國，栖栖皇皇，席不暇暖。於八月九日由臺北搭機經美國，飛往梵蒂岡教廷，參加保祿六世葬禮，並協商選舉新教宗事宜。不幸於八月十六日下午六時五十五分，因心臟病在羅馬聖母聖心修女院與世長辭了！「梁木其頹」，聞者莫不驚悼！

于樞機字野聲，黑龍江省海倫縣人。生於民前十年四月十三日，享壽七十七歲。上海震旦大學法文組畢業，羅馬傳心大學宗教學博士，羅馬聖多瑪斯學院哲學博士。曾任國民政府參政員，國民大會代表、輔仁大學校長及樞機主教。公宅心寬厚，學問淵博，篤信天主，熱愛國家。尤通數國語言，辯才無礙。其愛護中華文化，提倡敬天祭祖。爲人之所不敢爲，言人之所不敢言。實不愧爲我國當代之偉人。公之去世，不但天主教摧折一根大柱。而尤爲國家之不幸。

于斌主教的靈柩運回國內，於八月二十八日上午八時三十分，在臺北市民生西路主教座堂內舉行彌撒結束後，由嚴前總統率領治喪委員何應欽、張寶樹、黃少谷、張其昀在靈前讀祭文、獻花、並覆蓋國旗。上午十時十分，于樞機靈柩，由神父護送至新莊輔仁大學校園安厝。

四六八 國風畫會

國風畫會，是我為提倡國畫，鼓勵青年努力創作，於民國六十二年撮合成立的繪畫團體，原始基本會員有蔣振興、江錦祥、王炯如、施華堂、劉秋存、蔡友、黃冬富、蕭榮府、藍再興、賈松珍、林江海、成應生、柯耀東、張邦雄及陳肆明共十五人。後來又有杜忠誥、羅振賢、林進忠、黃才松、陳弦明、邱芳昌、任容清、李惠正、高聖賢、程錫牙、陳銘顯、黃昭雄、陳慶榮等四十餘人參加這個團體。並改名「國風書畫會」。六十七年八月二十二日，首次在臺北市襄陽路省立博物館舉辦聯合畫展。作品共一百二十件，山水、人物、花卉、翎毛，都是會員精心之作。上午九時舉行開幕儀式。臺北名家：黃君璧、劉延濤、姚夢谷、王愷和、張德文與教育部部長朱匯森先生等，都到場參觀。君璧先生與朱部長對諸會員作品，頗為激賞。

中午承王愷和兄邀我與延濤兄及林光灝伉儷到信陽街功德林素菜館餐敍。席間諸位對於國風畫會展出作品，都稱讚不已。

二十三日上午八時，我往和平東路回訪黃君璧先生一敍。我提出前在歷史博物館展出的石濤「丹荔圖」及「海晏河清圖」是贋品，君翁欣然撫我的臂笑道：「佛庭兄是眞識石濤者。」可見君翁也同意我的觀點了。他要贈送我《四僧畫集》一冊，因我存有此集，故婉謝未受。

四六九　應國立歷史博物館之邀專題演講

九月十日，接國立歷史博物館何館長來函，邀我專題演講。函云：

「本館擬於十月七日下午三時，在邅彭廳舉辦學術專題講演，敦請吾兄主講『蔡邕與漢代石經』。有關放映幻燈片及在報端刊登廣告等事，預先妥爲安排。謹箋奉邀，敬祈屆時蒞臨本館主持，無任感幸。」

我於十月七日下午三時依約到歷史博物館，承何館長及王祕書接待。演講在邅彭廳，三點十分開始。先由何館長致介紹詞。聽衆有：周樹聲、王愷和、劉延濤、張金鑑、周邦道、李士英、劉心皇、楊庭芳、唐嗣堯、董正之、張德文、黎凱旋、林光灝、姚夢谷、胡克敏等三百餘人，座無虛席。因放幻燈片，講二小時始告結束。

蔡邕，字伯喈，陳留郡圉縣人，生於漢順帝陽嘉元年（西元一三二年）。自幼能文章，曉音律，工書能畫，爲傳授書法之祖。邕性篤孝，母袁氏臥病三年，邕朝夕奉侍，非寒暑節變，不解襟帶。母亡，廬於墓側，動靜以禮。這樣的孝子，不幸被後人編入小說、戲劇，成爲不義不孝的人。因此，我撰「蔡邕與漢代石經」這篇講稿，特地爲蔡邕辨誣，並請我河南鄉長周樹聲、張金鑑、楊庭芳諸公向三軍劇團建議，禁演誣衊蔡邕的「掃松」、「喫糠」等劇。

四七〇 如何研究藝術史論

十月十四日下午三時，省立臺中圖書館邀請故宮博物院編輯蘇瑞屏女士講「以藝術史的觀點論中國山水畫的發展」。因爲蘇在文化學院藝術研究所畢業論文口試我曾參加指導，所以應邀前往聽講。我對她全藉畫蹟幻燈片，說明山水畫之發展，而不參考繪畫著錄，頗不謂然。

我國現今研究藝術史或美術史，可分兩派。一是著錄派，二是實證派。前者全憑著錄而推斷繪畫藝術之演變，與其水平之高低。後者全依現存歷代畫蹟以判定繪畫演進之史實。前者空虛飄緲之談，易蹈人云亦云之弊；後者盲目求證，每招執偏概全之譏。所以循此二途，皆不可能得到切實圓滿的答案。我認爲研究畫史，當以著錄與畫蹟互相參證發明。因爲唐代以前的畫蹟，或見於洞穴，或出於祠墓，多爲工匠所繪，而非名家之蹟，不足以代表某一時期之畫風。倘據以確認爲某一時期之代表作品，豈不是「盲人摸象」？

四七一 遊大湖口

大湖口去臺中市大坑東北約五公里。群山環抱，林壑優美。自湖口循產業道路轉西北行，峰巒重疊，林木蔥蔚，溪流潺潺，自峽中洩出。幽篁翳日，緣陰生涼。農家皆闢山而耕，橘柚交枝，其實離離。數里不見人煙，惟雞犬之聲相聞。我施施而行，漫漫而遊。或倚仗聽泉，或臨流賦詩。幾不知世上還有兵爭事。溯清溪上行，兩岸皆叢篁雜木，層層疊疊，陰蔽天日。凡三折至劉村，院落依山帶水，屋舍嚴然。溪邊有二女子伏岸浣衣，數鵝鴨在旁戲水鳴叫。村屋有二童子，似孿生兄弟，方坐窗下閱讀課業。我隔窗語曰：「君眞有福人也！」童子低首默然。

循大路上行，西望坪上有一戶人家，佳果美椰，彌望無際。迎面有一巍峰，崚嶒突屼，聳出雲表。前行山愈深而林愈密，地愈僻而境愈幽。吾於山水美景，但求遊之，觀之，玩之，不必擁爲己有而後樂也。東坡云：「天地之間，物各有主，苟非吾之所有，雖一毫而莫取。」吾於田連阡陌者，而又何羨乎？夫山中之白雲，天上之明月，枝頭之鳥語，石間之水聲，皆取之不盡，受之無窮，愚夫俗子，棄山林而居鬧市，是捨金丹而乞粃糠也。王摩詰隱於輞川，孟浩然隱於鹿門，昔賢之所受，即吾今日之所遇，雖布衣素食，亦云幸矣。

以上所記，是從六十七年九月九日記中抄出。回憶前塵，恍若一夢。

四七二　陶芸樓先生

陶芸樓先生，浙江人，性梗介，嗜金石書畫。初學法律，曾任福建省府顧問。渡臺後與馬壽華、鄭曼青、劉延濤、張穀年、高逸鴻、陳泩汀成立「七友畫會」。先生身矮貌寢，長年光頂，長衫布履，像老頭陀。先生與馬紹文、張鏡微爲詩畫莫逆之交。民國四十六年，我在臺北主持教育部美育委員會時，曾數與先生晤談。其敦厚誠樸，令人可敬。先生善畫山水，但不苟作，於五十二年逝世後，其作品遺存者甚少。九月十四日看到《自立畫刊》發表先生水墨山水一幅。其用筆融子久、仲圭二家。布局清奇，筆蒼墨厚。樹石皴點，而又頗得石谿之神髓。可謂先生之精品。

四七三　教宗之代謝

才於八月當選的羅馬教宗若望保祿一世，僅在位三十三天，突於九月二十八日午夜前睡眠中逝世，享年六十五歲。十月十八日，梵蒂岡宣布：波蘭籍大主教伍泰拉膺選教宗，名曰「若望保祿二世」。定於二十二日正式就職。將不舉行加冕儀式。新教宗於一九二〇年五月十八日出生在波蘭克拉科省之瓦多威斯。早年曾在工廠作工。於一九四三年起在加吉倫尼神學院研究哲學與神學。於一九四六年二十六歲時擔任神職。並往羅馬繼續研究哲學。於兩年後獲多明尼加學院博士。

四七四　中國紙之發明

由於紙的發明，記錄思想感情才用紙不用木簡竹簡。可見紙的發明，對於人類文化之發展之貢獻實在太大了。

史稱蔡倫發明造紙。《後漢書·蔡倫傳》云：「蔡倫字敬仲，桂陽人也。以永平末始給事宮掖。建初中爲小黃門。及和帝即位，轉中常侍，豫參帷幄。」後封龍亭侯，又爲長樂太僕。傳又云：「自古書契多編以朱簡，其用縑白者謂之紙。縑貴而簡重，並不便於人。倫乃造紙，用樹膚、麻頭及敝布、魚網以爲紙。元興元年奏上之。帝善其能，自是莫不從用焉，故天下咸稱『蔡侯紙』。」又按《五雜俎》云：「今天謂紙始造於蔡倫，非也。西漢趙飛燕傳：篋中有赫蹏書：應劭云：『薄小紙也。』」孟康曰：染紙令赤而書，若今之黃紙也，則當時已有紙矣。」由此可知，紙於西漢已有用者，不過到東漢經蔡倫改良而已。

宣紙之製，始於蔡倫之徒弟孔丹。至唐高宗時，宣州有修生僧又加以改進。中唐時已有凌光、白滑、冰翼、凝霜等佳品多種。至南唐李煜命人造「澄心堂紙」，細薄光潤，堅潔如玉，有長五十尺者。因藏於澄心堂，故曰「澄心堂紙」。北宋時安徽歙縣除出產澄心堂紙外，尚有墨光、白滑、冰翼、凝光及碧雲春樹箋等名紙。績溪出產「龍鬚紙」。休寧出產「進劄、殿劄、玉版、觀音、京帘、堂箚」等名紙。元代新安出產花格白鹿箋、蠟蚜五色箋、松花箋、月白箋等佳紙。清代宣紙材料可分淨料、棉料、皮料三類。宣紙名目有：單宣、夾貢、羅紋、虎皮、珊瑚、玉版、冰瑯、雲母、泥金、蟬翼、豆腐等十餘種。另外涇縣汪六吉紙廠所造六吉宣紙，號稱天下第一，畫山水最佳。今臺灣埔里所造四尺雙宣與六吉相仿，也為畫家所樂用。

四七五　臺灣女詩人吳燕生

吳家花園是臺灣中部名勝之一。去臺中市東約五公里。建於清光緒年間，已有百年歷史。園倚太平山趾，植有荔枝數百株，交枝接葉，遮蔽天日。園主吳氏，建墓其中，規制宏偉，有逾王侯。尚有廳軒，畫棟雕粱。為臺中市民最佳的遊憩勝地。吳氏子孫，都分布海外，只有老女吳燕生小姐，棲居其中，維護其祖墓與園林。吳小姐名燕生出生於北平。幼讀詩書，嗜愛吟詠。才高質美，風度溫雅。其父吳子瑜，為霧峰櫟社社員，日據時力倡漢詩。燕生隨父僑居北平多年，光復後返臺，定居臺中縣太平鄉吳家花園。我於民國五十八年夏，曾陪宋希尙教授同往吳家花園遊覽。午承園主吳燕生小姐留餐，並出佳宣索畫山水一幅。《中華民國詩人及其詩》，載有吳燕生小傳併「七夕懷鄉」七律一首：

雙星脈脈兩情長，西望神州斷客腸。

何日回京過馬祖？今宵渡漢羨牛郎。
張翰鱸膾新秋感，庾信江關晚歲傷。
萬里思歸歸未得，且勞飛鵲架橋梁。

此詩清新典雅，抒寫「七夕懷鄉」，句句切題。絃外之意，尤有深度，即與商隱相比，亦無多讓焉。惟僅嘗一臠，未見全席，爲憾事耳！今吳家花園全部售與建築公司，盡伐林木，改建爲觀光飯店及花園別墅。林園之勝消失，園主不知去向，占詩一首以誌慨：

吳家花園化爲煙，女史伶仃甚可憐；
文姬多才偏命薄，空留佳句士林傳。

四七六　讀馮著中國哲學史

民國六十七年十二月二十五日，於臺中市中山堂書展購得馮友蘭先生早期大著《中國哲學史附補編》一部。對日抗戰時期，馮著《新理學》、《新世論》、《新世說》，名曰「貞元三書」。我不但仔細研讀此不朽的名著，並且更敬仰芝生先生之人品、學問及志節。今重讀其《中國哲學史》，而於其文章之嚴謹，系統之明析，以及論人判理之精闢允當，依然欽佩不已。此書誠不愧爲一家之言。馮氏雖附中共，否認其舊著之思想正確性，然而吾人不能以人廢言，故仍虛心讀之。馮著《中國哲學史附補編》第四章〈孔子及儒家之初起〉，綜觀其早年論孔子之觀點，大致尚屬正確。未知他於前年受命批孔，是怎樣的措詞？

四七七 董仲舒均富之策

現今政府提出「均富、安定、民主」的口號，殊不知遠在漢武帝時，董仲舒即有「均富」的思想。董氏主張承天意，法天道，以愛利人民。其社會哲學，注重於均貧富，防幷兼。因對於社會問題觀察入微，故所言解決之道，甚得要領。董氏曰：「孔子曰『不患貧而患不均。』故有所積重，則有所空虛矣。大富則驕，大貧則憂，憂則爲盜，驕則爲暴，此衆人之情也。聖者則於衆人之情，見亂之所從生。故其制人之道而差上下也，使富者足以示貴而不至於驕，貧者足以養生而不至於憂，以此爲度，而調均之。是以財不匱而上下相安，故易治也。今世棄其度制，而各從其欲，欲無所窮，而俗得自恣，其勢無極。大人病不足於上，而小民羸瘠於下。則富者愈貪利而不肯爲義，貧者日犯禁而不可得止，是世之所以難治也。」因秦漢之際，人民在經濟方面自由競爭之結果，新起之豪富多，貧富不均之現象顯，故董仲舒，力矯此弊，以杜亂源。不愧爲「以天下爲己任」的賢者。

四七八 中共發掘秦兵馬俑

大陸陝西省臨潼縣農民，於一九七四年春，在驪山之東四千五百呎處發掘秦始皇陪葬的陶人陶馬。遺址範圍有三英畝大，有六千軍士排列在覆有大屋頂之地下杜廊內。現已掘出者，有陶人五百九十一，陶馬二十四，戰車四輛，尙有數百殘破不全的陶人。陶人身高六呎，手法寫實，宛如生人。陶馬每四匹一組，並肩立於戰車前面。雄壯驃悍，亦栩栩如生。大地窖東西長七百呎，南北寬二百呎，共有十一條杜廊。由秦陶俑之手法觀之，可知漢代以前中國繪畫與雕塑，已臻成熟精美的境界，絕非像漢石刻如是的稚拙。

四七九 朱子誤解佛法

《朱子語類》有批評佛經說：「若佛家之說，都是無。已前也是無，如今眼下也是無。色即是空，空即是色。大而萬事萬物，細而百骸九竅，一齊都歸於無。」又說：「釋氏說空，不是便不是，但空裡面須有道理始得。若只說道我是個空，而不知有個實的道理，卻做甚用？（中略）今學者貴於格物致知，便要見得到底。」

佛以爲宇宙一切，除眞如本性爲眞實不壞者而外，皆爲因緣生法。假合無常，非有非空，眞空妙有。並拒斥「無」與「空」之斷見。朱子以尊儒斥佛之偏見而評佛學，故武斷、空疏、膚淺，不能令人心服。朱子謂宇宙萬物皆有其理，理可涵蓋一切。佛說盡虛空遍法界，皆有眞如，理極相近，原無矛盾，而朱子只見其異未識其同而已。晦翁既主格物致知，何不虛心研究佛經！未窮其理，輒謗其非，格何物耶？致何知耶？人必先存私心，才有偏見。晦翁門戶之見未破，怎能躋達聖域？

四八〇 玩賞彭醇士遺墨

彭醇士先生，號素翁，江西高安人，任立法委員，居臺中三十年。詩文書畫，並稱獨步。其山水法戴醇士，清逸秀潤，從不苟作。其行書法〈聖教序〉，遺貌取神，格高韻雅。先生性剛正，好談論。我每次往訪，暢談兩小時不倦。先生歎道：「今之書畫家，結合團體，黨同伐異，藉提倡文化之名，行營私謀利之實，不惜夤緣奔競於富商達官之門，士風至今，敗壞極了！」先生所言，眞是深中時弊，我早即具有同感。德門居藏有素翁山水一幀。示堂題七言絕句一首：「嘉陵栖泊幾淹秋，巖下湯泉小竹樓。舊夢兵戈無處覓，畫圖留作臥時游。」其詩亦清新可誦。先生於六十六年，因病去世，享年八十歲。今讀其遺墨，如接謦欬。

四八一 馮芝生論孔子與關岳

哲學大師馮芝生先生〈原儒墨補〉末云：「在〈原儒墨〉一文中，我以爲在先秦及漢初孔墨並稱，蓋二人所代表之學派皆具有甚深的社會背景，及甚大的社會勢力也。後世以孔子爲至聖先師，以爲文聖人，又於孔子之文聖人之外，以關羽，或關羽及岳飛爲武聖人。於文廟之外，又立武廟，實則依其在歷史中之地位，孔子固可爲後世之文聖人而無愧；但關岳在歷史中之地位則遠非孔子之比。故以關岳爲武聖人，與孔子抗衡，實爲不類。與孔子抗衡之武聖人之稱，實則唯墨子足以當之。」我認爲馮氏所見甚是。

四八二 葉醉白畫馬之辯

葉醉白將軍於六十七年十二月來中展畫，於宴會中晤談數次，他並攜畫數件索題，甚感愉快。十七日晚八時，程海波、趙明普，陪醉白過半僧草堂。談至繪畫「無意無相」爲最高的境界，醉白道：「我畫馬即到最高的境界了。」我道：「老兄畫馬，朋友們說是仿徐悲鴻。」醉白憤然變色道：「我畫馬並無師授，純由宋梁楷『潑墨仙人』悟出來的筆法，決不是學徐悲鴻。」

海波打圓場道：「即如學徐悲鴻也不錯呀！」醉白問道：「是誰說的？」我道：「有人這樣批評，決不是我故意造謠。」醉白因志滿氣盛，於是倖倖然而去。一年後他從美國來信，向我致歉。其實我早即不計較了。我因心直口快，易招誤會。仍以慎言爲妙。

四八三 各種動物之生存本能

各種動物，都有其生存本能。如人的腦部發達，思想複雜，憑智慧、知識以謀生存。猿猴四肢敏捷，善於緣木尋覓果實。長鼻熊嗅覺特別靈敏，便於覓食。海豚及蝙蝠都賴回音攫取魚蝦與昆蟲。候鳥能飛萬里就暖避寒。天之造物，各有其優點與缺點。能善用其優點者則能生存；不善用其優點者則必淘汰。人雖號稱「萬物之靈」，然性喜武鬥，故將智力多用於發明武器及戰爭之事。爭城以戰，殺人盈城，爭地以戰，殺人盈野，不能善用其優點，將來必難逃「淘汰」之惡運。

四八四 畫中國十大名山之太白山

從民國六十八年一月三日開始畫我國十大名山，以激發同胞之國家觀念與民族意識。一曰太白，二曰華山，三曰泰山，四曰衡山，五曰嵩山，六曰恆山，七曰峨眉，八曰黃山，九曰廬山，十曰喜馬拉雅山。

太白山位於陝西省郿縣東南四十里，一名太乙，又曰敦物，爲秦嶺主峰，海拔一萬一千五百呎。以山頂高寒，常有積雪不消，故又以太白名之。明李雪木登太白山詩：「層峰深處類瀛島，寒壓空山久不毛。」山有五臺，六池及十二重樓之勝。早爲逸士高人所嘖嘖樂道。如唐孫思邈、李青蓮、杜子美、陸魯望、柳宗元、宋蘇東坡、明李雪木、清江皋鶴、民國于右任、呂佛庭，都曾登山嘯遊。並留詩文以誌其勝。

四八五　購藏石經叢刊及金石叢刊

六十八年一月十五日下午，在本市汗牛書局購得《石經叢刊》及《金石叢刊》各一部。《石經叢刊》是許東方所編，共分六冊。第一冊是張國淦氏所著漢石經碑圖一卷。第二冊輯顧炎武石經考一卷，杭世駿石經考異二卷，馮登府石經補考十一卷，徐嵩石經備考鈔本。第三冊輯清翁方綱漢石經殘字考一卷，文素松漢熹平周易石經殘碑錄一卷，羅振玉漢熹平石經殘字集錄及續編與補遺五卷，六經堪藏漢石經殘字，七經堪藏續得漢石殘字。第四冊輯清沅元儀禮石經校勘記四卷，清劉傳瑩漢魏石經考一卷，清吳維孝新出漢魏石經考四卷，清孫星衍魏三體石經遺字考，清王國維魏石經考二卷，清王宗懿魏正始石經殘石考一卷。第五冊是清嚴可均唐石經校文十卷。第六冊輯清王朝渠唐石經考正，清王昶蜀石經殘字考一卷，清丁晏北宋汴學二體石經記一卷，清彭元瑞石經考文提要十三卷。按漢石經之刊，始於漢靈帝熹平四年，立石於光和六年，由蔡邕書丹，至獻帝初平元年，董卓脅帝西遷長安，焚宮廟官府，太學石經也未能逃過被焚的命運。穀《金石叢刊》，原名《金石叢書》，是浙江海寧陳立炎所輯，凡十種，共分二集。第一集爲第金文，有嘯堂集古錄二卷，王復齋鐘鼎款識一卷，焦山鼎銘考一卷，浣花拜石軒鏡銘集錄二卷，集古虎符魚符考一卷。第二集爲刻石，有漢熹平石經殘字一卷，蜀石經殘字一卷，瘞鶴銘考一卷，廟堂碑唐本存字一卷，蒼玉洞宋人題名石刻一卷，首頁有羅振玉篆「百一廬金石叢書」七字。後爲劉承幹、王國維序。

四八六 數為宇宙之因

我研究「新數論」，發現宇宙之因是「數」。劉牧《易數鉤隱圖敍》云：「夫易者，陰陽氣交之謂也。……卦者，聖人設之，觀於象也。象者，形上之應。原其本則形由象生，象由數設。捨其數則無以見四象所由之宗矣。」「象由數設」，即言宇宙萬象皆由「數」之公式的規範而現形。有數而後有象，可見「數」爲最根本的宇宙之因。

西元前四四年義大利哲學家畢達哥拉斯（Pythagoreans）使用點湊成三角、正方、長方種種圖形，表現數的形相性。他認爲「數」爲萬物之根本成素或即質料。萬物乃模仿數或以數爲原型而形成。現在科學家所發明的電腦，無論表現線或面，皆是由點集合而成，也就是由數之公式的規範而成。與畢氏使用點湊成幾何圖形，極爲近似。畢氏在兩千年前即發明「數」爲宇宙之因，足見他具有超人的智慧。不過我認爲「數」是宇宙萬象規範之因，而不是宇宙之第一原質。

畢達哥拉斯生在義大利南部撒摩斯島。早年遊學埃及等地，後來移居義大利克羅屯。開創一種宗教，也可以說是學術團體。其教團雖奉太陽神阿波羅爲主神，然此派則爲一種宗教改革之教派。其教義之設法免於輪迴轉生之苦，而獲靈魂徹底之解脫，與佛教輪迴之說極相似。此派存在論首先定立「萬物是數」之根本命題，即肯定萬物是由數所形成的。與我所創「新數論」之原理，正是不謀而合。

西元前第五世紀希臘哲學家阿納克撒哥拉斯（Anagoras 500－428）肯定宇宙「有」或「存在」的恆存性與不變性。阿氏說：「萬物既不增也不減，永遠如此。」此就宇宙物原之量數而言，事實的確如此。吾人感官以爲某物有增減者，乃就物之形態、次序、姿勢與大小之差異而言，所謂增減，則不外物原之附加與去除之現象而已。

四八七 別相與共相

柏拉圖認為眞正的知識必是關於實在之知識。知識之對象非個別的差別相，乃為普遍者之共相，惟共相始有客觀實在性，故知識對象必為實在自體。

宇宙萬有之別相與共相，可分許多層次。如男人、女人為別相，中華民族為共相。中華民族、大和民族、日爾曼民族、條頓民族為別相，人為共相。人、馬、牛、羊、貓、狗為別相，獸為共相。獸、鳥、蟲、魚為別相，動物為共相。動物、植物、礦物為別相，物為共相。物為原素和合而成，原素一百三十餘種為別相，原質為共相。柏拉圖以為唯共相始有客觀實在性。科學家重別相，哲學家重共相。聖、佛因萬物之共相而建立仁道，或慈悲平等。野心家因別相而定強凌弱，衆暴寡的方策。

四八八 水彩畫大師藍蔭鼎逝世

六十八年二月四日新聞報導水彩畫大師藍蔭鼎先生，於當天凌晨三時，因心臟病突發，急送榮民總醫院，於途中逝世，享年七十七歲。噩耗傳來，不勝驚悼！蔭鼎先生，宜蘭羅東人。幼年家貧，生活艱苦。初從日人石川欽一郎習畫水彩，後又受石川氏之資助，渡日深造。歸臺後受臺北女子高中之聘指導美術。因其才華卓越，且又努力弗懈，所以蜚聲國際，榮獲「世界十大水彩畫家」之譽。二十年來，隱居士林「鼎廬」。澹泊寡營，侍親至孝，可謂當代藝林之完人。我與蔭鼎先生訂交，是在民國四十六年，我應張曉公之聘在教育部主持美育委員會時，彼此過從甚密。謬承不棄，允為相知。其身體原甚健朗，天不憖遺，遽返道山！

四八九 諸葛武侯

諸葛武侯死後四十年，陳壽輯其文二十四篇為一集。並將目錄及進書表編入三國志。惜孔明文集，於宋代即已散佚。明清有心之士，又從三國志、方志、類書中輯錄孔明散佚之文，尤以清張澍編之《諸葛忠武侯文集》資料最為完備。此書分文集四卷，附錄二卷，故事五卷，共十一卷。

《三國蜀志》：「亮使馬謖督諸軍在前，與張郃戰於街亭，謖違亮節度，舉動失宜，為郃所破。亮拔西縣千餘家，還於漢中，戮謖以謝衆，上疏自貶。於是以亮為右將軍，行丞相事。」可見「智者千慮，必有一失」。孔明以馬謖總督軍事，至有街亭之失，實為千古憾事！

戲劇演「空城計」，雖與史實不合。但《蜀志》稱：「亮拔西縣千餘家，還於漢中。」西縣空城，則是事實。只是城上缺少一個羽扇綸巾的諸葛亮飲酒彈琴而已。

四九〇　梨山之遊

六十八年二月十日上午八時三十分，搭公路局金龍號車赴梨山，天氣晴朗，和風送暖，甚感愉快。十一時三十分抵達梨山，承同鄉余萬昭君駕車來迎，至其農場山館休息。另有一位河南同鄉行劍穎君，由部隊退役，隱居於此。讀書寫字，寄情怡神。君性豪爽，談吐文雅。

午後小睡起，萬昭駕車陪我與行君遊福壽農場並攬天池之勝。農場在梨山之南，面積約數萬畝，皆榮民胼手胝足所開建，遍植蘋果桃梨，交枝如網，彌望無際。有招待所一處，瓦屋十餘間，額曰「松廬」。門前左右有奇松兩株，龍幹虬枝，凌霄比漢。福壽山頂有一圓阜，上有一池名「天池」。池爲圓形，直徑約五十公尺。碧水一泓，不溢不涸。池北建有小樓一棟，門額題「觀松亭」三字。管理人啓鑰入內一覽。此樓爲老總統蔣公駐蹕之所，人去樓空，不勝甘棠之思。立天池南望合歡山，積雪皚皚，與明月古松相映，甚有詩情畫意。這時白雲瀰漫山谷，群山蒼蒼，已近黃昏，於是登車返回行館。怡然占詩一首：

福壽山高皓月斜，停車倚杖看梅花；
桃梨萬頃連阡種，矮屋短籬三兩家。

四九一　遊八仙洞

二月十二日上午八時三十分，仍由余萬昭君駕車，由花蓮開往長濱八仙洞遊覽。八仙洞爲長濱文化遺址。約於三、四萬年前爲舊石器時代人類所居之地。八仙洞山岩，爲二千萬年前海底火山爆發所形成。因二十萬年以來，陸地上升，造成許多洞穴。民國五十七年，臺灣大學考古隊來此，發掘大量前人遺物，並命名爲「長濱文化」。

八仙洞山岩，約高二百多公尺，其勢突兀，無一奇峰，且林木稀少，頗感枯燥。上下洞窟有七，分布在沿海之一面。自下而上，曰靈岩、觀音、潮音、永安、朝陽、海雷、乾元。靈岩洞最大最高，潮音、永安、海雷次之，觀音洞最小也最淺。

由車站上坡，約百餘步至靈岩洞，洞口狀如城門，高約十丈，深也相同。內供泥塑佛、菩薩像。有一位住持伺候香火。我拈香拜佛畢，出洞右行，約五十步，見右方巖下有觀音洞。洞高約一丈，闊約三丈，深約二丈。內供觀音塑像，無人供養，冷清寂寞。過此拾級扶欄上躋，級狹徑陡，令人惴惴。約百餘級左轉至潮音洞。洞高約二丈，深約四丈，闊約五丈，內供西方三聖及觀音塑像。有男女二人伺候香火。立洞口俯眺，海水拖藍，雪浪拍岸。潮聲震耳，宛如轟雷。名曰「潮音」，甚爲恰切。

由潮音洞拾級上行，左轉數十步，再即仄徑扶欄而上，級盡爲永安洞。高約三丈，闊約五丈，深約六丈。內供西方三聖，有一人伺候香火。洞口右方有懸根古樹，相映成趣。由永安洞再上躋，高巖崚嶒，狀若獅猊。即級而下，至海雷洞。洞高約三丈，洞約四丈，闊約五丈。內供諸葛孔明及華陀。有男女侍者二人，伺候香火。洞口有一大石，如几如案，可弈可臥。因朝陽、乾元二洞偏遠，乃止而不往，遂下山登車，開往泰源。

四九二　哥白尼克普勒之宇宙觀

哥白尼是波蘭天文學家，生於東普魯士，發明太陽中心及一切行星皆繞太陽而轉之理論。同時證實天文宇宙可從複雜之幾何圖形迷宮，轉變而爲通過數學之還元所形成之單純和諧且富美感之規律性系統。尙有德國天文學家克普勒，從哥白尼天文宇宙之單純統一性觀念，進而深信整個具有數學和諧性之單純宇宙系統，乃是富於美感的藝術作品。克氏甚至以爲，上帝原初依照數量的和諧創造世界。我所著《新一元論》曾謂「宇宙是一元的大諧和體」，與哥白尼、克普勒二氏之觀念，正不謀而合。

四九三　三老書法聯展

三月二十七日上午赴臺北國立歷史博物館參觀「三老書法展覽」。三老是臺灣政壇三位年高德劭的政治人物。一是張維翰，字蒓漚，雲南大關縣人，年九十四歲。日本帝國大學法學院研究。早年曾參加蔡松坡將軍戎幕，渡臺任監察院院長。書法歐褚，瘦勁清奇。二是周樹聲，河南開封人，年九十二歲，為吾中州大老。河南法政大學畢業，歷任法院院長，大學校長及立法委員。書法歐柳，遒潤端嚴，著有《滄廬詩鈔》。公宅心寬厚，仁慈廉潔，為政壇與藝林之楷模。三是丁治磐，字似庵，江蘇東海人，民前十九年生，年八十七歲。初習舉業，執贄於張南通之門。於陸軍軍官學校畢業後，歷任軍長、江蘇省政府主席。忠直清廉，極著政聲。書法李北海，清勁灑脫，藝林重之。三老皆於十年前逝世。追憶長者風範，令人懷念不已。

四九四　埃及與以色列締和

埃及與以色列兩國敵對三十年，四次戰爭，經美國十五年之調解，兩國領袖沙達特與比金，終於六十八年三月二十七日凌晨三時在白宮前面草坪上面對一千六百見證人簽署解除埃以三十年仇恨之和約。埃及沙達特與以色列比金，不但有堅強不屈的精神，並且有互相容忍的襟度，故能反仇爲友，結爲兄弟，實不愧爲當代之英雄。回觀臺灣與大陸兩岸中國人，同文同種，同爲炎黃子孫。敵對四十年，至今仍不能訂約締和，破除敵意，化爲情誼。將來要看李登輝和江澤民，誰能表現高度的智慧。

四九五　奉和李猷五言長詩原韻

三月三十一日，接李猷兄來函，併五言長詩一首。當即步韻奉和，抄錄於後：

少無適俗韻，志趣在泉壑。早慕陶元亮，脫然心境廓。
林下伴松鶴，筆耕硯田拓。面壁習枯禪，蒲團樂寂寞。
名利皆空幻，丹青爲寄託。煙霞成痼疾，佛法有妙藥。
脫落愛疏狂，漸覺世情薄。尋幽每獨往，孤笻如野鶴。
山中多白雲，蕭騷守澹泊。我作茅屋圖，人畫凌煙閣。
如何忘是非？最難泯善惡。李子真吾儔，元真尚未鑿。
臨池法鍾王，藝壇仰卓卓。貽詩示厚愛，奉酬愧不學。

李猷字大有，天性仁厚，詩詞書法兼擅。曾任國史館編輯及文化大學詩研所教授。

四九六　八種石經

我爲蔡邕辨誣，而引起研究石經的興趣。考自東漢以來，石經共有八種：一爲漢熹平石經，刻《尙書》、《周易》、《公羊》、《魯詩》、《春秋》、《禮記》、《論語》七經，蔡邕等書碑。二爲魏正始石經，刻《春秋》、《尙書》二經，傳爲邯鄲淳書。三爲晉石經，刻五經，裴顏書。四爲唐石經，七經又增刻《孝經》、《爾雅》爲九經。因刻石於文宗開成年間，故曰開成石經。翰林待詔唐玄度書。五爲蜀石經，刻《孝經》、《論語》、《爾雅》、《周易》、《尙書》、《周禮》、《毛詩》、《儀禮》、《禮記》、《左傳》凡十經。書丹者有張德釗、楊鈞、張紹文、孫逢吉、朋吉、周德貞六人。六爲宋石經，刻《易》、《詩》、《書》、《周禮》、《禮記》、《春秋》、《孝經》、《論語》八經。章友直、楊南仲書。七爲宋高宗御書石經，刻《易》、《詩》、《書》、《春秋》、《左傳》、《論語》、《孟子》七經。八爲清乾隆五十九年所刻之石經，乃蔣衡所書。民國八十餘年，因兵荒馬亂，政府對於文化建設，未能多所注意，故經典刻石，尙付缺如。

四九七　讀胡秋原我的文藝觀

四月十六日接讀《中華雜誌》第一八九期發表胡秋原〈我的文藝觀〉。議論精闢，頗有創見。其文共分五章：一、西方美學上美與藝術之結合與分離。二、由生命目的論美是生命的本性與要求。三、生命與情緒活動化之新理論。四、中國之美學。五、藝術之功能。他在第五章開宗明義的說：「人類爲了維持生命以及社會的生活，製作種種東西，如工具，如機器，如科學道德和社會經濟制度，即所謂文化或文明。各種文化系統都有其活動方式與功能，藝術亦然。藝術正是一種美術，他要先使自己是一件美的東西或對象，再通過感官和情緒，來履行美化人類心靈和社會生活，以充實人生之功能。我們可由藝術之起源與發展來證明這一點。」又說：「事實上，現實的世界與社會並非皆是美的，這才需要藝術來美化社會。但藝術不是美容師，做擦粉工作的，而是美化人類靈魂的。」最後又說：「藝術可說是社會文化生命之醫藥、補藥、維他命或抗生素、消毒劑或血清劑。」

胡氏融合中西美學不同之觀念，而構成代表東方藝術精神之美學原理。其對於啓導後進，復興中華文化之貢獻是未可限量的。

四九八　張治春對魯迅之幽默

張治春先生，河南鞏縣人。性深沈簡傲，喜幽默。早年在國立北京大學進修，曾受教於胡適、魯迅與梁任公。好讀書，手不釋卷，深研性理之學，並通岐黃之術。在大陸時，曾入劉鎮華先生之幕。來臺後任省立臺中商專教授多年。定居於臺中玫瑰一村，與我爲鄰，過從甚密。六十八年五月七日上午，我去一村訪治春先生閒敍。談起早年北大的情形，他說：「我在北大讀書時，魯迅也在北大任教。他的學問雖好，但性情偏激，思想乖張。他曾發狂言說：『希望全世界人都死光，只留我夫婦兩個人。』有一天我向他請教，開玩笑說：『老師希望全世界人都死光，多留一人好嗎？』師問：『張同學這句話是什麼意思？』我笑答：『多留一個人爲師提水，以免口渴，不更好麼？』」今天翻閱早年的日記有此一事。治春所言是否事實，且不管它。記在這裡，作爲以後的談資。

四九九　歐洲文藝復興不是揚棄傳統

五月八日，我評閱一部升等著作。著者說：想求中華文化復興，必須揚棄傳統，否則文化決不能復興。我在評語欄寫道：「歐洲文藝復興，是在十四世紀之初，以佛蘭西司考白德拉卡爲領導之先鋒。佛氏倡導復興或模仿歐洲古典文學，因而產生人文主義，並促成國家強盛與經濟繁榮。我國『五四』新文學、新文化運動，以白話文爲正宗，吸收外國文藝新技巧，固未可厚非，然而竟以主張白話而對古典文學加以蔑視。模仿西洋文學，俄國文學及日本文學，結果破壞中國語言文字，而促成政治分裂，國家衰危，文化墮落。」

五〇〇　題門人成應生墨竹册

門人成應生，字崇川，江蘇南通縣人。天性孤高絕俗，擅畫梅蘭竹菊四君子。六十八年五月二十九日，攜其近寫墨竹一冊來半僧草堂求題。我欣然跋其尾曰：

「墨竹之畫，於南宋時已臻隆盛，至元代尤爲發達。良以用筆簡易，揮灑利便。故山林隱逸，朝野名流，無不藉寫竹以爲寄意陶情之具焉。自古寫竹者，咸推文湖州爲宗師。吳仲圭竹譜有云：『湖州挺天縱之才，比生知之聖。筆如神助，妙合天成。馳騁於法度之中，逍遙於塵垢之外，從心所欲，不踰準繩。故余一依其法，布列成圖。庶後之學者不墮於俗惡云。』觀仲圭寫竹，用筆清勁自然，視之湖州，猶勝一籌。而仲圭於湖州嘖嘖稱讚不已者，蓋其虛懷不忘本也。崇川成應生棣，天性耿介，不偕於俗。初從余習畫山水，後又嗜寫梅竹。於文湖州、李息齋、柯九思、管道昇、吳仲圭、王孟端、夏仲昭諸大家之法，莫不博採兼習。近寫墨竹一冊，筆勁墨厚，尤得仲圭之三昧。余玩之再三，愛不忍釋。其寫竹也，先得成竹於胸中，振筆直遂，以追其所見。內外一致，心手相應。倘能讀萬卷書，脫去翰墨蹊徑，當可與古賢並駕。應生尚在英年，其努力勉之。」

應生於八十三年六月，因車撞受傷，不幸逝世。

五〇一　審美之觀點殊難一致

無論古今中外，於藝術之評鑑，或揚其所親，或阿其所好，或貶其所怨，或病其所異，其觀點殊難客觀、公平、合理。古人固多黨同伐異之論，而今人尤多互相標榜之詞。

唐李嗣眞書後品曰：「子敬草書，逸氣過父。」張懷瓘書議曰：「逸少草書有女郎材，無丈夫氣，不足貴也。」又謂：「小王書所貴合作者，若藁行之間，有與合者，則逸氣蓋世，千古獨立，家尊纔可爲弟子爾！」

論二王書者，唯董逌之論最公允。逌謂：「子敬自少刻意學書，似恐墜其家聲。中年自造書妙，乃父子名家，不能涇渭，世人故應異論也。謝靈運直謂當過右軍，唐文皇謂如枯槎饑隸，不知當時何故立論如此？人之好惡相異，有至是也！子敬謂世人那得知，似恐世有妄評者，然非筆入三昧，莫能於此下轉語。《莊子》曰：自大視細，不明；自細視大，不盡。今論大令父子者，皆視大而不盡也。」

五〇二 一百零三高齡的恒月法師圓寂

六十八年六月十八日新聞報導：享年一百零三歲的恒月法師於十七日病逝於臺北市立仁愛醫院。法師俗名林松，是一位傳奇人物。他曾在清宮見過慈禧太后，並參加革命，於惠州、廣州、黃花崗之役與革命元勳黃興將軍並肩作戰，後來深悟一切空幻無常，毅然披鬀出家。於對日抗戰時期，行脚至緬甸某寺掛單。於六十四年渡海來臺，棲居於臺北市拇指山念佛堂。每日清晨三時起床禮佛、誦經、作早課，並打坐、練拳，因此，身體健壯，識者都看不出像一百多歲的高齡。我看法師的遺像，方面大耳，莊嚴慈悲，惟無一面之緣爲憾！

五〇三 記蘭亭論辨

蔡勝天弟自巴黎寄來《蘭亭論辨》一册，於六月十八日收到。這是一部研究晉代書法最新最可靠的資料，非常可貴。書中輯有：東晉「顏謙婦劉氏墓誌」拓片，東晉「王興之夫婦墓誌」拓片，東晉「劉尅墓誌」拓片，齊「劉覬買地券」拓片，東晉「王閩之墓誌」拓片，東晉「夏金虎墓誌」拓片，南朝「陳留周叔宣母黃夫人墓磚志」拓片，南朝「濟陽圉蔡冰字道堅磚志」拓片，劉宋「明縣㦤墓志」拓片，神龍本〈蘭序〉，東晉「爨寶子」與「爨龍顏」拓片，新疆出土晉人寫本《三國志》殘片，東晉「王丹虎墓志」拓片，東晉「後涼麟嘉五年寫《維摩經》」。以上都是近年大陸出土。足以解決「蘭亭之疑案」。

五〇四 鍾王法帖之疑點

繆荃孫，清江陰人，字筱珊，博覽群書，學問精醇。所藏金石文字最爲豐富。其所藏「吳衡陽郡太守葛祚碑額」目下注云：「正書始於齊梁之間，吳時未嘗有此。法帖中鍾繇、索靖，皆唐人僞造，何足信哉！」雖未明言王羲之與〈蘭亭〉，但羲之的正書自亦在否定之列。

我觀鍾繇〈薦關內侯季直表〉，醇古樸厚，猶有隸意，即非元常眞跡，也當是元常面目。明都穆《寓意編》評謂：「定爲眞蹟，余不敢以爲然也。」今大陸書家歐陽輔與李長路二家，更斷然斥鍾王法帖，爲唐人僞作。我認爲疑古未免太過。

東晉王導、王廙、謝安的草、行書，因去漢未遠，所以都有章草的筆趣。王羲之〈樂毅論〉爲著名的小楷，細審其用筆結構，圓熟俗媚，了無晉人書意。而曹娥碑，字小而扁平，古雅純質，正與鍾繇「宣示」、「賀捷」二表相近。即非右軍眞蹟，也當是王家骨血。

右軍〈豹奴帖〉，爲刻於澄清堂孫承澤本卷四卷首的法帖。係以尺牘的形式書成的。雖有起首，而後部缺佚。但此帖之書體是以章草書寫，則與他帖不同。我認爲東晉去漢未遠，楷書當近八分，草書當近章草。且羲之亦善章草，豹奴帖必爲羲之眞蹟，可無疑問。趙孟頫讚爲「奇古雄強，精神逼人。」可謂知言。

五〇五 記晉人寫本陳壽三國志

民國十三年，新疆鄯善縣曾出土晉人寫本陳壽《三國志》吳志殘卷。起自〈吳書虞翻傳〉：「權于是大怒」句之「怒」字。終於〈張溫傳〉：「臣自入遠境」句之「境」字。計共八十行，中有殘損，存一千九十餘字。惜此殘卷流入日本，我國幸尚有影印本流傳。一種收入羅振玉編印之《漢晉書影》；另一種收入中華書局標點《三國志》卷一卷首。

民國五十四年一月十日，新疆吐魯番之英沙古城之南約一公里許之佛塔遺址中，又發現晉人寫本《三國志》殘卷。存四十行，凡五百七十餘字，中有殘缺。寫〈孫權傳〉首行僅存「是歲劉備帥軍來伐至巫山秭歸」之「巫」字止。兩種殘卷比較，字跡十分類似，八分筆趣甚濃。早年北大教授劉半農與中央研究院董作賓先生之字體，都受晉人寫經之影響。此書渾樸高古，我於二十年前，也曾習之。

五〇六　悼念女弟子康馨玉女史

六十八年七月二日，忽接朱玖瑩先生夫人康馨玉女史來信言：二十年前，由李超哉之介紹，請我到臺南指導她學畫時，集有畫稿一冊。近患胃癌，住臺北木柵療養。擬將畫稿付印，以誌習畫之因緣。朱夫人恬靜賢淑，敏慧多才。初學畫梅，後又改習山水。我去朱府一月有餘，承玖公伉儷，招待殷沃，嚴師弟之禮，永感不忘。我當即覆朱夫人一信。大意是說：她想印我的畫稿，以作紀念，我很感謝。但我認為畫稿沒有保存的價值，希望全部燒毀；最好把她自己畫的付印，分贈親友，以作永念。但她並未接受我的意思，仍堅持要印我的畫稿，並將畫稿全部寄來。請我挑選。我為她誠意所感，只好把一部分可存者挑出付印。不可存者，要她燒毀，勿存。但時過兩週，朱夫人又來信言：毒細胞已擴散至五臟，醫藥無能為力矣。聞之不禁心酸淚下。愴然率賦七絕一首：

聞道夫人患絕症，不禁涕淚滿衣裳。
人生自古誰無死？乏術回春最可傷。

五〇七 梁漱溟之中國文化要義

七月十九日，張治春先生送來梁漱溟著《中國文化要義》一冊。此書是梁氏繼《東西文化及其哲學》、《中國民族自救運動之最後覺悟》、《鄉村建設理論》而後之第四本書。自一九四二年春開始著筆，至一九四九年六月完成。共十四章，約十餘萬言。梁氏身陷大陸，雖經思想改造，勞動改造，清算鬥爭，受盡折磨，然而正氣凜然，仍能保持讀書人之骨氣。故其著作，不唯能在臺灣出售，並且極受知識份子之歡迎。

民國二十九年，我住在河南省鎮平縣杏花山菩提寺。漱溟先生離北平入川，道過鎮平去菩提寺遊覽，我與他同席餐敍，曾有一面之緣。追憶先生風範，令人懷念不已。

五〇八 與陳定山餐敍

七月二十六日，陳定山偕李韻清由臺北來中。程海波於太平路紅花餐廳設宴餐敍，邀我作陪。定山穿綠色短汗衫，像花花公子。韻清穿紡綢大褂，老氣橫秋。二公年齡相若，都已八十一歲，但就衣著風度看來，卻大不相同。定山對我說：「周武王伐紂時，依太公年齡推斷，可能早已不在。」我說：「司馬遷《史記・伯夷列傳》說：『武王載木主號為文王，東伐紂。伯夷叔齊叩馬而諫曰：「父死不葬，爰及干戈，可謂孝乎？以臣弒君，可謂仁乎？左右欲兵之。」太公曰：「此義人也，扶而去之。」』據此可知，武王伐紂時，太公不但在，並且還是武王的軍師哩。」定山讀過史記，豈能不知此事？

五〇九　考古學權威李濟先生逝世

六十八年八月一日，我國考古學權威李濟先生，病逝於臺北市溫州街自宅，享年八十四歲。先生字濟之，湖北省鍾祥縣人。生於清光緒二十二年（西元一八九六年），國立清華大學畢業後，前往美國克拉克大學、哈佛大學深造，為我國第一位人類學博士。歷任南開大學、清華大學、臺灣大學教授，並曾主持中央研究院歷史語言研究所多年，當時為中央研究院院士。在三十年前，故宮博物院在霧峰北溝時，濟之先生常來臺中。我由董彥堂先生之介認識李先生。公體貌魁梧，莊謹謙和，不惟為經師，亦人師也。

五一〇　周韵僊女史

八月十八日上午九時三十分，承鄉長周樹聲先生親到南海路教師會館接我，同往景美慰問張金鑑先生。略談十幾分鐘，我與樹老即告辭返回臺北，在金門街樹老家中閒敍。他對我說：「我有一個胞姐，乳名韵僊，天性敏慧賢淑。幼讀詩書，並善詞章。著有《漪瀾館詩集》，深受耆彥所稱美，與鑑湖秋瑾，同謫人間。惜才女命薄，皆早世不壽，只留迴文妙詞，傳爲佳話。」樹老囑賦短章，以資揄揚。謹賦五古一首，聊抒敬仰之意。

天界事幽渺，小謫周韵僊。寄跡梁苑地，奇女奇事傳。才高乃異稟，忠孝出性天。侍親嘗割股，教弟法古賢。風標如道蘊，詞章逾佩蘭。迴文詩尤妙，巧思驚詞壇。宰官欣作序，讚爲才女冠。前世識秋瑾，攜手降塵寰。女俠違時命，報國自投艱。慷慨志不屈，正氣留人間。千秋傳佳話，薄命惜紅顏。

五一一　晉人寫經

晉人寫經書體，渾樸拙厚，實爲由隸變楷之關鍵字體。今所見者計有：《太上玄元道德經》、《諸佛要集經》及《十誦比丘戒本》數種。《道德經》卷尾書：「建衡二年庚寅五月五日敦煌郡索紞寫已」字樣。考「建衡」是吳主孫皓年號。建衡二年，當於晉武帝泰始六年。索紞事蹟見《晉書・藝術傳》。紞字叔徹，嘗遊洛陽太學，善占夢之休咎。年七十五卒於家。其書豐肥厚重，與《三國志・吳志》殘卷、《諸佛要集經》，書法都極近似。我來臺以後，最喜晉、魏與北齊人寫經，於是融篆、隸、及經書入楷，而成自己獨特的面目。今書壇名家，多愛「插花美人」，如吾之「入定老僧」，自不受若輩之青睞。然而吾決不爲趨時媚世而改其容也。

五一二　醒世歌

九月六日，清晨策杖步往東山小遊。仰觀宇宙之大，俯察品類之盛。青山碧水，翠竹黃花，莫不悠然自得。率賦醒世歌一首，聊抒余感。

世人造殺業，刀兵劫難深。同室頻操戈，鄰邦常相侵。尋仇强凌弱，仗勢富欺貧。擾擾無窮已，惶惶末日臨。唯有歸三寶，樂施種善因。拔除衆生苦，慈航渡迷津。四大皆空幻，悟時方識真。財色勿貪愛，須防火燒身。不作三惡業，來世免沈淪。

五一三 林風眠

林風眠大師，於大陸文革時期，曾被清算鬥爭，關入牛棚十年。文革後赴港定居。林氏本名鳳鳴，廣東梅縣人。生於清光緒二十六年，家貧，無立椎地。其祖父與父（名雨農）都以製墓碑為業。林氏天資敏慧，幼嗜繪事。初從父習畫，名聞鄉里。十歲入學，十八歲中學畢業，赴上海考取勤工儉學，由法華學會選送法國。抵法初作寫油漆招牌工人。不久接受非洲毛里求斯之助入楓丹布魯中學補習法文，並畫石膏像。一九二〇年春，入迪戎國立美術學院正式習畫。半年後又轉入巴黎美術學院。常在名教授哥羅孟畫室，練習素描。對日抗戰時期，林氏返國，任國立藝專教授。大陸光復，任國立北平藝專及杭州藝專校長。

五一四 魏京生

大陸鼓吹民主運動領導人物魏京生，於民國六十七年十二月創辦祕密刊物《探索》，並張貼在北平「民主牆」上。呼籲中共當局在四項現代化計畫中，再增加最重要之第五項現代化——民主。因此激怒中共當局而被捕入獄。並於六十八年十月經法院審判，判處十五年有期徒刑。魏京生於一九五〇年出生於安徽省。其父曾任中共「國家基本建設委員會」副主任。篤信毛澤東思想。京生自十二歲開始，每天被迫背誦《毛語錄》一篇，否則不准吃飯。一九六六年「文革」爆發，其父母受到批判。京生於一九六七年被關四個月。獲釋後，「文革」結束，京生入營服役。足跡踏遍大江南北。一九七三年退伍後，自願在北平動物園擔任電工技師。魏京生被指提供外國人大陸軍事情報，進行意圖推翻無產階級專政，才又判十五年有期徒刑。我賦七言絕句一首云：

誤落塵網三十年，河山萬里遍烽煙。
初生犢子不畏虎，蹈火赴湯志愈堅。

五一五　陶淵明草書詩帖

十一月一日，晚間在舊書攤購得晉陶淵明《草書雜詩帖》。此書用筆渾勁，風神縱逸，我諦玩再四，不忍釋手。帖尾書：「丙辰八月，書與雲公。淵明潛。」考「丙辰」爲晉安帝義熙十二年。《陶淵明傳》云：「元嘉四年，將復徵命，會卒，時年六十三。」淵明書此帖於丙辰，則爲五十五歲。帖尾有唐狄人傑、清王十朋、張孝捏三跋。張跋云：「靖節先生，人品學問，晉代第一，從未有稱及書法者。歲辛酉，余於友人處得所草雜詩十二首，古勁流逸，墨跡宛然，遂攜至京。每一展玩，輒不忍釋手。因思物之美者，不可祕而弗傳，與傳之不廣且久。況物以人重，世不經見如先生手澤耶？爰訪名工鐫之貞石，以公天下後世。知好事者觀之，不啻神依五柳，覺羲皇上人衣冠去今不遠也。乾隆七年，歲次壬戌，十月二十三日，山西沁州後學張孝挰敬跋。」此帖書雖佳妙，然有二點可疑。一爲《淵明傳》從未言其善書者；二爲張跋未言明其墨本爲何人所藏。必是好事者託古以自重耳。

五一六　二爨碑

二爨碑，乃指晉爨寶子碑與劉宋爨龍顏碑而言。爨寶子碑在雲南南寧縣南七十里揚旗田，於清乾隆戊戌出土，至咸豐二年，移置城中武侯祠。碑文十三行，行三十四字。其書方遒端嚴，是由漢分轉變魏楷之關鍵字體。文末云：「大亨四年歲在乙巳四月上旬立。」考晉安帝元興元年改元「大亨」，次年仍稱元興二年。此碑稱「大亨四年」，因不知「大亨」年號未行，故誤「元興」爲「大亨」耳。

爨龍顏碑，在雲南陸涼縣東南二十里貝元堡。立於南朝劉宋文帝大明二年九月。碑文二十四行，每行四十五字。通篇僅十數字漫漶，餘皆神采煥發。此碑書法，方圓相參，視大爨碑活潑開展。于右任先生楷書，即脫胎於此碑。阮芸臺開府滇黔時，才訪得此碑，稱爲雲南第一古石。自康有爲提倡碑學以來，書壇極重視此碑。我也曾用心臨習，愧未得其皮毛耳。

五一七　向秀釋莊子無為論

《莊子》內外數十篇，自古注者雖多，然皆莫能究其旨趣。唯向秀爲之隱解，發明奇趣，振起玄風。讀之者超然心悟，莫不快然自足。其釋「無爲」曰：「無爲者，非拱然之謂也，直各任其自爲，則性命安矣。不得已者，非迫於威刑也，直抱道懷外，任乎必然之極，而天下自賓也。」又曰：「夫無爲之體大矣，天下何所不無爲哉？故主上不爲冢宰之任，則伊呂靜而司尹矣。冢宰不爲百官之所執，則百官靜而御事矣。百官不爲萬民之所務，則萬民靜而安其業矣。萬民不易彼我之所能，則天下之彼我靜而自得矣。故自天子以下至於庶人，下及昆蟲，孰能有爲而成哉？是故彌無爲而彌尊也。」又曰：「夫工人無爲於刻木，而有爲於用斧；主上無爲於親事，而有爲於用臣。臣能親事，主能用臣；斧能刻木，而工能用斧。各當其能，則天理自然，非有爲也。（中略）故各司其任，則上下咸得，而無爲之理至矣。」今之任元首者，孰能喻「無爲」之旨哉？

五一八　全省美展

民國六十八年，臺灣省教育廳舉辦第三十三屆全省美展，我應邀爲評審委員，並參加作品。全省美展自民國三十五年至今每年舉辦一次，是國內規模最大歷史最久的公辦美展。全省美展在美術界人士的辛勤耕耘下，逐漸茁壯。隨著時代與環境的變遷，在新潮的衝擊下，展出的項目類別更爲多元化。

全省美展每年七月初召開籌備會議。會中邀請全國各大專院校美術科系代表、全國性各畫會負責人、及全省美展評議委員，商議美展實施要點及評審要點。這時國畫評審委員爲任期制，三年改聘一次。計有：黃君璧、林玉山、劉延濤、姚夢谷、胡克敏、張德文、陳丹誠、傅狷夫與本人等。省展雖有完善的制度，但評審人心如不公，「徒法不足以自存」，在評定名次時就很難公正、公平。我每次看到名次評定結果「劣幣驅除良幣」，內心非常難過。

五一九　出版江山萬里樓詩集

我自幼於嗜書畫之外尤好詩詞。初從先父海波公讀千家詩、唐詩三百首，嗣又得外大人張松齋先生指授，讀漢魏晉宋諸家古詩。我於古體獨喜陶淵明。於近體則喜王右丞與杜工部。數十年來，每觀物興感，遊山探勝，即以吟詠以抒發主觀的思想與感情。前後所詠古近體及長短句，共約三千餘首。昔在大陸曾輯兩千餘首曰《滄園詩草》，乃因亂離，而告散佚。渡臺以來，又詠一千餘首，會舊作若干首，剔抉錄存一千三百餘首，輯爲八卷，曰《江山萬里樓詩集》。共分八卷：一爲五言古詩，二爲五言律詩，三爲七言律詩，四爲五言絕句，五爲七言絕句，六爲七言絕句，七爲七言絕句，八爲長短句。詩爲表情達意最經濟的語言，自三百篇後，有楚辭、古詩樂府、近體律絕及詞曲，代有變化，原無定規。近體演變爲詞，詞又演變爲曲，正是我國韻文之一大進步。然而塡詞必依詞譜之聲調句數，作曲又必通聲韻之學。規律甚嚴，不能逾越。思想性靈，多受拘限。自元代迄今，七百餘年，詩詞規律，略無改變。民國雖有現代新詩之創體，然因鑄詞造句，歐化成分太重，或膚淺庸俗，或生鄙晦澀，尙未達到圓滿成熟的地步，更不能與宋詞元曲分庭抗禮。我眼看傳統文學之日益沒落，而現代詩仍徘徊在摸索試探的道路上，實在憂心不已。因此，才自民國五十年開始有「長短句」之作。此長短句，有別於舊詞之長短句。不限句數，不限字數，用韻不爲四聲所拘，造句惟求自然天成。保持我國詞曲意境之美，而汰新詩之晦澀庸俗。徇詩友之勸請，由興臺印刷公司付印。蒙當代詞宗李雪廬居士暨陳南士先生賜序。民國六十九年編輯，七十年七月初版。

五二〇 中國繪畫思想由正中書局出版

我自民國六十八年開始撰《中國繪畫思想》，先在《藝壇月刊》發表。於七十一年交臺北正中書局出版。本著自東晉顧愷之至民國黃賓虹，共提出二十六位繪畫思想有著錄的代表作家。他們的思想，無論是受儒家影響，是受道家影響，或是受佛家影響，但都不離一脈相承的「中庸之道」。歷代諸家畫論，不但文字深奧，而且卷帙浩繁。現代青年學者，雖有志研究古人繪畫思想，然而由於文字之障礙，往往畏難不敢問津。職是之故，我特地把諸家畫論去蕪存菁，不問宗派，只論是非，擇要作以客觀合理的批判。為青年學者提供入門研究的津梁。

繪畫理論是繪畫思想的記錄，是集合多數人累積的經驗而得到的成果。而且又是為多數人所認可的。它已成為繪畫創作所追求的目標和評鑑的尺度。一個從事於繪畫的人，在未創作之前，先能認識創作的門徑和要點，自然就可以避免精神與時間之浪費。

五二一 撰寫中國十大名都

民國七十一年，承《臺灣日報》副刊主任陳篤弘先生之特約，撰寫《中國十大名都》，全文在該報副刊發表。十大名都的題目是：一曰「十代都會話南京」。二曰「憶文化故都」。三曰「杭州與西湖」。四曰「最古名都是洛陽」。五曰「中原未復懷汴州」。六曰「長安不見使人愁」。七曰「天府成都」。八曰「抗戰首都重慶」。九曰「復興中華之武漢三鎮」。十曰「陸都蘭州」。我因爲白天作畫，只有夜間撰稿。而且寫歷史不同寫小說，可以虛構意造。無論時、地、人、事，都必須有憑有據。除參考本人藏書外，還須到圖書館蒐集資料。雖只十篇文字，卻拖延相當長的時間。爲增加歷史文字的趣味性，所以採用寫遊記的方式。並於句中段末，穿插幾首詩詞，使散文與韻文結爲有情的眷屬。每篇少者五、六千字，多者七、八千字，感謝陳主任篤弘兄，不惜以副刊大篇幅發表我的長文。

憶在對日抗戰時期，參政會曾討論勝利後遷都問題。有主張遷都北平，有主張遷都西安或蘭州，亦有主張遷都南京。及至抗戰勝利，政府爲急於實行憲政，舉行大選，所以才又還都南京。自古以來，我國邊患都在西北，並且西北幅員遼闊，土地寶藏多未開發。國父孫中山先生把蘭州定爲陸都，並在建國方略裡面明白規劃全國交通網，以蘭州爲中心。我所以把蘭州列爲「中國十大名都」之一，就是因爲蘭州太重要了。想使我們的國家富強，必須以全力開發西北，建設西北，開發西北，就不能不先建設蘭州。

五二二 初製黃河萬里圖草圖

當在臺北國立歷史博物館展覽「長江萬里圖」的時候，有記者問我下一步是否還要畫長卷？我說決定再畫一幅「黃河萬里圖」。時隔多年，至民國七十二年元月才開始製作「黃河萬里圖」草圖。

黃河為吾中華民族與中華文化發祥地，猶之乎埃及的尼羅河。埃及如沒有尼羅河，也不會有埃及文化，更不會有法老王之偉業。黃河為我國第二大川，上源曰阿勒坦河，藏人稱馬楚河，出青海巴顏喀拉山噶達素齊老峰。東南流至古星宿海，千泓並湧。（或謂初源自羅布泊潛行地下，至此才又溢出。）東流瀦為札陵鄂陵二湖。流經九省，長四千六百七十公里，由山東大清河口入渤海。

我畫「黃河萬里圖」，布局雖重方向位置以及各重要景點，但仍以筆墨意境為主。遠近掩映，左右顧盼，力求咫尺有千里之勢，空處有不盡之妙。上游深邃奇險，下游浩瀚曠闊，岸邊飾以楊柳村舍，波面揚起樓船小舟。「外師造化，中得心源。」不求肖眞，也不離乎眞。至五月草圖完成，遂開始動筆落墨。

五二三　北美之遊

我因爲深受董其昌「不讀萬卷書，不行萬里路，不可以言圖畫也」這句名言的啓示，所以自幼便喜歡遊山玩水，並喜歡讀遊記、寫遊記。在民國三十七年之前，我憑著健旺的體力和堅強不屈的意志，竹杖芒鞋，曾遊過南北名山、長城、黃河與長江。渡臺以後，又遍遊三臺各地名勝。我在臺灣安享四十餘年豐衣足食，自由自在的生活，本當心滿意足，不須再存非分的奢望了，可是我爲研究藝術求變求新，總認爲從前所讀的書還不夠多，從前所行的路還不夠遠。因此不能不到國外，飽遊廣觀，更擴展我的視野。我要藉遊歷讀活書，我要藉遊歷豐富創作的靈感。

民國七十二年八月，我初次離開國門去到美國，經過十四個州，曾在西雅圖、洛杉機、鹽湖城、紐約市、華盛頓等大都市，分別盤桓了幾天。參觀博物館、美術館、圖書館、大教堂、以及其他重要的建設。最使我感到幸運欣慰的並且遊覽黃石公園、尼加拉大瀑布、大峽谷、雷尼爾山、奧林匹亞山，以及貝克山。而無意中暢遊小峽谷與錫安公園，更是我平生最愉快的一件事。

美國人建國，雖是僅有兩百多年的歷史，但是他們從前大政治家們，在華盛頓、紐約市，建築許多莊嚴宏麗的高樓大廈，比歐洲各國最大的建築還更高。他們並不以建設爲工業大國、軍事大國、經濟大國爲滿足，而更進一步還要建設爲文化大國。他們在文化建設方面，不惜花大錢，經常收購全世界古物名畫和圖書，充實各大都市博物館、美術館、圖書館之內容。如紐約大都會博物館，列爲全世界三大博物館之一。華盛頓國會圖書館藏書之富，比大英圖書館還多七千萬冊。他們把紐約建爲藝術之都，吸引全世界藝術家們，或來定居，或辦展覽，要與巴黎爭高比下。美國不但物質文明領先歐西各國，而國民普遍勤奮守法，和氣而有禮貌，也充分表現其精神文明。（詳見《美歐遊蹤》）

五二四　臺中市立文化中心開館誌盛

臺中市政府爲實施中央文化建設之計畫，在臺中市英才路建築文化中心大廈一座，形式爲方匣式，壁表全用黑色大理石。雖不美觀，但頗壯觀。建築落成，市政府定於七十二年十一月十二日國父誕辰，在文化中心隆重舉行開館儀式。並特邀本人展出書畫百件，以資慶祝。開幕儀式，恭請省主席邱創煥先生主持剪綵並致詞。觀禮者，貴賓與民衆約四、五百人，擠得水洩不通。收到各界贈送花環花籃二百餘對，由展覽會場排至門前馬路兩邊。各新聞媒體都爭相報導。朋輩學生也紛紛向我祝賀。張市長向我致賀道：「此次佛老畫展，可謂盛況空前。」我答道：「一切有爲法，如夢幻泡影，如露亦如電，當作如是觀。」現在回想起來，豈不眞如一夢嗎？

五二五　歐洲之旅

研究藝術，不能不去歐洲旅遊參觀，我尤其憧憬嚮往中歐的瑞士。三十年前，我就想到瑞士阿爾卑斯山中作一個逃避現實的「隱士」，可惜力不從心，只能付之夢想而已。遊罷美國歸來，更提高歐遊的興趣。民國七十三年五月，我毅然決然參加旅遊團體，搭機往歐洲觀光。使我多年前的美夢，成爲事實。將近一個月的時間，共遊大小十七個國家，二十四個著名的城市。更意想不到的，能遊埃及首都開羅和土耳其古都伊斯坦堡，更是此遊一大收穫。

在未到開羅以前，我想開羅是沙漠中的都市，可能很簡陋，很荒涼。及到開羅一看，寬闊的馬路，蜿蜒綿長的高架天橋，宏麗整齊的商店，高高低低如雨後春筍般的清眞寺，使我非常驚喜！街上熙來攘往的人群，衣著樸素，行動穩重，依然表現古埃及人之高度文明。

伊斯坦堡市，跨歐亞兩洲，海峽西面屬歐洲，海峽東面屬亞洲。從地圖上看，好像我國武漢三鎭。中間是普魯斯海峽。舊城與新城之間還有金角灣。普魯斯海峽兩岸，都是小山丘，山下有很多高級別墅和教堂。紅瓦綠樹，相映如畫。伊斯坦堡是全世界最美的古都。

土耳其自一九四七年以來，接受美國援助，土耳其人自然對美國人有好感。他們的生活也漸趨向美化。土耳其雖是回教國家，但在男女服式方面，卻不像埃及人那樣保守，多數人都摒棄傳統的服式而歐美化了。在今二十世紀的國家，如過分保守，即不能存在，如過分現代化，即失掉自己，土耳其已經瀕臨失掉自己的邊緣。

羅馬、巴黎、倫敦，是我們旅遊最大的目標，遊罷伊斯坦堡即飛往羅馬。羅馬建國是在西元前七五三年，比希臘建國還早三百多年。但是羅馬文化，幾完全受古希臘文化的影響。古羅馬由於產生凱撒、奧古斯都、查理曼和君士坦丁幾位具有雄才大略的大帝，開疆拓土，君臨四方，幾把歐洲四分之三的土地都籠罩在羅馬旗幟之下。並且把希臘文化發揚光大，建設爲基督教強勢文化。

梵蒂岡聖彼得大教堂，不但是羅馬藝術之宮，並且也是義大利文化之寶庫。其中有許多名畫和雕像，都是文藝復興三傑的作品。聖彼得大教堂的藝術，是羅馬文化之光輝。現在義大利新藝術，不但不能發揚文藝復興之優良傳統，並且掩蓋了傳統的光輝。

巴黎羅浮宮、凡爾賽宮，都是舉世聞名的大美術博物館。尤其是羅浮宮，藏品之富，全世界美術博物館，沒有能與匹敵。羅浮宮全部藏品有三十萬件，其中名畫佔大部分。是法國歷代君主們，多方蒐集，經過許多世紀積聚而成的寶庫。近百年來，法國政府大力提倡藝術，培養許多優秀的藝術人才。巴黎經常舉辦高水準的國際大展，吸引全世界藝術家們，紛紛去巴黎參觀、研究或定居，使巴黎博得「藝術之都」的美譽。

英國倫敦是歷史悠久的國際大都市，爲政治、經濟、文化中心。它好像一位穿戴古衣冠，雍容華貴的女皇，外表雖保守一點，但仍不失其大家風範。白金漢宮、西敏寺、國會大廈，雖對於觀光遊客們具有莫大的吸引力，但是一般高級知識份子到倫敦，卻主要是參觀大英博物館。

英國是實行民主最早的國家，英國人更以「民主自由」作標榜。另方面卻又定出拘限民主自由的規範，使民主自由，不至氾濫成災。民主政治，必須使法律規範與民主自由，調節運用，才能促成社會安定，政治進步。（詳見《美歐遊蹤》）

五二六　中國十大名都由文建會出版發行

拙著《中國十大名都》在《臺灣日報》副刊連續發表後，副刊主任陳篤弘先生原擬由該報出版單行本，以廣流通。因考慮圖片太多，如全印彩色，成本太高，影響銷路，所以拖延許久，未予付印。我把全部剪報送交文建會第二處處長王心均先生看過，他認爲這部文字，對於宣揚中華文化極有價值，可以由文建會出版。他並把這部剪報請文建會主任委員陳奇祿先生過目。陳主委對這部拙著也很激賞。同意由文建會出版發行。但有版權問題，必須於訂約前解決。我回頭又去臺灣日報與該報社長謝天衢先生情商。因謝社長素極敬重我之爲人，所以當即備同意書交我攜回，並希望這部《十大名都》能早行世。

文建會與我訂約後，出版事宜，陳主委交第二處王處長負責。王處長與柯科長基良悉心策劃之外，並請藝術理論家莊伯和先生協助蒐集照片，故宮博物院王行恭先生設計編排。蒙陳資政立夫先生暨陳主委奇祿先生於百忙中賜序。尤其是立夫先生那篇序，還是他親筆寫的，更覺可貴。《中國十大名都》，經過二年多之策劃、設計、編排、印刷，至七十四年六月正式出版。

五二七　黃河萬里圖全部完成

「黃河萬里圖」自民國七十二年五月動筆落墨，至七十四年九月（中秋節）完成，為時兩年另四月。此幅長卷，也是用絹料畫成。闊二尺五寸，長二百一十尺。自河南廣武縣以東，至黃河入海，全為大平原。兩岸村落樹木稀少，異常荒涼。因此特在下游兩岸畫些竹籬茅舍，楊柳板橋，水田童牧，以及塔寺野店，以作點綴。也可以說是為黃河美容，以增飾畫面意境之美。中國畫，寫名山勝水，只求大致形勢不差，不必像西洋畫那樣忠實的描寫。

早年河南黃河決口，氾濫成災。水利專家宋希尚先生奉政府之命赴河南負責督導堵口工作。結果「合攏」，堵口成功。氾區人民，感德不忘。因此，我特地把宋公督導堵口之情景表現在畫面上，以資紀念。

宋希尚，字達庵，江蘇南通人，為張季直的高足，曾赴美留學。學問淵博，識量宏遠。曾任臺大及逢甲教授，相識甚契。

「黃河萬里圖」裝裱後，於民國七十五年三月應國立歷史博物館之邀展出一個月。七十六年又應臺中市文化中心展出一週。八十四年春，由臺北名揚出版公司斥資出版發行。有李霖燦作序。

五二八 捐畫義賣作為文化基金

民國七十六年十一月十二日國父誕辰，應臺中市文化中心之邀舉辦書畫個展，並出版第三集書畫集。請市長張子源與議長林仁德主持開幕儀式。當時我問文化基金集資若干？市長告答僅有兩千萬元。我以爲兩千萬數目太低，不能辦事，慨然願捐五十幅畫義賣作爲文化基金。請市長負責籌劃。承市長慷慨答應，願共襄義舉。兩週後，我選五十幅近作山水、人物，又在文化中心大廳展出，由於市長、議長大力支持，不到一天，即被臺中企業界搶購一空。並有遲到向隅者。五十幅作品，每幅定價十萬，共得五百萬元，全數捐作文化基金，本人不受分文。此事各新聞媒體爭相宣揚。青年守則有一條「助人爲快樂之本」。此次由實踐中深切體驗這句話對於作人太重要了。

五二九 出版美歐遊蹤

我於民國七十二、三年赴美國與歐洲旅遊歸來，曾撰遊記多篇，全在《臺灣日報》副刊發表。至七十七年，承臺中市立文化中心主任粘銘波先生情商，由該中心斥資出版發行。本著共收美、歐遊記二十八篇。並插印名勝古蹟彩照一百三十八片。封面是本人設計，上面自署名《美歐遊蹤》四字。下面彩印瑞士阿爾卑斯山雪峰。目錄之外，有李霖燦序與本人自序。李序開頭說：「讀萬卷書，行萬里路，人生難得有此福份。行萬里路之後，還能著萬言書以惠當世，既以畫遊，又以身遊，且以心遊，人世之福樂，至此可以說是登其峰而造其極，幾生修得福份如此！」末云：「在二十八篇文章之中，一一都具有佛庭兄精選的圖片，作者是大畫家，眼光自是不同，是有卓思，是有深意，藝術家是有計畫的有準備的擺下這項圖文並茂的盛大的國宴，要請我們盛裝赴會，盡情受用，眞是難得之至。」

本著是由臺中「大社會文化事業出版印刷中心」印製。彩色圖片，更比原照色美，足見其分色技術精良。

五三〇 辭受紀錄

㈠民國四十六年三月六日，教育部聘函，函云：「茲聘台端爲第四屆全國美術展覽會籌備委員會委員兼副總幹事。此致呂佛庭先生。部長張其昀。」㈡民國四十六年七月六日，教育部聘函，函云：「茲聘台端爲本部美育委員會委員。此致呂佛庭先生。部長張其昀。」㈢民國四十六年二月六日聘函，函云：「茲聘台端爲國立臺灣藝術館兼任美術組主任。此致呂佛庭先生。部長張其昀。」

當時藝術館建築尚未落成，暫借建國中學教室辦公。並且初創事雜，與我的志趣才能，均有未合。因此，我函呈部長懇辭兼職，但未蒙核准。

民國五十八年，中華民國各界表揚好人好事運動推行委員會，推薦我爲臺中市好人好事代表，我具函堅不接受。該會主任委員梁永章先生回函，極爲懇摯，使我大受感動。函云：「佛庭先生勳鑒：捧讀華翰，益切欽遲。謙辭各界表揚，足見亮節高風。惟好人好事人選，係經各界審查委員會愼重決定，名單亦經報請總統召見。一切作業，均已就緒，敬請準時參加，以彰善行，毋任感荷！耑此奉覆，順頌時綏。弟梁永章拜啓。」

民國六十一年，莊嚴先生兼任私立中國文化學院藝術研究所所長。邀我到該所美術組任課。

我爲莊慕老誠意所感，不好不接受。於八月初接到文化學院聘書。聘書云：「茲敦聘呂佛庭先生爲本院藝術研究所美術組教授，此聘。董事長張其昀，院長蕭師毅。中華民國陸拾壹年捌月。」

民國六十三年，應全國美展籌備委員會主任委員馮國光之聘，擔任國畫評審委員。其聘書云：「茲敦聘呂佛庭先生爲本會第一（國畫）審查委員會委員，此聘。籌備委員會主任委員馮國光。中華民國六十三年二月二十日。」此屆國畫審查委員有：馬壽華、黃君璧、劉延濤、張穀年、高逸鴻、傅狷夫與本人共七人。

民國七十一年，應教育部聘，任學術審議委員。其聘函云：「茲聘呂佛庭先生爲本部學術審議委員會第十五屆學術審議委員。聘期自民國七十一年七月一日起至七十三年六月三十日止。部長朱匯森。」後又續聘至七十六年，離開此職。當時審議委員有：虞兆中、劉眞、李崇道、李新民、歐陽勛、姚淇清、馬漢寶、袁樞眞等一百餘人。皆爲學術界知名之士。

五三一　省立美術館舉辦呂佛庭教授八秩回顧展

省立美術館於民國七十八年一月二十五日寄來一函。函稱：「主旨：本館訂於本（七十八）年三月四日至三月二十九日敬邀大師籌劃舉辦『呂佛庭教授八秩回顧展』，敬請惠復。說明：一、爲恭賀大師八秩華誕，本館特訂於今（七十八）年三月四日至三月二十九日，於A1展覽室舉辦「呂佛庭八秩回顧展」。二、本展覽辦理事項如左：㈠擬於本館A1展覽室展出大師國畫作品約七十幅，書法作品約三十幅。㈡配合本展覽，本館印製專輯、海報、請柬、說明書，以推廣之。㈢本館並負責作品包裝及運送。館長劉欓河。」

我接到劉館長的邀請函，一方面感激他爲我祝壽的盛意，一方面考慮二十年前存畫無幾，必須向收藏者借展，是一件相當麻煩的事。考慮結果，爲不使劉館長失望，只好接受他這番好意。

此次回顧展，自三月二十九日至四月二十九日展期一個月。同時出版書畫集。「黃河萬里圖」部分印在前面。

「長江萬里圖」，無價捐贈省立美術館。於回顧展開幕之時，由省主席邱創煥先生接受，交省美館典藏。

五三二 學畫是我的生活榮獎是過眼的煙雲

我在第三集《呂佛庭書畫集》自序裡曾說：「研究繪畫藝術，是一件莊嚴長遠的工作，不是一件好玩的遊戲。必須埋頭鑽研，專心一志，不爲毀譽所動，不爲名利所縛，視榮獎財富都是無關緊要的身外之物，甚至不屑一顧。要把繪畫藝術造成高與雲齊的燈塔，永遠指導人生走向光明的目標。」

民國七十八年二月，我忽然接到行政院國家文藝基金管理委員會來函，決定爲我頒贈「文化貢獻特別獎」。這是我自學畫、著作以來，意想不到的事。我雖自認爲對於文化沒有特殊的貢獻，但對於國家獎勵的美意，卻不能不接受。這次受「文化貢獻特別獎」的只有我與老文藝作家熊式一教授。行政院頒獎是在四月十七日於三軍俱樂部舉行。由行政院長俞國華先生頒獎，獎金二十萬，另有獎狀。獎狀云：「呂教授佛庭先生，品格高深，學識淵博，能書善畫，長於詩詞，先後完成長江萬里圖、橫貫公路圖等國畫長卷多種，著作亦豐，宏揚文化，著有貢獻。特頒獎狀，用式楷模。主任委員郭爲藩。中華民國七十八年四月十七日。」熊式一是留英博士，以研究戲劇著稱。著有「王寶釧」名劇，爲其成名之作。

熊氏定居香港，創辦清華書院，曾邀我任教，我婉謝未赴。

五三三 澳紐與巴里島之旅

由於在二十年前，我對於紐西蘭便極爲嚮往。又有老學弟陳炎輝君負責聯繫，由臺北山富旅行社承辦，予我良好的旅遊機會，才能順利的往南太平洋觀光。這次旅遊，往返共十六天。曾到巴里島的首府登巴沙，澳大利亞的首府坎培拉及雪梨、墨爾本、布利斯班等各大城市。又到紐西蘭的南島基督城、皇后城、與北島的威靈頓和奧克蘭。這許多大城市，只有登巴沙比較落後，其他各城市，不但高樓大廈，如雨後春筍。並且交通便利，環境清潔，治安良好，都是人間天堂。最使我印象深刻難忘的，就是搭小飛機登上南阿爾卑斯山之主山庫克山之冰河。最美的城市安培拉，也予我永遠不可磨滅的印象。我看了澳紐都市之建設，不禁發生一個疑問：「別人能，爲什麼我們不能？」

自民國七十九年二月四日出發，至二十日上午由香港飛返臺灣。我在飛機上，仔細檢討此次澳紐與巴里島之遊的觀感，結論是：巴里島自然環境之美，與臺灣相仿，但由於經濟落後，國民物質生活，比臺灣相差太遠。然而巴里國民，普遍信仰宗教，愛好藝術，其精神生活，卻爲臺灣所不及。澳洲地廣人稀，沙漠與荒地太多，自然環境遠不及臺灣。但由於政府與人民，團結和諧，同心協力，發展經濟，提倡文化，其都市建設之完備、美好，卻爲我們臺灣所不及。紐西蘭與澳洲可謂兄弟之邦，也是地廣人稀，自然環境與臺灣相比，還有些遜色。但由於國家安定，人民勤奮，並團結守法，無論都市或風景區之經濟與文化建設，都不亞於歐美。尤其是「路不拾遺，夜不閉戶」之善良的社會秩序，更使我們執政者應知所慚愧！

五三四　國立歷史博物館舉辦呂佛庭八十書畫展

民國七十九年八月，國立歷史博物館館長陳康順先生爲慶我八秩壽，特於國家畫廊舉辦「呂佛庭八秩回顧展」。開幕之日，蒙李總統登輝先生光臨參觀。因爲過去歷任總統都未到史博館參觀過展覽，所以陳館長及全體員工都感到特別光榮。在展覽期間，蒙教育部頒贈一等教育文化獎章及證書。頒獎典禮，於史博館遵彭廳舉行，到場觀禮者約有二百多位，皆爲教育藝術界知名之士。由教育部毛部長高文先生頒獎，請國史館朱館長匯森先生致詞。獎章證書云：「呂佛庭先生，長期獻身藝術教育，廣被教澤。繪著長城萬里圖等鉅構傳世，增富民族文化資產，德業可法，典範足式。特依教育部教育文化獎章頒給辦法之規定，頒給一等教育文化獎章，此證。教育部部長毛高文。中華民國七十九年八月十三日。」

五三五　值得紀念的宴會

林風眠大師，於中共文革後即定居香港。文建會爲他頒獎，應邀來臺。民國七十九年九月十二日下午六時，國立歷史博物館館長陳康順於來來大飯店設宴歡迎林大師蒞臺，並祝郎靜山大師百齡整壽。我與蔣彥士、林玉山、姚夢谷應邀作陪。林大師因夫人去世，請一位小姐照顧起居。這位小姐是河南人，在上海出生。年約二十二、三歲，姿容頗有秀氣。林大師面貌清癯，沈默寡言。我因與郎靜老爲在教部同事，適值百歲整壽，乃即席賦七律一首爲祝。詩云：

舉國皆知郎靜公，百齡人瑞仰高風。

常穿布履遊方外，頻攝名山入畫中。
渡海移家避亂世，修身持節盡孤忠。
遍栽桃李滿天下，冠蓋如雲拜壽翁。

林、郎二公，皆返道山，追憶臺北來來之會，曷勝愴懷！

五三六　省立美術館首創繪畫研究展

臺灣省立美術館爲提升展覽素質，策劃「研究展」，以研究作先導，根據研究所得辦理展覽。以作品展覽印證理論之眞實具體。此種學術性的展覽，在我國尙屬首創。民國八十年初，劉館長找我商量，決定先辦「呂佛庭繪畫藝術研究展」並編印研究報告及展覽專輯彙編。我考慮美術館去年才爲我辦過回顧展，時間太近。並且「研究展」蒐集資料也很麻煩，所以向他婉謝。他說已經策劃，希望我能接受。因感其意誠，只好勉強答應了。

研究報告，由美術館委託藝術理論家黃冬富教授執筆。研究展於三月二十九日開幕，爲期兩個半月。展出書畫作品共一百一十件，約有一半是向收藏者借來的，並由美術館出據保險。研究策劃由研究組長何錦燦負責，執行編輯由謝珮敏負責。《研究報告及展覽專輯彙編》也於「研究展」開幕之日出版。這部專輯是我的書畫創作六十年的實錄。我很感謝劉館長、研究組諸位先生與黃冬富教授付出許多心血！

五三七 大陸探親遊名山

我爲感激先岳父張松齋先生栽培之恩，所以來臺四十五年，甘守孤寂，誓不再娶。吾妻張書蘭留在家鄉，雖經文革十年苦難生活之折磨，亦能保持貞操，未再改嫁。我雖早發出家渡人救世之宏願，但對於結髮之賢妻卻不能無情。所以於民國八十年九月，參加臺北市河南同鄉會所組還鄉探親團，返回河南鄭州，與家人團聚，以慰多年兩地之相思。

我回到鄭州，承臺辦崔處長熱誠接待。全家老幼都住在河南賓館。次日，二舍侄蘭薰與老學弟王威，分別自咸陽、開封來晤。蘭薰侄是在國立西北大學醫學院畢業，時任陝西省立中醫學院教授。王威十五、六歲讀中學時，曾從我學過國畫。後到杭州藝專深造。時任國立河南大學美術系主任。闊別數十年，飽經憂患，彼此都有一言難盡之慨！我世居河南泌陽縣，爲避免還鄉應酬之繁，決計不回泌陽。承縣長田富禮先生派三位代表到鄭州歡迎我回縣，以慰地方父老對我之仰望。我以時間不足爲由，予以婉謝。

鄭州自改省政中心以來，由於大力建設，市容完全改觀。不但高樓連雲，而馬路寬闊，路樹整齊，宛如翠雲之廊，尤增市容之美。

十一日上午，薰侄與偉孫陪我到開封參觀宋御街、礬樓、龍亭及潘楊湖。中共為提升開封觀光價值，繁榮都市經濟，自一九八九年開始重建宋御街及礬樓。歷時三年完成。新建礬樓，係依照《東京夢華錄》所載，並參考《營造法式》所建。雕梁畫棟，極為壯觀。走在街上，使人有回到七百年前大宋皇都之感。宋徽宗為熱戀歌妓李師師，常在礬樓歌舞飲宴。明李遂「汴京懷古」詩云：「衰草平田一片秋，煙花何處訃礬樓？只餘蕭蕭河畔柳，和風和雨送客愁。」

下午返回鄭州，由孫婿任海天陪我搭九點臥舖快車南下。十二日下午一時抵達長沙。承長沙臺辦接待，住湘江賓館。我於民國三十六年夏赴漢口舉辦畫展，順便南遊衡嶽，兩次道經長沙。時在長沙大火之後，滿目斷垣殘壁，一片荒涼。此次再到長沙，所看到的是寬闊的馬路，崇宏的高樓和騎腳踏車的人群。我直覺是在作夢。

喜歡遊山玩水的人士，都知道湖南省西部張家界是很好玩的地方，而不知張家界是湘西武陵源區的一部分，不能包含武陵源區全部的名勝。湘西武陵山區，由於一方面是土家與白族盤據的山頭，一方面也是盜匪出沒的綠林，因此埋沒數千年，於五、六年前才被中共開發為「武陵源風景區」。武陵源區，地跨大庸、慈利、桑植三個縣市。包括索溪峪自然風景區、天子山自然風景區、和張家界國家森林公園。此三區以天子山為最高，海拔一千二百五十多公尺，立在山頂上向四面眺望，千巖萬壑，盡收眼底。我因讀陶淵明〈桃花源記〉那篇文章，所以對於「武陵源」特感興趣。於此次返鄉探親之便，決計重登黃山，並先到湘西，暢遊「武陵源區」之勝。

五三八 武陵之遊

十二日上午，我與海天搭乘遊覽車離長沙市往武陵源區遊覽。過益陽、常德、慈利，轉西南行，開始進山。車在高原丘陵間約行兩小時，才下到索溪峪。沿溪轉西行，過索溪鎮，於十二點五十分到達武陵源區政府所在地。下車住蘭苑賓館。在此南望百丈峽，層峰羅列，宛如疊掌劍林，呈爲奇觀。賓館門對索溪，河床寬闊，而流量甚淺。溪上有一座新建的大橋，其形式頗爲壯觀。

十三日清晨，我與海天同往百丈峽遊覽。仰望奇峰插天，壁立千仞，如劈如削，四面懸絕。索溪峪好像天子山區的大門，百丈峽與寶峰湖一帶的連峰，好像排班的儀隊。我們既進了大門，就要登堂入室了。

八點半返回賓館，即帶行囊搭公車遊天子山。中午至綠喁山莊終站停車。打尖後雇一名導遊替海天揹行囊，我坐滑杆上山。前行全是石級小徑，隨山盤旋。過南天門約一小時至茶亭。此處是天子山聯絡索溪峪和張家界兩條幹路的交叉點。其西面不遠有一座山峰設有觀景臺。立在臺上，北望天子山前的西海，層層疊疊的砂岩峰林，或方或圓，如柱如鞭，如秦俑，如螺旋，使我如入太虛幻境，不敢相信世間會有這樣神奇不可思議的美景。

下觀景臺返至茶亭，繼續前行，一面趕路，一面觀景，不知不覺就到了天子山莊。我辭退滑杆，由導遊引路到蘭園賓館住宿。山上賓館設備較差。洗澡沒有熱水，吃飯也沒有餐廳。山莊約有十幾戶人家，有白族、漢族與土家族。白族人能歌善舞，文化水準並不低。

天子山莊面臨「神堂灣」。在賀龍公園前面也有觀景臺。立在臺上眺望，數百奇峰怪岩，林林總總，全收眼底。

十四日清晨用罷早點，又雇一名導遊揹著行囊，我與海天離開賓館下天子山往張家界風景區遊覽。走到茶亭，我仍坐滑杆代步。由茶亭下行，彎度既小，而石級又窄。每遇陡坡，我即叫停，下座步行。過皇家花園下坡即至十里畫廊，好一個美麗的地名。這是天子山前茶盤塔下去一道深谷，至畫廊山莊約有十里，谷中滿布不見天日的樹海，左右列隊排班的奇峰怪石，積青凝翠，氣象萬千。約行四小時至公車站，辭退滑杆。此站是由張家界至索溪峪之中心點，有四、五戶人家，四面環山，風光旖旎，非常優美。

在站休息十分鐘，我與海天、導遊搭乘汽車，沿索溪南下，溪改名叫金鞭溪。溪流兩岸，峰迴路轉，數百座峰林組成奇美的景觀。車行三十分鐘至水繞四門山莊停車。我們下車休息數分鐘，步行數里，又雇滑杆代步。前行又一小時，迎面有一座擎天大石柱，像一把金鞭倒插地面，就是張家界最著名的金鞭岩。前行十餘分鐘，豁然開朗，迎面有幾座高樓，就是張家界賓館。我辭退滑杆，與海天同到賓館投宿。賓館爲新建三層樓房，青瓦粉牆，形式還很美觀。面對金鞭岩，背倚小山丘，滿山翠竹，淸幽宜人。在張家界賓館只住一晚，因爲還要趕往黃山，即於十五日淸晨搭乘遊覽車返回長沙。

五三九　黃山之遊

我與任海天由張家界返回長沙，因爲決定到黃山過中秋節，遂即搭機飛往南京。海天因胃疾須返回鄭州，急電外孫李瑱偉陪我去遊黃山。十九日淸晨，外孫偕外孫女瑱琳由鄭州趕至南京。接海天同返鄭州。我們爲搭火車方便，住在龍蟠路紫金山飯店。飯店靠近玄武湖，我由瑱偉陪同雇一隻小遊艇，在湖上打了一個轉。下午往太平路蘭園訪鄉長李劍晨先生一敍，承劍公贈送鷄血印章一顆。劍公是河南內黃人。早年於北平藝專畢業後即赴英國深造，不但硏究西畫，於國畫造詣亦深。曾任東南大學建築系教授，現已退休。

我與瑱偉搭晚間十一點十分軟臥快車往黃山遊覽。凌晨六點三十八分抵達安徽歙縣。七點十分至黃山市。打尖後搭小客車，開往「黃山大門」。山迴路轉，行七十五公里。在此仰眺天都峰矗雲干霄，竹樹森翳，景極淸幽。由黃山大門又換乘遊覽車往雲谷寺。雲谷寺位於羅漢、擲鉢二峰之間，寺宇爲近年所重建，林泉松石，如詩如畫。由雲谷寺到白鵝嶺，於一九八五年設有登山索道，全長二千八百零四公尺，高差七百七十三公尺，爲亞洲最長的登山索道。登纜車上索道，八分鐘抵白鵝嶺。休息十幾分鐘，雇導遊一名代瑱偉揹行囊，同往北海賓館住宿。

賓館對面山上有曙光亭，爲觀日出最勝處。其西山後有清涼臺，爲觀北海最勝處。西面松谷名獅子林，原有古刹一座，我於民國二十四年春來遊黃山，由後海進來，曾在獅子林住過一宿。明徐霞客與清黃肇敏遊黃山，都在獅子林住過。

在賓館休息片刻，趁天氣晴明，先登始信峰一覽。始信峰位於北海賓館之東，散花塢之南，懸巖峭削，壁立千仞，巧石奇松，羅列於上。峰頂岩石光滑，側鑿淺磴。由瑱偉扶持，才躋達峯頂。上有翠松十餘株，映蔽天日。東望石筍峰、石筍矼、仙女峰，奇石崚嶒，卓立森排。或如槍刀劍戟，或如獅象龍蛇，或如羅漢壽星，或如觀音仙女，千姿萬態，各具妙趣。西望上升峰、駱駝峰，北望五老峰、仙人峰，也都是峻峭奇特，突出雲海。始信峰爲三十六小峯之一，始信之意，是說必須登上此峰，才會相信黃山之美。

由始信峰下來，正是夕陽西下的時候。落日餘暉，照映天地，染出繽紛豔麗的彩霞。回到賓館，用罷晚膳，才知林玉山教授一行於昨日下山，失之交臂，眞是一大憾事！二十一日凌晨五時起床，隨衆登曙光亭觀日。並到清涼臺觀雲海。用罷早點，又雇一名導遊，揹著行囊，離北海賓館往玉屏樓。約三十分鐘到光明頂。光明頂海拔一千八百四十公尺，是黃山第二高峰。頂上建有電視臺和氣象臺，樓塔巍峨，頗爲壯觀。立此西望松林峰、九龍峰，西海鋪雲，浪濤洶湧。由此前進，左爲煉丹峰，海拔一千八百二十七公尺。僅次於光明頂。在此南望蓮花、天都及玉屏諸峰，雄峨巍峨，如兄弟對奕飲酒。又一小時至鰲魚峰，回望西北，飛來石、薄刀峰、石床峰、石柱峰，全都羅列眼底。

由鰲魚峰口下「一線天」至觀臺。仰觀蓮華、蓮蕾兩大高峰。黝壁千仞，直淩霄漢。岩石全是大披麻皴，頂作礬頭，正是董巨山水之所本。西南望容成峰、聖泉峰，層疊相映，聳立雲海之上，拖藍凝翠，氣象萬千。過深谷右轉，折而上行，巨石夾徑，中間鑿磴兩百多級，就是蓮花峰著名的險徑「百步雲梯」。我本想登蓮花峰絕頂一覽，據說頂上封山，於是作罷。蓮花峰海拔一千八百六十公尺，爲黃山最高峰，雄峙於七十二峰之中央。如從玉屏樓看蓮花峰，極像一朵初放的蓮花。我於民國二十四年曾登峰頂，上面叢石森羅，有兩小峰夾立，好像天門崁。

過埡口策杖下行，迎面天都峰巍然聳入雲霄。玉屏峰、牛鼻峰、青鸞峰、耕雲峰、老人峰及朱砂峰都歷歷在望。俯瞰下面萬丈深淵，不禁兩腿發顫。快到蓮花溝這一段，石級更陡更險，幾不亞於「百步雲梯」。所以古人給它取個怪名叫「閻王壁」。下閻王壁過蓮花溝，再踏蹬上去在牛鼻峯路左邊看到「蒲團松」。前行又兩折到玉屏樓。玉屏樓原名文殊院，在玉屏峰前，海拔一千六百八十公尺。徐霞客記云：「左天都，右蓮花，背倚玉屏風。兩峰秀色，俱可手挐。四顧奇峰錯列，衆壑縱橫，眞黃山絕勝處。」文殊院於民國四十二年被火燒毀，四十四年重建後改名玉屏樓，現爲賓館。並排有兩座樓房，上下二層，爲中西合璧式。左邊有餐廳數間，右邊有賣店，門前爲庭院。石獅下有文殊洞，洞頂迎客松仍在。長枝挐空，如壯士伸臂。迎客松對面爲文殊臺，臺上有兩株陪客松。象石前還有一株送客松。樓後峰上有一塊巧石名「金龜望月」。原有「此山尊」三字，今已不見。只看到樓後崖頂草書「江山多嬌」四個大字。玉屏樓賓館，看不到佛像與僧人，也聽不到鐘聲與鳥音。使我不勝今昔之感！慨然占詩一首：

石濤八大難相逢，寄夢玉屏尋舊蹤；
憶昔曾棲文殊院，而今惆悵不聞鐘。

八月十五，原是與家人團聚的佳節，因爲我在鄭州已經與家人團聚，所以特別趕到黃山過節賞月。感謝天公作美，是日天氣特別晴朗，晚膳後，我與琄偉站在迎客松下望月、賞月，並攝影留念。

天都峰海拔一千八百一十公尺，是黃山三大奇峰最險峻的高峰。上下約有一千五百多石級，最險絕處，幾近於垂直的九十度，尤以鯽魚背爲最險。我在玉屏樓過罷中秋節，本決計再登天都峰，以考驗我的體力，但是導遊與幾位旅伴都一致認爲天都峰磴道窄而且陡，年紀大了最好不要冒險。我仔細考慮，天都峰已經上過，不需再拼老命與年輕人比勇爭勝，所以決定止而不往。

二十三日清晨，我與琄偉用罷早點，又雇一名導遊，揹著行囊，離開玉屏樓，由前山往黃山市。由玉屏峰左邊踏蹬下去，過文殊洞、一線天、渡仙橋、臥雲洞，經蒲團石下抵深谷，過橋右轉爲三岔路口。向上是登天都峰，向右是到慈光閣。前行過龍蟠坡、天門坎、半山寺，寺位於老人峰與朱砂峰之間，左上爲天都峰南路。由半山寺南行，過打鼓洞、青鸞橋、穿竹林幽徑便到慈光閣。坐林蔭小憩。慈光閣舊名朱砂庵，明嘉靖年間爲元陽道人所住持，至萬曆年間，普門師入黃山始擴建其寺宇。今改爲黃山博物館，庭中立有徐霞客雕像一尊，高二丈餘，造型手法，極富藝術價值。徐霞客，名宏祖，明萬曆年間江蘇江陰人。少負奇氣，喜遊佳山水，年三十遍遊大江南北五嶽、黃山及桂林陽朔之勝。其所到的地方都記之以文。爲我國最著名的旅行家。

慈光閣背倚朱砂峰，環寺竹木茂密，極爲清幽，今既無佛像，也無僧人，更聽不到鐘聲。否則，我眞願留在這裡與古佛青燈常相爲伴了。

在慈光閣車站辭退導遊，遂搭汽車到溫泉山莊。午膳後換乘遊覽車返回黃山市。此遊天氣晴朗，甚感愉快。

五四〇　江南風光

九月二十四日上午十點四十分，我與瑱偉由歙縣搭軟舖快車回南京市。十一點五十三分至績溪縣。沿路村舍，大部分是二層樓房，青瓦白壁，頗整齊美觀。田裡多種黍稻桑麻，在田耕作者，多爲青壯男子。過寧國縣北行，沿路普遍都是竹林，翠色一片，彌望無際。水牛數頭，散牧草地，悠然自得。前行，田中多種棉花。村舍整齊，樹木茂密。山坡爲松林覆蓋，呈爲黑色。池中鵝鴨成群，爭相戲水。惟農村小學，校舍簡陋，足見文化建設落後。沿途見車軌正換枕木，新造水泥枕木，堆積如山，呈為奇觀。過沚灣站，河流交錯，池中遍種蓮荷，惜花時已過，無緣沐其清芬耳。過蕪湖市，見高樓參錯，軸艫相接，一片商業繁榮的景象。過當塗、馬鞍，於七點三十分抵達南京市，下車，仍住紫金山賓館。乘火車可以了解農村經濟與農民生活之狀況。據我實際觀察所得之粗淺的認識：南方農村繁榮，北方農村殘破，雖非「一國兩制」，但是一國兩個天地。

五四一　訪友

謝瑞階先生，河南鞏縣人。上海美專畢業，即回開封在河南藝專任教。大陸易色後，任藝專校長，業已退休。先生天性仁厚，篤信佛法。中西繪畫，均有研究。尤長於國畫山水、人物。近年奉命寫實，風格略遜。我於民國二十三年，由北平回開封舉辦畫展，初識先生。數十年未曾會面。此次我回鄭州探親，託臺辦崔處長陪我拜訪瑞階先生，他長我十歲，不但滿頭白髮，並且面貌蒼老，視力模糊，彼此握手，均有陌生之感。先生衣著樸質，如鄉間村翁。其所居院落空曠，缺乏樹木花草，也甚荒涼。略談河南藝術發展之狀況約半小時，我即興辭而去。瀕別攝影留念。

魏紫熙先生，為河南同鄉，對日抗戰時期，曾在南陽晤面，由於志同道合，故談藝論人，觀點極為接近。魏兄於大陸易色後流寓南京，任江蘇美院教授多年，今亦退休住南京蘭園學校宿舍。多年來他專畫水墨山水。「外師造化，中得心源」。筆墨蒼勁渾厚，自成獨特的風格。今為江南山水大家。九月二十五日上午，由瑱偉陪我同往蘭園拜訪這位分別半世紀的朋友，因外出，無緣一晤。

老學弟王威，字肖佛，也是河南同鄉。他給我第一封信開頭就說：「我的字肖佛，就是老師起的。」可見他很重道義，「飲水思源」，能不忘本。我到鄭州，他即從開封趕來旅館拜候。所以我特地由女婿、外孫陪同到開封訪晤這位老學弟。肖佛在國立河南大學美術系任系主任多年，住在明倫街河大宿舍。是一棟磚建小樓，窗明几淨，布置雅致。其夫人比他年輕，彬然有禮。承留午膳，烹調素食，味美可口。我與肖佛暢談美術教育，甚感快慰。肖佛擅長水墨山水，其寫生素描，功力更深。集有一部人物素描，線條遒勁，造型傳神。已於一九九五年出版行世。有我撰序。

五四二　和平雅集

民國八十一年六月某日，老學弟陸委會主任委員黃昆輝柬邀本人與其同學張植珊、楊國賜、簡茂發、張大勝、簡宗梧、林孟眞、沈六、黃國義、陳庚金、黃炳煌及三民書局董事長劉振強諸人，在臺北市和平東路和平素菜館雅集。商討分別撰寫以教育文化為內容的論文，裒集成冊由三民書局出版發行爲我祝壽。我即席發言道：「我因爲學佛，恪遵『無壽者相』之佛訓，平生既不作壽，也不接受親友祝壽之賀儀。諸位同學都是專家，如願撰文，抒發高見宏論，對於教育文化有所貢獻，我不但高興，也非常感激！不過，我有一點要求，在文章裡面，不要有一句祝壽的文詞，以免有損文章的價值。」我說罷，全體熱烈鼓掌，使我感動的流下了淚水。我隻身渡臺，四十多年，大半時間在學校任教。自愧德薄學淺，對於學生，無多助益。今諸位皆學有專精，猶對我如此的敬愛，我雖是孤家寡人，也可以自慰了。

五四三　受行政院文化獎

行政院文化獎，是獎勵文化學術最高的獎。頒給的對象，都是對於教育文化卓有貢獻的學者。歷屆獲獎者有：陳立夫、陳大齊、錢穆、蘇雪林、劉眞、蔣復聰、楊三郎、黃友棣、梁在平等二十餘位。此等獎是由專家學者向行政院文化獎評選委員會推薦，不需當事人申請。經過評選委員初審、複審、三分之二委員同意，才決定頒獎給某人。可見這等獎決不是憑人事關係可以輕易取得的。

八十二年二月十日，文建會第二處處長柯基良先生來訪，面告：「本屆行政院文化獎，決定頒給佛老。特來面報，並向佛老祝賀。」我聽到這個消息，大爲驚異，謝道：「眞想不到這項榮冠會戴在我的頭上。古人說譽至謗興。受獎同時也必受謗，不一定是可喜可賀的事。」柯處長道：「佛老淡泊名利，與人無爭，受獎不會影響佛老的清譽。」我道：「政府既給我這份獎勵，我怎好不接受呢。」

我接到行政院邀請函，頒獎時間在二月二十七日上午十時。地點是在臺北市建國南路聯勤招待所。屆時，我請老學弟初東平駕車陪我北上受獎。進會場，承老校長朱匯森先生、劉白如先生、潘振球先生、王鴻鈞先生、郎靜山先生、梁在平先生及李鍾桂先生等首先向我致賀。我再一次向朱校長感謝他早年對我的幫助。

本屆受獎人，還有名雕塑家楊英風君。他有夫人和兒女陪他受獎。我雖沒有親人，但有學生陪伴，並不感覺孤單。十時，我與楊君先登臺就坐。會場到有貴賓與觀禮者約有二百餘位，座無虛席。由行政院長連戰先生頒給獎章、獎金及證書，並致詞。我致謝詞，不屑多說虛僞的俗套話。只說：「我國當前情勢，最需要團結和諧。沒有和，就沒有安；沒有安，就沒有樂；沒有樂，就沒有靈感；沒有靈感，就不可能產生優秀的作品貢獻給國家。所以我代表全體藝術家，要求政府給我們和諧安定的環境！」我這一番話，博得全場熱烈的掌聲。但是連院長的表情，卻有些凝重。我這次北上，得到表達心聲的機會，才是受獎的代價。

五四四　美育與文化出版

《美育與文化》，於民國八十二年十二月，由臺北三民書局出版發行，此書爲老學弟黃昆輝主編。收錄呂佛庭的〈美育〉，黃冬富的〈呂佛庭晚期禪意抽象風格之形成〉，方炎明的〈國民中小學美術班現況與展望〉，張大勝的〈健全樂團的社教功能〉，張正男的〈演說中的力與美〉，王耀庭的〈陳洪綬筆下的淵明逸致〉，陳奎憙的〈學校組織與學校文化〉，簡茂發的〈教育與心理學之應用〉，沈六的〈人本主義的道德發展論與教育〉，黃國義的〈論體適能〉，黃義盛的〈孔子教育思想之探討〉，楊思偉的〈比較教育學研究的歷史與趨勢〉，黃炳煌的〈論我國大學校長產生之方式〉，陳庚金的〈現行國家考試制度的探討〉，楊國賜的〈教育建設與區域均衡〉，黃炎祥的〈臺灣省臺南區高中聯招採行登記分發方式之調查研究〉，簡宗梧的〈一九三五年簡體字表之商榷〉，王讚源的〈思想的標準〉，沈秋雄的〈李義山詩探源〉，杜忠誥的〈蘇東坡和子由論書詩試解〉，張植珊的〈邁向二十一世紀文化均富理念的探討〉，黃昆輝的〈兩岸文教交流之現況與展望〉，林孟眞的〈資訊休閒文化之建立〉，林見昌的〈社會變遷中的教育發展與文化建設〉，施純協的〈電腦與文化〉，共二十五篇。前有黃昆輝序，後有中、英文索引。插圖三十一片。校對嚴謹，印刷精美。全部論文與序，均無祝壽詞句，未違吾意，可慰可喜。

五四五　新一元論由三民書局改版發行

我認爲宇宙萬有，定於一元，紛於二三，乃是一個顚撲不破的定律。宇宙萬有如果不能「一元」，就要衝突毀滅。大而證之宇宙，小而徵之電子，莫不皆然。因此，我要以「一元」的定律來統攝宇宙萬有，以闡明宇宙萬有一元之普遍性與重要性。並更進一步證明國家、社會、人類，惟有一元才能統一、協調、和平，達到「天下一家」、「世界大同」的境地。我所說的「一元」的眞義，不是同中無異的一元，而是異中求同的一元。

我爲撰寫這本書，曾向各方面蒐集資料，時經三年，才告完成。於民國五十七年，蒙中山學術基金會獎助出版。至今二十五年，舍下旣無存書，而坊間又不易購得。今承東大圖書公司（三民書局）董事長劉振強先生，擴大篇幅，改版發行。

五四六　臺灣漫遊記由臺中文化中心發行

這部《臺灣漫遊記》是在民國三十八年春，我住在臺灣佛教聖地獅頭山圓光寺發願出家時所撰寫的。抄錄後即置入篋中，藏了四十多年，旣未發表，又未付印。八十二年春，承臺中市立文化中心向我徵文，我提出這部深藏未露的稿子，粘主任甚願由文化中心斥資印行。

我於三十七年來臺不久，即對於本省名勝古蹟以及重要城市，作以普遍的巡禮。並且足跡所至，都有記錄。我寫游記是用寫實的手法，在我的耳目所接觸的，凡是美的、有價值的、有意義的事物，我決不肯輕易放過。

四十年來，本省無論是政治、經濟、教育、文化、風俗、民情、以及國民生活，都有極大顯著的變化。尤其是物質建設和經濟之成長，更是四十年前所夢想不到的。我在這部游記裡面所描寫的一切事物，自然也更具有歷史的意義了。

五四七　大陸名山畫展

民國八十二年十一月十二日，爲臺中市立文化中心成立十週年。特邀我舉辦書畫展，以慶祝這個值得紀念的日子。我展出八十件作品，大部分是畫黃山和武陵源區天子山。少部分是潑墨禪意畫，另有楷隸對聯數副。粘主任在開幕酒會中爲我備一大壽糕以示祝壽。我因生平不接受祝壽，所以未切壽糕，但向粘主任敬謝而已。

文化中心決定爲我出版書畫集，我想由公家付印，還需公開招標，不如自己斥資印行，免招物議。這是第三集名曰《呂佛庭名山游畫集》。由我自己編排設計，彩印山水畫五十八幅。序前印我在黃山坐在迎客松下之小照。後面附印黃山與天子山彩照多片併遊記兩篇，爲讀者導遊。

五四八　出版江山萬里樓詩集第二集

書畫詩花，是我的生活，並且是我生活中不可一日缺少的節目。在我生活全內容中如把藝術抽出，便會活得不自在。我對於傳統詩詞，自幼即有偏好，從六歲起，開始讀詩；從十二歲開始學作詩詞。渡臺後詠有一千餘首，輯爲八卷，曰《江山萬里樓詩集》，付梓行世。近年又作四百餘首，裒集成冊曰《江山萬里樓詩集之二》，於八十四年三月出版，以留雪泥爪痕。承東海大學前文學院院長江舉謙先生賜序，託老學弟藍本榮君繕錄。

我因自幼學佛，認爲作詩填詞，分神障道，所以曾有幾次決心戒詩。但習氣根深，戒詩比戒酒還難。轉念嗜酒足以亂性，吟詠如能破迷啓悟，則與禪、淨相契，不惟不會障道，反之更可「藝進於道」矣。昔者寒山子與八指頭陀，皆爲詩僧，未聞以吟詠而迷失覺路也。因此，我要藉吟詠作爲自渡渡人的慈航寶筏。

五四九 遷居仁愛山莊

我在臺中市東山路一段玫瑰三村購屋定居二十一年。近年四鄰改建高樓，陽光少而蚊蚋多，坐井觀天，甚感無奈。因此，在大坑仁愛山莊租得三層樓房一棟，青山環抱，景觀優美，宜詩宜畫。八十三年十月二十二日託搬家公司派車與工人到玫瑰三村先搬運大件家具至新居，把各廳室布置齊妥。一樓作客廳，二樓作畫室、書房、臥室，三樓作佛堂、客房。二十三日與左右鄰居告別，由學生初東平、王聰賢、劉秋存、陳炎輝、蕭榮府、陳瑞錦諸君陪我遷居仁愛山莊。玫瑰新村，一花一木，都是我親手栽培，一旦別去，不勝依依之情！到新居後，諸生爲我布置几案，整理圖書，懸掛字畫，儼如家人，親切可感。山莊面臨橫坑溪，此岸植有印度櫻花樹百餘株，正逢花時，姹紫嫣紅，燦爛如錦。對岸翠竹萬竿，森森干霄。峰巒環繞，宛如青城，雖非天上之仙宮，可謂人間之福地。怡然賦詩一首：

坐誦法華臥看山，良朋方去白雲還。
耄年始識林泉樂，鷸蚌相爭心莫關。

五五〇 出席全國美展評議委員會議

全國美展由教育部主辦，國立藝術教育館承辦，隔年舉辦一次，今年是第十四次。八十四年五月十六日，清晨七時，由陳生瑞錦駕車往臺北出席全國美展評議委員會議。過神岡及苗栗一帶，見路旁夾竹桃盛放，繁花簇簇，紅豔如錦。與岸畔綠樹碧草，相映如畫。九時抵達臺北，會址在建國南路二段聯勤招待所鴻運廳。十時開會，出席評議委員有：秦孝儀、李霖燦、顏水龍、林玉山、劉其偉、劉萬航、王北岳、凌嵩郎、梁秀中、吳承硯、楊英風、張俊傑、沈以正與我共二十餘人。放映邀請作家作品，分組決定取捨。中午全體在會場便餐。食訖，我與顏水龍委員先離會場。時天仍下雨，我挽顏委員和他的女護士同車去北投李其茂教授家中。因奇茂次公子晚間結婚，所以我先來向他夫婦賀禧。奇茂室中，古玩書畫，堆積雜陳，幾無下足之地。彼夫婦請我與顏先生坐下，他夫婦站在兩旁，由瑞錦攝影留念。我因急於返中，小坐數分鐘即告辭登車，冒雨南下。抵達臺中，雨仍未停。送顏先生至公路局車站，彼與護士搭公車返回霧峰，我與陳生於細雨淒淒中返回環翠山莊。一天時間，就是這樣打發掉了！

五五一　談琴彈琴

八十四年七月三日晚八時，有《雄獅美術》發行人李賢文先生、大陸名國樂家鄭正華先生、菩提仁愛之家主任謝昭成先生，由林慧珍女士陪同來山莊晤敍。鄭君擅操古琴，尤善吹簫笛，今在加拿大定居，常來臺灣，尋訪知音，推廣國樂。李、謝二君也都能操縵。諸君知我早年曾習此道，所以特來訪晤。我奉茶畢，鄭君問我學琴的歷程與結織的琴道師友。我答道：「民國二十年秋，我赴北平考入名小說家張恨水先生所辦的北平美術專科學校。在我動身北上之前，先岳父張松齋先生，把家藏明代古琴贈我，並叮囑帶到北平，可請鄉前輩張東寅（字旭彬）先生送琉璃廠安一床紘，請名家指導學習、學習。我入學後，適逢有一位指導工筆畫的教授管吉安（字平湖）老師，是北平著名的古琴家，我於是即拜管師門下學琴。因爲管師與北大名國樂家鄭穎孫先生是最要好的琴友，所以有時我也向鄭師請教。

我跟管師初學「陽關三疊」、「普安咒」，後學「瀟湘夜雨」、「平沙落雁」、「梅花三弄」及「高山流水」等十餘操。每星期天去管師家練習，有時跟他到中山公園水榭或北海、頤和園彈琴。我自學琴之後，俗樂就不願聽了。二十三年從美專畢業以後，回河南開封舉辦畫展。由同學譚方成兄之介，又從名古琴家徐元白先生學「秋江夜泊」、「鷗鷺忘機」、「遇故人」等數操。徐師能畫善書，研究琴學，早已蜚聲江南。他不但彈琴，並能造琴。其室中掛有十幾張琴，有一半都是新造。還有一張唐琴，漆已剝落，更爲名貴。我的同學譚方成兄，先從元白師習古琴。他的才華卓越，十幾歲時即對於古箏、琵琶、三絃、胡琴，具有深厚的工夫。所以在古琴方面的造詣，超越儕輩，最爲元白先生所賞識。他幫助徐師把琴譜符號翻譯成工尺譜，對於初學有莫大的貢獻。我在開封時，常到方成兄家，對面合奏，樂不可言。可惜他壽命不永，二十幾歲即作古了！

二十五年秋，我從元白先生到南遊覽，並舉辦畫展，住西華門外三條巷「清溪琴社」。主人余地山是軍事參議院參議，徐芝孫是陸大教授，還有李乾齋、陳獨青，都能操琴，常在琴社獨彈或合奏。李乾齋，湖南人，每晚在南京廣播電臺播放古琴。

我到南京第三天，承徐芝孫教授安排與地山、元白、芝孫、獨青諸公同車往棲霞山毗盧寺拜佛。並於大殿左側客堂彈琴，這是值得紀念的一件事。那天下午回南京，於晚上參加琴會，以徐元白、張子揚爲首共二十四五位古琴家。每人各彈一操。那時我的工夫相當不錯，彈了一操「秋江夜泊」，也博得全場鼓掌。

我在南京舉辦畫展結束，即從元白先生搭火車遊覽蘇州、無錫，過上海住在浦東歐亞航空公司祕書宿舍。當晚月光皎潔，承古琴名家查埠西、徐文鏡熱誠招待，品茗彈琴，爲平生一大快事。在上海留三天，仍搭火車到杭州，住南屛山元白師的半角山房。文鏡先生也回杭州，每於花晨月夕，同案操縵，悠然怡然，不知天下有兵爭事。時光如流，倏忽整六十年，回想往事，恍若夢幻。」

鄭君從袋中取出古琴一張，是宋蘇東坡的琴，琴刻有東坡自跋。琴面與底有龜裂文，宋琴無疑。他彈了一操「遇故人」，韻頗清越。李君彈時，鄭以簫笛和奏，韻優於琴，非長於斯道者不能領會。鄭君又問曾見過古代名家的琴否？我道：「曾見過唐代韓愈的琴。韓琴是從湖北公安江邊古墓中發掘出來的，後來流落山東。南陽玄妙觀住持出外遊方，一日到濟南市散步，見柴擔上掛有此琴，遂出四十兩白銀購得，攜回南陽。藏入玄妙觀。住持李宗陽，字涵三，河南沁陽人。慈禧太后偕光緒逃難到西安，涵三時爲八仙庵住持，曾接過聖駕。太后並賜紫衣。西安事變我去鎮平菩提寺經過南陽。那時李涵三退院，住在臥龍岡武侯祠。玄妙觀方丈由聶嘯霞接任。我去玄妙觀參觀，承嘯霞設素宴款待。宴前他命侍者取出唐韓愈的古琴，請我鑑定。琴是蕉葉式，雜色朱漆。琴面無裂紋，可能後人重漆過的。琴底是黑漆，刻有明董其昌、楊椒山及清何紹基三人跋文。何書最妙。從琴裡看，木有朽相，刻有四字，隸體，模糊不易辨識。我斷爲唐琴無疑。對日抗戰初起，我第二次到南陽，住在玄妙觀，適逢敵機轟炸南陽，玄妙觀後花園落彈炸毀。聶嘯霞託我帶存菩提寺。南陽淪陷，菩提寺洗凡法師把那張價值連城的古琴送廣慈寺保存。那時在南陽縣政府保護下，我也住在該寺避難。抗戰勝利，南陽縣長勸我把琴帶走，我以此琴是玄妙觀之物，我不能攫爲己有爲由，堅不接受。那張唐琴，經文革之禍，不知流落何處了。」大家聽了我這番話，都一致認爲沒有把那張琴帶出來，很可惋惜！

滄海叢刊書目（二）

國學類

先秦諸子繫年	錢　穆　著
朱子學提綱	錢　穆　著
莊子纂箋	錢　穆　著
論語新解	錢　穆　著
周官之成書及其反映的文化與時代新考	金春峯　著
尚書學術(上)、(下)	李振興　著
周易縱橫談	黃慶萱　著
考證與反思——從《周官》到魯迅	陳勝長　著

哲學類

哲學十大問題	鄔昆如　著
哲學淺論	張　康　譯
哲學智慧的尋求	何秀煌　著
哲學的智慧與歷史的聰明	何秀煌　著
文化、哲學與方法	何秀煌　著
人性記號與文明—語言・邏輯與記號世界	何秀煌　著
邏輯與設基法	劉福增　著
知識・邏輯・科學哲學	林正弘　著
現代藝術哲學	孫　旗　譯
現代美學及其他	趙天儀　著
中國現代化的哲學省思—「傳統」與「現代」理性結合	成中英　著
不以規矩不能成方圓	劉君燦　著
恕道與大同	張起鈞　著
現代存在思想家	項退結　著
中國思想通俗講話	錢　穆　著
中國哲學史話	吳怡、張起鈞　著
中國百位哲學家	黎建球　著
中國人的路	項退結　著
中國哲學之路	項退結　著
中國人性論	臺大哲學系主編
中國管理哲學	曾仕强　著

孔子學說探微 林義正 著
心學的現代詮釋 姜允明 著
中庸誠的哲學 吳怡 著
中庸形上思想 高柏園 著
儒學的常與變 蔡仁厚 著
智慧的老子 張起鈞 著
老子的哲學 王邦雄 著
當代西方哲學與方法論 臺大哲學系主編
人性尊嚴的存在背景 項退結編著
理解的命運 殷鼎 著
馬克斯・謝勒三論 阿弗德・休慈原著、江日新 譯
懷海德哲學 楊士毅 著
洛克悟性哲學 蔡信安 著
伽利略・波柏・科學說明 林正弘 著
儒家與現代中國 韋政通 著
思想的貧困 韋政通 著
近代思想史散論 龔鵬程 著
魏晉清談 唐翼明 著
中國哲學的生命和方法 吳怡 著
孟學的現代意義 王支洪 著
孟學思想史論(卷一) 黃俊傑 著
莊老通辨 錢穆 著
墨家哲學 蔡仁厚 著
柏拉圖三論 程石泉 著
倫理學釋論 陳特 著
儒道論集 吳光 著
新一元論 呂佛庭 著

宗教類

佛教思想發展史論 楊惠南 著
圓滿生命的實現(布施波羅密) 陳柏達 著
薝蔔林・外集 陳慧劍 著
維摩詰經今譯 陳慧劍譯註
龍樹與中觀哲學 楊惠南 著
公案禪語 吳怡 著
禪學講話 芝峯法師 譯

禪骨詩心集	巴壺天 著
中國禪宗史	關世謙 著
魏晉南北朝時期的道教	湯一介 著
佛學論著	周中一 著
當代佛教思想展望	楊惠南 著
臺灣佛教文化的新動向	江燦騰 著
釋迦牟尼與原始佛教	于凌波 著
唯識學綱要	于凌波 著
中印佛學泛論——傅偉勳六十大壽祝壽論文	藍吉富主編
禪史與禪思	楊惠南 著

社會科學類

中華文化十二講	錢 穆 著
民族與文化	錢 穆 著
楚文化研究	文崇一 著
中國古文化	文崇一 著
社會、文化和知識分子	葉啓政 著
儒學傳統與文化創新	黃俊傑 著
歷史轉捩點上的反思	韋政通 著
中國人的價值觀	文崇一 著
紅樓夢與中國舊家庭	薩孟武 著
社會學與中國研究	蔡文輝 著
比較社會學	蔡文輝 著
我國社會的變遷與發展	朱岑樓主編
三十年來我國人文社會科學之回顧與展望	賴澤涵 編
社會學的滋味	蕭新煌 著
臺灣的社區權力結構	文崇一 著
臺灣居民的休閒生活	文崇一 著
臺灣的工業化與社會變遷	文崇一 著
臺灣社會的變遷與秩序(政治篇)(社會文化篇)	文崇一 著
鄉村發展的理論與實際	蔡宏進 著
臺灣的社會發展	席汝楫 著
透視大陸	政治大學新聞研究所主編
憲法論衡	荊知仁 著
周禮的政治思想	周世輔、周文湘 著

儒家政論衍義 薩孟武 著
制度化的社會邏輯 葉啓政 著
臺灣社會的人文迷思 葉啓政 著
臺灣與美國的社會問題 蔡文輝、蕭新煌主編
自由憲政與民主轉型 周陽山 著
蘇東巨變與兩岸互動 周陽山 著
教育叢談 上官業佑 著
不疑不懼 王洪鈞 著
戰後臺灣的教育與思想 黃俊傑 著
兩極化與分寸感
——近代中國精英思潮的病態心理分析 劉笑敢 著
唐人書法與文化 王元軍 著

史地類

國史新論 錢穆 著
秦漢史 錢穆 著
秦漢史論稿 邢義田 著
宋史論集 陳學霖 著
中國人的故事 夏雨人 著
明朝酒文化 王春瑜 著
歷史圈外 朱桂 著
宋代科舉 賈志揚 著
當代佛門人物 陳慧劍編著
弘一大師傳 陳慧劍 著
杜魚庵學佛荒史 陳慧劍 著
蘇曼殊大師新傳 劉心皇 著
近代中國人物漫譚 王覺源 著
近代中國人物漫譚續集 王覺源 著
魯迅這個人 劉心皇 著
沈從文傳 凌宇 著
三十年代作家論 姜穆 著
三十年代作家論續集 姜穆 著
當代臺灣作家論 何欣 著
師友風義 鄭彥棻 著
見賢集 鄭彥棻 著

思齊集	鄭	彥	棻	著
懷聖集	鄭	彥	棻	著
周世輔回憶錄	周	世	輔	著
三生有幸	吳	相	湘	著
孤兒心影錄	張	國	柱	著
我這半生	毛	振	翔	著
我是依然苦鬥人	毛	振	翔	著
八十憶雙親、師友雜憶(合刊)	錢		穆	著
烏啼鳳鳴有餘聲	陶	百	川	著

語文類

標點符號研究	楊		遠	著
訓詁通論	吳	孟	復	著
入聲字箋論	陳	慧	劍	著
翻譯偶語	黃	文	範	著
翻譯新語	黃	文	範	著
中文排列方式析論	司		琦	著
杜詩品評	楊	慧	傑	著
詩中的李白	楊	慧	傑	著
寒山子研究	陳	慧	劍	著
司空圖新論	王	潤	華	著
詩情與幽境——唐代文人的園林生活	侯	迺	慧	著
歐陽修詩本義研究	裴	普	賢	著
品詩吟詩	邱	燮	友	著
談詩錄	方	祖	燊	著
情趣詩話	楊	光	治	著
歌鼓湘靈——楚詩詞藝術欣賞	李	元	洛	著
中國文學鑑賞舉隅	黃慶萱、許	家	鶯	著
中國文學縱橫論	黃	維	樑	著
漢賦史論	簡	宗	梧	著
古典今論	唐	翼	明	著
亭林詩考索	潘	重	規	著
浮士德研究	李	辰	冬	譯
蘇忍尼辛選集	劉	安	雲	譯
文學欣賞的靈魂	劉	述	先	著

小說創作論	羅　盤　著
借鏡與類比	何冠驥　著
情愛與文學	周伯乃　著
鏡花水月	陳國球　著
文學因緣	鄭樹森　著
解構批評論集	廖炳惠　著
世界短篇文學名著欣賞	蕭傳文　著
細讀現代小說	張素貞　著
續讀現代小說	張素貞　著
現代詩學	蕭　蕭　著
詩美學	李元洛　著
詩人之燈——詩的欣賞與評論	羅　青　著
詩學析論	張春榮　著
修辭散步	張春榮　著
橫看成嶺側成峯	文曉村　著
大陸文藝新探	周玉山　著
大陸文藝論衡	周玉山　著
大陸當代文學掃描	葉穉英　著
走出傷痕——大陸新時期小說探論	張子樟　著
大陸新時期小說論	張　放　著
兒童文學	葉詠琍　著
兒童成長與文學	葉詠琍　著
累廬聲氣集	姜超嶽　著
林下生涯	姜超嶽　著
青　春	葉蟬貞　著
牧場的情思	張媛媛　著
萍踪憶語	賴景瑚　著
現實的探索	陳銘磻　編
一縷新綠	柴　扉　著
金排附	鍾延豪　著
放　鷹	吳錦發　著
黃巢殺人八百萬	宋澤萊　著
泥土的香味	彭瑞金　著
燈下燈	蕭　蕭　著
陽關千唱	陳　煌　著
種籽	向　陽　著

無緣廟	陳艷秋 著
鄉　事	林清玄 著
余忠雄的春天	鍾鐵民 著
吳煦斌小說集	吳煦斌 著
卡薩爾斯之琴	葉石濤 著
青囊夜燈	許振江 著
我永遠年輕	唐文標 著
思想起	陌上塵 著
心酸記	李　喬 著
孤獨園	林蒼鬱 著
離　訣	林蒼鬱 著
托塔少年	林文欽 編
北美情逅	卜貴美 著
日本歷史之旅	李希聖 著
孤寂中的廻響	洛　夫 著
火天使	趙衛民 著
無塵的鏡子	張　默 著
關心茶——中國哲學的心	吳　怡 著
放眼天下	陳新雄 著
生活健康	卜鍾元 著
文化的春天	王保雲 著
思光詩選	勞思光 著
靜思手札	黑　野 著
狡兔歲月	黃和英 著
老樹春深更著花	畢　璞 著
列寧格勒十日記	潘重規 著
文學與歷史——胡秋原選集第一卷	胡秋原 著
忘機隨筆——卷三・卷四	王覺源 著
晚學齋文集	黃錦鋐 著
古代文學探驪集	郭　丹 著
山水的約定	葉維廉 著
在天願作比翼鳥——歷代文人愛情詩詞曲三百首	李元洛 輯注
鳴酬叢談	李飛鵬 編纂
千葉紅芙蓉——歷代民間愛情詩詞曲三百首	李元洛 輯注
秩序的探索	周慶華 著
邁向一流大學	馬哲儒 著

美術類

音樂與我	趙　琴　著
爐邊閒話	李抱忱　著
琴臺碎語	黃友棣　著
音樂隨筆	趙　琴　著
樂林蓽露	黃友棣　著
樂谷鳴泉	黃友棣　著
樂韻飄香	黃友棣　著
弘一大師歌曲集	錢仁康　著
立體造型基本設計	張長傑　著
工藝材料	李鈞棫　著
裝飾工藝	張長傑　著
人體工學與安全	劉其偉　著
現代工藝概論	張長傑　著
藤竹工	張長傑　著
石膏工藝	李鈞棫　著
色彩基礎	何耀宗　著
當代藝術采風	王保雲　著
都市計劃概論	王紀鯤　著
建築設計方法	陳政雄　著
建築鋼屋架結構設計	王萬雄　著
古典與象徵的界限——象徵主義畫家莫侯及其詩人寓意畫	李明明　著

滄海美術叢書

五月與東方——中國美術現代化運動在戰後臺灣之發展(1945~1970)	蕭瓊瑞　著
中國繪畫思想史	高木森　著
藝術史學的基礎	曾　堉、葉劉天增　譯
唐畫詩中看	王伯敏　著
馬王堆傳奇	侯　良　著
藝術與拍賣	施叔青　著
推翻前人	施叔青　著